D1729943

Grundbegriffe der Wirtschaft

Wolfram Klitzsch

Grundbegriffe der Wirtschaft

Ein Nachschlagewerk für Einsteiger

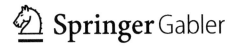 Springer Gabler

Wolfram Klitzsch
Friesoythe, Deutschland

ISBN 978-3-658-27903-5   ISBN 978-3-658-27904-2   (eBook)
https://doi.org/10.1007/978-3-658-27904-2

Die Deutsche Nationalbibliothek verzeichnet diese Publikation in der Deutschen Nationalbibliografie; detail-
lierte bibliografische Daten sind im Internet über http://dnb.d-nb.de abrufbar.

Springer Gabler
© Springer Fachmedien Wiesbaden GmbH, ein Teil von Springer Nature 2019

Springer Gabler ist ein Imprint der eingetragenen Gesellschaft Springer Fachmedien Wiesbaden GmbH und ist ein
Teil von Springer Nature.
Die Anschrift der Gesellschaft ist: Abraham-Lincoln-Str. 46, 65189 Wiesbaden, Germany

„Die Ideen der Nationalökonomen
oder der politischen Philosophen,
gleichgültig, ob sie nun richtig oder falsch sind,
sind von weit grösserem Einfluss,
als man gemeinhin annimmt.
In Wirklichkeit wird die Welt von fast nichts
anderem regiert. Praktiker, die sich frei von
jeglichem intellektuellen Einfluss wähnen,
sind gewöhnlich die Sklaven irgendeines
verstorbenen Nationalökonomen."

John Maynard Keynes
britischer Ökonom des 20. Jahrhunderts

„Wissen muss nicht nur geschaffen,
sondern auch verbreitet werden.
Das gilt natürlich auch ...
für das ökonomische Wissen. ...
Die Lehre über das Wirtschaften
ist untrennbar
mit dem menschlichen Handeln verknüpft."[1]

Thorsten Polleit

---

[1] Thorsten Polleit in Henry Hazlitt: Die 24 wichtigsten Regeln der Wirtschaft, S. 5.

Vorwort

Warum sich mit Wirtschaft befassen?

Mit Wirtschaft haben Sie alle zu tun, ob Sie wollen oder nicht. Sie können Handwerker oder Künstler sein, Ingenieur oder Arzt, Lehrer, Schüler oder Rentner: wirtschaftliche Fragen und Probleme stellen sich jedem. Aber wir verstehen sie oft nicht, uns fehlt das Wissen über die Grundlagen und Zusammenhänge.

Und das ist auch kein Wunder. Ein Schulfach Wirtschaft wäre gut, wo es doch alle betrifft. Das gab es bis vor kurzem eher selten, kommt aber jetzt in einigen Bundesländern.

In der Zeitung und im Internet steht oft etwas über Wirtschaft, aber die Begriffe und Zusammenhänge werden häufig vorausgesetzt und nur manchmal erklärt.

Dabei ist „Wirtschaft" von erheblicher Bedeutung, sie bestimmt unser aller Leben in beträchtlichem Maße. Wirtschaftliche Krisen können zu Unternehmenszusammenbrüchen und Arbeitsplatzverlust führen und haben schon häufig Staatskrisen und Umstürze hervorgerufen. Wirtschaftlich florierende Zeiten dagegen fördern den Wohlstand aller, ob sie nun in Wirtschaftsunternehmen, in Forschungseinrichtungen, in Schulen, Theatern oder Behörden arbeiten.

Helmut Schmidt hat über die Deutschen geschrieben: „Wenn man einmal von der Politik absieht, dann brauchen wir Deutsche uns unserer Leistungen in den Jahrhunderten seit Beginn der europäischen Aufklärung nicht zu schämen." Viele Deutsche hätten achtbare Beiträge zur europäischen Kultur geleistet, und viele auch in anderen Gebieten, der Kunst, der Industrialisierung, der Arbeiterbewegung, der Malerei und der Musik. „Allerdings, und dies ist eine entscheidende Einschränkung: Die Erziehung zu bewussten Staatsbürgern (...) hat uns immer gefehlt. Das Staatsdenken, *auch das ökonomische Denken hat in Deutschland nie sehr viel gegolten.*"[2] Und an anderer Stelle: „Die ökonomische Urteilsfähigkeit der deutschen politischen

---

[2] Helmut Schmidt: Außer Dienst, S. 76f.

Klasse möchte ich mir ein wenig ausgeprägter wünschen, als sie ist."[3]

Politisches und ökonomisches Denken sind unentbehrlich für die Demokratie. Es sollte daher ein Schulfach Wirtschaft in allen Bundesländern geben.

Wirtschaft ist Veränderung

Wirtschaft bedeutet oft Veränderung. Stillstand und starre Strukturen gibt es auch, aber meist muss man sich auf Veränderungen einstellen. Das macht es nicht einfacher, aber niemand hält die Veränderungen letztlich auf. Das einzig Stetige ist der Wandel.

Die Firma Nokia war der weltweit führende Handyhersteller und hatte gute Produkte. Dann kamen Apple und Samsung und hatten bessere Produkte – heute sind die Nokia-Handys fast verschwunden.

Die Blackberry-Handys waren eine Zeit lang sehr gefragt, dennoch ist ihr Absatz abgestürzt und auf einen kleinen Rest zusammengeschmolzen, weil andere Handys besser ankamen bei den Kunden.

Hewlett-Packard war der größte Druckerhersteller in der Wachstumsphase der Personalcomputer und hatte 349.000 Mitarbeiter im Jahr 2011.[4] Im Jahr 2012 kündigte HP erst den Abbau von 27.000 Arbeitsplätzen an, zwei Jahre später wurden daraus 55.000.[5] Etwa ein Jahr später wurde noch mal der Abbau von 30.000 Arbeitsplätzen angekündigt und im Oktober 2016 noch mal 3.000 bis 4.000.[6]

In wenigen Jahren kann sich eine marktführende Position in eine kleine Nische verwandeln oder sogar zum Ende des Unternehmens führen. Das gilt natürlich nicht nur für die Handy- und Computer-Branche. Das war auch schon früher so. Nur das Tempo der Veränderungen ist wohl schneller geworden, aber

---

[3] Uwe Jean Heuser: „Visionärer Pragmatiker", DIE ZEIT vom 12.11.2015 S. 20 (Zitat 4. Spalte unten).
[4] Quelle: https://de.statista.com am 15.6.2017.
[5] „Hewlett-Packard verschärft Sparprogramm", FAZ vom 17.9.2015, S. 22.
[6] „HP baut weitere Stellen ab", FAZ vom 15.10.2016, S. 24.

Umsatzverluste und Markteinbrüche sowie Konkurse gab es schon immer.

Die Gründe sind technische Entwicklungen und neue Produkte, Innovationen und Nachfrageverschiebungen, andere und neue Kundenwünsche, stärkere staatliche Regulierungen, Umweltschutz und Schutz der Arbeitnehmer und noch manche mehr.

Hier soll festgehalten werden, dass die Wirtschaft nicht statisch, sondern (oft sehr) dynamisch ist, weil sie jeden Tag mit Millionen Entscheidungen von ebenso vielen Menschen zu tun hat. In der Wirtschaft entscheiden und handeln nämlich Menschen. Viele entscheiden jeden Tag wieder etwas anders. Manche glauben im Voraus zu wissen, wie die Menschen sich entscheiden werden, aber das ist in aller Regel nicht so – und das ist wiederum auch ein wesentlicher Grund der wirtschaftlichen Veränderungen. Mit anderen Worten: wir alle tragen bei zu den ständigen Veränderungen – die werden wir nicht los.

Das zentrale Problem

Alle Finanzkrisen wurden ausgelöst durch übermäßige Verschuldung.

Das zentrale Problem der Weltwirtschaft seit der Weltfinanzkrise, die 2007 begann, sind die *Schulden*. Die Schulden steigen seit 2007 besonders schnell in unglaubliche Höhen (siehe Artikel „Schulden" in diesem Buch).

Schulden sind eigentlich nicht schlimm – solange Gläubiger *und* Schuldner sie für akzeptabel halten und die Schulden regelmäßig zurückgezahlt werden. Wenn aber das Vertrauen bei einem Partner nachlässt und Zweifel aufkommen, dann ist der Frieden bald dahin, dann kann es ernst werden, und ab 2008 wurde es in der Weltfinanzkrise ernst.[7]

Wie es zurzeit aussieht, scheint die Weltfinanzkrise einigermaßen überwunden zu sein. Das könnte aber täuschen: Regierungen und Notenbanken der westlichen Welt haben billige Kredite und niedrige Zinsen gefördert. Wann immer eine Krise drohte, wurde interveniert: die Zinsen wurden ein weiteres Mal gesenkt. Überall liegt die Gesamtverschuldung von Regie-

---

[7] Siehe Artikel „Weltfinanzkrise 2007" in diesem Buch.

rungen, Unternehmen und privaten Haushalten höher als vor 2007. Damit wächst die Krisenanfälligkeit der Wirtschaft.[8]

Die Weltwirtschaft hat
- hohe Schulden,
- wenig Wachstum,
- niedrige Zinsen,
- hohe Arbeitslosigkeit,
- Turbulenzen
- und wenig politischen Zusammenhalt.

Die Weltwirtschaft steht nicht auf festen Füßen.

Wirtschaftsbegriffe und wirtschaftliche Zusammenhänge

… sind den Menschen oft nicht klar. Sie sind auch selten an einer Stelle schnell greifbar und einfach nachzulesen. Diesen Mangel soll dieses Buch beheben.

Es sollen Begriffe und Zusammenhänge erklärt werden, damit ein breites Publikum die Wirtschaft besser versteht.

In diesem Buch sollen Wirtschaftsbegriffe so ausführlich dargestellt werden, dass die Leser eines breiten Publikums die wichtigen Zusammenhänge versteht; aber auch so kompakt, dass sie nicht gleich ein halbes Buch am Stück durchlesen müssen, um eine Antwort zu finden.

„Die Betriebswirtschaftslehre ist eine reizvolle Wissenschaft" schrieb Professor Dr. Dieter Schneider im Jahre 1970. Und weiter: „Sie kennt Probleme, deren Lösung schärfste Logik voraussetzt, sie zwingt dazu, praktisch bedeutsame Fragen durch Abwägen vielfältiger Zusammenhänge zu beantworten, und schließlich kann man mit ihr auch Geld verdienen. *Das Reizvolle an einigen betriebswirtschaftlichen Fragen in einer verständlichen Sprache darzustellen, ist meine Absicht.*"[9] Nach diesem Grundsatz will sich auch dieses Buch richten, allerdings

---

[8] Daniel Stelter: Eiszeit in der Weltwirtschaft, S. 11ff.
[9] Prof. Dr. Dieter Schneider: Investition und Finanzierung, S. 5.

bezogen auf betriebswirtschaftliche, volkswirtschaftliche und wirtschaftspolitische Begriffe.

Die Darstellungen in diesem Buch stützen sich auf kompetente wirtschaftliche Literatur, die natürlich zitiert wird.

Es gibt viele Bücher über Wirtschaft, aber keines wie dieses.

Wolfram Klitzsch

Wenn Sie einen der im Buch erklärten 460 Wirtschaftsbegriffe suchen,

dann sehen Sie bitte ins alphabetische
Inhaltsverzeichnis – Seite 13

Wenn Sie ein bestimmtes Stichwort suchen,

dann sehen Sie bitte im **Stichwortverzeichnis**
nach – Seite 755
(dort sind auch die 460 Wirtschaftsbegriffe enthalten)

Wenn Sie die Wirtschaftsbegriffe sortiert nach Fachgebieten suchen,

dann sehen Sie bitte ins
Inhaltsverzeichnis nach Fachgebieten – Seite 39

*Wenn Sie **Wirtschaftspolitisches** interessiert,
dann lesen Sie doch:*

- Abwrackprämie
- Arbeitslosigkeit
- Armut
- Asienkrise
- Austerität
- Bevölkerungsentwicklung
- Deutschlands Wirtschaftspolitik
- Einkommensteuer
- Einlagensicherung
- Energiewende
- Entsenderichtlinie
- Erbschaftsteuer
- Europäische Währungsunion
- Euro-Rettungsprogramm
- Fairer oder freier Handel
- Freihandel
- Gewinn
- Globalisierung
- Inflation und Deflation
- Krisen
- Leistungsbilanz
- Marktwirtschaft
- Niedrigzins
- Piketty
- Schulden
- Schuldenschnitt
- Staatseingriffe
- Steuern
- Ungleichheit in Deutschland
- Verbriefung
- Vermögensteuer
- Weltfinanzkrise 2007
- Zins
- Zypern-Krise

*Wenn Sie **Wirtschaftsgeschichte** pur interessiert,
dann empfehlen sich die Artikel „Krisen" und
„Weltfinanzkrise 2007".*

Inhaltsverzeichnis

Hier finden Sie 460 Wirtschaftsbegriffe von A bis Z.
Im Stichwortverzeichnis (auf Seite 755) finden Sie
über 1.400 Stichworte (einschl. der 460 Wirtschaftsbegriffe).

14

18

20

24

28

30

32

36

38

Inhaltsverzeichnis nach Fachgebieten

Zahlen in Klammern geben die Anzahl der Artikel im jeweiligen Fachgebiet an.

Marge
Marketing
Marktkapitalisierung
Mark to Market

Operations Research
Outsourcing

Produktivität
Profit Center
Prokura
Provision

Risiko
Rohergebnis
Rücklagen
Rückstellungen

Schwarze Zahlen, rote
    Zahlen
Skonto
Soll und Haben
Solvabilität
Stille Reserven
Storno
Stuttgarter Verfahren
Substanzwert

Thesaurierung

Überschuldung
Unternehmenswert

Verbindlichkeiten
Vorsichtsprinzip
Vorzugsaktien

Wagnis
Wertschöpfung
Wirtschaftlichkeit

Zweckgesellschaft

Europa (18)
Bail-out
Bankenunion
Binnenmarkt
Brexit

Entsenderichtlinie
Europäische Finanzaufsicht
Europäische Finanz-
    stabilisierung
Europäische Währungsunion
Europäische Zentralbank
Euro-Rettungsprogramm

Finanzstabilitätsgesetz
Finanzstabilitätsrat
Fiskalpakt

Griechenlandkrise 2010
Schuldentilgungsfonds
Soffin
Stabilitäts- und
    Wachstumspakt

Zypernkrise

Finanzen (186)
Agio und Disagio
Aktien
Aktienanlage
Aktiengesellschaft
Aktienrückkäufe
Altersvorsorge
Amortisation
Anleihen
Arbitrage
Asienkrise
Asset
Avalkredit

Bad Bank
Baisse und Hausse
Bank

Bankbilanz
Bankenaufsicht
Bank für Internationalen
  Zahlungsausgleich
Bargeld
Basel I bis III
Basispunkte
Bitcoin
Blackrock
Blockchain
Börse
Bonitätsanleihen
Bretton Woods
Briefkurs und Geldkurs
Bundesanleihe
Bundesbank
Bundesobligation
Bundesschatzbriefe

CDO
CDS
Courtage
Covered Bond
Crash
Cum/Cum- und Cum/Ex-
  Geschäfte

DAX
Default
Depot
Derivate
Devisen
Differenzkontrakte
Diskont und Diskontierung
Diskontsatz
Dividende
Dividendenstripping
Duration

Einlagenversicherung
Emission
EONIA
EUREX

Euribor
Euro
Eurobonds
Euro-Stoxx
Exchange Traded Fund

Factoring
Falschgeld
Federal Reserve System
Festgeld
Finanzmärkte
FinTech
Fixing
Float
FMS Wertmanagement
Fonds
Forfaitierung
Forward Rate Agreement
Fristentransformation
Fungibel
Futures

Geld
Geldanlage
Geldillusion
Geldpolitik
Geldvermögen
Genussscheine
Gewährträgerhaftung

Girokonto
Gold

Hedgefonds
Hochfrequenzhandel
Hypothek

Index
Indexfonds
Inhaberschuldverschreibung
Interbankenmarkt
Internationaler Währungs-
  fonds

Investment Banking
ISIN

Kassa-Markt
Kernkapitalquote
Konto
Konvertibilität
Kredit
Kreditderivate
Kreditrisiko
Kreditwesengesetz
Kupon
Kurse

Lastschriftverfahren
Laufende Verzinsung
Leasing
Leerverkauf
Leitzins
Leverage
Libor
Liquidität
Lottogewinn

Mezzanine
MiFID II
Monetarismus
MSCI World Index
Namenspapiere
Negativzinsen
Nennwert
Niedrigzins

Option
OTC

Parität
Portfolio
Private Banking
Private Equity

Quantitative Easing

Rating
Refinanzierung
Rekapitalisierung
Rendite
Rentenmarkt
Repo-Geschäfte
Riester-Rente
Rürup-Rente

Saldo
Schattenbanken
Schuldverschreibung
Schwarmfinanzierung
SDAX
SEC
SEPA
Shareholder Value
Sichteinlagen
Sondertilgungen
Sparen
Sparquote
Spekulation
Spread
Stop loss
Strukturierte Produkte
Stückaktien
Sub-prime
Swap
SWIFT

Target
TecDAX
Tender
Terminbörse
Termingeschäft
Tilgung
Toxisch

Umlaufrendite

Verbriefung
Vermögensanlage
Verwässerung

Volatilität
Vorfälligkeitsentschädigung

Wandelanleihen
Warrants
Weltbank
Weltfinanzkrise 2007
Wertpapiere
Wertstellung

Xetra

Yield
Yuan

Zentralbank
Zerobonds
Zertifikate
Zins
Zinsbindung
Zinseszins
Zinsinstrumente
Zinsrisiko
Zinsspanne
Zinsstrukturkurve
Zinsterminkontrakte

Finanzmathematik (12)
Annuität
Aufzinsung, Abzinsung
Barwert und Endwert
Darlehensberechnung
Effektivzins
Interner Zinsfuß
Prozent
Rentenbarwertfaktor und
    Rentenendwertfaktor
Standardabweichung
Streuung
Zinsfaktor und Zinsdivisor
Zinsrechnung

Immobilien (5)
Baufinanzierung
Baukosten
Bausparvertrag
Bieterverfahren
REIT

Internationales (24)
Außenhandel
Direktinvestitionen
Dumping
EFTA
Embargo
Fairer oder freier Handel
Freihandel
GATT und WTO
Globalisierung
Handel
Hermes-Bürgschaften
Import und Export
Komparativer Kostenvorteil
Leistungsbilanz
OECD
Schwellenländer
Sonderziehungsrechte
Terms of Trade
TTIP
Valuta
Währung
Wechselkurs
Zahlungsbilanz
Zölle

Recht (16)
Aufsichtsrat
Gläubiger
GmbH
Grundschuld
Holding
Insolvenz
Kapitalgesellschaft
Kartell

44

Konzern
Personengesellschaft
Rechtsformen
Schuldschein
Societas Europaea
Sperrminorität
Squeeze-out
Zahlungsunfähigkeit

Steuern (16)
Abgeltungsteuer
Einkommensteuer
Erbschaftsteuer
Finanztransaktionssteuer
Gewerbesteuer
Grundsteuer
Körperschaftsteuer
Latente Steuern
Mehrwertsteuer
Organschaft
Pauschale
Reichensteuer
Steuererklärung
Steuern
Steuern absetzen
Vermögensteuer

Versicherungen (10)
Beitragsrückerstattung
Deckungsstock
InsurTech
Lebensversicherung
Pflichtversicherung
Rückversicherung
Schadenversicherung
Überschussbeteiligung
Versicherung
Versicherungsverein auf
    Gegenseitigkeit

Volkswirtschaft (39)
Angebot und Nachfrage
Arbeitslosigkeit

Arbeitsteilung
Armut

Bevölkerungsentwicklung
Boom
Bruttoinlandsprodukt

Depression

Ecklohn
Economies of Scale

Inflation und Deflation

Kapitalstock
Kaufkraft
Keynes
Knappheit
Kombilohn
Kondratieff-Zyklen
Konjunktur

Laffer-Kurve
Lohn
Lorenz-Kurve

Magisches Viereck
Markt
Monopol

Opportunitätskosten

Phillips-Kurve
Piketty
Preisbildung
Preiselastizität
Preisniveau
Preisstabilität
Rezession

Stagflation

Volkswirtschaft
Volkswirtschaftliche
  Gesamtrechnung
Vollbeschäftigung
Wachstum
Wettbewerb
Wirtschaftswissenschaft

Wirtschaft (23)

Absolut und relativ
Arbeitskosten
Brutto und Netto
Digitalisierung
Disruption
e.K.
Industrie 4.0
Infrastruktur
Kapitalismus
Krisen
Marktwirtschaft
Merkantilismus
Moral Hazard
Nominal und real
Realwirtschaft
Schattenwirtschaft
Schufa
Schweinezyklus
Soziale Marktwirtschaft
Start-up
Wirtschaft als Schulfach
Wirtschaftspolitik
Wohlstand

Wirtschaftspolitik (28)

Abschlussprüfer-Aufsicht
Abwrackprämie
Austerität
Bundeshaushalt
Defizit
Deregulierung
Deutschlands
  Wirtschaftspolitik
Energiewende
Kurzarbeitergeld
Mietpreisbindung
Mindestlohn
Neoliberalismus
Ordnungspolitik
Protektionismus
Rente
Rentenversicherung
Sachverständigenrat
Schulden
Schuldenbremse
Schuldenschnitt
Staatseingriffe
Staatsquote
Staatsverschuldung
Subvention
Umlageverfahren
Ungleichheit in Deutschland
Vermögensverteilung
Verschuldung

A

Abgeltungsteuer

Mit der Abgeltungsteuer werden Erträge aus Kapitalanlagen besteuert, wie Zinsen, Dividenden und Kursgewinne.

Sie heißt *Abgeltungsteuer*, weil mit ihr die sonst fällige Einkommensteuer abgegolten ist, auch wenn sie höher ausgefallen wäre. Sollte der persönliche Einkommensteuersatz niedriger sein, kann man die zu viel gezahlte Abgeltungsteuer in der Einkommensteuererklärung wieder abziehen.

Die Abgeltungsteuer ist eine *Quellensteuer*, die Banken und andere Finanzdienstleister einbehalten (an der Quelle also) und ans Finanzamt abführen. Das dürfte der Steuerhinterziehung weitgehend entgegenwirken.

Die Abgeltungsteuer ist eine Erhebungsform der *Kapitalertragsteuer* und gilt in dieser Form seit 2009. Der Abgeltungsteuersatz beträgt 25% (einschließlich Solidaritätszuschlag und Kirchensteuer 27,8%).[10]

Absatz und Umsatz

Absatz ist die verkaufte (abgesetzte) Menge, zum Beispiel die 4,4 Millionen Fahrzeuge, die VW (Volkswagen Pkw) im Geschäftsjahr 2015 verkauft (abgesetzt) hat. Die 4,4 Millionen sind also Stückzahlen (oder Mengenzahlen).

Den Verkaufswert, der mit dem Absatz verbunden ist, enthält der Begriff *Umsatz*: Mit den 4,4 Millionen Fahrzeugen hat VW 106 Milliarden Euro Umsatz(erlöse) erreicht im Geschäftsjahr 2015. Das sind 24.014 Euro Umsatz(erlöse) pro Fahrzeug im Durchschnitt.

---

[10] Duden Wirtschaft von A bis Z, S. 163.

© Springer Fachmedien Wiesbaden GmbH, ein Teil von Springer Nature 2019
W. Klitzsch, *Grundbegriffe der Wirtschaft*,
https://doi.org/10.1007/978-3-658-27904-2_1

Zum Vergleich weitere Absatz- und Umsatzzahlen:

Absatz und Umsatz PKW (im Jahr 2015)			
Unternehmen	Absatz Fahrzeuge (Anzahl in Mio.)	Umsatz gesamt (in Mrd. Euro)	Umsatz pro Fahrzeug im Durchschnitt (in Euro)
VW	4,4	106,24	24.014
Audi	1,5	58,42	38.208
BMW	2,2	85,54	38.059
Mercedes	2,0	83,81	41.874
Porsche	0,2	21,53	98.324
Beispiel VW: 106240 Mio. / 4,424 Mio. = 24014 Euro			

Quelle: Geschäftsberichte der Unternehmen, jeweils PKW

Abschlussprüfer-Aufsicht

Die Abschlussprüfer-Aufsichtskommission (APAK) war als eine unabhängige Wirtschaftsprüferaufsicht gegründet worden. Sie wurde von der Regierung Schröder ins Leben gerufen, nach Bilanzskandalen wie Flowtex und Comroad. Den Wirtschaftsprüfern wurde vorgeworfen, Skandale nicht erkannt zu haben. In der Kommission waren Experten tätig, die vom Berufsstand der Wirtschaftsprüfer unabhängig waren.

Wolfgang Spindler war Vorsitzender der Kommission, zuvor war er Präsident des Bundesfinanzhofs. Spindler legte seinen Vorsitz nieder, weil die Kommission nicht mehr unabhängig sein wird. Sie soll weiterbestehen als Abteilung des Bundesamts für Wirtschaft und Ausfuhrkontrolle (BAFA) in Eschborn, die dem Bundeswirtschaftsminister untersteht, und soll dann Abschlussprüfer-Aufsichtsstelle (APAS) heißen.[11] Die APAS wurde zum 17. Juni 2016 eingerichtet und übernahm die Aufgaben der bisherigen Kommission.

Die APAS hat die Aufgabe, die Prüfungsqualität der 87 Wirtschaftsprüfungsgesellschaften zu kontrollieren, die die Jahresabschlüsse von etwa 1100 Unternehmen in Deutschland

---

[11] „Den Irrweg gehe ich nicht mit", FAZ vom 16.12.2015, Seite 18, und Kommentar Seite 22.

prüfen, die von öffentlichem Interesse sind (das sind alle an der Börse notierten Gesellschaften plus Banken und Versicherungen).[12]

Abschreibungen

Abschreibungen sind *Aufwendungen*, also Kosten, und stehen daher in der GuV (Gewinn- und Verlustrechnung) (und nicht in der Bilanz).

Abschreibungen sind *Wertminderungen* von Vermögensgegenständen, zum Beispiel Autos und anderen Maschinen, die sich im Laufe ihrer Nutzung abnutzen und daher an Wert verlieren. Solche *Gegenstände* stehen in der Bilanz, oder besser: ihr Wert steht in der Bilanz, und zwar auf der linken Seite der Bilanz (der Seite der Aktiva, auf der die Vermögensgegenstände aufgeführt werden).[13]

Wenn ein Firmen-Auto für 40.000 Euro gekauft wird, steht sein Wert zuerst mit 40.000 Euro in der Bilanz. Das Firmen-Auto wird über 4 Jahre abgeschrieben, das heißt in jedem Jahr mit 10.000 Euro. Im zweiten Jahr steht das Auto also mit 30.000 Euro in der Bilanz. Die Abschreibung von 10.000 Euro steht als Aufwand in der GuV.

Wenn die 4 Jahre vorbei sind, steht das Auto noch mit 1 Euro in der Bilanz, wenn es noch genutzt wird.

Beim Finanzamt heißen die Abschreibungen ‚Afa‘, das heißt ‚Absetzung für Abnutzung‘ und ist identisch mit ‚Abschreibung‘. Den Begriff ‚Afa‘ hat die Finanzverwaltung geprägt,[14] die Betriebswirtschaftslehre verwendet den Begriff ‚Abschreibungen‘.

---

[12] Georg Giersberg: „Apas nimmt Prüfer grenzüberschreitend unter die Lupe", FAZ vom 6.11.2017, S. 16.
[13] Siehe Artikel „Bilanz" in diesem Buch.
[14] Siehe Einkommensteuergesetz § 7.

Absolut und relativ

Absolut

Absolut heißt „losgelöst" (wenn es um Zahlen geht), losgelöst von allem anderen, die absoluten Zahlen stehen allein für sich und haben ihre Bedeutung durch sich selbst. Sie haben keine Beziehung (keine Relation) zu anderen Daten oder Sachverhalten.

Beispiel: Die stärksten Wirtschaftsländer der Welt werden dargestellt durch die absoluten Zahlen ihres Bruttoinlandsprodukts:[15]

Stärkste Wirtschaftsländer – absolut		
2012		**BIP absolut** (in 1000 Mrd. Dollar)
1	USA	16,2
2	China	8,2
3	Japan	6,0
4	Deutschland	3,4
5	Frankreich	2,6
6	Großbritannien	2,5
7	Brasilien	2,3
8	Italien	2,0
9	Russland	2,0
10	Indien	1,9
BIP = Bruttoinlandsprodukt		
Quelle: The Economist: Die Welt in Zahlen 2015, S. 24		

Wer nur die absoluten Zahlen betrachtet, kommt zu dem Schluss, China sei das zweitstärkste Wirtschaftsland der Welt. Ist es ja auch nach der absoluten Zahl des Bruttoinlandsprodukts. Aber heißt das auch, dass die Chinesen im Durchschnitt den zweitgrößten Wohlstand auf der Welt haben?

Relativ

Um diese Frage zu beantworten, muss man die BIP-Zahlen zu anderen Zahlen ins Verhältnis setzen, sie also relativieren. In

---

[15] Siehe dazu den Artikel „Bruttoinlandsprodukt" in diesem Buch.

diesem Fall muss man das BIP auf die Zahl der Einwohner der Länder verteilen. China hat mehr als viermal so viele Einwohner wie die USA (1.354 Millionen in China zu 316 Millionen in den USA). Das BIP in China beträgt 6.078 Dollar pro Einwohner, in den USA 51.441 Dollar pro Einwohner:

Stärkste Wirtschaftsländer – relativ			
2012	BIP absolut (in 1000 Mrd. Dollar)	Einwohner (in Mio.)	BIP pro Einwohner (in Dollar)
1 USA	16,2	316	51.441
2 Japan	6,0	126	47.160
3 Deutschland	3,4	82	41.805
4 Frankreich	2,6	64	41.150
5 Großbritannien	2,5	63	39.331
6 Italien	2,0	61	33.033
7 Russland	2,0	143	14.121
8 Brasilien	2,3	198	11.356
9 China	8,2	1.354	6.078
10 Indien	1,9	1.258	1.477
BIP = Bruttoinlandsprodukt			
Quelle: The Economist: Die Welt in Zahlen 2015, S. 24 und S. 14			

China steht also nach den absoluten BIP-Zahlen an zweiter Stelle und hat die Hälfte der wirtschaftlichen Leistung der USA (China 8,2 – USA 16,2 BIP in 1.000 Milliarden Dollar).

Weil China viermal so viele Menschen hat wie die USA und das BIP halb so groß ist wie das der USA, verbleibt für jeden Einwohner Chinas ein Achtel der wirtschaftlichen Leistung der USA (China 6.078 – USA 51.441 BIP pro Einwohner in Dollar).

Und das ist nur im Durchschnitt aller Einwohner zu betrachten, also rein rechnerisch, in der Wirklichkeit ist die Verteilung auf alle Einwohner (sehr) ungleich.[16]

---

[16] China hat in der letzten Zeit wirtschaftlich stark aufgeholt und wird das auch wohl fortsetzen. Letzten Endes ist nicht ein Spitzenplatz wichtig oder der Wettlauf dahin, sondern dass alle Menschen ohne Armut leben können.

In der ersten Tabelle stehen die stärksten Wirtschaftsländer der Welt, in der zweiten Tabelle stehen diese Länder, geordnet nach dem BIP pro Einwohner. Das heißt aber nicht, dass die stärksten Wirtschaftsländer der Welt die größten BIP pro Kopf haben. Das haben nämlich kleinere Länder:

Höchstes BIP pro Kopf		
2012		BIP pro Kopf
		in Dollar
1	Monaco	163.026
2	Liechtenstein	160.745
3	Luxemburg	103.925
4	Norwegen	99.636
5	Katar	93.825
6	Bermuda	84.460
7	Kanalinseln	82.658
8	Schweiz	78.928
9	Macao	78.275
10	Australien	67.442
...		
14	USA	51.441
18	Japan	47.160
23	Deutschland	41.805
BIP = Bruttoinlandsprodukt		
Quelle: The Economist: Die Welt in Zahlen 2015, S. 26		

Dass manche kleine Länder ein sehr großes BIP pro Kopf haben, liegt daran, dass manche besonders viel Vermögen haben oder Erdgas oder Erdöl oder andere Rohstoffe. Außerdem haben sie relativ wenige Einwohner, auf die sie das Vermögen (rechnerisch) zu verteilen haben.

Leider gibt es auch sehr arme Länder: Somalia hat 130 Dollar BIP pro Kopf, Burundi 251 und Kongo 262.[17]

---

[17] Lesen Sie dazu den Artikel „Armut" in diesem Buch.

Abwrackprämie

Die *Abwrackprämie* ist ein staatlicher Eingriff in wirtschaftliche Vorgänge. Das heißt, sie stört oder fördert bestimmte wirtschaftliche Vorgänge, je nachdem, wie man es sehen will.

In diesem Fall wird der Umsatz einiger *Autounternehmen* gefördert; andere Unternehmen, die mit Autos nichts zu tun haben, werden nicht gefördert.

Mit dem Geld der Abwrackprämie wird außerdem *derjenige Kunde* gefördert, der sein altes Auto aus dem Verkehr zieht, es also abwracken lässt, und sich ein neues kauft. Alle anderen Kunden bekommen nichts.

Ist das gerecht? Darf der Staat das überhaupt? Er gibt den Bürgern Geld, die ein neues Auto kaufen, den andern aber nicht.

Und darf der Staat Autounternehmen Vorteile verschaffen, den anderen Unternehmen nicht? Die Autounternehmen verdienen doch gut, brauchen die denn Hilfe vom Staat?

Der Umsatz bestimmter Autos (vor allem der kleinen Autos) nahm mit der Abwrackprämie zu. Allerdings, was auf ungestörte Weise so wie so passiert wäre, nur etwas später (der Neukauf nämlich), wird jetzt vorgezogen. Das heißt auch, dass der künftige Umsatz schwächer sein wird, vorübergehend. Ist das überhaupt sinnvoll?

Da scheiden sich die Auffassungen. Wirtschaftsprofessoren sagen überwiegend, das sei nicht sinnvoll. Manche Politiker sagen, das war nützlich.

Wer bezahlt das? ***Was der Staat bezahlt, zahlen immer alle, alle Steuerzahler.*** Also alle, die so viel Einkommen haben, dass sie Steuern zahlen müssen (das sind nicht alle Bürger). Lesen Sie dazu den Artikel „Steuern" in diesem Buch.

Agio und Disagio

Agio kommt aus dem Italienischen und heißt „Aufgeld". Es ist die Differenz zwischen dem Nennwert einer Aktie (zum Beispiel 50 Euro) und dem Kurswert (zum Beispiel 76 Euro). Das Agio beträgt hier 26 Euro[18] oder 52% vom Nennwert.[19]

Der *Nennwert* ist der Anteil am gesamten Eigenkapital der Aktiengesellschaft.[20]

Der *Kurswert* ist der aktuelle Preis der Aktie, der zu einem bestimmten Zeitpunkt an der Börse bezahlt wird (und der sich ständig verändern kann).

Disagio heißt „Abgeld" oder „Abschlag".

Beispiel: Es wird ein Darlehen von 100.000 Euro vereinbart mit einem Disagio von 3%. Dann zahlt die Bank 97.000 Euro an den Kunden aus, 3.000 Euro behält sie gleich ein. Das ist ein Teil der Verzinsung, die die Bank bekommt (oder die ganze Verzinsung, je nach Vertrag). Der Kunde muss 100.000 Euro an die Bank zurückzahlen (und eventuell noch weitere Zinsen, je nach Vertrag).

Aktien

Aktien sind *Anteile am Grundkapital* einer Aktiengesellschaft.[21] Die Aktie ist eine Beteiligung am Eigenkapital einer Aktiengesellschaft.

Sie ist ein Wertpapier, für das es ein eigenes Gesetz gibt, erstmals das Preußische Aktiengesetz von 1843. Im Jahr 1861 wurde es ins Allgemeine Deutsche Handelsgesetzbuch eingegliedert. 1937 wurde es wieder ein eigenständiges Aktiengesetz und 1965 neu gefasst. Letzte Änderungen gab es durch Gesetz vom 17.7.2017.[22]

---

[18] Das Agio beträgt 76 − 50 = 26.
[19] 26 / 50 = 0,52 = 52%.
[20] Siehe Artikel „Aktien" in diesem Buch.
[21] Aktiengesetz § 1 Absatz 2.
[22] https://www.gesetze-im-internet.de am 16.3.2019

Die meisten Aktien werden an *Börsen* gehandelt; einige Aktiengesellschaften verzichten auf einen Börsengang.[23]

Die Aktionäre sind die Eigentümer der Aktiengesellschaft. Das Grundkapital einer Aktiengesellschaft muss in Deutschland mindestens 50.000 Euro betragen.[24]

Die Haftung ist begrenzt, die Aktionäre haften nicht mit ihrem persönlichen Vermögen: „Für die Verbindlichkeiten der Gesellschaft haftet den Gläubigern nur das Gesellschaftsvermögen."[25]

Aktienarten

Aktien gibt es nach dem Aktiengesetz

- als Nennbetragsaktien oder
- als Stückaktien.

  a) *Nennbetragsaktien* müssen auf mindestens einen Euro lauten. Sie können auch auf höhere Nennbeträge und auf verschiedene Nennbeträge lauten.

  b) *Stückaktien* haben keinen Nennbetrag, sie sind am Grundkapital in gleichem Umfang beteiligt.[26]

Aktienanteile

Welchen *Anteil* hat eine Aktie am Grundkapital?

a) Wenn der *Nennbetrag* einer Aktie 100 Euro ist und das Grundkapital eine Million Euro beträgt, dann hat diese eine Aktie einen Anteil von 0,0001 (das ist ein Anteil von 0,01% oder ein Zehntausendstel). Hundert Aktien zu je 100 Euro haben einen Anteil von 0,01 (das ist ein Anteil von 1% oder ein Hundertstel).

b) Wenn es 5.000 *Stückaktien* gibt und das Grundkapital eine Million Euro beträgt, dann hat eine Stückaktie einen *Wert* von 200 Euro. Eine Stückaktie hat hier einen *Anteil* von 0,0002 (das ist ein Anteil von 0,02%). Hundert Aktien haben hier einen Anteil von 0,02 (das ist ein Anteil von 2%).

---

[23] Prof. Dr. Klaus Spremann und Prof. Dr. Pascal Gantenbein: Finanzmärkte, S. 172. Ebenso: Dudenverlag: Wie Wirtschaft funktioniert, S. 298.
[24] Aktiengesetz § 7.
[25] Aktiengesetz § 1 Absatz 1.
[26] Aktiengesetz § 8 und 9.

Aktieneintragung
Nach der *Eintragung* unterscheidet man
- Namensaktien und
- Inhaberaktien.

Namensaktien sind im Aktienbuch der Gesellschaft eingetragen. Die Gesellschaft ist daher über ihre Eigentümer informiert (übliche Form der Eintragung in Großbritannien und den USA).

Inhaberaktien stehen nicht in einem Aktienregister und lauten auf den Inhaber (übliche Form in Deutschland).

Stimmrecht
Aktien haben nicht immer das gleiche *Stimmrecht*:
- *Stammaktien* haben Stimm- und Wahlrechte in der Hauptversammlung.
- *Vorzugsaktien* haben meist keine Stimmrechte, dafür aber Anspruch auf Vorzugsdividenden oder Vorteile beim Bezug neuer Aktien.[27]
- *Stimmrechtsaktien* können mehr als eine Stimme haben.[28]

Geldbeschaffung und Geldanlage
Aktien sind für die Unternehmen ein Instrument der *Geldbeschaffung*, für den Aktionär ein Instrument der *Geldanlage*. Für den Anleger stellt sich die Frage, welche Aktien er kaufen soll. Dafür braucht er Informationen über das Unternehmen und seine Entwicklung, dargestellt durch die Bilanz und durch weitere Angaben.

---

[27] Dennoch werden sie auch mal Nachteilaktien genannt, weil sie kein Stimmrecht haben, siehe Wolfgang Münchau: Kernschmelze im Finanzsystem, S. 232.
[28] Prof. Dr. Klaus Spremann und Prof. Dr. Pascal Gantenbein: Finanzmärkte, S. 174.

Kurs-Gewinn-Verhältnis

Von Bedeutung ist hierbei auch das Kurs-Gewinn-Verhältnis (KGV). Die folgende Tabelle zeigt fünf Beispiele:[29]

Kurs-Gewinn-Verhältnis			
Unternehmen	Kurs (€)	Gewinn pro Aktie (€)	KGV
Beiersdorf	75	2,75	27
Daimler	84	7,06	12
Allianz	147	13,94	11
VW	223	23,82	9
Lufthansa	14	2,11	7

Berechnung KGV: Kurs dividiert durch Gewinn.
Zum Beispiel Beiersdorf: 75 / 2,75 = 27

Das KGV 27 von Beiersdorf bedeutet, dass der Käufer das 27-fache des *Gewinns pro Aktie* bezahlt für den Kauf einer Aktie bei einem Kurs von 75. Für die Lufthansa-Aktie bezahlt er nach diesen Daten das 7-fache.

Der genannte Gewinn pro Aktie kann der aktuelle Gewinn sein. Wichtiger für den Aktienkäufer ist der Gewinn, der zukünftig erzielt wird. Der ist natürlich noch nicht bekannt, kann also nur geschätzt werden.

Die Unternehmen, die im amerikanischen Aktienindex S&P 500 enthalten sind, haben seit 1929 im *Durchschnitt* ein KGV von 15. Wenn KGV-Werte weit darüber liegen, könnte das darauf hinweisen, dass diese Unternehmen überbewertet sind, es kann aber auch andere Gründe geben.[30]

---

[29] Quelle: Wirtschaftswoche vom 23.2.2015.
[30] Markus Neumann: Banker verstehen, S. 181.

Dividenden-Rendite

Die Dividendenrendite gibt die Verzinsung des aktuellen Kurses der Aktie an:

Dividendenrendite			
Unternehmen	Kurs (€)	Gewinn pro Aktie (€)	Gewinn durch Kurs
Beiersdorf	75	2,75	3,7%
Daimler	84	7,06	8,4%
Allianz	147	13,94	9,5%
VW	223	23,82	10,7%
Lufthansa	14	2,11	15,1%

Berechnung: Gewinn dividiert durch Kurs
Zum Beispiel Beiersdorf: 2,75 / 75 = 0,037 = 3,7%

Die Aktie von Beiersdorf erzielt 3,7% Rendite, die Lufthansa-Aktie 15,1% Rendite.

Kurs-Buchwert-Verhältnis (KBV)

Der *Kurs* ist wieder der Aktienkurs, also der aktuelle Marktwert des Unternehmens an der Börse.

Der *Buchwert* stammt aus den Zahlen der Buchhaltung und stellt den Wert des gesamten Unternehmens dar. Der Wert aller Vermögensgegenstände des Unternehmens (in der Bilanz auf der Aktivseite) minus aller Schulden des Unternehmens (auf der Passivseite) ergibt den Netto-Buchwert des Unternehmens, praktisch das Eigenkapital: das, was das Unternehmen wert ist, wenn alle Schulden getilgt sind.[31]

Für die Beispiele Beiersdorf und Daimler ergeben sich folgende Zahlen:

Das gesamte Vermögen von 6,3 Milliarden Euro minus die gesamten Schulden von 2,7 Milliarden Euro ergibt einen Netto-Buchwert von 3,6 Milliarden Euro für Beiersdorf.

Für Daimler ergibt sich aus einem Vermögen von 189 Milliarden Euro und Schulden von 145 Milliarden Euro ein Netto-Buchwert von 44 Milliarden Euro.

---

[31] Markus Neumann: Banker verstehen, S. 181.

Der Netto-Buchwert von 3,6 Milliarden Euro geteilt durch 227 Millionen Aktien ergibt einen Buchwert von 16 Euro pro Aktie für Beiersdorf.[32]

Kurs-Buchwert-Verhältnis		Beiersdorf	Daimler
Kurs	€	75	84
Vermögen	Mrd. €	6,3	189
Schulden	Mrd. €	-2,7	-145
Netto-Buchwert*	Mrd. €	3,6	44
Anzahl Aktien	Mio.	227	1.070
Buchwert pro Aktie	€	16	41
Kurs-Buchwert-Verhältnis		4,7	2,0

* ist gleich Eigenkapital

Der Netto-Buchwert von 44 Milliarden Euro geteilt durch 1,07 Milliarden Aktien ergibt einen Buchwert von 41 Euro pro Aktie für Daimler.[33]

Das Kurs-Buchwert-Verhältnis beträgt 75 durch 16 gleich 4,7 für Beiersdorf und 84 durch 41 gleich 2,0 für Daimler.

Ergebnis: Die Unternehmenssubstanz von Beiersdorf wird an der Börse mit dem 4,7-fachen bewertet.

Die Unternehmenssubstanz von Daimler wird an der Börse mit dem Zweifachen bewertet.

Während der Finanzkrise sackte das KBV mancher DAX-Konzerne unter den Wert 1.[34] Das bedeutet, die Konzerne waren an der Börse (zu dieser Zeit) weniger wert als ihr ganzer Substanzwert (das sind alle Gebäude, Maschinen, Anlagen, Computer). Das lag natürlich auch an der Finanzkrise: Zu der Zeit wollte kaum jemand kaufen, die Unsicherheit war gerade groß.

---

[32] 3600 Millionen Buchwert durch 227 Millionen Aktien gleich 15,86 Euro gleich gerundet 16 Euro.
[33] 44 Milliarden Buchwert durch 1,07 Milliarden Aktien gleich 41 Euro.
[34] Markus Neumann: Banker verstehen, S. 181.

Aktienanlage

Warum Geld anlegen?

Wohl fast jeder will etwas Geld zur Seite legen, weil niemand weiß, wie es in der Zukunft wird. Ob die Rente im Alter ausreichen wird, weiß man nicht so genau, vorsorgen hilft. Ein eigenes Haus ist das Ziel vieler, aber ohne Eigenkapital geht das meist nicht. Berufliche Lebenswege und private Ereignisse können leichter gemeistert werden, wenn man auf etwas Geld zurückgreifen kann, das wissen nicht nur die Schwaben.

Wie Geld anlegen?

Es gibt doch nirgends mehr Zinsen! Durch den niedrigen Zins lohnt sich eine Geldanlage doch gar nicht mehr! Und die Immobilien sind inzwischen schon viel zu teuer, da lohnt sich kaum noch was.

Geld auf der hohen Kante zu haben, ist im Notfall besser, als gar nichts zu haben, egal ob man Zinsen bekommt oder nicht.

Zinsanlagen und Immobilien sind zurzeit oft nicht die rechte Wahl. Aber gehen Sie nicht an den Aktien vorbei. Sie sind keine Zinsanlagen, sie sind eine Beteiligung an Sachanlagen und bieten oft vernünftige Erträge. Und sie bieten in allen langfristigen Vergleichen die besten Erträge.

Aktien können auch Verluste bringen, keine Frage. Das können Anleihen auch. Bei Aktien helfen breite Streuung und eine ruhige Hand, kein hin und her (denn „Hin und her macht die Taschen leer" – die der Kunden, nicht die der Banken). Soll heißen, das kostet viele und hohe Gebühren und am Schluss kostet es die Rendite (den Überschuss oder den Gewinn).

Das Geld für die Aktienanlage muss frei sein, man muss es „über" haben, sonst ist vielleicht der Lebensunterhalt gefährdet. Der Kauf der Aktien sollte auch nicht auf Kredit finanziert werden, das ist für den Normalbürger zu riskant.

Und wenn das Leben dem Alter entgegengeht, spricht nichts dagegen, eventuell noch vorhandene Risiken weiter abzubauen. Damit man im Alter keine Krisen erlebt.

Aktiengewinne

Aktien sind in Deutschland nicht populär, sie gelten als riskant. Richtig ist, dass Aktienkurse stärker schwanken, man kann also mit Aktien verlieren. Allerdings bringen Aktien über

Jahrzehnte die höchste Rendite ein, etwa zwischen 7 und 9 Prozent pro Jahr.[35]

Nicht allerdings zwischen 1999 und 2009, das war ein Jahrzehnt mit schlechten Renditen. Der amerikanische S&P 500-Index lag in diesem Zeitraum jedes Jahr bei minus 5 Prozent Rendite (inflationsbereinigt).[36]

Wer Aktien allerdings gänzlich meidet, kann nicht nur Gewinne für seine Altersversorgung verpassen, er sollte die Aktien auch unter Beachtung der Risikomischung einbeziehen: Wer sein Geld nur in Zinsanlagen (Anleihen, Kredite) und Immobilien anlegt, aber die Aktien weglässt, der legt zu einseitig an.

Aktiengesellschaft

Aktiengesellschaften sind Kapitalgesellschaften, die ein eigenes *Kapital* haben, das bei Gründung mindestens 50.000 Euro betragen muss (in Deutschland; in Österreich 70.000 Euro und in der Schweiz 100.000 Franken).[37]

In Deutschland gibt es 7.747 Aktiengesellschaften.[38] (Zum Vergleich: In Deutschland gibt es 522.573 Gesellschaften mit beschränkter Haftung (GmbH).)

Aktiengesellschaften haben eine eigene Rechtspersönlichkeit und ein eigenes Kapital, sie sind eine *„juristische Person"*, siehe Aktiengesetz § 1: „Die Aktiengesellschaft ist eine Gesellschaft mit eigener Rechtspersönlichkeit."

Die Aktiengesellschaften *haften* den Gläubigern für ihre Verbindlichkeiten nur mit ihrem Gesellschaftsvermögen. Aktionäre müssen mit ihrem privaten Vermögen nicht für die Verbindlichkeiten der AG eintreten.

---

[35] Michael Braun Alexander: So geht Geld, S. 168.
[36] Ebenda, S. 168.
[37] Prof. Dr. Klaus Spremann und Prof. Dr. Pascal Gantenbein: Finanzmärkte, S. 173 f.
[38] Gemäß Umsatzsteuerstatistik 2014 des Statistischen Bundesamts (www.destatis.de).

Das Eigenkapital der Aktiengesellschaft heißt *Grundkapital* und ist „in Aktien zerlegt".[39]

Die Aktiengesellschaft hat drei *Organe*: die Hauptversammlung, den Aufsichtsrat und den Vorstand.

Aktienrückkäufe

Aktienrückkäufe bedeuten, eine Aktiengesellschaft kauft einen Teil ihrer eigenen Aktien zurück. Damit sinkt das Eigenkapital der AG.

Im Jahr 2018 gaben amerikanische Unternehmen 650 Milliarden Dollar aus, um eigene Aktien zurückzukaufen.

Warum macht eine Aktiengesellschaft das?
Ein Grund ist, dass Aktienrückkäufe die Aktienkurse begünstigen, also eine Kursstütze bieten.

Ein anderer Grund ist, dass die Finanzierung durch Eigenkapital teurer ist (der Aktionär möchte eine hohe Dividende bekommen). Die Finanzierung durch Fremdkapital ist günstiger,[40] die Zinsen sind niedrig.

Aktienrückkäufe kann man auch kritisch sehen. Sie verringern die Zahl der Aktien und steigern damit den Gewinn je Aktie, rein rechnerisch, ohne wirkliches Gewinnwachstum. Viele Managementvergütungen sind an den Gewinn je Aktie und an die Aktienkursentwicklung gekoppelt, da besteht also ein persönliches Interesse des Managements, das Gehalt zu erhöhen.

Vorhandenes Eigenkapital kann verwendet werden, um zu investieren und mögliche Wachstumschancen zu nutzen. Das sollte Vorrang haben vor Aktienrückkäufen.
Eigenkapital soll die Risiken des Geschäfts abdecken; es sollte also ausreichend vorhanden sein, damit die möglichen Risiken auch abgefedert werden können.

---

[39] Aktiengesetz § 1.
[40] „Eigene Aktien kaufen – beliebt, aber umstritten", FAZ vom 8.12.2018, S. 32.

Allokation

Allokation bedeutet *Zuordnung* der Mittel, die man hat (Geld oder Produktionsmittel), auf mögliche Verwendungen.

Man kann sein Geld zum Beispiel dafür einsetzen, Produkte zu schaffen, die die Kunden besonders stark nachfragen. Da sich diese Nachfrage im Laufe der Zeit ändern kann, muss der Unternehmer immer wieder prüfen, ob er seine Mittel in neue Produkte stecken soll, die sich besser verkaufen (also seine Mittel neu zuordnet). Produkte, die immer weniger verkauft werden, könnten sich bald nicht mehr lohnen.

Altersvorsorge

Fürs Alter können und sollten Sie auf drei Wegen vorsorgen:
- durch die *gesetzliche* Rentenversicherung,
- durch eine *betriebliche* Altersvorsorge
- und durch Ihre *private* Vorsorge.

Das sind die drei Säulen der Altersversorgung.

Gesetzliche Rentenversicherung
Die wichtigste Altersvorsorge in Deutschland ist die gesetzliche Rentenversicherung, sie trägt mit 65% den größten Anteil der Einkommen im Alter (über 65 Jahren).

Die meisten *Arbeitnehmer* sind gesetzlich verpflichtet, in die gesetzliche Rentenversicherung einzuzahlen. Nicht verpflichtet sind Selbstständige, sie können aber teilnehmen. Beamte des Staates (Bund, Länder und Gemeinden) bekommen eine Pension aus öffentlichen Kassen.

Die gesetzliche Rentenversicherung wird im *Umlage-verfahren* finanziert: Die Erwerbstätigen (im Alter von 15 bis 67 Jahren) zahlen monatlich ihre Rentenbeiträge an die Rentenversicherung; aus diesen Beiträgen werden die Renten an die Rentner ausgezahlt (deshalb Umlageverfahren: es werden keine Beträge langfristig angelegt).

Allerdings finanzieren die Erwerbstätigen die Rente nicht alleine, hinzu kommt ein *Bundeszuschuss* aus dem Bundeshaushalt, also dem allgemeinen Steueraufkommen.[41] Der Zuschuss beträgt schon 26% der gesamten Rentenausgaben.[42]

Weiteres lesen Sie bitte im Artikel „Rentenversicherung" in diesem Buch.

Betriebliche Altersvorsorge

Wenn Sie können, sollten sie eine betriebliche Altersvorsorge nutzen. Voraussetzung ist, Sie sind in einem Betrieb angestellt, haben also einen Arbeitgeber uns sind nicht selbständig.

Dabei gibt es fünf Durchführungswege, das sind
- die Direktversicherung,
- die Pensionskasse,
- der Pensionsfonds,
- die Unterstützungskasse
- und die Direktzusage.[43]

Der Arbeitgeber muss einen der fünf Durchführungswege anbieten, der Arbeitnehmer kann sie nutzen, muss es aber nicht. Sie zu nutzen, ist ratsam.

Die Beträge, die der Arbeitnehmer zur betrieblichen Altersvorsorge einsetzen will, werden aus dem Bruttolohn oder Bruttogehalt entnommen und als Altersvorsorgebeiträge angelegt. Das nennt man *Entgeltumwandlung* (ein Teil des Lohns oder des Gehalts wird umgewandelt zum Vorsorgebeitrag). Auf diesen Vorsorgebeitrag entfallen keine Steuern und keine Sozialversicherungsbeiträge.[44]

---

[41] Dudenverlag: Wie Wirtschaft funktioniert, S. 202; und Michael Braun Alexander: So geht Geld, S. 77ff.

[42] Dietrich Creutzburg: „Bald 100 Milliarden Euro Steuerzuschuss für die Rente", www.faz.net vom 14.6.2017.

[43] Michael Braun Alexander: So geht Geld, S. 107ff.

[44] Die **Sozialversicherung** besteht aus der Rentenversicherung, Krankenversicherung, Arbeitslosenversicherung und Pflegeversicherung.

Private Vorsorge

Für das Alter sollten Sie, wenn möglich, zusätzlich vorsorgen, neben der gesetzlichen Rentenversicherung und der betrieblichen Altersvorsorge. Natürlich hätte man gerne eine Verzinsung, aber auch wenn es die zurzeit nicht gibt, weil der Zinssatz bei null liegt, sollte man etwas fürs Alter zurücklegen – möglichst wertsichernd, also in Sachwerten, etwa Aktien in weiter Streuung.

Amortisation

„Amortisiert sich das denn?" heißt: Bekommt man die Kosten für die Herstellung eines Produkts durch Verkaufserlöse zurück? Und: Springt noch ein angemessener Gewinn heraus?

Man könnte genauso gut fragen: „Lohnt sich das denn?"

Oder: „Zahlt es sich aus?"

Produktkosten	300.000 €	300.000 €	300.000 €
Verkaufserlöse	280.000 €	300.000 €	315.000 €
Gewinn oder Verlust	-20.000 €	0 €	15.000 €
	Verlust	**Amortisation**	**Gewinn**

Der Fall der Amortisation (Gewinn 0 Euro) wird auch *Gewinnschwelle* genannt: Unterhalb der Schwelle gibt es Verlust, oberhalb der Schwelle gibt es Gewinn.

Ein Investor[45] will nicht nur wissen, *ob* sich eine Investition lohnt, sondern auch, *wie lange* es dauert, bis die Verkaufserlöse die Kosten gedeckt haben. Das ist die *Amortisationsdauer* (auch *Pay-off-Periode* genannt). Dazu ist es nötig, die Kosten und Erlöse zu ermitteln. Beispiel:

---

[45] Ein *Investor* setzt Geld ein, um ein Produkt herzustellen, das andere Menschen vermutlich kaufen werden. Das ist ein Risiko, weil die Menschen es vielleicht nicht kaufen. Es ist ein Gewinn, wenn es die Menschen kaufen (und die Kalkulation stimmte). Investor kann jeder sein, der das nötige Geld beschaffen kann, der eine Idee hat und der sich traut.

Amortisationsrechnung				
Jahr	Kosten	Erlöse	Saldo	kumuliert
1	-120.000	+20.000	-100.000	-100.000
2	-20.000	+30.000	+10.000	-90.000
3	-10.000	+35.000	+25.000	-65.000
4	-8.000	+35.000	+27.000	-38.000
5	-5.000	+43.000	+38.000	+0
Summe	-163.000	+163.000	+0	

Aus den genannten Zahlen ergibt sich, dass die Kosten am Ende des fünften Jahres von den Erlösen gedeckt werden, die Amortisation also fünf Jahre dauert.

Die Amortisationsrechnung dient der Risikoeinschätzung, „Wie lange ist mein Geld investiert?" und „Wann ist es wieder zurückgeflossen?"

Angebot und Nachfrage

Angebot und Nachfrage bestimmen den Preis. Wenn sich der Preis ändert, kann das nur an der Veränderung des Angebots oder der Nachfrage liegen.

Man hört aber immer wieder, die Höhe des Preises soll doch auch an den Kosten liegen. Die Kosten spielen auch eine Rolle, und sie fließen natürlich in das Angebot mit ein, so dass die allgemeine Aussage so bleiben kann, dass Angebot und Nachfrage den Preis bestimmen.[46]

Angebot und Nachfrage bestimmen den Preis; vorausgesetzt, die Marktteilnehmer können frei entscheiden.

Wenn die Nachfrage zunimmt, das Angebot aber nicht mitkommt, steigt tendenziell der Preis.

Das muss man nicht verteufeln, das ist ein normaler Vorgang, er zeigt an, dass ein Produkt knapp ist, und regelt die Behandlung knapper Güter auf natürliche Weise: Wenn der Preis steigt, ist einigen Käufern dieser Preis zu hoch, sie kaufen nicht. Die Preiserhöhung bewirkt also, dass die Nachfrage sinkt.

---

[46] Siehe Prof. Dr. Erich Preiser: Nationalökonomie heute, S. 48.

Angebot und Nachfrage bestimmen den Preis, und damit auch, ob Kauf und Verkauf zustande kommen.[47] Wenn die Nachfrage tatsächlich gekauft wird, wird sie zu *Ausgaben.*

Angebot und Nachfrage sind zuerst nur Interesse, sie sind noch kein Kauf oder Verkauf und noch unverbindlich. Sie werden erst durch den Kauf(vertrag) rechtsverbindlich. Der Kaufvertrag kann auch mündlich (ohne Schriftform) zustandekommen.

Manchmal hört man, *die Nachfrage bestimme das Angebot.* In speziellen Fällen kann es so aussehen, etwa wenn schon länger bekannte Produkte am Markt sind und die Nachfrage zu bestimmen scheint, welche Produkte wie stark gefragt sind (also gekauft werden).

Ein Beispiel sind die Automarken und -modelle, die es am deutschen Markt gibt und die zu einer bestimmten Zeit in bestimmten Anteilen verteilt sind. Aber die Angebotsseite reagiert: Um die Anteile immer wieder in Bewegung zu bringen, also zu verändern, werden immer wieder neue Modelle von den Herstellern angeboten.

Manchmal scheint auch *das Angebot die Nachfrage zu bestimmen,* etwa wenn E-Bikes angeboten werden, die es vorher gar nicht gab, aber dann bald stark nachgefragt und gekauft wurden. Ebenso, als im Jahr 2007 das iPhone auf den Markt kam, also neu angeboten wurde, gab es eine große Nachfrage, die das Angebot verursacht hat, während die Nachfrage nur reagiert hat. Für viele Käufer war der Preis nahezu egal. Aber auch für diese Käufer war das Angebot noch im Rahmen ihrer Nachfrage, sonst hätten sie das Angebot nicht gekauft. Wäre der Preis nicht 600 Euro gewesen, sondern 6000 Euro, hätten wir es erfahren, ob das Angebot noch im Rahmen ihrer Nachfrage war. Wir werden es nicht erfahren, im Markt gibt es keine Laborexperimente.

---

[47] Siehe dazu den Artikel „Preisbildung" in diesem Buch.

Volkswirtschaftlich gesehen setzt sich das *Gesamtangebot* zusammen aus
- dem im Inland produzierten Angebot und
- dem aus dem Ausland eingeführten Angebot.

Volkswirtschaftlich gesehen setzt sich die *Gesamtnachfrage* zusammen aus der Nachfrage
- der privaten Haushalte (Konsum, Verbrauch),
- der Unternehmen (Investitionen),
- des Staates (Staatsausgaben),
- des Auslands (Export).[48]

Die Nachfrage der *privaten Haushalte* hat den größten Anteil an der Gesamtnachfrage. Die Nachfrage des *Staates* und der privaten Haushalte sind relativ konstant (gleich bleibend).

Die *Investitionen* sind ebenfalls Ausgaben (zum Beispiel Kauf von Maschinen, Anlagen, Gebäuden). Sie sind nicht so konstant, können also von Jahr zu Jahr schwanken und bestimmen damit stärker, ob die *Konjunktur* gut oder weniger gut ausfällt.

Anleihen

Anleihen werden auch Schuldverschreibungen, Obligationen, *Renten*[49] oder (englisch) *Bonds* genannt.

„Das wichtigste Finanzinstrument überhaupt ist die festverzinsliche Anleihe."[50] Die deutschen Lebensversicherungen legen ihre Anlagegelder zu einem großen Teil in Anleihen an. Da jeder Deutsche im Durchschnitt mehr als eine Lebensversicherung hat, haben Anleihen für die Altersversorgung eine große Bedeutung.[51]

---

[48] Siehe Prof. Dr. Artur Woll: Volkswirtschaftslehre, S. 304.
[49] Weil Anleihen Zinsen abwerfen und sich damit rentieren (eine Rente ergeben).
[50] Wolfgang Münchau: Kernschmelze im Finanzsystem, S. 81. Ähnlich bei Michael Braun Alexander: So geht Geld, S. 193.
[51] Michael Braun Alexander: So geht Geld, S. 193f.

Wer Anleihen begibt, *braucht* Geld. Wer Anleihen kauft, *gibt* Geld und bekommt dafür Zinsen und später das geliehene Geld zurück (jedenfalls im Normalfall).

Anleihen sind Wertpapiere, die Fremdkapital verbriefen (dokumentieren) und auf den Inhaber lauten. Der Anleihe-Emittent erhält Geld vom Anleihekäufer.

Der Anleihekäufer erhält dafür

- eine regelmäßig zu zahlende *Zinszahlung* (*Kupon* genannt), deren Höhe fest vereinbart ist (daher ‚festverzinsliches Wert-papier'),
- und den *Rückzahlungsbetrag* zu einem fest vereinbarten Termin zurück (die Laufzeit beträgt mindestens mehr als ein Jahr, oft zehn Jahre, auch dreißig Jahre).

Anleihen gibt es als

- Staatsanleihen und Kommunalanleihen
- Pfandbriefe (sind mit Hypotheken[52] gesichert)
- Bankanleihen
- Unternehmensanleihen (auch Corporate Bonds genannt)

Vor- und Nachteile

Anleihen zahlen regelmäßig Zinsen, die Anleger haben daher regelmäßige Einnahmen. Viele Anleihen sind relativ sicher.

Was sicher ist, hat in aller Regel auch nur mäßige Renditen. Anleihen sind Zinspapiere und sind daher durch die Inflation gefährdet, sie verlieren besonders über längere Zeiten an (realem) Wert, die reale Verzinsung wird durch die Inflation gemindert. Die Sicherheit der Anleihen steht und fällt mit der Bonität der Emittenten (der Herausgeber).

Nullkupon-Anleihen (Zerobonds)

Bei diesen Anleihen leistet der Schuldner während der Laufzeit der Anleihe keine Zinszahlungen. Er leistet nur *eine* Zahlung, die Rückzahlung der Anleihe am Ende der Laufzeit.

---

[52] Eine **Hypothek** ist ein Pfandrecht für einen Kredit, den man bekommt, wenn man ein Haus als Pfand (oder Sicherheit) anbietet. Die Hypothek wird in der Praxis nur noch wenig angewandt, die **Grundschuld** ist praktischer.

Der Anleihekäufer erhält eine Verzinsung durch
- einen Kauf zu weniger als 100% (zum Beispiel Ausgabekurs von 95%)
- und eine Rückzahlung von 100% (Rückzahlungskurs 100%).[53]

Diese Form der Nullkupon-Anleihe wird auch *Diskontanleihe* genannt (weil von 100% ein Abschlag (=Diskont) vorgenommen wird, hier zum Beispiel 5%).

Eine andere Form der Nullkupon-Anleihe ist die *Aufzinsungs-anleihe*: Der Anlagekäufer kauft die Anleihe zum Nennwert (zu 100%). Er erhält keine Zinszahlungen während der Laufzeit. Am Ende der Laufzeit erhält er neben der Nennwert-Rückzahlung zusätzlich die gesamten Zinsen der Laufzeit als einmaligen Zahlungsbetrag.[54]

Anleihen mit variablem Zins
In den 1970er Jahren wurden *Floating Rate Notes* geschaffen, kurz Floater genannt. Hier wird der Zins mehrmals im Jahr an die Geldmarktentwicklung angepasst, so dass eine marktgerechte Verzinsung gegeben ist.[55] Was besser ist, fester oder variabler Zins, kommt auf die wirtschaftliche Entwicklung an, die sich künftig ergeben wird.

Annuität

Annuität heißt Jahresbetrag (aus dem Lateinischen ‚annus‘). Die Annuität ist der jährliche Rückzahlungsbetrag eines Kredits und besteht aus Zins und Tilgung.[56]

Der Schuldner eines Kredits (der Kreditnehmer) muss einen regelmäßigen Betrag an den Gläubiger (die Bank) zurückzahlen, der ihm den Kredit ausgezahlt hat. Der Rückzahlungsbetrag besteht aus der Tilgungsrate und dem Zinsbetrag. Die

---

[53] Peter Binkowski und Dr. Helmut Beck: Finanzinnovationen, S. 12.
[54] Prof. Dr. Klaus Spremann und Prof. Dr. Pascal Gantenbein: Finanzmärkte, S. 123 ff.
[55] Peter Binkowski und Dr. Helmut Beck: Finanzinnovationen, S. 2.
[56] Siehe Prof. Dr. Erich Kosiol: Finanzmathematik, S. 102.

Annuität kann noch weitere Bestandteile haben, etwa Aufgeld, Prämien und Gebühren.[57]

Annuitätentilgung

Bei der *Annuitätentilgung* bleibt der Annuitätsbetrag jedes Jahr gleich (außer oft im letzten Jahr), siehe folgende Tabelle in Spalte e:

Annuitätentilgung						
a	b	c	d	e	f	g
Jahr	Schuld am Anfang	Zins-satz	Zins-betrag	Annuität	Tilgung	Restschuld
			= b * c		= e – d	= b – f
1	40.000	4%	1.600	9.000	7.400	32.600
2	32.600	4%	1.304	9.000	7.696	24.904
3	24.904	4%	996	9.000	8.004	16.900
4	16.900	4%	676	9.000	8.324	8.576
5	8.576	4%	343	8.919	8.576	0
	Summe:		4.919	44.919	40.000	
	in % von 40.000:		12,3%	112,3%	100,0%	

* bedeutet „multiplizieren"

Der *Zinsbetrag* wird jedes Jahr geringer (siehe Spalte d), weil die zu verzinsende Restschuld auch jedes Jahr durch die Tilgung geringer wird (siehe Spalte g).

Die *Tilgung* dagegen nimmt jährlich zu, und zwar genau um den Betrag, um den die Zinsen abnehmen, so dass die Summe der Zinsen und der Tilgung (also die Annuität) immer gleich bleibt (außer im letzten Jahr).

Wie kommen die Beträge der Annuität, der Zinsen und der Tilgung zustande? Der Betrag der *Annuität* wird vom Kreditnehmer so festgesetzt, dass er den Kredit so schnell wie möglich zurückzahlen kann. Die *Zinsen* ergeben sich aus dem Zinssatz (hier 4% pro Jahr) und dem Kreditbetrag am Anfang (hier 40.000 Euro), im ersten Jahr 1.600 Euro Zinsen. Die *Tilgung* ergibt sich aus der Annuität und dem Zinsbetrag (im ersten Jahr 9.000 minus 1.600 gleich 7.400 Euro).

Die Tabelle zeigt, dass der aufgenommene Kredit von 40.000 Euro bei einem Jahreszins von 4% und einer anfäng-

---

[57] Siehe Prof. Dr. Lutz Kruschwitz: Finanzmathematik, S. 131.

lichen Tilgung von 7.400 Euro und einer dann steigenden Tilgung pro Jahr nach (weniger als) 5 Jahren vollständig getilgt ist (siehe Spalte g).

Für den Kredit von 40.000 Euro hat der Kreditnehmer nach 5 Jahren 4.919 Euro Zinsen bezahlt (Spalte d), das sind 12,3% von 40.000 Euro in 5 Jahren.

Ratentilgung

Außer der Annuitätstilgung gibt es auch die *Ratentilgung*, hier bleiben die jährlichen Tilgungsraten gleich, während die Annuitätenbeträge jährlich abnehmen:[58]

Ratentilgung						
a	b	c	d	e	f	g
Jahr	Schuld am Anfang	Zins-satz	Zins-betrag $= b * c$	Tilgung	Annuität $= d + e$	Restschuld $= b - e$
1	40.000	4%	1.600	7.400	9.000	32.600
2	32.600	4%	1.304	7.400	8.704	25.200
3	25.200	4%	1.008	7.400	8.408	17.800
4	17.800	4%	712	7.400	8.112	10.400
5	10.400	4%	416	7.400	7.816	3.000
6	3.000	4%	120	3.000	3.120	0
	Summe:		5.160	40.000	45.160	
	in % von 40.000:		12,9%	100,0%	112,9%	

Die Ratentilgung dauert länger als die Annuitätentilgung bis zur vollständigen Tilgung des Kredits. Das liegt an den Ratentilgungsbeträgen, die mit 7.400 Euro pro Jahr gleich bleiben, während die Annuitätentilgungen ansteigen, von 7.400 Euro im ersten Jahr bis zu 8.576 Euro im 5. Jahr.

Weil es bis zur vollständigen Tilgung länger dauert, ist der gesamte Zinsbetrag über die Laufzeit bei der Ratentilgung auch mit 5.160 Euro grösser als mit 4.919 Euro bei der Annuitätentilgung.

---

[58] Siehe Prof. Dr. Lutz Kruschwitz: Finanzmathematik, S. 136.

Arbeitskosten

Arbeitskosten pro Stunde	
Land	Euro
Dänemark	42,0
Belgien	39,2
Schweden	38,0
Luxemburg	36,6
Frankreich	35,6
Niederlande	33,3
Finnland	33,2
Deutschland	33,0
Österreich	32,7
Irland	30,4
Italien	27,8
Großbritannien	26,7
Spanien	21,3
Slowenien	16,2
Zypern	15,8
Griechenland	14,2
Portugal	13,7
Malta	13,2
Estland	10,9
Slowakei	10,4
Tschechien	10,2
Kroatien	10,0
Polen	8,6
Ungarn	8,3
Litauen	7,5
Lettland	7,3
Rumänien	5,5
Bulgarien	4,4
Mittelwert	20,9

Anzahl Länder: 28
Datenerhebung: 2012
Quelle: FAZ 7.4.2017, S. 20

Die Arbeitskosten pro Stunde sind in der Europäischen Union sehr unterschiedlich. Dänemark hat 42 Euro pro Stunde, Bulgarien mit 4,4 Euro pro Stunde etwa ein Zehntel davon.

Arbeitskosten setzen sich zusammen aus Löhnen, Gehältern und Nebenkosten wie Sozialbeiträgen der Arbeitgeber. Materialkosten gehören nicht dazu.

Die Erhebung der Daten erfolgte 2012 durch Eurostat, dem statistischen Amt der Europäischen Union.

Arbeitslosigkeit

Wer ist arbeitslos? Wer keine Arbeit hat.
Das reicht als Antwort aber nicht aus. Wer Student ist, hat keine Arbeit, ist aber nicht arbeitslos. Das Gleiche gilt für Kranke, die nicht arbeiten können, oder für Rentner.[59]

Arbeitslose sind Personen,
- die beim Arbeitsamt als arbeitslos gemeldet sind,
- die dem Arbeitsmarkt uneingeschränkt zur Verfügung stehen
- und in keinem Arbeitsverhältnis stehen (außer einer geringfügigen Beschäftigung).[60]

Warum gibt es Arbeitslosigkeit?
Weil sich die wirtschaftlichen Umstände ständig ändern; das ist jedenfalls ein wichtiger Grund für Arbeitslosigkeit. Die Wirtschaft ist unentwegt in Bewegung, die Bedingungen ändern sich andauernd. Warum? Muss das sein?

1) Ein Grund für die ständigen Änderungen ist der *technische Fortschritt*. Die Produkte ändern sich, früher gab es zum Beispiel Fotoapparate, in die musste man einen Film einlegen, und wenn der belichtet war, gab man ihn zum Entwickeln. Heute haben wir elektronische Kameras, deren Fotos nicht entwickelt werden müssen, die Fotos werden auf dem eigenen PC gespeichert und können auf dem Fernsehbildschirm gezeigt werden. Im Sommer 1967 habe ich in Südfrankreich zehn Diafilme vollgeknipst, die belichteten Filme wurden dann einzeln per Post zur Entwicklung nach Deutschland geschickt. Die Firma Agfa unterhielt damals zwölf solcher Entwicklungsanstalten in Deutschland. Heute machen nur noch wenige Reise-Profis Dias, daher braucht man keine zwölf Entwicklungsanstalten mehr. Die wurden erst auf vier reduziert, und dann gab es nur noch eine. Die Beschäftigten wurden vermutlich entlassen. Durch technischen Fortschritt kann also Arbeitslosigkeit entstehen

---

[59] Prof. N. Gregory Mankiw, Prof. Mark P. Taylor und Andrew Ashwin: Volkswirtschaftslehre für Schule, Studium und Beruf, S. 341.
[60] Siehe Prof. Dr. Arne Heise: Einführung in die Wirtschaftspolitik, S. 151.

(wenn die Beschäftigten nicht gleich wieder andere Arbeitsplätze finden).

2) Das Unternehmen DuPont hat 1968 in Deutschland eine Fabrik gebaut, die *Textilfasern* herstellte und 2000 Mitarbeiter beschäftigte. Die Produkte entstanden nach neuester Technologie und verkauften sich gut. Zwanzig Jahre später entstanden ähnliche Fabriken in anderen Ländern, die wegen der viel geringeren Löhne viel billiger produzieren konnten. Nach einigen Jahren mit Verlusten bei DuPont wurde ein Teil der Produktion in Deutschland stillgelegt und 300 Mitarbeiter entlassen, natürlich nach Verhandlungen mit dem Betriebsrat und nach Abschluss eines Sozialplans für die betroffenen Mitarbeiter. Auch auf diese Weise werden Mitarbeiter arbeitslos, während Mitarbeiter in anderen Ländern neue Arbeitsplätze finden. Die Wirtschaft ist immer in Bewegung, Veränderungen kann letzten Endes niemand aufhalten; wer es versucht, wird auf Dauer kein Erfolg haben, aber die Probleme zwischendurch nur verschlimmern.

3) In der Zeit seit 1950 stand die deutsche Wirtschaft lange Jahre auf Wachstumskurs. In vielen Städten und Dörfern wurden neue Häuser gebaut, ganze Wohngebiete entstanden neu. Ein *Elektromeister* in einer kleinen Stadt hatte genug Aufträge, um nach und nach 10 Gesellen (so hießen seine Mitarbeiter) zu beschäftigen. So ging das viele Jahre weiter. Aber die Zeiten änderten sich. Viele neue Wohngebiete waren nicht mehr neu, sondern kamen in die Jahre. Die Bevölkerung wuchs kaum noch. Die Kinder wohnten woanders, neue Häuser wurden kaum noch gebaut. Der Elektromeister hatte inzwischen nur noch 4 Mitarbeiter, und auch deren Zahl würde er noch verringern müssen. Es gab einfach nicht mehr so viele Aufträge, es gab keine Neubauten, und hier und da ein paar Reparaturen brachten lange schon nicht mehr so viel zu tun wie früher. – Auch durch solch eine Entwicklung, die schon lange absehbar war, entstehen Arbeitslose.

4) Wer als *Arbeitnehmer* entlassen wird, wird das wahrscheinlich ungerecht finden. Wir sind aber nicht nur Arbeitnehmer, sondern auch Verbraucher, Konsument, Kunde. Als *Verbraucher* nutzen wir in den meisten Fällen den günstigsten Preis und kaufen das billigste Angebot (wenn die Qualität annehmbar ist). Wenn wir bisher bei *Tante Emma* nebenan eingekauft haben, kaufen wir doch das Allermeiste im neu eröffneten Supermarkt, auch wenn er zehn Kilometer entfernt ist – weil es da doch billiger ist! Da das fast alle machen, muss Tante Emma zumachen. Sie verliert ihre Arbeit, und wenn sie zwei Beschäftigte hatte, werden die auch arbeitslos. Wir Verbraucher sind also ebenfalls Ursache von wirtschaftlichen Veränderungen, die ebenfalls Arbeitslosigkeit auslösen können.

5) Eine gewisse Arbeitslosigkeit gibt es immer durch die *Arbeitsplatzsuche*. Menschen suchen einen ersten Arbeitsplatz oder einen neuen und geeigneten Arbeitsplatz. Je nach wirtschaftlicher Lage und regionalen Gegebenheiten kann das etwas dauern.[61]

6) Arbeitslosigkeit kann auch durch gesetzlich vorgeschriebene *Mindestlöhne* ausgelöst werden. Dies betrifft vor allem Menschen ohne Berufsausbildung oder ohne berufliche Erfahrung oder gering qualifizierte Arbeitskräfte.

---

[61] Prof. N. Gregory Mankiw, Prof. Mark P. Taylor und Andrew Ashwin: Volkswirtschaftslehre für Schule, Studium und Beruf, S. 385ff.

Arbeitsteilung

Arbeitsteilung ist die Aufteilung von Arbeit in einzelne Arbeitsgänge. Die Arbeiter spezialisieren sich auf jeweils bestimmte Tätigkeiten und werden dadurch in ihrer speziellen Tätigkeit besser und produktiver. Damit werden die Produktivität und der allgemeine Wohlstand erhöht. *„Die Arbeitsteilung ist die Mutter unseres Wohlstands.“*

Die Vorteile der Arbeitsteilung hat schon Platon gesehen. Vor 200 Jahren haben die britischen Ökonomen Adam Smith und David Ricardo die Idee der Arbeitsteilung weiterentwickelt.[62]

Was Vorteile hat, hat auch Nachteile. Die einzelnen Arbeitsschritte können langweilig und monoton werden und man verliert leichter die Übersicht über den Zusammenhang. Karl Marx schrieb von der Entfremdung der Arbeit.

Ohne Arbeitsteilung gäbe es die Vielfalt der heutigen Produkte nicht. Fast alles, was wir heute benutzen, haben andere für uns hergestellt. Robinson Crusoe allein auf seiner Insel hatte Mühe, sich zu versorgen.

---

[62] Siehe Prof. Dr. Peter Bofinger: Grundzüge der Volkswirtschaftslehre, S. 57ff. – Ebenso: Prof. Dr. Artur Woll: Volkswirtschaftslehre, S. 30ff.

Arbitrage

Wenn Aktien derselben Aktiengesellschaft an zwei verschiedenen Börsen gehandelt werden, kann es sein, dass die Aktien zu unterschiedlichen Kursen notiert werden. Wenn ein Wertpapierhändler das ausnutzt, indem er an der einen Börse zum niedrigeren Kurs Aktien kauft und an der anderen Börse zum höheren Kurs verkauft, betreibt er Arbitrage(geschäfte).

Arbitrage ist also das Ausnutzen von unterschiedlichen Kursen von Aktien der gleichen Aktiengesellschaft an verschiedenen Börsen.[63]

Die Arbitrage erfolgt an beiden Börsen zeitgleich und damit ohne Risiko.

Die Arbitrage gibt es auch bei anderen Wertpapieren und bei Devisen sowie am Geldmarkt.

Was folgt daraus? An der Börse mit dem niedrigeren Kurs steigt die Nachfrage und damit der Preis (der Kurs). An der anderen Börse mit dem höheren Kurs steigt das Angebot und sinkt der Preis.

Arbitrage führt also dazu, dass sich die Preise für dieselben Produkte (Aktien, Kaffee und andere) an verschiedenen Börsen (oder Plätzen oder Märkten) angleichen. Arbitrage führt (tendenziell) zu einem Ausgleich bestehender Preisdifferenzen.

Durch die Ausbreitung des Computerhandels an der Börse und der Vernetzung der Börsen werden die Chancen der Arbitragegeschäfte geringer.[64]

---

[63] Duden Wirtschaft von A bis Z, S. 421. Ebenso Prof. Dr. Peter Bofinger: Grundzüge der Volkswirtschaftslehre, S. 544.
[64] http://wirtschaftslexikon.gabler.de am 2.10.2017.

Armut

Viele Länder auf dieser Welt sind arm, manche bitterarm. Dafür gibt es viele Gründe. Hier sind einige:[65]

- *Mangel an Bildung* ist wohl der Hauptgrund. Bildung ist ein wichtiges Mittel, der Armut zu entfliehen. Wer nicht lesen kann, ist von vielen Informationen ausgeschlossen, alles Schriftliche ist für ihn wertlos, eine qualifizierte Ausbildung unerreichbar.
- *Demokratie oder Diktatur*: In einer Diktatur ist der Diktator meistens reich und die meisten Menschen arm.[66] In der Demokratie müssen die Politiker mehr auf das Volk hören, auch weil sie wiedergewählt werden wollen.
- *Marktwirtschaft oder Staatswirtschaft*: Wer Güter produziert, die die Kunden kaufen möchten, hat auch einen Anreiz, die Kunden gut zu versorgen, um sich selbst einen Verdienst zu verschaffen. Wenn der Staat die Güter produziert oder verteilt, gibt es diesen Anreiz nicht, die Menschen verlieren die Lust, sich anzustrengen; keine gute Bedingung, um der Armut zu entkommen.
- *Privateigentum*: Wer investieren will, braucht einen Kredit von der Bank. Den bekommt er nur, wenn er ein eigenes Grundstück hat, das beliehen werden kann. Unsichere Eigentumsverhältnisse sind ein großes Hindernis, um die Armut zu überwinden.
- *Bürokratie*: In armen Ländern fehlt oft die (gute) Bürokratie, die die Bürger im Wirtschaftsverkehr unterstützt, etwa Grundbuchämter (die ein Grundstück identifizieren), Einwohnermeldeämter (die die private Adresse nachweisen), Gerichtsvollzieher (die ausstehendes Geld eintreiben), Stromversorgungsunternehmen (die Strom an Kleinunternehmer liefern, die wiederum eine feste Adresse nachweisen müssen). Schlechte Bürokratie ist leider vorhanden, die arbeitet schleppend, die Beamten sind schlecht bezahlt und Korruption ist verbreitet.

---

[65] Siehe Winand von Petersdorff: Das Geld reicht nie, S. 145ff.
[66] Siehe auch Tim Harford: Ökonomics, S. 258ff.

- *Zugang zu Märkten*: Wer produziert, will verkaufen. Dafür braucht er Händler (möglichst nicht nur einen, der würde den Preis drücken), er braucht gute und sichere Straßen, Telefonverbindungen und bezahlbare Containertransportkosten (weil heute alles in Containern über See transportiert wird).
- Der Marktzugang armer Länder wird auch durch *Zölle* verhindert, die die reichen Länder auf Produkte armer Länder erheben, zum Beispiel auf Zucker.[67] Die Entwicklungsländer müssen 100 Milliarden Dollar im Jahr an Zöllen bezahlen – das ist doppelt so viel, wie sie an Hilfe und Spenden von den reichen Ländern erhalten.[68]
- „Für uns spielt der Freihandel eine wesentliche Rolle, um die Armut in der Welt zu mindern", sagte Weltbankpräsident Jim Yong Kim.[69]
- *Geographie, Bodenschätze und Kriege*: Die *Küstenstaaten* der Welt sind dreimal so reich wie Staaten weit weg vom Meer (abgesehen von Europa). Häfen fördern den Handel und Handel fördert den Wohlstand. *Landstaaten* haben meist auch mehr Nachbarländer, das bedeutet oft mehr Kriege, und Kriege verhindern oder zerstören den Wohlstand.
- *Bodenschätze* sollten eigentlich dem Wohlstand dienen, aber auch sie führen oft zu Kriegen, egal, ob es um Öl, Diamanten oder anderes geht. Auch das *Gold*, das 1848 in Kalifornien gefunden wurde, hat die Vernunft vertrieben und die Gier geweckt, aber keinen Wohlstand gebracht, sondern Armut.
- *Europas schlimmes Erbe*: Viele arme Länder waren einst Kolonien europäischer Länder. Als sie unabhängig wurden, wurden sie zu Ländern erklärt, obwohl sie früher nie welche waren. Die Grenzen hatten oft keinen sinnvollen Verlauf und entsprachen nicht den regionalen Gegebenheiten. Die unterschiedlichen Volksgruppen begannen sofort, um die Macht zu streiten. Daraus folgten Bürgerkriege, Terroraktionen und unzählige Opfer, bis heute. Krieg und Unruhen gehen einher mit Armut.

---

[67] Siehe Winand von Petersdorff: Das Geld reicht nie, S. 157.
[68] Ebenda, S. 157.
[69] Handelsblatt Morning Brief vom 5.7.2017.

Asienkrise

Die Asienkrise von 1997 und 1998 war eine von vielen Finanzkrisen.[70] In ihrem Verlauf gingen viele Banken der asiatischen Tigerländer bankrott.[71]

Viele Banken aus Thailand, Indonesien, Südkorea, Malaysia, Philippinen und Singapur hatten damals auf Dollar lautende Kredite zu günstigen Zinsen aufgenommen, um sie in den eigenen Ländern zu höheren Zinsen in heimischer Währung weiterzuverleihen.

Als der Dollar ab 1995 an Wert gewann, stieg damit der Wert der Auslandsschulden der Banken, der in ihren Bilanzen auszuweisen war. Dadurch kamen viele Banken in die Insolvenz (Überschuldung) und viele ihrer Länder in der Folge in eine schwere Wirtschaftsrezession. Südkorea, Indonesien und Thailand bekamen Hilfsmittel vom Internationalen Währungsfonds in Höhe von 39 Milliarden Dollar.[72]

Asset

Asset ist Englisch und heißt „Vermögen". *Asset* heißt auch „Aktivposten" (oder Aktiva), das ist die linke Seite der Bilanz, die die Vermögensgegenstände zeigt.

ABS
ABS heißt *Asset Backed Securities*, auf deutsch: Wertpapiere (*securities*), die mit Vermögenswerten (*assets*) gesichert oder hinterlegt (*backed*) sind. Vermögenswerte, die zur Absicherung dienen, sind zum Beispiel Forderungen, Darlehen und Immobilien. Der schon lange bekannte *Pfandbrief* wird durch Immobilien besichert.

---

[70] Ausführlicher über die Asienkrise im Artikel „Krisen".
[71] Prof. Dr. Hans-Werner Sinn: Kasino-Kapitalismus, S. 17. Die asiatischen **Tigerländer** hatten ein hohes Wirtschaftswachstum und eine starke Exportorientierung.
[72] Ebenda, S. 258f.

Asset Allocation

heißt „Vermögensaufteilung", aber nicht im Sinne der Bilanz (wie oben), sondern im Sinne der Vermögensanlage. Die wichtigsten *Anlageklassen* sind:[73]

- Aktien
- festverzinsliche Anlagen (Anleihen, Obligationen, Renten (-papiere))
- Immobilien
- Rohstoffe (zum Beispiel Gold, Silber, Erdöl und andere).

Weitere Anlagemöglichkeiten sind:
- Private Equity, Hedgefonds
- Kunst, Bilder, Antiquitäten
- Oldtimer
- Porzellan
- Diamanten
- Briefmarken
- und andere

Aufsichtsrat

Der Aufsichtsrat hat die Geschäftsführung zu überwachen.[74] Er bestellt die Vorstandsmitglieder auf höchstens fünf Jahre; wiederholte Bestellungen sind zulässig.[75]

Der Aufsichtsrat besteht mindestens aus 3 Mitgliedern und höchstens aus 21 Mitgliedern.[76]

Der Aufsichtsrat setzt sich zusammen aus Aufsichtsratsmitgliedern der Aktionäre und der Arbeitnehmer und aus weiteren Mitgliedern, je nach Gesellschaften, für die verschiedene Mitbestimmungsgesetze gelten.[77]

Die Mitglieder des Aufsichtsrats werden von der Hauptversammlung gewählt, soweit sie nicht in den Aufsichtsrat zu entsenden sind oder als Aufsichtsratsmitglieder der Arbeit-

---

[73] Siehe Michael Braun Alexander: So geht Geld, S. 149ff.
[74] Aktiengesetz § 111.
[75] Aktiengesetz § 84.
[76] Aktiengesetz § 95.
[77] Aktiengesetz § 96.

nehmer nach verschiedenen Mitbestimmungsgesetzen zu wählen sind.[78]

Mitglied des Aufsichtsrats kann nur eine natürliche, unbeschränkt geschäftsfähige Person sein. Mitglied des Aufsichtsrats kann man nur in zehn Gesellschaften sein, die gesetzlich einen Aufsichtsrat zu bilden haben; der Vorsitz in einem Aufsichtsrat zählt doppelt.[79]

Aufsichtsräte gibt es nicht nur in Aktiengesellschaften (AG), sondern auch in Genossenschaften, in Versicherungsvereinen auf Gegenseitigkeit (VaG) und in Gesellschaften mit beschränkter Haftung (GmbH), die der Mitbestimmung unterliegen.

In der Europäischen Gesellschaft (SE, Societas Europaea) gibt es einen Aufsichtsrat oder einen Verwaltungsrat. Sparkassen, Anstalten und Körperschaften des öffentlichen Rechts sowie die meisten ausländischen Kapitalgesellschaften haben einen Verwaltungsrat mit aufsichtsratsähnlichen Aufgaben.[80]

Der Aufsichtsrat hält mehrere Sitzungen im Jahr ab und lässt sich vom Vorstand berichten. Der Aufsichtsrat kann die Bücher und Schriften der Gesellschaft sowie die Vermögensgegenstände einsehen und prüfen. Er kann damit auch einzelne Mitglieder oder besondere Sachverständige beauftragen. Er erteilt dem Abschlussprüfer den Prüfungsauftrag für den Jahres- und den Konzernabschluss.[81]

Nach der Jahresabschlussprüfung nimmt der Wirtschaftsprüfer an der Bilanzsitzung des Aufsichtsrats teil, gibt Auskunft über die Prüfung und beantwortet Fragen des Aufsichtsrats.

In angelsächsischen Ländern gibt es statt eines Aufsichtsrats einen *Board*. Der Board ist für die Überwachung und gleichzeitig für die Geschäftsführung der Gesellschaft zuständig, er vereint also die Aufgaben des Aufsichtsrats und des Vorstands in einem Gremium.

---

[78] Aktiengesetz § 101.
[79] Aktiengesetz § 100.
[80] Prof. Dr. Eberhard Scheffler: Der Aufsichtsrat, S. 5.
[81] Aktiengesetz § 111.

Aufzinsung, Abzinsung

Wenn Sie heute 10.000 Euro haben und diesen Betrag auf ein Konto bei einer Bank einzahlen, bekommen Sie dafür (in normalen Zeiten) Zinsen. Wenn Sie 4% Zinsen pro Jahr bekommen und nichts vom Konto abheben, haben Sie nach 5 Jahren 12.167 Euro.

Der heutige Wert von 10.000 Euro heißt **Barwert** (auch Anfangswert oder Gegenwartswert oder Present Value, PV). Der Wert von 12.167 Euro nach 5 Jahren heißt **Endwert** (auch Future Value, FV).

Aus den 10.000 Euro werden in 5 Jahren 12.167 Euro, und zwar durch die Verzinsung (hier mit 4%). Diesen Vorgang der Verzinsung (hier über 5 Jahre) nennt man *Aufzinsung*.

Die Aufzinsung kann man mit einem Tabellenkalkulationsprogramm wie Excel berechnen:

Aufzinsung				
Spalte:	a	b	c	d	e
	Jahr	Anfangs-wert (€)	Zins-satz	Zins-betrag (€)	End-wert (€)
Berechnung:				= b * c	= b + d
	1	10.000	4%	400	10.400
	2	10.400	4%	416	10.816
	3	10.816	4%	433	11.249
	4	11.249	4%	450	11.699
	5	11.699	4%	468	12.167
	Summe:			2.167	

Sternchen (*) bedeutet „multiplizieren"

Der Anfangswert von 10.000 Euro wird mit dem Zinssatz von 4% multipliziert, das ergibt einen Zinsbetrag von 400 Euro für das erste Jahr. Der Anfangswert von 10.000 Euro plus 400 Euro Zinsen ergeben den Endwert von 10.400 Euro für das erste Jahr.

Im zweiten Jahr stehen diese 10.400 Euro am Anfang zur Verfügung. 4% Zinsen davon ergeben 416 Euro. Der Endwert ergibt sich mit 10.816 Euro im zweiten Jahr.

Weitergerechnet bis zum fünften Jahr ergeben sich am Ende 12.167 Euro.

Die Aufzinsung kann in Excel auch durch die Funktion ZW (zukünftiger Wert, identisch mit Endwert) berechnet werden:

Excel-Funktion ZW		Excel-Name
Zinssatz	4%	Zins
Jahre	5	Zzr
Anfangswert	-10.000	Bw
Endwert	12.167	ZW

Ebenso kann sie mit einem Finanztaschenrechner (wie HP 10bII oder HP 12C) berechnet werden.[82]

Aus dem Endwert von 12.167 Euro werden durch *Abzinsung* über 5 Jahre mit einem Zinssatz von 4% pro Jahr der Barwert von 10.000 Euro:

Abzinsung					
Spalte:	a	b	c	d	e
	Jahr	End-wert (€)	Zins-satz	Abzins-divisor	Anfangs-wert (€)
Berechnung:				= 1 + c	= b / d
	5	12.167	4%	1,04	11.699
	4	11.699	4%	1,04	11.249
	3	11.249	4%	1,04	10.816
	2	10.816	4%	1,04	10.400
	1	10.400	4%	1,04	10.000

---

[82] Den Endwert kann man auch mit einem normalen Taschenrechner ausrechnen: Der Zinssatz beträgt hier 4%, daher ist der Aufzinsungs-faktor 1 + 4% = 1,04. Dieser muss bei einer Laufzeit von 5 Jahren fünfmal mit sich selbst multipliziert werden, indem man 1,04 eingibt und zweimal die x-Taste (Multiplikations-Taste) drückt und dann viermal die Ergebnistaste (die =-Taste) drückt. Das ergibt 1,2166. Jetzt noch mit dem Anfangswert 10.000 multiplizieren, das ergibt 12.166,528 oder gerundet 12.167 (das ist der Endwert). − Als Formel: $K_n = K_0 \times q^n$ (K_n Endwert, K_0 Barwert, q ist 1 + % (hier 1,04), n sind die Jahre).

Der Endwert von 12.167 Euro im Jahr 5 wird dividiert durch den Abzins(ungs)divisor 1,04. Der Abzinsdivisor wird gebildet durch eine Eins plus den Zinssatz (hier 4%), also 1 + 4% = 1 + 0,04 = 1,04.

Durch die Rechnung „12.167 dividiert durch 1,04" ergibt sich 11.699, das ist der Anfangswert (oder Barwert) des fünften Jahres.

Weitergerechnet bis zum ersten Jahr ergibt sich als Anfangswert 10.000 Euro im Jahr 1.

Auch die Abzinsung kann mit einer Excel-Funktion berechnet werden:[83]

Excel-Funktion BW		Excel-Name
Zinssatz	4%	Zins
Jahre	5	Zzr
Endwert	-12.167	Zw
Barwert	10.000	BW

Fazit: Der heutige Wert und der künftige Wert eines Geldbetrags sind nicht gleich, der Unterschied wird durch die Zinsen verursacht.

Der heutige Wert kann verzinst werden, dadurch wird der künftige Wert grösser (durch Aufzinsung). Ebenso ist der künftige Wert heute weniger wert (durch Abzinsung).

---

[83] Auch den Barwert kann man mit einem Finanztaschenrechner, aber auch mit einem normalen Taschenrechner berechnen: Der Abzinsdivisor ist hier 1,04 und muss zuerst berechnet werden: 1,04 eingeben, x-Taste zweimal drücken (um die Konstante einzuschalten, es erscheint ein K). Dreimal die =-Taste drücken, dann einmal die M+Taste (Speicher-plus-Taste). Das ergibt 1,21665. Jetzt den Endwert 12167 eingeben und dividieren durch den Speicherinhalt (MR-Taste), auf die =-Taste drücken, das ergibt 10.000, das ist der Barwert. – Als Formel: $K_0 = K_n : q^n$ (K_0 Barwert, K_n Endwert, q ist 1 + % (hier 1,04), n sind die Jahre).

Außenhandel

Außenhandel und Binnenhandel

Der *Außenhandel* exportiert (verkauft) Waren aus dem Inland ins Ausland (in alle Länder der Welt) und importiert Waren aus dem Ausland ins Inland.

Der *Binnenhandel* verkauft Waren nur im Inland (überschreitet also nicht die Landesgrenze).

„Buten un binnen, wagen und winnen" – Inschrift[84] am Schütting, der Handelskammer Bremen am Bremer Marktplatz.

Warum gibt es Außenhandel?

Zitronen wachsen in Italien, aber nicht in Schweden, Ananas im Süden, aber nicht im Norden. Mit Kaffee und Bananen ist es dasselbe.

Rohstoffe wie Kohle, Erz, Erdöl, Erdgas und viele andere werden in manchen Ländern gefördert, in anderen gibt es sie gar nicht.

Weil also manche Länder etliche Produkte nicht selbst herstellen können, sie aber dennoch brauchen, müssen sie importiert werden, deshalb gibt es grenzüberschreitenden *Außenhandel* (oder *internationalen Handel*).

Aber Außenhandel gibt es auch zwischen Ländern, die ähnliche Produkte herstellen: Autos werden in Deutschland, Frankreich, Italien, Japan, Amerika (und weiteren Ländern) hergestellt und in all diese und weitere Länder exportiert (mithin dort verkauft). Das gleiche gilt für französischen Cognac und deutschen Weinbrand und viele andere Produkte.

Der größte Teil des deutschen Außenhandels wird mit hoch entwickelten Ländern abgewickelt, und das meistens mit ähnlichen Produkten, die aber oft in Details stark diversifiziert sind, also in Feinheiten wiederum voneinander abweichen.[85]

Dass ähnliche Güter zwischen den gleichen Ländern importiert und exportiert werden, kann am Preis oder der Qualität liegen, aber ebenso am individuellen Geschmack der Kunden.[86]

---

[84] Draußen und drinnen – wagen und gewinnen.

[85] Prof. Dr. Peter Bofinger: Grundzüge der Volkswirtschaftslehre, S. 69.

[86] Prof. Dr. Artur Woll: Volkswirtschaftslehre, S. 571ff.

Waren werden also importiert,

- wenn sie im Ausland billiger sind,
- oder weil das ausländische Produkt besser gefällt (auch wenn es teurer ist),
- oder weil die Zitronen im Inland nicht gedeihen
- und das Erdöl woanders gefördert wird.

Absolute und komparative Kostenvorteile

Wenn Waren im Ausland billiger sind, hat das Ausland einen *absoluten* Kostenvorteil. Dadurch entsteht ein Handel zwischen Inland und Ausland (von dem beide einen Nutzen haben).

Wenn ein Land bei der Produktion *aller* Güter teurer ist gegenüber einem anderen Land, könnte man vermuten, dass es zu keinem Handel zwischen diesen beiden Ländern kommt, weil es sich für das billiger produzierende Land nicht lohnt. Der britische Ökonom *David Ricardo* hat vor zweihundert Jahren gezeigt, dass es auf die *komparativen* Kostenvorteile zwischen zwei Ländern ankommt und dass diese in der Regel vorliegen und zu einem gewinnbringenden Handel führen.[87]

Zu absoluten und komparativen Kostenvorteilen im internationalen Handel lesen Sie bitte den Artikel „Komparativer Kostenvorteil" in diesem Buch.

Außenhandelsinstrumente

Vielfach werden Außenhandelsinstrumente eingesetzt, um die Importe zu erschweren. Eingesetzt werden diese Instrumente von der Regierung aus politischen Gründen, den Vorteil haben die inländischen Anbieter der Waren (die Hersteller), den Nachteil haben die inländischen Nachfrager (die Kunden).[88]

(1) Subventionen

Zu den Außenhandelsinstrumenten gehören die *Subventionen*. Dabei zahlt der Staat Geldbeträge an die Hersteller und übernimmt damit einen Teil der Kosten der Hersteller, damit die Hersteller ihre Waren billiger anbieten können; das geht auch indirekt durch Steuererleichterungen. Durch die Subventionen werden die Preise der inländischen Waren niedriger,

---

[87] Prof. Dr. Artur Woll: Volkswirtschaftslehre, S. 573.
[88] Siehe Prof. Dr. Herbert Sperber und Prof. Dr. Joachim Sprink: Internationale Wirtschaft und Finanzen, S. 16ff.

während die Importe aus dem Ausland gleich teuer bleiben und deshalb weniger gekauft werden.

Die Subventionen können erhebliche Beträge ausmachen, getragen werden sie letztlich von allen Steuerzahlern, mithin auch von den Kunden. Die Kunden zahlen also doppelt, einmal die teuren inländischen Waren (die ausländischen wären ja billiger), zum andern die Subventionen durch ihre Steuern. (*Alles, was der Staat zahlt, zahlen die Steuerzahler, also die Bürger, die auch die Kunden sind.*)

(2) Importzölle

Importzölle werden auf die Preise importierter Waren aufgeschlagen (also dazugerechnet), sie sind eine Art spezieller Steuern. Sie verteuern die importierten Waren und begünstigen damit die inländischen Warenhersteller, das ist ihr Zweck. Die inländischen Käufer werden dagegen benachteiligt, für sie sind die importierten Waren teurer.

(3) Importquoten

Durch Importquoten werden die zulässigen Importmengen begrenzt. Es kann also nur das importiert werden, was die Regierung des Inlands erlaubt hat. Die Preise im Inland werden geschützt oder steigen, da sie weniger Wettbewerb zu fürchten haben. Die inländischen Kunden können nur noch die inländischen Waren und die staatlich genehmigten Importwaren kaufen. Die Freiheit des Bürgers und der Freihandel ist damit dahin.

(4) Nicht-tarifäre Handelshemmnisse

Zölle sind *tarifäre* Handelshemmnisse, weil sie in den Zoll-Tarifen geregelt sind. Neben den Zoll-Tarifen gibt es viele andere Handelshemmnisse aus anderen Quellen, zum Beispiel Einfuhrverbote, technische Regelungen oder Qualitätsvorschriften, Verbote von Inhaltsstoffen oder Zutaten, Gesundheitsstandards, Umweltvorschriften und manches mehr.

Kritik am Außenhandel

Der Außenhandel hat oft gute Wirkungen, findet aber auch Kritik.[89]

(1) Abhängigkeit vom Weltmarkt

Es wird kritisiert, durch den Außenhandel entstehe eine internationale Arbeitsteilung und damit eine Spezialisierung, die zur *Abhängigkeit* vom Weltmarkt führen kann und damit ein Land krisenanfällig macht.

Bei einem Außenhandel *zwischen Industrieländern* ist das nicht zu befürchten.

Bei einem Außenhandel *zwischen Industrieländern und Entwicklungsländern* werden Wirtschaftsbereiche mit komparativen Vorteilen[90] expandieren. Andere Bereiche aber werden verlieren, Bereiche mit komparativen Nachteilen werden schrumpfen und daher Kosten senken und weniger Arbeitskräfte beschäftigen.

Die wirtschaftliche Struktur muss in jedem Land fortwährend an die Notwendigkeiten angepasst werden, um bessere Herstellungsverfahren einzuführen und die Qualifikation der Arbeitskräfte zu heben. Nur dadurch wird die Wirtschaft des Landes auf eine breitere Grundlage gestellt und in der Zukunft sicherer werden. Anpassungsprozesse in den benachteiligten Bereichen sollten durch soziale Kompensationen erleichtert werden.

(2) Einkommensentwicklung

Es wird befürchtet, der internationale Handel würde die Einkommen nicht angleichen, sondern vielleicht zementieren oder sogar verschlechtern.

Ohne Anschluss an den internationalen Handel wird es kaum eine Verbesserung der Einkommensentwicklung geben. Bei einer Öffnung zum internationalen Handel besteht die Chance, die Einkommen anzuheben, wenn Kapital, technologisches Wissen und Managementwissen ins Land kommt, das gebraucht wird, um die Arbeitsproduktivität nachhaltig zu erhöhen.

---

[89] Siehe Prof. Dr. Herbert Sperber und Prof. Dr. Joachim Sprink: Internationale Wirtschaft und Finanzen, S. 19ff.
[90] Bitte lesen Sie hierzu den Artikel „Komparativer Kostenvorteil" in diesem Buch.

Allerdings müssen auch die Industrieländer mitspielen und ihre Märkte für die Produkte der Entwicklungsländer öffnen, die sie bisher verschlossen halten mit Rücksicht auf die eigenen Wähler.

(3) Arbeitslosigkeit

Die Kritik sagt, der internationale Handel führe zur Arbeitslosigkeit.

Ein Land, das seine Wirtschaft zukunftssicherer gestalten will und sich dem internationalen Handel öffnet, wird einen Strukturwandel erleben. *Wirtschaftswachstum und technischer Fortschritt sind immer und fortwährend mit einem Strukturwandel verbunden.* Dabei kann Arbeitslosigkeit nur verhindert werden durch Arbeitskräfte, die örtlich mobil sind und bereit sind, sich zu qualifizieren – das gilt unabhängig vom internationalen Handel, das gilt für alle Länder, die den Strukturwandel meistern wollen.

Eine Wirtschaftspolitik, die einen Strukturwandel durch Arbeitsplatzgarantien, Kündigungsschutz und Erhaltungssubventionen behindert, führt zu Arbeitslosigkeit (nicht nur bei internationalem Handel), die sie durch soziale Hilfen ausgleichen muss.

Austerität

Austeritas ist lateinisch und heißt Herbheit oder Strenge. In der (Wirtschafts-)Politik ist „strenge Sparpolitik" gemeint.

Bei einem solchen Begriff gibt es in der Politik immer verschiedene Meinungen: Die einen sagen, wer auf zu großem Fuß gelebt hat, der muss sich jetzt eben einschränken, der muss sparen.

Die andern sagen, wer spart, der spart sich zu Tode und würgt die Wirtschaft ab. Das nützt niemandem, den Menschen nicht und der Wirtschaft nicht.

Und beides kann stimmen: Wer auf zu großem Fuß lebt, muss sich einschränken, sonst wird die Misere nicht enden.

Und wer die Wirtschaft abwürgt, der wird die Lage nicht verbessern (siehe Reichskanzler Brüning 1930 oder die Griechenlandkrise ab 2010 oder Venezuela aktuell in 2019).

Privat wollen die Menschen sparen, nämlich vorsorgen für die unsichere Zukunft und die Notfälle des Lebens.

Wenn aber alle sparen, dreht sich die Wirtschaft immer weiter nach unten. Die Ängste wachsen, die Zukunft wird noch unsicherer, die Leute kaufen noch weniger, die wirtschaftliche Lage wird noch schlechter.

Beide Sichten der Dinge sind allerdings nötig, um die Lage zu verbessern: Auf Dauer werden die Kredite versiegen, wenn die Kreditgeber merken (oder nur befürchten), dass die Kredite nicht zurückgezahlt werden.

Die Wirtschaft dagegen muss laufen und die Versorgung der Menschen muss sichergestellt werden, erst dann hat man die Voraussetzung, um wieder in eine gute Ordnung zurückzukommen.

Noch besser wäre es natürlich, man lässt es so weit gar nicht erst kommen: Nicht zu viele Schulden machen! Von Anfang an den Ausgleich suchen zwischen moderaten Schulden und moderaten Zielen!

Eins sollte man dabei beachten: *„The boom, not the slump, is the right time for austerity at the Treasury."*[91] Übersetzt: „Der Aufschwung, nicht der Abschwung, ist die richtige Zeit für Sparsamkeit bei den Finanzen." **Sparen muss man, wenn die Wirtschaft boomt.** Gelingt der Politik nur leider nicht so oft.

Avalkredit

Der Avalkredit heißt auch *Bürgschaftskredit.* Er wird angewendet für Bürgschaften zur Erfüllung von Zahlungsverpflichtungen und Bürgschaften gegenüber der öffentlichen Hand, außerdem für Garantien für die vertragsgemäße Ausführung von Lieferungen und Leistungen.[92]

Beim Avalkredit fließt oft keine Geldzahlung (im Gegensatz zur Kreditzahlung), weil eine Bürgschaft oft nicht in Anspruch genommen wird.

Für den Privatkunden kommt ein Avalkredit in Frage, wenn er für ein gemietetes Haus oder eine Wohnung eine Kaution hinterlegen muss. Wenn dafür ein Kredit aufgenommen werden soll, ist ein Avalkredit die günstigere Wahl, weil die Avalprovision (die Kosten für den Avalkredit) geringer ist.

Unternehmen, die Avalkredite vereinbaren, müssen bei guter Bonität üblicherweise keine dingliche Besicherung stellen.[93]

---

[91] John Maynard Keynes, zitiert 1937 von der *Times,* https://www.welt.de am 28.1.2018.

[92] Siehe Prof. Dr. Karl Fr. Hagenmüller und Dr. Horst Müller: Bankbetriebslehre in programmierter Form, S. 118ff.

[93] Siehe Prof. Dr. Hans E. Büschgen: Bankbetriebslehre, S. 412. – Eine **Besicherung** ist wie ein Pfand: Wer einen Kredit bekommt, gibt der Bank eine Sicherheit für den Fall, dass er den Kredit nicht zurückzahlen kann. Eine Bürgschaft ist eine *persönliche* Sicherung. Eine *dingliche* Sicherung ist eine verpfändete Sache, etwa eine Grundschuld oder ein Pfandrecht.

.

B

Bad Bank

Bad Bank heißt „schlechte Bank".

Eine *Bad Bank* wird als reine Abwicklungsbank gegründet und übernimmt die weitgehend wertlosen Wertpapiere und Kreditforderungen der (normalen) Bank, damit die normale Bank mit ordentlichen Wertpapieren und normalem Geschäft weiterarbeiten kann.

Die Abwicklungsbank versucht, die übernommenen, wenig brauchbaren Wertpapiere (und andere Vermögensgegenstände) zu verwerten.

Soweit bekannt, wurde als erste Bad Bank in Deutschland die Hypo Real Estate 2003 gegründet.[94]

Bail-out

Bail ist Englisch und heißt „Kaution".[95]

Bail-out ist die Schuldenübernahme durch einen anderen.

Die Verträge zur Euro-Währungsunion haben festgelegt, dass die Mitgliedsländer für ihre eigenen Schulden selber haften müssen, andere Länder dürfen für sie nicht haften. Das ist das *Beistandsverbot* (also *No-Bail-out*). Diese Regel wurde im Falle Griechenlands offensichtlich gebrochen.

Die No-Bail-out-Regel klingt befremdlich, weil die anderen Länder dem verschuldeten Land nicht helfen dürfen. Die Regel ist aber von besonderer Bedeutung in Krisenzeiten, das zeigt die Geschichte der Bundesstaaten der USA und der Kantone der

---

[94] Matthias Weik und Marc Friedrich: Der größte Raubzug der Geschichte, S. 50f.

[95] **Kaution** ist eine Sicherheitsleistung in Form einer Geldzahlung. Eine Kaution wird zum Beispiel hinterlegt bei einem *Mietvertrag*; wenn der Mieter aus der Wohnung auszieht und keine Zahlungsrückstände hat, bekommt er die Kaution zurück. Eine Kaution wird auch hinterlegt bei einer *Untersuchungshaft*, wenn der Beschuldigte von der U-Haft vorübergehend befreit wird.

© Springer Fachmedien Wiesbaden GmbH, ein Teil von Springer Nature 2019
W. Klitzsch, *Grundbegriffe der Wirtschaft*,
https://doi.org/10.1007/978-3-658-27904-2_2

Schweiz. Die Eigenstaatlichkeit der US-Staaten oder der Kantone der Schweiz fordert die Eigenverantwortung für ihre finanziellen Probleme. „Das Prinzip der Selbstverantwortung und des Beistandsverbots wurde ein universell akzeptierter Eckpfeiler der Gemeinde- und Staatsfinanzen der USA."[96]

Sobald einem Staat (oder einem Kanton) von anderen geholfen wird, wollen andere auch Hilfe, wenn sie in Not sind. Damit wäre die Eigenverantwortung am Ende und das System auch. Mit diesem Problem hat auch die europäische Währungsunion schwer zu tun, ihre vertraglichen Regeln wurden verletzt, und das bedroht ihren Zusammenhalt.

Baisse und Hausse

Baisse ist Französisch und heißt „fallen" (der Preise oder Kurse); *Hausse* heißt „steigen" (der Preise oder Kurse).

Eine *Baisse* bedeutet, die Aktienkurse sind allgemein niedrig oder fallen weiter. Das wird auch *Bärenmarkt* genannt.

Der Gegensatz ist die *Hausse,* sie bedeutet, die Aktienkurse steigen allgemein über einen längeren Zeitraum. Das wird auch *Bullenmarkt* genannt.

Balanced Scorecard

Score heißt „Spielstand" im Sport („Es steht 3:1").
Scorecard ist im Fußball das Schild oder die Info-Tafel, die den Spielstand anzeigt.

In der Wirtschaft soll die *Balanced Scorecard* den „Spielstand" des Unternehmens zeigen. „Wo steht das Unternehmen und was will es demnächst erreichen?", das etwa soll allen Mitarbeitern vermittelt werden.

---

[96] Prof. Dr. Hans-Werner Sinn: Der Euro, S. 455ff., das wörtliche Zitat S. 458. Zur Schweiz S. 494 und S. 499.

Der Zweck der Sache ist, die Ziele des Unternehmens klar zu machen und daraus für alle Ebenen des Unternehmens konkrete Maßnahmen abzuleiten.[97]

Die Scorecard heißt *balanced*, weil sie ausgewogen (ausbalanciert) sein soll, sie soll die wichtigsten Themen des Unternehmens wiedergeben (nicht nur die Finanzen). Meistens werden diese Themenbereiche aufgeführt:

- Kunden
- interne Abläufe
- Mitarbeiter
- Finanzen

Beim Thema *Kunden* könnte man wissen wollen, sind die Kunden zufrieden? Wie wird die Qualität unserer Produkte eingeschätzt? Liefern wir pünktlich? Haben wir viele Kundenreklamationen? Werden Neuprodukte von den Kunden angenommen? Gibt es Kundenanregungen für neue Produktideen? Bleiben uns Stammkunden treu?

Das sind Beispiele, aber es geht darum, nur die wenigen wichtigen Themen auf die Scorecards zu setzen, eine Überhäufung ist nicht sinnvoll.

Die *internen Abläufe* sind die Basis für die gute und kostengünstige Verwirklichung der Tätigkeit des Unternehmens. Das kann die Produktion betreffen, die Ausschussquote, die Flexibilität und Effizienz, den Lagerumschlag, die Lieferfähigkeit oder Termintreue.

Die *Mitarbeiter* sind entscheidend für das Wohl und Wehe jedes Unternehmens. Wichtig sind in diesem Bereich etwa die Ausbildung und Weiterbildung, die fachlichen Kompetenzen, etwas über Innovationen, Fluktuation, Krankenstand, das Gehaltsniveau im Vergleich zu anderen Unternehmen oder der Stand der Zusammenarbeit mit dem Betriebsrat.

Bei dem Thema *Finanzen* ist wichtig, ob die Aktionäre oder Gesellschafter zufrieden mit dem Unternehmen sind, denn ihr Geld steckt im Unternehmen. Da geht es um Umsatz und Gewinn und um die Finanzkraft, die dem Unternehmen die weitere Existenzfähigkeit verleiht.

---

[97] Entwickelt von den Amerikanern Kaplan und Norton 1992.

Bank

Eine Bank hat folgende *Grundfunktionen*:
- Durchführung des Zahlungsverkehrs
- Eröffnen von Finanzierungsmöglichkeiten
- Anbieten von Geldanlagemöglichkeiten.[98]

Eine Bank soll also *Zahlungen* durchführen, etwa um das Gehalt eines Angestellten einer Firma auf sein privates Konto zu überweisen oder die Lieferung einer Maschine nach Australien an das deutsche Maschinenbauunternehmen zu bezahlen.

Zweitens soll eine Bank Geschäfte *finanzieren*, etwa einen Kredit geben, um eine Produktionshalle zu bauen, für die das Unternehmen nicht genug Geld hat.

Drittens soll eine Bank *Geld annehmen*, das zurzeit nicht ausgegeben, sondern gespart (oder angelegt) werden soll.

Bankgesetz
Das Gesetz bestimmt: „Kreditinstitute sind Unternehmen, die Bankgeschäfte ... betreiben..." und zählt dann auf, was Bankgeschäfte sind:[99]
- Einlagengeschäft
- Pfandbriefgeschäft
- Kreditgeschäft
- Diskontgeschäft
- Finanzkommissionsgeschäft
- Depotgeschäft
- Darlehenserwerbsgeschäft
- Garantiegeschäft
- Scheck- und Wechselgeschäft
- Emissionsgeschäft
- Tätigkeit als zentraler Kontrahent

---

[98] Nach Prof. Dr. Wolfgang Stützel, zitiert bei Prof. Dr. Hans E. Büschgen: Bankbetriebslehre, S. 25.

[99] Siehe Kreditwesengesetz (KWG) § 1. Das KWG bestimmt nicht nur, was ein Kreditinstitut ist, sondern bestimmt noch etliche weitere Begriffe (ebenso im § 1 KWG).

Fristentransformation

Eine wichtige Aufgabe der Banken ist die Fristentransformation. Die Bank nimmt Gelder von Kunden an (zum Beispiel Sichteinlagen) und gibt sie anderen Kunden (zum Beispiel als Kredite). Viele Sichteinlagen können *täglich* von den Kunden abgehoben werden; Kredite laufen meistens *länger*, drei Jahre vielleicht für den Autokaufkredit, andere Kredite noch viel länger.

Die *Fristen* der hereingenommenen Gelder und der ausgegebenen Kredite sind also unterschiedlich. Der Bank muss es also gelingen, die kurzen Fristen der Sichteinlagen und die längeren Fristen der Kredite miteinander in Einklang zu bringen, sonst hat sie ein Problem. An diesem Problem sind in der Finanzgeschichte schon manche Projekte und Banken gescheitert.

Eigenkapitalregeln

Siehe Artikel „Basel I bis III".

Liquiditätskrise

Eine Bank hat eine Liquiditätskrise, wenn sie zu wenig Liquidität hat. Liquidität ist das Bargeld, das der Kunde von seinem Konto am Bankschalter abheben will. Normalerweise hat die Bank dafür genug Bargeld bereit; normalerweise braucht sie dafür auch nicht allzu viel Bargeld, denn so viel Geld wollen die Kunden gar nicht abheben. Oft zahlt man ja heute unbar, mit Bankkarte etwa.

Nur wenn es Gerüchte gibt, die Bank sei fast pleite, dann kommen alle Kunden, um ihr Geld abzuheben. Dann hat die Bank sehr schnell nicht mehr genug Bargeld, nicht mehr genug Liquidität, dann hat sie eine Liquiditätskrise.

Was kann die Bank dann machen? Sie schließt erst mal ihre Türen und beschafft sich schnell mehr Bargeld. Das bekommt sie bei der Notenbank (auch Zentralbank genannt, im Euroraum ist es die EZB, die das in Deutschland an die Bundesbank übertragen hat).

In normalen Zeiten bekommen die Banken auch Geld von anderen Banken geliehen. Aber wenn man hört, die Bank könnte bald pleite sein, wird sie wohl eher nichts bekommen.

Solvenzkrise

Wenn man eine Solvenzkrise hat, ist man verschuldet. Die Schulden sind dann höher als die Vermögenswerte, und wenn das Eigenkapital dann zu klein oder nicht mehr vorhanden ist, dann ist man insolvent, also pleite.

Das passiert einer Bank nicht so schnell. Auch anderen Unternehmen aus den übrigen Wirtschaftsbranchen passiert das selten, aber es kommt gelegentlich vor. Weiteres dazu im Artikel „Insolvenz" in diesem Buch.

Bankbilanz

Die konsolidierte Gesamtbilanz für alle deutschen Banken zeigt den Umfang der Bankgeschäfte von 8.598 Milliarden Euro:

Gesamtbilanz aller deutschen Banken		
2012, ohne Bundesbank	Mrd. €	in %
Aktiva (Mittelverwendung)		
Barreserve	65	1%
Kredite an Nichtbanken	3.263	38%
Kredite an Banken	2.352	27%
Wertpapiere und Beteiligungen	1.517	18%
Sonstige Aktiva	1.401	16%
Bilanzsumme	8.598	100%
Passiva (Mittelbeschaffung)		
Verbindlichkeiten gegenüber Banken	2.061	24%
Verbindlichkeiten gegenüber Nichtbanken	3.287	38%
Bankschuldverschreibungen	1.386	16%
Kapital und Rücklagen	401	5%
Sonstige Passiva	1.463	17%
Bilanzsumme	8.598	100%

Quelle: Deutsche Bundesbank: Geld und Geldpolitik, S. 85.

Die *Aktiva* zeigen das Vermögen der Banken, die *Passiva* das Kapital.

Das *Vermögen* der Banken besteht vorwiegend aus Krediten (3.263 und 2.352, zusammen 5.615 Milliarden Euro), das sind 65% der Bilanzsumme (5.615 / 8.598 = 65%).

Die meisten *Kredite* werden *an Nichtbanken* vergeben, also an Unternehmen, private Haushalte und öffentliche Stellen.

Die *Banken* geben sich auch *untereinander* Kredite, am häufigsten für den kurzfristigen Liquiditätsausgleich. Die eine Bank hat mal einen Überschuss an Geld, die andere hat gerade Liquiditätsbedarf.

Die Banken halten auch *Wertpapiere* im eigenen Bestand, um mit ihrem Geld Zinserträge zu bekommen und Kursgewinne zu machen. (Wertpapiere, die die Banken für ihre Kunden in Depots verwahren, gehören den Kunden, nicht den Banken, und erscheinen deshalb nicht in den Bilanzen der Banken.)

Die Banken haben auch *Beteiligungen* an Unternehmen, das sind Anteile am Eigenkapital von Unternehmen, oft in Form von Aktien.

Die *Barreserve* macht nur 1% des Vermögens aus. Sie ist wesentlich niedriger als die (täglich fälligen) Einlagen, da die Kunden diese Einlagen ja nicht alle an einem Tag abheben wollen.

In den *sonstigen Aktiva* stecken auch Gebäude, Maschinen, Computer, Inventar und anderes.

Das *Kapital* der Banken besteht vorwiegend aus Fremdkapital, nur zu einem kleinen Anteil aus *Eigenkapital*, nämlich zu 5% (Kapital und Rücklagen mit 401 Milliarden Euro).

Der größte Teil des Fremdkapitals besteht aus *Verbindlichkeiten* (also Schulden) gegenüber Banken und Nichtbanken (2.061 und 3.287, zusammen 5.348 Milliarden Euro), das sind 62% des gesamten Kapitals (5.348 / 8.598 = 62%). Bei diesen Verbindlichkeiten spiegeln sich in etwa die Kredite an Banken und Nichtbanken mit 65% auf der Aktivseite.

Die *Bankschuldverschreibungen* sind Wertpapiere, die die Banken selbst ausgeben (emittieren), zum Beispiel Anleihen, (Hypotheken-)Pfandbriefe und Zertifikate. Das ist Fremdkapital, das ist nur geliehen und muss nach der vereinbarten Laufzeit zurückgezahlt werden.

Bankenaufsicht

Banken (und Versicherungen) unterliegen einer weitaus stärkeren staatlichen Aufsicht als Unternehmen aus Industrie und Handel. Das liegt an ihrer großen Bedeutung für das Funktionieren der gesamten Wirtschaft.

Aufsicht für jede einzelne Bank

Die traditionelle Bankenaufsicht ist vom Gesetzgeber beauftragt, für die Stabilität jeder einzelnen Bank zu sorgen.[100] Das schützt die Kunden der Banken vor Verlusten und sorgt so für das Vertrauen in das Bankensystem, das wiederum eine Voraussetzung für die Stabilität des Finanzsystems ist.

In Deutschland sind für die Aufsicht über die einzelnen Banken zuständig
- die Bundesanstalt für Finanzdienstleistungsaufsicht (BaFin)
- und die Deutsche Bundesbank.

Die Bankenaufsicht erlässt Rahmenvorschriften, erhält regelmäßige Meldungen von den Banken und führt örtliche Prüfungen in den Banken durch.

Die Banken müssen immer *zahlungsfähig* bleiben. Da Kreditnehmer ihre Kredite nicht immer zurückzahlen, müssen die Banken von den Kunden *Pfänder* verlangen. Da sich die Konjunktur und die Zinsen ändern können, müssen die Banken über ausreichendes *Eigenkapital* verfügen. Daher macht die Bankenaufsicht Vorgaben für eine Ausstattung mit einem Mindesteigenkapital.[101]

Internationale Regeln für Banken

Im Baseler Ausschuss für Bankenaufsicht arbeiten Zentralbanken und Bankenaufsichtsbehörden vieler Länder zusammen, um Regeln für die Aufsicht von Banken zu erstellen. Die ersten Regeln hießen „Basel I", die Regeln „Basel II" traten 2007 in

---

[100] Das nennt man auch *mikroprudenzielle* Aufsicht. Siehe Deutsche Bundesbank: Geld und Geldpolitik, S. 105. *Mikro* heißt klein oder hier „einzelne Bank". *Prudenziell* kommt von lateinisch „prudentia", das heißt „Klugheit, Umsicht" und meint hier „Aufsicht".

[101] Deutsche Bundesbank: Geld und Geldpolitik, S. 106f.

Kraft. Nach der Weltfinanzkrise, die 2007 begann, wurden mit „Basel III" im September 2010 verschärfte und neue Regelungen vereinbart.[102]

Aufsicht für das gesamte Finanzsystem

Die Aufsicht muss nicht nur die einzelnen Banken beaufsichtigen, sondern auch das gesamte Finanzsystem in den Blick nehmen. Das ist die *makroprudenzielle* Aufsicht.

Als Reaktion auf die Weltfinanzkrise 2007 hat die Europäische Union 2011 den Europäischen Ausschuss für Systemrisiken (*European System Risk Board, ESRB*) gegründet mit Sitz in Frankfurt am Main. Siehe dazu den Artikel „Europäische Finanzaufsicht" in diesem Buch.

Bankenunion

Die europäische Bankenunion umfasst[103]
- die Bankenaufsicht
- die Bankenabwicklung
- die Einlagensicherung.[104]

Die Bankenaufsicht und die Bankenabwicklung sind eingerichtet, also schon tätig. Die Einlagensicherung auf europäischer Ebene ist von einigen Ländern beabsichtigt, aber umstritten.

Bankenaufsicht

Die einheitliche europäische Bankenaufsicht (*Single Supervisory Mechanism, SSM*) über die „signifikanten" Banken im Euro-Raum wurde 2014 von der Europäischen Zentralbank (EZB) übernommen. Gemeint sind damit die größeren Banken im Euro-Raum (mit einer Bilanzsumme ab 30 Milliarden Euro). Das sind 85% der Bilanzsumme aller Banken im Euro-Raum.

Die EZB erhält im Rahmen der Bankenaufsicht weitreichende Befugnisse: Sie erteilt die Banklizenzen (oder

---

[102] Siehe Artikel „Basel I bis III" in diesem Buch.
[103] Zur Bankenunion siehe auch Artikel „Euro-Rettungsprogramm" in diesem Buch.
[104] Bitte lesen dazu den Artikel „Einlagensicherung" in diesem Buch.

entzieht sie), beurteilt den Erwerb von Beteiligungen von mindestens 10%, überwacht die Eigenkapital- und Liquiditätsanforderungen, kann höhere Eigenkapitalanforderungen festlegen, Geldbußen festlegen und bei Fehlverhalten intervenieren.

Die Bundesanstalt für Finanzdienstleistungsaufsicht (BaFin) unterstützt die EZB bei der Aufsicht über die größeren Banken. Für die Aufsicht über die verbleibenden Banken bleibt die BaFin weiterhin zuständig (das sind etwa 2.000 Kreditinstitute).[105]

Bankenabwicklung

Die zentrale Abwicklungsbehörde innerhalb der europäischen Bankenunion heißt *Single Resolution Board (SRB)*. Zusammen mit den nationalen Abwicklungsbehörden bildet es den *Single Resolution Mechanism (SRM)*.[106] Seit dem 1.1.2018 ist die BaFin[107] die Nationale Abwicklungsbehörde (NAB) in Deutschland.[108]

Zweck des SRM ist eine geordnete Abwicklung ausfallender Banken mit minimalen Kosten für die Steuerzahler und die Realwirtschaft.

Zum 1.6.2016 umfasst der Aufgabenbereich des SRB 142 Banken, darunter 129 Bankengruppen.

Die europäische **Einlagensicherung** ist noch nicht verwirklicht. Bitte lesen Sie dazu den Artikel „Einlagensicherung" in diesem Buch.

---

[105] www.bundesfinanzministerium.de am 26.1.2018.
[106] https://srb.europa.eu am 28.3.2018.
[107] Bundesanstalt für Finanzdienstleistungsaufsicht
[108] https://www.bafin.de am 28.3.2018.

Bank für internationalen Zahlungsausgleich

Die Bank für internationalen Zahlungsausgleich (BIZ) in Basel wurde 1930 gegründet. Sie wird auch als Bank der Zentralbanken gesehen, ihre Mitglieder sind nur Zentralbanken (derzeit 60).

Die BIZ sollte die Verwaltung der deutschen Reparationszahlungen nach dem ersten Weltkrieg übernehmen. Als ständige Aufgabe sollte sie die Zusammenarbeit zwischen den Zentralbanken fördern und den internationalen Zahlungsausgleich erleichtern. Sie verwaltet Währungsreserven und gewährt Zentralbanken kurzfristige Kredite.[109]

Der Baseler Ausschuss für Bankenaufsicht hat die Eigenkapitalanforderungen an Banken erarbeitet (Basel I bis III, siehe Artikel „Basel I bis III" in diesem Buch).

BIZ-Jahresbericht

Da der Leitzins der EZB bei 0% und der Einlagenzinssatz bei -0,4% liegt, hätte man keinerlei Handlungsspielraum, wenn eine Rezession eintreten sollte. Deshalb mahnt die BIZ in ihrem Jahresbericht eine *geldpolitische Wende* an und empfiehlt Strukturreformen. Es sei wichtig, dass die Finanzmärkte und die Wirtschaft allgemein ihre ungewohnte Abhängigkeit von den beispiellosen geldpolitischen Maßnahmen überwinden.[110]

Die BIZ erwartet keine gefährliche *Inflation*. Das Lohnwachstum fällt gering aus, die Globalisierung und der technologische Fortschritt bremsen die Inflation, ebenso China, seitdem es mit Billigpreisproduktionen in den Welthandel eingetreten ist.

Die BIZ sorgt sich wegen der zunehmenden Kritik am freien Handel. Die *Globalisierung* habe zu einer enormen Verbesserung des Lebensstandards geführt und große Teile der Weltbevölkerung aus der Armut befreit.

---

[109] Deutsche Bundesbank: Geld und Geldpolitik, S. 228f.
[110] „Bank der Zentralbanken fordert geldpolitische Wende", FAZ vom 26.6.2017, S. 17.

Bargeld

Bargeld sind Münzen und Banknoten (Papiergeld, Geld-scheine). Bargeld ist Geld von der Zentralbank, nur die Zentralbank kann es herausgeben. Zentralbankgeld ist gesetzliches Zahlungsmittel.

Giralgeld (Buchgeld) ist Geld auf dem Konto, also kein Bargeld, es besteht nur aus elektronischen Zahlen (manchmal auch noch aus Zahlen auf Papier wie Kontoauszügen oder Sparbüchern). Das Buchgeld ist kein gesetzliches Zahlungsmittel, wird aber praktisch so verwendet.

Das *Bargeld* hat nur einen Anteil von 9% am gesamten Geldbestand in Deutschland.

Barwert und Endwert

Kurzanleitung:

1) **2.000 € *mal* 1,06 gleich 2.120 €**
   Wenn man 2000 € mit 6% für ein Jahr verzinst (mal 1,06), bekommt man nach einem Jahr 2.120 € (den **Endwert**, auch Future Value, FV, genannt).

2) **2.120 € geteilt *durch* 1,06 gleich 2.000 €**
   Wenn man den Endwert mit 6% für ein Jahr abzinst (durch 1,06 teilt), bekommt man 2.000 € (den **Barwert**, den Anfangsbetrag, auch Present Value, PV, genannt).

Der *Barwert* ist der heutige Wert eines Geldbetrags. Oder genauer: Der Barwert ist der abgezinste Wert zukünftiger Zahlungen.[111]

Was unterscheidet den heutigen Wert eines Geldbetrags von seinem künftigen Wert? Sind der heutige Wert und der künftige Wert denn nicht gleich? Sind 1.000 Euro heute nicht auch 1.000 Euro in einem Jahr?

Nein, da gibt es einen Unterschied, und den machden die Zinsen. Wer heute 1.000 Euro erhält *und diesen Betrag anlegt*, bekommt bei 5% Zinssatz 50 Euro Zinsen nach einem Jahr. Er hat also nach einem Jahr 1.050 Euro.

---

[111] Prof. Niall Ferguson: Der Aufstieg des Geldes, S. 32.

Endwert einer einzigen Zahlung				
Jahr	Anfangs-wert (€)	Zins-satz	Zinsen (€)	Endwert (€)
1	1.000,00	5%	50,00	1.050,00
2	1.050,00	5%	52,50	1.102,50
3	1.102,50	5%	55,13	1.157,63
4	1.157,63	5%	57,88	1.215,51
5	1.215,51	5%	60,78	1.276,28
6	1.276,28	5%	63,81	1.340,10
7	1.340,10	5%	67,00	1.407,10
8	1.407,10	5%	70,36	1.477,46
9	1.477,46	5%	73,87	1.551,33
10	1.551,33	5%	77,57	1.628,89
Summe:			628,89	

Die heutigen 1.000 Euro sind also in einem Jahr mehr wert als heute, das zeigt auch die erste (waagerechte) Zahlenreihe in der Tabelle: 1.000 Euro verzinst mit 5% ergeben 50 Euro Zinsen, der Wert am Ende des ersten Jahrs ist 1.050 Euro.

Die gleichen 1.000 Euro sind nach zwei Jahren 1.102,50 Euro wert. Warum? Weil die 1.050 Euro vom Ende des ersten Jahres im zweiten Jahr wieder mit 5% pro Jahr verzinst werden, bekommt man am Ende des zweiten Jahrs 52,50 Euro Zinsen und hat dann 1.102,50 Euro.

Den Wert von 1.050 Euro (am Ende des ersten Jahrs) und den Wert von 1.102,50 Euro (am Ende des zweiten Jahrs) nennt man *Endwert* (und alle anderen Werte am Ende der anderen Jahre auch). Das Berechnen des Endwerts durch Hinzurechnen der Zinsen nennt man *aufzinsen*. Der Endwert ist der *aufgezinste Wert*.

Aus 1.000 Euro werden in 10 Jahren 1.628,89 Euro (bei einer Verzinsung von 5% pro Jahr, siehe Tabelle oben). Das sind fast zwei Drittel *mehr* (628,89 / 1000 = 0,63 = 63%). **Der Wert eines Geldbetrags kann sich also durch die Verzinsung stark verändern**, ohne dass weitere Geldbeträge eingezahlt wurden.

Die umgekehrte Berechnung heißt *abzinsen*: Wer in 5 Jahren einen Betrag von 40.000 Euro erhält, der hat damit heute (bei 6% Zinsen pro Jahr) einen Wert von 29.890 Euro – das ist der **Barwert**, der heutige Wert der 40.000 Euro, die erst in 5 Jahren ausgezahlt werden:

Barwert einer einzigen Zahlung			
Zinssatz: 6%			
Jahr	Endwert (€)	Abzins- divisor	Anfangswert oder Barwert (€)
	ist gleich 106%		*ist gleich 100%*
5	40.000	1,06	37.736
4	37.736	1,06	35.600
3	35.600	1,06	33.585
2	33.585	1,06	31.684
1	31.684	1,06	29.890

Beim *Aufzinsen* mussten wir den Zinssatz (oben 5%) zum Anfangswert dazurechnen, beim *Abzinsen* müssen wir den Zins (hier 6%) vom Endwert abrechnen. Das machen wir durch den *Abzinsdivisor*, der hier aus 1 + 6% = 1,06 entsteht.[112] Wird der Endwert 40.000 aus dem Jahr 5 durch 1,06 geteilt, ergibt sich 37.736, der Anfangswert im Jahr 5.[113]

Das Berechnen des Barwerts durch Abziehen der Zinsen vom Endwert nennt man **abzinsen**. Der Barwert ist der *abgezinste Wert*.

Die 40.000 Euro, die erst in 5 Jahren gezahlt werden, sind heute 10.110 Euro *weniger* wert (40.000 minus 29.890 gleich 10.110).

Anders ausgedrückt, sie haben heute nur einen Wert von etwa 74% ihres Wertes in 5 Jahren (29.890 durch 40.000 gleich 0,74 gleich 74%) – immer vorausgesetzt ein Zinssatz pro Jahr von 6%, ein anderer Zinssatz führt natürlich zu anderen Beträgen.

---

[112] Der Endwert 40.000 im Jahr 5 muss durch den *Abzinsdivisor* 1,06 geteilt (dividiert) werden: 40.000 durch 1,06 gleich 37.736. – Vielfach wird auch ein *Abzinsfaktor* verwendet, der muss mit dem Betrag malgenommen (multipliziert) werden. Der Abzinsfaktor ist: 1 durch 1,06 gleich 0,9434. Der Endwert 40.000 mal 0,9434 ist gleich 37.736. – Die Verwendung des Abzinsdivisors ist etwas einfacher.

[113] Der Endwert 40.000 im Jahr 5 besteht aus dem Anfangswert im Jahr 5 (37.736) und den Zinsen von 6%. Wenn der Anfangswert 100% ist, ist der Endwert also 106%. – Wenn man abzinsen will, also „zurückrechnen" will, kann man 40.000 durch 106 teilen und mit 100 malnehmen, das ergibt die 100% gleich 37.736, den Anfangswert. – Aus „106 durch 100" ergibt sich 1,06, der *Abzinsdivisor*, mit dem man das gleiche Rechenergebnis erreicht. Probieren Sie es einfach.

Barwert und Endwert gibt es auch für eine Zahlungsreihe
Barwert und Endwert gibt es nicht nur für einen *einmal* gezahlten Betrag, wie eben dargestellt. Es gibt auch *laufend* eingezahlte Beträge, für die Barwert und Endwert benötigt werden. Wenn 5 Jahre lang 5.000 Euro pro Jahr eingezahlt und pro Jahr mit 5% verzinst werden, ist der Endwert höher als die Summe der eingezahlten 25.000 Euro:

Endwert einer Zahlungsreihe						
Einzahlung zu Jahresbeginn						
Jahr	Anfangs-wert	Ein-zahlung	zu verzinsen	Zinssatz	Zinsen	Endwert
	€	€	€	%	€	€
1	0	5.000	5.000	5%	250	5.250
2	5.250	5.000	10.250	5%	513	10.763
3	10.763	5.000	15.763	5%	788	16.551
4	16.551	5.000	21.551	5%	1.078	22.628
5	22.628	5.000	27.628	5%	1.381	29.010
Summe:		25.000			4.010	

Zu den 25.000 Euro, die in den 5 Jahren eingezahlt wurden, kommen 4.010 Euro Zinsen hinzu (bei einem Zinssatz von 5%). Dem Einzahler stehen damit nach 5 Jahren 29.010 Euro zur Verfügung.

Den Endwert einer Zahlungsreihe kann man auch mit der Excel-Funktion ZW (heißt ‚zukünftiger Wert', ist identisch mit Endwert) berechnen. Dazu werden die fünf notwendigen Werte eingegeben, dann berechnet die Funktion den Endwert:

Excel-Funktion ZW		Excel-Name
Zinssatz	5%	Zins
Jahre	5	Zzr
Zahlung	-5000	Rmz
Anfangswert	0	Bw
Fälligkeit	1	F
Endwert	29.010	ZW

Die Verwendung der Excel-Funktion an Stelle einer Tabelle ist einfacher, wenn man zum Beispiel den Endwert über viele Jahre berechnen will:

Excel-Funktion ZW		Excel-Name
Zinssatz	5%	Zins
Jahre	30	Zzr
Zahlung	-5000	Rmz
Anfangswert	0	Bw
Fälligkeit	1	F
Endwert	348.804	ZW

Der Endwert beträgt nach 30 Jahren 348.804 Euro (bei einem jährlichen Zinssatz von 5%). Eingezahlt wurden 150.000 Euro in 30 Jahren (5.000 mal 30). Der Anleger bekommt also 198.804 Euro Zinsen in 30 Jahren (348.804 – 150.000 = 198.804).

Wer wissen will, was eine Zahlungsreihe heute wert ist, deren Endwert in fünf Jahren 100.000 Euro beträgt, wer also den Barwert von diesen künftigen 100.000 Euro berechnen will, der kann das mit einer Tabelle ermitteln, aber auch mit der Excel-Funktion BW (heißt ‚Barwert'):[114]

Excel-Funktion BW		Excel-Name
Zinssatz	5%	Zins
Jahre	5	Zzr
Endwert	-100.000	Zw
Barwert	78.353	BW

Geht auch mit Monatszahlungen
Bei einem Sparplan erfolgen die Einzahlungen oft monatlich[115] (bisher haben wir nur mit Jahreszahlungen gerechnet).

---

[114] Bei der Excel-Funktion muss der Zinssatz für alle Jahre gleich sein. In einer Tabelle kann man für jedes Jahr einen anderen Zinssatz ansetzen, wenn nötig.
[115] Monatliche Zahlungen gelten meist auch für Ratenkredite und Hypothekenkredite.

Wenn die Zahlungen zum Beginn der Monate erfolgen und monatlich die Zinsen abgerechnet werden, wird der monatliche Zins angewandt (5% durch 12 (Monate) gleich 0,417%).

Der Endwert (siehe folgende Tabelle) ist mit 28.454 Euro geringer als 29.010 Euro bei Jahreszahlung (siehe Tabelle weiter oben), weil bei der Jahreszahlung sofort ab Jahresanfang 5.000 Euro verzinst werden über das ganze Jahr, während bei der Monatszahlung die zu verzinsenden Beträge erst nach und nach übers Jahr eingezahlt werden und auch erst dann jeweils verzinst werden.

Endwert monatlicher Zahlungen		Excel-Name
Zinssatz jährlich	5%	Zins
Zinssatz monatlich	0,417%	Zins
Jahre	5	Zzr
Monate	60	Zzr
Jahresrate	-5000	Rmz
Monatsrate	-417	Rmz
Anfangswert	0	Bw
Fälligkeit	1	F
Endwert	28.454	ZW

Wozu braucht man den Endwert?

Erstes Beispiel: Wenn Sie 1.000 Euro sparen (nur einmal eingezahlt) und 5% Zinsen pro Jahr bekommen, wieviel haben Sie dann nach 10 Jahren? Dann haben Sie 1.628,89 Euro (siehe erste Tabelle in diesem Artikel „Endwert einer einzigen Zahlung").

Zweites Beispiel: Wenn Sie 5.000 Euro pro Jahr sparen (also jedes Jahr 5.000 Euro einzahlen), was haben Sie dann nach 5 Jahren bei einem bestimmten Zinssatz?

Eingezahlt haben Sie dann 25.000 Euro (5.000 mal 5). Bei 5% Zinseszins haben Sie dann 29.010 Euro nach 5 Jahren (siehe dritte Tabelle in diesem Artikel „Endwert einer Zahlungsreihe").

Drittes Beispiel: Wollen Sie wissen, wie reich Sie sind, wenn Sie eine Rente beziehen? Wenn Sie 67 Jahre alt sind, jeden Monat eine Rente von 2500 Euro bekommen und 90 Jahre alt werden, dann werden Sie insgesamt 690.000 Euro erhalten in den 23 Jahren (2500 mal 12 Monate mal 23 Jahre, ohne jährliche Rentenerhöhung gerechnet).

Wozu braucht man den Barwert?
Erstes Beispiel: Die 690.000 Euro (die Sie in 23 Jahren erhalten werden) ist im Alter von 67 Jahren, wenn die Rente beginnt, weniger wert, das ist der Barwert:

Barwert monatlicher Zahlungen		Excel-Name
Zinssatz jährlich	3%	Zins
Zinssatz monatlich	0,250%	Zins
Jahre	23	Zzr
Monate	276	Zzr
Monatsrate	-2500	Rmz
Fälligkeit (0 =Monatsende)	0	F
Barwert	497.992	ZW

Wenn der Barwert mit 3% pro Jahr abgezinst wird („runter-gerechnet" wird), dann beträgt er 497.992 Euro (bei Fälligkeit am Monatsende). Das ist die gesamte Rentensumme wert im Alter von 67 Jahren.

Zweites Beispiel: Wieviel Geld brauchen Sie (Barwert), um einen Verwandten im Studium mit 6.000 Euro jährlich zu unterstützen? Bitte sehen Sie nach im Artikel „Rentenbarwert-faktor und Rentenendwertfaktor" unter *Rentenbarwertfaktor*.

Drittes Beispiel: Der Barwert wird unter anderem oft dazu verwendet, verschiedene Alternativen zu vergleichen, indem die verschiedenen Gewinne der Alternativen auf den Barwert abgezinst werden, hier mit 5%:

Gewinnvergleich für 6 Jahre					
	geschätzte Jahresgewinne		Abzins-divisor	abgezinste Gewinne (5%)	
Jahr	Altern. A	Altern. B		Altern. A	Altern. B
	€	€	q^n	€	€
1	2.000	2.000	1,0500	1.905	1.905
2	3.000	3.000	1,1025	2.721	2.721
3	4.000	3.000	1,1576	3.455	2.592
4	5.000	4.000	1,2155	4.114	3.291
5	5.000	6.000	1,2763	3.918	4.701
6	5.000	8.000	1,3401	3.731	5.970
Summe:	24.000	26.000		16.112	15.209
Zinssatz:			5%		

Bei dem betrachteten Zeitraum von sechs Jahren hat Alternative B eine etwas größere Summe der geschätzten Jahresgewinne (26.000 Euro gegenüber 24.000 Euro der Alternative A). Bei der Summe der mit 5% abgezinsten Gewinne hat Alternative A den größeren Betrag (16.112 Euro gegenüber 15.209 Euro der Alternative B).

Das liegt daran, dass bei der Alternative A die größeren Beträge etwas früher vorkommen. Die späteren Beträge werden stärker abgezinst, das trifft die Alternative B stärker.

Fibonacci

Der *Barwert* wurde bereits im Jahre 1202 in einem „Buch der Rechenkunst" dargestellt, von einem jungen Mann namens Leonardo da Pisa aus Oberitalien, genannt Fibonacci. Er brachte Europa die indisch-arabischen Ziffern, die Berechnungen erheblich vereinfachten als vorher mit den römischen Zahlen.[116]

Berühmt wurde auch die *Fibonacci-Zahlenreihe*, die mit null und eins beginnt (0, 1, …) und sich mit einer einfachen Regel immer weiter fortsetzt: Jede Zahl ist die Summe der beiden vorhergehenden Zahlen. Daraus folgt: 0, 1, 1, 2, 3, 5, … Welche Zahl folgt als nächste? Und welche als übernächste?[117]

---

[116] Prof. Niall Ferguson: Der Aufstieg des Geldes, S. 32.
[117] 0+1=1, 1+1=2, 1+2=3, 2+3=5, 3+5=8, 5+8=13, 8+13=21,…

Basel I bis III

Basel I, II und III sind *Eigenkapitalregeln* für Banken. Sie heißen „Basel", weil sie in Basel verhandelt wurden, denn dort hat die Bank für Internationalen Zahlungsausgleich (BIZ) ihren Sitz; man nennt sie auch die Bank der Notenbanken.[118]

Für die Verhandlung der Eigenkapitalregeln wurde 1974 der *Basler Ausschuss für Bankenaufsicht* gegründet. Er hat 13 Mitgliedsländer, die im Ausschuss durch ihre Zentralbanken und Aufsichtsbehörden vertreten sind. Der Ausschuss hat die Aufgabe, Richtlinien zu erarbeiten und zu empfehlen. Die Umsetzung der Richtlinien obliegt den Aufsichtsbehörden der Länder.[119]

Basel I
Ausgelöst wurden die Verhandlungen der Eigenkapitalregeln durch den Zusammenbruch der *Herstatt-Bank* 1974 in Köln. Sie hatte zu viele Kredite gewährt (oder dafür zu wenig Eigenkapital gehabt).

In Basel wurde vereinbart, den Banken ein Mindesteigenkapital vorzuschreiben, um in Krisenzeiten einen hinreichenden Puffer zu haben und einen Konkurs zu vermeiden.

Der Basler Ausschuss hat 1988 ein Abkommen vereinbart, das „Basel I" heißt und dem sich über 100 Länder angeschlossen haben. Die Vorschläge wurden bis 1992 in nationales Recht übernommen, und zwar praktisch von allen Ländern mit international tätigen Banken.[120]

Das *Mindesteigenkapital* sollte sich nach den jeweiligen Risiken der einzelnen Bank richten. Ausleihungen an Firmen wurden mit dem Risikogewicht 1,0 bewertet, Ausleihungen an Banken mit 0,2 und Ausleihungen an Staaten mit 0.

Der Anteil des Eigenkapitals der Bank an diesen Risikogeschäften sollte in Deutschland 4% bei der *Kernkapitalquote* und 8% bei der Gesamtkapitalquote sein.

---

[118] Wolfgang Münchau: Kernschmelze im Finanzsystem, S. 10.
[119] Prof. Dr. Klaus Spremann und Prof. Dr. Pascal Gantenbein: Finanzmärkte, S. 164.
[120] Siehe Prof. Dr. Hans-Werner Sinn: Kasino-Kapitalismus, S. 151ff.

Das Kernkapital umfasst das eingezahlte Grundkapital, die Rücklagen aus nicht ausgeschütteten Gewinnen und stille Einlagen. Die *Gesamtkapitalquote* umfasst zudem noch Drittrangmittel, die im Falle einer Insolvenz nachrangig bedient werden.

Basel II

Im Jahr 1999 wurden die Arbeiten an „Basel II" angefangen, um die Risikogewichtungen detaillierter zu gestalten. Es wurde von der Schweiz und der EU übernommen und war dort ab 2008 in Kraft.[121]

Das Basel II-System hat nicht verhindert, dass die Weltfinanzkrise 2007 viele Banken in den Untergang oder in die Verstaatlichung geführt hat.

Ungewollte Effekte

Wer neue Regelungen schafft, möchte Wirkungen erzielen, hier die Vorsorge vor zu großen Kreditrisiken. Wenn die Risiken zu groß werden und das zu reservierende Eigenkapital nicht ausreicht, dürfen neue Kreditrisiken nicht übernommen werden.

Diese einengende Vorschrift kann auch wichtige Nebeneffekte haben, die zur Weltfinanzkrise beigetragen haben.[122] Basel I und II bestimmen Obergrenzen der Kreditvergabe; wenn das Eigenkapital nicht reicht, muss die Kreditvergabe gebremst werden. Dadurch entsteht ein Anreiz, vorhandene Kredite zu verkaufen und sie dadurch aus der Bilanz zu entfernen. Dann könnte man wieder neue Kredite vergeben und damit neue Einnahmen bekommen.

Wie macht man das? Wenn eine Bank vorhandene Kreditforderungen, die in ihrer Bilanz stehen, in handelbare Wertpapiere umformt (das nennt man *Verbriefung*), kann sie diese an die weltweiten Finanzmärkte verkaufen. Diese Kreditforderungen gehören dann irgendwelchen anderen Finanzgesellschaften, aber nicht mehr der ursprünglichen Bank.

Die Bank hat dann wieder Freiraum, neue Kredite an ihre Kunden zu vergeben und das Kreditgeschäft wieder neu zu beleben.

---

[121] Siehe Prof. Dr. Hans-Werner Sinn: Kasino-Kapitalismus, S. 153f.
[122] Wolfgang Münchau: Kernschmelze im Finanzsystem, S. 10f.

Die Verbriefungen hatten einen wichtigen Anteil an der Weltfinanzkrise (siehe Artikel „Verbriefung" und „Weltfinanzkrise 2007" in diesem Buch).

Basel III

Nach der Weltfinanzkrise, die 2007 begann, wurde mit einem neuen Regelwerk „Basel III" begonnen. Im September 2010 einigte sich der Baseler Ausschuss auf neue Maßnahmen, die ab 2013 mehr und höherwertiges Eigenkapital vorsehen.[123]

Nach Basel III muss das Eigenkapital mindestens 8% der risikogewichteten Aktiva der Bank betragen.

Die Aktivposten (die Vermögensgegenstände der Bank, also Kreditforderungen und Wertpapiere) werden mit ihren Risiken gewichtet (multipliziert). Hat ein Kredit ein hohes Risiko, muss dafür mehr Eigenkapital vorhanden sein. Ist die Rückzahlung eines Kredits ziemlich sicher zu erwarten, ist für diesen Kredit weniger Eigenkapital anzurechnen.

Betragen die Aktivposten zum Beispiel insgesamt 100 Millionen Euro, muss dafür 8 Millionen Euro Eigenkapital vorgehalten werden und auf der Passivseite der Bilanz gezeigt werden.

Die gesamte Eigenkapitalquote von mindestens 8% setzt sich zusammen aus[124]
1. einer harten Kernkapitalquote (mindestens 4,5%),
2. einer zusätzlichen Kernkapitalquote (aus harter und zusätzlicher Kernkapitalquote zusammen mindestens 6%)
3. und einer Ergänzungskapitalquote, die zusammen als Gesamtkapitalquote mindestens 8,0% erreichen muss.

---

[123] Deutsche Bundesbank: Geld und Geldpolitik, S. 236.
[124] https://www.bundesfinanzministerium.de: „Fragen und Antworten zu Basel III" vom 28.8.2017.
Und: https://www.bundesbank.de: „Eigenmittel" vom 17.1.2018.

Basispunkte

Die Spanne zwischen beispielsweise 3% und 4%, also von *einem ganzen* Prozent, sind 100 *Basispunkte*.

Kleinere Prozentzuwächse können dann gut in Basispunkten angegeben werden:

Wenn ein Kurs von 3,6% auf 3,8% angestiegen ist und damit um 0,2 Prozentpunkte angestiegen ist, dann ist er um 20 *Basispunkte* angestiegen. Das lässt sich leichter sprechen (zumindest wenn man es gewohnt ist).

- 100 Basispunkte entsprechen 1%,
- 20 Basispunkte entsprechen 0,2%,
- 1 Basispunkt entspricht 0,01% (einem Hundertstel Prozent).

Baufinanzierung

Die meisten Hausbauer oder Hauskäufer brauchen zur Finanzierung ihres Hauses ein *Darlehen* (oder *Kredit*). Das Eigenkapital beträgt vielleicht 20 Prozent vom benötigten Geld. Damit verbleiben 80 Prozent, die mit einem Darlehen von der Bank oder Sparkasse abgedeckt werden müssen.

Da wird man etwas rechnen müssen, denn es geht um viel Geld und um langfristige Verpflichtungen, oft um 30 Jahre.

Finanzierungsumfang

Ein Haus kostet auf dem Land manchmal unter 200.000 Euro, in der Großstadtumgebung aber auch 800.000 Euro und mehr, je nach Wunsch und Lage. 80 Prozent Darlehen sind demnach mal 160.000 Euro, mal 640.000 Euro. Machen Sie sich mit diesen Größenordnungen vertraut, bevor die Hauswunschträume später unverhofft platzen.

Strengere Kreditvorschriften

Im März 2016 sind strengere Kreditvorschriften per Gesetz erlassen worden, die von den Banken verlangen, bei der Prüfung der Kreditwürdigkeit strengere Maßstäbe als bisher anzulegen.[125] Das könnte bedeuten, dass es mehr auf Vermögen und Einkommen der Hauskäufer bzw. Kreditnehmer ankommen wird und vielleicht manche Bank den Kredit gar nicht bewilligt. Gehen Sie also nicht zuerst zum Notar, sondern erst zur Bank (oder zu mehreren Banken) und klären Sie die finanziellen Möglichkeiten.

Zinssatz

Nach der Weltfinanzkrise von 2007 sind die Zinssätze stark gesunken. Im Januar 2019 gab es Baugeld für 1,3% pro Jahr (Zinsbindung 10 Jahre; 1,0% für 5 Jahre).[126] Das wären bei einem Darlehen von 200.000 Euro am Anfang 2.600 Euro Zinsen im Jahr, bei einem Darlehen von 640.000 Euro am Anfang 8.320 Euro Zinsen im Jahr. Im Vergleich mit früheren Jahren ist das wenig, man zahlte in vergangenen Jahren auch 7% und sogar schon mal 11%.

Tilgung

Die Zinsen tun's nicht allein, man muss auch tilgen, das heißt, den geliehenen Geldbetrag zurückzahlen. Normalerweise beginnt die Tilgung sofort nach der Auszahlung des Darlehens (genauso wie die Zahlung der Zinsen).

Früher war es üblich, die Tilgung mit einem Prozent pro Jahr zu vereinbaren (zusätzlich zu den Zinsen). Wenn Sie mal überlegen: 1% pro Jahr, dann dauert diese Tilgung ja hundert Jahre, bis der Kredit zurückgezahlt ist! Wer will und kann das denn?

Aber es dauert gar nicht so lange. Da das Darlehen meist jedes Jahr getilgt wird, sinkt auch jedes Jahr die Restschuld (das noch zu verzinsende geliehene Geld). Und damit nimmt auch der zu zahlende Zinsbetrag ab, jedes Jahr. Erst wenig, später immer mehr.

Die Rate, die Sie an die Bank für das Darlehen zahlen, bleibt aber immer gleich. Die Darlehensbedingungen besagen nämlich meistens: „Die Tilgung erfolgt anfangs mit 1%, zusätzlich ersparter Zinsen." Der Zinsbetrag wird jedes Jahr *geringer*, aber

---

[125] Siehe Volker Loomann: „Regenwolken am Kredithimmel", FAZ vom 21.6.2016, S. 35.
[126] FAZ vom 19.1.2019, S. 28.

um den gleichen Betrag *steigt* der Tilgungsbetrag. Die Summe aus Zins und Tilgung bleibt immer gleich – das ist die *Annuität* (auch *Jahresrate* genannt). Das zeigen diese Zahlen:

Baufinanzierung					
Darlehensbetrag:		200.000			
jährlicher Zinssatz:		6%			
jährlicher Tilgungssatz anfangs:		1%			
Jahr	Anfangs-betrag	Zinsen	Annuität	Tilgung	Restschuld
1	200.000	12.000	14.000	2.000	198.000
2	198.000	11.880	14.000	2.120	195.880
3	195.880	11.753	14.000	2.247	193.633
32	30.397	1.824	14.000	12.176	18.220
33	18.220	1.093	14.000	12.907	5.314
34	5.314	319	5.632	5.314	0
	Summe:	267.632	467.632	200.000	
	Anteile:	134%	234%	100%	

Die Tabelle zeigt nur die ersten drei und die letzten drei Jahre des Darlehens; die anderen Jahre sind hier aus Platzgründen nicht dargestellt.

Die *Zinsen* betragen im ersten Jahr 12.000 Euro (200.000 mal 6%). Im zweiten Jahr betragen sie 6% von 198.000, denn im ersten Jahr sind ja 2.000 Euro getilgt worden. Die Zinsen sinken dann jedes Jahr weiter. Im 33. (vorletzten) Jahr sind es 1.093 Euro.

Die *Tilgung* setzt im ersten Jahr mit 2.000 Euro ein (1% vom Darlehensbetrag 200.000 Euro). Im zweiten Jahr sind es 120 Euro mehr, weil die Zinsen um 120 Euro gesunken sind. Die Tilgung steigt dann jedes Jahr um den Betrag, um den die Zinsen sinken. Im 33. (vorletzten) Jahr beträgt sie 12.907 Euro.

Die *Annuität* ist jedes Jahr gleich (14.000 Euro) mit Ausnahme des letzten Jahrs.

Das *Darlehen* läuft über 34 Jahre, bis es vollständig zurückgezahlt ist. Die Tilgungssumme ist der gleiche Betrag wie der anfangs ausgezahlte Darlehensbetrag (200.000 Euro). Zusätzlich wurden 267.632 Euro an Zinsen gezahlt, das waren also mehr als der Darlehensbetrag. Das davon bezahlte Haus hat also nicht nur 200.000 Euro Darlehensbetrag gekostet, sondern insgesamt mit Zinsen 467.632 Euro Darlehenskosten.

Darlehensdauer

Die gesamten Darlehenskosten hängen nicht nur vom Zinssatz ab, sondern auch von der *Darlehensdauer*. Je länger das Darlehen dauert, desto länger müssen Zinsen bezahlt werden.

Bei sehr niedrigen Zinssätzen (wie 2% und darunter) dauern die Darlehen erheblich länger, weil die Tilgung, wenn sie mit 1% vereinbart ist, länger dauert.

Wenn das obige Darlehen nicht 6%, sondern 2% Zinssatz hat, dann würde das Darlehen **56 Jahre** dauern, wenn die Tilgung mit 1% vereinbart wird:

Baufinanzierung					
Darlehensbetrag:			200.000		
jährlicher Zinssatz:			2%		
jährlicher Tilgungssatz anfangs:			1%		
Jahr	Anfangs-betrag	Zinsen	Annuität	Tilgung	Restschuld
1	200.000	4.000	6.000	2.000	198.000
2	198.000	3.960	6.000	2.040	195.960
3	195.960	3.919	6.000	2.081	193.879
54	14.367	287	6.000	5.713	8.654
55	8.654	173	6.000	5.827	2.827
56	2.827	57	2.883	2.827	0
Summe:		132.883	332.883	200.000	
Anteile:		66%	166%	100%	

Der Zinssatz ist zwar mit 2% nur *ein Drittel* so groß wie 6%, die gesamten Zinsen aber sind mit 132.883 Euro etwa *die Hälfte* von 267.632 Euro beim 6%-Darlehen (ein Drittel der 267.632 Euro Zinsen des 6%-Darlehens wären 89.000 Euro).

Diese Erhöhung der Zinskosten wird verursacht durch die längere Laufzeit des Darlehens. Die Tilgung mit anfangs 1% ist zu gering, weil aus einem geringen Zinssatz von 2% zu geringe Tilgungsbeträge entstehen. Die Darlehensvertragsklausel „zusätzlich ersparter Zinsen" (siehe oben) bringt hohe Tilgungsbeträge aus hohen Zinsbeträgen, aber auch geringe Tilgungen aus geringen Zinsbeträgen. Aus der geringen Tilgung entsteht die längere Darlehenslaufzeit.

Was man machen kann? Die Tilgungssätze höher ansetzen (3% und mehr), wenn möglich, also wenn vom Darlehenskunden tragbar.

Bei 3% Tilgung am Anfang würde die Darlehenslaufzeit *26 Jahre* betragen:

Baufinanzierung					
Darlehensbetrag:		200.000			
jährlicher Zinssatz:		2%			
jährlicher Tilgungssatz anfangs:		3%			
Jahr	Anfangs-betrag	Zinsen	Annuität	Tilgung	Restschuld
1	200.000	4.000	10.000	6.000	194.000
2	194.000	3.880	10.000	6.120	187.880
3	187.880	3.758	10.000	6.242	181.638
24	26.930	539	10.000	9.461	17.469
25	17.469	349	10.000	9.651	7.818
26	7.818	156	7.975	7.818	0
	Summe:	57.975	257.975	200.000	
	Anteile:	29%	129%	100%	

Bei einem Zinssatz von 2% und einer anfänglichen Tilgung von 3% kostet diese Finanzierung nur etwa 58.000 Euro, während die vorherigen beiden Finanzierungsbeispiele etwa 267.000 Euro und etwa 133.000 Euro gekostet hätten.

Zum Vergleich der drei Baufinanzierungen:

Vergleich			
Darlehensbetrag	200.000	200.000	200.000
jährlicher Zinssatz	6%	2%	2%
jährl. Tilgungssatz	1%	1%	3%
Tilgungssumme	200.000	200.000	200.000
Zinssumme	267.632	132.883	57.975
Anteil an Tilgungssumme	*134%*	*66%*	*29%*
Rückzahlungssumme	467.632	332.883	257.975
Differenz 1% zu 3% Tilgungssatz			*-74.908*
Laufzeit (Jahre)	**34**	**56**	**26**

In *Anteilen* ausgedrückt:

- Bei der ersten Finanzierung kamen zu den 200.000 Euro Darlehensbetrag, der zu tilgen ist, 134% an Zinskosten zusätzlich zu den 200.000 Euro hinzu.
- Bei der zweiten Finanzierung kamen 66% zu den 200.000 Euro hinzu.
- Bei der dritten Finanzierung kamen nur 29% an Zinskosten zu den 200.000 Euro hinzu.

Der Kunde sollte also mit Bedacht abwägen, was er an finanzieller Last tragen kann und will.

Berechnung der Baufinanzierung

Wenn Sie einen Computer haben und ein Tabellenkalkulationsprogramm wie Excel, können Sie die *Laufzeit* Ihrer Baufinanzierung leicht berechnen. Dazu wird die Excelfunktion ZZR benutzt (das heißt „Zahlungszeiträume", das ist dasselbe wie „Laufzeit").

Dort geben Sie den Zins ein, die Annuität (die jährliche Zahlung, mit Minus-Vorzeichen) und den Darlehensbetrag:

Berechnung mit Excelfunktion ZZR				Excel
Zinssatz	6%	2%	2%	Zins
Annuität	-14.000	-6.000	-10.000	Rmz
Darlehensbetrag	200.000	200.000	200.000	Bw
Laufzeit (Jahre)	33,4	55,5	25,8	ZZR

Tilgungssatz anfangs:	1%	1%	3%
Berechnung der Annuität:			
- Zinsen anfangs:	12000	4000	4000
- Tilgung anfangs:	2000	2000	6000
Summe Annuität:	14000	6000	10000

Excel-Bezeichnungen: Rmz – regelmäßige Zahlung,
Bw – Barwert, ZZR – Zahlungszeiträume

Die Annuität (der zurückzuzahlende Jahresbetrag) besteht aus dem anfänglichen Zinsbetrag und dem anfänglichen Tilgungsbetrag.

Beim Kredit in der ersten Spalte betragen die Zinsen am Anfang 12.000 Euro (200.000 Euro mal 6%) und die Tilgung 2.000 Euro (200.000 Euro mal 1%). Zusammen beträgt die Annuität 14.000 Euro.

Beim Kredit in der zweiten Spalte betragen die Zinsen 4.000 Euro (200.000 Euro mal 2%) und die Tilgung 2.000 Euro (200.000 Euro mal 1%), die Annuität 6.000 Euro.

Beim Kredit in der dritten Spalte betragen die Zinsen 4.000 Euro und die Tilgung 6.000 Euro (200.000 Euro mal 3%), die Annuität 10.000 Euro.

Die Excel-Funktion ZZR zeigt dann die Laufzeiten an (33,4 Jahre, 55,5 Jahre und 25,8 Jahre).

Monatliche Zahlungen

In der Praxis werden die Zinsen und Tilgungen meistens in monatlichen Beträgen gezahlt. Dafür müssen Zinssatz und Annuität durch 12 (Monate) geteilt werden:

Monatliche Berechnung mit Excelfunktion ZZR				Excel
	Jahres-zahlen	Um-rechnung	Monats-zahlen	
Zins	2%	2% / 12	0,167%	Zins
Annuität	-10.000	-10000 / 12	-833,33	Rmz
Darlehens-betrag	200.000		200.000	Bw
Laufzeit		Monate:	306,8	ZZR
Laufzeit	25,8	Jahre:	25,6	ZZR

Excel-Bezeichnungen: Rmz – regelmäßige Zahlung, Bw – Barwert, ZZR – Zahlungszeiträume

Es empfiehlt sich, „2%/12" und „-10.000/12" in Excel so einzugeben, das Ergebnis wird genauer.

Die monatliche Rückzahlung von Zins und Tilgung verringert die gesamte Laufzeit der Rückzahlung geringfügig, hier um 0,2 Jahre: 25,6 Jahre bei monatlicher Zahlung, 25,8 Jahre bei jährlicher Annuität (weil die Tilgung monatlich erfolgt, also früher, während die jährliche Rückzahlung erst am Jahresende erfolgt).

Zinssumme

Wenn Sie die Laufzeit (auf Monatsbasis) berechnet haben, können Sie die Zinssumme (also die Kosten Ihrer Baufinanzierung) einfach ermitteln:

Monatsrate:	833,33 €
mal Anzahl der Monate:	306,8
ergibt:	255.665,64 €
minus Darlehensbetrag:	200.000 €
ergibt Zinssumme:	55.665,64 €

Auf Jahresbasis hatte sich mit 57.975 Euro etwas mehr ergeben (wegen des Unterschieds von monatlicher und jährlicher Zahlung).

Baukosten

Hauskauf

Im Falle des *Hauskaufs* bestehen die Gesamtkosten aus dem Kaufpreis, der Grunderwerbsteuer, den Notarkosten (für Kaufvertrag und Grundschuldbestellung) und Gebühren des Grundbuchamts und in vielen Fällen aus der Maklercourtage. Die Nebenkosten ergeben zurzeit ungefähr 13% zusätzlich zum Kaufpreis. Die folgenden Kaufpreise sind Beispiele:

Hauskauf	Euro	Euro
Kaufpreis	280.000	550.000
Maklercourtage (5,95%)*	16.660	32.725
Grunderwerbsteuer (5%)**	14.000	27.500
Notarkosten und Grundbuchkosten (ca. 2%)***	5.600	11.000
Nebenkosten des Hauskaufs (13%)	36.260	71.225
Gesamtsumme (113%)	316.260	621.225

* 5% plus 19% MwSt. gleich 5,95%

** vom Kaufpreis (Steuersätze nach Bundesländern verschieden)

*** Notarkosten können sich auf den Geschäftswert beziehen
  (Kaufpreis plus Maklercourtage), Grundbuchkosten
  beziehen sich auf die einzutragende Grundschuld

Hausbau

Im Falle des *Hausbaus* bestehen die Gesamtkosten aus den Grundstückskosten, den Hausbaukosten und den Baunebenkosten.

Die üblichen Grundstückskosten sind in der folgenden Tabelle zusammengestellt. Der angegebene Grundstückspreis von 250 Euro pro Quadratmeter ist ein geschätzter mittlerer Preis. Er kann auf dem Land auch ein gutes Stück niedriger liegen, in der Stadt und in Ballungsgebieten kann er auch doppelt so hoch sein (und mehr).

Zu den Grundstücksnebenkosten gehören oft die Maklergebühr, die Notargebühr für den Grundstückskaufvertrag, die Grundbuchgebühr für das Grundbuchamt (beim Amtsgericht) und die Grunderwerbsteuer. Ohne die Bescheinigung des Finanzamts, dass die Grunderwerbsteuer gezahlt wurde, wird das Grundbuchamt keine Eintragung ins Grundbuch vornehmen; die Grunderwerbsteuer ist also bald zu bezahlen, sonst kommt der Bau nicht in die Gänge.

Grundstückskosten	Euro
Grundstückspreis pro qm	250
Fläche in qm	500
Grundstückspreis	125.000
Maklergebühr (5,95%)	7.438
Notar für Grundstückskauf (1,5%)	1.875
Grundbuchgebühr (0,5%)	625
Grunderwerbsteuer (5%)	6.250
Vermessungskosten (1,3%)	1.600
Grundstücksnebenkosten (14,15%)	17.788
Summe Grundstückskosten	**142.788**

Vor Baubeginn kommt der Vermessungsingenieur und vermisst das Grundstück (können 1.300 Euro sein). Wenn Sie schon eine Zeit lang im Haus wohnen, schickt die Vermessungsbehörde eine Rechnung für die Fortführung des Katasters (vielleicht 300 Euro).

Alle Preis- und Prozentangaben unterliegen der ständigen Erhöhungsgefahr.

126

Hausbaukosten

Die angegebenen Baukosten sind wieder ein mittlerer Wert und hängen von der Lage und Größe des Hauses und den eigenen Wünschen ab:

Hausbaukosten	Euro
Baukosten	250.000
Hausanschlüsse	5.000
Einbauküche	15.000
Kaminofen	5.000
Terrassendach	5.000
Garage	10.000
Pflasterungen	10.000
Abwasserleitungen	4.000
Summe Hausbaukosten	**304.000**

Die *Bauzeit* dauert meistens ein Jahr oder mehr (Abweichungen nach oben und unten natürlich möglich).

Baunebenkosten

Baunebenkosten	Euro
Baugenehmigung	1.000
Bauversicherung	1.000
Baustrom, Bauwasser	1.000
Bauschutt	2.000
Notar für Grundschuldbestellung	1.500
Grundschuldgebühren	1.000
Summe Baunebenkosten	**7.500**

Die angegebenen Baunebenkosten sollten im durchschnittlichen Fall ausreichen, aber auch mitbedacht werden.

Die Grundschuldgebühren sind für das Grundbuchamt zur Eintragung der Grundschuld ins Grundbuch.

Gesamtkosten

Die Gesamtkosten des Hausbaus belaufen sich in diesem Beispiel auf 454.288 Euro:

Gesamtkosten	Euro
Grundstückskosten	142.788
Hausbaukosten	304.000
Baunebenkosten	7.500
Gesamtkosten	**454.288**

Wenn Sie in Ihrem eigenen Fall vor allem die Grundstückspreise, die angedachte Grundstücksfläche und die eigentlichen Baukosten ansetzen, werden Sie einen ungefähren Preis für Ihren Hausbau ermitteln können.

Zur Finanzierung des Ganzen lesen Sie bitte den Artikel „Baufinanzierung" in diesem Buch.

Hausverkauf

Wer ein Haus baut oder kauft, denkt selten schon an den Hausverkauf. Aber viele Häuser werden irgendwann einmal verkauft, etwa durch einen beruflichen Wechsel oder weil das Haus im Alter zu groß wird, oder auch nach dem Ableben der Eigentümer.

Wenn Sie einen Immobilienfachmann fragen, worauf es beim Kauf bzw. Verkauf eines Hauses ankommt, sagt er meistens: „Erstens die Lage, zweitens die Lage und drittens die Lage." Das stimmt – aber nicht ganz. Die Lage ist wichtig, aber anderes zählt auch.

Die Lage ist wichtig:
- Lage heißt für ein Familienhaus Süd- oder Südwestlage des Wohnzimmers und der Terrasse,
- die Straße am besten an der Nordseite,
- eine ruhige Straße mit wenig Verkehr,
- nur zwei Nachbargrundstücke,
- ein schöner Ausblick in die Landschaft,
- gefällige Häuser in der Nachbarschaft,
- eine Bushaltestelle in Fußwegnähe,
- ein Bahnhof im Ort (in Taxinähe, wenn man älter wird).

...aber anderes zählt auch:

- Ein übersichtlicher Gundriss des Hauses,
- Küche vorne und nach Norden oder Osten,
- Wohnzimmer hinten nach Südwest,
- Flure und Treppen in der Hausmitte,
- Schlafzimmer und Bad im Erdgeschoss (wenn man älter wird oder jemand körperlich eingeschränkt ist).
- Das Haus soll ein gefälliges Aussehen haben,
- nichts Übertriebenes, nichts Verrücktes (wenn Sie es mal verkaufen wollen).

Ob kleine oder große Zimmer, ob gemütlich oder weitläufig, das bleibt individuell. Dazu müssen Sie auf den richtigen Käufer warten.

Bausparvertrag

Wer einmal ein Haus bauen will und zu den Normalverdienern gehört (wie die meisten), ist nicht schlecht beraten, wenn er früh anfängt, dafür zu sparen. Das geht gut mit einem Bausparvertrag, wenn der allgemeine Zinssatz dazu passt. Zurzeit liegt der Zinssatz sehr niedrig und geht gegen null – das ist gerade keine gute Zeit fürs Bausparen.

Als der Zinssatz noch bei 7% lag, war die Bausparidee eine gute Sache, wenn man später einmal bauen wollte, aber nicht sofort. Als Berufsanfänger zum Beispiel ist es sinnvoll, von Anfang an schon einen Betrag zurückzulegen. Wer dann im späteren Alter eine Familie gründen und ein Haus bauen wollte, war gut ausgestattet, wenn er eine stattliche Bausparsumme zur Verfügung hatte, damit hatte man schon ein ansehnliches finanzielles Fundament für den Hausbau.

Denn in der Zeit vom Berufsanfänger bis zum Beginn eines Hausbaus konnte man in der *Ansparphase* eines Bausparvertrags einen schönen Grundstock legen. Bei einer *Bausparsumme* von 80.000 Euro wurde etwa 45% davon als angespartes Guthaben verlangt, also 36.000 Euro. Wenn der Hausbau dann losging, kam der Rest der Bausparsumme von 55% gleich 44.000 Euro als *Bauspardarlehen* von der Bausparkasse dazu.

Das mag ein etwas langwieriger Verlauf sein, er ist dafür aber auch solide, sicher und berechenbar (bei stetigen und normal hohen Zinssätzen). Wer mit 20 Jahren in den Beruf eintritt und mit 30 Jahren oder später bauen will, für den ist das Bauspar- modell geeignet.

Natürlich muss man wissen, dass die Verzinsung des Guthabens in der Ansparphase gering ist. Dafür ist aber auch der Zinssatz gering, der für das Bauspardarlehen später zu zahlen ist – beide Zinssätze gemessen an den früher höheren Zinssätzen wie zum Beispiel 7%.

Das machte die Attraktivität des Bausparens aus, die niedrigeren Zinssätze und der sichere und berechenbare Aufbau eines finanziellen Anteils der Baufinanzierung.

Wenn der allgemeine Zinssatz sinkt oder schon ganz niedrig ist, wie zurzeit, spielt das vertragliche Versprechen geringer Zinsen (der Bausparkasse) kaum eine Rolle. Der Kunde bekommt überall Geld für wenig Zinsen. Er sollte aber daran denken, dass der Darlehensbetrag auf jeden Fall zurückgezahlt werden muss, der muss also tragbar bleiben.

Beitragsrückerstattung

Eine Beitragsrückerstattung gibt es bei den privaten Versicherungen in zwei Formen:

(1) *beitrags-abhängige Rückerstattung:*
In der privaten Krankenversicherung gibt es eine Beitragsrückerstattung für die Personen, die keine oder wenige Leistungen der Versicherung in einem Jahr in Anspruch genommen haben.

(2) *beitrags-unabhängige Rückerstattung:*
In der Lebensversicherung und in der privaten Krankenversicherung gibt es eine Beitragsrückerstattung für alle Vertragspartner, wenn es für das ganze Versicherungsunternehmen im Jahr einen Gewinn gegeben hat.

Die beitragsunabhängige Rückerstattung ist die *Überschussbeteiligung*, mit der die Versicherten insgesamt am Gewinn beteiligt werden, oberhalb des garantierten Zins. Der garantierte Zins ist gültig für die gesamte Laufzeit eines Lebensversicherungsvertrags (der betrug früher einmal 3,5%, sogar 4%).

Die Überschussbeteiligung zahlt den Kunden weitere Gewinnanteile aus, wenn in einem Geschäftsjahr höhere Gewinne erzielt wurden (wenn zum Beispiel der Zins in einem Geschäftsjahr 7% betrug).

Bei dem Niedrigzins, der zurzeit herrscht, hat die Überschussbeteiligung nur eine geringe Bedeutung (für Anlagen aus älteren Jahren, die noch höhere Zinssätze hatten).

Betrieb und Unternehmen

Ein *Unternehmen* wird in der amtlichen Statistik als kleinste rechtlich selbstständige Einheit bezeichnet. Es muss aus rechtlichen Gründen eine Buchhaltung führen und jährlich das Vermögen feststellen und den Gewinn oder den Verlust.

Das Unternehmen umfasst alle zugehörigen Betriebe. Auch freiberuflich Tätige werden als eigenständige Unternehmen erfasst.

Ein *Betrieb* ist eine Niederlassung eines Unternehmens an einem bestimmten Ort. Zu einem Betrieb können auch weitere angegliederte Betriebsteile gehören.[127]

Anzahl der Unternehmen und Betriebe

Gemäß dem Statistischen Bundesamt gab es 2013
- 3,6 Millionen Unternehmen und
- 3,8 Millionen Betriebe.

Unternehmen	Anzahl der Unternehmen	Anteil	Anzahl der Beschäftigten	Anteil
Bergbau, Energie, Wasser	76.552		539.270	
verarbeitendes Gewerbe	248.135		6.742.721	
Baugewerbe	389.557		1.574.640	
Summe Sachleistungen	714.244	20%	8.856.631	33%
Handel und Verkehr	774.118		5.773.335	
Gastgewerbe	245.787		879.989	
Kommunikation	130.027		918.856	
Banken und Versicherungen	68.773		999.269	
Immobilien	326.238		249.378	
freiberufl., wiss., techn. Dienstl.	513.141		1.698.571	
Gesundheit und Soziales	236.900		3.798.707	
sonstige Dienstleistungen	620.438		4.074.643	
Summe Dienstleistungen	2.915.422	80%	18.392.748	67%
Summe Unternehmen	**3.629.666**	*100%*	**27.249.379**	*100%*

Quelle: Statistisches Bundesamt, Unternehmensregister (www.destatis.de), Zahlen von 2013.

---

[127] Quelle: Statistisches Bundesamt, Unternehmensregister (www.destatis.de).

Von den 3,6 Millionen Unternehmen sind (nur) 20 Prozent in der Güterproduktion (Summe Sachleistungen) tätig, dagegen 80 Prozent im Dienstleistungsbereich.

33 Prozent der Beschäftigten arbeiten in der Güterproduktion, 67 Prozent im Dienstleistungsbereich.

Im gesamten Bereich der *Unternehmen* sind 27 Millionen Beschäftigte tätig. Insgesamt sind in Deutschland etwa 43 Millionen Menschen beschäftigt, also 16 Millionen Menschen in weiteren Bereichen *außerhalb* der Unternehmen (zum Beispiel im öffentlichen Dienst, bei Bund, Ländern und Gemeinden, in Schulen, Krankenhäusern, bei der Polizei, in Verbänden u.a.).

Von den 3,6 Millionen Unternehmen haben 91% der Unternehmen nur bis zu 9 Beschäftigte. Nur 0,3% der Unternehmen haben mehr als 250 Beschäftigte; diese allerdings erzielen fast die Hälfte des Umsatzes (da sie zum Teil sehr groß sind, also Tausende von Mitarbeitern haben).

Betrieb und Haushalt
In einem *Betrieb* werden Güter produziert und Dienstleistungen erstellt und verkauft.

Im *Haushalt* dagegen werden Güter und Dienstleistungen verbraucht (konsumiert); soweit sie auch erstellt werden, werden sie in der Regel selbst verbraucht.[128]

---

[128] Siehe Prof. Dr. Günter Wöhe, Prof. Dr. Ulrich Döring und Prof. Dr. Gerrit Brösel: Einführung in die Allgemeine Betriebswirtschaftslehre, S. 27.

Betriebswirtschaftslehre

Die Betriebswirtschaftslehre befasst sich mit dem Erkenntnisobjekt „Betrieb".

Die Betriebswirtschaftslehre (Bwl) unterscheidet folgende *Funktionen*:
- Beschaffung / Einkauf
- Produktion
- Materialwirtschaft
- Absatz / Vertrieb
- Marketing
- Finanzierung
- Personal
- Organisation
- Rechnungswesen
- Steuern
- Controlling
- Informationstechnik (IT, früher EDV)
- Geschäftsleitung

(die Liste muss nicht abschließend sein)

Die Betriebswirtschaftslehre unterscheidet u.a. nach folgenden *Branchen*:
- Handel
- Industrie
- Banken
- Versicherungen
- Revision und Treuhand
- öffentliche Unternehmen

Bevölkerungsentwicklung

Die Bevölkerung schrumpft

Die deutsche Bevölkerung schrumpft. Im Jahre 2015 lebten 81 Millionen *Menschen* in Deutschland, im Jahre 2030 können es knapp 80 Millionen sein und 2060 noch 67 Millionen.[129]

Der Rückgang von 2015 bis 2060 beträgt damit ein Sechstel oder 17%.[130] Die Anzahl der Menschen im *Erwerbsalter* soll sogar um 32% zurückgehen (von 50 Millionen in 2015 auf 34 Millionen in 2060).[131]

Die Bevölkerung schrumpft, weil es in Deutschland immer weniger Geburten gibt. Im Jahr 2014 kamen 715.000 Kinder zur Welt, 1964 waren es 1,4 Millionen, also doppelt so viele.

Um die Bevölkerung in gleicher Anzahl zu halten, müssten 100 Frauen etwas mehr als 200 Kinder zur Welt bringen. Heute kommen aber nur 140 Kinder pro 100 Frauen in Deutschland zur Welt.[132]

Wie stark die Bevölkerung wirklich schrumpfen wird, hängt auch von der Zuwanderung von Flüchtlingen ab und davon, wieviele von ihnen bleiben und wieviele wieder in ihre Heimatländer zurückkehren.

Gründe für diese Entwicklung gibt es viele. Kinder haben heute bei Frauen und Männern einen anderen Stellenwert als in der Vergangenheit, und das Rollenverständnis der Frauen hat sich geändert. Vor hundert Jahren schlossen viele Frauen in relativ jungen Jahren eine Ehe und waren durch diese existentiell einigermaßen abgesichert. Zu dieser Rolle gehörte meist die Mutterschaft mehrerer Kinder. Heute möchten die meisten Frauen auch im Beruf aktiv sein, vielleicht nicht zuletzt auch deshalb, weil heute jede dritte Ehe durch Scheidung getrennt

---

[129] Nach Angaben des Statistischen Bundesamts, zitiert von Prof. Dr. Thomas Straubhaar: Der Untergang ist abgesagt, S. 15.

[130] 81 minus 67 gleich 14 (Rückgang); 14 geteilt durch 81 gleich 0,17 gleich 17%.

[131] 50 minus 34 gleich 16; 16 geteilt durch 50 gleich 0,32 gleich 32%.

[132] Siehe Prof. Dr. Thomas Straubhaar: Der Untergang ist abgesagt, S. 19.

wird. Und alleinerziehende Mütter tragen das größte Armuts-risiko in unserer Gesellschaft.[133]

Die Bevölkerung altert

Die deutsche Bevölkerung wird älter. 1950 waren die Jugendlichen mit 30% die stärkste Altersgruppe. Im Jahr 2000 hatten sie nur noch einen Anteil von 20%.

1950 waren nur 15% der Bevölkerung älter als 60 Jahre, im Jahr 2000 waren es schon 25%.

1950 war nur eine von 100 Personen älter als 80 Jahre, im Jahr 2000 waren es viermal so viele.

Im Jahr 2050 könnten die Jüngeren zur Minderheit und die Älteren zur Mehrheit werden: Die Über-60-Jährigen sind dann etwa 40% der Bevölkerung. Die Über-80-Jährigen sind dann etwa 15-mal mehr als 1950.

Dass die Bevölkerung älter wird, liegt an *weniger Geburten* (es kommen weniger Jüngere nach) und daran, dass die Deutschen *länger leben*. Im Jahr 1900 hatten Männer eine durch-schnittliche Lebenserwartung von 45 Jahren und Frauen von 48 Jahren. Heute haben sie eine Lebenserwartung von 78 bzw. 83 Jahren.

Die Bevölkerung wird vielfältiger

Die Bevölkerung altert nicht nur, sie wird auch vielfältiger. Die klassische Familie mit zwei Kindern wird seltener, die Zahl der *Alleinstehenden* nimmt zu. Der Anteil der *kinderlosen* Frauen stieg in den letzten Jahrzehnten stetig an. Die Personen mit *Migrationshintergrund*[134] haben einen Anteil von 20% an der Gesamtbevölkerung in Deutschland, von denen etwas mehr als die Hälfte die deutsche Staatsangehörigkeit haben. Die starke Welle an *Flüchtlingen* im Jahr 2015 trägt ebenfalls dazu bei, dass die Bevölkerung vielfältiger wird.

---

[133] Ebenda, S. 22.
[134] **Migration** heißt hier Einwanderung von Menschen, die aus dem Ausland kommen und in Deutschland wohnen wollen, oft aus wirtschaftlicher oder anderer Not verursacht.

Stadt oder Land

Ab den 1960er Jahren zogen viele Deutsche aufs Land. Man wollte ins Grüne, Platz für die Kinder, fand niedrigere Grundstückskosten und konnte mit dem Auto den Arbeitsplatz erreichen. Denn „aufs Land" hieß vor allem, in die Vorstädte und Dörfer in der Nähe der Städte zu ziehen.

Etwa seit dem Jahr 2000 geht es umgekehrt, vom Land in die Stadt. Der Bevölkerungsanteil der größten Städte wächst seit Jahren, während abgelegene Regionen Einwohner verloren haben.

Der demographische[135] Wandel

Wenn das Statistische Bundesamt mitteilt, dass 67 Millionen Menschen im Jahre 2060 in Deutschland wohnen werden, dann ist das eine Vorausberechnung, aber keine absolute Wahrheit, denn die kennt das Bundesamt auch nicht, die Wahrheit liegt ja weit in der Zukunft.

In der Vorausberechnung werden bestimmte Entwicklungen angenommen, die können eintreffen oder nicht. Außerdem nimmt das Bundesamt mehrere verschiedene Berechnungen vor, zum Beispiel eine Variante mit schwächerer Zuwanderung und eine mit stärkerer Zuwanderung, was auch darauf hinweist, dass die zukünftige Entwicklung natürlich nicht feststeht.

Wenn man die Zahlen der Vorausberechnung in der Öffentlichkeit oder den Medien hört oder liest, hat man oft den Eindruck, dass die Entwicklung nur noch so kommen kann, wie sie dargestellt wird. Das ist aber nicht so. Die Bevölkerungsentwicklung in Deutschland wurde schon des Öfteren von unerwarteten Ereignissen verändert, so etwa vom Wirtschaftswunder in den 1950er Jahren, den Gastarbeitern in den 1960ern, der deutschen Wiedervereinigung 1990, dem Anstieg der Asylanträge und zuletzt der starken Flüchtlingswelle von einer Million Menschen im Jahr 2015.

Solche Entwicklungen, die man nicht kannte oder nicht erwartet hatte, und Verhaltensänderungen sowie weitere Entwicklungen sozialer wie technologischer Art werden sich

---

[135] *demo* heißt Volk, *graphie* heißt Beschreibung. *Demographie* ist die Bevölkerungswissenschaft.

auch auf dem langen Weg bis 2060 auftun und die demographische Entwicklung mehr oder weniger beeinflussen.[136]

Die Bevölkerung schrumpft – der Wohlstand auch?
In Friedenszeiten ist die Bevölkerungszahl bisher noch nicht geschrumpft. Bisher war das Wachstum der Bevölkerung auch eine Ursache des wirtschaftlichen Wachstums. Wenn die Bevölkerung zurückgeht, werden einige Branchen wohl weniger Umsatz haben. Die gesamte Wirtschaft wird wahrscheinlich durch Innovationen, technischen Fortschritt und stärkere Digitalisierung die Produktivität halten oder ausweiten können, so dass der Wohlstand nicht schrumpfen muss.[137]

Bewertungsreserven

Beispiel:

Grundstück gekauft vor 15 Jahren für:	1 Mio. €
Möglicher Verkaufspreis heute:	4 Mio. €
Bewertungsreserve heute:	3 Mio. €

Ein *Grundstück* steht in der Bilanz mit einem Wert von 1 Million Euro, weil es vor 15 Jahren für 1 Million gekauft wurde. Heute könnte es für 4 Millionen verkauft werden. Die Differenz zwischen beiden Werten ist die *Bewertungsreserve*.

Die 3-Millionen-Euro-Bewertungsreserve steht nicht in der Bilanz. In der Bilanz steht der Anschaffungspreis von 1 Million Euro. Grundstücke und Gebäude müssen in der Bilanz nach deutschem HGB nach realen *Anschaffungskosten* bewertet werden. Wenn ein Grundstück mit guter Lage früher mal 1 Million Euro gekostet hat und heute 4 Millionen Euro wert sein kann, so steht es heute immer noch mit dem Anschaffungswert von 1 Million Euro in den Büchern (was eine weise Bilanzierungsregel ist).

---

[136] Siehe Prof. Dr. Thomas Straubhaar: Der Untergang ist abgesagt, S. 45ff.
[137] Siehe Prof. Dr. Thomas Straubhaar: Der Untergang ist abgesagt, S. 54f.

Bewertungsreserven hießen früher *stille Reserven*, weil sie nicht bekannt waren. Heute werden sie im Geschäftsbericht als Zusatzangabe im Text genannt.

Die *angelsächsischen* Bilanzierungsregeln würden das Grundstück mit 4 Millionen Euro bewerten, schließlich hat das Unternehmen ja ein Grundstück, das 4 Millionen wert ist (oder sein könnte). Das würde das Unternehmen ja verschweigen, wenn es nur mit 1 Million ausgewiesen wird, sagen die angelsächsischen Bilanzregeln.

Früher wurde das nach deutschem Recht verschwiegen. Durch die Zusatzangabe im Geschäftsbericht wird die Information heute geliefert.

Das deutsche HGB ist grundsätzlich vorsichtiger. Die Bilanz darf den möglichen Verkaufswert von 4 Millionen Euro nicht ausweisen, denn der ist ja nur eine Möglichkeit, aber keine Realität. Und wer weiß, ob das Unternehmen das Grundstück überhaupt verkaufen will? Wenn es das gar nicht will, wäre die Angabe der 4 Millionen Euro in der Bilanz ja Schall und Rauch. Das deutsche Bilanzrecht ist solider und krisenfester, wie sich zuletzt wieder in der Weltfinanzkrise gezeigt hat (siehe Artikel „Weltfinanzkrise 2007" in diesem Buch).

Bieterverfahren

Das Bieterverfahren wird im *Immobilienmarkt* angewandt und von Hausverkäufern öfter benutzt. Das Bieterverfahren ist keine Auktion und keine Versteigerung.

Beim Bieterverfahren gibt der Verkäufer keinen Verkaufspreis an und meistens auch keinen Mindestpreis. Die Kaufinteressenten können Angebotspreise abgeben, die für sie aber nicht rechtsverbindlich sind (rechtsverbindlich ist erst der notarielle Vertrag). Der Verkäufer ist ebenso nicht zum Verkauf verpflichtet, kann aber natürlich auch einen Angebotspreis annehmen oder mit einem Kaufinteressenten weiterverhandeln.

Bei diesem Verfahren gibt es häufig offene Besichtigungstermine, zu denen jeder Kaufinteressent kommen kann. Das kann das Verfahren beschleunigen, weil sich sonst Besichtigungstermine oft über eine lange Zeit hinziehen.

Durch das Bieterverfahren erfährt der Hausverkäufer, was die Kaufinteressenten zurzeit für das Haus bezahlen würden, er bekommt also einen Marktwert. Er muss aber kein Kaufangebot annehmen, so dass er zum Beispiel Erwartungen auf Schnäppchenpreise nicht folgen muss.

Big Data

Big Data ist die Verarbeitung großer Datenmengen. Es geht um sehr große *digitale* Datenmengen. Diese Daten sollen gesammelt, analysiert und genutzt werden mit Hilfe von digitalen Technologien.

Dem IT-Branchenverband Bitkom zu Folge ist Big Data „die Fähigkeit, große Datenmengen aus unterschiedlichen Quellen und mit unterschiedlicher Struktur in hoher Geschwindigkeit auszuwerten".[138]

Woher kommen diese Daten? Es sind unter anderem
- Kundendaten
- Daten aus Unternehmen

---

[138] Hajo Hoffmann: „Lockruf der Daten", FAZ vom 8.6.2017, Beilage Data Management, ohne Seitenzahl.

- Daten aus Behörden
- Daten aus elektronischer Kommunikation
- Daten aus Überwachungssystemen
- Daten aus Smartphones

Wer sind die Nutzer dieser Daten? Unter anderem
- Kunden (gezielte Informationen)
- Unternehmen: Fertigungsprozesse, Marktforschung u.a.
- öffentliche Sicherheit (Behörden, Polizei)
- Wissenschaft und Forschung

Die Big-Data-Analytiker durchforsten die Daten nach Mustern und statistischen Regelmäßigkeiten und anderen nützlichen Informationen. Etwa im Handel können Algorithmen (Programmabläufe) auf Grund früher erhobener Daten Eintrittswahrscheinlichkeiten berechnen, wie viele Artikel morgen in bestimmten Geschäften verkauft werden. Das hilft, die nötigen Anlieferungen genauer zu bestimmen. Wenn etwa bei Frischewaren zu viel angeliefert wird, müssten sonst etliche nicht verkaufte Waren entsorgt werden.[139]

Mit Big Data könnte ein neuer Denkansatz einhergehen: nicht mehr mit Stichproben arbeiten, wie in der Statistik bisher üblich, sondern den gesamten Datenbestand auswerten.[140]

Das könnte auch ein Ansatz für Wirtschaftsprüfer sein, die bisherigen Stichprobenprüfungen könnten ersetzt werden durch Vollerhebungen ganzer Datenbestände.[141]

Bei Big-Data-Projekten gab es auch schon Ernüchterung, manche Projekte haben sich als nicht wirtschaftlich erwiesen. Ein neues Projekt sollte immer vom Fachbereich angestoßen und weiterverfolgt werden, die Initiative sollte nicht alleine von der IT-Abteilung[142] kommen: Immer bei dem Problem anfangen, nicht bei der Technik.

---

[139] „Die Software ist treffsicherer als der Mensch", FAZ vom 5.9.2016, S. 23.
[140] Hajo Hoffmann: „Lockruf der Daten", FAZ vom 8.6.2017, Beilage Data Management, ohne Seitenzahl.
[141] Thorsten Sellhorn: „Big Data verhindert Bilanzskandale", FAZ vom 12.9.2016, S. 16.
[142] Informationstechnik-Abteilung

Bilanz

Die Bilanz hat zwei Seiten und zeigt auf der linken Seite das *Vermögen* und auf der rechten Seite das *Kapital* eines Unternehmens. Sie kann so dargestellt werden:

Aktiva	BILANZ	Passiva
		Eigenkapital
Vermögen	**Kapital**	
		Fremdkapital

Aktiva

Auf der *Aktivseite* zeigt die Bilanz die Werte der Vermögensgegenstände, die ein Unternehmen am Bilanzstichtag hat. Die Bilanz ist also auf der einen Seite eine Zusammenstellung der Vermögensgegenstände.

Vermögensgegenstände sind Grundstücke, Gebäude, Maschinen, Rohstoffe, Fertigwaren, Forderungen, Wertpapiere und Geld in der Kasse und auf der Bank.

Die Aktivseite der Bilanz sieht zum Beispiel so aus:

Bilanz eines Industrieunternehmens		
AKTIVA	Mio. €	*Anteil*
immaterielle Vermögensgegenstände	20	*2%*
Sachanlagen	350	*35%*
Finanzanlagen	40	*4%*
ANLAGEVERMÖGEN	410	*41%*
Vorräte	200	*20%*
Forderungen und sonstige Vermögensgegenstände	270	*27%*
Wertpapiere	30	*3%*
Kasse und Bankguthaben	80	*8%*
UMLAUFVERMÖGEN	580	*58%*
Rechnungsabgrenzungsposten	10	*1%*
Summe	1.000	*100%*

Wie man sieht, zeigt die Bilanz die Vermögensgegenstände nicht einzeln, sondern zu *Bilanzposten* zusammengefasst (wie z.B. Sachanlagen oder Vorräte). Die Bilanzposten der Aktivseite der Bilanz eines Industrieunternehmens werden zusätzlich noch in *Anlagevermögen* und *Umlaufvermögen* zusammengefasst. Die meisten Bilanzposten haben noch Unterposten und manchmal auch noch weitere Untergliederungen.

Um die Aktivseite der Bilanz zu erstellen, werden die Vermögensgegenstände gezählt, in einer *Inventur*. Die gezählten Gegenstände sind das *Inventar*.

Einzelposten der Aktivseite

„Beim Anlagevermögen sind nur die Gegenstände auszuweisen, die bestimmt sind, dauernd dem Geschäftsbetrieb zu dienen."[143] Zum *Anlagevermögen* gehören immaterielle Vermögensgegenstände, Sachanlagen und Finanzanlagen.[144]

Immaterielle Vermögensgegenstände sind nicht körperlich fassbar. Das sind Konzessionen, gewerbliche Schutzrechte, Lizenzen, gekaufte EDV-Programme und entgeltlich erworbene Geschäfts- oder Firmenwerte. (Nicht entgeltlich erworbene (originäre) Geschäfts- und Firmenwerte, die im Unternehmen entstehen und wachsen, dürfen nicht bilanziert werden.)

Zu den *Sachanlagen* gehören Grundstücke und Gebäude, Maschinen, Anlagen, Betriebs- und Geschäftsausstattung und geleistete Anzahlungen.

Zu den *Finanzanlagen* gehören Anteile an verbundenen Unternehmen und Ausleihungen an diese Unternehmen, Beteiligungen und Ausleihungen an Beteiligungen, Wertpapiere des Anlagevermögens und sonstige Ausleihungen.

Zum *Umlaufvermögen* gehören Vorräte, Forderungen und sonstige Vermögensgegenstände, Wertpapiere, Kassenbestand und Bankguthaben.[145]

Vorräte sind Roh-, Hilfs- und Betriebsstoffe, unfertige Erzeugnisse und Leistungen, fertige Erzeugnisse und Waren und geleistete Anzahlungen.

---

[143] HGB § 247 Absatz 2.
[144] Prof. Dr. Jörg Baetge, Prof. Dr. Hans-Jürgen Kirsch und Dr. Stefan Thiele: Bilanzen, S. 293ff.
[145] Ebenda: Bilanzen, S. 359ff.

Zu den *Forderungen* gehören Forderungen aus Lieferungen und Leistungen, Forderungen gegen verbundene Unternehmen, Forderungen gegen Beteiligungen und sonstige Vermögensgegenstände.

Zu den *Wertpapieren* gehören Anteile an verbundenen Unternehmen, die ohne dauerhafte Besitzabsicht gehalten werden, außerdem eigene Anteile und sonstige Wertpapiere.

Passiva

Auf der zweiten Seite der Bilanz, der *Passivseite*, steht das Kapital, das die Vermögensgegenstände finanziert. Die Bilanz ist also auf der zweiten Seite eine Aufstellung der Kapitalbeträge, über die das Unternehmen am Bilanzstichtag verfügt.

Die Passivseite kann zum Beispiel so aussehen:

Bilanz eines Industrieunternehmens		
PASSIVA	Mio. €	*Anteil*
Eigenkapital	250	*25%*
Sonderposten mit Rücklageanteil	70	*7%*
Rückstellungen	350	*35%*
Verbindlichkeiten	320	*32%*
Rechnungsabgrenzungsposten	10	*1%*
Summe	1.000	*100%*

Auch die Kapitalbeträge sind zu *Bilanzposten* zusammengefasst und oft noch in Unterposten aufgegliedert.

Das *Kapital* der meisten Unternehmen besteht überwiegend aus Fremdkapital, also aus Schulden. Alle Bilanzposten der dargestellten Passivseite außer dem Posten Eigenkapital sind Fremdkapital. Das Fremdkapital beträgt mithin 70+350+320+10 = 750 Millionen Euro, also drei Viertel des gesamten Kapitals.

Fremdkapital gehört nicht dem Unternehmen, sondern Fremden, und muss früher oder später zurückgezahlt werden (kann dann aber jeweils durch neues Fremdkapital ersetzt werden). Zum Fremdkapital gehören zum Beispiel Bankkredite, Anleihen, Lieferantenkredite und Rückstellungen.

Einzelposten der Passivseite

Zur *Passivseite* gehören das Eigenkapital, Sonderposten mit Rücklageanteil, Rückstellungen und Verbindlichkeiten. Rechnungsabgrenzungsposten stehen auf beiden Bilanzseiten.

Zum **Eigenkapital** gehören das gezeichnete Kapital, die Kapitalrücklage, die Gewinnrücklagen, der Gewinn- oder Verlustvortrag und der Jahresüberschuss oder Jahresfehlbetrag.[146]

Das *gezeichnete Kapital* ist von den Gesellschaftern eingezahlt, es kann aber auch zum Teil noch nicht eingezahlt sein (noch ausstehend sein). Es heißt *Grundkapital* bei der Aktiengesellschaft und *Stammkapital* bei der GmbH (in der Bilanz aber in beiden Fällen *gezeichnetes Kapital*). Die *Haftung* der Kapitalgesellschaft gegenüber den Gläubigern ist auf das gezeichnete Kapital beschränkt.[147]

Rücklagen sind Teil des Eigenkapitals und dienen damit dem Ausgleich von Verlusten und erhöhen die Haftungsbasis des Unternehmens, stehen aber für Gewinnausschüttungen nicht zur Verfügung.

Kapitalrücklagen entstehen zum Beispiel bei einer Kapitalerhöhung. Der Nennbetrag der Kapitalerhöhung fließt in das gezeichnete Kapital, der darüber hinausgehende erzielte Betrag fließt in die Kapitalrücklage.[148]

Gewinnrücklagen stammen aus den jährlichen Gewinnen. Dazu gehören die gesetzliche Rücklage für AG und KGaA, die Rücklage für eigene Anteile, satzungsmäßige Rücklagen und andere Gewinnrücklagen.

Sonderposten mit Rücklageanteil können entstehen, wenn ein Wirtschaftsgut des Anlagevermögens mit Gewinn verkauft wird. Der Gewinn wäre zu versteuern.

---

[146] Siehe Prof. Dr. Jörg Baetge, Prof. Dr. Hans-Jürgen Kirsch und Dr. Stefan Thiele: Bilanzen, Seite 467ff.

[147] HGB § 272 Absatz 1.

[148] Beispiel: Das gezeichnete Kapital soll um 10 Millionen Euro erhöht werden. Bei der Ausgabe der neuen Aktien werden 15 Millionen Euro eingenommen (Marktkurs). Der Aufschlag (Aufgeld, Agio) von 5 Millionen Euro über den Nennbetrag von 10 Millionen Euro fließt in die Kapitalrücklage.

Wenn für das alte verkaufte Wirtschaftsgut ein neues Wirtschaftsgut (also ein Ersatzgut) gekauft wird, also das Geld *reinvestiert* wird, kann der Gewinn aus dem Verkauf des alten Wirtschaftsguts in eine steuerfreie Rücklage eingestellt werden, und zwar vier bis sechs Jahre lang; bis dahin muss der Ersatz beschafft sein, sonst wird der Gewinn versteuert.[149]

Die Rücklage ist nicht wirklich steuerfrei, sie ist nur vorübergehend steuerfrei, sie bewirkt also eine Steuerstundung (die Steuerzahlung wird aufgeschoben). Wenn ein neues Wirtschaftsgut angeschafft wird, ist die Rücklage aufzulösen.

Der Betrag der Rücklage mindert die Anschaffungskosten des neuen Wirtschaftsguts und damit auch die folgenden Abschreibungen des neuen Wirtschaftsguts. Durch die niedrigeren Abschreibungen erhöht sich der steuerpflichtige Gewinn und damit erhöhen sich die darauf entfallenden Steuern.[150]

„*Rückstellungen* sind für ungewisse Verbindlichkeiten und für drohende Verluste aus schwebenden Geschäften zu bilden."[151] Ferner sind Rückstellungen zu bilden für unterlassene Aufwendungen für Instandhaltung und für Gewährleistungen ohne rechtliche Verpflichtung.

Rückstellungen werden für eventuellen Aufwand gebildet, sind *ungewiss* dem Grunde nach (ob sie überhaupt zu Aufwand werden) und/oder der Höhe nach (welcher Betrag zu zahlen sein würde).[152]

Rückstellungen sind *Pensionsrückstellungen, Steuerrückstellungen* und sonstige Rückstellungen. Sonstige Rückstellungen sind zum Beispiel *Prozessrückstellungen* (für eventuelle Aufwendungen aus einem verlorenen Gerichtsprozess) oder *Schadenrückstellungen* bei der Kraftfahrtversicherung (weil Schäden gemeldet wurden, für die die Versicherung vermutlich Zahlungen leisten muss).

---

[149] Einkommensteuergesetz § 6b Absatz 3.
[150] Siehe Prof. Dr. Jörg Baetge, Prof. Dr. Hans-Jürgen Kirsch und Dr. Stefan Thiele: Bilanzen, Seite 589.
[151] Handelsgesetzbuch § 249.
[152] Siehe Prof. Dr. Jörg Baetge, Prof. Dr. Hans-Jürgen Kirsch und Dr. Stefan Thiele: Bilanzen, Seite 411ff.

Verbindlichkeiten sind Zahlungsverpflichtungen, die dem Grunde und der Höhe nach feststehen.[153] Wenn ein Unternehmen 20 Computer bestellt und im Dezember geliefert bekommen hat und sie im Januar bezahlen wird, muss es in der Buchführung eine entsprechende Verbindlichkeit buchen, und diese muss in der Bilanz des Geschäftsjahres enthalten sein, die zum 31. Dezember erstellt wird.

Rechnungsabgrenzungsposten sind nötig, wenn Aufwand oder Ertrag und die zugehörige Zahlung in zwei verschiedene Geschäftsjahre fallen.[154] Wenn ein Kunde seinen Kfz-Haftpflichtversicherungs-Jahresbeitrag im November für das nächste Jahr bezahlt, dann bekommt die Versicherung den Beitrag (also eine Einnahme) im alten Geschäftsjahr für eine Leistung im nächsten Geschäftsjahr. Die Einnahme darf nicht dem alten Geschäftsjahr zugerechnet werden, sondern dem neuen, und muss deshalb abgegrenzt werden und in den Rechnungsabgrenzungsposten (RAP) umgebucht werden. Im Januar des neuen Geschäftsjahrs muss sie dann aus dem Konto „RAP" in das Konto „Beitragseinnahmen" umgebucht werden. Dann ist alles periodengerecht zugeordnet.

Bilanzposten

Die *Gliederung* der Bilanz in die oben aufgeführten Bilanzposten und weitere Unterposten ist geregelt im Handelsgesetzbuch (HGB) im § 266.

Die Bilanz wird ermittelt aus dem Abschluss der *Bestandskonten* der Finanzbuchhaltung (die GuV aus den Erfolgs- und Aufwandskonten).

Bilanzen von *Banken* und *Versicherungen* haben andere Postengliederungen und andere Postenbenennungen.

---

[153] Ebenda S. 389ff.
[154] Ebenda S. 527ff.

Beide Bilanzseiten haben die gleiche Summe

Die Bilanz heißt *Bilanz*, weil die Summe der Werte der beiden Seiten genau gleich ist. Die ‚bilancia' ist eine zweischalige Waage,[155] die beiden Seiten sind in der Balance, die Bilanz ist ausgeglichen. Wie geht das?

Bei der Bilanzerstellung wird das Vermögen (auf der Aktivseite) und das Fremdkapital (auf der Passivseite) festgestellt. Wenn das Vermögen größer ist als das Fremdkapital, ist die Differenz zwischen (der Saldo aus) Vermögen und Fremdkapital das Eigenkapital. Das *Eigenkapital* ist also die Restgröße, die sich aus Vermögen und Fremdkapital ergibt.

Beispiel aus der obigen Bilanz:
Vermögen 1.000 Mio. € (Aktivseite)
minus Fremdkapital 750 Mio. € (Passivseite)
ergibt als Differenz das Eigenkapital mit 250 Mio. €.

Der Posten „Eigenkapital" auf der Passivseite sorgt also dafür, dass die zwei Seiten der Bilanz immer genau den gleichen Wert haben, bis auf den Pfennig genau (heute ist das der Cent).

Das Eigenkapital ist mithin auch ein *Puffer*: Wird das Vermögen kleiner (bei gleichem Fremdkapital), wird auch das Eigenkapital kleiner. Das gilt auch umgekehrt: Ist das Vermögen in einem Geschäftsjahr größer geworden (bei gleichem Fremdkapital), ist auch das Eigenkapital größer geworden.

Bilanzstichtag

Die Bilanz zeigt die Werte, die an einem bestimmten Tag gegolten haben, dem Bilanzstichtag, meistens der 31. Dezember des Geschäftsjahres. Die Bilanz muss jedes Jahr zu diesem Stichtag aufgestellt werden, kann aber auch aus besonderen Gründen zu anderen Stichtagen aufgestellt werden (z.B. zur Gründung des Unternehmens).[156]

---

[155] Siehe Prof. Dr. Jörg Baetge, Prof. Dr. Hans-Jürgen Kirsch und Dr. Stefan Thiele: Bilanzen, Seite XII.
[156] Siehe Handelsgesetzbuch (HGB) § 242 und § 238.

Bilanz und GuV

Die Bilanz zeigt Bestände, zum Beispiel den Bestand von Gebäuden, Maschinen, Vorräten, Forderungen, Wertpapieren, Bankguthaben und Kassenbeständen, alles in Form von Werten, also Angaben in Euro. Die Bilanz zeigt auch die Höhe des Eigenkapitals und des Fremdkapitals.

Die Bilanz zeigt aber keine Einnahmen, keine Ausgaben, keine Erträge und keine Aufwendungen: die stehen in der Gewinn- und Verlustrechnung (siehe Artikel „Gewinn- und Verlustrechnung" in diesem Buch).

Goldene Bilanzregel

Das Anlagevermögen soll durch das Eigenkapital gedeckt sein oder zusätzlich durch langfristiges Fremdkapital, weil beides längerfristig ist und damit zusammenpasst.

Das Umlaufvermögen hat kürzere Durchlauffristen und kann daher durch kurz- oder mittelfristiges Fremdkapital gedeckt sein.

Steuerbilanz

Die bisher dargestellte Handelsbilanz richtet sich nach dem Handelsrecht (Handelsgesetzbuch, HGB). Die Unternehmensbilanzen nach Handelsrecht sind der Öffentlichkeit zugänglich (im Internet).

Die *Steuerbilanz* folgt den steuerlichen Regeln und ist nicht öffentlich zugänglich.

Bilanzanalyse

Das Ziel einer Bilanzanalyse beschrieb Professor Schmalenbach im Jahr 1926:

> *„In welchem Grade ein Betrieb wirtschaftlich ist, ist wichtig; wichtiger aber ist, wie die Wirtschaftlichkeit sich verändert. Und namentlich ist wichtig, die erste Umkehr einer steigenden oder fallenden Bewegung in die entgegengesetzte Richtung sicher zu erkennen.“*[157]

Die *Bilanzanalyse* untersucht nicht nur die Bilanz, sondern den ganzen Jahresabschluss (Bilanz, Gewinn- und Verlustrechnung und Anhang) und den Lagebericht. Sie liefert Informationen über den Ertrag des Unternehmens und die Vermögens- und Finanzlage.

Anders gefragt: „Verdient das Unternehmen Geld und sind die Verdienstquellen stabil?“[158]

Externe Bilanzanalyse

Die *externe* Bilanzanalyse hat nur externe Informationen des Unternehmens zur Verfügung, d.h. den Geschäftsbericht (Jahresabschluss und Lagebericht) und eventuell noch Aktionärsbriefe, Hauptversammlungsreden und Presseberichte. Umfangreichere *interne* Informationen stehen nur den Insidern zur Verfügung (Vorstand, Aufsichtsrat, Controlling und Buchführung).

Interessenten der Bilanzanalyse

An der wirtschaftlichen Entwicklung eines Unternehmens sind *verschiedene Personen interessiert*, etwa Anteilseigner (denen Anteile am Unternehmen gehören, zum Beispiel Aktionäre), Kreditgeber (Banken), Mitarbeiter, Lieferanten und Kunden und die interessierte Öffentlichkeit (Zeitungen, Verbände, Behörden, Stadtverwaltung). Alle haben Interesse, die Ertrags-

---

[157] Siehe Prof. Dr. Jörg Baetge, Prof. Dr. Hans-Jürgen Kirsch und Dr. Stefan Thiele: Bilanzanalyse, S. 75.
[158] Siehe Prof. Dr. Jörg Baetge und Sonja Matena: Moderne Bilanzanalyse, in: Der große BWL-Führer, hrg. von Prof. Dr. Karlheinz Küting und Hans-Christoph Noack, S. 268.

lage sowie die Vermögens- und Finanzlage des Unternehmens zu erfahren.[159]

Notwendigkeit der Bilanzanalyse

Da die interessierenden Informationen in der Bilanz, in der GuV und im meist umfangreichen Anhang verteilt sind, ist eine Analyse und Aufbereitung der Informationen unerlässlich.[160]

Die Bilanzanalyse eines Unternehmens wird erschwert, wenn das Unternehmen zu einem *Konzern* gehört. Wenn das Konzernunternehmen zu anderen Konzernunternehmen Geschäftsbeziehungen hat, ist das Bild der wirtschaftlichen Lage aus dem Jahresabschluss oft verfälscht, weil Erfolge zwischen Konzernunternehmen verlagert werden können. In solchen Fällen ist die Bilanzanalyse des Einzelabschluss nur in Verbindung mit dem Konzernabschluss zweckmäßig.[161]

Verfahren der Bilanzanalyse

Für die Bilanzanalyse müssen zuerst die Daten des Jahresabschluss erfasst und die geeigneten Kennzahlen gebildet werden, um

- die Vermögenslage,
- die Finanzlage und
- die Erfolgslage zu analysieren.

Aus den gewonnenen Informationen muss ein Gesamturteil über die wirtschaftliche Lage des Unternehmens gebildet werden. Dabei sollen erkennbare bilanzpolitische Maßnahmen des Unternehmens identifiziert (festgestellt) und neutralisiert (ihre Wirkung aufgehoben) werden.[162]

---

[159] Siehe Prof. Dr. Jörg Baetge, Prof. Dr. Hans-Jürgen Kirsch und Dr. Stefan Thiele: Bilanzanalyse, S. 2.
[160] Ebenda, S. 5.
[161] Ebenda, S. 8f.
[162] Ebenda, S. 37f.

Kennzahlen

Kennzahlen sind einmal

- *absolute Zahlen* (etwa der Umsatz oder der Jahresüberschuss), zum andern
- *Verhältniszahlen* (Quoten), die aus zwei (oder mehr) Zahlen gebildet werden (etwa die Umsatzrendite: Jahresüberschuss durch Umsatz, als Beispiel 3.000 Euro durch 110.000 Euro gleich 2,7%).[163]

Die Kennzahlen sind für die Bilanzanalyse unentbehrlich, da sie quantitative (mengenmäßige) Zusammenhänge kurz und knapp darstellen. Qualitative (bewertende) Beurteilungen können sie dagegen nicht abgeben.[164]

Vergleichsanalyse

Um einen einzelnen Jahresabschluss zu bewerten, braucht man einen Maßstab. Sinnvoll sind folgende Vergleiche:[165]

- *Zeitvergleich*: Man vergleicht mit den letzten Jahren (am besten fünf oder zehn Jahre).
- *Betriebs-* oder *Branchenvergleich*: Man vergleicht mit ähnlichen Betrieben oder der eigenen Branche.
- *Soll-Ist-Vergleich*: Man vergleicht mit den eigenen betriebsinternen Zielgrößen.

Früherkennung von Insolvenzen

Die Bilanzanalyse kann auch dazu verwendet werden, Unternehmen zu erkennen, die insolvent werden könnten (also in Zahlungsschwierigkeiten kommen könnten).

Dazu braucht man diejenigen Kennzahlen, die frühzeitig und zuverlässig Fehlentwicklungen von Unternehmen anzeigen. Solche Kennzahlen werden gesucht, indem man viele vorhandene Jahresabschlüsse daraufhin untersucht, welche Daten frühzeitig anzeigen, welche Unternehmen später insolvent werden. Dieses statistische Verfahren heißt *Diskriminanzanalyse* – es gibt univariate, bivariate und multivariate Diskriminanzanalysen, je nachdem, wieviele Kennzahlen verwendet werden.[166]

---

[163] Siehe Artikel „Rendite" in diesem Buch.
[164] Siehe Prof. Dr. Horst Gräfer: Bilanzanalyse, S. 40ff.
[165] Ebenda, S. 43ff.
[166] Ebenda, S. 191ff.

Neuronale Netzanalyse

Ein Beispiel einer neueren Bilanzanalyse ist ein Verfahren, das Neuronale Netzanalyse heißt, für dessen Entwicklung 11.000 Jahresabschlüsse von solventen sowie von später insolventen Unternehmen erfasst wurden.

Diese Bilanzanalyse enthält 14 Kennzahlen aus allen folgenden 8 Informationsbereichen des Jahresabschluss:

- Kapitalbindungsdauer
- Kapitalbindung
- Verschuldung
- Kapitalstruktur
- Finanzkraft[167]
- Deckungsstruktur[168]
- Rentabilität
- Aufwandsstruktur[169]

Die ersten vier Informationsbereiche berichten über die *Vermögenslage*, die nächsten zwei über die *Finanzlage* und die beiden letzten über die *Ertragslage* des Unternehmens.[170]

Die 14 Kennzahlen werden zu einem Gesamturteil verdichtet, dem N-Wert (neuronaler Netzwert). Der N-Wert ordnet das Unternehmen einer bestimmten Klasse zu, es gibt sechs *Güteklassen* und vier *Risikoklassen* der Bilanzanalyse.[171]

Die Güteklassen geben den Grad der *Bestandssicherheit* des Unternehmens an, die Risikoklassen den Grad der *Bestandsgefährdung*.

Die neuronale Netz-Analyse wurde über mehrere Jahre an vier Automobilherstellern praktisch angewandt.[172]

---

[167] Anteil eines spezifizierten Cashflow am Fremdkapital
[168] Anteil des wirtschaftlichen Eigenkapitals am Sachanlagevermögen
[169] Anteil des Personalaufwands an der Gesamtleistung
[170] Siehe Prof. Dr. Jörg Baetge, Prof. Dr. Hans-Jürgen Kirsch und Dr. Stefan Thiele: Bilanzanalyse, S. 563.
[171] Siehe Prof. Dr. Jörg Baetge und Sonja Matena: Moderne Bilanzanalyse, in: Der große BWL-Führer, hrg. von Prof. Dr. Karlheinz Küting und Hans-Christoph Noack, S. 269.
[172] Ebenda, S. 273f.

Binnenmarkt

Der Binnenmarkt ist der Inlandsmarkt eines Staates, auch nationaler Markt genannt. Das Gegenteil sind die Auslandsmärkte, also alle Märkte auf der ganzen Welt außerhalb der Grenze des eigenen Inlandsmarkts, auch Weltmarkt genannt.

Der Binnenmarkt ist normalerweise identisch mit dem Hoheitsgebiet eines Staates. Im Binnenmarkt gelten die gleichen wirtschaftlichen Regeln und Bedingungen für alle Inländer.[173] Innerhalb des Binnenmarkts gibt es für den Warenhandel keine Zölle; für den Warenhandel über die Grenze hinweg kann es Import- und Exportzölle geben. Der Inlandsmarkt hat meistens auch eine einheitliche Währung.

Der europäische Binnenmarkt besteht seit 1993 und umfasst zurzeit 28 Staaten. Er ist der größte gemeinsame Markt der Welt, gemessen am Bruttoinlandsprodukt.[174] Er setzt sich aus allen 28 Staatsgebieten zusammen, ist aber wirtschaftlich eine Art Inland, er hat zum Beispiel keine Zollgrenzen, die Waren können innerhalb des Binnenmarkts ohne Zölle gehandelt werden.

Im Binnenmarkt sind die Zölle abgeschafft, aber nicht alle weiteren wirtschaftlichen Themen sind einheitlich geregelt. Ein Beispiel: Als der europäische Binnenmarkt entstanden war, gab es noch keine einheitliche europäische Währung, jedes Land hatte noch seine alte Währung (zum Beispiel französischer Franc, italienische Lira, Deutsche Mark).

Die europäische Währung Euro wurde als Bargeld im Jahr 2002 eingeführt, gilt aber nur für 17 Staaten, weil nicht alle Staaten der Europäischen Union den Euro angenommen haben. Die restlichen Staaten haben also ihre bisherigen Währungen beibehalten. Damit hat der europäische Binnenmarkt verschiedene Währungen (den Euro und andere).

„Der Binnenmarkt ist das Herz der EU."[175] „Kern der europäischen Integration sind der einheitliche Markt" (der

---

[173] Duden Wirtschaft von A bis Z, S. 204.
[174] Thomas Wieczorek: Euroland – Wo unser Geld verbrennt, S. 211.
[175] Holger Steltzner: „Das Herz der EU", FAZ vom 29.6.2016, S. 17.

Binnenmarkt) und die vier Freiheiten.[176] Die vier Freiheiten sind der freie Verkehr von Gütern, Diensten, Menschen und Kapital. Sie waren mit dem Binnenmarkt das eigentliche Ziel der früheren europäischen Einigung. Er sollte wirtschaftliche Einigung erreichen und hat sie erreicht. Er ist die Basis des europäischen Wohlstands. Die EU verdankt ihm ihre Attraktivität für die Länder, die früher noch nicht Mitglied waren, es aber später wurden.

Bitcoin

Coin heißt „Münze". Bitcoin ist aber kein Geld und hat auch keine Münzen. Bitcoin besteht nur aus Verrechnungseinheiten, also Zahlen in Computern. Man kann damit nur zahlen, wenn man das privatrechtlich vereinbart hat.[177]

Bit ist die Abkürzung von „binary digit", auf Deutsch „binäre Stelle", eine zweistellige Darstellung einer Information, zum Beispiel „ein/aus" (die beiden Möglichkeiten eines Lichtschalters) oder „0" oder „1" (die kleinste Information der digitalen Speicherung eines Computers).

Bitcoin ist eine digitale Währung, die 2009 im Internet erschien und zu Zahlungen verwendet wird, aber undurchsichtig gesteuert wird und durch illegale Geschäfte in Verruf gekommen ist.

Keine Zentralbank bestimmt die ausgegebene *Menge* an Bitcoin (oder anderen Krypto- oder Digitalwährungen). Bitcoins werden „geschürft", das heißt durch Algorithmen auf Computersystemen hergestellt (errechnet). Je mehr Rechenleistung auf die Herstellung neuer Bitcoins verwendet wird, desto länger und schwieriger wird die Herstellung. Bei Bitcoin ist eine Menge von 21 Millionen Bitcoin als Höchstmenge festgesetzt

---

[176] Prof. Dr. Horst Siebert: Jenseits des Sozialen Marktes, S. 426.
[177] Prof. Dr. Volker Brühl: „Blockchain: Verpassen wir eine Disruption?", FAZ vom 4.1.2017, S. 25. – **Disruption** heißt Unterbrechung. Hier ist der Umbruch einer Branche oder eines Marktes gemeint. Ein Beispiel ist die Firma Kodak, die die elektronischen Fotokameras verpasst hat, die keine Filme mehr brauchen, die entwickelt werden müssen.

(vom Begründer des Systems), die jemals hergestellt werden können.[178]

Seit dem 1. August 2017 gibt es zwei Bitcoins, die Digitalwährung wurde gespalten in Bitcoin und Bitcoin-Cash. Die alte Bitcoin hatte viel Zuspruch erfahren, die Computer zu stark genutzt und Bitcoin daher zu langsam.[179]

Die Besonderheit einer digitalen Währung wie Bitcoin ist, dass man Zahlungen zwischen Zahler und Zahlungsempfänger direkt abwickeln kann, man braucht keine Bank dazwischen, also keinen *Mittler*.[180]

Als erste Behörde akzeptierte die Verwaltung der Stadt Zug in der Schweiz die Bitcoins für Leistungen des Einwohneramtes, mit Blick auf 15 Unternehmen der digitalen Finanzbranche, die sich in der Region Zug angesiedelt haben.[181]
Die österreichische Post bietet Bitcoin und andere Digitalwährungen in ihren 1800 Poststandorten an. Auch der österreichische Strom- und Gasversorger Switch akzeptiert Bitcoin.[182]
Bitcoin ist in Japan als Zahlungsmittel zugelassen.[183] Die Nachfrage nach Bitcoin ist am größten in China, das dürfte auch an den Kapitalkontrollen liegen.[184]

Bitcoin bindet große Computerkapazitäten. Außerdem erreicht der *Stromverbrauch* für Bitcoin ein gewaltiges Volumen.[185] Die globale Rechenleistung des Bitcoinsystems wurde in den beiden letzten Jahren um das 13-fache gesteigert. Wenn sich das so

[178] Hans-Joachim Voth, Gastprofessur für Finanzgeschichte: „Bitcoin – Blase oder Neue Welt?", FAZ vom 8.12.2017, S. 29.
[179] „Auf einmal gibt es zwei Bitcoin-Währungen", FAZ vom 2.8.2017, S. 25.
[180] Prof. Dr. Volker Brühl: „Blockchain: Verpassen wir eine Disruption?", FAZ vom 4.1.2017, S. 25.
[181] „Behörde akzeptiert Bitcoins", FAZ vom 11.5.2016, S. 25.
[182] „Österreichs Post vertraut in Bitcoin", FAZ vom 12.7.2017, S.23.
[183] „Erste Anleihe in Bitcoin ausgegeben", FAZ vom 18.8.2017, S. 27.
[184] „Herber Rückschlag für Digitalwährung Bitcoin", FAZ vom 13.3.2017, S. 18.
[185] „Digitalwährungen werden aussterben", FAZ vom 7.9.2017, S. 29.

fortsetzt, wird der Stromverbrauch des Bitcoinsystems schon 2020 den gesamten Energiebedarf Deutschlands übertreffen. „Es wird Zeit für eine Regulierung. Das gilt für die Finanzmärkte, aber noch mehr für die Umwelt."[186] Weil China den Digitalwährungen im Januar 2018 den Strom gekappt haben soll, ist der Strombedarf gesunken, aber wohl auch wegen des Preiseinbruchs für Bitcoin im Laufe des Jahres 2018.

Es soll 840 *Digitalwährungen* geben (nach neuen Meldungen über 1.000). Bitcoin ist die größte davon[187] und hat eine Marktkapitalisierung[188] von 56 Milliarden Dollar (August 2017), das ist ein Anteil von 46% Marktanteil aller Digitalwährungen.

Die zweitgrößte Digitalwährung ist *Ethereum* (27 Milliarden Dollar) und die drittgrößte *Ripple* (9 Milliarden Dollar).

Der *Kurs* des Bitcoins schwankt sehr stark. Zu Beginn des Jahres 2017 war ein Bitcoin 1.000 Dollar wert, im Dezember 2017 fast 20.000 Dollar. Mitte Januar 2018 war er 10.700 Dollar wert,[189] im Januar 2019 noch 3.600 Dollar.[190]

Drei Viertel der Leute, die Bitcoin gekauft haben, bezahlen mit Bitcoin nicht, sie halten Bitcoin nur, um zu *spekulieren* (man kauft Bitcoin, um sie zu verkaufen, wenn sie teurer geworden sind).

Die Schweizer *Finanzmarktaufsicht* hat einen Anbieter einer Digitalwährung aus dem Verkehr gezogen. Ein Verein und zwei verbundene Unternehmen wurden liquidiert (aufgelöst). Einige hundert Nutzer haben dem Verein mindestens vier Millionen

---

[186] Boris Palmer, Oberbürgermeister von Tübingen: „Klimakiller Kryptowährung", FAZ vom 16.1.2018, S. 8.
[187] „3488 Dollar für ein Bitcoin", FAZ vom 9.8.2017, S. 23.
[188] **Marktkapitalisierung** ist Kurswert mal Anzahl (hier der Bitcoins). – Wenn die Marktkapitalisierung 56 Milliarden Dollar und der Kurswert pro Bitcoin 3488 Dollar beträgt, beträgt die Anzahl der Bitcoins zurzeit etwa 16 Millionen (56.000.000.000 durch 3488 gleich 16.055.046).
[189] „Banker fordern mehr Regeln für den Bitcoin", FAZ vom 24.1.2018, S. 23.
[190] „Wo sind die Digitalwährungen hin?", FAZ vom 18.1.2019, S. 29.

Franken bezahlt, zwei Millionen Franken wurden sicher-gestellt.[191]

Der Vorstandsvorsitzende der Großbank *JP Morgan Chase*, Jamie Dimon, hat auf einer Konferenz gesagt, mit der Digital-währung Bitcoin werde es nicht gut ausgehen, Bitcoin sei ein einziger Betrug, sie habe keinen Nutzen.[192]

Der Chef der Bank für internationalen Zahlungsausgleich (BIZ) in Basel (die Bank der Zentralbanken), Augustin Carstens, sagte in einem Vortrag in Frankfurt, Bitcoin sei eine Kombination aus einer Blase (Spekulationsblase), einem Ponzi-Schema (ein Schneeballsystem) und einem ökologischen Desaster. Der Stromverbrauch des Bitcoinsystems sei ökologisch bedenklich. Zentralbanken, Steuerbehörden und Bankenaufsicht sollten eingreifen.[193]

Die *Bundesbank* sieht Bitcoin nicht als Zahlungsmittel, sondern als Spekulationsobjekt.[194]

Die amerikanische *Börsenaufsicht* SEC[195] hat es abgelehnt, einen Bitcoin-Fonds zu genehmigen. Die Märkte der digitalen Währungen seien zu einfach zu manipulieren und zu missbrauchen.[196]

Der Computerwissenschaftler und Kryptologe Adi Shamir, der an Computer-Verschlüsselungstechniken maßgeblich mit-gearbeitet hat, sieht Bitcoin als *Schneeballsystem* an. Reich würden nur die, die das Schneeballsystem gründen; die später hinzukommen, würden nur Geld verlieren. Wenn keine neuen Teilnehmer mehr hinzukämen, breche das Spiel zusammen.[197]

---

[191] „Schweiz stoppt Betrug mit Digitalwährung", FAZ vom 20.9.2017, S. 25.

[192] „Bitcoin ist ein einziger Betrug", FAZ vom 14.9.2017, S. 27.

[193] „Frontalangriff auf Bitcoin", FAZ vom 7.2.2018, S. 17.

[194] Ebenda, FAZ S. 29.

[195] **Securities and Exchange Commission** – wörtlich „Wertpapierhandelskommission", das ist die amerikanische Börsenaufsicht.

[196] Franz Nestler: „Risiko Bitcoin", FAZ vom 14.3.2017, S. 23.

[197] „Digitalwährungen werden aussterben", FAZ vom 7.9.2017, S. 29.

Blackrock

Blackrock ist der größte Vermögensverwalter der Welt. Die „großen Drei" Blackrock, Vanguard und State Street sind die größten Anteilseigner von 438 der 500 größten börsennotierten amerikanischen Unternehmen.

Blackrock wurde 1988 gegründet und hat seinen Sitz in New York. Es verwaltet 5,1 Billionen US-Dollar (2016) und hat 13.000 Mitarbeiter. Blackrock ist der größte Anbieter von Indexfonds. Als Vermögensverwaltung ist Blackrock keine Bank, sie verwaltet die angelegten Gelder nicht im eigenen Namen, sondern treuhänderisch für ihre Kunden. Blackrock will keine Unternehmen übernehmen, sondern die Gelder seiner Kunden dort investieren, wo Preis und Risiko in einem vernünftigen Verhältnis stehen.[198]

Blackrock verfügt über ein mächtiges System zur Analyse von Unternehmen und Wirtschaftsdaten, ein gigantisches Computersystem genannt Aladdin, das aus 5000 Großrechnern besteht.[199]

In Deutschland ist Blackrock in allen Aufsichtsräten der 30 DAX-Unternehmen vertreten und bei 10 der 30 DAX-Unternehmen größter Aktionär.[200]

---

[198] Jens Berger: Wem gehört Deutschland?, S. 119.
[199] Christian von Hiller Gaertringen: „Der mächtigste Investor", FAZ vom 25.8.2014.
[200] „Liberale Verwalter wider den Wettbewerb", FAZ vom 17.11.2016, S. 31. Siehe ebenso Hans-Jürgen Jakobs: Wem gehört die Welt?, S. 11f. und S. 21ff.

Blockchain

Großbanken und Weltkonzerne, Bundesbank und Deutsche Börse sowie die Bundesregierung erforschen zurzeit die Möglichkeiten, die *Blockchain* bieten könnte.[201] Sieben europäische Großbanken wollen ihren Unternehmenskunden anbieten, ihre internationalen Handelsfinanzierungen über die neue Blockchain-Technologie effizienter abzuwickeln.[202] Über 70 Banken haben sich in einem Konsortium zusammengeschlossen, um eine eigene Blockchain für den Finanzbereich zu gründen.[203] Eine Milliarde Dollar wurde bereits investiert.[204] Blockchain könnte vieles ändern.[205] Und wenn sich vieles ändert, gibt es Chancen, aber auch Risiken.

Auch 15 globale Versicherer und Rückversicherer haben eine Initiative gegründet, um *Rückversicherungsverträge* schneller abzuwickeln. „Blockchain wird die Art, wie wir operieren, dramatisch verändern" sagte der Vorstandsvorsitzende der französischen Rückversicherung Scor. Die Swiss Re[206] verglich die Bedeutung der Blockchain für die Rückversicherung mit der Einführung der Container in der Schifffahrt.[207]
    Auch in der *Entwicklungshilfe* soll die Blockchain helfen. Die Förderbank KfW[208] hat eine Software entwickelt und will sie in einem Pilotprojekt ausprobieren, um dem Versickern von

---

[201] „Der nächste große Umbruch in der Finanzwelt rückt näher", FAZ vom 28.3.2017, S. 23.
[202] „Deutsche Bank bietet Kunden Blockchain an", FAZ vom 17.1.2017, S. 27.
[203] Benjamin Feingold: „Die Blockchain-Revolution", FAZ vom 12.4.2017, Seite V3.
[204] Jonas Jansen: „Die Finanzindustrie ist besessen von der Blockchain", FAZ vom 13.6.2016, S. 28.
[205] http://www.sueddeutsche.de/digital/blockchains-diese-technologie-wird-die-welt-veraendern-1.2808259 am 13.10.2017.
[206] Schweizer Rückversicherung.
[207] „Rückversicherer huldigen der Blockchain", FAZ vom 13.9.2017, S. 29.
[208] Kreditanstalt für Wiederaufbau. Firmiert heute unter KfW, weil der Wiederaufbau Deutschlands nach dem zweiten Weltkrieg ja beendet ist.

Entwicklungshilfegeldern entgegenzuwirken und um alle Aktivitäten eines Hilfeprojekts zu verfolgen.[209]

Was ist Blockchain?

Block ist hier ein Block von Datensätzen. Der einzelne Block ist begrenzt (etwa auf zwei Megabyte, oder auf einen anderen Umfang, je nach Anwendung). *Chain* heißt Kette. *Blockchain* sind also Datenblöcke, die miteinander verkettet sind.

Die Digital-Währung *Bitcoin* basiert auf der Blockchain-Technologie. Blockchain gibt es öffentlich seit 2008, Bitcoin seit 2009. Blockchain ist durch die Bitcoin-Währung bekannt geworden, aber mit Blockchain kann man sicher noch sehr viele andere *Anwendungen* erstellen, genau das ist gerade im Gange (siehe vorige Seite).

Blockchain kann als *Datenbank* angesehen werden (das ist der Ort, wo jeder Computer seine Daten speichert). Blockchain ist ein *verteiltes* Datenbanksystem: die jeweilige Blockchain-Anwendung befindet sich nicht nur auf *einem* Computer, sondern auf sehr vielen Computern (auf *allen* Computern, die die jeweilige Blockchain-Anwendung nutzen). Wohlgemerkt: auf jedem Computer, der die Blockchain-Anwendung nutzt, ist die *ganze* Blockchain-Anwendung gespeichert (nicht etwa nur Teile der Blockchain-Anwendung).

Blockchain kann (auch) als dezentrales Buchungssystem angesehen werden.[210] Dezentral, weil es von vielen Computern aus verwendet werden kann.

Verkettung

Wenn in einer Blockchain-Anwendung (ob Bitcoin oder andere Anwendungen) neue Geschäftsvorgänge (Transaktionen) entstehen, werden sie in einen neuen Block geschrieben.

Die Blöcke einer Blockchain sind mittels kryptographischer Verfahren (also verschlüsselt) miteinander verkettet. Jeder

---

[209] „Gegen das Versickern von Entwicklungshilfe", FAZ vom 29.8.2017, S. 17.
[210] Manche sprechen auch von einem digitalen Kassenbuch. Aber wer kennt schon ein Kassenbuch (ausser Buchhaltern), zumal es das kaum noch als Buch gibt, sondern meistens nur noch als Computer.

Block enthält ein Identifizierungsmerkmal (Hash genannt) des vorhergehenden Blocks, einen Zeitstempel (eine Zeitangabe) und Transaktionsdaten (Vorgangsdaten).[211]

Alle Computer eines Blockchains sind miteinander verbunden und alle speichern die neuen Blocks mit allen enthaltenen Daten. Das Wissen, das in einem Blockchain enthalten ist, ist also in vielen Computern vorhanden und kann daher nach heutigem Wissen kaum manipuliert (verfälscht) werden. Gleichzeitig bleiben die persönlichen Daten anonym für alle Fremden (mit Ausnahme natürlich für die beiden Geschäftspartner einer Transaktion).[212]

Neuer Block

Neue Zahlungen werden in einem neuen Block erzeugt. Das könnte als Beispiel der Kauf eines Grundstücks sein. Dieser neue Block wird an die Blockchain angehängt. Vorher prüfen alle Computer, ob der neue Block mit den Daten aller alten Blocks übereinstimmt und müssen ihr Einverständnis geben.[213] Nur wenn er übereinstimmt, wird er an die Blockchain angehängt und durchgeführt. Sonst wird er verworfen.

Durch die nacheinander eingetragenen (gebuchten) Daten in den vielen Blocks beweisen diese alten (früher gespeicherten) Daten, ob die Daten des neuen (letzten) Blocks mit den alten Daten übereinstimmen (ob es zum Beispiel dasselbe Grundstück ist, das gekauft werden soll – denn die Daten des Grundstücks sind ja in den alten Blocks enthalten und bleiben dort dauerhaft stehen).

Wenn ein Hacker einen Computer verfälscht hat und dieser Computer dem Blockchain-Netzwerk etwas Falsches anzeigt, wird dieser Computer vom restlichen Netzwerk überstimmt. Es gilt, was die Mehrheit des Netzwerks sagt.

---

[211] https://de.wikipedia.org/wiki/Blockchain am 13.10.2017. – **Transaktionen** sind Übertragungen, zum Beispiel Zahlungen von einem Unternehmen an ein anderes.

[212] Franz Nestler: „Was ist eigentlich die Blockchain?", FAZ vom 2.9.2016, S. 27.

[213] „Deutsche Banken hadern noch mit der Blockchain", FAZ vom 17.10.2017, S. 25.

Ist ein Block vollständig, wird er nicht mehr verändert. Er ist dann für jeden Benutzer einer Blockchain-Anwendung für immer einsehbar.[214]

Ein neuer Vorgang erzeugt einen neuen Block. Jeder Block enthält eine Prüfsumme des vorhergehenden Blocks.

Bitcoin

Die Technik des Blockchain wurde im Rahmen der Digitalwährung Bitcoin entwickelt. Bitcoin ist ein öffentliches Buchhaltungssystem, das dezentralisiert und web-basiert ist (im Internet zu finden ist). Es enthält alle Bitcoin-Transaktionen, die jemals vorgenommen wurden.

Das Netzwerk der Bitcoin-Blockchain enthält über 6.000 dezentrale Knotenpunkte, die immer eine aktuelle Kopie der Bitcoin-Blockchain gespeichert haben.[215]

Die Bitcoin-Blockchain wächst ständig, da ständig neue Blöcke mit neu abgeschlossenen Bitcoin-Transaktionen hinzukommen. Jeder Computer, der an das Bitcoin-Netz angeschlossen ist und neue Bitcoins erzeugt und die bisher erzeugten verwaltet, hat eine 1:1-Kopie der vollständigen Blockchain. Sie war Ende 2015 etwa 50 Gigabyte groß[216] und im September 2017 bereits 131 Gigabyte groß.[217] Für Juni 2018 wurden im Internet 170 Gigabyte genannt.[218]

Sicherheit

Die Manipulation von Daten erscheint kaum möglich (dazu müssten Tausende von Computern manipuliert werden).

Bei vielen Systemen braucht man zentrale Instanzen oder Mittler, die den Ablauf der Handlungen überprüfen und notfalls korrigierend eingreifen. Die Blockchain-Anwendung enthält alle Daten aller Vorgänge der Anwendung, den alle Computer

---

[214] Franz Nestler: „Was ist eigentlich die Blockchain?", FAZ vom 2.9.2016, S. 27.
[215] Benjamin Feingold: „Die Blockchain-Revolution", FAZ vom 12.4.2017, Seite V3.
[216] https://www.computerwoche.de/a/blockchain-was-ist-das,3227284 am 13.10.2017.
[217] https://de.wikipedia.org/wiki/Blockchain am 13.10.2017.
[218] Unter anderem auch bei Wikipedia: https://de.wikipedia.org/wiki/Bitcoin am 6.7.2018.

der Blockchain-Anwendung gespeichert haben und daher belegen können.

Zentrale Instanzen oder Mittler sollen nicht erforderlich sein (Mittler können Banken, Versicherungen, Notare, Behörden und andere sein).

Für die Sicherheit eines Buchungssystems kommt es darauf an, dass alles richtig gebucht und dauerhaft gespeichert wird und wieder zugängig gemacht wird. Was gebucht wird (ob Grundstückskäufe, Verträge, Versicherungen, Kredite, Überweisungen u.a.) ist für die Sicherheit von gleichem Gewicht, also ohne Unterschied.

Finanzbranche

Das Blockchain-System hatte eine erste bekannte Anwendung in der digitalen Währung Bitcoin, also im Finanzbereich. Für unser Geld brauchen wir normalerweise Banken als Mittler, von denen wir das Geld bekommen. Auch für Kredite und für die Geldanlage brauchen wir Banken als Mittler. Banken, Börsen, Broker, Anlageberater, Kreditkartenfirmen – alle sind Mittler;[219] auch Versicherungen und Versicherungsvertreter und Notare.

Man darf skeptisch bleiben bei dem Thema Blockchain, aber man sollte achtsam bleiben, wir haben schon beim Internet erlebt, wie schnell sich Themen weiterentwickeln.

Offene Fragen

Kann ein solches System auf Dauer funktionieren?

Geht der Speicherbedarf ins Unermessliche, so dass dieses System auf Dauer nicht bestehen kann?

Werden unternehmensspezifische Blockchain-Systeme offen bleiben und ohne Mittler auskommen?

Ob Blockchain-Anwendungen fälschungssicher sind, müsste erst die Zukunft erweisen, auch die Fälscher entwickeln ihre Technik weiter.

---

[219] Mittler werden auch (Finanz-)Intermediäre genannt.

Börse

Die Börse ist ein Handelsplatz, dort wird verkauft und gekauft. Börsen gibt es für Aktien (Wertpapierbörse), Währungen (Devisen), Edelmetalle, Rohstoffe und andere Waren.

Wie auf einem städtischen Marktplatz kommen auf einem Handelsplatz Käufer und Verkäufer zusammen und können so einen Überblick über das Angebot und die Preise bekommen.

Börse und Marktplätze haben Regeln, die durch die Börsen- oder Marktaufsicht überwacht werden. Für die Börsen gibt es ein Börsengesetz.

Privatleute können selbst nicht an der Börse kaufen oder verkaufen, sie müssen dazu eine Bank oder einen Broker beauftragen.[220]

Die modernen Aktienbörsen haben es ermöglicht, große Vorhaben zu Beginn des industriellen Zeitalters zu finanzieren, wie die Eisenbahnen, große Industriewerke etwa im Maschinenbau, in der Chemie und der Elektrotechnik und andere, die einzelne Banken nicht hätten finanzieren können. Die Börsen konnten durch Aktien, die auf kleine Beträge wie etwa 50 oder 100 Mark oder Dollar pro Aktie lauteten, sehr viele Investoren anziehen und die notwendigen riesigen Geldbeträge zusammenbringen, die für die Vorhaben erforderlich waren.[221]

---

[220] Börsengesetz § 19.
[221] Siehe Daniel Mohr: „Der Sinn der Börse", FAZ vom 14.10.2015, S. 22.

Bonitätsanleihen

Der Begriff „Bonitätsanleihen" ist irreführend, es sind keine Anleihen. *Bonitätsanleihen* gehören zu den strukturierten Wertpapieren und sind damit Zertifikate. Sie ermöglichen den Anlegern Wetten auf die Bonität (Güte) und künftige Kreditereignisse von Unternehmen.[222]

Die gesamten Zertifikate in Deutschland hatten im Mai 2016 ein Marktvolumen von 69 Milliarden Euro. Die Bonitätsanleihen haben davon einen Marktanteil von 10%, also 6,9 Milliarden Euro. Die Emittenten (Ausgeber) der Bonitätsanleihen sind etliche Banken, die größte davon ist die Landesbank Baden-Württemberg (LBBW).

Die Bundesanstalt für Finanzdienstleistungsaufsicht (BaFin) hat vor, die Ausgabe der Bonitätsanleihen an Privatanleger zu verbieten. Ein solches Produktverbot hat es noch nicht gegeben. Das Recht dazu hat die BaFin erst bekommen durch das Kleinanlegerschutzgesetz im Juni 2015.

Die BaFin argumentiert, die Bonitätsanleihen seien für Privatanleger zu komplex und die Wahrscheinlichkeit der Rückzahlung des Anlagebetrags nicht zu bewerten.

Da dieses Produktverbot das erste seiner Art ist, ist es ein Präzedenzfall. Es könnte also Maßstäbe setzen, welche Bankprodukte in Zukunft verboten werden. In der Branche wird bezweifelt, ob die Bonitätsanleihen einen extremen Fall des Anlegerschutz darstellen, in dem ein Produktverbot geboten ist.

Im Dezember 2016 hat die BaFin das geplante Verbot von Bonitätsanleihen zurückgezogen, nachdem die Bonitätsanleihen jetzt *„bonitätsabhängige Schuldverschreibungen"* heißen sollen und die Referenzschuldner, auf die sich die Schuldverschreibungen beziehen, eine gute Bonität haben müssen (Ratingeinstufung „Investment Grade"). Die Schuldverschreibungen sollen sich nur noch auf ein Unternehmen beziehen,

---

[222] „Streit um neues Produktverbot der Finanzaufsicht", FAZ vom 25.8.2016, S. 23.

nicht auf mehrere. Die Mindeststückelung beträgt künftig 10.000 Euro. Die BaFin will nach sechs Monaten überprüfen, wie die Veränderungen wirken.[223] Ein Jahr später wurde berichtet, dass die BaFin nach Überprüfungen von 106 neuen bonitätsabhängigen Schuldverschreibungen vom geplanten Verbot absieht.[224]

Boom

Boom bedeutet einen wirtschaftlichen Aufschwung. Es gibt mehr Aufträge, mehr Geschäft, mehr Beschäftigte, mehr Umsatz und dann oft auch einen Anstieg der Preise, später auch höhere Löhne.

Man kann es auch (Hoch-)*Konjunktur* nennen oder eine *Hausse* (wenn die Aktienkurse an der Börse steigen).

Gegenteil: Flaute, Tief, Baisse.

---

[223] „Finanzaufsicht verbietet Bonitätsanleihen doch nicht", FAZ vom 17.12.2016, S. 31.
[224] „Bafin verzichtet endgültig auf Verbot von Bonitätsanleihen", http://www.faz.net vom 5.12.2017.

Bretton Woods

Entstehung

In Bretton Woods im US-Bundesstaat New Hampshire fand im Juli 1944 eine Finanzkonferenz statt mit 44 Staaten, auf der eine neue internationale Währungsordnung nach dem zweiten Weltkrieg geschaffen wurde. Dabei wurde auch die Weltbank und der Internationale Währungsfonds (IWF) gegründet.

Die Leitwährung des neuen Systems war der US-Dollar. Alle anderen Währungen hatten einen festen Wechselkurs zum Dollar. Die US-Notenbank verpflichtete sich gegenüber allen anderen Notenbanken der Teilnehmerländer, Dollar gegen Gold zu tauschen (Goldkonvertibiliät), und zwar im Tauschverhältnis von 35 Dollar zu einer Unze Gold (31 Gramm).

Dadurch war nur der Dollar direkt durch Goldreserven gedeckt. Alle anderen Währungen der beteiligten Länder waren indirekt über die festen Wechselkurse zum Dollar durch die Goldreserven mitgedeckt.

Die Bundesrepublik Deutschland trat dem Bretton-Woods-System im Jahr ihrer Gründung 1949 bei.

Probleme und Zusammenbruch

Die USA waren das Leitwährungsland, alle anderen Länder hatten in diesem System ihre geldpolitische Souveränität aufgegeben. Sie waren darauf beschränkt, den festen Wechselkurs zum Dollar aufrecht zu erhalten.

In den 1960er Jahren betrieben die USA eine inflationäre Politik, sie hatten öffentliche Haushaltsdefizite, auch um den Vietnam-Krieg zu finanzieren. Die übrigen Mitgliedsländer, besonders Deutschland und Japan, waren nicht bereit, über die festen Wechselkurse die Inflation zu übernehmen.

Die USA bekamen immer höhere Leistungsbilanzdefizite, die Dollarbestände im Ausland stiegen immer stärker und waren viel höher als die amerikanischen Goldreserven. Am 15.8.1971 stoppte US-Präsident Nixon die Goldbindung des Dollar. Mehrere europäische Länder beschlossen den Ausstieg aus dem System fester Wechselkurse. Das Bretton-Woods-System wurde 1973 offiziell außer Kraft gesetzt. In den meisten Ländern wurden die Wechselkurse freigegeben.

Brexit

Brexit ist die Abkürzung für *British Exit*, das heißt wörtlich „britischer Ausgang", soll heißen: Austritt Großbritanniens aus der Europäischen Union.

In einem Referendum (einer Volksbefragung)[225] im Juni 2016 in Großbritannien haben sich 52% der Befragten (der Wähler) für das Ausscheiden Großbritanniens aus der EU entschieden, 48% dagegen.

Großbritannien wird daher vermutlich ausscheiden, aber das ist noch nicht vollzogen. Erst im Februar 2017 hat die britische Regierung der EU offiziell mitgeteilt, dass sie austreten will.

Es geht auch um viel Geld, es wurden schon 100 Milliarden Euro genannt, die Großbritannien zahlen soll, was die britische Regierung zurückgewiesen hat.

Die Verhandlungen zwischen der EU und Großbritannien haben zwei Jahre gedauert. Am Ende wurde ein Vertrag vorgelegt, aber das britische Parlament hat den Vertrag im Januar 2019 abgelehnt.

Großbritannien sollte die EU am 29. März 2019 verlassen, das ist aber nicht geschehen. Großbritannien will nicht ohne Vertrag mit der EU ausscheiden, aber auch nicht mit dem vorgelegten Vertrag. Das ist der Stand der Dinge am 30. März 2019.

Austrittstendenzen aus der EU gibt es auch in anderen Ländern, aber bisher nur vertreten von Minderheiten, etwa in Deutschland, Frankreich, Italien und den Niederlanden.

---

[225] Bei einer *Wahl* werden Abgeordnete ins Parlament gewählt. Bei einer *Volksbefragung* werden die Wähler etwas gefragt, zum Beispiel „Soll Großbritannien aus der Europäischen Union austreten? – Ja oder nein?".

Briefkurs und Geldkurs

Händler
Wenn ein Händler Devisen[226] *kaufen* will, bietet er einen (niedrigeren) Ankaufkurs an. Das ist der **Geldkurs**.

Wenn ein Händler Devisen *verkaufen* will, bietet er einen (höheren) Verkaufskurs an. Das ist der **Briefkurs**.

Käufer
Wenn ein Kunde ein Wertpapier *kauft*, zahlt er den **Briefkurs**. Der ist höher.

Wenn ein Kunde ein Wertpapier *verkauft*, bekommt er den **Geldkurs**. Der ist niedriger.

Was gleich bleibt:
Der **Geldkurs** ist immer *niedriger*, der **Briefkurs** ist immer *höher*.

Die Differenz aus den beiden Kursen ist der **Spread** *(der Spreiz oder die Spanne)*; den bekommt der Händler/der Makler/die Bank.[227]

---

[226] **Devisen** sind Guthaben in fremder Währung in der Hand von Inländern. Siehe Artikel „Devisen" in diesem Buch.
[227] Markus Neumann: Banker verstehen, S. 176. Ebenso Prof. Dr. Herbert Sperber und Prof. Dr. Joachim Sprink: Internationale Wirtschaft und Finanzen, S. 139.

Brutto und Netto

Wenn Sie als Angestellter ein Gehalt von 3.000 Euro lt. Arbeitsvertrag bekommen, dann sind die 3.000 Euro ein *Bruttobetrag*. Den bekommen Sie nicht ausbezahlt, weil Ihre Firma davon Beträge für die Steuer und die Kranken- und Rentenversicherung u.a. abzieht und abführt. Ausbezahlt bekommen Sie dann vielleicht 2.200 Euro, das ist *netto*.

Die Begriffe brutto und netto gibt es auch woanders. Zum Beispiel bei den Preisen: Der Handwerker berechnet Ihnen für eine Leistung 140 Euro (das ist *netto*), Sie müssen aber mehr bezahlen, denn er muss die Umsatzsteuer dazurechnen. Das sind 19% und in Euro 26,60, bezahlen müssen Sie also 166,60 Euro. Das ist *brutto*.

Brutto und **netto** gibt es u.a. an folgenden Stellen:

1) Beim *Gehalt* (wie oben):
   Der *Bruttobetrag* von 3.000 Euro enthält die Lohnsteuer und die Sozialbeiträge, die behält Ihre Firma ein und führt sie ab an das Finanzamt und die Kranken- und Rentenversicherung. Was verbleibt, ist netto. Das könnten vielleicht 2.200 Euro sein, das ist dann Ihr *Netto-Gehalt*.

2) Beim *Handwerker* (wie oben):
   Die angebotene Leistung wird vielleicht als *Nettoleistung* genannt (140 Euro), dann kommen noch 19% Umsatzsteuer drauf, dann sind es 166,60 Euro *brutto*.

3) In der *Bäckerei*:
   Die angebotenen Preise enthalten die Umsatzsteuer bereits. Wenn das Brot 3,50 Euro kostet, ist das der Endpreis (*brutto*), den der Käufer zahlen muss. Die Bäckerei muss davon die miteingenommene Umsatzsteuer an das Finanzamt abführen. Wieviel Euro sind das?
   Meistens beträgt die Umsatzsteuer 19%, bei Brot aber nur 7%. Der Brotpreis von 3,50 Euro entspricht daher 107% (Brotpreis 100% plus 7% Umsatzsteuer gleich 107%). 7% sind 0,23 Euro (3,50 durch 107 mal 7 gleich 0,23 Euro), das ist die Steuer. Die Bäckerei behält 3,27 Euro *netto* für das Brot (3,50 minus 0,23 gleich 3,27 Euro).

4) Im *Ladengeschäft*:
Wer im Möbelhaus einen Schrank für 470 Euro kauft, bezahlt den Endpreis von 470 Euro einschließlich der Umsatzsteuer (also *brutto*). Hier muss der Händler 19% Steuer abführen, das sind 75,04 Euro (470 Euro sind 119%; 470 durch 119 mal 19 gleich 75,04 Euro). Dem Händler bleibt der *Nettopreis* von 394,96 Euro (470 minus 75,04 gleich 394,96 Euro).

5) Im *Versand*:
Ein Produkt, das versendet werden soll, wiegt 50 kg, das ist *netto*. Das verpackte Produkt wiegt 55 kg, das ist *brutto*. Die Verpackung wiegt mithin 5 kg und heißt *Tara*.

6) In der *Buchhaltung einer Versicherung*
gibt es Brutto- und Netto-Rückstellungen. Rückstellungen sind ungewisse Verbindlichkeiten, zum Beispiel für Schäden, die der Versicherung von den Kunden gemeldet werden. Sie stehen so lange auf einem Konto der Buchhaltung, bis der Schaden erledigt ist, also bezahlt und geschlossen ist.
Die *Brutto*-Rückstellung umfasst den ganzen Schadenbetrag, zum Beispiel die 4.800 Euro, die für den Schaden geschätzt wurden. In der Kraftfahrtversicherung zum Beispiel ist es üblich, dass die Rückversicherer (die Versicherer der Versicherungen) etwa 25% des Schadens übernehmen. Das wären hier 1.200 Euro für die Rückversicherer. Dann blieben noch 3.600 Euro für die (Erst-)Versicherung, die deshalb die 3.600 Euro als *Netto*-Rückstellung zusätzlich in der Buchhaltung ausweisen muss.

7) Bei der *Arbeitszeit*:
Wer für ein Projekt angibt, wieviel Zeit er gebraucht hat, kann „5 Tage" angeben. Das kann *brutto* gemeint sein, weil das Projekt nach 5 Tagen fertig war. Dabei hat er vielleicht an allen Tagen zwischendurch auch was anderes gemacht, etwa eine Stunde pro Tag Telefonate geführt und zwei Stunden pro Tag Kunden beraten. Dann waren das 3 Stunden pro Tag mal 5 Tage macht 15 Stunden, so dass das Projekt nicht 5 Tage mal 8 Stunden gleich 40 Stunden gedauert hat, sondern *netto* 40 minus 15 Stunden gleich 25 Stunden.

Bruttoinlandsprodukt

Das Bruttoinlandsprodukt ist der *Marktwert* aller im Inland produzierten Güter und Dienstleistungen in einem Jahr.[228] Das Bruttoinlandsprodukt (BIP) ist damit ein Maß für die wirtschaftliche Leistung der Volkswirtschaft.

Dienstleistungen, die keinen Marktwert haben, wie etwa Hausarbeit und private Pflege, aber auch Schwarzarbeit, sind im BIP nicht enthalten. Das BIP macht keine Aussagen über den Wohlstand eines Landes, über die Umweltqualität, den sozialen Frieden, die Sicherheit und Gesundheit.[229]

Nominales und reales BIP

Das BIP ermittelt jedes Jahr den Wert der produzierten Güter und Dienstleistungen mit den aktuellen Preisen des jeweiligen Jahres. Das ist das *nominale* BIP.

Das BIP steigt von einem Jahr zum nächsten nicht nur durch eine vermehrte Menge der produzierten Güter und Dienstleistungen, es steigt auch durch *Preissteigerungen*. Wenn die produzierte Menge gleich bleibt und nur die Preise steigen, steigt das BIP auch. Das könnte als Wirtschaftswachstum missdeutet werden; Wachstum und wirtschaftlicher Wohlstand steigen ja nicht durch Preissteigerungen.[230]

Deshalb gibt es das *reale* BIP, das ist *preisbereinigt*: Um das Wachstum ohne Preissteigerungen zu bekommen, kann man einen konstanten Preis für alle Jahre verwenden, zum Beispiel den Preis des allerersten Jahres der Erhebung der BIP-Daten[231] (oder auch den Preis eines anderen Jahres). Damit gibt das BIP das Wachstum der Wirtschaft wider, das aus der reinen *Mengensteigerung* kommt.

Seit 2005 verwendet das Statistische Bundesamt eine andere Methode zur Preisbereinigung: die Daten werden jedes Jahr mit

---

[228] Siehe Prof. Dr. Georg Milbradt, Dr. Gernot Nerb, Dr. Wolfgang Ochel, Prof. Dr. Hans-Werner Sinn: Der Ifo-Wirtschaftskompass, S. 14.

[229] Siehe Prof. Dr. Peter Bofinger: Grundzüge der Volkswirtschaftslehre, S. 570.

[230] Siehe Prof. Dr. Michael Frenkel und Prof. Dr. Klaus Dieter John: Volkswirtschaftliche Gesamtrechnung, S. 117.

[231] Siehe Prof. Robert Heilbroner und Prof. Lester Thurow: Wirtschaft – Das sollte man wissen, S. 74.

den Preisen des jeweiligen Vorjahres berechnet (das ist die Vorjahrespreisbasis – sie wird auch Verkettung oder Kettenindex genannt).[232]

Mit diesem realen BIP wird die Wirtschaftsleistung und das Wachstum der Volkswirtschaften gemessen.

Entstehung, Verwendung und Verteilung des BIP

Das Bruttoinlandsprodukt gibt es in drei Berechnungsformen:

- der Entstehungsrechnung,
- der Verwendungsrechnung
- und der Verteilungsrechnung.

Alle drei Berechnungen haben das gleiche Ergebnis, das deutsche BIP beträgt 3.026 Milliarden Euro im Jahr 2015.

Die *Entstehung* zeigt die Sektoren, in denen das BIP erstellt wird:[233]

- Land- und Forstwirtschaft und Fischerei, produzierendes Gewerbe und Baugewerbe haben einen Anteil von 28%.
- Handel, Verkehr und Dienstleister kommen auf 62%.

Entstehung des BIP (2015)	Mrd. €	Anteil	Mrd. €	Anteil
Land- und Forstwirtschaft, Fischerei	15	0,5%		
Produzierendes Gewerbe (ohne Bau)	700	23,1%		
Baugewerbe	128	4,2%	843	28%
Handel, Verkehr, Gastgewerbe	421	13,9%		
Information und Kommunikation	134	4,4%		
Finanz- und Versicherungsdienstleister	107	3,5%		
Grundstücks- und Wohnungswesen	304	10,1%		
Unternehmensdienstleister	305	10,1%		
Öffentl. Dienstl., Erziehung, Gesundheit	498	16,5%		
Sonstige Dienstleister	111	3,7%	1.879	62%
Bruttowertschöpfung	2.723	90,0%	2.723	90%
Gütersteuern minus Gütersubventionen	303	10,0%		
Bruttoinlandsprodukt (BIP)	3.026	100,0%		

---

[232] Siehe Statistisches Jahrbuch 2016 des Statistischen Bundesamts, S. 339. Das Verfahren entspricht internationalen Konventionen und europäischen Rechtsvorschriften. – Siehe auch Prof. Dr. Michael Frenkel und Prof. Dr. Klaus Dieter John: Volkswirtschaftliche Gesamtrechnung, S. 120. – Siehe ebenso Prof. Dr. Dieter Brümmerhoff: Volkswirtschaftliche Gesamtrechnungen, S. 111.
[233] Siehe Statistisches Jahrbuch 2016, S. 321. Siehe auch Prof. Dr. Peter Bofinger: Grundzüge der Volkswirtschaftslehre, S. 318.

Die Land- und Forstwirtschaft einschließlich der Fischerei hatte 2015 einen Anteil von 0,5%. Im Jahre 1950 hatte sie noch einen Anteil von 10%.

Der Anteil des produzierenden Gewerbes und des Baugewerbes lag 1950 bei 50% und 2015 bei 27%, der Anteil ist also auf etwa die Hälfte abgesunken in 65 Jahren.

Die Sektoren Handel, Verkehr und Dienstleister hatten 1950 einen Anteil von 40% und 2015 einen Anteil von 62%. Ihr Anteil ist also um gut die Hälfte angestiegen.[234]

Die *Verwendungsrechnung* stellt den Verbrauch des BIP dar. Die Konsumausgaben verbrauchen 73%, in die Bruttoinvestitionen fließen 20%. 8% werden für den Außenbeitrag verwendet (Exporte minus Importe):

Verwendung des BIP (2015)	Mrd. €	Anteil
Private Konsumausgaben	1.635	54%
Konsumausgaben des Staates	587	19%
Konsumausgaben	**2.222**	73%
Bruttoanlageinvestitionen	606	20%
Vorratsveränderungen	-38	-1%
Exporte	1.420	47%
Importe	-1.184	-39%
Bruttoinlandsprodukt (BIP)	**3.026**	100%
Exporte – Importe = Außenbeitrag	236	8%

Etwa ein Viertel des *Konsums* verbraucht der Staat (587 durch 2.222 gleich 26%). Etwa 74% des Konsums ist privater Verbrauch (1.635 durch 2.222 gleich 74%).

47% des deutschen BIP wird (im Inland) für den Export erzeugt (1.420 durch 3.026 gleich 47%), also fast die Hälfte.[235] Dagegen stehen 39% Importe (1.184 durch 3.026 gleich 39%), die aus aller Welt nach Deutschland eingeführt werden, also in Deutschland vorhanden sind und daher erfasst werden, aber nicht zum Inlandsprodukt gehören und daher abgezogen werden.

---

[234] Siehe auch Prof. Dr. Peter Bofinger: Grundzüge der Volkswirtschaftslehre, Grafik auf S. 320.

[235] Im Jahr 2004 war es noch ein Drittel des deutschen BIP, das für den Export erzeugt wurde, siehe Prof. Dr. Horst Siebert: Jenseits des Sozialen Marktes, S. 13.

Deutschland hat also mehr Exporte als Importe. Die Differenz beträgt 236 Milliarden Euro im Jahr 2015 und heißt *Außenbeitrag* (8% vom BIP).

Das Bruttoinlandsprodukt wird zuerst vom Konsum bestimmt (zu 73%, siehe obige Tabelle). An zweiter Stelle wird es bestimmt vom Export (mit 47%), dagegen steht der Import (mit -39%). Als Saldo aus Export und Import hat der Außenbeitrag (mit +8%) eine wichtige Bedeutung für die Konjunktur in Deutschland.[236]

Die dritte Berechnungsform ist die *Verteilung* der aus den Daten entstandenen Einkommen:

Verteilung des BIP (2015)	Mrd. €	Anteil
Arbeitnehmerentgelt	1.541	51%
Unternehmens- und Vermögenseinkommen	720	24%
Volkseinkommen	**2.261**	75%
Produktions- und Importabgaben		
an den Staat minus Subventionen	299	10%
Abschreibungen	531	18%
Primäreinkommen an die übrige Welt	132	4%
Primäreinkommen aus der übrigen Welt	-197	-7%
Bruttoinlandsprodukt (BIP)	**3.026**	100%

Das Bruttoinlandsprodukt ist in dieser Berechnungsform das Gesamteinkommen, das im Inland entstanden ist.[237] Die Arbeitnehmer erhalten etwa die Hälfte des BIP (51%), die Unternehmens- und Vermögenseinkommen etwa ein Viertel des BIP (24%). Der Staat bekommt 10%, die Abschreibungen machen 18% aus.

Dazu gibt es Einkommen, die Inländer aus dem Ausland beziehen, das sind „Primäreinkommen aus der übrigen Welt". Die müssen hier abgezogen werden (sind also minus), weil sie ja nicht zum Inlandsprodukt gehören (sondern aus dem Ausland stammen).

---

[236] Siehe Prof. Dr. Herbert Sperber und Prof. Dr. Joachim Sprink: Internationale Wirtschaft und Finanzen, S. 44ff.
[237] Siehe Prof. Dr. Michael Frenkel und Prof. Dr. Klaus Dieter John: Volkswirtschaftliche Gesamtrechnung, S. 47.

Dagegen sind „Primäreinkommen an die übrige Welt" im Inland entstanden, also ein Inlandsprodukt und Bestandteil des BIP (die ins Ausland fließen).

Der Saldo der Primäreinkommen an und aus der übrigen Welt beträgt -65 Milliarden Euro im Jahr 2015 (132 minus 197 gleich -65).

Das BIP pro Kopf
Das BIP beträgt
- im Jahr 1950: 1.059 Euro pro Einwohner,
- im Jahr 1991: 19.754 Euro,
- im Jahr 2015: 37.087 Euro.[238]

Das BIP nach Bundesländern
Die 16 Länder der Bundesrepublik sind nach Größe und Wirtschaftskraft sehr unterschiedlich, das zeigt das BIP nach Ländern:

Bruttoinlandsprodukt nach Ländern		(2015)
Land	Mrd.€	Anteil
Nordrhein-Westfalen	646	21,3%
Bayern	549	18,1%
Baden-Württemberg	461	15,2%
Hessen	263	8,7%
Niedersachsen	259	8,5%
Rheinland-Pfalz	132	4,4%
Berlin	124	4,1%
Sachsen	113	3,7%
Hamburg	109	3,6%
Schleswig-Holstein	86	2,8%
Brandenburg	65	2,2%
Thüringen	57	1,9%
Sachsen-Anhalt	56	1,9%
Mecklenburg-Vorpommern	40	1,3%
Saarland	35	1,2%
Bremen	32	1,0%
Deutschland	**3.026**	**100,0%**
Mittelwert	189	6,3%

Quelle: Statistisches Jahrbuch 2016, S. 338

---

[238] Statistisches Jahrbuch 2016, S. 322f.

Die ersten drei Länder zusammen erreichen schon über die Hälfte des BIP (54,6%). *Über* dem Durchschnitt (Mittelwert) des Anteils von 6,3% aller Länder liegen nur die ersten fünf Länder (bis Niedersachsen), *unter* dem Durchschnitt liegen die anderen elf Länder.

Das Wirtschaftswachstum in Deutschland

Die Wirtschaft in Deutschland, gemessen am Bruttoinlandsprodukt, ist in den letzten Jahrzehnten wie folgt gewachsen:

Wirtschaftswachstum in Deutschland	
Jahrzehnt	in %
1950 – 1960	8,2%
1960 – 1970	4,4%
1970 – 1980	2,9%
1980 – 1991	2,6%
1991 – 2000	1,6%
2000 – 2010	0,9%
Mittelwert	3,4%

Quelle: Statistisches Jahrbuch 2016, S. 323

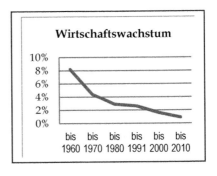

Die Zahlen fußen auf dem Zuwachs des preisbereinigten Bruttoinlandsprodukts zum jeweiligen Vorjahr, jeweils im Durchschnitt der angegebenen Jahrzehnte.

Nach dem zweiten Weltkrieg, der 1945 zu Ende war, gab es nach den gewaltigen Zerstörungen einen großen Bedarf nach allen Gütern, so dass die Wirtschaft stark wuchs. Die Wirtschaft wuchs in den ersten Jahrzehnten auch deshalb schneller (*in Prozent*) als in den späteren Jahrzehnten, weil der vorhandene Produktbestand in den ersten Jahrzehnten kleiner war.[239]

---

[239] Wenn der Produktbestand 1.000 ist und das Wachstum 100 ist, beträgt das Wachstum 10%. Wenn der Produktbestand später 5.000 ist und das Wachstum wieder 100 ist, beträgt das Wachstum 2%.

Buchführung

Der Kaufmann muss seine Bücher führen, damit er nicht den Überblick verliert über seine Einnahmen und Ausgaben. Denn ein Kaufmannsbetrieb besteht auf Dauer nur, wenn die Ausgaben durch die Einnahmen gedeckt werden.

Ein wichtiger Grund für die Buchführung war aber auch schon immer, dass der Staat bemessen wollte, wieviel Steuern er dem Kaufmann auferlegen wollte.

Damit sind schon *zwei* wichtige Gründe genannt, warum es die Buchführung gibt. Ein wichtiger *dritter* Grund kommt hinzu, wenn der Kaufmannsbetrieb mehr als einen Eigentümer hat und die Eigentümer nach Abschluss des Geschäftsjahres eine Beteiligung am Gewinn erwarten. Denn dazu muss der Gewinn erst mal entstanden und seine Höhe festgestellt sein – dazu braucht man die Buchführung.

Ein *vierter* Grund ist die Bank: Wenn der Kaufmannsbetrieb einen Kredit braucht, will die Bank verlässliche Aufzeichnungen sehen, die über die Kreditwürdigkeit Auskunft geben.

Ohne Buchführung gäbe es keine Bilanz und keine GuV

Bilanz und GuV entstehen in der Buchführung (oder Buchhaltung), und zwar durch geordnete Speicherung der Geschäftsvorfälle. Alle Geschäftsvorfälle sind mit Einnahmen und Ausgaben (oder Wertveränderungen) verbunden und müssen in der Buchhaltung aufgezeichnet werden.

Die Zahlen der Geschäftsvorfälle, die in der Buchhaltung aufgezeichnet (also gebucht) werden, sind Geldbeträge, also Euro-Beträge. Die Beträge werden geordnet aufgezeichnet und gespeichert, auf *Konten*. Ein Konto speichert zum Beispiel Reisekosten, ein anderes Telefonkosten oder Stromkosten, wieder andere Verkaufsumsätze oder Forderungen oder Wertpapiere und manches mehr.

Doppelte Buchhaltung

Alle Buchungen werden zweimal gebucht, eine geniale Erfindung der mittelalterlichen Städte in Oberitalien. Das dient der Kontrolle und der ordentlichen Buchhaltung.

Wenn ein Unternehmen eine Maschine kauft für 12.000 Euro, dann passieren zwei Buchungen:

1) Auf dem Konto „Maschinen" wird +12.000 Euro gebucht. Der (Wert-)Bestand auf diesem Konto wurde um 12.000 Euro erhöht.

2) Auf dem Konto „Bank" wird -12.000 Euro gebucht. Mit der Bezahlung der gekauften Maschine wird der (Geld-) Bestand auf diesem Konto um 12.000 Euro vermindert.

Beide Buchungen müssen den gleichen Wert haben und sich gegenseitig ausgleichen, dann stimmt die Buchhaltung.

Auf allen Buchhaltungskonten werden *Geldbeträge* gebucht (also in Euro), keine Mengenangaben. Mengenangaben stehen auf Inventurlisten, wenn bei einer *Inventur* die vorhandenen Mengen gezählt und eingetragen werden. Viele Mengen werden heute vom Computer fortlaufend gezählt und gespeichert und stehen am Jahresabschluss aufaddiert zur Verfügung, ohne persönliche Zähl-Inventur.

Buchwert

Wirtschaftliche Gegenstände können verschiedene Werte haben, zum Beispiel Buchwert oder Marktwert, Anschaffungswert oder Zeitwert, Kurswert oder Restwert.

Der *Buchwert* ist der Wert, der auf einem Konto der (Anlagen-)Buchhaltung steht und damit auch in der Bilanz enthalten ist.

Auch der Buchwert hat nicht immer den gleichen Wert, er nimmt oft verschiedene Werte an:

1) Der erste Wert eines Gegenstands ist meist der *Anschaffungswert*. Das ist der Wert, zu dem der Gegenstand gekauft (angeschafft) wurde. Eine Maschine zum Beispiel habe einen Anschaffungswert von 25.000 Euro.

2) Wenn der Gegenstand durch seinen Gebrauch abgenutzt wird, wie eine Maschine zum Beispiel, dann sinkt der Wert im Laufe der Zeit, meistens regelmäßig. Bei einer geschätzten Nutzungszeit von 5 Jahren sinkt der Wert jedes Jahr um ein Fünftel des Anschaffungswerts, also um 5.000 Euro bei der Maschine, die 25.000 Euro gekostet hat. Im zweiten Jahr steht die Maschine dann mit 20.000 Euro auf dem Konto und damit auch in der Bilanz. Der verminderte Wert von 20.000 Euro ist der *abgeschriebene Wert*. Die Wertminderung von 5.000 Euro ist die jährliche Abschreibung.

Buchwert			
Jahr	Wert am Jahresanfang	jährliche Abschreibung	Wert am Jahresende
1	25.000	5.000	20.000
2	20.000	5.000	15.000
3	15.000	5.000	10.000
4	10.000	5.000	5.000
5	5.000	5.000	0
	Summe:	25.000	

3) Die Wertminderung setzt sich in den nächsten Jahren fort. Im dritten Jahr steht die Maschine mit 15.000 Euro in den Büchern. Der *Buchwert* verändert sich also jedes Jahr.

4) Nach 5 Jahren bleibt die Maschine mit 1 Euro bewertet, wenn sie weiterhin genutzt wird. Das ist der **Restwert**.

5) Wenn die Maschine für 3.000 Euro verkauft wird, ist das der **Verkaufswert**. Aus dem Bestand wird sie dann natürlich ausgebucht, hat also keinen Buchwert mehr.

6) Wenn die Maschine durch eine neue Maschine ersetzt wird, die 28.000 Euro kostet, ist das der **Wiederbeschaffungswert**, der als neuer Anschaffungswert eingebucht wird.

7) Wenn die Maschine für 30.000 Euro verkauft werden könnte (weil sie gerade sehr gefragt ist und neue Maschinen lange Lieferzeiten haben), ist das der **Marktwert**. Der Marktwert ändert in diesem Fall nach deutschem HGB nichts am Buchwert (ob Anschaffungswert oder abgeschriebener Wert). Erst wenn die Maschine zum Marktwert verkauft wird, werden die 30.000 Euro eingebucht (und der vorhandene Buchwert natürlich ausgebucht).

Budget

1) Geplante Ausgaben eines Staates für ein Jahr, zum Beispiel der deutsche Bundeshaushalt (317 Milliarden Euro für 2016, 329 Milliarden Euro für 2017 und 337 Milliarden Euro für 2018).

2) Die geplanten Ausgaben eines Unternehmens für das kommende Jahr.

Geplant wird nicht nur in der staatlichen sozialistischen Planwirtschaft, sondern auch in allen anderen Staaten und in den meisten Unternehmen.

Selbst der Privatmann tut gut daran, seine Ausgaben an den Einnahmen auszurichten, also ein (Ausgaben-)Budget im Blick zu halten, damit immer noch ein paar Reserven überbleiben — man braucht sie immer mal.

Bundesanleihe

Mit der *Bundesanleihe* will der Staat (die Bundesrepublik Deutschland, der *Bund*) Geld leihen (weil er mit den Steuereinnahmen nicht auskommt – das geht den meisten Staaten so).

Eine Bundesanleihe ist ein *Kredit*, den der Staat aufnimmt, um seine Aufgaben zu erfüllen und zu bezahlen.

Die Bundesanleihen haben lange Fristen (oft 10 Jahre Laufzeit, bis zu 30 Jahren). Die Bundesanleihe ist ein Wertpapier und gehört zu den langfristigen Schuldverschreibungen. Sie kann innerhalb der Laufzeiten an der Börse gehandelt werden (also gekauft und verkauft werden).

Die *Rendite* der Bundesanleihe ist der Zins, den der *Käufer* der Bundesanleihe bekommt, weil er der Bundesrepublik Deutschland Geld leiht.

Gleichzeitig ist die Rendite der Zins, den der *Verkäufer* (die Bundesrepublik) an den Käufer zahlt.

Der Zins gilt für die vereinbarte Laufzeit der Anleihe.

Die Rendite einer *Bundesanleihe* ist eher geringer als einer anderen Anleihe. Der Käufer könnte bei anderen Anleihen mehr Rendite bekommen. Er kauft trotzdem gerne Bundesanleihen, denn die sind sicherer. *Sicherer* heißt, es besteht die Erwartung, die Bundesrepublik zahlt das geliehene Geld zurück (nach Ablauf der Laufzeit). Wo die Erwartungen weniger sicher sind, muss der Emittent (der Anleiheherausgeber) mehr Zins (gleich Rendite) bieten, sonst wird er sie nicht los. Und viele Staaten brauchen die Staatskredite.

Die 10-jährige Bundesanleihe hatte am 6. Juli 2017 eine Rendite (einen Zinssatz) von +0,57%, das war der höchste Stand seit Januar 2016.[240] Am 5.7.2018 lagen Rendite und Zinssatz bei +0,36%.[241]

---

[240] „Bund-Rendite auf höchstem Stand seit Januar 2016", FAZ vom 7.7.2017, S. 23.
[241] „10-jährige Bundesanleihe", FAZ vom 6.7.2018, S. 31.

Die bekannteste Bundesanleihe läuft über 10 Jahre. Sie hatte in der letzten Zeit oft eine *negative Rendite* (auch wenn das im Grunde verrückt ist), das heißt, die Bundesrepublik Deutschland bekam das Geld für die Anleihe umsonst, also ohne Zinskosten, und bekam sogar noch etwas Geld dafür, dass die Kunden ihr einen Kredit geben durften.

Warum tun die Kunden das? Weil der Zinssatz zurzeit negativ ist. Und weil das Geld bei der Bundesanleihe recht sicher aufgehoben ist (die Bundesrepublik Deutschland gilt als sicher, sie zahlt das geliehene Geld ziemlich sicher wieder zurück). Und weil wohl zu viel Geld auf der Welt vorhanden ist und dieses ganze Geld nicht genug gute und sichere Anlagen findet. *Wenn ein Gut (oder eine Ware) sehr reichlich vorhanden ist, wird sie billiger – das gilt auch für Geld.*

Zurzeit werden die Bundesanleihen etwas knapp: Dem Markt gehen die Bundesanleihen aus.[242] Das liegt daran, dass die Europäische Zentralbank (EZB) seit einiger Zeit große Mengen von Anleihen kauft, aus geldpolitischen Gründen, um viel Geld in den Markt fließen zu lassen und dadurch die Wirtschaft am Laufen zu halten (und keine *Deflation* entstehen zu lassen, lieber ein bisschen Inflation, so knapp 2% – die 2% wurden im Juni 2018 erreicht).

Dass die Bundesanleihen knapp werden, liegt aber neuerdings auch daran, dass der Bundeshaushalt weniger Anleihen ausgibt, weil er weniger Kredite braucht. Die Lage des Bundeshaushalts ist ganz gut, die staatlichen Finanzen machen sogar einen Überschuss, da braucht man natürlich nicht mehr so viele Kredite.

Der Überschuss liegt auch daran, dass die staatlichen Kredite so wenig kosten – siehe Bundesanleihen, deren Zinsen so niedrig sind. Wenn die Kreditzinsen mal wieder steigen werden, dann wird die Kreditaufnahme des deutschen Staates auch wieder teurer.

---

[242] „Bundesanleihen werden zu einem knappen Gut", FAZ vom 8.2.2018, S. 31.

Bundesbank

Die Deutsche Bundesbank ist die deutsche Zentralbank und seit Bestehen der europäischen Währungsunion Teil des europäischen Systems der Zentralbanken (ESZB) sowie des Eurosystems.

Als eine der nationalen Zentralbanken, die zum Eurosystem gehört, setzt die Bundesbank die Geldpolitik des Eurosystems in Deutschland um. Sie ist an der Bankenaufsicht beteiligt, sorgt für den bargeldlosen Zahlungsverkehr und bringt Bargeld in Umlauf.[243]

Sie ist die Bank der Banken, da die Geschäftsbanken zur Aufrechterhaltung ihrer Zahlungsfähigkeit auf die Zentralbank angewiesen sind.[244]

Die Zentrale ist in Frankfurt am Main. 3.800 Beschäftigte arbeiten in der Zentrale, etwa 6.000 in 9 Hauptverwaltungen und den Filialen in Deutschland.

---

[243] Deutsche Bundesbank: Geld und Geldpolitik, S. 240.
[244] Ebenda, S. 84.

Bundeshaushalt

Der Bundeshaushalt ist ein Teil der Wirtschaft durch seine großen Ausgaben, die in die Wirtschaft zurückfließen. Der Bundeshaushalt umfasst 329 Milliarden Euro im Jahr 2017 und 343 Milliarden Euro 2018.[245]

Ausgaben (in Milliarden Euro)	2017	2018
Bundesarbeitsministerium	137,6	139,2
Verteidigungsministerium	37,0	38,5
Verkehrsministerium	27,9	27,9
Bildungs- und Forschungsministerium	17,7	17,6
Gesundheitsministerium	15,2	15,2
Familienministerium	9,5	10,2
Innenministerium	9,0	14,1
Entwicklungsministerium	8,5	9,4
Wirtschaftsministerium	7,7	8,1
Finanzministerium	6,2	6,6
Landwirtschaftsministerium	6,0	6,0
Umweltministerium	5,6	2,0
Auswärtiges Amt	5,2	5,5
Bundeskanzleramt	2,8	3,0
Justizministerium	0,8	0,8
Bundesschuld	20,0	19,4
Finanzverwaltung	11,2	18,8
Bundestag	0,87	0,97
Bundesrechnungshof	0,15	0,15
Bundespräsident	0,04	0,04
Bundesverfassungsgericht	0,03	0,03
Bundesrat	0,03	0,03
Datenschutzbeauftragte	0,02	0,02
Gesamtausgaben	329,1	343,6

---

[245] Quelle: FAZ vom 11.3.2017, S. 19.

Das Bundesarbeitsministerium hat mit 139,2 Milliarden Euro einen Anteil von 40% an den Gesamtausgaben. Das Justizministerium hat mit 0,8 Milliarden Euro (800 Millionen Euro) den kleinsten Betrag der Ministerien und einen Anteil an den Gesamtausgaben von 0,2%. Für den Bundesrat sind 30 Millionen Euro angesetzt (gleich 0,03 Milliarden Euro).

Bundesobligation

Die Bundesobligation ist ein Wertpapier der Bundesrepublik Deutschland, das über die Deutsche Finanzagentur oder über Banken verkauft wird. Die Bundesrepublik nimmt damit Kredite auf.

Bundesobligationen sind festverzinsliche Wertpapiere. Die Laufzeit beträgt 5 Jahre.

Bundesschatzbriefe

Bundesschatzbriefe sind Schuldverschreibungen der Bundesrepublik Deutschland (also Wertpapiere) und sollten dem *Bundeshaushalt* Geld einbringen und außerdem einer soliden und zuverlässigen *Vermögensbildung* der Bürger dienen.[246] Sie sind allerdings Ende 2012 eingestellt worden.

Bundesschatzbriefe waren insbesondere bei Kleinanlegern beliebt, man konnte sich auch mit kleinen Summen beteiligen. Sie waren nicht an der Börse notiert und hatten daher keinerlei Kursrisiko.

Bundesschatzbriefe hatten eine *Laufzeit* von 6 Jahren (Typ A) und 7 Jahren (Typ B). Bei Typ A wurden die Zinsen am Ende jeden Jahres ausgezahlt. Bei Typ B wurden die Zinsen erst am Ende der Laufzeit von 7 Jahren ausgezahlt, damit hatte man einen höheren Endbetrag, weil die jährlichen Zinsen in den folgenden Jahren mitverzinst wurden (also einen Zinseszinseffekt).

---

[246] Duden Wirtschaft von A bis Z, S. 426.
Und: https://www.financescout24.de am 13.3.2018.

Die Bundesschatzbriefe haben einen *Stufenzins*: es gibt jedes Jahr einen höheren Zinssatz. Im ersten Jahr gibt es (zum Beispiel) 0,5%, im zweiten 1,25%, im dritten 1,75%, im vierten 2,5%, im fünften 3,25% und im sechsten und siebten Jahr 4,0%. Das soll den Anleger motivieren, die sechs oder sieben Jahre durchzuhalten und nicht vorher die Schatzbriefe zurückzugeben – am Schluss bekommt der Anleger die größten Zinsen.

Bundesschatzbriefe wurden 1969 eingeführt und bis Ende 2012 ausgegeben. Sie wurden *eingestellt*, weil die Kosten der Verwaltung der Bundesschatzbriefe zu hoch waren im Vergleich zu anderen Finanzierungsinstrumenten. Hinzu kommt, dass der Bundeshaushalt weniger Kredite aufnimmt als früher und daher auf zu teure Finanzierungsformen verzichten kann.

C

Cashflow

Cashflow heißt „Kassenfluss" und dokumentiert die Ein- und Auszahlungen eines Unternehmens. Ein *Cashflow Statement* (Liquiditätsbericht oder Kassenbericht) zeigt, ob das Unternehmen stets zahlungsfähig ist.

Ein ausreichender Cashflow (Kassenstand) ist wichtig für die finanzielle Stabilität des Unternehmens und kann überlebenswichtig für die Existenz des Unternehmens sein. Ein Unternehmen, das knapp bei Kasse ist, ist instabil und könnte auch mal insolvent (zahlungsunfähig) werden, dann müsste es einen Insolvenzantrag stellen beim Amtsgericht.

Der *Cashflow* ist nicht gleich *Gewinn*. Die Gewinn- und Verlustrechnung (GuV) stellt Aufwendungen und Erträge dar, aber nicht alle von ihnen lösen Zahlungen aus (sondern manche auch nur Buchungen auf anderen internen Konten). Die GuV spiegelt also die *Liquiditätslage* des Unternehmens nicht wider.

Damit die Liquiditätslage dargestellt wird, korrigiert der Cashflow einige Posten der GuV, die keine Zahlungen auslösen. Der Cashflow ermittelt die Liquiditätslage am Jahresende, indem er vom Jahr*esüberschuss* ausgeht:

- *Abschreibungen* (etwa auf Maschinen) sind Aufwand und haben den Jahresüberschuss (den Gewinn) vermindert, aber keine Zahlungen in diesem Geschäftsjahr ausgelöst (als die Maschinen gekauft wurden vor einigen Jahren wurden natürlich Auszahlungen für den Kauf der Maschinen geleistet). Die Abschreibungen haben als Gegenbuchung eine Wertminderung auf einem Bilanzkonto verursacht. Da also keine Zahlung durch die Abschreibungen ausgelöst wurde, müssen die Abschreibungsbeträge dem Cashflow zugerechnet werden, um den richtigen Kassenbestand zu ermitteln.

- Dasselbe passiert mit den langfristigen *Pensionsrückstellungen*, sie sind im Geschäftsjahr Aufwand, aber keine

© Springer Fachmedien Wiesbaden GmbH, ein Teil von Springer Nature 2019
W. Klitzsch, *Grundbegriffe der Wirtschaft*,
https://doi.org/10.1007/978-3-658-27904-2_3

Auszahlungen (die werden erst fließen, wenn der Betroffene aus dem Berufsleben ausscheidet und in Rente geht). Also müssen auch die Rückstellungsbeträge dem Cashflow wieder zugerechnet werden, um den richtigen Kassenbestand zu ermitteln.

- Es kann natürlich auch *sonstige Posten* geben, die keine Zahlungen im Geschäftsjahr ausgelöst haben und deshalb auch dem Cashflow wieder zugerechnet werden müssen (das kann positiv oder negativ zugerechnet werden, je nach dem, ob es Aufwand oder Ertrag war).

In vereinfachter Form wird der *Cashflow* als Summe folgender Posten beschrieben:[247]

Jahresüberschuss
+ Abschreibungen
+ Veränderungen der (Pensions-)Rückstellungen
+/- sonstige zahlungsunwirksame Posten
= Cashflow
(Praktisches Beispiel im Artikel „Kapitalflussrechnung".)

Diese einfache Form des Cashflows erfasst nicht sämtliche Zahlungen des Unternehmens. Es fehlen alle erfolgsneutralen Bestandsänderungen, da sie nicht in der GuV erfasst werden (nur die erfolgswirksamen werden in der GuV sichtbar). Die Cashflow-Ermittlung wurde bisher auf die Aufwendungen und Erträge (die Posten der GuV) beschränkt.[248] Eine bessere Erfassung aller Zahlungen muss auch die Veränderungen der Posten der Bilanz einbeziehen.

In der weiteren Entwicklung entstand die *Kapitalfluss-rechnung*, die wesentlich umfangreicher ist und sowohl auf den

---

[247] Siehe Prof. Dr. Günter Wöhe: Einführung in die Allgemeine Betriebswirtschaftslehre (16. Auflage), S. 740, und Prof. Dr. Günter Wöhe, Prof. Dr. Ulrich Döring und Prof. Dr. Gerrit Brösel: Einführung in die Allgemeine Betriebswirtschaftslehre (26. Auflage), S. 833.
[248] Siehe Prof. Dr. Günter Wöhe: Einführung in die Allgemeine Betriebswirtschaftslehre, S. 741.

Aufwendungen und Erträgen der GuV und den Veränderungen der Aktiv- und Passivposten der Bilanz basiert.[249]

Sie ist in Deutschland inzwischen gesetzlich vorgeschrieben für Konzernabschlüsse und kapitalmarktorientierte Kapitalgesellschaften. Bitte lesen Sie hierzu den Artikel „Kapitalflussrechnung" in diesem Buch, dort finden Sie auch ein praktisches Zahlenbeispiel.

CDO

CDO heißt *Collateralized Debt Obligation,* auf Deutsch „besicherte Schuldverschreibung".

Eine CDO ist
1) ein Derivat,
2) eine Schuldverschreibung,
3) besichert,
4) verbrieft
5) und strukturiert.

1) Ein *Derivat* ist abgeleitet von anderen Finanzprodukten.[250] Die CDOs (in der Weltfinanzkrise) etwa basieren meistens auf Hypothekenkreditforderungen.

2) Eine *Schuldverschreibung* ist ein Dokument, das eine Schuld festschreibt (dokumentiert). Die CDO ist eine neue Schuldverschreibung (ein neues Wertpapier, eine neue Anleihe), die aus vielen Kreditforderungen neu zusammengestellt wird.

3) Eine Schuldverschreibung ist *besichert,* wenn Vermögensgegenstände als Sicherheit für die Schuld gegeben werden, wie ein Pfand, das man zurückbekommt, wenn man die Schuld wieder zurückgezahlt hat. Die CDO wird meist besichert durch vorhandene Kreditforderungen.

---

[249] Siehe Prof. Dr. Günter Wöhe, Prof. Dr. Ulrich Döring und Prof. Dr. Gerrit Brösel: Einführung in die Allgemeine Betriebswirtschaftslehre, S. 747.
[250] Siehe den Artikel „Derivate" in diesem Buch.

4) Die einzelnen Kreditforderungen gehören den Banken und stehen in ihren Bilanzen. Um sie an andere Käufer verkaufen zu können, müssen sie zu Wertpapieren umgewandelt werden, das heißt *verbrieft* werden.[251] Dazu werden Tausende einzelner Kreditforderungen zusammengefaßt, um daraus neue Wertpapiere zu schaffen.

5) Neue Wertpapiere werden *strukturiert*, das heißt, in verschiedene Teile aufgeteilt. Die Teile werden *Tranchen*[252] genannt. Sie haben eine verschiedene Bonität (kann man auch verschiedene Risikoklassen nennen): Die unterste Tranche hat die schlechteste Bonität (und das höchste Ausfallrisiko), dafür aber auch die höchste Rendite, damit sie noch gekauft wird.

Die oberste Tranche hat normalerweise ein geringes Ausfallrisiko, die laufenden Rückzahlungen werden also in normalen Zeiten ziemlich sicher jeden Monat geleistet werden. Diese Tranche hat daher auch die beste Bewertung durch die Rating-Agenturen, die AAA-Bewertung.

Die Überlegung war, dass die Zahlungen der Kunden ja nicht alle gleichzeitig ausfallen würden, so dass man einer Teilmenge der Käufer von CDO-Papieren durch die erste und beste AAA-Tranche fast sichere Ansprüche gewähren konnte – unter Verschlechterung der Ansprüche der Käufer der anderen Tranchen.[253]

CDO werden nicht an einer Börse gehandelt, sondern im direkten Handel, also zwischen Käufer und Verkäufer.[254]

CDO sind wichtige Refinanzierungsmittel für Banken auf dem Kapitalmarkt. Durch den Verkauf vorhandener Kreditforderungen können die Banken sich neues Kapital besorgen.

---

[251] Siehe dazu den Artikel „Verbriefung" in diesem Buch.
[252] *Tranche* ist französisch und heißt eigentlich Schnitte oder Scheibe (von Brot oder Fleisch); bei CDOs werden die Teile Tranchen genannt.
[253] Prof. Dr. Hans-Werner Sinn: Kasino-Kapitalismus, S. 132f.
[254] Wolfgang Münchau: Kernschmelze im Finanzsystem, S. 13 und S. 111.

Im Verlauf der amerikanischen Immobilienkrise, aus der dann die Weltfinanzkrise entstand, begannen die Preise der schlechtesten CDO-Tranche (mit BBB bewertet) Ende 2006 in den USA zu sinken und fielen im Laufe des Jahres 2007 ins Bodenlose; Ende 2008 lag ihr Wert nur noch knapp über null. Wer solche CDO-Papiere gekauft hatte und noch besaß, hat fast alles verloren.

Der Wert der besten Tranche (mit AAA bewertet) begann Mitte 2007 zu sinken und hatte im Frühjahr 2009 nur noch etwa 25% des Werts von 2006.[255]

Die Banken, die diese CDO-Papiere in ihrem Bestand hatten, mussten entsprechend dem hohen Wertverfall hohe Abschreibungen vornehmen, die ihr Eigenkapital beträchtlich verminderten.

CDO (und CDS) haben deutlich zur Weltfinanzkrise beigetragen. So schreibt die US-Kommission zur Finanzkrise (FCIC) in ihrem Bericht: *„We conclude over-the-counter derivatives contributed significantly to this crisis."*[256] *(„Wir stellen fest, dass Derivate, die direkt am Schalter gehandelt wurden* (nicht an der Börse)*, in signifikanter Weise zu dieser Krise beigetragen haben.")*

Die Bewertung der Risiken der CDO ist nach der Weltfinanzkrise zu beurteilen weder den Banken noch den Rating-Agenturen noch den Aufsichtsbehörden gelungen.

---

[255] Prof. Dr. Hans-Werner Sinn: Kasino-Kapitalismus, S. 46.
[256] Bericht der US-Kommission zur Finanzkrise (FCIC), Seite XXIV.

CDS

CDS heißt *Credit Default Swap,* auf Deutsch *Kreditausfall-Swap.* Swap ist ein finanzielles Tauschgeschäft, mit dem die Vertragspartner finanzielle Risiken vermindern wollen. [257]

Ein CDS kann angewendet werden
- zur Absicherung eines Kreditrisikos
- zur Spekulation.

Risikoabsicherung
Ein CDS ist eine Absicherung von Kreditrisiken für den Kreditgeber (meist eine Bank). Der Kreditgeber gibt seine Kreditrisiken an andere weiter (das sind wiederum Banken, Investoren oder Sicherungsgeber), der Kreditvertrag wird dabei nicht verkauft.

Wenn der Kreditnehmer den Kredit *nicht* zurückzahlen kann, das versicherte Risiko also eintritt, muss der Sicherungsgeber die vertraglich versicherte Summe an den Kreditgeber zahlen.

Wird der Kredit vom Kreditnehmer *zurückgezahlt,* hat der Sicherungsgeber einen Ertrag in Höhe der Gebühren, die er vom Kreditgeber bekommen hat.

CDS werden außerbörslich gehandelt, also direkt zwischen Käufer und Verkäufer (auch OTC genannt: over the counter, direkt über den Schalter).

Ein CDS gleicht also einer *Kreditausfallversicherung,* ist aber keine Versicherung, sondern ein Swap, ein Finanzinstrument (oder Finanzprodukt). Sie wird zwischen Banken gehandelt (im Interbankenmarkt). CDS unterstehen nicht der Versicherungsaufsicht, es wird also auch nicht garantiert, dass die Risiken überhaupt getragen werden können, wenn sie etwa in großer Zahl gleichzeitig anfallen.

Zu fragen ist, ob die CDS im Ernstfall das erhoffte Maß an Absicherung bieten können, wenn in einer Krise riesige Schadenbeträge anfallen. Außerdem steht ein Großteil der

---

[257] Siehe Artikel „Swap" in diesem Buch.

Kreditrisiken in den Büchern weniger Banken (wie JP Morgan Chase, Citigroup und Bank of America).[258]

CDS gibt es etwa seit 1990, vorher war die Finanzmathematik noch nicht so weit.[259] Das *Handelsvolumen* der CDS ist gigantisch gestiegen und betrug über 60 Billionen Dollar im Jahr 2007. Das ist mehr als das Weltsozialprodukt des Jahres 2007 (das betrug 55 Billionen Dollar).[260] Wohl deshalb bezeichnete Warren Buffet sie als finanzielle Massenvernichtungswaffen.[261]

Spekulation
Der größere Teil der Kreditausfall-Swaps wird nicht mehr für Kreditabsicherungen abgeschlossen, sondern für Wetten und reine *Spekulation*. Man kann CDS-Absicherungen für wirtschaftliche Ereignisse abschließen, von denen man selbst gar nicht betroffen ist. So kann man einen CDS auf den Konkurs einer anderen Firma abschließen; wenn die Firma in Konkurs geht, muss der CDS-Vertragspartner die vereinbarte Summe an den anderen Vertragspartner auszahlen, der mit der Firma, die in Konkurs ging, gar nichts zu tun hat.[262] Das sind unmoralische Wetten, die Verbrechen fördern können und verboten werden müssen.

Weltfinanzkrise
CDS sollten der besseren Risikoabsicherung dienen, vielleicht sollten sie auch die Aufsichtsbehörden täuschen. Sie waren so komplex, so dass sie die Risiken vergrößerten.[263]

Die CDS sind derivative Finanzinstrumente und haben nach der Beurteilung der US-Kommission zur Finanzkrise (FCIC) deutlich zur Weltfinanzkrise beigetragen (siehe Artikel „CDO" in diesem Buch, direkt vor diesem Artikel „CDS", ganz am Ende).

---

[258] Siehe Prof. Dr. Klaus Spremann und Prof. Dr. Pascal Gantenbein: Finanzmärkte, S. 167.
[259] Siehe Wolfgang Münchau: Kernschmelze im Finanzsystem, S. 97.
[260] Prof. Dr. Hans-Werner Sinn: Kasino-Kapitalismus, S. 204.
[261] Siehe Wolfgang Münchau: Kernschmelze im Finanzsystem, S. 89.
[262] Prof. Dr. Hans-Werner Sinn: Kasino-Kapitalismus, S. 205ff. und S. 310.
[263] Prof. Joseph Stiglitz Ph.D. (Nobelpreisträger): Im freien Fall, S. 17.

Compliance

Compliance heißt „Halte Dich an die Regeln!"[264]

Da es immer mehr Regeln und Vorschriften gibt, müssen die Unternehmen sicherstellen, dass auch alle Personen im Unternehmen sie beachten und einhalten.

Je größer die Unternehmen sind, desto wichtiger und schwieriger kann das sein. Deshalb gibt es inzwischen immer mehr eigene Personalstellen für Compliance, die im Vorstand oder direkt in der Ebene darunter eingerichtet sind.

Bei den Regeln, die es zu beachten gilt, sind in erster Linie gesetzliche Regeln gemeint, darüber hinaus auch unternehmensinterne Regeln.

Ein schriftlicher Leitfaden („Standard für Compliance Management Systeme") wurde 2011 vom TÜV Rheinland veröffentlicht.

Controlling

Controlling heißt Kontrolle des wirtschaftlichen Geschehens im Unternehmen. Unser Professor hat mal gesagt, wer einen Bauchladen hat, der braucht kein Controlling, der kann ja noch alles übersehen. Wenn die Unternehmen größer werden, wird das Controlling wichtiger.

In so mancher Literatur liest man (und auch in manchen Äußerungen hört man), Controlling heißt nicht Kontrolle, das heißt Steuerung des Unternehmens. Einfach „Kontrolle" erschien vielleicht zu altbacken. Manche dachten wohl auch eher an den Fahrkartenkontrolleur in der Straßenbahn.

Controlling ist Kontrolle und Steuerung. Erst muss man kontrollieren, damit man die Situation in den vielen Bereichen eines Unternehmens erfährt. Wenn dabei nicht alles so läuft, wie es sollte, sollte man so bald wie möglich den Kurs berichtigen. *Frühzeitig nachsteuern ist besser als zu spät, das ist der Sinn des Controllings,* aber dafür ist zuerst eine Kontrolle der aktuellen Lage erforderlich. Jeder Kapitän

---

[264] Reinhard Müller: „Karlsruher Ethik", FAZ vom 23.2.2017, S. 1.

kontrolliert erst den Kurs und entscheidet dann, ob der Kurs so bleibt oder geändert werden muss.

Monatsbericht

Controlling befasst sich in erster Linie mit finanziellen Daten. Es unterstützt die kaufmännische Führung des Unternehmens und trägt (meistens monatlich) die wichtigsten Daten für die Geschäftsleitung zusammen, damit diese über die Geschäftslage des Unternehmens informiert ist und darauf aufbauende Entscheidungen treffen kann.

Die Daten, das sind die Umsätze der Produkte und Unternehmensbereiche, die Personal- und Sachkosten und die Erträge (der Gewinn). Umsätze, Kosten und Gewinne sind

- einmal für das gesamte Unternehmen darzustellen,
- aber ebenso für die Produkte und Produktgruppen
- und für die Bereiche und Abteilungen,

denn kurzfristige Maßnahmen für die Verbesserung der Einnahmen und Minderung der Kosten können nur an konkreten Produkten und Abläufen ansetzen.

Die laufende Kontrolle des wirtschaftlichen Erfolgs des Unternehmens ist unerlässlich, denn jedes kaufmännische Unternehmen kann auf Dauer nur existieren, wenn die Einnahmen die Ausgaben decken.

Eine einfache Form der kurzfristigen Erfolgsrechnung als Teil des Monatsberichts mit drei Produkten und drei Deckungsbeiträgen könnte so aussehen:

Monatsbericht (in €)	Produkt A	Produkt B	Produkt C	Unternehmen	*Anteile*
Umsatz(erlöse)	380.000	290.000	220.000	890.000	*100,0%*
Herstellungskosten	-160.000	-125.000	-85.000	-370.000	*-41,6%*
Deckungsbeitrag 1	**220.000**	**165.000**	**135.000**	**520.000**	
Vertrieb				-210.000	*-23,6%*
Deckungsbeitrag 2				**310.000**	
Verwaltung				-163.000	*-18,3%*
Deckungsbeitrag 3				**147.000**	
Ergebnis vor Steuern				**147.000**	*16,5%*

Weitere Controllingaufgaben

Neben der regelmäßigen Berichterstattung der Geschäftszahlen kann das Controlling noch viele andere Aufgaben haben, dazu gehören unter anderem:

- Analyse der Produktrenditen
- „Make-or-buy-Analyse" (selber machen oder auswärts herstellen lassen?, wird auch Outsourcing genannt)
- Balanced Scorecard
- Konkurrentenanalyse
- ABC-Analyse (Kundenanalyse)
- Investitionsrechnungen
- strategisches Controlling (Stärken- und Schwächen-Analyse)
- Risikomanagement

Courtage

Die *Courtage* ist die Vergütung für den Makler für seine Vermittlungstätigkeit, auch Maklergebühr oder Vermittlungsprovision genannt.

Covered Bond

Wertpapier, das gesichert ist (*covered*) durch werthaltige Sicherheiten, zum Beispiel andere Wertpapiere oder Vermögensgegenstände.

Die Absicherung eines Wertpapiers ist wie ein *Pfand*: Wenn man die leere Flasche unbeschädigt zurückgibt, bekommt man das Pfand zurück.

Wenn man das angelegte Geld zurückbekommt, kann man auch das Pfand zurückgeben.

Crash

Meistens ist ein *Börsencrash* gemeint, dann bedeutet das stark fallende Börsenkurse in kurzer Zeit, also an einem Tag oder innerhalb weniger Tage.

Ursache für einen Börsencrash sind vor allem plötzlich aufkommende Nachrichten, die nicht erwartet wurden und die Gewinne von börsennotierten Aktiengesellschaften schwer beeinträchtigen könnten. Dadurch könnte der Wert der betroffenen Aktiengesellschaft(en) stark absinken.

Manchmal wird auch eine *Wirtschaftskrise* eines Landes oder sogar vieler Länder als Crash bezeichnet, so etwa die Weltwirtschaftskrise von 1929 und die Weltfinanzkrise von 2007 (siehe Artikel „Krise" oder Artikel „Weltfinanzkrise" in diesem Buch).

Cum/Cum- und Cum/Ex-Geschäfte
Erstattungen von Kapitalertragsteuer

Bei den Geschäften mit diesen lateinischen Begriffen (*Cum* und *Ex*) geht es um Steuervorteile bei Dividendenzahlungen von Aktiengesellschaften. Diese Geschäfte gehören zum *Dividendenstripping* (siehe Artikel „Dividendenstripping" in diesem Buch).

Wer Dividenden erhält, muss davon *Kapitalertragsteuer* an das Finanzamt abführen. Manche Dividendenempfänger bekommen diese Kapitalertragsteuer erstattet[265], andere Dividendenempfänger nicht (zum Beispiel ausländische Aktienbesitzer). Manchen gelang es viele Jahre, die Kapitalertragsteuer doppelt erstattet zu bekommen, was den Staat hohe Beträge gekostet hat.

---

[265] Zum Beispiel wenn Kapitalerträge den Pauschbetrag nicht übersteigen (Einkommensteuergesetz § 44a Absatz 1).

Dividendenzahlung

Die Zahlung der Dividende erfolgt meist am Tag nach der Hauptversammlung der Aktiengesellschaft, in der die Dividende beschlossen wurde. Anspruch auf die Zahlung der Dividende hat der Aktionär nur, wenn er die Aktien noch vor dem Zahlungstag hat.

Wenn ein Eigentümer von Aktien auf eine Dividendenzahlung Kapitalertragsteuer zahlen muss, die Steuer aber nicht erstattet bekommt, während andere Dividendenempfänger sie erstattet bekommen, kann der Eigentümer seine Aktien kurz *vor* dem Termin der Dividendenzahlung verkaufen und sie kurz *nach* der Dividendenzahlung zurückkaufen. Das nennt man *Dividendenstripping*.

Für diese Geschäfte gibt es verschiedene Varianten:

Cum/Cum-Geschäfte

Cum/Cum-Geschäfte sind Aktienverkäufe und -käufe,
1. bei denen Aktien *mit* Dividendenanspruch erworben werden
2. und bei denen auch die Lieferung der Aktien vor dem Dividendenstichtag ebenfalls *mit* Dividendenanspruch erfolgt.

Cum ist lateinisch und heißt „mit", also hier *mit* Dividendenanspruch. Deshalb heißen diese Geschäfte *Cum/Cum*-Geschäfte.

Bei Cum/Cum-Geschäften handelt es sich regelmäßig um *Inhabergeschäfte*, das heißt, der Verkäufer ist auch zivilrechtlich Eigentümer der Aktien.

Cum/Ex-Geschäfte

Cum/Ex-Geschäfte sind Aktienverkäufe und -käufe,
1. bei denen Aktien *mit* Dividendenanspruch erworben werden (also **cum**)
2. und bei denen die Lieferung der Aktien nach dem Dividendenstichtag *ohne* Dividende erfolgt (also **ex**).

Ex ist ebenfalls lateinisch und heißt „aus" oder hier besser „ohne", also hier *ohne* Dividende. Deshalb heißen diese Geschäfte *Cum/Ex*-Geschäfte.

Das schuldrechtliche Kaufgeschäft erfolgt vor dem Dividendenstichtag, das dingliche Erfüllungsgeschäft nach dem Dividendenstichtag.

Cum/Ex-Geschäfte gibt es in den Varianten
- mit Inhaberverkauf
- und mit Leerverkauf.

Beim Cum/Ex-Geschäft *mit Inhaberverkauf* ist der Verkäufer zivilrechtlicher Eigentümer der Aktien und liefert diese nach dem Dividendenstichtag (ohne Dividende).

Beim Cum/Ex-Geschäft *mit Leerverkauf* ist der Verkäufer nicht Eigentümer der Aktien, die verkauften Aktien gehören einem Dritten, der auch die Dividende vereinnahmt. Der Leerverkäufer muss sich die Aktien nach dem Dividendenstichtag besorgen und kann sie dann an den Käufer liefern (ohne Dividende, eventuell mit Dividendenkompensationszahlung).

Finanzielle Anreize

Cum/Cum-Geschäfte wollen Steuervorteile erreichen, indem sie unterschiedliche Besteuerungen verschiedener Aktieneigentümer ausnutzen (Steuerverminderung oder Steuerarbitrage).

Cum/Ex-Geschäfte mit Leerverkäufen wollen *mehrfache* Steuerrückerstattungen erreichen bei *einmaliger* Steuerzahlung[266] (das ist Steuerhinterziehung).

Abwicklung

Dividendenstripping ist der Finanzverwaltung seit 1978 bekannt. Seit 1977 galt das körperschaftsteuerliche Anrechnungsverfahren, seitdem gab es Fälle des Dividendenstrippings, bei denen es sich regelmäßig um *Cum/Cum-Geschäfte* handelte. Die einmal abgeführte Kapitalertragsteuer wurde einmal erstattet. Die Steuerausfälle während der Geltung des körperschaftsteuerlichen Anrechnungsverfahrens sind nicht genau bekannt, waren aber beträchtlich, allein in vier Jahren waren es mehrere Milliarden D-Mark.[267]

Das körperschaftsteuerliche Anrechnungsverfahren wurde im Jahre 2000 abgeschafft, die Cum/Cum-Geschäfte nahmen deshalb aber nicht ab, da Steuerausländer ohne diese Geschäfte die Kapitalertragsteuer voll trifft. Mehr als die Hälfte der im DAX notierten Aktien gehören Steuerausländern.

---

[266] Prof. Dr. Christoph Spengel: Sachverständigengutachten für den Bundestag zu Cum/Ex-Geschäften, S. 4ff. (im Internet).
[267] Ebenda, S. 9.

Anlageprodukte mit *Cum/Ex-Geschäften mit Leerverkäufen* wurden nach dem Jahr 2000 erstmals angeboten. Der Bankenverband hat dem Bundesfinanzministerium im Jahre 2002 mitgeteilt, dass Cum/Ex-Geschäfte mit Leerverkäufen am Markt gehandelt werden.

Bei diesen Geschäften erhält der *Aktieninhaber* von seiner deutschen Depotbank die Nettodividende (75% der Bruttodividende) und eine Kapitalertragsteuer-Bescheinigung (25%).

Der *Leerverkäufer* erwirbt am Tag nach der Hauptversammlung (auf der die Dividende beschlossen wurde) die Aktien vom Aktieninhaber und liefert sie am gleichen Tag an den *Leerkäufer*.

Die deutsche Depotbank des *Leerkäufers* stellt eine Kapitalertragsteuer-Bescheinigung aus und händigt sie an den Leerkäufer aus.

Beide, Aktieninhaber und Leerkäufer, reichen ihre Steuerbescheinigung beim Finanzamt ein und verlangen die Erstattung der Kapitalertragsteuer.

Damit sich dieses Geschäft lohnt, muss die Kapitalertragsteuer zweimal bescheinigt und erstattet werden. Im Einzelfall handelt es sich um Steuerausfälle bis in den dreistelligen Millionenbereich. Das Handelsvolumen an Aktien kann bis in den zweistelligen Milliardenbereich gehen.

Die Cum/Ex-Geschäfte werden offensichtlich zu einem großen Teil nicht an Börsen abgewickelt, sondern außerbörslich im OTC-Handel (Over The Counter, direkt über den Schalter).

Cum/Ex-Geschäfte mit Leerverkäufen waren bis 2011 praktisch möglich, aber zu keinem Zeitpunkt durch das Gesetz gedeckt.[268] Bis 2011 sind bei der Kapitalertragsteuer auf Dividenden der Einbehalt der Steuer und die Steuerbescheinigung von verschiedenen Stellen erledigt worden: die Steuer wurde von der Aktiengesellschaft einbehalten, die Steuerbescheinigung stellte die Depotbank aus. Dabei hatte der Leerkäufer keinen Anspruch auf die Erstattung, und die Depotbank durfte die Steuerbescheinigung für den Leerkäufer nicht ausstellen.[269]

---

[268] Prof. Dr. Christoph Spengel: Sachverständigengutachten für den Bundestag zu Cum/Ex-Geschäften, S. 19.
[269] Ebenda, S. 27.

Durch eine Gesetzesänderung in 2012 können Cum/Ex-Geschäfte mit Leerverkäufen nur noch *eine* Kapitalertragsteuer-Bescheinigung auslösen.

Anklage

Eine Anklage wegen dubioser Aktiengeschäfte um den Dividendenstichtag, also zu Cum/Ex-Geschäften, wurde im Mai 2018 erhoben. Ein Steueranwalt und ehemalige Mitarbeiter einer Bank wurden wegen Steuerhinterziehung angeklagt in dem ersten Strafprozess im größten Steuerbetrug Deutschlands.[270] Die Anklageschrift umfasst 948 Seiten. Das Handelsvolumen beträgt fast 16 Milliarden Euro; über 100 Millionen Euro sollen unrechtmäßig erlangt worden sein.[271]

---

[270] „Cum-Ex-Anklage steht bevor", FAZ vom 5.5.2018, S. 20.
[271] „Erste Anklage wegen „Cum-Ex", FAZ vom 23.5.2018, S. 20.

D

Darlehensberechnung

Berechnung der (Darlehens-)Zinsen

Hier werden die einfachen Zinsen eines Darlehens bei verschiedenen Darlehenslaufzeiten berechnet (ohne Zinseszinsen) und ohne Tilgung.[272]

a) Darlehenslaufzeit: *ein Jahr*
   Darlehensbetrag mal Zinssatz gleich Zinsen.
   Beispiel: 8.000 € mal 5% gleich 400 €.
   Für einen Darlehensbetrag von 8.000 €
   und einem Jahreszinssatz von 5%
   und einer Darlehenslaufzeit von 1 Jahr
   betragen die Zinsen 400 €.

b) Darlehenslaufzeit: *3 Monate*
   Beispiel: 8.000 € mal 5% durch 12 (Monate)
   mal 3 (Monate) gleich 100 €.
   Für einen Darlehensbetrag von 8.000 €
   und einem Jahreszinssatz von 5%
   und einer Darlehenslaufzeit von 3 Monaten
   betragen die Zinsen 100 €.

c) Darlehenslaufzeit: *45 Tage*
   Beispiel: 8.000 € mal 5% durch 360 (Tage)
   mal 45 (Tage) gleich 50 €.
   Für einen Darlehensbetrag von 8.000 €
   und einem Jahreszinssatz von 5%
   und einer Darlehenslaufzeit von 45 Tagen
   betragen die Zinsen 50 €.

d) Darlehenslaufzeit: *10 Jahre*
   Beispiel: 8.000 € mal 5% mal 10 (Jahre) gleich 4.000 €.
   Für einen Darlehensbetrag von 8.000 €

---

[272] Gleichzeitige Zahlung von Zinsen und Tilgung bei Darlehn mit einer Laufzeit von mehr als einem Jahr werden im Artikel „Annuität" in diesem Buch erläutert.

© Springer Fachmedien Wiesbaden GmbH, ein Teil von Springer Nature 2019
W. Klitzsch, *Grundbegriffe der Wirtschaft*,
https://doi.org/10.1007/978-3-658-27904-2_4

und einem Jahreszinssatz von 5%
und einer Darlehenslaufzeit von 10 Jahren
betragen die Zinsen 4.000 €.

In Formelsprache:
(K-Kapital, i-Zinssatz, Z-Zinsen, n-Laufzeit)
(* heißt „mal", / heißt „durch")
Das Kapital (K) ist der Darlehensbetrag.

(Kann alles mit dem Taschenrechner berechnet werden. In den Taschenrechner können Sie statt „5%" auch „0,05" eingeben.)

    a)   Kapital (Darlehensbetrag) mal Zinssatz gleich Zinsen:
          $K * i = Z$ $8000 * 5\% = 400$
    b) $K * i * n / 12 = Z$ $8000 * 5\% * 3 / 12 = 100$
    c) $K * i * n / 360 = Z$ $8000 * 5\% * 45 / 360 = 50$
    d) $K * i * n = Z$ $8000 * 5\% * 10 = 4000$

Berechnung des Kapitals
    a)   Zinsen durch Zinssatz gleich Kapital (Darlehensbetrag):
          $Z / i = K$ $400 / 5\% = 8000$
    b) $Z / i / n * 12 = K$ $100 / 5\% / 3 * 12 = 8000$
    c) $Z / i / n * 360 = K$ $50 / 5\% / 45 * 360 = 8000$
    d) $Z / i / n = K$ $4000 / 5\% / 10 = 8000$

Berechnung des Zinssatz
    a)   Zinsen durch Kapital gleich Zinssatz:
          $Z / K = i$ $400 / 8000 = 0,05 = 5\%$
    b) $Z / K / n * 12 = i$ $100 / 8000 / 3 * 12 = 0,05 = 5\%$
    c) $Z / K / n * 360 = i$ $50/8000 / 45 * 360 = 0,05 = 5\%$
    d) $Z / K / n = i$ $4000 / 8000 / 10 = 0,05 = 5\%$

Berechnung der Laufzeit
    a) $Z / K / i = n$ $400 / 8000 / 5\% = 1$ (Jahr)
    b) $Z * 12 / K / i = n$ $100*12 / 8000 / 5\% = 3$ (Monate)
    c) $Z * 360 / K / i = n$ $50 * 360 / 8000 / 5\% = 45$ (Tage)
    d) $Z / K / i = n$ $4000 / 8000 / 5\% = 10$ (Jahre)

DAX

DAX heißt „Deutscher Aktienindex". Er umfasst die 30 größten deutschen Aktiengesellschaften und heißt deshalb auch DAX-30. Der DAX umfasst 60% des Grundkapitals der inländischen börsennotierten Aktiengesellschaften und 75% des deutschen Börsenumsatzes mit Aktien.

Die Aktien des DAX werden an der Frankfurter Wertpapierbörse und im Xetra-Handel gehandelt. Der Kurs wird während der Handelszeit jede Minute neu berechnet und veröffentlicht.

Die Käufer der Aktien des DAX kommen nicht in erster Linie aus Deutschland: Ausländische Investoren stellen einen Anteil von 82 Prozent an der Marktkapitalisierung.[273] An oberster Stelle steht Blackrock[274] (siehe Artikel „Blackrock" in diesem Buch).

Die Eigentümer des DAX sind:[275]

Wem gehört der DAX?	
60,8%	institutionelle Investoren
21,2%	strategische Eigner
14,0%	private Haushalte
4,0%	Broker, Handel
100,0%	gesamt

institutionelle Investoren:
Vermögensverwalter, Staatsfonds, Pensionskassen, Banken, Versicherungen, u.a.

strategische Eigner:
Familien, Stiftungen, Holdings, Staatsfonds, Aktiengesellschaften, Bundesrepublik Deutschland

Den DAX gibt es seit 1988, er wird von der Deutschen Börse AG betrieben.

---

[273] Zu Marktkapitalisierung und Börsenwert siehe Artikel „Marktkapitalisierung" in diesem Buch.
[274] „Der mächtigste Investor", FAZ vom 25.8.2014, http://www.faz.net.
[275] Siehe Hans-Jürgen Jakobs: Wem gehört die Welt?, S. 613.

Die folgende Liste zeigt die 30 Aktiengesellschaften, die am 2. April 2019 im DAX enthalten waren. Sie sind nach Börsenwert gelistet. Der Börsenwert ergibt sich aus dem aktuellen Kurs der Aktien und der Anzahl der Aktien der Aktiengesellschaft.

DAX am 2.4.2019		
sortiert nach Börsenwert	Schluss-Kurs am 2.4.2019	Börsenwert gesamt (Mrd.)
1 SAP	103,10	127,52
2 Linde	158,50	89,64
3 Allianz	201,55	86,89
4 Siemens	99,17	85,53
5 Deutsche Telekom	14,82	70,92
6 BASF	67,18	63,53
7 Daimler	54,95	59,47
8 Bayer	59,15	56,22
9 Adidas	221,65	44,74
10 BMW	71,25	43,80
11 Deutsche Post	29,01	36,81
12 Münchner Rück	214,00	32,12
13 Volkswagen	146,10	30,68
14 Continental	144,44	29,77
15 Fresenius	51,21	29,03
16 Vonovia	46,20	23,89
17 Beiersdorf	93,22	23,48
18 Fresenius M.C.	73,80	22,99
19 Infineon	18,85	22,36
20 Deutsche Börse	115,50	22,08
21 E.ON	9,92	21,98
22 Henkel	88,80	15,88
23 Deutsche Bank	7,58	15,81
24 RWE	23,73	13,77
25 HeidelbergCement	67,26	13,69
26 Wirecard	108,00	13,53
27 Merck	101,30	13,04
28 Covestro	51,16	9,70
29 Lufthansa	19,84	9,68
30 thyssenkrupp	13,03	8,28

Unterhalb des DAX-30 bilden 50 Aktienwerte den M-DAX, für Nebenwerte gibt es den S-DAX, für die 30 größten Technologiewerte den TecDAX.[276]

Debitoren und Kreditoren

Debitoren sind Schuldner des Unternehmens, weil sie dem Unternehmen Zahlungen schulden. Gemeint sind damit alle Kunden; die Debitoren-Buchhaltung ist die Kunden-Buchhaltung. Dort wird pro Kunde festgehalten, welche Kunden was bestellt und geliefert bekommen haben. Von dem Zeitpunkt an sind sie (aktuelle) Schuldner, bis sie die Lieferung bezahlt haben.

Kreditoren sind Lieferanten des Unternehmens. Sie liefern dem Unternehmen die bestellten Waren und Dienstleistungen. Sobald die Lieferung erfolgt ist, hat das belieferte Unternehmen Kredit bei den Lieferanten, und zwar so lange, bis das Unternehmen die Lieferungen bezahlt hat. Die Lieferanten geben dem Unternehmen bis zur Bezahlung Kredit, weil die Bezahlung in den allermeisten Fällen nach der Lieferung erfolgt (sofortige Bar-Bezahlung bei Lieferung wäre in den meisten Fällen unpraktisch und damit zu aufwendig).

Alle Lieferanten werden in der Kreditoren-Buchhaltung (auch Lieferanten-Buchhaltung genannt) mit je einem Kundenkonto geführt.

---

[276] Siehe Duden Wirtschaft von A bis Z, S. 428.

Deckungsbeitragsrechnung

Die Deckungsbeitragsrechnung ist eine Form der Kostenrechnung der Unternehmen. Hierbei werden einem Produkt seine Verkaufserlöse und seine *variablen* Produktionskosten zugeordnet, aber keine *fixen* Kosten.[277] Das ergibt den Deckungsbeitrag des Produkts:

Deckungsbeitragsrechnung				
	Produkt A	Produkt B	Produkt C	Summe
Verkaufserlös	140.000	250.000	190.000	580.000
variable Produktionskosten	-100.000	-180.000	-130.000	-410.000
Deckungsbeitrag	40.000	70.000	60.000	170.000
gesamte Fixkosten				-150.000
Unternehmensergebnis				20.000

Deckungsbeitrag bedeutet, dass dieser Beitrag zur Verfügung steht, um die gesamten Fixkosten des Unternehmens zu decken.

Fixkosten
Fixkosten sind etwa Kosten der Forschung, der Entwicklung, des Vertriebs und der Verwaltung. Fixkosten kann man nicht auf einzelne Produkte zuordnen, weil sie nicht durch bestimmte Produkte verursacht werden. Zum Beispiel, wenn die Mitarbeiter des Vertriebs alle Produkte des Unternehmens verkaufen, kann man ihre Kosten nur allen Produkten insgesamt zurechnen, aber nicht einzelnen Produkten; oder wenn der Lohnbuchhalter die Löhne für alle Mitarbeiter des Unternehmens abrechnet, können seine Kosten nicht einzelnen Produkten zugerechnet werden.

Auch die Fixkosten (nicht nur die variablen Kosten) müssen natürlich durch die Verkaufserlöse der Produkte gedeckt werden und deshalb auch in die Verkaufspreise der Produkte einkalkuliert werden.

---

[277] Zu fixen und variablen Kosten siehe Artikel „Kosten" in diesem Buch.

Vollkostenrechnung

Bei der *Vollkostenrechnung* werden alle Kosten (die vollen Kosten) auf alle Produkte verteilt, auch die *fixen Kosten:*

Vollkostenrechnung				
	Produkt A	Produkt B	Produkt C	Summe
Verkaufserlös	140.000	250.000	190.000	580.000
Produktionskosten	-150.000	-230.000	-180.000	-560.000
Produktergebnis	-10.000	20.000	10.000	20.000

Da Produkt A mit -10.000 Euro ein Verlustergebnis hat, könnte vorgeschlagen werden, Produkt A nicht mehr zu produzieren.

Das würde aber nur die variablen Kosten einsparen, die fixen Kosten wären weiterhin vorhanden (deshalb heißen sie fix). Das würde das Unternehmensergebnis nicht verbessern, sondern verschlechtern, sogar ins Minus bringen, weil die Deckungsbeitragsrechnung zeigt, dass Produkt A 40.000 Euro der Fixkosten trägt. Ohne Produkt A müssten die beiden anderen Produkte diese 40.000 Euro zusätzlich tragen, so dass das Unternehmensergebnis negativ ausfiele.

Die Deckungsbeitragsrechnung hilft also durch aufgegliederte Kostenzahlen, die richtigen betrieblichen Entscheidungen zu treffen.

Allgemein kann man sagen, wenn die Summe der Deckungsbeiträge höher ist als die Summe der Fixkosten, bleibt das Unternehmensergebnis positiv.

Wenn die Deckungsbeiträge den Fixkosten gleich sind, haben wir genau den *break even point* erreicht (auf Deutsch *Gewinnschwelle*[278] oder auch *Kostendeckungspunkt*).[279]

---

[278] Siehe dazu Artikel „Amortisation" in diesem Buch.
[279] Siehe Prof. Dr. Günter Wöhe: Einführung in die Allgemeine Betriebswirtschaftslehre, S. 1195ff.

Deckungsstock

Stock ist Englisch und heißt allgemein „Vorrat" und hier „Wertpapiere".

Der Deckungsstock ist ein wichtiger Teil der Kapitalanlagen von Versicherungen und dient der *Deckung* der Ansprüche der Versicherten aus den Versicherungsverträgen, insbesondere der Lebensversicherung.

Die Ansprüche der Versicherten aus den Versicherungsverträgen machen einen großen Teil der vertraglichen Verpflichtungen der Versicherungen aus und sind überwiegend langfristig abzusichern.

Der Deckungsstock muss daher aus besonders sicheren Kapitalanlagen bestehen, für die es besondere Vorschriften gibt. Die Überwachung des Deckungsstocks obliegt einem unabhängigen Treuhänder, den die Versicherung bestellen muss.

Default

Default heißt Unterlassung, Versäumnis, Verzug.

Default heißt im Finanzbereich „Schuldnerverzug", auch „Zahlungsverzug" genannt (ist im BGB § 280 geregelt). Wer Schulden hat und nicht pünktlich zurückgezahlt hat, ist in Zahlungsverzug oder Schuldnerverzug.

Default heißt in der Programmierung „Voreinstellung" eines Betrags oder einer Information. Ein aufgerufenes Feld enthält dann schon einen Betrag (oder einen Wert oder eine Zahl), weil er häufig an dieser Stelle benötigt wird (und dann nicht mehr eingetippt werden muss).

Defizit

Ein *Defizit* ist ein „Fehlbetrag".

Genauer: Wenn die Ausgaben höher sind als die Einnahmen, hat man ein Defizit (oder einen *Verlust*).

Gegenteil: Wenn die Einnahmen höher sind als die Ausgaben, hat man einen *Überschuss* (oder einen *Gewinn*).

Wenn der Staat mehr Geld ausgibt, als er Steuern und Gebühren einnimmt, dann hat er ein Defizit. Dann muss er sich Geld leihen, also einen Kredit aufnehmen (und ihn später zurückzahlen).

Zinsen braucht er zurzeit kaum zahlen, der Zinssatz liegt bei null.

Depot

Der Begriff *Depot* bedeutet folgendes:

a) Ein Depot dient zur *Aufbewahrung* von Wertpapieren (Konto oder Schließfach bei der Bank). Ohne Depot können Anleger keine Wertpapiere erwerben.[280]

b) Der Begriff Depot wird auch identisch mit *Portfolio* oder Portefeuille verwendet, was den Bestand einer Wertpapiersammlung bezeichnet, also Anzahl und Bezeichnung der Wertpapiere.

---

[280] Markus Neumann: Banker verstehen, S. 177.

Depression

Der Konjunkturverlauf kennt vier Phasen:[281]
- Aufschwung
- Hochkonjunktur
- Rezession
- Depression

Die Depression ist der Tiefpunkt der wirtschaftlichen Entwicklung. Die vorhandenen Produktionskapazitäten sind schwach ausgelastet, die Arbeitslosigkeit ist hoch, mithin sinken die Einkommen der privaten Haushalte und die Nachfrage nach Konsumgütern.[282]

Die größte Depression gab es in Folge der Weltwirtschaftskrise 1929 in den USA und in Europa, die noch etliche Jahre andauerte. Eine junge Depression gab es mit der Griechenlandkrise 2010, die ebenfalls einige Jahre andauerte.

Deregulierung

Deregulierung soll die vielen *Regeln vermindern*, die der Wirtschaft vorgeschrieben sind. Das sind staatliche Gesetze, Verordnungen, Maßnahmen und Eingriffe, behördliche Auflagen, Genehmigungen, Marktzutrittsbeschränkungen und weitere Einschränkungen, die die Entscheidungsfreiheit der Unternehmen begrenzen, aber die Verbraucher und die sozial Schwachen schützen sollen.

Bei der Deregulierung muss immer der richtige Weg gefunden werden, um das Wachstum, den Wettbewerb, die Effizienz, den Umweltschutz, die Marktfreiheit, die Arbeitsplätze, den Verbraucherschutz und den sozialen Ausgleich herzustellen und zu erhalten. Dabei müssen veraltete Monopole und überkommene technische Regelungen abgeschafft und die Schattenwirtschaft eingedämmt werden.[283]

---

[281] Siehe Artikel „Konjunktur" in diesem Buch.
[282] Siehe Duden Wirtschaft von A bis Z, S. 100.
[283] Angelehnt an Duden Wirtschaft, S. 131.

Wie Sie sehen, ist das ein schwieriges Feld, auf dem der Teufel im Detail steckt und es meist keine einfachen Lösungen gibt, dafür aber heftige Debatten.

Derivate

Das Wort *derivare* ist lateinisch und heißt „ableiten". *Derivate* sind Finanzprodukte, die von traditionellen Finanzprodukten abgeleitet sind, also von Krediten, Aktien, Anleihen, Aktienindizes, außerdem von Währungen, Rohstoffen und Energie. Diese traditionellen Finanzprodukte sind die *Grundlage*, auf denen die Derivate aufsetzen und deren Kursentwicklung sie benutzen.

Derivate umfassen Optionsgeschäfte, Futures, weitere Finanzprodukte und Swap-Geschäfte. Sie haben seit etwa 1980 wachsende Bedeutung erlangt und werden am Terminmarkt gehandelt, die meisten an der EUREX-Terminbörse in Eschborn bei Frankfurt.

Wozu sind Derivate gut? Sie eignen sich besonders gut für Akteure, die sich auf Kursänderungen konzentrieren. Durch Derivate können *Kursrisiken* abgesichert werden (Hedging), sie werden aber auch immer mehr zu *Spekulationsgeschäften* eingesetzt.[284]

Warren Buffett, ein erfolgreicher Investor, hat Derivate als *finanzielle Massenvernichtungswaffen* und als Zeitbomben bezeichnet. Diese Finanzwetten seien derart kompliziert, dass sie niemand mehr verstehe. Börsenexperten hielten dagegen, dass diese Kritik kaum für börsengehandelte Derivate gelten könne, demnach nur für im Freiverkehr gehandelte Derivate (im außerbörslichen Swap-Markt,[285] auch OTC[286] genannt).[287]

---

[284] Siehe Duden Wirtschaft von A bis Z, S. 429. Und: Prof. Dr. Klaus Spremann und Prof. Dr. Pascal Gantenbein: Finanzmärkte, S. 206.
[285] Siehe Artikel „**Swap**" in diesem Buch.
[286] **OTC** heißt „Over the Counter", „Über den Schalter" – siehe Artikel „OTC" in diesem Buch.
[287] Udo Rettberg: „Terminbörsen wehren sich",
http://www.handelsblatt.com vom 17.3.2003. Und: Martin Halusa: „Warren Buffett: Derivate sind „Zeitbomben", https://www.welt.de vom 5.3.2003.

Deutschlands Wirtschaftspolitik

Deutschland hat nach Gründung der Bundesrepublik 1949 eine gute wirtschaftliche Entwicklung erlebt. Die neue D-Mark kam schon 1948 mit der Währungsreform, also schon vor der Gründung der Bundesrepublik.

Danach gab es einen längeren Wirtschaftsaufschwung. 1973 und 1979 gab es die ersten Ölkrisen.[288] Von da an stieg die Arbeitslosigkeit in Deutschland über Jahrzehnte an.

Nach der Wiedervereinigung der (westlichen) Bundesrepublik und der (östlichen) Deutschen Demokratischen Republik (DDR) am 3. Oktober 1990 flossen Milliardenbeträge in die neuen östlichen Bundesländer. Ein Grund dafür war der Zusammenbruch der ostdeutschen Wirtschaft (der DDR), nachdem am 2. Juli 1990 das Geld der DDR, die Ostmark, in die westliche D-Mark umgetauscht wurde. Mit der neuen D-Mark wollten die meisten Menschen der DDR nur noch Westprodukte kaufen, die Waren der DDR waren erstmal kaum noch verkäuflich.

Die rot-grüne Regierungskoalition ab 1998 konnte die Arbeitslosigkeit zuerst auch nicht verringern. In ihrer zweiten Koalition ab 2002 stellte sie die Agenda 2010 vor, die Deutschland voranbrachte. Allerdings verlor die Koalition mit der Agenda 2010 das Vertrauen eines Teils der SPD.

Die seit 2005 regierende Bundesregierung (in verschiedenen Koalitionen) hatte wirtschaftspolitische Erfolge:[289]
- wieder mehr Wachstum
- weniger Arbeitslose
- geringere Staatsverschuldung

---

[288] Die OPEC-Staaten, die große Mengen des Erdöls auf der Welt fördern, hoben die Ölpreise stark an und verursachten dadurch eine Wirtschaftskrise.

[289] Siehe Daniel Stelter: „Zehn Jahre von der Substanz gelebt", Wirtschaftswoche vom 20.11.2015, S. 6.

Die *Außenhandelsüberschüsse* werden oft auch zu den Erfolgen Deutschlands gerechnet. Sie sind aber kein Ergebnis der Wirtschaftspolitik. Da die Überschüsse nicht nur deutsche Produkte exportieren, sondern auch Kapital exportieren und eine Verschuldung bei den Handelspartnern aufbauen, sollte man an ausgleichende Maßnahmen denken, um die Außenhandelsüberschüsse zu vermindern (siehe Artikel „Leistungsbilanz" in diesem Buch, dort Abschnitt „Deutsche Exportüberschüsse").

Diesen Erfolgen stehen wichtige wirtschaftspolitische Probleme entgegen:

- Eine überstürzte *Energiewende* weg von der Atomenergie, nachdem die Atomenergieerzeugung erst kurz vorher vertraglich verlängert wurde. Die Risiken der Atomenergie waren schon immer bekannt, nicht erst nach Fukushima.[290] (Die Schweiz scheidet auch aus der Atomenergie aus, nimmt sich dafür aber 20 Jahre Zeit.) Die Energiewende kostet uns unglaublich hohe Milliardenbeträge.

- *Griechenland* ist hochverschuldet und wurde von Europa mehrfach mit Riesenbeträgen unterstützt.[291] Die großen Kredite sind sehr langfristig gestundet und werden kaum jemals zurückgezahlt werden können. Einen Schuldenerlass über die gesamte Schuld hat man nicht zugelassen, das hätte große Verluste in die europäischen Staatshaushalte gebracht.

- Der Euro war von Anfang an ein Fehler, wirtschaftlich, aber auch politisch.[292] Inzwischen sind viele europäische Vertragsregeln gebrochen worden, die Stimmung in Europa ist auf einem schlechten Stand.

- Bei hohen *Rentenversicherungsleistungen* und immer weniger Kindern (die die Rente als Erwerbstätige verdienen müssen, die die Rentner dann bekommen) war es ein richtiger Schritt der rot-grünen Regierung, das Rentenalter auf 67 zu erhöhen. Es wird noch weiter zu erhöhen sein und

---

[290] In Fukushima in Japan ist 2011 ein Atomkraftwerk explodiert, durch ein Erdbeben. Japan liegt in einer Gegend, die stark durch Erdbeben gefährdet ist. In Japan gibt es viele Atomkraftwerke.
[291] Siehe Artikel „Griechenlandkrise 2010" in diesem Buch.
[292] Siehe Artikel „Euro" und „Europäische Währungsunion".

auch bei 70 nicht haltmachen. Die Rente mit 63 und die Mütterrente der schwarz-roten Regierung waren ein Rückschritt und werden sich als schwer finanzierbar erweisen.

- Die deutsche *Infrastruktur* wird nicht ausreichend gepflegt und gehegt, dabei ist sie eine wesentliche und unabdingbare Grundlage für unser Leben, aber auch für das unserer Kinder.

- Das *Steuerrecht* soll schon lange vereinfacht werden, aber das gelingt der Politik auch schon ebenso lange nicht, im Gegenteil, es wird komplizierter.[293] Der Solidarzuschlag als Sondermaßnahme nach der Wiedervereinigung existiert jetzt schon 30 Jahre.

- Die Ära Merkel kennzeichnet eine Abkehr von der *Marktwirtschaft*. Staatliche Mindestlöhne, Mietpreisbremsen, Energieeinsparverordnungen, Verbrauchs- und Emissionsgrenzen sind nur Beispiele politischer Lenkung und bürokratischer Verwaltung, die von Marktwirtschaft wenig spüren lassen.

---

[293] Vorschläge wurden schon viele gemacht, unter anderem von Prof. Dr. Clemens Fuest in der FAZ vom 31.3.2016, S. 16.

Devisen

Devisen sind Guthaben in fremder Währung in Form von Buchgeld (Giralgeld). Aus deutscher Sicht sind Devisen zum Beispiel amerikanische Dollar oder britische Pfund.

Ausländische Münzen und Banknoten heißen „Sorten" und gehören nicht zu den Devisen.[294]

Der *Devisenkurs* (oder *Wechselkurs*) ist das Wertverhältnis zweier Währungen,[295] zum Beispiel

1 Euro gleich	1,0935 Dollar
1 Euro gleich	0,7094 Pfund
1 Euro gleich	1,0813 Franken
1 Euro gleich	132,45 Yen

(am 4.11.2015)[296]

Wenn 1 Euro genau 1 Dollar wert ist, sind beide Währungen gleich viel wert (das heißt *Parität*).

Wenn für 1 Euro mehr als 1 Dollar bezahlt werden muss, ist der Euro mehr wert und der Dollar weniger wert.

Umgedreht beim Pfund: Wenn für 1 Euro weniger als 1 Pfund bezahlt werden muss, ist der Euro weniger wert und das Pfund mehr wert.

Umkehrwerte:
1 Dollar bekommt man schon für 0,9145 Euro.[297]
Für 1 Pfund dagegen muss man 1,4096 Euro bezahlen.[298]

---

[294] Deutsche Bundesbank: Geld und Geldpolitik, S. 240.
[295] Siehe Dr. Dr. Anton Zottmann: Allgemeine Volkswirtschaftslehre IV – Geld und Kredit, S. 66.
[296] Quelle: FAZ vom 5.11.2015, S. 27.
[297] Berechnung: 1 durch 1,0935 (Dollar) gleich 0,9145 (Euro).
[298] Berechnung: 1 durch 0,7094 (Pfund) gleich 1,4096 (Euro).

Differenzkontrakte

Differenzkontrakte (*Contracts for Difference, CFD)* sind eine Form der neu aufgekommenen Finanzwetten und eine hochriskante Spekulation.

Käufer einer CFD bezahlen zum Beispiel bei einem DAX-Stand von 12.000 Punkten eine Marge von 1% und damit 120 Euro. Steigt der DAX um 1% und hat der Käufer darauf gewettet, verdoppelt sich der Wert der CFD von 120 Euro auf 240 Euro (um 100% also).

Wenn der DAX allerdings um 1% fällt (12.000 mal 1% gleich 120, Kurs sinkt von 12.000 auf 11.880), sinkt der Wert der CFD des Käufers von 120 auf null Euro. Sinkt der DAX weiter, werden die Verluste noch viel größer, wenn kein wirksamer *Stopkurs* gesetzt wurde.

Bei einem Differenzkontrakt ist große Vorsicht geboten. Bei der Freigabe des Schweizer Franken an die bisher bestehende Kursbindung des Franken an den Euro Anfang 2015 sollen aus 1.000 Euro Startkapital Verluste in Höhe von 100.000 Euro geworden sein.[299]

Die Finanzaufsicht BaFin (Bundesanstalt für Finanzdienstleistungsaufsicht in Bonn) wollte den Verkauf von Differenzkontrakten mit Nachschusspflicht verbieten, das Verlustrisiko sei für den Anleger unkalkulierbar. Es soll kein generelles Produktverbot geben, nur das mit Nachschusspflicht. In einigen europäischen Ländern gibt es ähnliche Aufsichtsmaßnahmen.[300]

Inzwischen hat die BaFin verfügt, dass Anleger nie mehr als das eingesetzte Kapital verlieren dürfen.[301]

Derzeit sind etwa 30 Anbieter auf dem deutschen Markt aktiv und etwa 53.000 deutsche Anleger.

---

[299] Siehe Sascha Rose: „Monster gibt es nicht", Focus Money Nr. 16 vom 8.4.2015, S. 52f.
[300] „Bafin knöpft sich CFDs vor", FAZ vom 9.12.2016, S. 25.
Ebenso: „Finanzaufsicht verbietet Bonitätsanleihen doch nicht", FAZ vom 17.12.2016, S. 31, letzte Spalte.
[301] „CFD werden weniger riskant", FAZ vom 19.8.2017, S. 29.

Digitalisierung

Früher war alles *analog*,
etwa das *Telefon*, das hatte eine Wählscheibe. Die musste man
für jede einzelne Ziffer der Telefonnummer bis zum Anschlag
drehen und dann loslassen (dann drehte sie sich wieder zurück).
Später gab es ein Tastentelefon, das hieß *digital telephone*, weil
man die Tasten für die einzelnen Nummern (0 bis 9) mit dem
Finger (englisch *digit*, lateinisch *digitus*) drücken musste. Und
digit heißt in der Mathematik auch *Ziffer*. So kam das deutsche
Wort *Digital* in Gebrauch, weil der Computerspeicher auf zwei
Ziffern basiert, 0 und 1, das Binärsystem[302] (das erste
Binärsystem entwickelte Gottfried Wilhelm Leibniz schon um
1700).

Analog waren früher auch die *Uhren*, die hatten meist runde
Ziffernblätter, die beiden Zeiger (das war analog) zeigten
Stunde und Minute an. Erst als es Digitaluhren gab, zeigten
Zahlen die Zeit an.

Analog waren früher auch die mechanischen oder elektro-
mechanischen *Registrierkassen*, die in den meisten Läden
standen. Für die Zahlbeträge musste man auf den dicken Tasten
feste drücken, die Kassen ratterten und gaben den Rechnungsbetrag aus, der bezahlt werden sollte. Sonst nichts. Der Betrag
der Ware wurde nicht optisch eingelesen (wie heute), der
Rückgeldbetrag für den Kunden wurde nicht angegeben (die
Registrierkasse kannte ja auch den Betrag des hingegebenen
Bargelds gar nicht), die abfließende Warenmenge, die der
Kunde aus dem Laden mitnahm, wurde nicht (automatisch)
weitergegeben an die Warenbestandsberechnung zur Wieder-
bestellung der Warenmengen. Das musste das Ladenpersonal
alles noch ermitteln und weitergeben.

Und das ist der Unterschied zwischen analog und digital in
einem einfachen Fall. Digital ist automatisiert, ist schneller, hat
mehr Informationen (Daten), gibt sie auch weiter an andere
Stellen (und zwar in Echtzeit, das heißt sofort), ist vernetzt und
spart Kosten.

Sollte die Digitalisierung keine Kosten sparen, zum Beispiel
bei einfachen Vorgängen, die neu zu strukturieren sich nicht

---

[302] Zum Binärsystem siehe Artikel „Bitcoin" in diesem Buch.

lohnt, und auch keinen anderen Nutzen hat, ist auch keine Digitalisierung angebracht.[303]

Was heißt Digitalisierung?

Digitalisierung soll Abläufe einfacher und schneller gestalten. Dazu braucht es

- die vielfach schon angewandte *Automatisierung*,
- die Aufnahme und Speicherung von vielen *Daten* der betrieblichen Abläufe, erfasst von Sensoren,
- und die *Vernetzung*, also die vielen Verbindungen zu allen benötigten Maschinen und Geräten und zu weiteren Beteiligten.

Digitalisierung bedeutet für ein Unternehmen nicht, eine neue Software für die Buchhaltung einzuführen. Es bedeutet, *ganze Abläufe* entlang der Wertschöpfungskette neu zu durchdenken und zu gestalten, also für die Abläufe, die für das Unternehmen lebensentscheidend sind[304] – dort, wo das Unternehmen sein Geld verdient.

Was brauchen Unternehmen für die Digitalisierung?

Die Transformation einer Produktion in eine digital vernetzte Fabrik beginnt damit, die analogen betrieblichen Abläufe eindeutig zu beschreiben, zu standardisieren und dann digital zu beschreiben. Die Digitalisierung erfolgt in Teilschritten, das ist auch eine Kostenfrage.[305]

Dazu braucht man die passende Softwarekompetenz, die aber nicht alle Unternehmen haben, weil die Software ausgegliedert wurde (Outsourcing) oder Standardsoftware benutzt wird.[306]

Für die Digitalisierung braucht man transparente betriebliche Abläufe in Echtzeit, die auf Kunden zentriert und anpassungsfähig sind. Das zeigt der Erfolg der digitalen Unternehmen wie Apple, Google, Amazon oder Paypal.

---

[303] „Die Digitalisierung ist ein Wirtschaftsförderprogramm", Interview mit Hagen Rickmann (Telekom), FAZ vom 23.5.2017, S. V7.
[304] Lara Sogorski: „Herausforderung digitale Transformation", FAZ vom 19.10.2017, Seite V1.
[305] „Digitalisierung ist Schicksalfrage", FAZ vom 9.1.2017, S. 19.
[306] Karl-Heinz Streibich (Software AG): „Keine Digitalisierung – keine Zukunft", FAZ vom 17.7.2015, S. 21.

Wozu ist Digitalisierung gut?
- Unternehmen können *effizienter* werden, das ist der Schlüssel unseres Wohlstands seit 200 Jahren.
- Mit der Digitalisierung kann man *Kosten* sparen,
- mit ihr können neue *Produkte* geschaffen werden
- und neue *Vertriebskanäle*
- und neue *Erlöse*.

Digitalisierung bringt Veränderungen

Digitalisierung bedeutet oft grundlegende *Veränderungen* in den Unternehmen. Und die sind in großen und kleinen Unternehmen bei vielen Mitarbeitern nicht beliebt. Digitale Verfahren sorgen meistens für mehr Transparenz, das Wissen über Abläufe und Details wird für mehr Leute zugänglich. Die speziellen Kenntnisse der wenigen Experten haben dann auch viele andere Leute, das Herrschaftswissen weniger geht verloren. Das erzeugt Angst vor der Zukunft und sozialem Bedeutungsverlust. Wenn Veränderungsprozesse gut gelingen sollen, muss diese Angst genommen werden.

Direktinvestitionen

Unternehmen können *im Inland* ihre Produkte herstellen und dann einen großen Teil davon in andere Länder exportieren. Zum Beispiel exportieren deutsche Autofirmen ihre in Deutschland gebauten Autos nach China, in die USA und in viele andere Länder.

Die Unternehmen können aber auch eigene Autowerke *im Ausland* aufbauen, um die Märkte dort direkt zu beliefern (so zum Beispiel geschehen in China, USA, Mexiko und anderen).

Die dazu erforderlichen Geldbeträge nennt man *Direkt-investitionen.* Sie werden investiert,[307]

- um den Verkauf der Produkte zu erleichtern,
- aber auch, weil die Produktionskosten in vielen Ländern niedriger sind,
- um Importzölle zu vermeiden,
- manchmal auch, um Rohstoffe besser zu beschaffen
- oder andere Zulieferungen.

Die Länder, in denen investiert wird, erhalten neue Arbeitsplätze, technisches Wissen und einen Beitrag zu ihrem Wirtschaftswachstum.

Die deutschen Direktinvestitionen betrugen 56 Milliarden Euro im Jahr 2015 (79 Milliarden Euro im Jahr 2014).[308]

Diskont und Diskontierung

Diskont

Diskont heißt „Zinsabschlag".

Wer Forderungen ankauft (etwa Wechselforderungen), die noch nicht fällig sind, bezahlt nicht den später gültigen Betrag der Forderungen (bei Fälligkeit), weil die Forderungen heute (am Ankaufstag) weniger wert sind; denn vom Ankaufstag bis zum Fälligkeitstag wird der Wert noch steigen, und zwar durch die Zinsen, die bis dahin noch dazukommen.

Der Zinsbetrag zwischen dem Ankaufstag und dem Fällig-keitstag heißt *Diskont* (Zinsabschlag).

Diskontierung

Diskontierung heißt „Abzinsung" und ist die Ermittlung des heutigen Werts einer Zahlung, die erst in der Zukunft fällig wird.[309]

---

[307] Siehe Prof. Dr. Herbert Sperber und Prof. Dr. Joachim Sprink: Internationale Wirtschaft und Finanzen, S. 25.
[308] Monatsbericht der Deutschen Bundesbank März 2016, S. 50.
[309] Siehe Prof. Dr. Klaus Spremann und Prof. Dr. Pascal Gantenbein: Finanzmärkte, S. 137.

Beispiel einer Diskontierung:

Forderungsbetrag bei Fälligkeit: 85.000 €
Laufzeit (n):   1 Jahr
Zinssatz pro Jahr (i):   4%

Wir brauchen noch den Abzinsdivisor q, der ergibt sich aus:
q = 1 + i = 1 + 4% = 1 + 0,04 = 1,04
(gilt so nur bei Laufzeit n = 1)

Berechnung: 85.000 : 1,04 = 81.730,77

85.000 Euro ist der Forderungsbetrag (auch Endwert oder Zukunftswert). 1,04 ist der Abzinsdivisor. 81.730,77 Euro ist der abgezinste Wert (auch Barwert oder Anfangswert), der Betrag am Ankaufstag.

Die Differenz aus beiden Werten ist 3.269,23 Euro, das ist der *Zinsabschlag* (der *Diskont*).

Wenn die Laufzeit n nicht gleich 1 ist (zum Beispiel mehrere Jahre), ist der Abzinsdivisor $q^n = (1 + i)^n$.[310] Dazu lesen Sie bitte die Artikel „Aufzinsung, Abzinsung" und „Barwert und Endwert" in diesem Buch.

Diskontsatz

Der Diskontsatz war der Zinssatz, zu dem die deutschen Banken Wechsel an die Deutsche Bundesbank verkaufen konnten und sich so Geld beschaffen konnten (sich *refinanzieren* konnten).

Der Diskontsatz galt als *Leitzins*. Damit setzte die Bundesbank eine Zinssatzhöhe fest, an dem sich die deutschen Banken orientierten.

Seit dem 1.1.1999 ist für den gesamten Euro die Europäische Zentralbank zuständig, die im Verbund mit den nationalen Zentralbanken der Mitgliedsländer der europäischen Währungsunion arbeitet.

---

[310] Gesprochen: „1 plus i hoch n".

Disruption

Disruption ist Englisch und heißt „Unterbrechung" und im wirtschaftlichen Sinne „Umbruch". Ein Umbruch ist eine neue Technologie, die in einer Wirtschaftsbranche große Veränderungen bringt und große Unternehmen zu Fall bringen kann.[311]

Ein Beispiel: Früher wurden Fotos auf einem (Foto-)Film gemacht, der dann entwickelt werden musste (mit chemischen Materialien) und dann Fotos auf Papier druckte. Als die elektronischen Fotokameras auf den Markt kamen, wurde es einfacher und schneller, man konnte die Fotos sofort in der Kamera sehen, konnte sie am Fernseher anschauen und im heimischen Computer speichern. Das war ein großer *Umbruch* für die Branche, wobei das bisherige Know-how (das Fachwissen) meist wertlos wurde. Die Firma Kodak hat diesen Umbruch zu spät ernst genommen und ihre weltweit führende Stellung in der Fotobranche verloren.

Technische Umbrüche hat es sehr viele gegeben in der Geschichte. Gutenberg hat den *Buchdruck* erfunden und dadurch die Verbreitung von Informationen revolutioniert. Der *Rotationsdruck* der Zeitungen, später das *Fernsehen* und heute das *Internet* haben sie weiter und immer schneller vorangebracht und damit auch immer den gesellschaftlichen Umgang verändert.

In den letzten Jahrzehnten betrafen Umbrüche die Unternehmen Sears Roebuck (Handelsunternehmen, USA), IBM, Digital Equipment Corporation (DEC), Nixdorf, Xerox, Kodak, Leica und die Stahlindustrie (Mini-Mills),[312] die Schweizer Uhrenindustrie (japanische Quarzuhren)[313] und viele andere.

---

[311] Als erster hat das Professor Clayton M. Christensen dargestellt in seinem Buch: The Innovator's Dilemma, When New Technologies Cause Great Firms to Fail, in Englisch 1997. In Deutsch herausgegeben 2011, 1. Nachdruck 2013.

[312] Prof. Clayton M. Christensen, ebenda, S. 1ff.

[313] Ebenda, S. 39ff.

Dividende

Die *Dividende* ist der jährliche Gewinnanteil des Aktionärs, den er für seine Aktien erhält. Die Höhe der Dividende wird vom Vorstand der Aktiengesellschaft vorgeschlagen und von der Hauptversammlung beschlossen.

Die Dividende kann auch ganz ausfallen, auch mehrere Jahre. Dann sinkt meistens auch der Aktienkurs.[314]

Zur *Dividenden-Rendite* und zum *Kurs-Gewinn-Verhältnis* (KGV) siehe Artikel „Aktien" in diesem Buch.

Dividendenstripping

Stripping heißt hier „Abtrennung": *Dividendenstripping* ist die Abtrennung des Dividendenanspruchs von den zu Grunde liegenden Aktien, auf die sich der Dividendenanspruch bezieht.[315]

***Warum** will man Dividendenanspruch und Aktien voneinander trennen?* Weil man einen steuerlichen Vorteil erreichen will, und zwar in erheblichem Umfang. Dividendenstripping führt in Deutschland zu Steuerausfällen in Milliardenhöhe.

***Wie** kann man Dividendenanspruch und Aktien voneinander trennen?* Indem man seine Aktien kurz *vor* dem Termin der Dividendenzahlung verkauft und kurz *nach* der Dividendenzahlung zurückkauft. Das nennt man *Dividendenstripping*.

***Woraus** entsteht dann ein Steuervorteil?* Zum Beispiel dadurch, dass man Kapitalertragsteuer auf die Dividende zahlen muss und der bisherige *Eigentümer* der Aktien diese Steuer nicht erstattet bekommt, während der neue *Erwerber* der Aktien (kurz vor der Dividendenzahlung) die Steuer erstattet bekommt (weil für verschiedene Steuerzahler unterschiedliche Steuerregeln gelten können). Wenn sich *Eigentümer* und *Erwerber* der Aktien die Steuererstattung teilen, haben beide einen Vorteil.

Zu diesem Thema und zum Missbrauch des Dividendenstrippings lesen Sie bitte den Artikel „Cum/Cum- und Cum/Ex-Geschäfte" in diesem Buch.

---

[314] Siehe Michael Braun Alexander: So geht Geld, S. 174ff.
[315] Prof. Dr. Christoph Spengel: Sachverständigengutachten für den Bundestag zu Cum/Ex-Geschäften, S. 3ff.

Due Diligence

Due Diligence ist Englisch und kann mit „angemessener Sorgfalt" übersetzt werden.

Due Diligence ist eine Unternehmensprüfung, die beim Erwerb eines Unternehmens oder einer Unternehmensbeteiligung durchgeführt wird, um den Wert des Unternehmens festzustellen.

Das Ergebnis der Prüfung bildet die Grundlage für die dann folgenden Verhandlungen zwischen Käufer und Verkäufer des Unternehmens.

Dumping

Dumping heißt ‚fallen lassen'. Wenn Unternehmen zu Dumping-Preisen verkaufen, verkaufen sie zu niedrigeren Preisen, vielleicht auch unter ihren eigenen Kosten.

Zum Beispiel kann man im Ausland zu niedrigeren Preisen verkaufen als im Inland, um dortige Anbieter zu unterbieten und um neu in den Markt zu kommen.

Natürlich kann sich das betroffene Land dagegen wehren, etwa mit Anti-Dumpingzöllen. Dann müssen die Importeure in dem betroffenen Land bei der Einfuhr Zölle bezahlen. Dadurch könnten die Einfuhren zu teuer werden, so dass sie sich nicht mehr lohnen.

Duration

Die *Duration* gibt an, wann die Hälfte des (gewichteten) Barwerts aller Auszahlungen einer Anleihe fällig ist (bzw. die andere Hälfte noch geschuldet wird).[316]

Wie früh oder wie spät diese Hälfte fällig ist, ist ein *Risikomaß* einer Anleihe. Sie wird als Anzahl von Jahren angegeben. Sie ist eine virtuelle Restlaufzeit[317] und ist nicht identisch mit der normalen Restlaufzeit.

Mit der Duration sollen Risiken von Zinsänderungen bei Anleihen und bei Portefeuilles aus Anleihen untersucht werden.[318]

Berechnung der Duration einer 8%-Anleihe					
a	b	c	d	e	f
Jahr	Markt- Zins-	Kupon- Zahlung (€)	Barwert der Kupon- Zahlung (€)	Anteil der einzel- nen Barwerte an der Summe der Barwerte	Anteil Spalte e mal Jahreszahl n (in Spalte a)
(n)	(i)	(FV)	(PV)	(d / Summe d)	(e * a)
1	8,5%	8	7,37	0,0752	0,0752
2	8,5%	8	6,80	0,0693	0,1386
3	8,5%	8	6,26	0,0639	0,1917
4	8,5%	8	5,77	0,0589	0,2355
5	8,5%	108	71,82	0,7327	3,6634
Summe:		140	98,03	1,0000	4,3045

Die Duration beträgt 4,3 Jahre.

FV: Future Value, Endwert   PV: Present Value, Barwert

Beispiel Spalte f Zeile 3 (n=3): e * a = 0,0639 * 3 = 0,1917

---

[316] Siehe Alfred Bühler und Felix Maag: Bondportfoliomanagement, in: Fit for Finance, hrg. von Bruno Gehrig und Heinz Zimmermann, S. 326.

[317] Siehe Prof. Dr. Klaus Spremann und Prof. Dr. Pascal Gantenbein: Finanzmärkte, S. 153.

[318] Siehe Dr.-Ing. Hans-Markus Callsen-Bracker: Die Duration, www.hans-markus.de/finance/116.

Beispiel: Die Berechnung der Duration für eine Anleihe mit 8% Kupon[319] und 5 Jahren Restlaufzeit bei einem Marktzins von 8,5% ergibt 4,3 Jahre[320] (siehe graues Feld unten rechts).

In Spalte c steht die Kuponzahlung von 8 Euro, das ist die Auszahlung der Zinsen der Anleihe, die jährlich gezahlt wird und daher als Endwert (Future Value, FV) (pro Jahr) bezeichnet wird. Am Ende des 5. Jahrs ist auch die Rückzahlung der Anleihe mit 100 Euro enthalten, daher 108 Euro.

In Spalte d stehen die Barwerte der jährlichen Kuponzahlungen. Die Barwerte aller Jahre werden auf den Beginn der Anleihe abgezinst, also auf den Beginn des ersten Jahres.

Die Kuponzahlung des *ersten* Jahres von 8 Euro wird mit dem Marktzins (i) von 8,5% abgezinst. Die Abzinsung erfolgt mit dem Abzinsungsdivisor q:

$q = 1+i = 1+8{,}5\% = 1{,}085$

Die Abzinsung ist: 8 (Euro) geteilt durch 1,085, das ergibt 7,37, das ist der Barwert des ersten Jahrs, und der steht in der Spalte d in der ersten Zeile.

Die Kuponzahlung von 8 Euro im *zweiten* Jahr muss zweimal abgezinst werden, weil über zwei Jahre abgezinst werden muss. Der Abzinsungsdivisor ergibt sich aus

$1{,}085 * 1{,}085 = q^2 = 1{,}177$ (* heißt „mal")

Die Abzinsung ist: $8 / q^2 = 8 / 1{,}177 = 6{,}80$

   (/ heißt „geteilt durch").

6,80 ist der Barwert des zweiten Jahres.

Für das Jahr 3 braucht man q^3, dazu muss man q = 1,085 dreimal mit sich selbst malnehmen, also

$1{,}085 * 1{,}085 * 1{,}085 = 1{,}277$ [321]

Die Abzinsung ist: $8 / 1{,}277 = 6{,}26$

---

[319] **Kupons** sind Zinsscheine, die festverzinslichen Wertpapieren beigefügt sind. Am Zinstermin wird der fällige Zinsbetrag ausgezahlt gegen Einreichung des Kupons (bei einer betreffenden Bank).
[320] Siehe Prof. Dr. Thomas Heidorn: Finanzmathematik in der Bankpraxis, S. 58. Die Berechnung mit der Excel-Funktion ergibt das gleiche Ergebnis.
[321] Die Berechnung ist leichter mit einem PC-Kalkulationsprogramm (wie Excel) oder mit einem Finanztaschenrechner.

Für das Jahr 4:
$q^4 = 1,386$.
Die Abzinsung ist: $8 / 1,386 = 5,77$

Für das fünfte Jahr:
$q^5 = 1,5037$
Die Abzinsung ist: $108 / 1,5037 = 71,82$ [322]

In der Spalte e werden die Anteile der fünf Barwerte der Spalte d an der Summe der Barwerte errechnet, zum Beispiel für das dritte Jahr: 6,26 durch 98,03 gleich 0,0639, oder für das fünfte Jahr: 71,82 durch 98,03 gleich 0,7327. Die Summe der Anteile muss 1,0 sein.

In der Spalte f werden die Anteile der Spalte e mit der jeweiligen Jahreszahl (1 bis 5) multipliziert (gewichtet). Die Summe der Spalte f ist das Ergebnis, die Duration 4,3 Jahre.

Die Duration wurde 1938 von Frederic Macaulay entwickelt. Später wurden modifizierte (veränderte) Durationskonzepte erstellt, die zum Abschätzen von Kursveränderungen geeignet sind[323] und zur Immunisierung eines vorgegebenen Endvermögens.[324]

---

[322] Zur Abzinsung lesen Sie bitte den Artikel „Aufzinsung, Abzinsung" und den Artikel „Barwert und Endwert" in diesem Buch.
[323] Siehe Prof. Dr. Thomas Heidorn: Finanzmathematik in der Bankpraxis, S. 57.
[324] Siehe Alfred Bühler und Felix Maag: Bondportfoliomanagement, in: Fit for Finance, hrg. von Bruno Gehrig und Heinz Zimmermann, S. 327.

E

EBIT

EBIT heißt *Earnings before Interest and Taxes* (Gewinn vor Zinsen und Steuern).

Der EBIT-Gewinn kann auch als Bruttogewinn verstanden werden.[325]

Manche sagen, die EBIT-Kennzahl stelle die wirkliche Ertragskraft eines Unternehmens dar, denn für die Höhe der Zinsen und der Steuern kann das Unternehmen ja nichts. Das letztere stimmt, aber den wirklichen Gewinn sieht man eben doch erst ganz am Ende, wenn auch die Zinsen und Steuern abgezogen sind. Ein Unternehmen muss alle Einflüsse verkraften, sonst kann es nicht bestehen.

Die EBIT-Kennzahl ist geeignet, um Unternehmen oder Konzernfirmen in ihrer betrieblichen Leistung zu vergleichen, wo die externen Faktoren Zinsen und Steuern außen vor bleiben sollten.

EBITDA heißt *Earnings before Interest, Taxes, Depreciation and Amortization* (Gewinn vor Zinsen, Steuern, Abschreibungen und Amortisation).

EBITDA zeigt einen Gewinn, der außer Zinsen und Steuern auch Abschreibungen nicht abzieht und damit der Cashflow-Rechnung ähnelt, die auch die Abschreibungen nicht einbezieht, weil sie nicht zahlungswirksam sind (siehe Artikel „Cashflow" in diesem Buch).

Die Gewinnbeträge, die als EBIT und EBITDA gezeigt werden, sind deutlich höhere Beträge und führen somit zu einer positiveren Darstellung des Unternehmens, als wenn nur der Jahresüberschuss gezeigt wird (Beispiel aus 2015 eines Konzerns: Jahresüberschuss 4,3 Milliarden Euro, EBITDA 10,6 Milliarden Euro).

---

[325] Siehe Prof. Dr. Günter Wöhe, Prof. Dr. Ulrich Döring und Prof. Dr. Gerrit Brösel: Einführung in die Allgemeine Betriebswirtschaftslehre, S. 738. – Wenn es einen **Bruttogewinn** gibt, gibt es auch einen **Nettogewinn**, in diesem Fall Earnings *after* Interest and Taxes.

© Springer Fachmedien Wiesbaden GmbH, ein Teil von Springer Nature 2019
W. Klitzsch, *Grundbegriffe der Wirtschaft*,
https://doi.org/10.1007/978-3-658-27904-2_5

Wenn EBITDA-Beträge von Unternehmen ausgewiesen werden, die nach Handelsrecht oder nach den internationalen Bilanzierungsregeln IFRS einen Verlust oder einen negativen Cashflow ausweisen, aber auf diese Weise eine positive Erfolgskennzahl gegenüber den Kapitalmarktteilnehmern angeben wollen, ist das natürlich kritisch zu sehen[326] (gilt nicht für das genannte Beispiel).

Ecklohn

Der Ecklohn dient bei Tarifverhandlungen stellvertretend für die anderen Tariflöhne als Verhandlungsgegenstand.

Das ist der Normallohn eines Facharbeiters der untersten Tarifgruppe, der über 21 Jahre alt ist.

Die Tariflöhne für andere Lohngruppen werden aus dem Ecklohn durch prozentuale Zu- und Abschläge berechnet.[327]

Economies of Scale

Economies heißt Einsparungen.
Scale ist hier die Skala der Mengengröße.
Economies of Scale bedeutet Kostenvorteile durch Produktion großer Mengen. In der Volkswirtschaftslehre spricht man auch von „steigenden Skalenerträgen".[328]

Wie bekommt man solche Kostenvorteile?
- Einmal durch Arbeitsteilung, die Zeit spart.
- Zum andern durch die Auslastung vorhandener Maschinen, da sich die Fixkosten auf eine größere Produktzahl verteilen, womit sich die Stückkosten vermindern.

---

[326] Siehe Prof. Dr. Jörg Baetge, Prof. Dr. Hans-Jürgen Kirsch und Dr. Stefan Thiele: Bilanzanalyse, S. 138f.
[327] www.dgb.de/service/glossar am 13.7.2018.
[328] Siehe Prof. Dr. Peter Bofinger: Grundzüge der Volkswirtschaftslehre, S. 59.

Im folgenden Beispiel steigt die Produktionsmenge um 900%, die Gesamtkosten aber nur um 180%. Die Kosten pro Stück sinken um 72% (von 1.250 Euro auf 350 Euro):

Economies of scale *Fixkosten unverändert*	A	B	*Diff.*	*Diff. in %*
Produktionsmenge	1.000	10.000	*+9.000*	*+900%*
variable Kosten pro Stück	250	250	*+0*	*+0%*
variable Kosten pro Menge	250.000	2.500.000	*+2.250.000*	*+900%*
Fixkosten	1.000.000	1.000.000	*+0*	*+0%*
Gesamtkosten	1.250.000	3.500.000	*+2.250.000*	*+180%*
Kosten pro Stück	1.250	350	*-900*	*-72%*
Anteil Kosten pro Stück	100%	28%		

Im zweiten Beispiel steigen die Fixkosten auf das Doppelte (von 1.000.000 Euro auf 2.000.000 Euro, weil etwa eine neue Maschine beschafft werden musste), aber auch dann sinken die Kosten pro Stück (um 64%, von 1.250 Euro auf 450 Euro):

Economies of scale *Fixkosten gestiegen*	A	B	*Diff.*	*Diff. in %*
Produktionsmenge	1.000	10.000	*+9.000*	*+900%*
variable Kosten pro Stück	250	250	*+0*	*+0%*
variable Kosten pro Menge	250.000	2.500.000	*+2.250.000*	*+900%*
Fixkosten	1.000.000	2.000.000	*+1.000.000*	*+100%*
Gesamtkosten	1.250.000	4.500.000	*+3.250.000*	*+260%*
Kosten pro Stück	1.250	450	*-800*	*-64%*
Anteil Kosten pro Stück	100%	36%		

Effektivzins

Kredit

Angenommen, Sie haben einen Kredit mit einer Bank vereinbart mit einem Jahreszinssatz von 6%. Das ist der *Nominalzins*, mit dem die Zinszahlungen berechnet werden. Sie
haben auch akzeptiert, dass die Bank die Zinszahlungen
monatlich abrechnet. Wenn die Bank den Jahreszins durch 12
teilt (also 6% durch 12 Monate gleich 0,5% pro Monat),
berechnet sie jeden Monat 0,5% Zinsen vom Kreditbetrag.

Würde die Bank 6% Zinsen am Jahresende abrechnen,
würde sie tatsächlich 6% Zins pro Jahr erhalten, also den
Nominalzins. Da sie aber 0,5% jeden Monat abrechnet, erhält
sie den größeren Teil der Zinsen schon früher als die ganzen 6%
am Jahresende. Diese früher erhaltenen Zinsen kann sie gleich
wieder verzinslich anlegen.[329] Damit erhält sie im ganzen Jahr
etwas mehr als 6%, nämlich 6,17%.[330] Das ist der *effektive
Jahreszins*.

Fazit: Wenn für einen Kredit ein Jahreszinssatz von 6%
vereinbart wird und dieser Zins monatlich abgerechnet wird,
ergibt sich ein höherer effektiver Jahreszinssatz von 6,17%.

Für andere Nominalzinssätze gilt das entsprechend (für
4% ergibt sich 4,07%, für 8% ergibt sich 8,3%). Die Umrechnung hängt nicht vom Kreditbetrag ab.

Die *Preisangabenverordnung* verlangt für Kredite die
Angabe des Effektivzinses. Dieser muss auch weitere Kosten
der Kreditaufnahme enthalten (allerdings nicht alle).

---

[329] Jedenfalls in normalen Zeiten, in denen es normale positive Zinsen
gibt. Die wird es irgendwann auch wieder geben.
[330] Ermittelt mit dem Finanztaschenrechner HP 10bII sowie mit dem
PC-Kalkulationsprogramm Excel, Funktion EFFEKTIV.

Geldanlage

Der Effektivzins gilt nicht nur für den Kredit, sondern auch für die Geldanlage des Kunden. Beim Kredit kann die *Bank* einen Vorteil durch den Effektivzins haben, etwa durch die 6,17% effektiv statt den nominalen 6%. Bei der Geldanlage kann der *Kunde* einen Vorteil haben, wenn die Bank den Nominalzins von 6% pro Jahr *monatlich gutschreibt*, der Effektivzins beträgt dann 6,17% für den Kunden im ganzen Jahr.

EFTA

EFTA heißt *European Free Trade Association* und ist eine Freihandelszone, die 1960 gegründet wurde von Staaten, die nicht Mitglieder der EWG (Europäische Wirtschaftsgemeinschaft) waren.

Mitglieder der EFTA waren Island, Finnland, Schweden, Norwegen, Dänemark, Großbritannien, Österreich, Liechtenstein, Schweiz und Portugal. Einige der Mitglieder sind inzwischen der EU beigetreten.

Eigenkapital

Externe Eigenfinanzierung

Eigenkapital wird dem Unternehmen von den Gründern und den Eigentümern des Unternehmens auf Dauer zur Verfügung gestellt. Ebenso bekommt ein Unternehmen Eigenkapital, wenn sich Geldgeber am Unternehmen beteiligen. Das ist die *externe* Eigenfinanzierung.

Interne Eigenfinanzierung

Die andere Form ist die *interne* Eigenfinanzierung: Jährliche Gewinne, soweit sie nicht ausgeschüttet werden, können einbehalten (thesauriert) werden und in die Rücklagen eingestellt werden. Damit sind sie Teil des Eigenkapitals.

Eigentümer haben keinen Anspruch auf eine feste Verzinsung. Sie können dagegen am Gewinn beteiligt werden, je nach den jährlichen Beschlüssen der zuständigen Gremien.

Eigenkapitalquote

Eigenkapitalquote ist der Anteil des Eigenkapitals an anderen Beträgen:

(1) Anteil des Eigenkapitals an der Bilanzsumme

Eigenkapital:	1.183 Mio. €
Bilanzsumme:	3.113 Mio. €
Eigenkapitalquote:	1.183 / 3.113 = 38%

(2) Anteil des Eigenkapitals am Fremdkapital

Eigenkapital:	1.183 Mio. €
Fremdkapital:	1.930 Mio. €
Eigenkapitalquote:	1.183 / 1.930 = 61%

(3) Anteil des Eigenkapitals an den langfristigen Vermögenswerten

Eigenkapital:	1.183 Mio. €
Langfristige Vermögenswerte:	943 Mio. €
Eigenkapitalquote:	1.183 / 943 = 125%

Einkommensteuer

Die Einkommensteuer besteuert die Geldeinnahmen von Personen, also das Gehalt, den Lohn, Zinseinnahmen, Mieteinnahmen und Gewinne (Erträge) aus selbständiger Arbeit.

Zur Einkommensteuer gehört die Lohnsteuer und die Körperschaftsteuer, beide sind Erhebungsformen der Einkommensteuer.

Die *Lohnsteuer* wird bei Arbeitnehmern durch Abzug vom Lohn oder Gehalt erhoben und vom Arbeitgeber monatlich an das Finanzamt überwiesen. Das verbleibende Nettogehalt (Bruttogehalt minus Lohnsteuer minus Sozialversicherungsbeträge gleich Nettogehalt) überweist der Arbeitgeber monatlich an seine Arbeitnehmer.

Die *Körperschaftsteuer* besteuert die Gewinne der Körperschaften, das sind vor allem Kapitalgesellschaften (siehe Artikel „Körperschaftsteuer" in diesem Buch).

Grundfreibetrag

Die ersten 8.820 Euro brauchen Ledige bei der Einkommensteuer nicht versteuern (bei Verheirateten das Doppelte, 17.640 Euro), das ist der Grundfreibetrag, der soll das *Existenzminimum* steuerfrei halten. Diese Beträge gelten gemäß Einkommensteuer-Grundtabelle.

Darüber liegende Einkommen werden anfangs mit 14% besteuert, also für den ersten zu versteuernden Euro sind es 14 Cent Steuern.

Steuersätze

Die weiteren *Einkommensteuertarife* stehen im Einkommensteuergesetz im § 32a. Die Tarife (die Steuersätze in %) steigen mit dem Einkommen (sind also progressiv, siehe Grafik im Artikel „Steuern" in diesem Buch).

Sie können die Steuern für ein zu versteuerndes Einkommen berechnen nach den Angaben im § 32a, nach folgendem Beispiel:

Einkommensteuerberechnung		
	Euro	Erläuterungen
zu versteuern	36.000	Beispiel
untere Grenze	13.769	EStG § 32a Absatz 1 Nr. 2
übersteigender Teil	22.231	36.000 – 13.769 = 22.231
z = 22.231/10.000	2,2231	z ist ein Zehntausendstel von 22.231
(223,76*z+2.397)*z+939,57	7.374	EStG § 32a Absatz 1 Nr. 3
Identisch mit ESt-Grundtabelle für 36.000 Euro zu versteuerndes Einkommen.		
Steuersatz:	20,5%	7.374 / 36.000 = 20,5%

Für 36.000 Euro zu versteuerndes Einkommen beträgt die tarifliche Einkommensteuer 7.374 Euro nach der Einkommensteuer-Grundtabelle.

Natürlich können Sie auch in die Einkommensteuer-Tabellen schauen, die stehen am Ende des Einkommensteuergesetzes in einem Einkommensteuergesetzbuch oder im Internet.

Steuereinnahmen

Die Einnahmen der Einkommen- und Ertragsteuern sind die größten Steuereinnahmen in Deutschland (46%, bitte sehen Sie nach im Artikel „Steuern" in diesem Buch).

Grenzsteuersatz

Hat man ein zu versteuerndes Einkommen von 30.000 Euro, zahlt man einen Steuersatz von 18,09% (das sind 5.427 Euro).

Bekommt man eine Gehaltserhöhung von 3.000 Euro, muss man auf die 33.000 Euro 19,33% Steuern zahlen (das sind 6.380 Euro).

Die Steuererhöhung beträgt 6.380 – 5.427 = 953 Euro.

Für die Gehaltserhöhung von 3.000 Euro zahlt man also zusätzliche 953 Euro Steuern. Das ist ein Steuersatz von 31,8% (953 von 3.000)[331], das ist der *Grenzsteuersatz* (der Steuersatz auf die Gehaltserhöhung).

---

[331] 953 / 3000 = 0,318 = 31,8% (/ heißt „geteilt durch").

Grenzsteuersatz			
Gehalt	Steuern	Steuersatz	Grenz-steuersatz
30.000	5.427	18,09%	
+3.000	+953		31,8%
33.000	6.380	19,33%	
		953 / 3.000 = 31,8%	
Quelle: Einkommensteuer-Grundtabelle			

Kritik

Die deutsche Einkommensteuer ist viel zu kompliziert. Sie hat endlos viele Regelungen, Freibeträge und Freistellungen, sieben verschiedene Einkunftsarten und ist kompliziert zu berechnen. Es gibt einige gute Reformvorschläge schon seit langer Zeit, die alles einfacher machen würden. Aber die Frage ist, welche politische Kraft kommt gegen die bestehenden Interessen an? Und welche Partei macht sich diese Mühe?

Einlagensicherung

Wenn Kunden Geld bei einer Bank einzahlen, weil es zu Hause nicht sicher genug liegt und in einer Bank sicherer aufgehoben ist, heißt das nicht, dass ihr Geld in der Bank im Tresor liegt und nur darauf wartet, dass die Kunden irgendwann mal nachschauen möchten, ob es noch da ist.

Das Geld, das die Kunden bei einer Bank einzahlen, liegt selten im Tresor, sondern muss arbeiten, also Geld verdienen. Nur dann kann die Bank den Kunden für das eingezahlte Geld Zinsen bezahlen.

Das eingezahlte Geld der Kunden wird verwendet,
- um anderen Kunden Kredite zu geben (die der Bank Zinsen einbringen)
- oder Wertpapiere zu kaufen (die der Bank auch Zinsen einbringen)
- um den Bankmitarbeitern ihr Gehalt zu bezahlen und weitere (Sach-)Kosten zu bezahlen
- und den Rest als Reserve für schlechte Zeiten zurückzulegen.

Die eingezahlten Gelder der Kunden heißen in der Bank „Einlagen" (die Kunden haben die Gelder *eingelegt*).

Einlagensicherung heißt, dass das Geld der Kunden sicher ist, das sie auf Konten der Banken eingezahlt (eingelegt) haben, und zwar gilt das für Girokonten, Sparkonten, Sparbriefe, Tagesgeld, Festgeld und Guthaben auf Kreditkartenkonten.

Diese Einlagen gehören den Kunden, nicht den Banken. Sie werden geschützt durch die Einlagensicherung, in Deutschland gesetzlich bis 100.000 Euro pro Bank und Kunde, für Gemeinschaftskonten von Eheleuten bis 200.000 Euro.

In Deutschland sind die meisten *Privatbanken* zusätzlich noch Mitglied im Einlagensicherungsfonds der Privatbanken, der Einlagen in Millionenhöhe sichert.[332]

Auf deutschen Bankkonten liegen 3,4 Billionen Euro, die von deutschen Banken und Sparkassen gut abgesichert sind.[333]

Einlagensicherung im Euroraum

Im Herbst 2015 hat die Europäische Kommission eine gemeinsame *Einlagensicherung* im Euroraum vorgeschlagen.[334]

Wenn also Banken im Gebiet der europäischen Währungsunion zahlungsunfähig werden, wird ihnen nicht nur von dem Bankenverband geholfen, dem sie angehören, und auch nicht nur von allen Bankenverbänden ihres eigenen Landes, sondern von allen Bankenverbänden aller Euro-Länder, mithin von allen Kunden aller Banken in der Euro-Zone. *Alle helfen allen, egal wer was verursacht hat.*

Dabei muss man wissen, *Einlagensicherungssysteme* gibt es erst in 14 Ländern von 28 EU-Staaten.[335] Die andern müssten erst mal ein solches System aufbauen (zumindest die, die der europäischen Währungsunion angehören).

Das kann dauern, denn der Aufbau solcher Sicherungssysteme dauert einige Zeit, bis nennenswerte Beträge zusammenkommen, damit sie im Krisenfall auch ausreichen.

---

[332] Siehe Markus Neumann: Banker verstehen, S. 178.

[333] Siehe Holger Steltzner: „Zugriff auf das Geld anderer Leute", FAZ vom 25.11.2015, S. 15.

[334] „Sparkassen und Genossenschaften schwer enttäuscht", FAZ vom 25.11.2015, S. 15.

[335] „Ohne Volksbanken und Sparkassen", FAZ vom 2.11.2015, S. 19.

Die Verbände der deutschen Sparkassen und der Volksbanken und Raiffeisenbanken sowie die deutschen Europaabgeordneten fast aller Parteien, die Bundesregierung und der Sachverständigenrat lehnen den Vorschlag ab, weil er die Gründung einer europäischen Haftungsunion bedeuten würde, was im Vertrag von Maastricht nicht gewollt war.

Die deutschen Einlagen sind gut abgesichert, während in einigen anderen Ländern die Hoffnung besteht, dass in Zukunft die deutschen Sparer auch für alle anderen europäischen Wackelbanken einspringen, also haften.

Eine gemeinsame europäische Einlagensicherung setzt nach deutschen Vorstellungen voraus, vorher die gewaltigen Kreditrisiken in den Bilanzen der europäischen Banken abzubauen; denn sonst würden die in den deutschen Banken schon aufgebauten Sicherungsreserven dazu gebraucht, die alten faulen Kredite in europäischen Ländern abzubauen.

Bei der gemeinsamen europäischen Einlagensicherung geht es nicht um eine *Versicherung* (bei der bekommt man nur Schäden bezahlt, die in der Zukunft passieren – und außerdem müssen sie ungewollt und zufällig passieren). Bei der europäischen Einlagensicherung sind die Schäden alle schon längst passiert, sie stecken seit Jahren in den Bilanzen vieler Banken. Und wahrscheinlich stecken mehr drin, als man so allgemein weiß.[336] Und ungewollt und zufällig passiert? Das kann man wohl auch nicht bestätigen.

Die Kreditrisiken der deutschen Banken bereiten derzeit kaum Probleme. Der Anteil fauler Kredite der deutschen Banken beträgt 2%, während er in Italien 12%, in Portugal 18% und in Griechenland 47% beträgt und die Existenz der dortigen Banken gefährdet.

Der Vorschlag der Europäischen Kommission setzt nicht auf die Eigenverantwortung der Teilnehmer der Marktwirtschaft, sondern auf noch mehr Umverteilung, hier vorwiegend von Deutschland auf andere Länder des Euroraums. Der Maastrichter Gründungsvertrag des Euroraums war noch geprägt von

---

[336] „Längst nicht alle faulen Kredite bekannt", FAZ vom 15.3.2018, S. 16.

Walter Euckens Grundsatz: „*Wer den Nutzen hat, muss auch den Schaden tragen.*"[337]

Bundeskanzlerin Angela Merkel strebt die Vollendung der Bankenunion an, hat aber dem französischen Staatspräsidenten Emmanuel Macron entgegnet, Haftung und Verantwortung sollen nicht durcheinander gebracht, Schulden nicht vergemeinschaftet werden.[338] Das bedeutet einen Abbau der faulen Kredite in den Bilanzen europäischer Banken, bevor die gemeinsame europäische Einlagensicherung starten kann.

e.K.

„e.K." heißt *eingetragener Kaufmann*. Das ist ein Kaufmann, der im Handelsregister eingetragen ist. Für ihn gilt das Handelsgesetzbuch (HGB).
    Beispiel: Trigema Inh. W. Grupp e.K.

Embargo

Embargo ist Spanisch und bezeichnet ein Handelsverbot, das ein Staat als Zwangsmaßnahme anordnet, zum Beispiel bei Krisen oder Kriegen. Es richtet sich gegen bestimmte Länder und betrifft bestimmte Waren (zum Beispiel Waffen).

---

[337] Siehe Holger Steltzner: „Zugriff auf das Geld anderer Leute", FAZ vom 25.11.2015, S. 15.
[338] „EZB knickt nach Kritik aus Italien ein", FAZ vom 16.3.2018, S. 17.

Emission

Emission ist eine Ausgabe von Aktien oder anderen Wertpapieren wie Anleihen und Obligationen. Sie dient der Kapitalbeschaffung für Unternehmen oder Staaten. Meistens wird die Emission von Banken durchgeführt.

Käufer der Wertpapiere können alle Anleger sein, also Privatleute, Unternehmen, Banken und staatliche Stellen, im In- und Ausland.

Energiewende

Unsere Energie besteht bisher vor allem aus der Nutzung von Steinkohle, Braunkohle, Erdöl, Erdgas und Atomenergie.

Kohle, Öl und Gas sind *fossile Energieträger*, die in uralten Zeiten in der Erde entstanden sind, als Abbauprodukten von Pflanzen. Wenn sie heute genutzt werden, also verbrannt werden, sind sie verbraucht. Sie können nicht erneuert werden.

Die Erde hat zwar große Mengen von diesen Energieträgern, dennoch gehen sie zur Neige und werden eines Tages verbraucht sein. Diese Energieträger, die verbrannt werden, haben außerdem einen großen Nachteil: Die Verbrennung schadet der Umwelt, sie verschmutzt die Luft, die wir alle brauchen.

Als Ersatz hatte man die *Atomenergie* entdeckt, die im 20. Jahrhundert erforscht wurde (Entdeckung der Kernspaltung 1938 in Berlin von Professor Otto Hahn (Nobelpreisträger) und Lise Meitner).

Der Rohstoff für die Atomenergie ist das Uran. Das ist auch ein fossiler Rohstoff, er wird aber zur Energieerzeugung nicht verbrannt. Die Energie steckt im Atomkern des Urans, zur Stromerzeugung muss der Atomkern gespalten werden.

Die Atomenergie hat sehr große Risiken, schon mein Physiklehrer warnte davor. Atombomben benutzen unkontrollierte Kettenreaktionen und wurden am Ende des zweiten Weltkriegs zweimal in Japan eingesetzt und außerdem schon häufig für Atombombentests verwendet.

Kontrollierte Kettenreaktionen wurden und werden in Atomkraftwerken in aller Welt verwendet. In Tschernobyl (Ukraine 1986) und in Fukushima (Japan 2011) sind Atomkraftwerke explodiert und haben große und langwierige Schäden verursacht.

Wegen der großen Risiken wurden die Atomkraftwerke in Deutschland abgestellt. In vielen anderen Ländern sind sie weiterhin in Betrieb.

Nach dem Atomreaktor-Unfall in Fukushima hat sich die deutsche Energiepolitik eine Energiewende vorgenommen. Ein großer Anteil der Energie soll aus erneuerbaren Energieträgern kommen, etwa aus Wind- und Sonnenenergie und Biomasse (etwa Biogas aus Mais).

Die seitdem angelaufene Energiewende verläuft wie ein großes Durcheinander, erreicht die gesetzten Ziele nicht und verursacht Zusatzkosten von 500 Milliarden Euro, allein bis 2025.[339]

Zu viele Ziele passen nicht zusammen und Fördermaßnahmen überschneiden sich. Eine teure und ineffiziente Überregulierung gefährdet das Ziel einer klimaschonenden Energiepolitik und die Wettbewerbsfähigkeit unserer Unternehmen.

Die Regierung sollte mehr auf Wettbewerb setzen und offen sein bei den verwendeten Technologien. Die Ziele der Energiewende werden verfehlt, wenn die Energiewende sich nicht neu ausrichtet. Der Anteil der erneuerbaren Energien am Brutto-Endenergieverbrauch sollte ursprünglich bei 60 Prozent liegen, wird aber wohl nur 35 Prozent erreichen. Um die Kosten zu reduzieren, muss die Ökostromproduktion wettbewerblich organisiert werden und nicht einzelne Erzeugungsmethoden (Wind, Sonne, Biomasse) vorziehen. Nationale Alleingänge, die den Wettbewerb verzerren, sollten vermieden werden.

---

[339] Siehe: „Bayerns Wirtschaft will andere Energiewende", FAZ vom 28.9.2017, S. 17.

Entsenderichtlinie

Die Entsenderichtlinie ist eine Richtlinie der Europäischen Union (EU) aus dem Jahr 1996. Damit wurde der EU-Binnenmarkt auch auf Dienstleistungen ausgedehnt.[340]

Seither durfte jedes Unternehmen in der EU Aufträge in der ganzen EU annehmen und mit eigenen Arbeitskräften ausführen.

In der Richtlinie wurde geregelt, dass die Unternehmen ihren Arbeitnehmern, die sie ins Ausland schicken, den dort üblichen Mindestlohn zahlen müssen und die Arbeitszeitvorschriften einhalten müssen.

Die EU plant eine Verschärfung der Entsenderichtlinie, weil die EU inzwischen mehr Mitglieder hat und die Einkommensunterschiede zwischen den 27 Ländern zum Teil sehr groß sind. Die Arbeitskosten in Dänemark sind zehnmal so hoch wie in Bulgarien.[341]

Die Verschärfung der Entsenderichtlinien bedeutet etwa, dass tarifliche Vorgaben in den Zielländern vom ersten Tag an gelten, falls günstiger für den Mitarbeiter. Außerdem soll die allgemeine Höchstdauer für Entsendungen 12 Monate sein, in Ausnahmen bis 18 Monaten. Danach gilt das komplette Arbeitsrecht des Ziellandes für den entsandten Mitarbeiter.

Die osteuropäischen Länder protestieren gegen die neuen Regeln. Wenn die Firmen aus den osteuropäischen Ländern die westeuropäischen Löhne zahlen müssen, hätten sie keine Chance mehr, Aufträge zu bekommen.

Der Rat der europäischen Arbeitsminister hat sich im Oktober 2017 mit großer Mehrheit für eine Verschärfung der Entsenderichtlinie ausgesprochen.[342] Die zuständige EU-Kommissarin nannte den Entschluss eine faire Vereinbarung, die deutsche Bundesarbeitsministerin einen entscheidenden Durchbruch.

Die deutschen Arbeitgeberverbände warnten dagegen vor einem Brüsseler Bürokratiemonster. Es würde für europäische Unternehmen künftig einfacher sein, Mitarbeiter nach Indien

---

[340] www.deutschlandfunk.de am 3.8.2017
[341] Siehe Artikel „Arbeitskosten" in diesem Buch.
[342] „Unternehmen graut vor Entsendebürokratie", FAZ vom 30.10.2017, S. 17.

oder Chile zu entsenden als nach Frankreich oder Italien, das wäre eine Rolle rückwärts gegen den europäischen Binnenmarkt.

Wenn die Entsenderichtlinie so in Kraft träte, müssten die Unternehmen in jedem Einzelfall prüfen, was das jeweilige nationale Arbeitsrecht vorschreibt. Dieses umfangreiche Wissen zum ausländischen Arbeitsrecht hat noch nicht mal ein Konzern, geschweige denn die vielen Mittelständler, um die es geht. Man müsste dann Expertenwissen von Beratern und Juristen einholen (also teuer bezahlen). Dadurch wird die neue Vorschrift zu einem großen Kostentreiber. Der Austausch von Mitarbeitern über Grenzen sollte einfacher sein.

In Polen und weiteren osteuropäischen Ländern herrscht Sorge über die Verschärfung der Entsenderichtlinie. Eine schärfere Regulierung würde viele polnische Unternehmen in ihrer Existenz bedrohen, sagt der polnische Arbeitgeberverband. In Deutschland gebe es 70.000 tarifliche Regelungen, da soll man erst mal die richtigen gefunden und durchgearbeitet haben. Und die deutschen Kosten und Löhne sind sowieso höher, die wollen erst mal verdient werden.

Die polnischen Unternehmen schicken etwa 460.000 Beschäftigte pro Jahr *in andere* EU-Länder und stehen damit an erster Stelle. Deutsche Unternehmen schicken 240.000 Beschäftigte ins Ausland und stehen damit an zweiter Stelle.

Etwa 420.000 Beschäftigte kommen pro Jahr nach Deutschland, damit ist Deutschland das Hauptzzielland. Danach folgen Frankreich (178.000) und Belgien (157.000).

Fazit

Die Entsenderichtline ist ein wirtschaftspolitisches Thema, das sich nach Interessen der Länder (und der jeweiligen Einwohner) richtet. Die einen sagen, es ist eine faire Vereinbarung. Die Beschäftigten, die bei uns arbeiten, verdienen das Gleiche für gleiche Arbeit, das ist fair.

Die andern sagen, es ist viel zu aufwendig in der Praxis. Und andere sagen, wir werden wirtschaftliche Nachteile bekommen, Beschäftigte verlieren ihre Arbeit und Unternehmen ihre Existenz. Die besser gestellten Länder wollen die billigen Wettbewerber loswerden.

Und alle Aussagen können (aus der jeweiligen Sicht) stimmen. Die einen wollen ihre Menschen schützen, die andern – wollen das auch (für ihre Menschen).

EONIA

EONIA heißt *Euro Overnight Index Average* und ist der *Zinssatz*, der auf dem Interbankenmarkt im Euro-Währungs-raum für Ausleihungen über Nacht gilt.

Zu diesem Zinssatz leihen sich Banken Geld in Euro für einen Tag. Der Zinssatz am 15.3.2018 betrug -0,366%.[343]

Den EONIA-Zinssatz gibt es seit 1999, er wurde von der European Banking Federation (EBF) mit der Europäischen Zentralbank (EZB) geschaffen. Er ist ein Referenzzinssatz, an dem sich kurzfristige unbesicherte Geldmarktkredite im Euro-raum orientieren.

Der EONIA ist ein Durchschnittszinssatz, der nach getätigten Umsätzen für unbesicherte Übernachtkredite im Interbankengeschäft in Euro berechnet wird und täglich gegen 19 Uhr veröffentlicht wird.

Der EONIA-Zinssatz löste 1999 den Fibor ab (Frankfurt Interbank Offered Rate), der 1985 als DM[344]-Referenzzins geschaffen wurde.

Equity-Methode

Die Equity-Methode wird angewendet zum Ausweis des *Beteiligungswerts* eines assoziierten Unternehmens in der Konzernbilanz der Muttergesellschaft (nach HGB § 312 und IFRS 11.24).

Was ist ein *assoziiertes* Unternehmen? Auf ein assoziiertes Unternehmen kann die Muttergesellschaft einen erheblichen Einfluss ausüben, das heißt, die Muttergesellschaft hat über 20% der Anteile des assoziierten Unternehmens, aber weniger als 50%.[345]

Bei der erstmaligen Konsolidierung wird die Beteiligung an einem assoziierten Unternehmen in der Konzernbilanz zu *Anschaffungskosten* ausgewiesen.

---

[343] Quelle: de.euribor-rates.eu
[344] DM heißt Deutsche Mark.
[345] Prof. Dr. Günter Wöhe: Bilanzierung und Bilanzpolitik, S. 874f.

In den folgenden Jahren wird der Beteiligungswert des assoziierten Unternehmens nach der *Entwicklung seines Eigenkapitals* (Equity heißt Eigenkapital) ausgewiesen. Wenn das
Eigenkapital des assoziierten Unternehmens steigt, steigt der
Beteiligungswert in der Konzernbilanz; wenn das Eigenkapital
sinkt, sinkt der Beteiligungswert.[346]

Die Equity-Methode ist damit keine Vollkonsolidierung[347]
der assoziierten Unternehmen.

Erbschaftsteuer

Die Erbschaftsteuer zählt zu den Steuern, die das *Vermögen*
besteuern (wie Grundsteuer, Grunderwerbsteuer und Vermögensteuer).[348]

Steuerpflichtig sind Vermögenswerte durch Erbschaften und
Schenkungen, außerdem Zweckzuwendungen und Vermögen
einer Stiftung im Interesse einer Familie.[349]

Schulden und Nachlassverbindlichkeiten werden abgezogen
(vom Vermögen der Erbschaft)[350], steuerpflichtig ist also das
Nettovermögen.

Die Steuerbelastung richtet sich nach dem *Verwandschafts-
grad*: Ehegatten haben einen persönlichen Freibetrag von
500.000 Euro, Kinder 400.000 Euro, Enkelkinder 200.000
Euro.[351] Normale Familienvermögen sollen also steuerfrei
bleiben.

---

[346] Siehe Prof. Dr. Günter Wöhe, Prof. Dr. Ulrich Döring und Prof. Dr.
Gerrit Brösel: Einführung in die Allgemeine Betriebswirtschaftslehre,
S. 809f.

[347] **Konsolidierung** heißt bei der Erstellung eines Konzernabschlusses
die Aufrechnung der konzerninternen Lieferungen und weiterer
Posten der Konzernunternehmen. Lesen Sie dazu bitte den Artikel
„Konsolidierung" in diesem Buch. Die Equity-Methode ist keine
Vollkonsolidierung, weil hier nur die Entwicklung des Eigenkapitals
berücksichtigt wird.

[348] Stefan Bach: Unsere Steuern, S. 72.

[349] Erbschaftsteuergesetz § 1.

[350] Erbschaftsteuergesetz § 10 Absatz 5.

[351] Erbschaftsteuergesetz § 16.

Die *Steuersätze* für Familien (Steuerklasse 1) reichen von 7% bis 30%. Bei entfernten Verwandten (Steuerklasse 2) und bei sonstigen Begünstigten (Steuerklasse 3) reichen die Steuersätze von 30% bis 50%.[352]

Betriebsvermögen, land- und forstwirtschaftliches Vermögen und Anteile an Kapitalgesellschaften werden von der Erbschaftsteuer weitgehend befreit, wenn die Betriebe weitergeführt werden.[353]

Der Erbschaftsteuer unterliegen auch *Schenkungen* unter Lebenden, weil sonst die Erbschaftsteuer durch Schenkungen unter Lebenden umgangen werden könnte.[354]

Das *Erbschaftsteueraufkommen* beträgt etwa 6 Milliarden Euro pro Jahr[355] (das sind die Steuereinnahmen aus der Erbschaftsteuer).

Erlösschmälerungen

In der Buchführung werden (Umsatz-)Erlöse gebucht, also Zahlungen der Kunden für erhaltene Waren oder Leistungen.

Die Zahlungen der Kunden sind allerdings zu kürzen
- um die Umsatzsteuer
- und um Erlösschmälerungen, das sind zum Beispiel
  - Skonti
  - Rabatte
  - Boni
  - Preisminderungen für Mängel
  - Kulanzleistungen
  - Rücksendungen
  - andere Preisnachlässe.[356]

---

[352] Steuerklassen Erbschaftsteuergesetz § 15, Steuersätze § 19.
[353] Erbschaftsteuergesetz § 13a.
[354] Duden Wirtschaft von A bis Z, S. 171.
[355] Stefan Bach: Unsere Steuern, S. 74. Ebenso: Mitteilung des Bundesfinanzministeriums über die Steuereinnahmen vom 26.1.2018.
[356] Siehe Bernd Heesen: Basiswissen Bilanzanalyse, S. 5.

Ertragswert

Der Ertragswert eines Unternehmens wird für Käufer und Verkäufer benötigt, wenn das Unternehmen verkauft werden soll, aber auch bei einem Börsengang, bei Kapitalerhöhungen und Fusionen.

Sachwert

Der *Sachwert* eines Unternehmens (auch *Substanzwert* genannt) setzt sich zusammen aus den vorhandenen Vermögens-gegenständen, die mit dem aktuellen Wert bewertet werden. Er gibt also nur den heutigen Wert der Substanz (der Sachwerte) wieder, aber weder die künftige Entwicklung der Sachwerte noch die Erträge des Unternehmens.

Ertragswert

Der *Ertragswert* dagegen will ermitteln, welche zukünftigen Erträge aus dem Unternehmen erwirtschaftet werden können,[357] er will also die künftige Wertentwicklung des Unternehmens erfassen (er heißt deshalb auch *Zukunftserfolgswert*).[358]

Berechnung

Um den Ertragswert zu ermitteln, werden für die nächsten Jahre die Gewinne des Unternehmens geschätzt und auf den heutigen Zeitpunkt abgezinst, um die Beträge der verschiedenen Jahre vergleichbar zu machen.[359]

---

[357] Ulrich Wiehle u.a.: Unternehmensbewertung, S. 34f.

[358] Siehe Prof. Dr. Günter Wöhe: Einführung in die Allgemeine Betriebswirtschaftslehre, S. 708.

[359] Gleiche Beträge aus verschiedenen Jahren haben nicht den gleichen Wert, das liegt an den Zinsen, die jährlich für die Beträge anfallen können. Ein Wert von zum Beispiel 500 Euro heute ist in einigen Jahren mehr wert, wenn für ihn jedes Jahr Zinsen bezahlt werden. Umgekehrt ist ein Betrag, den man erst in einigen Jahren bekommt, weniger wert als heute, denn er kann ja keine Zinsen bis dahin bringen, würde es aber, wenn man ihn schon hätte. Siehe dazu den Artikel „**Barwert** und **Endwert**" in diesem Buch.

Im folgenden Beispiel wird mit Gewinnen gerechnet, die in den ersten fünf Jahren jeweils um 2.000 Euro steigen:

Ertragswert (EW)						
Zins (i):		6%		8%		10%
Jahr	Gewinn	Abzins-divisor	abgezinster Gewinn	Abzins-divisor	abgezinster Gewinn	Abzins-divisor	abgezinster Gewinn
n		q^n		q^n		q^n	
1	40.000	1,0600	37.736	1,0800	34.941	1,1000	31.764
2	42.000	1,1236	37.380	1,0903	34.283	1,1095	30.899
3	44.000	1,1910	36.943	1,0960	33.708	1,1101	30.364
4	46.000	1,2625	36.436	1,0020	33.063	1,1108	29.766
5	48.000	1,3382	35.868	1,1085	32.358	1,1114	29.114
Summe:	220.000	EW:	184.364	EW:	168.352	EW:	151.908
		q = 1+i		q = 1+i		q = 1+i	

Die Summe der Gewinne der fünf Jahre ist 220.000 Euro.

Der Gewinn pro Jahr wird durch den Abzinsdivisor q^n geteilt, das ergibt den abgezinsten Gewinn (für das Jahr 1: 40.000 / 1,06 = 37.736 für einen Zinssatz von 6%).

Der Abzinsdivisor ist q = 1+i = 1+6% = 1+0,06 = 1,06, wenn der Zinssatz i = 6% ist. Der Abzinsdivisor q^n wird so oft mit sich selbst malgenommen (multipliziert), wie der hochgestellte Buchstabe n in der ersten Spalte „Jahr" angibt.

In der zweiten Zeile (n = 2) muss 1,06 zweimal miteinander malgenommen werden, also 1,06 mal 1,06, das ergibt 1,1236. Der Gewinn 42.000 durch 1,1236 ergibt 37.380.

Für das Jahr 3 wird 1,06 dreimal miteinander malgenommen, man schreibt es q^3 (= q mal q mal q), das ergibt 1,1910 bei 6%.

Der Ertragswert, der für die fünf Jahre mit 6% Zinssatz berechnet wird, ist 184.364 Euro. Für 8% ergibt sich 168.352 Euro und für 10% 151.908 Euro. Je höher der Zins, desto stärker werden die Gewinnbeträge abgezinst.

Kalkulationszinssatz

Der *Kalkulationszinssatz*, der für diese Abzinsung gewählt wird, sollte das Risiko widerspiegeln, das Verkäufer und Käufer des Unternehmens für angemessen halten. Je höher das Risiko, desto höher der Kalkulationszins, desto niedriger der ermittelte Ertragswert. Ansonsten kann man auch auf die

Rendite öffentlicher Anleihen mit langen Restlaufzeiten zurückgreifen.[360]

Verkaufserlös

Manchmal wird nach Ablauf der 5 Jahre der Ertragswertberechnung das Unternehmen verkauft. Der Verkaufserlös (auch *Liquidationserlös*) soll dann vielleicht in den Ertragswert einbezogen werden. Der Verkaufserlös wird dann am Ende des Berechnungszeitraums hinzugesetzt und ebenfalls mit dem Abzinsdivisor des letzten Jahrs abgezinst (hier mit q^5).

Beispiel: Der Verkaufserlös soll 300.000 Euro betragen. Der Abzinsdivisor beträgt $q^n = q^5 = 1{,}338226$ (mit 6 Kommastellen, um den genauen Wert zu bekommen). Der abgezinste Gewinn ist 300.000 durch 1,338226 gleich 224.177 Euro.

Die Summe der bisherigen abgezinsten Gewinne (bei 6% Zins) beträgt 184.364 Euro (siehe Tabelle Ertragswert). 184.364 plus 224.177 Euro ergibt 408.541 Euro als Summe der abgezinsten Gewinne einschließlich des Verkaufserlös des Unternehmens.

Unbegrenzte Lebensdauer

Wenn dem Unternehmen eine *unbegrenzte Lebensdauer* unterstellt wird, berechnet sich der Ertragswert aus dem geschätzten durchschnittlichen Gewinn und dem Kalkulationszinssatz, also

Gewinn : Zinssatz = Ertragswert[361]

Kapitalisierungsformel		
Gewinn	Zinssatz	Ertragswert
44.000	6%	733.333
44.000	8%	550.000
44.000	10%	440.000

---

[360] Siehe WP Handbuch, S.398, Fussnote 884. Siehe auch Prof. Dr. Lutz Kruschwitz: Investition, in: Prof. Dr. Karlheinz Küting und Hans-Christoph Noack (Hg.): Der große BWL-Führer, S. 233.
[361] Siehe Prof. Dr. Günter Wöhe: Einführung in die Allgemeine Betriebswirtschaftslehre, S. 709.

EUREX

EUREX heißt Euro*pean Exchange* und ist die größte Terminbörse. Sie ist eine reine Computerbörse[362] (hat also keinen Handelssaal, also auch kein „Parkett"). Sie wurde 1998 gegründet und hat ihren Sitz in Eschborn bei Frankfurt am Main. Sie wird betrieben von der Deutschen Börse AG.

Die EUREX-Terminbörse ist der bevorzugte Handelsplatz für Derivate weltweit (Überschrift in der Website der Terminbörse). „Von 700 Standorten auf der ganzen Welt sind Marktteilnehmer an EUREX miteinander verbunden und erzielen ein jährliches Handelsvolumen von weit über 1,7 Milliarden Kontrakten."[363]

Euribor

Euribor heißt Euro *Interbank Offered Rate* und ist der Zinssatz, zu dem sich Banken im Euroraum gegenseitig kurzfristig Geld leihen. *Kurzfristig* heißt bis zu einem Jahr.

Der Euribor besteht seit 1999, dem Jahr der Einführung des Euro. Es gibt acht verschiedene Euribor-Zinssätze mit unterschiedlichen Laufzeiten.

Der Zinssatz „Euribor 1 Woche" betrug -0,38% am 14.10.2016 und -0,378% am 16.3.2018.

Der Euribor ist die Grundlage zahlreicher Zinsprodukte wie Derivate, Futures und Swaps.

Im Oktober 2011 wurden Vorwürfe gegen Großbanken bekannt, den Euribor zu manipulieren. Darunter gehörte die Deutsche Bank in London, die 2,5 Milliarden US-Dollar Strafe bezahlen musste.

---

[362] Siehe Duden Wirtschaft von A bis Z, S. 432.
[363] www.eurexchange.com am 11.6.2018.

Euro

Der Euro ist die Währung (das Geld) der Europäischen Währungsunion, der als Bargeld am 1. Januar 2002 in Umlauf kam und die bisherigen Währungen der Mitgliedsländer der Euro-Zone ersetzte.

Folgende 19 Mitgliedsländer der Europäischen Union (von 28 Mitgliedsländern insgesamt, Stand 25.3.2019) haben den Euro eingeführt:

Belgien, Deutschland, Estland, Finnland, Frankreich, Griechenland, Irland, Italien, Lettland, Litauen, Luxemburg, Malta, Niederlande, Österreich, Portugal, Slowakei, Slowenien, Spanien und Zypern.

Neun Mitgliedsländer der Europäischen Union haben den Euro nicht eingeführt: Bulgarien, Dänemark, Großbritannien, Kroatien, Polen, Rumänien, Schweden, Tschechien und Ungarn.

Zur europäischen Währungsunion siehe den Artikel „Europäische Währungsunion"in diesem Buch.

Eurokrise

Seit dem Jahre 2008 und befördert durch die Weltfinanzkrise (aber nicht nur durch sie begründet) befindet sich Europa und speziell die Länder der Euro-Zone in der Krise. Die Wirtschaftsleistung liegt in fast allen Ländern der Euro-Zone unter dem Niveau des Jahres 2008, und die Arbeitslosigkeit ist hoch.[364]

Eine solche Eurokrise verlangt eigentlich Gegenmaßnahmen. Die Schulden müssten abgebaut werden, dazu wäre eine wachsende Wirtschaft nötig. Die Wirtschaft wächst aber nicht, die Schulden steigen dagegen weiterhin (abgesehen von den Staatsschulden Deutschlands). Beides wird unterstützt durch Zinsen, die bei Null liegen oder negativ sind. Solange Geld so billig ist, werden die Schulden aber kaum sinken.

---

[364] Daniel Stelter: Die Schulden im 21. Jahrhundert, S. 7.

Eurobonds

Eurobonds gibt es in zwei ganz verschiedenen Versionen:
(1) Die „alten" Eurobonds gibt es schon seit 1963 und haben mit der europäischen Einigung und der Euro-Währung (die erst 1999 eingeführt wurde) nichts zu tun.
(2) Die „neuen" Eurobonds gibt es noch nicht, sind aber ein strittiges Thema der europäischen Währungsunion, um gemeinsam europäische Staatsanleihen herauszugeben, also gemeinsam Schulden zu machen und dafür dann auch gemeinsam zu haften.

(1) Die (alten) *Eurobonds* sind 1963 in Europa entstanden, einmal weil es Bedarf für Anleihen in Dollar gab, die aber nicht in den USA emittiert (herausgegeben) werden sollten, und zum andern, weil die USA eine Zinssteuer für europäische Schuldner einführten und man dieser Steuer ausweichen wollte.

Viele Unternehmen außerhalb der USA und besonders die Erdöl exportierenden Staaten kamen in den Besitz von US-Dollar, die sie aber nicht in den USA anlegen wollten, um einer möglichen Blockierung der Gelder in den USA zu entgehen.

Die Eurobonds sind Anleihen, die in Europa herausgegeben werden, aber nicht nur in der Währung Dollar ausgegeben werden, sondern auch in anderen Währungen. Die erste Euro-Anleihe lautete in Dollar, die zweite auf Schweizer Franken.

Weil diese (alten) Eurobonds in Europa entstanden sind, wurde dieser Markt auch *Euromarkt* genannt. Zentrum des Euromarkts ist die Londoner Börse, es wurden aber auch an anderen Börsen Eurobonds emittiert.[365]

(2) Mit den (neuen) *Eurobonds* soll Kapital als Schulden vom Kapitalmarkt (also von Banken und anderen Zahlungskräftigen) durch die Europäische Währungsunion aufgenommen werden. Bisher gibt es sie noch nicht, bisher haben die einzelnen europäischen Staaten Schulden am Kapitalmarkt aufgenommen, für die sie dann selbst haften müssen und selbst für die Rückzahlung sorgen müssen.

---

[365] Siehe Prof. Dr. Klaus Spremann und Prof. Dr. Pascal Gantenbein: Finanzmärkte, S. 128. Siehe auch Prof. Dr. Andreas Rödder: 21.0, S. 49.

Die Idee, die dahinter steht: Wer viele Schulden hat, muss am Kapitalmarkt hohe Zinsen bezahlen. Wer zu hohe Schulden hat, bekommt gar kein Geld mehr geliehen. So funktioniert ein normaler Kapitalmarkt.

Einige Länder Europas waren und sind in dieser Situation. Die ganze europäische Währungsunion mit 17 Mitgliedsländern würde natürlich weiterhin Schuldkapital am Kapitalmarkt aufnehmen können, und natürlich auch günstiger als die stark verschuldeten Länder.

Dabei würden die stark verschuldeten Länder einen Vorteil haben (sie müssten weniger Zinsen bezahlen), während die noch mäßiger verschuldeten Länder (Schulden haben sie alle) ihren jetzigen guten Zinssatz verlieren würden.

Jeder weiß: Leih deinem Freund kein Geld, weil er dann kein Freund mehr sein wird. Etwa das hat sich auch in der europäischen Währungsunion eingestellt: die einen wollen was haben; die anderen sollen zahlen, weil sie ja reich genug sind.

Es ist klar, das wird so nicht gut gehen. Europa hat sich selbst in eine tiefe Krise gefahren. So leicht kommt man da nicht mehr heraus.

Europäische Finanzaufsicht

Die europäische Finanzaufsicht heißt *European System of Financial Supervision* (ESFS) und bildet das System von Aufsichtsbehörden in Europa.[366]

Die Mitglieder der Europäischen Union (EU) haben 2011 drei europäische Aufsichtsbehörden geschaffen. Das sind:

- *European Banking Authority* (EBA) in London für die Aufsicht über die Banken
- *European Securities Markets Authority* (ESMA) in Paris für die Aufsicht über die Finanz- und Wertpapiermärkte
- *European Insurance and Occupational Pensions Authority* (EIOPA) in Frankfurt am Main für die Aufsicht über Versicherungen und betriebliche Pensionsfonds

Diese drei Behörden werden zusammengefasst unter dem Oberbegriff Euro*pean Supervisory Authorities* (ESAs). Diese Behörden beaufsichtigen die einzelnen Unternehmen (Banken, Finanz- und Wertpapier-Unternehmen, Versicherungen, Pensionsfonds). Diese Aufsicht nennt man auch *mikroprudenziell*, weil sie sich um einzelne Unternehmen kümmert.

Die EU hat 2011 auch den Euro*päischen Ausschuss für System-risiken* (*European Systemic Risk Board*, ESRB) gegründet mit Sitz in Frankfurt am Main. Bei diesem Ausschuss geht es um die **makro**prudenzielle Aufsicht, die die Entwicklung des Finanzsystems und seiner Risiken bewerten soll und Warnungen und Empfehlungen geben soll. Die Mitglieder des ESRB aus allen EU-Ländern haben bereits mehrere Empfehlungen veröffentlicht.[367]

---

[366] Deutsche Bundesbank: Geld und Geldpolitik, S. 113.
[367] Ebenda, S. 109ff.

Europäische Finanzstabilisierung

Europäischer Finanzstabilisierungsmechanismus (EFSM)
Der EFSM wurde von der Euro*päischen Union* im Mai 2010 eingerichtet mit einem Volumen von 60 Milliarden Euro. Er wurde auch Euro-Rettungsschirm genannt und diente zur Unterstützung angeschlagener Mitgliedsländer.[368]

Europäische Finanzstabilisierungsfazilität (EFSF)
Die EFSF wurde von den Euro*ländern* im Juni 2010 eingerichtet mit einem Garantievolumen von 440 Milliarden Euro. Sie fußt auf einem zwischenstaatlichen Vertrag nur der Euroländer. Die Kredite werden an bedürftige Euroländer vergeben.[369]

Europäische Währungsunion

Die europäische Integration
Die europäische Integration nach dem zweiten Weltkrieg war als Friedensprojekt gedacht. Man wollte einen Krieg in Europa in der Zukunft für immer verhindern. Aus diesem Grund kam zuerst die *Europäische Gemeinschaft für Kohle und Stahl (EGKS)* zustande, weil Kohle und Stahl die Grundlage für die Kriegswaffenproduktion ist und diese deshalb den einzelnen Staaten entzogen und vergemeinschaftet werden sollte.

Danach wurde die *Europäische Wirtschaftsgemeinschaft (EWG)* gegründet, die zuerst sechs Mitgliedsländer hatte (Frankreich, Italien, Belgien, Niederlande, Luxemburg und Deutschland). Nachdem die Integration Fortschritte machte, die Zahl der Mitgliedsländer zunahm und der europäische Binnenmarkt[370] verwirklicht wurde, waren wesentliche Ziele der Integration erreicht.

---

[368] Deutsche Bundesbank: Geld und Geldpolitik, S. 152f.
[369] Ebenda, S. 153.
[370] Siehe dazu den Artikel „Binnenmarkt" in diesem Buch.

Warum die europäische Währungsunion entstanden ist
Seit 1948 hatte die Bundesrepublik Deutschland die *Deutsche Mark* als Währung und hat sich damit gut entwickelt. Die DM war zuletzt die Leitwährung in Europa und war als stabil bekannt. Deutschland hatte aus rein *wirtschaftlichen* Gründen kaum Anlass, eine andere Währung anzustreben.[371]

Warum wurde dennoch eine neue Währung geschaffen? Dafür gab es *politische* Gründe:

In Deutschland wollten Politiker die *europäische Einigung* vorantreiben durch Schaffung einer gemeinsamen Währung. Manche glaubten, dass nach einer gemeinsamen Währung die politische Einigung zwangsläufig folgen würde.

Andere europäische Währungen waren nicht so stark und stabil wie die DM, und die Menschen dort hofften, dass es ihnen besser gehen würde, wenn sie sich *mit der DM* zu einer gemeinsamen Währung zusammenschließen würden.

Die deutsche *Wiedervereinigung* 1990 ließ Deutschland mit über 80 Millionen Einwohnern zu einem großen Land in Europa werden. Unter diesen Umständen lag es im deutschen Interesse, den Nachbarländern Deutschlands klar zu zeigen, dass es weitere Schritte auf dem europäischen Einigungsweg zu gehen bereit war, um Bedenken der Nachbarn gegenüber dem großen Deutschland auszuräumen.

Vorteile und Einwände
Ein größerer Markt mit einer erheblich größeren Zahl an Kunden verschafft den Unternehmen Kostenvorteile. Eine größere Anzahl an Produkten verteilt die Fixkosten der Produktionsmaschinen auf mehr Produkte, die Kosten pro Stück werden dadurch niedriger. In großen Märkten können die Unternehmen mit größerer Produktivität arbeiten; daher sind Unternehmen in kleinen Märkten nicht so produktiv und nicht so wettbewerbsfähig.

Die Vorteile der *Größe* eines gemeinsamen Marktes sind im Wesentlichen schon durch den bereits geschaffenen europäischen Binnenmarkt verwirklicht worden. Durch das größere Währungsgebiet der neuen Währungsunion wird den Vorteilen der Größe nicht mehr allzu viel hinzugefügt. Durch die neue Währungsunion entfallen natürlich die *Wechselkurse* zwischen

---

[371] Thilo Sarrazin: Europa braucht den Euro nicht, S. 13.

den bisher verschiedenen Landeswährungen, allerdings nicht in der ganzen EU, sondern nur in den Ländern, die an der Währungsunion teilnehmen. Dadurch entfallen An- und Verkauf von Währungen und die Umrechnung zu verschiedenen Kursen. Ohne Wechselkurse sind auch Kurssicherungskosten gegenüber den bisherigen europäischen Währungen nicht mehr erforderlich.[372]

Diese zusätzlichen Vorteile der Währungsunion sind nicht so entscheidend aus wirtschaftlicher Sicht, die Gründe für die Währungsunion waren ja vor allem politischer Art (ein Zeichen zu geben, dass die europäische Entwicklung weiter geht). Der gemeinsame Binnenmarkt ist aus wirtschaftlicher Sicht von deutlich größerer Bedeutung.

Die Deutsche Mark (DM) hat sich in vierzig Jahren das Vertrauen als stabile Währung erworben und ist durch die Entscheidungen der Zentralbanken der Welt die zweitwichtigste Reservewährung (nach dem Dollar) geworden.[373] Der Euro konnte die Stabilität der DM nicht einfach übernehmen, denn die hängt von der Stabilität der beteiligten Mitgliedsländer ab.

Vertrag von Maastricht
Der Vertrag von Maastricht wurde 1992 geschlossen. Die gemeinsame europäische Währung, der Euro, sollte bis zum 1. Januar 1999 eingeführt werden.

In Maastricht wurden *Kriterien* beschlossen, die jeder Staat erfüllen sollte, um an der Währungsunion teilnehmen zu dürfen: (1) die Höhe der Staatsverschuldung, (2) die Neuschuld, (3) die Inflationsrate, (4) der Zinssatz und (5) die Wechselkursstabilität.

Die vorhandene Staatsschuld soll höchstens 60% des Bruttoinlandsprodukts (BIP) betragen, die Neuschuld eines Jahres höchstens 3% des BIP. Die Inflationsrate soll nur um 1,5 Prozentpunkte über der Inflationsrate der drei preisstabilsten Länder sein. Der Zinssatz für langfristige Kredite soll nur 2 Prozentpunkte über den Zinsen für Staatsanleihen der drei preisstabilsten Länder liegen. Einen stabilen Wechselkurs

---

[372] Siehe Prof. Dr. Arnulf Baring: Scheitert Deutschland?, S. 183ff.
[373] Zentralbanken der Welt legen ihre Reserven nur in Währungen an, die möglichst stabil sind. Siehe Prof. Baring, S. 189.

haben die Länder, die zwei Jahre vorher mit der normalen Bandbreite am europäischen Währungssystem[374] teilgenommen haben.[375]

No Bail-out?

Schon vor dem Vertragsschluss wurde die Frage gestellt, ob der Vertrag eine gute Grundlage sei für eine langfristig stabile Währungsunion; vor allem für die Geld- und Fiskalpolitik wurde dies vielfach bezweifelt.[376]

Der Vertrag von Maastricht schaffte eine Währungsunion, die die Geldpolitik zentralisiert (an die EU und die EZB) und die Fiskalpolitik (die Steuerpolitik) den einzelnen Mitgliedsstaaten weitgehend überlässt.

Wenn einzelne Staaten zu hohe Staatsschulden haben, bekommen sie von den Banken kaum noch neue Staatskredite; dann sind die bald bankrott. Ein einzelner Staat kann dann seine Währung abwerten, das hilft dem Land, seine Exporte billiger zu verkaufen. Davon wird oft Gebrauch gemacht.

In einer Währungsunion kann der einzelne Staat seine Währung nicht abwerten, er hat ja gar keine eigene Währung mehr, die Währung ist der Euro, und die hat die Währungsunion mit 17 Mitgliedsstaaten.

Das Problem der neuen Währungsunion könnte dann bald sein, dass Mitgliedsstaaten im Fall finanzieller Probleme Hilfen von Europa verlangen *und auch bekommen werden*.[377]

Und wenn das so kommt, haftet ganz Europa für einzelne Mitgliedsländer und bald für viele Länder; obwohl die Haftung der einzelnen Länder für die Schulden anderer Länder im Vertrag verboten ist (*No Bail-out, Beistandsverbot*[378]).

Das Beistandsverbot des Maastrichter Vertrags in Artikel 125 sollte verhindern, dass ein Euroland für die Schulden eines anderen

---

[374] Die Bandbreite war in einer früheren Vereinbarung festgelegt. Das europäische Währungssystem war ein Vorläufer der Währungsunion.
[375] Siehe Prof. Dr. Arnulf Baring: Scheitert Deutschland?, S. 191 ff.
[376] Siehe Prof. Dr. Clemens Fuest: Stabile fiskalpolitische Institutionen für die Europäische Währungsunion, WIRTSCHAFTSDIENST 1993/X, S. 539 ff.
[377] Prof. Dr. Clemens Fuest, ebenda, S. 542 und S. 545.
[378] *Bail-out* heißt „die Haftung übernehmen", vor allem finanziell. Die Verträge zur Währungsunion haben festgelegt, dass die Haftung für andere Länder *nicht* übernommen werden darf, also „No Bail-out".

Eurolands einstehen darf. Für die Idee der Währungsunion war sie von besonderer Bedeutung. Aber offensichtlich wurde sie nicht überall ernst genommen. Der Vertrag hat versäumt, eine Institution vorzusehen, die die Einhaltung des Beistandsverbots erzwingen kann, das Verbot stand nur auf dem Papier.

Wenn Anleger das Verbot ernst genommen hätten, dann hätten sie im Risiko gestanden, wenn sie ihr Kapital ohne große Zinsaufschläge nach Südeuropa und Irland bringen.

Offensichtlich haben die Länder in Südeuropa und Irland und die Anleger, die das Geld gebracht haben, gedacht, dass sie kein großes Risiko eingehen, da die Währungsunion den Krisenländern schon helfen würde.

In Deutschland gab es einen Aufruf gegen die Einführung des Euro, den 155 Volkswirte unterzeichnet haben. Sie haben wohl gesehen, dass das Beistandsverbot im Ernstfall kaum durchsetzbar ist.

Euro-Krise

Auslöser der Euro-Krise war die Weltfinanzkrise, die 2007 in den USA begann und auch nach Europa schwappte und den gesamten Bankensektor erfasste. Es war die schwerste Rezession seit dem zweiten Weltkrieg.

Die nördlichen europäischen Länder und Deutschland konnten die Krise bald überwinden, Südeuropa und Frankreich aber waren angeschlagen. Die Arbeitslosenzahlen in Spanien, Griechenland und Italien stiegen auf 30%, die der jugendlichen Arbeitslosen noch höher. Die Industrieproduktion in diesen Ländern kollabierte wie in der Weltwirtschaftskrise von 1929.[379]

Seit 2012 hat sich die Lage der Weltwirtschaft und der Kapitalmärkte beruhigt, aber die Strukturkrise der südeuropäischen Länder hat sich kaum gebessert. Es gab weiterhin hohe neue Schulden, in keinem der Krisenländer ist die Staatsschuldenquote gefallen.

Neue hohe Schulden werden normalerweise durch die Finanzmärkte abgebremst, wenn die Schuldner, hier die Krisenländer, schon hoch verschuldet sind. Aber hier kamen die Marktkräfte gar nicht zum Zuge. Die Geldgeber für die neuen Schulden der Krisenländer waren die europäischen Länder, die

---

[379] Prof. Dr. Hans-Werner Sinn: Der Euro, S. 3.

EU und die EZB und der Internationale Währungsfonds (IWF), alles Geldgeber, die nicht auf Marktkonditionen achten müssen, weil am Schluss die Steuerzahler der noch gesunden Länder dafür haften.

Die neuen Schulden wurden erleichtert durch die niedrigen Zinsen der Europäischen Zentralbank und ihre lockere Geldpolitik. Auch deren Risiken werden letzten Endes auf die Steuerzahler abgewälzt.[380]

Natürlich sollen die Volkswirtschaften von Ländern, die vorübergehend in Problemen stecken, Hilfe durch vorübergehende Kredite bekommen, also Schulden machen können. Aber dieses Geld hätte vom Finanzmarkt kommen müssen. Die Rettungs-Maßnahmen der europäischen Länder waren vertragswidrig, also Unrecht, und legten die Grundlagen für die weiteren Konflikte.

Alle Länder, auch die Krisenländer, können auf Dauer nur überleben, wenn sie sich mit ihren Produkten und Leistungen selbst tragen. Auch die (noch) gesunden Länder können und wollen die Krisenländer auf Dauer nicht mittragen, das ginge über ihre Kräfte.

Wenn die Krisenländer laufend neue Schulden bekommen können, lässt schnell ihr Anreiz nach, die Strukturen so tragfähig zu machen, dass sie ohne Geld von außen leben können. Dann werden sie abhängig von Geldzuflüssen von anderen Ländern und erwarten diese Zuflüsse auch weiterhin. Die zahlenden Länder dagegen werden immer abweisender und können und wollen diese hohen Zahlungen auch nicht länger tragen. Dadurch werden die Spannungen zwischen den europäischen Ländern immer stärker.

„Die zunehmenden Spannungen zwischen den durch Sparauflagen irritierten Menschen im Süden und den von Hilfsprogrammen genervten Menschen in den nördlichen Ländern lassen derzeit keine allzu günstigen Zukunftprognosen für das europäische Projekt mehr zu.“[381]

Inzwischen sind wir in einer verfahrenen Situation, aus der es keinen leichten Ausweg mehr gibt:[382]

---

[380] Prof. Dr. Hans-Werner Sinn: Der Euro, S. 4.
[381] Ebenda, S. 7.
[382] Prof. Dr. Hans-Werner Sinn: Gefangen im Euro, S. 14ff.

- Hohe Kredite haben die *Länder Südeuropas* in die Inflation getrieben, ihre Wettbewerbsfähigkeit stark beschädigt und große Arbeitslosigkeit erzeugt. Die vermutlich beste Lösung wäre ihr Austritt aus dem Euro, der aber politisch wenig wahrscheinlich ist.
- *Deutschland* geht es nur scheinbar gut. Unsere Kapitalexporte halten den Eurokurs niedrig und die Krisenländer liquide, aber unser Auslandsvermögen nützt uns nicht viel, denn wenn wir es brauchen werden, ist das Ausland nicht zahlungsfähig, es ist hoch verschuldet.
- Der Euro hat zwischen den Staaten Europas *Spannungen* hervorgebracht, die es in Westeuropa seit dem zweiten Weltkrieg nicht mehr gab. Die Zukunft Europas ist nicht gesichert.

Die Geschichte hat erneut gezeigt, dass sich ökonomische Wahrheiten auf Dauer durchsetzen und auch den Euro nicht ausschließen.

Was braucht eine Währungsunion, damit sie funktioniert?
- *Einen Staat*: Eine Währungsunion kann nicht in einem Staatenbund (wie der EU) funktionieren, sondern nur in einem Staat oder Bundesstaat, der eine zentrale Regierung hat, die für dieses Staatsgebiet eine einheitliche Wirtschaftspolitik betreibt.
- *Gesetze einhalten*: Das Beistandsverbot wurde gebrochen, „no bail-out" wurde vereinbart, aber nicht eingehalten. Wenn das Vertrauen, dass Gesetze gelten, verschwindet, wird es lange Zeit keinen Neuanfang geben.
- *Nur vorübergehende Rettungsmaßnahmen*: Wer für die Folgen seiner Handlungen nicht einstehen muss, zerstört den Grundpfeiler der Marktwirtschaft und des menschlichen Zusammenseins, *dass Handeln und Verantwortung, Handeln und Haftung zusammengehören*. Rettungsmaßnahmen können in einer besonderen großen Krise vorübergehend ergriffen werden, aber nur für eine kurze Weile; wenn sie länger weitergeführt werden, retten sie nicht wirklich die Volkswirtschaft, sondern verwischen die Regeln, zerstören die Grundlagen und beschädigen unsere Wohlfahrt.

Europäische Zentralbank

Die Europäische Zentralbank ist ein Organ der Europäischen Union und wurde 1998 gegründet.

Ihre Aufgaben sind die Preisstabilität des Euro und die Bankenaufsicht über systemrelevante Banken.

ESZB

Das Europäische System der Zentralbanken (ESZB) umfasst
- die Europäische Zentralbank (EZB) mit Sitz in Frankfurt und
- die nationalen Zentralbanken (NZBen) *aller* Mitgliedsstaaten der Europäischen Union (EU).

Es sind also auch die Zentralbanken dabei, die den Euro nicht eingeführt haben.[383]

Euro-Zone

Die Euro-Zone (auch Euro-System genannt) umfasst
- die EZB und
- die NZBen der 19 Mitgliedsstaaten der Euro-Währungsunion.

EZB-Rat

Der EZB-Rat setzt sich zusammen
- aus dem Direktorium der EZB (Präsident, Vizepräsident, 4 weitere Direktoriumsmitglieder) und
- aus 19 Präsidenten der NZBen der Euro-Währungsunion.

Die Mitglieder sind als Person Mitglied und an keine Weisungen gebunden.

Ihre Aufgaben sind die Festlegung der Geldpolitik des Euroraums und Beschlüsse zur Bankenaufsicht.

---

[383] Deutsche Bundesbank: Geld und Geldpolitik, S. 125ff.

Euro-Rettungsprogramm

No Bail-out (Beistandsverbot)

Das vertragliche *Beistandsverbot* („Kein Land haftet für ein anderes Land, jedes Land haftet für sich selbst") bedeutet, dass jedes Euro-Land seine Schulden selbst tragen muss, bis hin zum Konkurs (Insolvenzrisiko) eines Landes.

Dieses neue Risiko wurde offenbar kaum wahrgenommen oder gar nicht daran geglaubt. Die Kreditgeber glaubten, die Währungsunion und die Europäische Zentralbank (EZB) würden die Mitgliedsländer der Euro-Zone vor dem Konkurs schützen. Die Zinsen für die Staatskredite waren niedrig, und viele neue Euro-Mitgliedsländer lebten auf Pump bei niedrigen Zinsen.

Das erzeugte eine inflationäre Kreditblase, nahm den südeuropäischen Ländern ihre Wettbewerbsfähigkeit und schuf eine große Arbeitslosigkeit. Das Beistandsverbot wurde gebrochen und die vertragswidrige Mithaftung aller anderen Euro-Mitgliedsländer verursacht.[384]

Freie Notkredite (Target)

Als die Weltfinanzkrise, die 2007 begann, Europa erreichte, bekamen überschuldete europäische Länder keine Kredite mehr auf dem Finanzmarkt. Die EZB erlaubte diesen Ländern, Notkredite (ELA)[385] aus dem Target-Zahlungssystem der nationalen Zentralbanken des Eurosystems zu bekommen, wobei die EZB die Mindestqualität der erforderlichen Pfänder (Wertpapiere als Absicherung) erheblich absenkte.

Das ermöglichte diesen Ländern, Aufträge an andere Euro-Länder zu vergeben, um Waren und Vermögenswerte zu kaufen und Schulden zu tilgen, und zwar im Umfang bis zu 1.000 Milliarden Euro. Das lief auf einen versteckten Bail-out hinaus, der manche Banken und Staaten vor dem Konkurs und ihre Gläubiger vor Verlusten bewahrte.

Für die offenen Salden dieser gewaltigen Schuldenbeträge haftet die EZB und dahinter die nationalen Zentralbanken der Euro-Länder, an vorderster Stelle die Deutsche Bundesbank.

---

[384] Prof. Dr. Hans-Werner Sinn: Der Euro, S. 351ff.
[385] Emergency Liquidity Assistance

Kauf der Staatspapiere

Um den Markt der Staatsanleihen zu stützen und keinen Kollaps des südeuropäischen Bankensystems zu riskieren, hat die EZB entschieden, Staatsanleihen zu kaufen. Das Anleihekaufprogramm (*Securities Markets Programme, SMP*) begann im Mai 2010 mit griechischen, irischen und portugiesischen Staatspapieren, im August 2011 kamen italienische und spanische Anleihen dazu. Im Februar 2012 endeten die Käufe. Insgesamt wurden 223 Milliarden Euro für Ankäufe ausgegeben.[386]

Allerdings verbietet der Vertrag über die Arbeitsweise der Europäischen Union (AEUV) in Artikel 123 eine monetäre Staatsfinanzierung.

Diese Regel und das Beistandsverbot waren Kernbedingungen Deutschlands für den Maastricht-Vertrag und die Aufgabe der Deutschen Mark (DM). Der deutsche Präsident der Bundesbank Axel Weber war gegen den Kauf der Staatsanleihen und trat von seinem Amt zurück, weil die Mehrheit der EZB dem Kauf zustimmte.[387]

Neue Rettungssysteme

Um weitere Finanzhilfen, zum Beispiel für Griechenland, von den europäischen Ländern zu vergeben und politisch zu kontrollieren, wurden zwischenstaatliche Rettungsschirme geschaffen:[388]

- EFSF (Europäische Finanzstabilisierungsfazilität)
- EFSM (Europäischer Finanzstabilisierungsmechanismus)
- ESM (Europäischer Stabilitätsmechanismus)

OMT-Programm

Um die Finanzmärkte zu beruhigen, versprach EZB-Präsident Draghi am 6.9.2012 den Investoren, *Staatsanleihen* von Krisenländern unbegrenzt zu kaufen („*whatever it takes*"), um den Euro zu retten.

Der Ankauf der Staatsanleihen hiess zuerst *SMP* (siehe oben) und hiess dann *OMT* (*Outright Monetary Transactions*, das heißt „besondere Geldübertragungen"). Anleger von Anleihen hatten dadurch kein Konkursrisiko mehr, das wurde

---

[386] Prof. Dr. Hans-Werner Sinn: Der Euro, S. 361.

[387] Ebenda, S. 355.

[388] Ebenda, S. 355ff. und S. 366ff.

zur EZB übertragen. Das Versprechen hat seine Wirkung getan und die Märkte beruhigt, obwohl mit dem Ankauf erst später begonnen wurde (im März 2015).

Quantitative Easing (QE)

QE heißt „mengenmäßige Erleichterung" und ist ein Programm der Europäischen Zentralbank zum *Ankauf von Anleihen* von Eurostaaten und europäischen Institutionen, um Geld in den Markt fließen zu lassen.

Die EZB kauft seit März 2015 monatlich Anleihen im Wert von 60 Milliarden Euro, und zwar mit neuem Geld, das die EZB als Zentralbank und Notenbank erschaffen kann und das in den Markt fließt, um die Wirtschaft ausreichend liquide zu halten, damit es nicht zu einer Deflation kommt.

Die EZB kauft damit Wertpapiere, die am Markt gehandelt werden, das wird *Offenmarktpolitik* genannt; üblich war bisher meistens, dass Geld in den Markt kommt, indem Kredite refinanziert werden. Die EZB wird damit größter Käufer am Wertpapiermarkt und verdrängt andere Marktteilnehmer. Der Ankauf der Anleihen läuft immer noch (Stand Januar 2019), ein Ende steht noch nicht fest.

Die EZB kauft auch Staatspapiere und finanziert dadurch Staatsschulden, was ihr nach dem EU-Vertrag verboten ist.

Bankenunion

Die bis jetzt letzte Stufe des Euro-Rettungsprogramms ist die Bankenunion.[389] Sie ist bisher nur zum Teil verwirklicht.

Rekapitalisierung durch ESM

Im Juni 2012 entschied das EU-Gipfeltreffen, dass die Mittel aus dem *ESM*, die für die Staaten gedacht waren, auch für die *Rekapitalisierung von Banken* verwendet werden können. Die nationalen Zentralbanken des Eurosystems haben den Banken Kredite refinanziert und dafür schlechte Pfänder entgegengenommen, was die EZB erlaubt hatte. Wenn viele Bankkredite in Not geraten, müssen auch viele Refinanzierungskredite der Zentralbanken in Not geraten, also abgeschrieben werden. Um diese Abschreibungsverluste der nationalen Zentralbanken des

---

[389] Zur Bankenunion siehe den Artikel „Bankenunion".

Euro-Systems zu vermeiden, wurden die ESM-Gelder auch für die Rekapitalisierung der Banken zugelassen.[390]

Das ist ein besonderer Vorgang: Mit ESM-Geldern springen nicht nur Staaten füreinander ein und haften gegenseitig für ihre Schulden; auch private Bankenkredite werden teilweise öffentlich abgesichert.[391]

Bankenaufsicht

Desweiteren wurde im März 2013 eine gemeinsame *Bankenaufsicht* für alle Euroländer geschaffen, die bei der EZB ihren Sitz hat *(Single Supervisory Mechanism, SSM)* und ihre Arbeit im November 2014 aufnahm.

Die neue Bankenaufsicht ist direkt nur für die *system-relevanten* Banken zuständig (Bilanzsumme ab 30 Milliarden Euro). Die anderen Banken werden weiterhin national beaufsichtigt, etwa Sparkassen und Volksbanken.

Im September 2012 wurde eine Bankenabwicklungsbehörde beschlossen (*Single Resolution Board, SRB*) mit Sitz in Brüssel, die ihre Arbeit im Januar 2015 aufnahm.

Einlagensicherung

Noch nicht verwirklicht ist die gemeinsame *Einlagensicherung* der Euroländer. Dazu lesen Sie bitte den Artikel „Einlagensicherung" in diesem Buch.

---

[390] Prof. Dr. Hans-Werner Sinn: Der Euro, S. 359.
[391] Ebenda, S. 408f.

Euro-Stoxx

Euro-Stoxx 50 ist ein Aktienindex (ein Aktienregister) der 50 größten Aktiengesellschaften in den Ländern der europäischen Wirtschafts- und Währungsunion.

Er wird in Euro und in US-Dollar berechnet. Basiswert sind 1000 Punkte am 31.12.1991.
Aktueller Kurs war 3311,12 am 23.3.2018[392] und 3125,07 am 21.1.2019.[393]

Exchange Traded Fund

ETFs sind Fonds, die wie Aktien an der Börse gehandelt werden.[394]

Exchange (wörtlich „Austausch") heißt Börse. *Exchange Traded Fund* heißt „börsengehandelter Fonds". Ein ETF ist ursprünglich einfach, sein Aktienbestand ist genau so zusammengesetzt wie etwa der DAX (Deutscher Aktienindex) oder ein anderer Index (wie Euro Stoxx 50 oder S&P 500 oder andere). Deshalb heißt er auch *Indexfonds*.

Wenn die Aktienanlage einem vorhandenen Aktienindex folgt, kann man nicht viel falsch machen. Man folgt dem Verlauf eines bekannten Aktienindex und nimmt Höhen und Tiefen des Kursverlaufs mit. Und erspart sich aufwendige Analysen. Das Erfolgsgeheimnis: einfach und preiswert. Indexfonds verlangen durchschnittlich 0,4% Jahresgebühr (vom Kapitalbestand).

Im Gegensatz zum ETF wollen die von Managern geführten Aktienfonds „den Markt schlagen", also besser abschneiden als der Marktdurchschnitt. Das gelingt natürlich ab und zu – und oft auch nicht. Diese *gemanagten* Fonds sind aber teurer, die Manager wollen bezahlt sein. Aktiv verwaltete Aktienfonds verlangen bis zu 2% Jahresgebühr. Ein ETF ist kostengünstiger,

---

[392] FAZ vom 24.3.2018, S. 29.
[393] FAZ vom 23.1.2019, S. 23.
[394] Siehe Artikel „Ihre Bewährungsprobe haben ETF noch vor sich", FAZ vom 12.2.2010, S. 23.

er kopiert einfach die Anlage eines Index. Und wurde daher ein Verkaufsschlager.

Ende 2015 hatten die ETF 451 Milliarden Euro ange-sammelt. Mittlerweile sind über 1500 ETF gelistet. Das Geschäft der ETF begann in Europa um das Jahr 2000.[395]

Inzwischen gibt es allerdings auch schon wieder sehr kom-plexe Konstruktionen von Indexfonds. Aber die kann man ja den Profis überlassen.[396]

Synthetische ETF

Synthetische Fonds kaufen nicht die Originalaktien aus dem Index, den sie kopieren. Sie kaufen andere ähnliche Aktien oder Swaps, das ist billiger. *Swaps* sind finanzielle Tauschgeschäfte, die dafür sorgen, dass Abweichungen von der Entwicklung des Originalindex (zum Beispiel des DAX) ausgeglichen werden, und zwar durch Zahlungen zwischen den Tauschpartnern (etwa dem Fonds und der Bank).[397]

Da Swap-Partner auch pleite gehen können, dürfen nur 10 Prozent des Fondsvermögens aus einem ungesicherten Swap bestehen.[398]

---

[395] Siehe Ingo Narat: „Neuer Rekord bei Indexfonds", Handelsblatt vom 23.3.2016, S. 49.
[396] Siehe Ingo Narat: „Immer mehr Anleger setzen auf Indexfonds – doch viele Produkte sind äusserst komplex", Handelsblatt vom 22.3.2016, S. 34.
[397] Zum Begriff „Swap" siehe den Artikel *Swap* in diesem Buch.
[398] Markus Neumann: Banker verstehen, S. 153f.

F

Factoring

Fakturieren heißt „Rechnung schreiben", also einem Kunden die Lieferung einer Ware „berechnen" („Rechnung" heißt auch „Faktura").

Factoring ist ein Kreditgeschäft (mit weiteren Dienstleistungen).[399] Die Forderungen eines Unternehmens aus den erstellten Rechnungen an die Kunden werden von einer Bank (oder einer speziellen Factoring-Gesellschaft) gekauft. Die Bank zahlt dem Unternehmen die Forderungen, das Unternehmen verfügt früher über das Geld.

Die Bank überwacht den Eingang der Zahlungen aus den Rechnungen, übernimmt das Mahnwesen für ausbleibende Zahlungen und – je nach Vertrag – den Ausfall von Forderungen (Forderungen an Kunden, die nicht zahlen).

Da die Bank dem Unternehmen Arbeit abnimmt und die Forderungen an das Unternehmen zahlt, bevor die Forderungen bei den Kunden fällig sind, kostet das Factoring dem Unternehmen eine Gebühr oder Provision.

Der Stuttgarter IT-Entwickler GFT Technologies hat ein Programm für das Factoring auf der Basis der *Blockchain*-Technologie entwickelt, das den Vorzug haben soll, dass jede aufgekaufte Kundenrechnung im System identifiziert werden kann, so dass ein Betrug durch mehrfaches Verkaufen einer Rechnung an mehrere Banken kaum noch unentdeckt möglich sein dürfte.[400]

---

[399] Prof. Dr. Karl Fr. Hagenmüller und Dr. Horst Müller: Bankbetriebslehre in programmierter Form, S. 122ff. Ebenso Prof. Dr. Hans E. Büschgen: Bankbetriebslehre, S. 163.
[400] „Die Blockchain ist zur Kerntechnologie geworden", FAZ vom 10.2.2018, S. 28.

© Springer Fachmedien Wiesbaden GmbH, ein Teil von Springer Nature 2019
W. Klitzsch, *Grundbegriffe der Wirtschaft*,
https://doi.org/10.1007/978-3-658-27904-2_6

Fairer oder freier Handel

Fairer Handel klingt gut – aber was bedeutet er?
Freier Handel ist frei, frei von Zwang. Fairer Handel auch?

Der G20-Gipfel von Hamburg im Juli 2017 sprach sich gegen unfaire Handelspraktiken aus. Den freien Handel, für den er sich viele Jahre lang eingesetzt hatte, erwähnte er nicht mehr.[401]

Früher hieß fairer Handel, den Entwicklungsländern einen leichteren Marktzugang einzuräumen. Man war gegen Ausbeutung der Menschen, und für fair gehandelte Waren (Fair Trade) mussten die Kunden etwas mehr bezahlen.

Unter fairem Handel versteht US-Präsident Trump, seit Januar 2017 im Amt, die ausgeglichene Handelsbilanz zwischen zwei Ländern. Handel ist nach dieser Idee unfair, wenn ein Land dem anderen Land mehr Waren oder Dienstleistungen verkauft, als es von dort kauft.

Die Handelsbilanz auszugleichen geht nur durch Zwang, durch staatlichen Eingriff. Die Menschen wollen diejenigen Waren kaufen und dort kaufen, wo sie sie am besten finden – das wäre Handel ohne Zwang, und so entsteht der Wohlstand, den alle wollen.

Wenn die USA mehr Waren aus anderen Ländern kauft, ist das die Kaufentscheidung der amerikanischen Bürger, dass sie diese Waren kaufen wollen. Wenn sie nur noch so viel kaufen dürften, wie sie selbst an andere Länder verkaufen, wird ihr Wohlstand sinken und ihre Entscheidungsfreiheit eingeschränkt. Sie werden gleichwertige Waren nicht kaufen und die Waren aus eigener Herstellung nur teurer kaufen können, weil insoweit der internationale Wettbewerb fehlt.

Darüber hinaus führt dieses Verhalten auch zu sinkendem Wohlstand in den Ländern, die die Handelspartner der USA sind. Bei der Größe der amerikanischen Wirtschaft würde sich dies negativ auf die ganze Welt auswirken.

Dieser Handel könnte eher unfair genannt werden, diese Handelsidee ist kurzsichtig. Sie versucht es mit Zwang, bringt es aber nicht zum Besseren.

---

[401] Patrick Welter: „Wider den fairen Handel", FAZ vom 29.7.2017, S. 19.

Fair Value

Fair Value ist der *aktuelle beizulegende Zeitwert* (im Rahmen der Bewertung von Vermögenswerten und Schulden bei der Bilanzierung).

Nach deutscher Bilanzierung gemäß Handelsgesetzbuch (HGB) sind Vermögenswerte und Schulden nach *Anschaffungskosten* zu bewerten.

Nach den IAS[402] müssen bzw. dürfen bestimmte Finanzinstrumente (nach IAS 39) und als Finanzinvestition gehaltene Immobilien (nach IAS 40) mit ihren aktuellen beizulegenden Zeitwerten bewertet werden, und zwar unabhängig davon, ob der beizulegende Wert abweicht von den Anschaffungskosten.[403]

Die Unterschiede zwischen den Zeitwerten und den Anschaffungskosten (die ja schon bei der Anschaffung gebucht waren) werden nach den IAS im Wesentlichen erfolgswirksam erfasst, also direkt in der GuV gebucht (und führen damit zu Erträgen oder Aufwendungen).

Diese Bewertung und Verbuchung kennt das deutsche Handelsrecht nicht. Die Bewertung nach IAS ist zu volatil (ist zu schwankend), sie folgt den häufig schwankenden Zeitwerten. Das HGB bewertet dagegen ruhiger und stabiler, was gerade in unruhigen oder Krisenzeiten für Stabilität und Verlässlichkeit sorgt.

---

[402] **International Accounting Standards** sind internationale Bilanzierungsregeln, die auch in Deutschland in vielen Fällen von Bedeutung sind.

[403] Prof. Dr. Jörg Baetge, Prof. Dr. Hans-Jürgen Kirsch und Dr. Stefan Thiele: Bilanzen, S. 272.

Falschgeld

Falschgeld ist gefälschtes Geld (und Geld fälschen ist strafbar).

Im Jahr 2016 wurden 684.000 falsche Euro-Geldscheine im Euro-Raum aus dem Verkehr gezogen.[404] Den größten Anteil davon hatten die 50-Euro-Geldscheine mit 48%, die 20-Euro-Geldscheine hatten einen Anteil von 37% (für die übrigen Geldscheine bleiben nur noch 15% übrig, die lohnen sich wohl nicht so). Es werden auch Münzen gefälscht.

Die EZB hält es für unwahrscheinlich, eine gefälschte Banknote zu erhalten. Die aus dem Verkehr gezogenen Geldscheine sind nur 0,003% von den 20 Milliarden Euro-Geldscheinen im Umlauf, da kommt rein rechnerisch erst nach 29.000 Geldscheinen ein gefälschter.

Federal Reserve System

Das *Federal Reserve System* hat die Funktion der US-amerikanischen Zentralbank. Es wird oft *Fed* genannt.

Die Fed ist verantwortlich für die Geldpolitik der USA.[405]

Das Federal Reserve System gehört etwa 2900 Banken der USA. Es ist also keine staatliche Behörde, es ist zu 100 Prozent im Privatbesitz der Banken.

Es besteht
- aus dem Board of Governors, der sieben Mitglieder hat
- und aus den zwölf regionalen Federal Reserve Banks.

Die Mitglieder des Boards werden allerdings vom US-Präsidenten ernannt.

---

[404] nach Angaben der EZB, siehe: „Deutlich mehr „falsche Fuffziger", FAZ vom 22.7.2017, S. 25.
[405] Matthias Weik und Marc Friedrich: Der grösste Raubzug der Geschichte, S. 133.

Festgeld

Festgeld ist Geld, das angelegt wird für einen *fest* vereinbarten Zeitraum (also eine *feste Laufzeit*).

Festgeld ist eine *Termineinlage*, die nach einem vereinbarten Termin zurückgezahlt wird. Die Laufzeit beträgt mindestens einen Monat.

Das Gegenteil ist Geld, das jederzeit kündbar ist, also *täglich fällig* sein kann.

Finanzierung

Außenfinanzierung
Außenfinanzierung kann bestehen aus
a) Kreditaufnahmen
b) Lieferantenkrediten
c) zusätzlichem Eigenkapital, auch aus neuen Aktien (bei einer Aktiengesellschaft) oder aus neuen Beteiligungen (etwa bei Personengesellschaften oder GmbH).

Innenfinanzierung
Innenfinanzierung kann bestehen aus
a) jährlichen Gewinnen (die nicht ausgeschüttet werden)
b) Rückstellungen (besonders langfristige Rückstellungen wie Pensionsrückstellungen)
c) Abschreibungen
d) ausserordentlichen Erlösen (z.B. Verkauf von Vermögen)[406]

Rückstellungen sind Aufwand im Geschäftsjahr, führen aber oft nicht zum Abfluss von Geld im Geschäftsjahr.

Aufwand führt zu weniger Steuern, wenn ein Gewinn erzielt wird.

Abschreibungen sind Aufwand, der aber keine Ausgaben (keine Zahlungen) im Jahr der Abschreibungen hat, wohl aber Umsatzerlöse aus den produzierten Waren.

---

[406] Siehe Prof. Dr. Dieter Schneider: Investition und Finanzierung, S. 139f.

Goldene Finanzierungsregel

Vermögensgegenstände, die eine *lange* Nutzungsdauer haben, sollten auch ebenso lang finanziert sein, also durch Eigenkapital oder langfristiges Fremdkapital (zum Beispiel für Gebäude und lang laufende Maschinen).

Kurzfristig gebundenes Vermögen kann kurzfristig finanziert sein (zum Beispiel Umlaufvermögen wie laufend verbrauchte Roh- und Betriebsstoffe).

Die goldene Finanzierungsregel ist eine horizontale Bilanzregel, die eine Übereinstimmung von Bilanzposten der Aktivseite (Vermögensgegenstände) mit Posten der Passivseite (Kapital) herstellen will. Je stärker die Regel eingehalten wird, desto eher wird die Finanzierung des Unternehmens solider eingeschätzt werden.

Wenn diese goldene Finanzierungsregel beachtet wird, wird ein Unternehmen bei einer Prüfung der Kreditwürdigkeit besser beurteilt werden.[407]

(Vertikale) Kapitalstrukturregel

Die Kapitalstrukturregel wünscht sich einen hohen Anteil des Eigenkapitals, am besten 1 zu 1 (also Hälfte Eigenkapital und Hälfte Fremdkapital). Sie bekommt den Wunsch aber nicht erfüllt, die deutschen Unternehmen haben 2013 insgesamt 28% Eigenkapital an der Bilanzsumme, so dass das Fremdkapital 72% beträgt.[408]

Diese Regel ist eine vertikale Regel, weil sie das Verhältnis von Eigenkapital zu Fremdkapital nur auf einer Bilanzseite betrachtet, auf der Seite der Passiva.

---

[407] Siehe Prof. Dr. Günter Wöhe, Prof. Dr. Ulrich Döring und Prof. Dr. Gerrit Brösel: Einführung in die Allgemeine Betriebswirtschaftslehre, S. 594ff.

[408] Ebenda, S. 595.

Finanzmärkte

Der Kapitalismus, der etwa ab 1750 in Verbindung mit der Industrialisierung entstand, erforderte Kapital. Das Kapital wurde von den Geld- und Finanzmärkten besorgt.[409] Die Finanzmärkte wuchsen mit der Industrialisierung zu den großen Aktiengesellschaften für Stahl, Chemie und Elektrotechnik im 19. uns 20. Jahrhundert.

Finanzmärkte
- sollen Kapitalanleger zusammenbringen mit Unternehmen und Staaten, die Kapital benötigen (Kapitalallokation)
- ermöglichen den Transfer von Risiken (Risikotransfer)
- informieren die Öffentlichkeit über die Preisbildung an den Finanzmärkten.[410]

Banken und Börsen gab es bereits seit Jahrhunderten, aber in den letzten Jahrzehnten haben die Beträge, das Volumen der Transaktionen und die verfügbaren Finanzinstrumente stark zugenommen.

In früheren Zeiten war es Aufgabe der Banken, die Wirtschaft mit Geld zu versorgen. Das Wachstum der Realwirtschaft (Güterproduktion und Dienstleistungen) war die treibende Aufgabe für die Banken.

Heute ist die Finanzwirtschaft viel größer als die Realwirtschaft. Die Finanztransaktionen haben ein Eigenleben entfaltet. Die eigenen Erfolge und Erträge der Banken und der anderen Akteure an den Finanzmärkten stehen stärker im Blickpunkt.[411]

---

[409] Prof. Dr. Andreas Rödder: 21.0 – Eine kurze Geschichte der Gegenwart, S. 41f.
[410] Prof. Dr. Klaus Spremann und Prof. Dr. Pascal Gantenbein: Finanzmärkte, S. 5.
[411] Ebenda, S. 6 und S. 69.

Größe der Finanzmärkte

Das Weltfinanzvermögen (Aktien und Anleihen) beträgt
267 Billionen Dollar (das sind 267.000 Milliarden Dollar, im
Jahr 2015):[412]

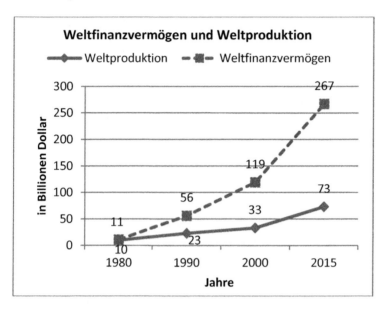

Der Gesamtbetrag des Weltfinanzvermögens hat sich zuletzt
etwa alle zehn Jahre verdoppelt.

Die *Finanztiefe* ist der Anteil der weltweiten Schulden plus
weltweiter Aktienwerte an der globalen Wirtschaftsleistung.

Im *frühen Stadium* der Entwicklung der Finanzwirtschaft
war der Anteil der Finanztiefe weit unter 100% an der globalen
Wirtschaftsleistung. Die reale Wirtschaft war also weitaus
größer als die Finanzwirtschaft. Diese Phase begann etwa 1825
und dauerte bis etwa 1960. In dieser Zeit spielte die Finanzwirtschaft der Realwirtschaft gegenüber eine untergeordnete
Rolle.

---

[412] Hans-Jürgen Jakobs: Wem gehört die Welt?, S. 598.

In der *zweiten Phase* der Entwicklung der Finanzmärkte entstanden neue Finanzinstrumente, es gab Terminkontrakte und Optionen, strukturierte Produkte und Derivate. Immer mehr Produkte wurden verbrieft, der Börsenhandel nahm stark zu. Es gab Hedgefonds und Computerhandel. Immer mehr Finanztransaktionen hatten nur noch wenig mit der Realwirtschaft zu tun, die Transaktionen bezogen sich vermehrt auf andere *finanzielle* Positionen.

Heute sind die globalen Finanzmärkte dreieinhalbmal so groß wie die weltweite Realwirtschaft, die Finanztiefe beträgt 356%.

Bankkredite gegen Wertpapiere

Um 1980 ging die Bedeutung des internationalen Kreditmarkts zurück im Vergleich zum internationalen Wertpapiermarkt. *Commercial Banking* verlor gegenüber dem *Investment Banking*. Geldmittel wurden weniger aus Bankkrediten besorgt, dafür mehr durch die Begebung von handelbaren Wertpapieren. Mehr und mehr wurden Forderungen verbrieft (*Verbriefung*, *Securitisation*) und konnten dadurch an den Börsen gehandelt werden.[413]

---

[413] Peter Binkowski und Dr. Helmut Beck: Finanzinnovationen, S. 98.

Finanzstabilitätsgesetz

In Deutschland gibt es zwei Finanzstabilitätsgesetze:
- ein Gesetz zum Erhalt der Finanzstabilität in der Währungsunion und der Zahlungsfähigkeit der Hellenischen Republik (WFStG), also für Griechenland
- und ein Finanzstabilitätsgesetz zur besseren Aufsicht über das Finanzsystem

Das erste Gesetz (WFStG) gibt es seit Mai 2010 und heißt „Gesetz zur Übernahme von Gewährleistungen zum Erhalt der für die Finanzstabilität in der Währungsunion erforderlichen Zahlungsfähigkeit der Hellenischen Republik".

Das Gesetz ermöglichte Kredite an Griechenland im Zuge der Griechenlandkrise.[414] Griechenland bekam 110 Milliarden Euro, davon zahlte der Internationale Währungsfonds 30 Milliarden Euro und Deutschland 22 Milliarden Euro. Weitere Beträge übernahmen andere europäische Länder.[415]

Das zweite Gesetz gilt ab 1. Januar 2013 und begründet einen Ausschuss für Finanzstabilität beim Bundesfinanzministerium, dem die Bundesbank jährlich einen Bericht über die Lage und Entwicklung der Finanzstabilität vorlegen soll. Der Ausschuss für Finanzstabilität berichtet dann dem Bundestag mindestens jährlich.[416]

Das Gesetz ist eine Folge der Weltfinanzkrise 2007. Es reicht nicht aus, die Stabilität der einzelnen Banken zu überwachen, auch die Funktionsfähigkeit des gesamten Finanzsystems muss überwacht werden.

Auf europäischer Ebene wurde im Januar 2011 ein Europäisches Finanzaufsichtssystem und ein Europäischer Ausschuss für Systemrisiken (ESRB) geschaffen.

---

[414] Siehe „Griechenlandkrise 2010" in diesem Buch.
[415] https://de.wikipedia.org/w/index/index.php?title=Währungsunion-Finanzstabilitätsgesetz am 28.2.2019
[416] www.bundesfinanzministerium.de am 21.3.2018

Finanzstabilitätsrat

Der *Finanzstabilitätsrat* (*Financial Stability Board, FSB*) wurde 1999 von den Finanzministern und Zentralbankpräsidenten der G7 als Finanzstabilitätsforum gegründet und 2009 vom G20-Gipfel als FSB erweitert.

Der FSB behandelt Fragestellungen der internationalen Staatengemeinschaft zum Finanzsektor und berichtet an die G20. Er soll Schwachstellen des internationalen Finanzsystems benennen, Empfehlungen zu ihrer Beseitigung machen und die Umsetzung überwachen. Zudem soll er die Regulierung und Aufsicht in Fragen zum Finanzsektor auf der internationalen Ebene koordinieren und intensivieren.[417]

Finanztransaktions-Steuer

Die *Finanztransaktions*[418]-*Steuer* ist eine *Devisenumsatz-Steuer* und heißt auch *Tobin-Steuer*, weil der amerikanische Ökonom und Nobelpreisträger *James Tobin* in den 1970er Jahren daran gearbeitet hat.

Die Wechselkurse der Währungen sollen langfristig durch reale wirtschaftliche Tatsachen bestimmt werden, kurzfristig werden sie dagegen auch durch Währungsspekulationen bestimmt. Wenn Spekulanten erwarten, dass der Dollar wertvoller wird, dann kaufen sie Dollar, um ihn später, wenn er wertvoller ist, wieder mit Gewinn zu verkaufen – weil es dann auch Marktteilnehmer gibt, die Dollar benötigen, ihn aber nicht vorzeitig gekauft haben – darauf spekulieren die Spekulanten.

Die Erwartungen der Spekulanten, wann welche Währungen steigen oder sinken, sind natürlich unsicher, denn die Informationen über Währungen kommen aus allen Ecken der ganzen Welt. Die Volumen, die an den Devisenmärkten

---

[417] Deutsche Bundesbank: Geld und Geldpolitik, S. 225ff.

[418] *trans* heißt „hinüber", *aktion* heißt „Handlung", *Transaktionen* sind Übertragungsvorgänge (zwischen zwei Personen oder Unternehmen), zum Beispiel Kauf von Gütern oder Leistungen.
Finanztransaktionen sind Zahlungen (etwa Wertpapierkauf gegen Bargeld) oder Vermögensverfügungen.

gehandelt werden, sind riesengroß und laufen zurück in die ganze Welt.

Das führt dazu, dass die Wechselkurse meistens nicht mehr viel mit den realen wirtschaftlichen Tatsachen zu tun haben, sondern von Spekulationen bestimmt werden. Sie verstärken oft die schon vorhandenen Kursentwicklungen, die *Kurssteigerungen* werden weiter angeheizt, oder die *Kursrückgänge* werden weiter nach unten getrieben.

Wenn ein Kurs fällt, *verkaufen* die Spekulanten diese Währung, wodurch der Kurs weiter fällt. Wenn ein Kurs steigt, wird diese Währung weiter *nachgefragt*, wodurch der Kurs weiter steigt. Mit der tatsächlichen wirtschaftlichen Situation hat der Wechselkurs dann nichts mehr zu tun. Solche Kapitalabflüsse haben schon manche Länder in den Ruin getrieben.

Um diese Spekulation einzudämmen, hat *James Tobin* eine Steuer auf jeden Devisentausch angeregt. Sie soll die sehr großen kurzfristigen spekulativen Kapitalflüsse vermindern, indem sie diese Spekulationen erheblich verteuern würde.

Umsetzung

Die Europäische Union hat 2011 die Einführung einer EU-Finanztransaktionssteuer vorgeschlagen. Begründet wurde sie auch damit, dass der Finanzsektor gering besteuert wird und im Zuge der Weltfinanzkrise mit 4.600 Milliarden Euro unterstützt wurde. Der Steuersatz sollte 0,1% auf den Handel von Aktien und Anleihen und 0,01% auf Derivate von Aktien und Anleihen betragen; Devisengeschäfte sollten befreit sein. Die Steuer wurde bisher weder in der EU noch in der Euro-Zone verwirklicht (Stand Anfang 2018).

Frankreich hat sich für eine Finanztransaktionssteuer ab 2012 entschieden. Der Steuersatz beträgt 0,2% für französische Aktien mit Sitz der Aktiengesellschaften in Frankreich mit einem Börsenwert ab einer Milliarde Euro (das sind 116 Unternehmen für 2012).[419]

Italien führte die Finanztransaktionssteuer 2013 ein. Der Steuersatz liegt zwischen 0,1% am regulierten Markt und 0,2% an anderen Börsenplätzen.[420]

---

[419] Kompakt-Lexikon Steuerlehre und Wirtschaftsprüfung, S. 173f.
[420] https://de.wikipedia.org/wiki/Finanztransaktionssteuer

In Deutschland gibt es noch keine entsprechende Steuer (Stand Anfang 2019).

Die Umsetzung der Steuer findet keine allgemeine Zustimmung:

- Spekulationen wirken oft (oder sogar in der Regel) stabilisierend, sind also oft sogar nützlich.
- Durch eine Spekulationssteuer werden natürlich auch der internationale Handel, die Direktinvestitionen und die Kurssicherungsgeschäfte des Außenhandels verteuert, was den sinnvollen Handel behindert.
- Die Tobin-Steuer ist nicht umsetzbar, denn dazu müsste sie weltweit eingeführt werden. Das wird kaum gelingen, denn wenn wenige nicht mitmachen, haben diese Wenigen davon einen besonders hohen Nutzen – zum Spekulieren wird es weiterhin reichen.[421]

FinTech

Der Begriff *FinTech* setzt sich zusammen aus *Finance* (Finanzbereich, Banken) und *Technology*. FinTechs sind Start-ups (neu gegründete Unternehmen), die die Geschäftsprozesse im Finanzbereich neu gestalten wollen auf Basis neuer (digitaler) Technologien und dabei oft schneller und preisgünstiger sind.

Allerdings ist die Technik nicht allein die Ursache der Veränderungen, die neue Unternehmen auf den Markt bringen. FinTechs füllen auch manche Servicelücken, die von den etablierten Unternehmen nicht ausgefüllt oder aufgegeben wurden.

Ein Beispiel für ein FinTech ist das Unternehmen PayPal, das das Bezahlen im Internet schnell und sicher verändert hat. Überweisungen erreichen den Lieferanten in wenigen Minuten, so dass der Lieferant die Ware sofort an den Kunden verschicken kann.

---

[421] Siehe Prof. Dr. Herbert Sperber und Prof. Dr. Joachim Sprink: Internationale Wirtschaft und Finanzen, S. 178ff.

Firmenwert

Beim Unternehmenskauf

Wenn ein Unternehmen für 280 Millionen Euro gekauft wird und der *Substanzwert* dieses Unternehmens 240 Millionen Euro beträgt, kann der Käufer des Unternehmens die Differenz von 40 Millionen Euro als (derivativen[422]) *Firmenwert* in der Bilanz ansetzen.

Der Firmenwert (auch *Geschäftswert* oder *good will*) ist also der Wert eines Unternehmens, der über dem Substanzwert des Unternehmens liegt.

Der *Substanzwert* ergibt sich aus den vorhandenen Vermögensgegenständen des Unternehmens.

Der *Firmenwert* wird handels- und steuerrechtlich abgeschrieben,[423] auch nach IFRS und GAAP.[424]

Ohne Unternehmenskauf

Der (originäre) *Firmenwert* (ohne Unternehmenskauf) kann sich aus dem *Ertragswert* ergeben und/oder aus immateriellen Werten, etwa aus vorhandenen Markenwerten, aus der Qualität oder dem Image der Produkte, der Qualität der Mitarbeiter und des Management und anderen Werten.[425]

Der originäre Wert kann weder handels- noch steuerrechtlich in der Bilanz angesetzt werden.

---

[422] *Derivativ* heißt „abgeleitet": Der derivative Firmenwert leitet sich ab aus dem Kaufpreis des Unternehmens (280 Millionen Euro) minus Substanzwert (240 Millionen Euro) gleich 40 Millionen Euro.

[423] Siehe Prof. Dr. Günter Wöhe: Einführung in die Allgemeine Betriebswirtschaftslehre, S. 955. Siehe ebenso Prof. Dr. Jörg Baetge, Prof. Dr. Hans-Jürgen Kirsch und Dr. Stefan Thiele: Bilanzen, S. 303ff.

[424] **IFRS** sind internationale Bilanzierungsregeln (International Financial Reporting Standards) und **GAAP** amerikanische Bilanzierungsregeln (Generally Accepted Accounting Principles).

[425] Siehe Prof. Dr. Günter Wöhe: Einführung in die Allgemeine Betriebswirtschaftslehre, S. 711 und 1008.

Fiskalpakt

Die EU-Länder einigten sich 2012 auf einen Fiskalpakt, der rigorosere Schuldengrenzen vorschreibt als der Stabilitäts- und Wachstumspakt von 1996.

Außerdem verpflichteten sich die Euroländer, jährlich ein Zwanzigstel (1/20) ihrer Schuld zu reduzieren, die zwischen dem erlaubten Schuldenstand von 60% (nach dem Maastricht-Vertrag) und dem Schuldenanfangsstand des jeweiligen Euro-lands besteht.

Außer Deutschland hat das bisher kein Land respektiert. Die europäischen Krisenländer und Frankreich haben ihre Schuldenquoten seit dem Beschluss des Fiskalpakts nahezu jedes Jahr erhöht statt gesenkt.[426]

Fixkosten und variable Kosten

Fixkosten bleiben gleich hoch (also fix = fest), egal ob viel oder wenig produziert wird – weil sie nicht von der Produktionsmenge abhängen.

Variable Kosten steigen, wenn mehr produziert wird, und sinken, wenn weniger produziert wird – sind also abhängig von der Produktionsmenge.

Wenn 1.000 Autos am Tag gebaut werden, braucht man 4.000 Reifen; wenn man 2.000 Autos am Tag baut, braucht man 8.000 Reifen. Daraus entstehen *variable* Kosten für die Reifen, sie steigen und fallen mit der produzierten Menge.

Die Maschinen, Computer und Roboter, die für die Herstellung der 1.000 oder 2.000 Autos gebraucht werden, haben *Fixkosten*, weil sie vor der Herstellung gekauft und installiert werden mussten und jetzt konstant gleiche Kosten haben, so lange sie überhaupt benutzt werden sollen. Ihre Kosten werden nicht geringer, wenn weniger produziert wird, und nicht mehr, wenn mehr produziert wird.

Das Gleiche gilt für das Fabrikgelände, die Werkhallen, die Ausrüstung, das Werkzeug, die Lagerhallen – das alles sind *fixe Kosten*, die einmal ausgegeben werden mussten, um die

---

[426] Prof. Dr. Hans-Werner Sinn: Der Euro, S. 368f.

Produktion zu ermöglichen. Bezahlt machen sich diese Kosten erst, wenn dort Produkte hergestellt werden, die verkauft werden zu Preisen, die die *variablen* Kosten *und* die *Fixkosten* wieder hereinholen.

Fixing

Fixing bedeutet, dass an der Börse ein Kurs festgestellt wird (fixiert wird) und dann öffentlich mitgeteilt wird.

Im DAX (deutscher Aktienindex) werden die Kurse während der Handelszeit jede Minute festgestellt und mitgeteilt.

Float

Float heißt ‚fließen' oder ‚treiben'. Hier ist Geld gemeint, das im Zahlungsverkehrssystem einer Bank treibt (oder zwischen Banken), und zwar zwischen einem Zahlungsausgang und einem Zahlungseingang. Wenn man den Zahlungsausgang früher bucht und den Zahlungseingang später (was ganz normal und korrekt sein kann), dann hat man kurze Zeiträume, in denen das im Zahlungsverkehrssystem treibende Geld keinem Kunden gehört. Daraus entstehen Zinserträge für die Banken.

Die Rechtsprechung hat dieses Verfahren stark eingeschränkt.[427]

Floating ist das Einpendeln des Wechselkurses nach Angebot und Nachfrage am Devisenmarkt.

---

[427] Siehe Duden Wirtschaft von A bis Z, S. 416.

FMS Wertmanagement

Die *FMS Wertmanagement* ist eine bundeseigene Abwicklungs-anstalt und eine wirtschaftlich selbständige Anstalt des öffentlichen Rechts.

Sie wurde im Jahr 2010 gegründet, um von der Hypo Real Estate Holding AG (einer Bank) und ihren Tochterunternehmen Risikopositionen und Geschäftsbereiche zu übernehmen und abzuwickeln (das bedeutet: zu verkaufen oder aufzulösen).

Im Oktober 2010 übernahm die FMS Wertmanagement von der HRE-Gruppe Vermögenspositionen im Nominalwert von 175 Milliarden Euro, das waren über 12.000 Einzelpositionen.

Die FMS Wertmanagement kann die Positionen zu wirt-schaftlich günstigen Zeitpunkten abwickeln, so dass im Interesse der Steuerzahler bestmögliche Einnahmen erzielt werden können.

Der Nominalwert des abzuwickelnden Vermögens betrug Ende 2016 noch 89 Milliarden Euro.

Die FMS Wertmanagement wird von der Bundesanstalt für Finanzmarktstabilisierung (FMSA) beaufsichtigt, die zum Bundesfinanzministerium gehört. Daneben hat die BaFin (Bundesanstalt für Finanzdienstleistungsaufsicht) die Fach-aufsicht.

Bei entstehenden Verlusten gilt eine unbegrenzte Nach-schusspflicht der SoFFin (Sonderfonds Finanzmarktstabil-isierung).[428]

---

[428] https://www.fms-wm.de am 26.3.2018.

Fonds

Fonds heißen auch *Investmentfonds*.

Fonds sammeln Geld von (vielen) Anlegern ein, die Anleger erhalten im Gegenzug Investmentzertifikate (Anteilsscheine am Fondsvermögen).

Das Geld wird in Anlageobjekten angelegt, um für die Anleger Erträge zu erzielen.

Fonds haben den Vorteil, dass auch kleinere Beträge eingezahlt werden können und dass dennoch (weil viele Beträge zusammenkommen) die angelegten Gelder auf viele Risiken und auf Werte verteilt werden können (Aktien, Anleihen, Immobilien, Rohstoffe).[429]

Das heißt nicht, dass alle Fondsanleger gute Erfahrungen mit Fonds gemacht haben. Es gibt krisenfeste und spekulative Fonds[430] und viele dazwischen.

Und es gibt sehr viele verschiedene Fonds, etwa:
- Waren-Fonds (kaufen z.B. Weizen, Rohstoffe wie Kupfer u.a.)
- Immobilien-Fonds (beteiligen sich an Grundstücken und Häusern)
- Schiffs-Fonds (beteiligen sich an Schiffen)
- Geldkapital-Fonds (bestehen aus Forderungen und Beteiligungen, etwa Aktienfonds, Rentenfonds, Geldmarktfonds)
- Dach-Fonds (halten Anteile an anderen Fonds),[431]
- Index-Fonds (bilden bei der Anlage der Gelder ihres Fonds die Struktur eines (Aktien-)Index nach, zum Beispiel des DAX).[432]

Offene Fonds geben neue Anteile am Fondsvermögen ohne Begrenzung aus. Sie müssen die Vorschriften des Investmentgesetzes beachten.

Die Fondsanteile kann man in der Regel jederzeit verkaufen.[433]

---

[429] Siehe Markus Neumann: Banker verstehen, S. 77f.

[430] Siehe Michael Braun Alexander: So geht Geld, S. 199f.

[431] Siehe Prof. Dr. Oswald Hahn: Bankbetriebslehre, S. 135f.

[432] Siehe Artikel „Index-Fonds" und Artikel „Exchange Traded Funds". Ebenso: Duden Wirtschaft von A bis Z, S. 440. Ebenso: Hans-Dieter Seibert: Englische Wirtschaftsbegriffe, S. 130.

[433] Siehe Markus Neumann: Banker verstehen, S. 77 und S. 90f.

Fonds sind *Sondervermögen* einer Investmentgesellschaft, die aus dem eingezahlten Geld der Kapitalanleger gebildet werden und gesondert vom eigenen Vermögen der Investmentgesellschaft gehalten werden müssen.[434] Sollte eine Investmentgesellschaft Zahlungsprobleme haben, sind diese Sondervermögen geschützt vor der Pleite der Investmentgesellschaft.

Das bisher gesagte gilt nicht für *geschlossene Fonds.* Sie haben ein begrenztes Volumen. Sie gibt es als Unternehmensbeteiligungen und bei Immobilien und sie beziehen sich oft auf bestimmte Projekte, daher ist ihr Risiko sehr genau zu prüfen. Verluste sind möglich.[435]

Forfaitierung

Forfaitierung ist der Verkauf von Exportforderungen. Der Exporteur verkauft seine Forderungen aus dem Exportgeschäft an eine Bank. Der Exporteur bekommt sein Geld, die Bank übernimmt finanzielle Risiken aus dem Geschäft und bekommt dafür eine Gebühr.

Forward Rate Agreement

Ein Forward Rate Agreement (FRA) ist eine *Zinssicherungsvereinbarung*. Mit einem FRA wird ein Zinssatz vereinbart, der in einer zukünftigen Periode gelten soll, um ein Zinsänderungsrisiko für die eigenen Gelddispositionen auszuschließen.

Das gilt für Zinssteigerungen wie Zinssenkungen. Wenn der Zins steigt, müsste man ohne FRA mehr Zinsen bezahlen, man hätte also einen Kreditbedarf. Wenn der Zins sinkt, hätte man ohne FRA einen Geldüberschuss, man hätte also einen Bedarf, den Geldüberschuss anzulegen.

Bei diesem Geschäft wird ein Zinssatz festgelegt; der zu Grunde liegende Kapitalbetrag wird nicht ausgetauscht.

---

[434] Siehe Duden Wirtschaft von A bis Z, S. 438. Ebenso: Michael Braun Alexander: So geht Geld, S. 206.
[435] Siehe Markus Neumann: Banker verstehen, S. 78f.

Die zukünftige Periode ist der *Absicherungszeitraum*. Wann der beginnt, wird im Vertrag (im Agreement) festgelegt. Die *Vorlaufperiode* ist die Zeit von heute bis zum Beginn des Absicherungszeitraums. Die Vorlaufperiode kann 1 bis 18 Monate dauern, der Absicherungszeitraum 3 bis 12 Monate.

Die *Nominalbeträge* im Handel mit FRA schwanken zwischen 5 Millionen Euro und mehreren 100 Millionen Euro.[436]

Franchising

Franchising ist ein Vertriebssystem.

Die *Vertriebsunternehmen* sind dabei rechtlich selbständige Unternehmen, die einen Franchise-Vertrag mit dem Franchise-Geber abschließen.

Der *Franchise-Geber* hat das zu verkaufende Produkt (oder eine Dienstleistung) und das Vertriebs- und Organisations-Konzept, unterstützt die Vertriebsunternehmen und vermittelt das Fachwissen zum Produkt und zum Vertriebskonzept.

Beim Franchising ist meist von besonderer Bedeutung, dass ein einheitliches Image der Produkte im Markt gewährleistet wird.

Vorteil für den Franchise-Geber: Er kann sein Vertriebskonzept an viele örtliche Unternehmen weitergeben und dadurch seine Produkte in den Markt bringen.

Vorteil für die örtlichen Vertriebsunternehmen: Sie übernehmen ein vorhandenes Produkt und Vertriebssystem und erhalten fachkundige Unterstützung.

Beispiel eines Franchise-Systems ist der Vertrieb von Coca-Cola. Daneben werden Franchise-Systeme in vielen Bereichen der Wirtschaft angewandt, zum Beispiel im Dienstleistungs-bereich, bei Gaststätten, Hotels und in Reparaturbetrieben.[437]

---

[436] Siehe Prof. Dr. Thomas Heidorn: Finanzmathematik in der Bankpraxis, S. 77.
[437] Siehe Prof. Dr. Günter Wöhe: Einführung in die Allgemeine Betriebswirtschaftslehre, S. 655f.

Freihandel

„Für uns spielt der Freihandel eine wesentliche Rolle, um die Armut in der Welt zu mindern.“[438]

Freihandel heißt, der Handel zwischen (allen) Staaten findet ohne staatliche Beschränkungen statt, ohne Zölle, ohne Mengenbeschränkungen, ohne andere (nichttarifäre) Hemmnisse (zum Beispiel Qualitätsstandards oder Umweltschutzauflagen oder andere).[439]

Freihandel wirkt wie eine weltweite *Arbeitsteilung*. Arbeitsteilung fördert den Wohlstand schon innerhalb eines Landes, weil die Arbeitskräfte im Zusammenspiel mehr herstellen können und der Wohlstand für alle steigen kann. Der Freihandel über die Landesgrenzen hinweg erweitert die Arbeitsteilung, indem jedes Land das am besten herstellen kann, wozu es am besten geeignet ist.[440] Der Handel würde, richtig angewandt, für alle einen Nutzen haben können.

Wenn ein Land Weizen *exportiert* und Stahl *importiert*, dann hat dieser Handel den gleichen Nutzen wie eine Technologie, mit der man Weizen zu Stahl machen kann. Damit kann das Land das gleiche Wirtschaftswachstum erreichen wie bei einem vergleichbaren technologischen Fortschritt.[441]

Freihandel und Wohlstand

Freihandel ist gut für den Wohlstand aller Länder, wenn alle Länder gleichberechtigt teilhaben am Freihandel, wenn also staatliche Beschränkungen des Handels gleichmäßig beseitigt sind. Das heißt, dass alle Zölle abgeschafft sind wie auch nichttarifäre Handelshemmnisse. Aber der Freihandel allein sorgt nicht dafür, dass der Wohlstand alle erreicht.

---

[438] sagte Weltbank-Präsident Jim Yong Kim, Handelsblatt Morning Brief vom 5.7.2017.
[439] Duden Wirtschaft von A bis Z, S. 225.
[440] Prof. Dr. Artur Woll: Volkswirtschaftslehre, S. 31.
[441] Prof. N. Gregory Mankiw, Prof. Mark P. Taylor und Andrew Ashwin: Volkswirtschaftslehre für Schule, Studium und Beruf, S. 340.

„Welthandel ist nicht automatisch frei. Er verteilt Einkommen um. Er sorgt bei den einen für mehr Wohlstand und macht andere arm."[442]

Der amerikanische Professor und Nobelpreisträger Paul Krugman sagt: „Ich bin für Freihandel." Aber nicht immer sei es tatsächlich für Länder das Beste, bedingungslos alle Grenzen abzubauen.[443] Als England und Deutschland noch nicht so weit waren mit ihrer industriellen Entwicklung, haben sie ihre Industrie subventioniert und mit Zöllen gegen Importe geschützt. Den Freihandel haben sie erst verwirklicht, als die eigene Industrie den konkurrierenden Ländern voraus waren. Liberalisierung nützt nämlich denen, die den andern voraus sind.[444] Und Liberalisierung produziert meistens auch Verlierer,[445] um deren Förderung, Weiterbildung und Unterstützung man sich bemühen muss.

Die Europäische Union verlangt von den Ländern der Welt eine liberale Einstellung zum Freihandel, ist aber selber in vielen Bereichen protektionistisch eingestellt.

Freihandelszonen

Dass der Freihandel für eine bestimmte Region in einem Vertrag geregelt werden soll, gibt zu denken. Sollte nicht mal die ganze Welt einen Nutzen vom Freihandel haben? Gab es nicht mal GATT-Runden[446] und gibt es nicht eine Welthandelsorganisation (WTO)?

Wenn Europa und Amerika einen Freihandelsvertrag (TTIP) geschlossen und daraus Vorteile gehabt hätten, wäre das dann nicht zum Nachteil für andere Länder gewesen? Der Freihandel sollte doch für alle gelten, besonders aus deutscher Sicht, Deutschland exportiert ja in die ganze Welt.

In China wurde der Freihandelsvertrag TTIP so verstanden, dass er sich gegen China richtet, der Handel mit China also

---

[442] Professor Dani Rodrik von der Universität Princeton, in Petra Pinzler: Der Unfreihandel, S. 18.
[443] Petra Pinzler: Der Unfreihandel, S. 18.
[444] Ebenda, S. 24.
[445] Ebenda, S. 30.
[446] Zu den Begriffen GATT und WTO siehe den Artikel „GATT und WTO" in diesem Buch.

erschwert werden sollte.[447] Das wird natürlich auch für Asien, Afrika und Lateinamerika gelten. Die wichtigsten Schwellenländer der Welt (China, Indien, Brasilien, Russland) wären bei TTIP ausgeschlossen worden und damit als Handelspartner nicht besonders akzeptiert.[448] Ist das eine zukunftsweisende Handelspolitik?

TTIP wird erst mal nicht vereinbart werden, weil US-Präsident Trump ihn ablehnt. Für die Zeit nach Trump sollte aber eine andere Handelspolitik vorbereitet werden, die alle Handelspartner einschließt, die teilnehmen wollen.

Das pazifische Freihandelsabkommen (TPP, Trans-Pacific Partnership), das Präsident Trump ebenfalls abgelehnt hat, wird ohne die USA fortgeführt. Treibende Kraft war Japan. Das Abkommen wurde in Santiago in Chile von elf Ländern unterzeichnet, das sind Australien, Brunei, Kanada, Chile, Japan, Malaysia, Mexiko, Neuseeland, Peru, Singapur und Vietnam. Das Abkommen heißt jetzt CP TPP oder TPP11.[449] Das Abkommen umfasst 13% des Welt-Bruttosozialprodukts (mit den USA hätte es 40% umfasst).

Fristentransformation

„Aus kurz mach lang", das ist meistens der Sinn und Zweck der Fristentransformation.

Die Banken bekommen Geld von den Kunden, oft als *Einlagen*, die entweder täglich fällig sind (*Sichteinlagen*) oder nur auf kurze Zeit gebunden sind (*Termineinlagen*). Die Kunden können dieses Geld auch für lange Zeit der Bank überlassen, sie können es aber auch sehr kurzfristig wieder zurückhaben wollen.

Die Banken dagegen vergeben *Kredite* an ihre Kunden oft auf lange Zeit, zum Beispiel *Kredite für den Hausbau* für 10 oder 30 Jahre. Und vereinbaren dabei oft einen festen Zinssatz auf

---

[447] Petra Pinzler: Der Unfreihandel, S. 135 und S. 236.
[448] Ebenda, S. 237.
[449] Rodion Ebbighausen: „Pazifisches Freihandelsabkommen ohne USA und China", http://www.dw.com vom 8.3.2018.

10 oder sogar 15 Jahre (erst nach den 10 oder 15 Jahren kann ein neuer Zins für die weiteren Jahre vereinbart werden, der sich dann nach der jeweiligen Marktlage richten wird).

Die Differenz zwischen den kurzen Fristen der Kundeneinlagen und den langen Bindungsfristen bei den Hausbau-Krediten, das ist das Problem *Fristentransformation*. Denn die birgt Risiken. Wenn die Zinssätze für Kundeneinlagen plötzlich steigen (mehr Kosten für die Bank), bleiben die fest vereinbarten Zinssätze für lange Fristen unverändert niedrig (die Zinseinnahmen bleiben niedrig).

Beispiel:
Der Hausbaukredit über 2% pro Jahr ist auf 10 Jahre vereinbart. Inzwischen ist der Zinssatz für Einlagen der Kunden auf 4% gestiegen. Die Bank bekommt 2% für den 10-jährigen Hauskredit, muss aber für neue Einlagen 4% bezahlen.

Die Zinseinnahmen bleiben gleich, die Zinsausgaben steigen, die Marge (die Differenz) zwischen den Zinsen wird also kleiner, also wird auch der Gewinn der Bank kleiner. Wenn die Marge gegen Null geht, kann die Bank ihre Kosten bald nicht mehr decken (kann also bald die Gehälter ihrer Mitarbeiter nicht mehr bezahlen).

Die Bank, die dieses Problem nicht im Griff hat, steht am Abgrund. Beispiel: Die Bank Hypo Real Estate in München konnte nicht standhalten, als die große Bank Lehman Brothers in den USA 2008 im Zuge der Weltfinanzkrise zusammenbrach. Der Hypo Real Estate fehlte der nötige Geldzufluss, den sie vorher hatte.

Fungibel

Fungibel heißt „leicht handelbar", leicht zu kaufen und leicht zu verkaufen.

Fungibilität ist die Voraussetzung für den Handel an der Börse.

Fusion

Fusion ist der Zusammenschluss zweier Unternehmen.

Der Zusammenschluss erfolgt oft dadurch, dass das kaufende Unternehmen das gekaufte Unternehmen übernimmt. Das sagt man so: Zum Übernehmen gehören immer zwei, der eine will kaufen, der andere will verkaufen.

Kann eine *Aktiengesellschaft* (AG) auch gegen ihren Willen verkauft werden?

Auch wenn der Vorstand nicht einverstanden ist mit der Übernahme durch eine andere Gesellschaft und sich dagegen wehrt, ist seine Meinung nicht entscheidend.

Die AG gehört den Aktionären, und wenn die Mehrheit der Aktionäre ihre Aktien verkauft, hat die AG einen neuen Eigentümer. Die AG kann nur mit dem Willen der Aktionäre verkauft werden, die die Mehrheit der Aktien haben.

Ein *Versicherungsverein auf Gegenseitigkeit* (VaG) kann an der Börse nicht aufgekauft werden, weil es bei der VaG gar keine Aktien gibt (daher kann man auch keine kaufen oder verkaufen). Die VaG hat keine Eigenkapital*anteile*, sondern sie gehört dem Verein insgesamt. Sie könnte nur insgesamt verkauft werden, aber nur nach Dreiviertelmehrheit der Mitgliederversammlung bzw. der Mitglieder*vertreter*versammlung.

Futures

Futures sind *Terminkontrakte*. Das sind Verträge, die erst in der Zukunft wirken: Zu einem bestimmten Datum soll eine Ware geliefert werden (vom Lieferanten) und abgenommen werden (vom Abnehmer). Dabei können Menge, Qualität, Preis und Ort im Vertrag festgelegt sein.

Termingeschäfte gibt es schon länger. Weiter entwickelt haben sich die Termingeschäfte zu *Financial Futures* durch standardisierte Verträge und durch Schaffung von Börsen für den Handel solcher Finanzkontrakte.[450]

Wozu macht man das? Alle Verträge werden nur abgeschlossen, weil sich beide Vertragsparteien (Käufer und Verkäufer) einen Nutzen erwarten. Oft erwarten sie Planungssicherheit und Absicherung gegenüber möglicherweise eintretenden negativen Preis- oder Währungskursänderungen. Mit den im Vertrag vereinbarten Preisen können sie kalkulieren und sind vor unerwarteten Entwicklungen abgesichert.

---

[450] Siehe Peter Binkowski und Dr. Helmut Beck: Finanzinnovationen, S. 64ff.

G

GAAP

US-GAAP (*United States Generally Accepted Accounting Principles*) sind Bilanzierungsvorschriften wie das deutsche HGB (Handelsgesetzbuch) und die IFRS (International Financial Reporting Standards).[451]

Die GAAP sind Bilanzierungsvorschriften für die Vereinigten Staaten von Amerika (USA) und gelten für Unternehmen. Sie werden herausgegeben vom Financial Accounting Standards Board (FASB) und werden anerkannt von der Securities and Exchange Commission (SEC). Die SEC ist die amerikanische Börsenaufsichtsbehörde.

GATT und WTO

GATT
Nach der Weltwirtschaftskrise 1929 breitete sich handelslähmender Protektionismus weltweit aus. Um dem zu begegnen, wurde nach dem zweiten Weltkrieg ein *General Agreement on Tariffs and Trade* (GATT) gegründet, auf Deutsch „Allgemeines Zoll- und Handelsabkommen".

Das Abkommen wurde 1947 von 23 Ländern vereinbart und trat 1948 in Kraft. Die Bundesrepublik Deutschland wurde 1950 Mitglied. Später waren über 120 Länder Mitglied.[452]

Das Abkommen hatte Erfolg, der internationale Handel nahm einen enormen Aufschwung. In verschiedenen Verhandlungsrunden wurden Zölle gesenkt und weitere Handelsbeschränkungen vermindert.

---

[451] Siehe Artikel „Handelsbilanz" und „IFRS" in diesem Buch, außerdem Artikel „Vorsichtsprinzip".
[452] Siehe Prof. Dr. Herbert Sperber und Prof. Dr. Joachim Sprink: Internationale Wirtschaft und Finanzen, S. 168.

© Springer Fachmedien Wiesbaden GmbH, ein Teil von Springer Nature 2019
W. Klitzsch, *Grundbegriffe der Wirtschaft*,
https://doi.org/10.1007/978-3-658-27904-2_7

WTO

Im Jahre 1995 wurde das GATT durch die *World Trade Organization* (WTO, Welthandelsorganisation) ersetzt.[453] Sie hat 157 Mitgliedsländer und ihren Sitz in Genf.

Das große Problem des Welthandels besteht im *Agrarprotektionismus* der Industrieländer. Die Zollsätze für Agrarexporte der Entwicklungsländer sind im Durchschnitt zehnmal so hoch wie innerhalb der OECD-Staaten.[454] Gerade die Agrarprodukte können von den Entwicklungsländern günstig hergestellt und angeboten werden.[455] Das Problem ist, dass diese Produkte auch von den Industrieländern in Massen produziert werden[456] und die Nationalstaaten ihre eigene Landwirtschaft schützen wollen.

Geld

Die meisten Menschen denken, das Geld würde nur vom Staat erstellt. Dabei wird das meiste Geld vom privaten Bankensystem geschaffen (siehe unter „Geldschöpfung" drei Seiten weiter). Dennoch ist das staatlich geschaffene Geld von großer Bedeutung.

Funktionen des Geldes

Geld ist allgemeines *Zahlungsmittel*, das gesetzlich geregelt ist. Es ist in einer arbeitsteiligen Wirtschaft unentbehrlich.

Mit Geld können Waren auch *bewertet* und damit verglichen werden, auch ohne sie zu kaufen.

Da es klein und leicht ist, kann man Geld auch leicht *weitergeben*, für Waren und Leistungen oder verschenken oder vererben.[457]

---

[453] Siehe Prof. Dr. Artur Woll: Volkswirtschaftslehre, S. 596f.

[454] **OECD** heißt Organisation für wirtschaftliche Zusammenarbeit und Entwicklung, Paris, gegründet 1960, 30 Mitgliedsländer.

[455] Das sind komparative Kostenvorteile der Entwicklungsländer, siehe den Artikel „Komparativer Kostenvorteil" in diesem Buch.

[456] Siehe Prof. Dr. Herbert Sperber und Prof. Dr. Joachim Sprink: Internationale Wirtschaft und Finanzen, S. 170.

[457] Siehe Duden Wirtschaft von A bis Z, S. 101. Siehe auch Prof. Dr. Otmar Issing: Einführung in die Geldtheorie, S. 1f. Siehe ebenfalls Prof. Dr. Dieter Gerdesmeier: Geldtheorie und Geldpolitik, S. 1f.

Geld kann auch gut *aufbewahrt* werden, es nimmt nicht viel Platz weg und bleibt in normalen Zeiten (einigermaßen) wertbeständig.

Formen des Geldes

Viele Güter wurden schon als *Warengeld* verwendet, z.B. Salz, Olivenöl, Edelsteine, Gold, Silber, Schmuck, Waffen und vieles mehr.

Münzen sollen bereits im 7. Jahrhundert v.Chr. geprägt worden sein.[458] Früher waren die Münzen selbst oft wertvoll, weil sie Edelmetalle enthielten. Heute ist ihr Stoffwert unbedeutend.

Nach den Münzen kamen die *Banknoten*, die reines Papiergeld sind. Es wird akzeptiert, weil es gesetzliches Zahlungsmittel ist und von der staatlichen Notenbank ausgegeben wird.

Im 20. Jahrhundert gewann das *Buchgeld* (auch Giralgeld[459]) an Bedeutung. Das Buchgeld ist abstrakt, es besteht nicht in dinglicher Form, sondern nur in Eintragungen der Bank in ihren internen Büchern (daher ‚Buchgeld‘, auch wenn die Bücher heute durch Computer ersetzt sind).

Das Buchgeld ist Geld, aber kein gesetzliches Zahlungsmittel, das sind nur Münzen und Banknoten. Das Buchgeld ist aber so gut wie Bargeld, weil der Kunde Bargeldbeträge ausbezahlt bekommen kann oder per Überweisung oder Scheck vom Konto (unbar) bezahlen kann.

Das Buchgeld hat in den entwickelten Ländern den größten Anteil am Geldbestand[460] (siehe Tabelle „Geldmenge": 100% M3 minus 9,4% Bargeld gleich 90,6%).

Keine Einlösungsverpflichtung

Die Zentralbanken des Eurosystems sind nicht verpflichtet, den Gegenwert einer Banknote in Gold (oder andere Werte) zu tauschen. Das gab es früher, die Reichsbank tauschte ihre

---

[458] Siehe Dr. Dr. Anton Zottmann: Allgemeine Volkswirtschaftslehre IV – Geld und Kredit, S. 15.

[459] **Giralgeld** kommt von italienisch „**giro**", das heißt „Rundfahrt" (im Radsport) und im Finanzbereich „Kreislauf". **Girokonto** heißt „laufendes Konto", Giralgeld befindet sich ständig im Kreislauf in der Wirtschaftswelt.

[460] Siehe Dr. Dr. Anton Zottmann: Allgemeine Volkswirtschaftslehre IV – Geld und Kredit, S. 36.

Banknoten auf Verlangen in Goldmünzen um, bis zum ersten Weltkrieg. Dadurch war die Ausgabe von Banknoten begrenzt bis zur Höhe des Goldbestands.

Die Zentralbanken des Eurosystems sind dadurch heute nicht begrenzt in der Ausgabe von Banknoten, sie können deshalb alle ihre Euro-Verbindlichkeiten immer bedienen. Sie können also nicht zahlungsunfähig werden (sie werden niemals illiquide).

Geldmenge

Als Geldmenge ist definiert das Geld in Händen von *Nichtbanken* (das sind vor allem private Haushalte und Unternehmen). Das Geld im *Bankensektor* dagegen (also in den Kassen der Zentralbank und der Geschäftsbanken) zählt nicht zu dieser definierten Geldmenge.

Das Bargeld in der folgenden Tabelle (957 Milliarden Euro) zirkuliert also nur außerhalb des Bankensektors (also vor allem in den Unternehmen und in den privaten Haushalten).

Im Euro-Währungsgebiet gab es 10.207 Milliarden Euro im November 2014. 9% davon war Bargeld. Die Geldmenge M1 (M eins) besteht aus Bargeld und Sichteinlagen und umfasste 57% der gesamten Geldmenge M3:

Geldmenge (im Nov. 2014)			
	Mrd. €	Mrd. €	Mrd. €	*Anteil*
Bargeld	957			*9,4%*
Sichteinlagen	4.858			*47,6%*
M1:	5.815	5.815		*57,0%*
Termineinlagen		1.619		*15,9%*
Spareinlagen		2.138		*20,9%*
M2:		9.572	9.572	*93,8%*
Repogeschäfte			128	*1,3%*
Geldmarktfondsanteile			435	*4,3%*
Bankschuldverschreibungen			72	*0,7%*
M3:			10.207	*100,0%*

Quelle: Bundesbank

Die Geldmenge hat eine erhebliche Bedeutung für die wirtschaftliche Entwicklung. Sie muss im richtigen Verhältnis zur Gütermenge stehen. Würde die Geldmenge erheblich stärker zunehmen als die Gütermenge, würde das zu Preissteigerungen führen, also zur *Inflation*.

Wenn die Geldmenge dagegen zu knapp gehalten wird, kann es zur *Deflation* kommen. Dann könnten die Preise allgemein sinken und die Wirtschaft eine gefährliche Entwicklung nehmen (wie auch bei einer starken Inflation).

Zentralbankgeld

Eine besondere Geldmenge ist das *Zentralbankgeld*. Das ist Geld, das nur von den Zentralbanken des Euro-Systems[461] geschaffen werden kann. Das Zentralbankgeld besteht aus dem *Bargeld*, das die Zentralbank in Umlauf gebracht hat (also an die Geschäftsbanken), und den Sichteinlagen, die Geschäftsbanken bei der Zentralbank halten. Das Zentralbankgeld heißt auch *Geldbasis* oder M0 (M null).[462] Es ist in der oben dargestellten Geldmenge M1 bis M3 nicht enthalten (Tabelle „Geldmenge").

Das Zentralbankgeld dient einmal der Abwicklung des Zahlungsverkehrs, zum andern der *Mindestreserve*, die Geschäftsbanken bei der Zentralbank hinterlegen müssen. Mit der Mindestreserve beeinflusst die Zentralbank die Liquidität der Geschäftsbanken, um das Geld immer im richtigen Maße knapp zu halten.

Geldschöpfung

Geldschöpfung gibt es auf zwei Ebenen, einmal bei der Zentralbank und zum andern bei den Geschäftsbanken:

(1) Für die Herstellung der Euro-*Münzen* sind die Regierungen der Euro-Länder zuständig, das ist ein Relikt aus alter Zeit und heißt *Münzregal*. Für die *Banknoten* sind die Europäische Zentralbank und die nationalen Zentralbanken zuständig.[463]

Banknoten und Münzen dürfen im Euroraum nur die *Zentralbanken* des Eurosystems *in Umlauf bringen*. Braucht eine Geschäftsbank Bargeld (Banknoten und Münzen), nimmt die Geschäftsbank einen Kredit bei der Zentralbank auf und

---

[461] Das Euro-*System* besteht aus der Europäischen Zentralbank und den nationalen Zentralbanken der Mitgliedsländer des Euroraums, siehe Deutsche Bundesbank: Geld und Geldpolitik, S. 126.
[462] Deutsche Bundesbank: Geld und Geldpolitik, S. 69f.
[463] Deutsche Bundesbank: Geld und Geldpolitik, S. 23.

bekommt von der Zentralbank eine Sichteinlage gutgeschrieben auf dem Konto der Geschäftsbank bei der Zentralbank. Dafür muss die Geschäftsbank Sicherheiten (Pfänder) hinterlegen.

Mit diesem Vorgang ist neues Buchgeld (oder Giralgeld) von der Zentralbank geschöpft worden, und zwar hier neues Zentralbankgeld.

Wenn die Geschäftsbank das Bargeld bei einer Filiale der Zentralbank abholen lässt, wird die Sichteinlage um den abgeholten Betrag vermindert.

Wenn die Geschäftsbank überschüssiges Bargeld zur Zentralbank zurückbringt, wird ihr das Bargeld wieder als Einlage gutgeschrieben. Wenn sie damit einen Kredit der Zentralbank tilgt (zurückzahlt), wird damit Zentralbankgeld vernichtet (also aus dem Verkehr gezogen, Kredit und Einlage werden ausgebucht).[464]

Zentralbankgeld entsteht auch, wenn die Zentralbank Vermögenswerte der Geschäftsbanken kauft (etwa Gold, Devisen oder Wertpapiere), denn damit fließt ja auch Zentralbankgeld an die Geschäftsbanken.

(2) Auch *Geschäftsbanken* können Geld schöpfen, also zusätzliches Geld schaffen, und zwar durch eine Kreditvergabe. Banken verleihen mehr Geld als sie haben, das nennt man *Geldschöpfung*. Dieses Geld ist aber kein Bargeld und kein Zentralbankgeld, sondern *Buchgeld*. Buchgeld ist offiziell kein gesetzliches Zahlungsmittel, wird allerdings praktisch so behandelt.

Im Euro-Raum kommen auf jeden Euro echten Zentralbank-Geldes 3,50 Euro Buchgeld, das die Banken als Kredit an ihre Kunden ausgeben.[465] 80 bis 90 Prozent unseres Geldes werden vom privaten Bankensystem geschaffen, nur der kleinste Teil wird von der Zentralbank zur Verfügung gestellt.[466]

Die Geldschöpfung verläuft so: Die Bank weiß aus Erfahrung, dass nicht alle Kunden an einem Tag ihre Geldbestände abheben wollen. Wenn 1.000 Euro bei einer Bank eingezahlt werden und wenn sie 10% davon als Barreserve hält, um für diesen Betrag Bargeld auszahlen zu können, dann kann sie

---

[464] Ebenda, S. 71.
[465] Siehe Prof. Dr. Hans-Werner Sinn: Kasino-Kapitalismus, S. 16.
[466] Siehe Daniel Stelter: Eiszeit in der Weltwirtschaft, S. 29.

Kredite vergeben bis zu 900 Euro. Und wenn sie das tut, schafft sie neues Geld, das vorher nicht da war.

Der Geldschöpfungsprozess setzt sich fort, wenn mit dem Kredit von 900 Euro eine Rechnung bezahlt wird und dadurch die 900 Euro zu einer anderen Bank kommen. Wenn die andere Bank auch 10% für den Bargeldbestand zurückhält, könnte sie 810 Euro Kredit vergeben. Setzt sich dieser Prozess so fort, könnte das Bankensystem theoretisch bis zum Zehnfachen der eingezahlten 1.000 Euro neues Buchgeld schaffen.[467]

Wenn die Kredite der Geschäftsbank vom Kunden zurückgezahlt sind, dann ist das geschöpfte Geld wieder vernichtet. Um wieder neues Geld zu schöpfen, braucht es wieder neue Kredite – das ist ein Schwachpunkt unseres Geldsystems, wir brauchen immer neue Kredite.

Mindestreserve

Wenn die Geschäftsbanken aber so viele Kredite vergeben, wie sie können oder wollen, also eventuell viel zu viel Geld schöpfen, kann das nicht gut gehen mit der *Preisstabilität*.

Die Zentralbank sorgt natürlich dafür, dass die Geschäftsbanken nicht übermäßig viel Buchgeld schaffen und damit die Preisstabilität gefährden würden. Ein wichtiges Instrument dafür ist die *Mindestreservepflicht* der Geschäftsbanken.

Die Zentralbank kann den Geschäftsbanken eine Mindestreserve vorschreiben, die sie bei der Zerntralbank vorhalten müssen. Die Mindestreserve kann zum Beispiel 2% auf den Bestand der Einlagen einer Geschäftsbank betragen (bei 100 Millionen Euro Einlagenbestand wären das 2 Millionen Euro Mindestreserve). Den Prozentsatz kann die Zentralbank verändern, je nach den aktuellen Anforderungen.

Die Mindestreserve muss die Geschäftsbank in Zentralbankgeld halten. Dadurch kann die Zentralbank die Geldschöpfung der Geschäftsbanken beeinflussen, denn der Betrag der Mindestreserve fehlt der Geschäftsbank für ihr tägliches Geschäft, es engt ihren Spielraum ein.

---

[467] Siehe Dr. Dr. Anton Zottmann: Allgemeine Volkswirtschaftslehre IV – Geld und Kredit, S. 37. Ebenso Prof. Dr. Erich Preiser: Nationalökonomie heute, S. 96f.

Basel III

Die Möglichkeiten der Kreditvergabe der Geschäftsbanken werden auch durch Regeln der Bankaufsicht[468] begrenzt. Für jedes Risiko, das die Bank eingeht, muss sie Eigenkapital vorhalten. Wenn das Eigenkapital für neue Risiken nicht mehr reicht, darf sie keine neuen Risiken mehr übernehmen (oder muss sich neues Eigenkapital beschaffen).

Die Möglichkeiten der Geschäftsbanken, Kredite zu vergeben und Geld zu schöpfen, wachsen also nicht in den Himmel.

Ansturm auf die Bank

Wenn es mal eine *Bankenkrise* gibt, in der alle Kunden sofort ihr bei der Bank eingezahltes Geld ausbezahlt bekommen wollen (*bank run* = Ansturm auf die Bank), ist die Bank schnell zahlungsunfähig, weil sie nur einen kleinen Teil des gesamten Geldbestands als Bargeld zur Verfügung hat. Den größten Teil des Geldbestands hat die Bank als Kredit an Kunden vergeben oder dafür Wertpapiere gekauft. Daher muss die Bank bei einem Ansturm der Kunden oft geschlossen werden.

Einen Ansturm der Kunden auf die Bank gibt es nicht nur bei einer wirklichen Bankenkrise. Dafür reichen manchmal auch schon *Gerüchte* darüber, dass eine Bank Probleme habe, selbst wenn die Gerüchte nicht stimmen. Ein Beispiel dafür ist die österreichische Constantia-Bank, die mit einer Kernkapitalquote von 16% kerngesund war, dennoch kam das Gerücht auf, sie sei zahlungsunfähig. Es kam zu einem Ansturm auf die Bank mit der Folge, dass sie tatsächlich ihre Zahlungsunfähigkeit erklären musste. Die Bank wurde von einem Großbankenkonsortium übernommen.[469]

Geldwert

Der Wert unseres Geldes hängt nicht davon ab, aus welchem Stoff das Geld besteht; früher enthielten Münzen mal Gold oder andere Edelmetalle. Auch waren früher die Währungen zu einem Teil *von Gold abgedeckt*, das in staatlichen Tresoren lagerte und das man gegen Rückgabe der Banknoten einfordern

---

[468] Die Regeln der Bankaufsicht wurden in Basel verhandelt, deshalb heißen die aktuellen Regeln „Basel III" (siehe Artikel „Basel I bis III" in diesem Buch).

[469] Siehe Prof. Dr. Hans-Werner Sinn: Kasino-Kapitalismus, S. 76.

konnte. In der Praxis wurde es nicht eingefordert, aber man wusste, das Gold ist da und verbürgt den Wert der Währung. Diese *Golddeckung* der Währung wurde abgeschafft, weil sie die Ausgabe von Banknoten an die Höhe des Goldbestands band.

Unser Geldwert hängt ab von der *Geldmenge*, die im Umlauf ist. Wieviele Güter man für sein Geld kaufen kann, hängt von der Geldmenge ab, die der Gütermenge gegenübersteht. ***Das Geld hat so viel Wert wie die Güter, die man dafür kaufen kann.*** Eine Vermehrung der Geldmenge bei gleich bleibender Gütermenge wird die Preise steigen lassen und den Wert des Geldes sinken lassen.[470]

Es ist also so, „dass weder der Geldstoff noch die staatliche Autorität dem Geld seinen Wert verleiht, dass der Geldwert vielmehr einzig und allein von der richtigen Bemessung der Geldmenge durch diejenigen Institutionen abhängt, die das Geld in die Welt setzen."[471]

„Wurde zu viel Geld in Umlauf gebracht, verfielen der Geldwert, das Vertrauen in das Geld und die Akzeptanz der Währung."[472]

Der Wert unseres Geldes verliert ständig an Kaufkraft. „Wer bei der Währungsreform 1948 sein Kopfgeld von 10 Mark aufbewahrt hat, hatte bei der Umstellung der D-Mark auf den Euro noch Geld mit einer Kaufkraft von 2,60 Mark in der Hand."[473]

Ein großer Teil des Geldes wird durch *Kredite* von Banken geschaffen. Solches Geld durch Kredite von Banken ist in den zwei Jahrzehnten vor der Finanzkrise 2007 weitaus stärker gewachsen als die Wirtschaftsleistung (gemessen am Bruttoinlandsprodukt).[474]

---

[470] Siehe Prof. Dr. Erich Preiser: Nationalökonomie heute, S. 88.
[471] Ebenda, S. 89.
[472] Deutsche Bundesbank: Geld und Geldpolitik, S. 17.
[473] Dr. Thomas Meyer: Die neue Ordnung des Geldes, S. 30.
[474] Ebenda, S. 30.

Geldanlage

Man kann Geld *ausgeben* oder Geld *anlegen*.
Wenn man es anlegt, hat man es noch, und wenn es Zinsen gibt, bekommt man noch etwas Geld dazu (zurzeit bekommt man kaum Zinsen, weil Geld genug da ist – hohe Zinsen gibt es nur, wenn Geld knapp ist).

Nur ein paar Tips (besonders für junge Leute):
Die erste Geldanlage sollte nicht der Porsche sein, denn der ist gar keine Anlage, sondern reiner Konsum (er wird verbraucht und ist irgendwann nicht mehr viel wert).

- *Stufe null* der Geldanlage (also eigentlich noch vor der Geld-anlage) ist die Reservierung der Beträge, die *nicht monatlich*, sondern jährlich oder halb- oder vierteljährlich benötigt werden und deshalb *vorgespart* werden müssen, z.B. die Kfz-Steuer, die für ein volles Jahr abgebucht wird. Ebenso die Kfz-Versicherungsprämie, die auch noch teurer ist als die Kfz-Steuer. Dann Wasser- oder Strom- oder Gas-Rechnungsbeträge oder die jährliche Lieferung in den Öltank im Keller. Oder andere Jahres-Versicherungsbeträge. Vielleicht auch das jährliche Zeitungs-Abo. Oder sonstige Abos. Und noch anderes.
- Die *erste Stufe* der Geldanlage ist der *Notgroschen*, den man „auf die hohe Kante" legt. Drei Monatsnettogehälter sind angebracht und ratsam. Vorher wird nichts angeschafft, keine Couch und sonst kein Luxus. Der Porsche kommt noch lange nicht.
- Die *zweite Stufe* ist das gezielte *Ansparen* für Dinge des alltäglichen Lebens, die man sich wünscht, aber sich noch nicht leisten kann. Ob eine neue Küche, ein (gebrauchtes) Auto oder Hobbyartikel, alles auf einmal geht nun mal nicht. Wenn man darauf spart, freut man sich darauf. Das Gute ist, man kann sich auch mal umentscheiden, so variabel kann man dann sein, wenn man's angespart hat.
- Die *dritte Stufe* muss die *Altersvorsorge* sein. Und sie muss so früh wie möglich begonnen werden. Wann die Zinsen mal wieder normal werden, weiß niemand. Aber deshalb nicht vorzusorgen, wäre ganz falsch. Soweit man was abzweigen

kann, sollte man vorsorgen. Man kann es mit der Baufinanzierung für ein Haus oder eine Wohnung kombinieren. Zu finanziellen Berechnungen lesen Sie bitte im Artikel „Baufinanzierung" in diesem Buch.

- *Vierte Stufe:* Wer noch jung ist, sollte *Aktien* von guten Unternehmen kaufen und lange halten. Eine vernünftige Alternative sind auch Aktienindexfonds, wenn sich das Risiko auf tausend einzelne Aktien verteilt. Ständig kaufen und verkaufen freut die Aktienhändler und Banken, denn das kostet. Aktien sollten Sie nicht mit Kredit kaufen, sondern das Geld übrig haben. Und trauen, Aktien zu kaufen, müssen Sie sich schon selber.

Wertpapiere, die Zinsen versprechen, müssen warten, bis es wieder gute Zinsen gibt. Das kann noch dauern.

Gold kaufen ist ebenfalls eine Möglichkeit, in einem geringeren Anteil. Gold gibt keine Zinsen, aber es ist auch mehr eine Versicherung, wenn anderes darniederliegt.

Warum sparen, es gibt doch niedrige Zinsen!
Nicht die Zinsen sind das Problem (solange sie niedrig sind), der Kreditbetrag will *zurückgezahlt* werden. Haben Sie den wirklich in Ihrer Finanzplanung enthalten? Oder kommt jetzt alles durcheinander, wenn Sie einen Kredit aufnehmen?

Es gibt auch im wohlhabenden Deutschland viele überschuldete Menschen. Daher ist es immer besser, **sich nach dem Geld zu richten, das man hat, als nach den Wünschen** (alte schwäbische Weisheit – beherzigen die soliden Norddeutschen aber auch).

Geld parken

Zu Stufe null, eins und zwei: Wo parkt man das Geld?

Stufe null: Beträge, die *nicht monatlich* zu zahlen sind, aber in drei oder sechs Monaten, kann man auf dem Girokonto stehen lassen. Zinsen gibt es zurzeit sowieso nicht.

Stufe eins: Der *Notgroschen* muss sofort und jeder Zeit erreichbar sein. Festgeld und Termingeld sind also nicht geeignet, Tagesgeldkonten oder Sparbücher sind geeignet.

Stufe zwei: *Angesparte* Beträge kann man auch in Termingeldern festlegen, je nach Zeiträumen, die man selbst festlegt.[475]

---

[475] Siehe Michael Braun Alexander: So geht Geld, S. 56ff.

Geldillusion

Wenn Menschen eine *Geldillusion* haben, dann glauben sie, dass das Geld in der Zukunft genau so viel wert ist wie heute. Wenn Menschen also eine Geldillusion haben, dann haben sie die *Inflation* vergessen.

In den meisten Zeiten gibt es aber eine Inflation: das Geld wird weniger wert, die Preise steigen allgemein. Wenn die Preise nur 2% jedes Jahr steigen, dann haben sie sich nach 35 Jahren verdoppelt (zum Beispiel von 1000 auf 2000 Euro). Das könnte die Zeit sein, wenn Ihre Rente beginnt.

Ein Vermögen von heute ist nach 35 Jahren nur noch die Hälfte wert, hat also nur noch die halbe Kaufkraft.

Auch eine heutige Rente ist dann nur die Hälfte wert, wenn sie nicht stetig mitwächst in Höhe der Inflation jedes Jahr.

In den derzeitigen Niedrigzinszeiten (Zins bei null) ist es grad mal etwas anders, aber auch nicht besser: Wer spart, bekommt kaum Zinsen.

Geldpolitik

Das Ziel der Geldpolitik ist die *Preisstabilität*.[476]

Die Europäische Zentralbank (EZB) hat die Aufgabe, für Preisstabilität zu sorgen im Bereich des Euro-Raums (17 Mitgliedsländer des Euro-Raums von 28 Mitgliedsländern der Europäischen Union).

Zurzeit bedeutet das konkret, mit einer *expansiven* Geldpolitik die Inflationsrate auf etwas unter 2% anzuheben. Im Herbst 2017 lag die Inflationsrate bei 1%,[477] im Sommer 2018 waren 2% erreicht.

Expansive Geldpolitik
heißt, die Zentralbank will so viel Geld zur Verfügung stellen, dass die Wirtschaft gut funktionieren kann und genügend

---

[476] Deutsche Bundesbank: Geld und Geldpolitik, S. 160.
[477] Jörg Krämer: „Draghis Drahtseilakt", FAZ vom 17.7.2017, S. 16.

Wachstum hervorbringt, so dass die Inflation knapp unter zwei Prozent liegt.[478]

Da der Leitzinssatz nicht mehr gesenkt werden kann (er liegt schon bei null), lässt die EZB viel Geld in die Märkte fließen, indem sie Staatsanleihen und andere Wertpapiere kauft.

Ob die Anleihenkäufe das Inflationsziel von 2% gebracht haben, wird bezweifelt, Geld ist reichlich vorhanden.[479] Der Gouverneur der Banque de France schrieb: „Die außergewöhnliche Geldpolitik ist nicht ewig. … Auch ist die Geldpolitik nicht allmächtig. Sie kann die Wirtschaft vorübergehend unterstützen, aber *sie kann nicht langfristig das Wachstumspotential der Wirtschaft heben. Das können nur Reformen.*"[480]

Geldvermögen

Die Deutschen hatten im 1. Quartal 2017 ein *Geldvermögen* von 5.676 Milliarden Euro. Das wären im Durchschnitt ungefähr 70.000 Euro pro Einwohner (nur rechnerisch, das Vermögen ist in Wirklichkeit ungleich verteilt).[481]

Dieses Geldvermögen ist das *Brutto-Geldvermögen*. Wenn man die gegenstehenden Verbindlichkeiten (also Schulden) von 1.678 Milliarden Euro abrechnet, beträgt das *Netto-Geldvermögen* 3.998 Milliarden Euro (ungefähr 49.000 Euro pro Einwohner).

Zum Geldvermögen gehören nicht das Immobilienvermögen und nicht die Ansprüche an die Rentenversicherung.

Das meiste Geld lassen die Deutschen einfach auf den Bankkonten liegen. *Auf die lohnendste Anlage, die Aktien, verzichten die Deutschen weiterhin.*

---

[478] „Bund-Rendite auf höchstem Stand seit Januar 2016", FAZ vom 7.7.2017, S. 23.
[479] Matthias Brendel: „Machtlose Notenbanken", Focus 29/2017, S. 59.
[480] „Bund-Rendite auf höchstem Stand seit Januar 2016", FAZ vom 7.7.2017, S. 23.
[481] „Die Deutschen sparen kurzfristig und zinslos", FAZ vom 15.7.2017, S. 25.

Genussscheine

Was sind Genussscheine?

Genussscheine sind für Unternehmen eine Möglichkeit, sich zu finanzieren.

Das *Unternehmen*, das Genussscheine ausgibt, bekommt dafür Geld, das sein Unternehmenskapital erhöht. Die *Gläubiger*, die das Geld für die Genussscheine zahlen, stellen dem Unternehmen Geld für eine längere Zeit zur Verfügung und bekommen dafür eine Verzinsung.

Genussscheine werden auch *Genussrechtskapital* genannt.

Die meisten Genussscheine bekommen eine Vergütung, wenn das Unternehmen im Geschäftsjahr einen *Gewinn* erzielt hat. Viele nehmen auch an einem Jahresverlust teil.

Die Genussscheine gewähren keine Gesellschafterrechte, keine Stimmrechte und keine Mitgliedschaftsrechte. Dafür ist ihre Verzinsung in der Regel höher als bei Aktien oder Anleihen; und deshalb ist die Finanzierung durch Genussscheine meist teurer als mit Aktien oder Anleihen.

Genussscheine haben auch *Risiken*: Wenn das Unternehmen in einem Geschäftsjahr einen Verlust hat, erhalten die Genussscheine keine Verzinsung in diesem Jahr. In manchen Fällen wird die Verzinsung nachgezahlt, wenn im nächsten Geschäftsjahr wieder ein Gewinn erzielt wird.

Im Falle der Insolvenz des Unternehmens (wenn es pleite ist) oder der Liquidation (wenn das Unternehmen aufhört zu existieren) wird das Genussrechtskapital erst nachrangig zurückgezahlt (wenn dann noch Geld da ist, zuerst werden die vorrangigen Gläubiger ausgezahlt).

Die Stiftung Warentest hat im Jahr 2013 vor Genussscheinen eines Unternehmens gewarnt.[482] Bei der Pleite des Unternehmens haben viele Privatanleger viel Geld verloren.[483]

---

[482] „Stiftung Warentest warnt vor Prokon-Genussrechten", FAZ vom 22.8.2013, S. 18.
[483] „Der Markt für Genussscheine trocknet aus", FAZ vom 25.7.2017, S. 25.

Die Genussscheine können in allen Unternehmensrechtsformen vorkommen, also in Aktiengesellschaften genau so wie in Einzelunternehmen und allen anderen.[484]

Form der Genussscheine

▪ Genussscheine können eine *schuldrechtliche Vereinbarung* sein, dann sind sie keine Wertpapiere.
▪ Genussscheine können *Wertpapiere* sein und werden dann öffentlich gehandelt (an einer Börse).

Gestaltung der Genussscheine

Unternehmen beschaffen sich Kapital meistens über Aktien und Anleihen, die sind durch Gesetze geregelt. Für *Genussscheine* dagegen gibt es für die meisten Unternehmen keine gesetzlichen Vorschriften (außer für Banken und Versicherungen, die einer stärkeren staatlichen Aufsicht unterliegen).

Die Unternehmen können daher die Genussscheine weitgehend vertraglich gestalten. Wenn Genussscheine zeitlich unbegrenzt sind und am Gewinn und Verlust teilnehmen, haben sie mehr Eigenkapitalcharakter. Wenn die Rückzahlung der eingezahlten Beträge festgelegt ist, haben die Genussscheine eher Anleihecharakter (also Fremdkapitalcharakter).

Aktuelle Bedeutung der Genussscheine

Genussscheine wurden oft von Banken und Sparkassen ausgegeben, auch von Industrieunternehmen und Versicherungen, und zwar als Wertpapiere gehandelt an Börsen.

Genussscheine, die an der Börse gehandelt werden, gibt es immer weniger. An der Stuttgarter Börse gab es im Jahr 2012 noch 60 Genussscheine, im Jahr 2016 noch 28 und im Juli 2017 noch 24 Genussscheine. An der Frankfurter Börse spielen Genussscheine ebenfalls nur noch eine kleine Rolle.[485]

Grund dafür ist die stärkere Regulierung der Kapitalmärkte. Die Genussscheine sind eine spezielle deutsche Konstruktion und zählten meistens zum Eigenkapital. Nach den internationalen Bilanzregeln (IFRS) zählen die Genussscheine aber

---

[484] Siehe Prof. Dr. Günter Wöhe, Prof. Dr. Ulrich Döring und Prof. Dr. Gerrit Brösel: Einführung in die Allgemeine Betriebswirtschaftslehre, S. 548.
[485] „Der Markt für Genussscheine trocknet aus", FAZ vom 25.7.2017, S. 25.

nicht zum Eigenkapital, wenn dafür eine Rückzahlungsfrist vereinbart ist, weil sie dann nicht langfristig zur Verfügung stehen.

Konkreter Fall

In einem konkreten Fall der Ausgabe von Genussscheinen einer Versicherung im Rahmen einer schuldrechtlichen Vereinbarung (keine Wertpapiere) waren einschränkende gesetzliche Regelungen für Versicherungen zu beachten.

Die Mitglieder eines Versicherungsvereins auf Gegenseitigkeit mussten ihre Einzahlungen für das Genussrechtskapital dem Versicherungsverein mindestens *fünf Jahre* zur Verfügung stellen; da die Einzahlungen der Mitglieder für den Versicherungsverein Eigenkapitalcharakter hatten, war diese Bedingung auch gesetzlich gefordert. Die Mitglieder konnten ihr Geld frühestens nach fünf Jahren zurückbekommen, und auch das nur, wenn sie zwei Jahre vorher gekündigt hatten. Sie konnten ihr Geld aber auch weiterhin im Versicherungsverein belassen.

Für die Genussscheine bekamen die Einzahler des Genussrechtskapitals sieben Prozent Zinsen jedes Jahr. Das war damals marktgängig, also keine Ausnahme.

Die Zinsen wurden im Juli ausgezahlt, wenn festgestellt war, dass das Vorjahr einen *Gewinn* gebracht hatte. Wenn es einen *Verlust* gegeben hatte, durften die Zinsen allerdings nicht ausgezahlt werden – das Genussrechtskapital hatte eben einen Eigenkapitalcharakter, und wenn das Eigenkapital keinen Gewinn erzielt, gibt es auch keinen Gewinn auszuschütten (das kam aber in der Zeit nicht vor). Außerdem wären die Zinsen nachgezahlt worden (mit Zinseszinsen), wenn es wieder einen Jahresgewinn gab.

Das Genussscheinkapital nahm auch an einem Verlust teil, das heißt, der Wert der Genussscheine verminderte sich bei einem Jahresverlust des Versicherungsvereins. Aber in den folgenden Jahren, wenn der Versicherungsverein wieder Gewinn erzielt, wird das Genussscheinkapital wieder bis zum ursprünglichen Wert aufgefüllt.

Gesamt- und Umsatzkostenverfahren

Die Gewinn- und Verlustrechnung ist nach dem Gesamtkostenverfahren oder dem Umsatzkostenverfahren aufzustellen.[486] Das Gesamtkostenverfahren ist eine Produktions-
erfolgsrechnung, das Umsatzkostenverfahren eine Absatz-
erfolgsrechnung.[487]

Beide Verfahren zeigen zuerst die Umsatzerlöse. Beim
Gesamtkostenverfahren werden dann Bestandsveränderungen
und aktivierte Eigenleistungen zugerechnet. Das ergibt die
Gesamtleistung (der Produktion).[488]

Die folgende Tabelle zeigt ein Beispiel einer Gewinn- und
Verlustrechnung (GuV), die nach dem Gesamtkostenverfahren
aufgestellt ist:

GuV nach Gesamtkostenverfahren	in Mio. €
Umsatzerlöse	2.587
Bestandsveränderungen und andere aktivierte Eigenleistungen	69
Gesamtleistung	**2.656**
sonstige betriebliche Erträge	88
Materialaufwand	-1.227
Personalaufwand	-723
Abschreibungen	-103
sonstiger betrieblicher Aufwand	-424
Finanz- und Beteiligungsergebnis	-18
Ergebnis der gewöhnlichen Geschäftstätigkeit	**248**
Steuern vom Einkommen und Ertrag	-46
sonstige Steuern	-9
Jahresüberschuss	**193**

Nach der Gesamtleistung werden Erträge und Aufwendungen
aufgeführt. Das Ergebnis der gewöhnlichen Geschäftstätigkeit

---

[486] Siehe HGB § 275.
[487] Siehe Prof. Dr. Jörg Baetge, Prof. Dr. Hans-Jürgen Kirsch und Dr.
Stefan Thiele: Bilanzen, S. 617.
[488] Die Zwischensumme ‚Gesamtleistung' steht nicht im § 275 HGB,
ist also nicht vorgeschrieben.

ist die Besteuerungsgrundlage. Nach Abzug der Steuern ergibt sich der Jahresüberschuss (das ist der Gewinn nach Steuern).

Die nächste Tabelle zeigt eine GuV, die nach dem *Umsatzkostenverfahren* aufgestellt ist:

GuV nach Umsatzkostenverfahren	in Mio. €
Umsatzerlöse	3.823
Herstellungskosten der Umsatzerlöse	-2.903
Bruttoergebnis vom Umsatz	**920**
Vertriebskosten	-402
Allgemeine Verwaltungskosten	-109
Forschungs- und Entwicklungsaufwand	-190
sonstige betriebliche Erträge	73
sonstiger betrieblicher Aufwand	-107
Betriebsergebnis	**184**
Ergebnis aus Anteilen at Equity	11
sonstiges Beteiligungsergebnis	1
Zins- und Wertpapierergebnis	-27
übriges Finanzergebnis	-14
Finanzergebnis	**-29**
Ergebnis der gewöhnlichen Geschäftstätigkeit	**155**
Steuern vom Einkommen und Ertrag	-42
Jahresüberschuss	**113**

Auch das Umsatzkostenverfahren zeigt zuerst die Umsatzerlöse. Als zweites werden die Herstellungskosten der zur Erzielung der Umsatzerlöse erbrachten Leistungen aufgeführt. Daraus ergibt sich das Bruttoergebnis vom Umsatz.

Danach folgen Kosten bzw. Aufwendungen und Erträge, die zum Betriebsergebnis führen. Nach dem Finanzergebnis kommt das Ergebnis der gewöhnlichen Geschäftstätigkeit und nach den Steuern der Jahresüberschuss.

Geschäftsbericht

Schon im Jahre 1884 musste der Vorstand von Kapitalgesellschaften dem Aufsichtsrat und danach der Hauptversammlung einen Bericht über die Gesellschaft erstatten, der
bald Geschäftsbericht hieß. Der Begriff *Geschäftsbericht* wurde
1965 ins Aktiengesetz übernommen. Seit 1985 wird er im
Aktienrecht und Handelsrecht nicht mehr verwendet,[489] wohl
aber in der Praxis.

Nach heutiger Rechtslage müssen Kapitalgesellschaften den
Jahresabschluss, den Lagebericht und den Bestätigungsvermerk
der Wirtschaftsprüfer sowie den Bericht des Aufsichtsrats
offenlegen, und zwar beim Bundesanzeiger elektronisch in
einer Form einreichen, die ihre Bekanntmachung ermöglicht.[490]

Der jährliche Geschäftsbericht enthält üblicherweise, insbesondere soweit er noch als *Druckbericht* zusammengefasst
wird,
- den Lagebericht
- den Jahresabschluss (mit Bilanz, Gewinn- und Verlustrechnung und Anhang)
und häufig auch
- die Kapitalflussrechnung
- den Eigenkapitalspiegel
- die Segmentberichterstattung
- außerdem weitere freiwillige Informationen, mit denen das
Unternehmen für sich wirbt.

Vorschriften zur Bilanz stehen im *Aktiengesetz* § 152, zur
Gewinn- und Verlustrechnung im AktG § 158, zum Anhang im
AktG § 160 und zum Lagebericht im AktG § 286.

---

[489] https://de.wikipedia.org/wiki/Geschäftsbericht
[490] Handelsgesetzbuch § 325 Absatz 1.

Geschäftsgrafiken

Geschäftsgrafiken (auch *Diagramme* genannt) sollen geschäftliche Entwicklungen anschaulich darstellen, als Beispiel den Umsatz.

Grafiken können sachlich dargestellt werden, aber auch verzerrend, um mehr Eindruck zu machen. Die erste Grafik zeigt den Umsatz dynamisch wachsend:

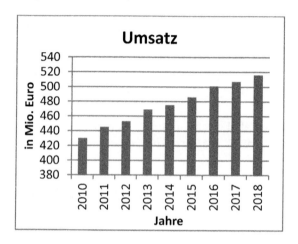

Der Trick dabei ist, dass der Umsatz nicht von null an dargestellt wird, sondern erst ab 380 Millionen Euro. Das Bild zeigt also nur den oberen Bereich des Umsatzes, der untere Bereich ist nicht dargestellt.

Die zweite Grafik zeigt den Umsatz von null Euro an, also vollständig. Das Umsatzwachstum wird dadurch langweiliger dargeboten, aber auch sachgerechter, der Umsatz steigt in Wirklichkeit nicht so dynamisch, sonder gemäßigt.

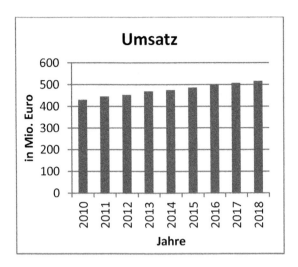

Die beiden Grafiken zeigen die gleichen Zahlen, sie sind nur anders dargestellt. Die erste Grafik täuscht größere Zuwächse vor, die zweite zeigt die wirklichen Zuwächse.

Der Umsatz ist für 9 Jahre dargestellt. Im ersten Jahr 2010 sind es 430 Millionen Euro Umsatz, im letzten Jahr 2018 sind es 516 Millionen Euro. Das ist ein Umsatzwachstum von 86 Millionen Euro von 2010 bis 2018, gleich 20% in den 9 Jahren insgesamt.

Für 9 Jahre Umsätze kann man 8 Umsatzzuwächse feststellen (denn für einen Zuwachs von einem Jahr zum anderen braucht man immer zwei Jahre):

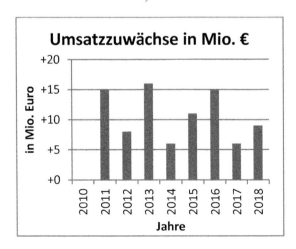

Die Umsatz*zuwächse*, grafisch dargestellt, sind für beide Umsatz-Grafiken gleich, unabhängig von den beiden verschiedenen Darstellungen (es sind ja die gleichen Umsatzzahlen).

Die Umsatzzahlen im Einzelnen für die neun Jahre sehen so aus:

Jahr	Umsatz	*Veränderung*	
	in Mio. €	in Mio. €	in %
2010	**430**		
2011	**445**	*+15*	*+3,5%*
2012	**453**	*+8*	*+1,8%*
2013	**469**	*+16*	*+3,5%*
2014	**475**	*+6*	*+1,3%*
2015	**486**	*+11*	*+2,3%*
2016	**501**	*+15*	*+3,1%*
2017	**507**	*+6*	*+1,2%*
2018	**516**	*+9*	*+1,8%*

Die Umsatzzuwächse in Prozent sind grafisch identisch mit den Zuwächsen in Millionen Euro:

Geschäftsmodell

Die Frage nach dem Geschäftsmodell ist die Frage „Womit machen Sie eigentlich Ihr Geschäft? Wie verdient das Unternehmen Geld? Welchen Nutzen bringt das Unternehmen seinen Kunden?"

Geschäftsmodell ist ein moderner Begriff, aber eine Vorstellung von dem, was ein Unternehmen eigentlich zum Erfolg bringt, sollte ein Unternehmer schon immer gehabt haben – und hatte er vielleicht auch, wenn nicht aufgeschrieben auf Papier, dann als Gedanken im Kopf.

Wie immer bei einem *Modell* liegt der Vorteil darin, dass man *im Kleinen* die grundsätzlichen Abläufe besser überblicken kann und prüfen kann, ob es zumindest auf dieser Ebene funktioniert, bevor man alles *in die große Wirklichkeit* übersetzt und dann vielleicht erst merkt, dass es hier und da hakt.

Was könnte zum Beispiel ein *Geschäftsmodell* sein? Die Berufsgruppe der Fahrlehrer gründete eine eigene Versicherung für ihre Autos, um sie in der Kfz-Haftpflicht und Kaskoversicherung günstig zu versichern. Die Versicherung nimmt nur Fahrlehrer, Führerscheinprüfer (vom TÜV und DEKRA), Berufskraftfahrer und ihre Familien als Versicherte auf. Da die Fahrlehrer gut und vorsichtig fahren (das verlangt schon ihr Beruf), haben sie weniger Schäden als andere und zahlen daher günstige Versicherungsbeiträge.

Eine Versicherung braucht eine gewisse Größe, um die (möglichst wenigen) Schäden auf viele Beitragszahler zu verteilen (denn die Beiträge aller Beitragszahler zahlen alle im Jahr angefallenen Schäden, nicht nur die eigenen). Obwohl diese Versicherung verglichen mit anderen Kraftfahrtversicherungen recht klein blieb, funktioniert dieses Geschäftsmodell schon seit 65 Jahren (was die Fahrlehrer im Planungsstadium zwar schon gedacht hatten, aber erst in der Praxis des eigenen Versicherungsunternehmens in Konkurrenz zu anderen großen Kfz-Versicherungen bestätigen konnten).

Gewährträgerhaftung

Wenn staatliche Unternehmen (zum Beispiel Anstalten des öffentlichen Rechts) für Forderungen von Gläubigern haften und das Vermögen dieser staatlichen Unternehmen für die Forderungen nicht ausreicht, haftet der dahinter stehende Staat (Bund oder Länder oder Kommunen). Diese Haftung ist die *Gewährträgerhaftung*. Sie führt dazu, dass öffentliche Anstalten dauerhaft zahlungsfähig sind. Anstalten des öffentlichen Rechts können daher nicht insolvent werden.[491]

Die Gewährträgerhaftung galt lange auch für Sparkassen, die Unternehmen der Gemeinden sind. Sie verschaffte den Sparkassen und Landesbanken im Wettbewerb mit den anderen Banken einen Wettbewerbsvorteil bei den Refinanzierungskosten, weil letzten Endes der Staat für sie haftet.

Dieser Wettbewerbsvorteil entfiel ab 2005 durch die Entscheidung der EU-Kommission im Jahre 2001, die Gewährträgerhaftung für die Sparkassen und Landesbanken aufzuheben.[492]

Gewerbesteuer

Die Gewerbesteuer ist die wichtigste Steuer für die Gemeinden. Die Gemeinden setzen sie auch fest und ziehen sie ein.

Die Gewerbesteuer hatte 2016 ein Steueraufkommen von 50 Milliarden Euro.[493]

Es gibt nur noch die *Gewerbeertragsteuer*, die den Ertrag (den Gewinn) besteuert. Die frühere Gewerbekapitalsteuer wurde 1998 abgeschafft.

Die Gewerbesteuer besteuert gewerbliche Unternehmen (Handwerksbetriebe, Handels- und Industrieunternehmen). Die freien Berufe (wie Anwälte und Ärzte) unterliegen der Gewerbesteuer nicht.[494]

---

[491] https://de.wikipedia.org/wiki/Gewährträgerhaftung am 2.1.2018.

[492] Prof. Dr. Hans-Werner Sinn: Kasino-Kapitalismus, S. 67, und derselbe: Der Euro, S. 409.

[493] https://www.destatis.de, Pressemitteilung vom 21.8.2017.

[494] Duden Wirtschaft von A bis Z, S. 175.

Gewinn

Einnahmen minus Ausgaben, das ist der Gewinn (oder Verlust).

Etwas genauer: Der Gewinn ist der Unterschied zwischen den *Erträgen* und den *Aufwendungen* eines Unternehmens in einem Geschäftsjahr (es könnte natürlich auch ein Verlust sein).

Der Gewinn ist daher eine Restgröße, die sich aus vielen Einzelbeträgen im Laufe des Geschäftsjahres ergibt. Der Gewinn wird in der Gewinn- und Verlustrechnung angegeben.

Wie hoch wird der Gewinn eingeschätzt?

In Umfragen wurden die Menschen gefragt, wie hoch sie den Gewinn der Unternehmen einschätzen. Im Durchschnitt glaubte man, der Gewinn würde 36% des Umsatzes ausmachen (also 36 Euro Gewinn von 100 Euro Umsatz).[495] Damit wurde der Gewinn *zwölfmal so hoch* eingeschätzt wie er wirklich ist, denn er beträgt real im Durchschnitt 3%.[496] Das zeigt, dass viele Menschen die Gewinne viel zu hoch einschätzen und die wirtschaftlichen Verhältnisse nicht gut kennen.

Warum muss es Gewinn geben?

- Jedes wirtschaftliche Unternehmen, das existieren will, muss die *Ausgaben* durch die Einnahmen *decken*. Wenn das nicht gelingt, wenn sich das Geschäft also nicht trägt, muss es seine Geschäftstätigkeit über kurz oder lang einstellen.
- Jedes Unternehmen sollte *Steuern* zahlen und damit einen Beitrag zum Gemeinwesen leisten. Ertragsteuern kann es nur zahlen, wenn es aus allen Erträgen und Aufwendungen des Jahres als Saldo einen (Netto-) Ertrag hat, also einen Gewinn.
- Nur ein Unternehmen, das existieren kann, also Gewinn erzielt, kann *Arbeitsplätze* bieten.
- Die meisten Unternehmen erleben Zeiten, in denen ihr Geschäft nicht so gut läuft, ob in bestimmten Zeiten innerhalb eines Jahres oder auch über mehrere Jahre hinweg. Für diese Zeiten gilt es vorzusorgen und Reserven zu bilden, damit das Unternehmen weiter existieren kann.

---

[495] Quelle: Zeitschrift für Versicherungswesen 08/2012, S. 233.
[496] Nach Angaben des Statistischen Bundesamts.

Reserven bilden heißt Gewinne erzielen und sie als Eigenkapital im Unternehmen zu halten, damit die Chance besteht, schlechte Geschäftszeiten zu überstehen.

Das oberste Ziel?

„… denn schließlich ist oberstes Ziel eines jeden Unternehmens, Gewinne zu erwirtschaften." So hat man's schon oft gelesen. Für die meisten Unternehmen ist das fern der Praxis. Der Gewinn ist nötig, siehe oben, die Einnahmen müssen die Ausgaben decken, der Betrieb muss sich tragen.

Damit ist der Gewinn eine Bedingung des Weiterlebens; nicht immer jedes Jahr, aber auf Dauer überwiegend. Aber kein oberstes Ziel. Die meisten Unternehmen möchten ihre Geschäftstätigkeit fortsetzen und ihre Existenz sichern, am besten auf lange Zeit – das ist in den allermeisten Fällen das oberste Ziel.

Das tun Unternehmer und Handwerksbetriebe und viele andere, weil sie ihren beruflichen Lebensinhalt behalten möchten, weil sie ihre Familien versorgen wollen, weil sie ihren oft langjährigen Mitarbeitern weiterhin einen Arbeitsplatz bieten möchten und weil sie ihren Beitrag zum Gemeinwesen leisten möchten (um andere zu stützen, die das nicht können).

Die meist im Wettbewerb stehenden Unternehmen sind oft schon froh, wenn sie jedes Jahr einen Gewinn hinkriegen, der die Aufwendungen übersteigt, der den Gesellschaftern einen Ergebnisanteil (oder den Aktionären eine Dividende) ermöglicht, und noch etwas in die Reserven stecken können – denn schlechte Jahre kommen immer mal.

Gewinn- und Verlustrechnung

Die *Bilanz* zeigt das Vermögen und das Kapital, und zwar mit dem Stand am Bilanzstichtag, meistens dem 31. Dezember. Damit zeigt die Bilanz *Bestände*, z.B. den Bestand an Vorräten oder Wertpapieren.

Aber wo steht der Umsatz und wo stehen die Kosten? Die stehen in der Gewinn- und Verlustrechnung, kurz *GuV* genannt. Die GuV[497] zeigt Aufwendungen und Erträge:

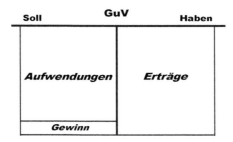

Aufwendungen und Erträge sind Werte, die *über einen Zeitraum* zusammenkommen, für die Zeit eines Geschäftsjahrs. Sie werden also im ganzen Geschäftsjahr aufaddiert (auch kumuliert = angesammelt).

Aufwendungen sind z.B. Personal- und Sachkosten, also Löhne, Gehälter, Raumkosten, Energiekosten, Post-, Telefon- und Reisekosten, Materialaufwendungen z.B. für Rohstoffe, Maschinen und Werkzeuge.

Erträge sind Verkaufserlöse und Zins- und Mieteinnahmen.

Wie die Bilanz hat auch die GuV zwei Seiten, deren Werte in der Summe völlig gleich sind. Wie bei der Bilanz wird die Gleichheit durch einen Saldo hergestellt, also die Differenz der gesamten Aufwendungen und der gesamten Erträge. Wenn die Erträge größer sind als die Aufwendungen (wie oben im Bild), stellt der Saldo einen *Gewinn* dar. Wenn die Aufwendungen größer sind als die Erträge, steht der Saldo auf der rechten Seite und stellt einen Verlust dar.

---

[497] Sprich „G und V".

Diese Darstellung gilt allerdings nur für die traditionelle *Kontoform*: auf der linken Seite die Aufwendungen, auf der rechten Seite die Erträge (wie im Bild oben).

Das Handelsgesetzbuch (HGB) schreibt aber in § 275 vor, dass die GuV in *Staffelform* aufzustellen ist (gilt aber nicht für alle Kaufleute, es gilt für Kapitalgesellschaften und haftungsbeschränkte Personenhandelsgesellschaften[498]).

Dabei sind alle vorgeschriebenen GuV-Posten nacheinander aufzuführen (also nicht auf zwei getrennten Seiten), und Aufwendungen und Erträge können sich abwechseln. Das kann dann so aussehen:

GuV eines Industrieunternehmens	in Mio. €
Umsatzerlöse	2.587
Bestandsveränderungen und andere aktivierte Eigenleistungen	69
Gesamtleistung	**2.656**
sonstige betriebliche Erträge	88
Materialaufwand	-1.227
Personalaufwand	-723
Abschreibungen	-103
sonstiger betrieblicher Aufwand	-424
Finanz- und Beteiligungsergebnis	-18
Ergebnis der gewöhnlichen Geschäftstätigkeit	**248**
Steuern vom Einkommen und Ertrag	-46
sonstige Steuern	-9
Jahresüberschuss	**193**

Die GuV kann nach dem Gesamtkostenverfahren (GKV) oder nach dem Umsatzkostenverfahren (UKV) erstellt werden.[499] Lesen Sie dazu bitte den Artikel „Gesamtkosten- und Umsatzkostenverfahren".

---

[498] Siehe Prof. Dr. Jörg Baetge, Prof. Dr. Hans-Jürgen Kirsch und Dr. Stefan Thiele: Bilanzen, S. 623. Der § 275 steht im zweiten Abschnitt des dritten Buchs des HGB (Vorschriften für Kapitalgesellschaften).
[499] HGB § 275 Absatz 1.

Bilanz und GuV sind über die Buchhaltung miteinander verknüpft. Die Geschäftsvorfälle eines Geschäftsjahres werden auf
den Konten der Bilanz und der GuV gebucht. Die Salden der
Konten werden nach Abschluss der Konten[500] als verdichtete
Information in der Bilanz oder in der GuV gezeigt.

Die GuV wird ermittelt aus dem Abschluss der *Erfolgskonten* der Finanzbuchhaltung (die Bilanz aus den *Bestandskonten*).

Bilanz und GuV bilden den *Jahresabschluss* (nach HGB
§ 242). Kapitalgesellschaften müssen den Jahresabschluss um
einen *Anhang* erweitern sowie einen *Lagebericht* erstellen (nach
HGB § 264).

Im *Anhang* sind Angaben zu machen, die zu einzelnen
Posten der Bilanz und GuV vorgeschrieben sind (nach HGB §
284 und 285). Dadurch enthält der Anhang eine Vielzahl von
Informationen, die zur Beurteilung der Geschäftslage des
Unternehmens von Bedeutung sind.

Im *Lagebericht* sind der Geschäftsverlauf und die Lage der
Kapitalgesellschaft darzustellen. Ziel ist es, ein Bild zu ver-
mitteln, das den tatsächlichen Verhältnissen entspricht (HGB
§ 289).

---

[500] ‚**Abschluss** der Konten' ist ein Vorgang in der Buchhaltung: Um
einen Jahresabschluss zu erstellen, also eine Bilanz und eine GuV zu
erstellen, werden die Werte auf jedem Konto zusammengerechnet
(addiert). Man erhält für jedes Konto einen Wert, der positiv oder
negativ sein kann. Dieser Wert heißt **Saldo**. Jeder Saldo wird in einen
Posten der Bilanz oder der GuV übertragen und ist also in einem der
Posten enthalten. Auf diese Weise sind die Informationen aller Konten
in verdichteter Form (über ihren Saldo) in der Bilanz und GuV
enthalten.

Girokonto

Giro ist italienisch und heißt im Radsport „Rundfahrt", im Finanzbereich „Kreislauf".

Girokonto heißt „laufendes Konto", das ist ein Bankkonto (es gibt auch andere Konten, zum Beispiel Konten in der Buchhaltung oder Kundenkonten bei der Handy-Firma).

Über ein „laufendes Konto" laufen andauernd Zahlungen, Einzahlungen und Auszahlungen, in der Form von Lastschriften, Überweisungen, Daueraufträgen, Gehaltsüberweisungen (Zahlungseingängen), Barabhebungen und (seltener) Bareinzahlungen.

Die meisten *Aufträge* des Kunden kommen heute online (per Computer), andere Aufträge auch noch schriftlich (mit Überweisungsformularen oder Schecks), in Sonderfällen auch telefonisch oder per E-Mail.

Das Geld auf dem Girokonto gehört dem Kunden, nicht der Bank. Was nicht ausschließt, dass die Bank mit dem Geld arbeitet, es zum Beispiel als Darlehen verleiht und damit Geld verdient.

Das Guthaben des Kunden auf dem Girokonto ist *jederzeit fällig*, das heißt, der Kunde kann es jederzeit abheben (außer bei einem *Bank Run* (Ansturm auf die Bank), bei dem die Bank ihre Tore schließt, weil eine Finanzkrise ausgebrochen ist und die Bank nicht mehr genug Bargeld hat).

Gläubiger

Der *Gläubiger* ist in einem Schuldverhältnis nach § 241 BGB berechtigt, von dem Schuldner eine Leistung zu fordern. Der Gläubiger hat zum Beispiel einen Kredit gegeben, den der Schuldner zurückzahlen muss. Bei Kaufverträgen ist der Gläubiger der Verkäufer und der Schuldner der Käufer.

Der Begriff *Kredit* kommt aus dem lateinischen *credere*, das heißt „glauben". Der Gläubiger glaubt dem Schuldner, dass dieser die Schuld zurückzahlen wird – wenn der Gläubiger das nicht glaubt, sollte er dem Schuldner kein Geld überlassen.

Globalisierung

„Globalisierung ist aber nichts anderes als Ausweitung des Marktes."[501] Das stimmt zu einem, sie ist eine Ausweitung des Marktes. Aber nicht nur, sie ist auch eine besondere Art der Ausweitung.

Globalisierung gab es schon immer, sagen einige. Dagegen steht die Auffassung, dass es wohl schon immer Warenhandel zwischen nahen und fernen Ländern gab, aber der war nicht global, nicht weltumspannend.

Globalisierung gab es schon in der Zeit um 1900 und bis zum ersten Weltkrieg, sagen einige. Nach dem ersten Weltkrieg schotteten sich viele Nationen wieder mehr voneinander ab und versuchten, ihre eigene wirtschaftliche Entwicklung durch Protektionismus und Abdichtung ihrer Grenzen voranzubringen – was aber nicht gut ging.

Die Globalisierung, von der wir heute sprechen, begann etwa ab 1980. Die Weltwirtschaft veränderte sich seitdem auf tiefgreifende Weise:

Die eine Ursache war der *technische Fortschritt.* Die Welt wurde globaler durch riesenhafte Containerschiffe, weitreichende Flugzeuge, technische Kommunikationsverbindungen, Telefonleitungen über den ganzen Globus und schließlich leistungsfähige Computer, die weltweit verbunden waren und die das Internet schufen, das bald sehr vielen Menschen zugänglich war.

In der *Wirtschaft* wurden global bekannte Produkte geschaffen, Produktionsstandorte und Vertriebsgesellschaften meist großer Konzerne entstanden in der ganzen Welt.

Etwa im gleichen Zeitraum vervielfachte sich die *Zahl der Menschen*, die am weltwirtschaftlichen Austausch beteiligt wurden. Durch die Öffnung Chinas, die Beteiligung Indiens und der Auflösung der Sowjetunion und des Ostblocks hat sich die Zahl

---

[501] Prof. Dr. Viktor J. Vanberg: „Markt und Staat in einer globalisierten Welt: Die ordnungsökonomische Perspektive", in: ORDO Band 59, S. 7.

der potentiell beteiligten Menschen an der Weltwirtschaft ver-doppelt – in nur zwei Jahrzehnten.[502]

Vor- und Nachteile

Neue Entwicklungen werden selten von allen begrüßt. Denn neue Entwicklungen haben in aller Regel Vor- und Nachteile, so auch die Globalisierung. Wenn neue Fabriken in Ländern mit geringeren Kosten entstehen, werden die Arbeitsplätze in den bisherigen Ländern meist aufgegeben. Die Globalisierung führt zu einem intensiveren Standortwettbewerb, der Gewinner und Verlierer kennt.[503]

Globalisierung macht reich – aber nicht alle gleich.

Die Hälfte der beruflich aktiven Bevölkerung in den Industrie-ländern ist für den *technologischen Umbruch*, die Auto-matisierung, Digitalisierung und Globalisierung nicht gerüstet. Sie kann nur einfache Computeraufgaben wahrnehmen, etwa eine E-Mail schreiben, im Internet surfen oder mit einem Handy umgehen. Eine *gute Ausbildung* und ein *lebenslanges Lernen* ist nötig, um mit den Entwicklungen der Zeit mitzugehen und den Anforderungen zu entsprechen. Und natürlich muss man sich um die Verlierer der schnellen Entwicklungen kümmern.[504]

---

[502] Helmut Schmidt: Ausser Dienst, S. 249f.
[503] Siehe Prof. Dr. André Schmidt: Die Globalisierung – Chance oder Gefahr?, in: DIE ZEIT erklärt die Wirtschaft, S. 190.
[504] So der Generalsekretär der OECD, in: „Das deutsche Modell funktioniert ausgezeichnet", FAZ vom 7.7.2017, S. 17.

GmbH

GmbH heißt *Gesellschaft mit beschränkter Haftung* und ist die häufigste Gesellschaftsform in Deutschland (522.573 Gesellschaften[505]).

Die GmbH ist eine Kapitalgesellschaft und kann durch eine oder mehrere Personen errichtet werden.[506] Das Eigenkapital der GmbH heißt Stammkapital und muss mindestens 25.000 Euro betragen.[507] In der Bilanz ist das Stammkapital als ‚gezeichnetes Kapital' auszuweisen.[508]

Die GmbH muss in das Handelsregister eingetragen werden[509] und ist eine juristische Person (sie „als solche hat selbständig ihre Rechte und Pflichten").[510]

Den Gläubigern haftet sie nur mit ihrem Gesellschaftsvermögen,[511] nicht mit dem privaten Vermögen der Gesellschafter (deshalb heißt sie *mit beschränkter Haftung*).

Ein Aufsichtsrat muss erst gebildet werden bei mehr als 500 Beschäftigten.

Mini-GmbH

Seit 2008 gibt es eine „Unternehmergesellschaft", die mit einem Stammkapital gegründet wird, das den Mindestbetrag von 25.000 Euro unterschreitet (*Mini-GmbH*). Sie muss die Firma „*Unternehmergesellschaft (haftungsbeschränkt)*" führen. Die Eintragung im Handelsregister darf erst erfolgen, wenn das Stammkapital in voller Höhe eingezahlt ist. In der Bilanz muss so lange eine gesetzliche Rücklage gebildet werden.[512]

---

[505] Quelle: Statistisches Bundesamt, Umsatzsteuerstatistik 2014 (www.destatis.de)
[506] GmbH-Gesetz § 1.
[507] GmbH-Gesetz § 5.
[508] GmbH-Gesetz § 42.
[509] GmbH-Gesetz § 7.
[510] GmbH-Gesetz § 13 Absatz 1.
[511] GmbH-Gesetz § 13 Absatz 2.
[512] GmbH-Gesetz § 5a.

Gold

Goldwährung

Der Grundgedanke der Goldwährung war, die übermäßige Ausgabe von Banknoten zu verhindern. Banknoten lassen sich jederzeit leicht vermehren, das Gold aber nicht. Die Golddeckung bindet die Banknotenausgabe an das Gold. Das sollte also eine Sicherheitsbremse sein gegen die leichte Geldvermehrung und damit gegen die Inflation. Es war ein Versuch, die Geldschöpfung des Staates durch die Zentralbank zu begrenzen.[513]

Gold als Wertanlage

Gold wurde schon immer als Wertanlage angesehen. Es wird als eine Alternative zu anderen Währungen gesehen, zum Beispiel Dollar, Euro oder Schweizer Franken und anderen.

Laufende Erträge bringt Gold nicht. Es wird als Sicherheit vor allem für Notfälle gesehen. Der Wert des Goldes am Markt schwankt, der Kauf- und Verkaufspreis unterliegt auch starken Veränderungen. Wenn ein Notfall eintreten sollte, ist nicht sicher, dass der Goldpreis steigt. Er könnte auch fallen, vor allem wenn die Zentralbanken, die viel Gold horten, erhebliche Mengen verkaufen sollten.

Wer Gold anfassbar besitzt, hat kein *Gegenpartei-Risiko*. Wer Geld auf der Bank hat, kommt nur an das Geld über eine Gegenpartei, die Bank. Wenn die Bank ausfällt, etwa zahlungsunfähig ist oder geschlossen wird, kommt man nicht an sein Geld. Wer Anleihen, Zertifikate oder Derivate kauft, bekommt sein Geld nur zurück über eine Gegenpartei (die Bank oder eine andere Stelle) – wenn die ausfällt, sieht es mau aus. Wer dagegen physisches Gold hat, hat keine Gegenpartei, auf die er angewiesen wäre (beschränkt auf die Goldmenge). Er bleibt unabhängiger von den Unwägbarkeiten des Lebens und der Finanzsysteme und hat insoweit eine Versicherung für Notfälle.[514]

---

[513] Prof. Dr. Erich Preiser: Nationalökonomie heute, S. 92.
[514] Michael Braun Alexander: So geht Geld, S. 218ff. Ulrike Herrmann: Der Sieg des Kapitals, S. 122ff.

Grenzkosten

Angenommen, ein Unternehmen kann täglich 600 Stück eines Produkts herstellen. Die Kosten und die Verkaufserlöse der 600 Stück sind bekannt, und es bleibt ein ausreichender Gewinn.

Ein Kunde fragt an, ob man 40 Stück mehr täglich liefern könne. Wenn die vorhandenen Maschinen die zusätzlichen 40 Stück auch noch herstellen können, sollte es kein Problem geben.

Wenn sie aber ausgelastet sind und nur die 600 Stück herstellen können, muss das Unternehmen kalkulieren, zu welchen Kosten die zusätzlichen 40 Stück hergestellt werden können. Das sind die *Grenzkosten*, die zusätzlichen Kosten für die zusätzlichen 40 Stück.

Diese Kalkulationsaufgabe ist nicht unbedingt trivial (einfach): Es müsste eine neue Maschine und eventuell neues Personal beschafft werden, die Maschine kann aber 200 Stück herstellen, ist also eigentlich überdimensioniert und entsprechend teuer. Die zusätzlichen 40 Stück würden die Maschine also nicht auslasten. Das Ergebnis könnte sein, dass es zu teuer würde, diese 40 Stück zusätzlich herzustellen, das würde einen herben Verlust geben (es sei denn, der Kunde würde einen höheren Preis pro Stück zahlen oder man könnte weitere Kunden für weitere Mengen gewinnen).

Allgemein gesagt: Wenn die *Grenzkosten* ermittelt sind und die zusätzlichen Erlöse für die zusätzlichen Stücke über den Grenzkosten liegen, lohnt sich die Herstellung.

Grenznutzen

Wer bereit ist, ein Produkt zu kaufen, der erwartet einen *Nutzen* von diesem Produkt, denn er gibt ja einen Geldbetrag dafür hin, und das Geld ist bei den allermeisten Menschen begrenzt, also knapp. *Was knapp ist, damit muss man wirtschaften, also sparsam umgehen.*

Der *Grenznutzen* ist der Nutzen, den eine zusätzliche Einheit eines Gutes zusätzlich bringt:
- *Wer Durst hat, hat einen hohen Nutzen vom ersten Glas Wasser.*
- *Ein zweites Glas mag immer noch einen Nutzen haben.*
- *Beim dritten Glas wird der Nutzen schon geringer sein.*

Der Grenznutzen sinkt also normalerweise mit zunehmendem Gebrauch, das ist das erste Gossensche Gesetz.[515]

Griechenland-Krise 2010

Griechenlands Außenhandel
Im Jahr 2005 *importierte* Griechenland Güter im Werte von 50 Milliarden Euro. Im gleichen Jahr *exportierte* Griechenland Güter im Werte von 16 Milliarden Euro[516] (32% Anteil des Exports am Import[517]).
Daraus ergeben sich zwei Tatsachen:
- Wer mehr Güter einführt als ausführt, hat mehr Güter zum Verbrauch, als er selbst hergestellt hat.
- Wer mehr Güter im Ausland kauft als ins Ausland verkauft, macht jedes Jahr mehr Schulden. Die Frage ist, wann das Vertrauen des Auslands in die Zahlungsfähigkeit des griechischen Staats zu Ende geht.

---

[515] Gesetz des abnehmenden Grenznutzens, nach dem Nationalökonom Hermann Heinrich Goossen, siehe Prof. Dr. Erich Preiser: Nationalökonomie heute, S. 36f., und Duden Wirtschaft von A bis Z, S. 21.
[516] Der Fischer Weltalmanach 2008, S. 198.
[517] 16 durch 50 = 0,32 = 32%.

Im Jahr 2016 *importierte* Griechenland Güter im Werte von 48 Milliarden US-Dollar und *exportierte* Güter im Werte von 28 Milliarden US-Dollar[518] (58% Anteil des Exports am Import; der Import war immer noch deutlich höher).

Staatsverschuldung

Im Jahr 2000 hatte Griechenland eine Staatsverschuldung von 104% des griechischen Bruttoinlandsprodukts. Was Griechenland also in einem Jahr produziert hatte, das hatte es noch etwas mehr an Schulden.

In der Weltfinanzkrise, die 2007 begann, stieg die griechische Staatsverschuldung 2009 auf 129%, im Jahre 2017 auf 180%.[519]

Beitritt zur Euro-Zone

Im Jahr 2001 ist Griechenland der europäischen Währungsunion beigetreten, der Euro-Zone also. Die Griechen wechselten die Währung, von der Drachme zum Euro.

Im Jahr 2004 stellte das europäische Statistikamt (Eurostat) fest, dass die von Griechenland übermittelten statistischen Daten nicht stimmen. Der neue griechische Ministerpräsident Papandreou teilte 2009 mit, dass die Daten zu niedrig waren. Daraufhin stiegen die Zinssätze der griechischen Staatsanleihen stark an, über die sich Staaten am Finanzmarkt Staatskredite besorgen (auf die man besonders angewiesen ist, wenn man wie Griechenland hoch verschuldet ist – ohne Staatskredite müsste der Staat mit den eingenommenen Steuern auskommen).[520]

Wer seine Kredite nicht immer zuverlässig zurückzahlt (oder die Kreditgeber dies befürchten), muss höhere Zinssätze bezahlen, als Ausgleich für das größere Risiko der Kreditgeber.[521]

Griechenland wird gerettet

Wenn ein Staat nahe an die Pleite heranrückt, ziehen sich die privaten Kreditgeber normalerweise zurück (soweit sie können und man sie lässt). Im Falle Griechenlands ließ man sie,[522] Griechenland genießt offenbar ein besonderes Vertrauen auf Hilfe von außen (vielleicht als Wiege der Demokratie).

---

[518] https://www.weltalmanach.de am 12.1.2018.
[519] https://de.statista.com am 12.1.2018.
[520] https://de.wikipedia.org/wiki/Griechische_Staatsschuldenkrise
[521] Prof. Dr. Hans-Werner Sinn: Der Euro, S. 58.
[522] Ebenda, S. 102.

Wer übernimmt die vorhandenen Schulden? Und wer zahlt die riesigen Geldbeträge, die dann erst noch fällig werden (und auch wurden)? Die Länder der europäischen Währungsunion, der Internationale Währungsfonds (IWF) und die europäische Zentralbank (EZB). Dahinter stehen die nationalen Steuerzahler, die letztendlich das Risiko tragen.

Griechenland erhielt insgesamt 344 Milliarden Euro in drei großen *Hilfspaketen*, beginnend mit dem Jahr 2010.[523] Die Hilfe läuft vorläufig noch bis 2018, dass sie dann beendet werden kann, kann man nicht ernsthaft glauben. Im Jahr 2012 wurde bereits ein *Schuldenschnitt* vereinbart (ein Schuldenerlass), dennoch glaubt kaum jemand, dass Griechenland die verbliebenen Schulden je zurückzahlen kann.

Ein Marshall-Plan für Griechenland?
Hätte man nicht einen Marshall-Plan für Griechenland auflegen sollen? Schließlich hat Deutschland ja auch diese Hilfe bekommen nach Ende des zweiten Weltkriegs.

Das hätte man tun können, aber man wäre damit nicht weit gekommen. Deutschland hat durch den Marshall-Plan umgerechnet 11 Milliarden Euro bekommen,[524] was ihm gut getan hat. Griechenland hat 344 Milliarden Euro bekommen (siehe oben), das ist eine ganz andere Dimension.

Neuanfang
„Seit Beginn der Krise im Jahr 2008 wurde Griechenland ausschließlich von der Staatengemeinschaft finanziert, weil aus dem Ausland per Saldo keinerlei private Kredite mehr kamen.“[525]

Ein Land ist *nicht mehr wettbewerbsfähig*, wenn die Preise der Güter, die es den andern Ländern anbietet, zu hoch sind, und wenn es keine Exporterlöse hat und deshalb ausländischen Kredit zur Finanzierung der Importe und des Lebensstandards benötigt.[526]

Die Lösung der Griechenlandkrise ist eine Frage des Anspruchs. Wer ohne ausländischen Kredit auskommt, hat kein Problem mit der Wettbewerbsfähigkeit des Landes. Wenn die Waren und Dienstleistungen billig genug sind, werden sie auch

---

[523] Ebenda, S. 299.
[524] Prof. Dr. Hans-Werner Sinn: Die Target-Falle, S. 282.
[525] Prof. Dr. Hans-Werner Sinn: Der Euro, S. 102.
[526] Ebenda, S. 152.

von anderen Ländern gekauft. Man muss eben wissen, was man sich leisten kann.

Das ist zwar wahr, aber es ist schwer umzusetzen. Von einem höheren Anspruch des Lebensstandards herunterzukommen, ist politisch und gesellschaftlich schwer machbar. Ein Weg ist, das betreffende Land aus der Währungsunion für eine gewisse Zeit zu entlassen, um das Land über die Abwertung der eigenen Währung die Wettbewerbsfähigkeit schnell wiederzufinden. Die Untersuchung von 71 Währungskrisen zeigt, dass sich die Leistungsbilanz schon bald verbessert.[527]

Die europäische Staatengemeinschaft hat seit 2010 viel Geld aufgebracht, um Griechenland in der Europäischen Währungsunion zu halten. Dabei wurden die Rückzahlungsfristen für Griechenland immer weiter in die Ewigkeit verlängert. Die Existenz der Währungsunion wurde damit kaum gesichert.

Grundschuld

Wer ein Haus baut, braucht dafür meistens ein *Darlehen* von der Bank. Für das Darlehen verlangt die Bank in aller Regel eine Sicherheit (ein Pfand), damit sie die Rückzahlung des Darlehens sicherstellen kann, falls der Kunde das Darlehen mal nicht zurückzahlen kann.

Als Sicherheit wird oft eine *Grundschuld* vereinbart, das ist ein Grundpfandrecht, das ins Grundbuch eingetragen wird, und zwar auf das Grundstück, auf dem das Haus gebaut werden soll und das dem Grundstückseigentümer (und Hausbauer) gehört.

Das *Grundbuchamt* gehört zum Amtsgericht. Eintragungen können nur über einen Notar vorgenommen werden, damit auch alles sachkundig und rechtmäßig abläuft.

Sollte der Hauseigentümer das Darlehen mal nicht zurückzahlen können, hat die Bank den Anspruch auf Zahlungen aus der eingetragenen Grundschuld. Dazu kann sie das Haus versteigern lassen, um aus dem Verkauf des Hauses ihre Darlehensforderungen zu bekommen.

---

[527] Ebenda, S. 480ff., insbesondere S. 484.

Grundsteuer

Mit der Grundsteuer besteuern die Gemeinden den Grundbesitz, sowohl den der Land- und Forstwirtschaft (*Grundsteuer A*) als auch die Wohn- und Betriebsgrundstücke (*Grundsteuer B*). In Deutschland gibt es etwa 35 Millionen Grundstücke.[528]

Die Grundsteuer hatte 2016 Steuereinnahmen von 13,7 Milliarden Euro (0,4 für die Grundsteuer A und 13,3 für die Grundsteuer B).[529]

Die Grundsteuer ist bundesweit einheitlich geregelt, allerdings bestimmt letzten Endes jede Kommune die Höhe der Steuer durch den *Hebesatz*, den sie selbst festlegt.[530]

Die Grundsteuer wird in der Regel an die Mieter weitergegeben, als Teil der Nebenkosten zur Miete.

Einheitswert

Grundstücke werden steuerlich mit dem Einheitswert bewertet. Die Einheitswerte richten sich nach Werten aus dem Jahr 1964 im Westen und aus 1935 im Osten Deutschlands.

Die Einheitswerte hätten längst an die heutigen Werte angepasst werden müssen, das ist aber unterblieben, wegen des hohen Verwaltungsaufwands. Das Bundesverfassungsgericht hat im April 2018 die Einheitswerte für verfassungswidrig erklärt und eine Neuregelung der Grundsteuer bis Ende 2019 verlangt.[531]

Wenn die Neuregelung bis Ende 2019 erfolgt ist, können die alten Einheitswerte noch bis 2024 weiter gelten,[532] da die Einführung der neuen Werte einen hohen Verwaltungsaufwand nach sich ziehen wird.

---

[528] „Ist die Grundsteuer verfassungswidrig?", http://www.manager-magazin.de vom 16.1.2018.

[529] https://www.destatis.de, Pressemitteilung vom 21.8.2017.

[530] „Wichtige Geldquelle für Städte auf der Kippe", FAZ vom 15.1.2018, S. 15.

[531] „Karlsruhe kippt Einheitswerte für Grundsteuer", https://www.welt.de vom 10.4.2018.

[532] „Scholz: Keine Steuererhöhung für Mieter und Eigentümer", FAZ vom 11.4.2018, S. 15.

Welche neue Grundsteuer?

Bei der Neuregelung der Grundsteuer muß ein neues Bundesgesetz beschlossen werden. Das beschließt nicht nur der Bundestag, sondern auch der Bundesrat, durch den die 16 Bundesländer bei der Bundes-Gesetzgebung mitwirken (da sie ja auch die Interessen der Länder und ihrer Gemeinden besonders betrifft).

Für die neue Grundsteuer gibt es verschiedene *Konzepte*, aus welchen Werten sich die neue Grundsteuer ergeben soll. Manche Länder sind dafür, dass die Grundsteuer sich aus wenigen Werten ergibt, dann ist auch die Ermittlung einfacher. Andere Länder wollen die neue Grundsteuer aus mehreren verschiedenen Werten erstellen, etwa aus der Größe der *Fläche* (für Grundstücks- oder Wohnfläche) und der Höhe von *Werten* (Höhe der Miete oder Verkaufswert des Hauses). Dann wird die Ermittlung der Grundsteuer komplizierter, aber dafür ergeben sich vielleicht auch höhere Steuerbeträge, die ja den Städten und Gemeinden zufließen.

Nach der Mehrheit der Bundesländer sollen auch bei der neuen Grundsteuer der *Wert* des Bodens und des Gebäudes berücksichtigt werden. Der Mieterbund fordert eine reine *Bodensteuer*, ohne den Wert des Gebäudes (das könnte geringere Steuern ergeben).

Andere Verbände sind gegen eine reine Bodensteuer und wollen eine Steuer, die sich nur an der *Flächengröße* orientiert (das würde die Steuerfestsetzung einfacher machen). Professor Clemens Fuest vom ifo-Institut in München ist für ein einfaches Verfahren, eine Kombination aus Grundstücks-, Wohn- und Nutzfläche; dafür reicht eine einmalige Bestimmung des Wertes.[533]

Wenn *Werte* in die Ermittlung der Grundsteuer einfließen, muß die erneute Feststellung der Grundsteuer wiederholt erfolgen, etwa alle 5 oder 10 Jahre, das ist also ein viel größerer bürokratischer Aufwand, der Zeit und Personal kostet. Wenn die Grundsteuer nur auf Basis von *Flächen* ermittelt wird, reicht eine einmalige Bestimmung der Fläche.

---

[533] „Scholz: Keine Steuererhöhung für Mieter und Eigentümer", FAZ vom 11.4.2018, S. 15.

H

Handel

„Handel bringt Wohlstand" ist eine uralte Weisheit. Kleine Siedlungen, die an Kreuzpunkten wichtiger Handelswege liegen, haben sich oft zu bedeutenden Handelsstädten entwickelt. Häfen an großen Flüssen oder am offenen Meer hatten oft noch bessere Chancen und haben sie wahrgenommen.

Im Mittelalter lag *Brügge* an einer Meeresbucht und entwickelte sich zu einem wichtigen Handelsplatz der Hanse. Und wurde wohlhabend dabei. Dann versandete der Zugang zum Meer, und *Antwerpen* übernahm die Rolle als Handelszentrum und wurde ebenso wohlhabend.

„Wenn Sie reich werden wollen, müssen Sie dafür sorgen, dass Ihr Tor zur Welt immer offen bleibt."[534]

Handelsbilanz

Die Handelsbilanz gibt es zweifach:

- Die *Handelsbilanz* ist meist die Bilanz der deutschen Unternehmen nach Handelsrecht.
- Wenn man vom *Handelsbilanzdefizit* spricht, meint man meist die Außenhandelsbilanz (siehe Artikel „Leistungsbilanz" in diesem Buch).

Die *Handelsbilanz* wird nach Handelsrecht (HGB heißt Handelsgesetzbuch) erstellt. Im Gegensatz dazu gibt es auch eine *Steuerbilanz*, die nach Steuerrecht aufgestellt wird.

Die *Handelsbilanz* wird veröffentlicht[535] und ist für jedermann einsehbar (im Internet[536]). Die *Steuerbilanz* ist vertraulich und nur für das Finanzamt vorgesehen.

---

[534] Siehe Tim Harford: Ökonomics, S. 292 ff., das wörtliche Zitat S. 294.
[535] Handelsgesetzbuch (HGB) § 325 „Offenlegung" (Vorschriften für Kapitalgesellschaften) Absatz 1 Satz 2: „Die Unterlagen sind elektronisch beim Betreiber des Bundesanzeigers in einer Form einzureichen, die ihre Bekanntmachung ermöglicht."
[536] www.bundesanzeiger.de oder www.unternehmensregister.de

© Springer Fachmedien Wiesbaden GmbH, ein Teil von Springer Nature 2019
W. Klitzsch, *Grundbegriffe der Wirtschaft*,
https://doi.org/10.1007/978-3-658-27904-2_8

Die *Steuerbilanz* soll grundsätzlich der Handelsbilanz folgen. Das entspricht aber oft nicht mehr der Wirklichkeit, die steuerlichen Regeln weichen oft stark ab von den handelsrechtlichen Vorschriften (obwohl der Gesetzgeber für die Regeln der gleiche ist, in Deutschland der Bundestag).

Die Handelsbilanz müssen die meisten Unternehmen erstellen. Kleinere Unternehmen haben leichtere Vorschriften, siehe HGB. Für spezielle Unternehmen wie *Banken* und *Versicherungen* gibt es anders strukturierte Bilanzen mit abweichenden Regelungen (weil auch das Geschäft der Banken und Versicherungen anders ist).

Hedgefonds

Das englische *hedge* heißt „Hecke", die soll schützen; *hedge* heißt auch, etwas „absichern". Hedgefonds sollten ursprünglich Unternehmensrisiken abdecken.

Hegdefonds sind Investmentfonds, die überdurchschnittliche Renditen erzielen wollen durch ungewöhnliche Strategien oder Wetten und durch Einsatz von erheblichen Krediten.[537]

Hedgefonds sind im Gegenteil zu Banken *schwach reguliert*.[538] Sie sind risikofreudig, also spekulativ, und können dadurch hohe Gewinne erzielen, aber ebenso hohe Verluste machen.[539]

Hedgefonds gehören zu den *Schattenbanken*. Die haben keine Bankzulassung, sind auch keine Bank, machen aber bankähnliche Geschäfte (zum Beispiel legen sie Geld an, um damit Gewinne zu erzielen).

Hedgefonds betreiben ihre Geschäfte oft auf *Steueroasen* (etwa auf den Cayman Islands oder den Bermudas), wo sie willkommen sind und gute Bedingungen vorfinden, etwa keine Aufsichtsbehörden und keine Steuerpflichten.

---

[537] Siehe Daniel Stelter: Eiszeit in der Weltwirtschaft, S. 318.
[538] Siehe Prof. Dr. Günter Wöhe, Prof. Dr. Ulrich Döring und Prof. Dr. Gerrit Brösel: Einführung in die Allgemeine Betriebswirtschaftslehre, S. 568f.
[539] Siehe Susanne Schmidt: Markt ohne Moral, S. 30ff.

Hermes-Bürgschaften

Hermes-Bürgschaften (auch Hermes-Deckungen genannt) sind Exportkreditgarantien des Bundes (also der Bundesrepublik Deutschland).[540] Sie können zur Absicherung der Risiken des Zahlungsausfalls von Exportgeschäften in Anspruch genommen werden.

Es muss sich um Exporte in Märkte mit erhöhten Risiken handeln, die oft nur mit Hilfe der staatlichen Exportkreditversicherung realisiert werden können.

Die Bearbeitung von Anträgen hat die Bundesregierung der Euler Hermes Aktiengesellschaft in Hamburg übertragen.

Im Jahr 2016 hat die Bundesregierung deutsche Exporte im Wert von 20 Milliarden Euro abgesichert (das ist ein Anteil von 1,7% der deutschen Exporte in 2016).

Über 80% der abgesicherten Exporte gingen in Entwicklungs- und Schwellenländer, die meisten nach Russland und Ägypten.

Für die Absicherung müssen Gebühren bezahlt werden. Die Exportkreditgarantien erzielten 2016 einen Überschuss von 1,1 Milliarden Euro (also einen Gewinn), der vollständig in den Bundeshaushalt geflossen ist.

---

[540] www.foerderdatenbanken.de (Bundesministerium für Wirtschaft und Energie) am 23.9.2017.

Hochfrequenzhandel

Der *Hochfrequenzhandel* wird von Börsenhändlern (an Aktienbörsen) ausgeführt, die mit extrem schnellen Hochleistungscomputern und besonderen Computer-*Algorithmen* (Programmabläufen) arbeiten, sehr schnelle Leitungen einsetzen und sich bevorzugt ganz nah neben den Börsen-Computern plazieren.[541] Diese Börsenhändler werden auch Blitzhändler genannt.[542]

Beim Hochfrequenzhandel werden Eingaben, Änderungen und Löschungen von Aufträgen *von Computer-Algorithmen gesteuert*. Durch eine hohe Anzahl von Auftragseingaben in einem kurzen Zeitraum können Handelssysteme überlastet werden. Algorithmen können auf Marktereignisse reagieren und damit weitere Algorithmen auslösen und so einen Kaskadeneffekt auslösen, der die *Volatilität* (Schwankungen) von Kursen steigen lässt.[543]

Umstritten ist, ob durch diese technische Aufrüstung unfaire Wettbewerbsbedingungen für andere, langsamere Börsenteilnehmer entstehen und Börsenkrisen verschärft werden.

Handelsvolumen
Der Hochfrequenzhandel umfasst mehr als 50% des Aktienhandelsvolumens, in den USA und in Deutschland. Er ist die dominante Komponente im Markt, stellt die amerikanische Börsenaufsicht SEC[544] fest.[545]

---

[541] Deutsche Börse Xetra: „Hochfrequenzhandel", www.xetra.com am 18.1.2018; und „Hochfrequenzhändler können Börsenkrisen verstärken", FAZ vom 25.10.2016, S. 23.
[542] „Wie unfair sind die Blitzhändler der Wall Street?", FAZ vom 6.8.2016, S. 34.
[543] Bundesanstalt für Finanzdienstleistungsaufsicht (BaFin): „Algorithmischer Handel und Hochfrequenzhandel", www.bafin.de vom 13.12.2017.
[544] **SEC**: Securities and Exchange Commission
[545] Nadine Oberhuber: „Wenn Maschinen zocken", www.zeit.de vom 31.8.2015.

Die New Yorker Börse[546] und die NASDAQ[547] haben im Jahr 2005 den Hochfrequenzhändlern den Weg an die Börse geebnet.

Kritik

Nach dem Börseneinbruch im Mai 2010 stand der Hochfrequenzhandel in der Kritik. Eine Order löste damals so viele automatisierte Verkaufsaufträge aus, dass der amerikanische Börsenindex innerhalb von Minuten um 1000 Punkte einbrach (um 9%). Der Einbruch vernichtete Börsenwerte in Milliardenhöhe. Beim Absturz und beim folgenden Aufschwung verdienten die Hochfrequenzhändler kräftig mit.

Die Hochfrequenzhändler, so stellt es der amerikanische Autor Michael Lewis dar, würden mit ihren superschnellen Datenverbindungen die Aktien-Kaufaufträge von Großanlegern abfangen; sie kaufen dieselben Aktien einen winzigen Moment vor ihnen und treiben die Preise in die Höhe und verkaufen dieselben Aktien zum höheren Preis weiter.

Oder sie legten mit einer Vielzahl von fingierten Aufträgen die Rechner von Großinvestoren für Millisekunden lahm und nutzen die Zwischenzeit, um die Preise hochzutreiben und die Gewinne abzuschöpfen.

Das Vorgehen der Hochfrequenzhändler wird kritisiert, unter anderem vom amerikanischen Ökonomen Joseph Stiglitz, vom Soziologen Dirk Helbing (ETH Zürich) und vom Juristen Peter Kasiske. Wenn Algorithmen (Programmabläufe) mit Unmengen von Aufträgen andere Handelssysteme verlangsamen, sei das strafbar.

Die amerikanische *Börsenaufsicht SEC* hat Studien ausgewertet und kommt zu der Beurteilung, dass der Hochfrequenzhandel für extremere Schwankungen im Markt sorge, das führe zu höheren Kosten bei anderen Marktteilnehmern, etwa bei Privatanlegern und Fondsgesellschaften.

---

[546] New York Stock Exchange (**NYSE**) – die grösste Börse der Welt.
[547] **NASDAQ**: National Association of Securities Dealers Automated Quotations System.

Die deutsche *Bundesbank* hat in einem mehrere Jahre dauernden Projekt den Hochfrequenzhandel untersucht und in ihrem Monatsbericht geschrieben, dass der Hochfrequenzhandel in Risiko von Episoden kurzfristig übermäßiger Volatilität nahelegt; Marktverwerfungen können begünstigt werden.[548]

Die *Deutsche Börse* verweist darauf, dass in den vergangenen Jahren viele neue Finanzmarktgesetze eingeführt wurden, darunter das deutsche Hochfrequenzhandelsgesetz (seit 2013) und die europäische Marktmissbrauchsrichtlinie, zudem gebe es Sicherungsmechanismen wie Handelsunterbrechungen, wenn erforderlich.

Holding

Eine Holding ist die Obergesellschaft eines Konzerns, die die Aktien der Tochtergesellschaften hält (daher *Holding*). Auch die Bezeichnungen *Dachgesellschaft* und *Beteiligungsgesellschaft* sind üblich.

Die meisten Holdings haben keine eigenen Produktions- oder Handelsaufgaben, sondern sind zuständig für die Finanzierung, die Koordinierung und Verwaltung der Konzerngesellschaften und die Darstellung des Konzerns gegenüber der Börse und der Öffentlichkeit.

---

[548] „Hochfrequenzhändler können Börsenkrisen verstärken", FAZ vom 25.10.2016, S. 23.

Hypothek

Wenn Sie eine „Hypothek aufnehmen", beantragen Sie meistens einen Kredit zum Bau oder Kauf eines Hauses. Mit dem neuen Haus sichern Sie gleichzeitig den Kredit ab.

Die *Hypothek* ist ein Grundpfandrecht. Sie ist eine Sicherheit (wie ein Pfand) für die Bank, die einen Kredit für den Hauskauf oder Hausbau gibt.

Die Hypothek wird ins Grundbuch des Grundstücks eingetragen, auf dem das Haus steht. Die Hypothek ist eine *Schuld* (oder eine Belastung[549]) für den Kunden (den Kreditnehmer).

Das Grundbuch wird beim Amtsgericht geführt. Eine Eintragung kann nur über einen Notar erfolgen, wegen der erforderlichen rechtlichen Sachkenntnis.

Wenn der Kunde die (meist monatlichen) Rückzahlungen für den Kredit an die Bank nicht mehr zahlen kann, also in Rückstand gerät, kann die Bank das Haus verkaufen (versteigern), um ihr ausgeliehenes Geld (den Kredit) zurückzubekommen.

Die *Grundschuld* ist mit der Hypothek nicht identisch: Eine Hypothek ist vom Bestehen einer Forderung abhängig. Die Grundschuld kann auch ohne Forderung eingetragen bleiben, was oft praktischer ist. Daher wird die Hypothek nur noch wenig benutzt, meistens wird die Grundschuld verwendet.

---

[549] Daher wird der Begriff „**Hypothek**" auch sonst als „Belastung" verwendet. Beispiel: „Das ist im Grunde die größte Hypothek der neuen Vorsitzenden, dass ihre eigentliche Machtbasis woanders sitzt."

I

IFRS

IFRS heißt *International Financial Reporting Standards,* das sind Regeln für die Rechnungslegung (Bilanzierungs- und Bewertungsregeln).

Die IFRS sind internationale Bilanzierungsregeln, die in vielen Ländern gelten, zumindest für kapitalmarktorientierte Unternehmen, so auch in der Europäischen Union und in Deutschland.

Die IFRS-Regeln sind orientiert an angelsächsischen Bewertungsvorstellungen. Die deutschen Bilanzierungsregeln stehen im Handelsgesetzbuch (HGB), siehe Artikel „Handelsbilanz" in diesem Buch.

Import und Export

Import heißt *Einfuhr*, Export heißt *Ausfuhr* von Waren und Dienstleistungen über die Landesgrenze hinweg.

Die *Exportquote* ist der Anteil der Exporte am deutschen Bruttoinlandsprodukt (BIP). Sie ist in Deutschland in den letzten 15 Jahren von 26% auf 47% angestiegen.

Die *Importquote* ist in der gleichen Zeit von 26% auf 39% angestiegen.[550]

Die Exportquote von 47% bedeutet, dass fast die halbe Gütermenge, die in Deutschland hergestellt wird, exportiert wird.

Dagegen steht, dass die Importquote von 39% Güter aus aller Welt nach Deutschland bringt (39% vom deutschen BIP).

---

[550] Siehe Prof. Dr. Peter Bofinger: Grundzüge der Volkswirtschaftslehre, S. 537.

© Springer Fachmedien Wiesbaden GmbH, ein Teil von Springer Nature 2019
W. Klitzsch, *Grundbegriffe der Wirtschaft,*
https://doi.org/10.1007/978-3-658-27904-2_9

Per Saldo werden also 8% des BIP mehr exportiert als importiert (47 minus 39 gleich 8, das ist der *Außenbeitrag* in % des deutschen BIP).

Mehr dazu lesen Sie bitte im Artikel „Absolut und relativ" und im Artikel „Bruttoinlandsprodukt" in diesem Buch.

Index

Der Begriff *Index* bedeutet oft „Verzeichnis", zum Beispiel „Stichwortverzeichnis" in dem Textverarbeitungsprogramm *Word*, mit dem dieser Text geschrieben wurde.

In der Wirtschaft ist ein *Index* oft eine Statistik, also eine Zusammenstellung von Zahlen. Indexzahlen geben zum Beispiel die durchschnittliche Preisentwicklung aller Waren und Dienstleistungen wieder, die private Haushalte für Konsumzwecke kaufen.

Zum Beispiel stellt der *Verbraucherpreisindex für Deutschland* (früher *Preisindex für die Lebenshaltung*) die Entwicklung der Preise dar und wird vom Statistischen Bundesamt veröffentlicht.[551]

Verbraucherpreisindex für Deutschland			
Jahr	Verbraucherpreis-index gesamt	Veränderung zum Vorjahr absolut	Veränderung zum Vorjahr in % *)
2007	96,1		
2008	98,6	+2,5	+2,6%
2009	98,9	+0,3	+0,3%
2010	100,0	+1,1	+1,1%
2011	102,1	+2,1	+2,1%
2012	104,1	+2,0	+2,0%
2013	105,7	+1,6	+1,5%
2014	106,6	+0,9	+0,9%
2015	106,9	+0,3	+0,3%
2016	107,4	+0,5	+0,5%
2017	109,3	+1,9	+1,8%

*) ist gleich Inflationsrate

---

[551] Quelle: Statistisches Bundesamt, www.destatis.de

Das Preisniveau des Jahres 2010 wird hier mit 100 festgesetzt. Die Indexzahl 102,1 gibt dann das Preisniveau für das Jahr 2011 an und damit auch die durchschnittliche Preissteigerung von 2,1 im Jahr 2011.

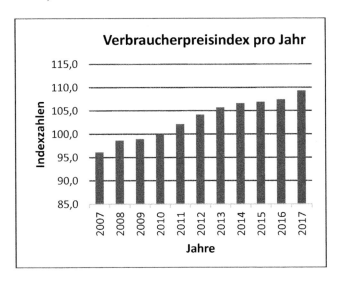

Die Indexzahlen werden durch einen *Warenkorb* ermittelt, der Waren und Dienstleistungen eines Durchschnittshaushalts enthält, zum Beispiel Lebensmittel, Kleidung, Miete, Friseur, Auto und Versicherungen. Er wird alle fünf Jahre neu festgelegt. Die statistischen Ämter erheben etwa 300.000 Einzelpreise für 700 Waren und Dienstleistungen monatlich in ganz Deutschland.[552]

Inflationsrate
Die Veränderung zum Beispiel vom Jahr 2016 auf 2017 ist 109,3 minus 107,4 gleich 1,9 (das ist die *absolute* Veränderung).

Die Veränderung vom Jahr 2016 auf 2017 *in Prozent* unterscheidet sich von der absoluten Veränderung: 1,9 geteilt durch 107,4 ergibt einen Anteil von 0,0177 oder in Prozent

---

[552] Siehe Duden Wirtschaft von A bis Z, S. 50.

1,77% oder gerundet 1,8%, das ist die Inflationsrate (hier des Jahres 2017).[553]

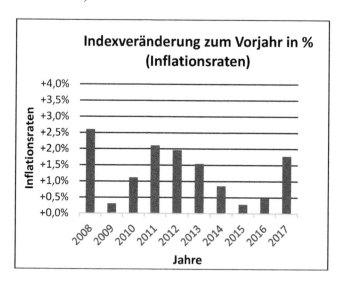

Wertpapierindex

Ein Wertpapierindex stellt die Entwicklung von Aktien oder Anleihen dar, die in diesem Index dargestellt werden.

- Ein Wertpapier-*Preisindex* stellt die Kursentwicklung dar. Die Rendite durch Ausschüttungen bezieht er nicht mit ein. Damit wird ein Teil des Ertrags nicht einbezogen. Beispiele sind der Dow Jones Index und der Standard & Poor's Index.

- Ein *Total Return Index* bezieht die Kursentwicklung und die Ausschüttungen mit ein, indem die ausgeschütteten Dividenden und die Anleihe-Kupons rechnerisch wieder investiert werden. Dadurch wird der tatsächliche Ertrag besser erfasst. Beispiele sind der DAX (Deutscher Aktienindex) und die Euro-Stoxx-Indizes.

---

[553] Einfaches Beispiel: Wenn der Preisindex in einem Jahr 200 beträgt und im nächsten Jahr 210, ist die Differenz 10 (die absolute Veränderung). Die **Inflationsrate** ergibt sich mit 10 / 200 = 0,05 = 5% (der Anteil 10 von 200, also der prozentuale Anteil). Quelle: Duden Wirtschaft von A bis Z, S. 105.

Indexfonds

Indexfonds legen die eingezahlten Gelder ihrer Anleger nicht nach individuellen Kaufentscheidungen ihrer Manager an, sondern nach dem Muster der Aktien in einem Aktienindex (etwa dem Deutschen Aktienindex, DAX). Indexfonds bilden also die Struktur eines (Aktien-)Index nach.

Im Gegensatz dazu werden *aktiv verwaltete* Aktienfonds nach den Vorstellungen der Fondsmanager geführt, was Marktanalysen und individuelle Entscheidungen erfordert. Nachteil der *gemanagten* Fonds: sie kosten 2% Jahresgebühr (vom Kapitalbestand). Die Indexfonds kosten im Durchschnitt 0,4%.

Deshalb sind Indexfonds stark gefragt. In den *USA* verwalten Indexfonds rund vier Billionen Euro (Stand März 2016), davon entfallen zwei Billionen Euro auf die börsengehandelten Fonds (ETF, Exchange Traded Funds).

In *Europa* begann das Geschäft mit den Indexfonds später als in den USA, etwa um das Jahr 2000. Zurzeit gibt es fast eine Billion Euro in Indexfonds inklusive ETF, wobei die ETF schneller wachsen, weil sie (an der Börse) schnell handelbar sind.[554]

Nach der Finanzkrise von 2007 kamen die Indexfonds gerade recht, weil sie zunächst simpel und günstig waren. Außerdem erschienen sie neutral, weil sie ja nur die Zusammensetzung eines Index (wie etwa des DAX) nachbildeten.

Indexfonds kaufen und verkaufen Aktien, um die schwankenden Marktwerte abzubilden. Das tun sie im Gleichschritt und in riesigem Umfang. Etwa ein Drittel des täglichen amerikanischen Aktienhandels bewegen sie. An volatilen Tagen können sie Kursausschläge verschärfen und so Panik erzeugen, wie am 24. August 2015. Die amerikanische Börsenaufsicht hat daraufhin strengere Regeln eingeführt.

Ein *effizienter Markt* soll Preise ermitteln, das geschieht durch sehr viele Einzelentscheidungen, die sich für oder gegen etwas entscheiden. Indexfonds aber entscheiden sich gar nicht, sondern kopieren in riesigem Umfang vorhandene Strukturen, *dann verliert der Markt seine Funktion.*

---

[554] Siehe Ingo Narat: „Amerika liefert die Blaupause", Handelsblatt vom 31.3.2016, S. 36.

Die Indexfonds sind weder passiv noch neutral, sondern nehmen Einfluss auf die Unternehmen, an denen sie beteiligt sind, da die großen drei Vermögensverwalter Blackrock, Vanguard und State Street eine große Konzentration von Unternehmensanteilen geschaffen haben. Sie sind die größten Anteilseigner von 438 der 500 größten börsennotierten amerikanischen Unternehmen. In Deutschland ist Blackrock in allen DAX-Aufsichtsräten vertreten und bei 10 von 30 DAX-Unternehmen größter Aktionär.[555]

Industrie 4.0

Die *Industrie 4.0* wird als vierte industrielle Revolution bezeichnet. Bisher gab es in unserer Geschichte drei industrielle Revolutionen:

- Das Industriezeitalter begann mit der *ersten* industriellen Revolution (*Mechanisierung*) im 18. Jahrhundert mit der Dampfmaschine, der Eisenbahn, der Dampfschiffahrt und dem mechanischen Webstuhl.
- Die *zweite* industrielle Revolution (*Industrialisierung*) begann mit der Elektrizität und dem Fließband, das im Jahr 1913 durch Henry Ford eingeführt wurde.
- Die *dritte* industrielle Revolution (*Automatisierung*) begann durch die EDV (elektronische Datenverarbeitung), später IT genannt (Informationstechnik), und durch die *Elektronik*, etwa ab den 1950er Jahren. Den ersten Personal Computer (PC) gab es in den 1970er Jahren. Das Internet entstand 1969 aus seinem Vorgänger Arpanet[556], das World Wide Web entstand 1991 und wurde 1993 für alle frei verfügbar erklärt.[557]
- *Industrie 4.0* setzte nach dem Jahr 2000 ein und wird auch *Digitalisierung* und *Vernetzung* genannt. Sie hat erst angefangen und soll noch viele Jahre andauern.

---

[555] Liberale Verwalter wider den Wettbewerb, FAZ vom 17.11.2016, S. 31.
[556] Arpanet ist als Computer-Netzwerk vom US-Militär in Auftrag gegeben worden.
[557] Ranga Yogeshwar: Nächste Ausfahrt Zukunft, S. 367.

Als *Industrie 4.0* „bezeichnet man die digitale Vernetzung der Produktion und ganzer Wertschöpfungsketten vom Rohstofflieferanten über Zwischenverarbeiter und Endverarbeiter bis zum Verbraucher."[558]

„Eine weitere Automatisierungswelle ist Industrie 4.0 daher gerade nicht."[559] Da die Produktion digital erfasst ist und abgebildet werden kann, kann man Produktentwicklungen oder Maschinenumrüstungen im Vorhinein simulieren, ohne ein Stück Material zu bewegen und ohne Ausschuss zu produzieren, das spart Kosten.

Industrie 4.0 ist also gekennzeichnet durch eine *Vernetzung* von Maschinen mit anderen Maschinen und innerhalb von Informations- und Kommunikationstechnik-Systemen (IKT).[560]

Inflation und Deflation

Die Inflation wird auch *Teuerung* oder *Geldentwertung* genannt.

In der *Inflation* nimmt die Geldmenge schneller zu als die Produktionsmenge. Das bedeutet steigende Preise; gemeint sind damit die Preise vieler Waren und Dienstleistungen, also eine allgemeine Preisentwicklung.[561]

In der *Deflation* nimmt die Geldmenge langsamer zu als die Produktion, unter Umständen nimmt sie sogar ab. Ob die Preise sinken, ist fraglich, eher kommt es zur Produktionsschrumpfung und Arbeitslosigkeit. Im Deflationsjahr 1931 gab es in Deutschland eine krisenhafte Schrumpfung von Geldumlauf und Produktion.[562]

---

[558] Georg Giersberg: „Maschinen lernen, aber sie denken nicht", FAZ vom 7.7.2017. S. 22.

[559] Ebenda. Siehe auch Artikel „Digitalisierung" in diesem Buch.

[560] „Plattform Industrie 4.0" des Bundeswirtschaftsministeriums, http://www.plattform-i40.de am 22.1.2018; und „Digitale Wirtschaft und Gesellschaft – Industrie 4.0" des Bundesministeriums für Bildung und Forschung, https://www.bmbf.de am 22.1.2018.

[561] Siehe Prof. Dr. Artur Woll: Volkswirtschaftslehre, S. 461.

[562] Siehe Prof. Dr. Erich Preiser: Nationalökonomie heute, S. 90f.

Inflation und Deflation sind also nicht einfach symmetrisch entgegengesetzte Erscheinungen. *Die Deflation kommt wie ein böses Schicksal über alle.*[563] Wenn sich die allgemeine Erwartung verbreitet „Warum heute kaufen, wenn es morgen billiger ist?", dreht sich in der Deflation eine Spirale nach unten, und niemand weiß, wann sie endet. Die Deflation wird gefürchtet, und daher wird versucht, sie mit allen Mitteln zu verhindern, zum Beispiel von den Zentralbanken, wie in Europa von der Europäischen Zentralbank (EZB).

Die *Inflation* dagegen hat Interessenten. Eine leichte Inflation befördert Produktion und Umsatz und damit die Geschäfte, zumindest eine Zeit lang. Vor allem aber der Staat ist an ihr interessiert, er soll mit ihr liebäugeln, weil sie die Steuereinnahmen befördert und ebenso den Abbau der Staatsverschuldung.

Wem nützt, wem schadet die Inflation?
Dem Angestellten und dem Rentner *schadet* die Inflation, weil er ein festes Einkommen hat. Wenn die Preise steigen, das Einkommen aber nicht, kann er sich weniger kaufen, er hat also weniger Kaufkraft. Wenn die Preise weiter steigen (und sein Einkommen nicht oder nur gering steigt), verliert er an Wohlstand.

Wer Geld verliehen hat, dem *schadet* die Inflation ebenfalls. Ein Gläubiger, der ein Darlehen von 5.000 Euro vergibt und die 5.000 Euro nach 10 Jahren zurückbekommt, hat bei einer jährlichen Inflation von nur 5% nach 10 Jahren bereits 2.006 Euro an Kaufkraft verloren; das sind 40% der 5.000 Euro. Es verbleiben ihm nur noch 2.994 Euro realen Wert. Der Gläubiger hat zwar 5.000 Euro zurückbekommen (nominal), aber die sind nur noch 2.994 Euro wert.

Wenn die Inflation nicht 5%, sondern 10% betragen würde, hat er nach 10 Jahren bereits 3.257 Euro verloren, über die Hälfte der 5.000 Euro (65%), die er als Darlehen verliehen hat.

Wer Schulden hat, dem *nützt* die Inflation. Ob der Staat *Schulden* hat oder der Privatmann, in der Inflation schmelzen die Schulden dahin.

---

[563] Ebenda, S. 91.

Ist die Inflation eine Gefahr?

Die Inflation ist *keine* Gefahr, wenn die Preise gering steigen, weil die Tarifgehälter bei Verhandlungen der Tarifpartner an geringe Preissteigerungen angepasst werden können. Ebenso können die Renten jährlich angepasst werden. Die Unternehmen können ihre Preise bei geringer Inflation an die erwartete Entwicklung anpassen. Bei geringer Inflation werden also die Preise in vielen Bereichen den Löhnen und Gehältern nicht davoneilen.

Die Inflation ist dagegen eine *Gefahr*, wenn die Preise stark oder sehr stark ansteigen. Dann kann große Unsicherheit über die weitere Entwicklung aufkommen und die wirtschaftliche Stabilität stark beschädigt werden.

Wenn die Preise sehr stark steigen, die Löhne und Einkommen aber nicht (oder nur gering), können die Menschen weniger kaufen. Wenn die Preise weiter steigen, können sich viele Menschen bald nicht mehr das Nötigste zum Leben leisten.

Es gab schon viele große Inflationen, so in Deutschland 1923 eine Hyperinflation, damals stiegen die Preise für Brot und andere Lebensmittel auf Millionenbeträge. Als die Währung im Herbst 1923 saniert wurde, durch eine Währungsreform (ein neues Geld – das alte Geld wird dabei ungültig), war das vorhandene Bargeld wertlos. Diese Inflation war eine Enteignung der Bevölkerung, der die vorhergehenden Kriegslasten des ersten Weltkriegs (1914 bis 1918) aufgebürdet wurden. Für die Akzeptanz der damaligen Weimarer Republik (von 1918 bis 1933, einer neuen Demokratie, vorher war Deutschland ein Kaiserreich) war das in breiten Kreisen des ehedem wohlhabenden Bürgertums ein schwerer Schlag.[564]

Wie können solche Inflationen überhaupt entstehen?

Vor allem durch Verschuldung, besonders durch Verschuldung des Staates, und das passiert in der Geschichte meist durch Kriege. *Alle grösseren Inflationen der Geschichte gehen auf eine überzogene Staatsverschuldung zurück.* Die Folge war immer: die Geldmenge nimmt zu, die Preise steigen.

---

[564] Siehe Prof. Dr. Werner Plumpe: Krieg und Krisen, FAZ vom 8.5.2017, S. 6. – Siehe auch Artikel „Krise" und dort den Abschnitt „Deutsche Hyperinflation 1923" in diesem Buch.

Warum wollen Notenbanken 2% Inflation?

Die in vielen Ländern statistisch erfassten Inflationsraten sind etwas zu hoch, sie entsprechen dem tatsächlichen Preisauftrieb nicht ganz, die reale (wirkliche) Inflation ist etwas niedriger.[565]

Deshalb streben die Notenbanken meistens knapp 2% Inflation an, weil sie damit in der Wirklichkeit etwa 0% Inflation treffen wollen. Außerdem wollen alle eine Deflation vermeiden, lieber würden sie ein bisschen Inflation akzeptieren.

In den letzten Jahren war die Inflation in der Eurozone gering, sie lag etwa bei null Prozent. Die Europäische Zentralbank (EZB) sorgte dafür, viel Geld in die Wirtschaft zu leiten, indem sie zuerst den Leitzins bis auf null Prozent drückte (Geld war also billig), und dann eine große Menge Anleihen auf den Finanzmärkten kaufte, um so Geld in die Wirtschaft zu bringen. Eine längere Zeit hatte das erst mal die Inflation nicht groß beeinflusst, aber im Juni 2018 gab es 2% Inflation bei den Verbraucherpreisen. Die EZB rechnete für das ganze Jahr 2018 mit einer Inflationsrate von 1,7%.[566]

Wie wird die Inflation gemessen?

Die Inflation ist der Anstieg des allgemeinen Preisniveaus, in dem die Preise vieler Waren und Dienstleistungen enthalten sind. Der Anstieg wird gemessen durch einen Preisindex, zum Beispiel durch den *Verbraucherpreisindex für Deutschland* (lesen Sie dazu bitte den Artikel „Index" in diesem Buch).

---

[565] Siehe Prof. Dr. Peter Bofinger: Grundzüge der Volkswirtschaftslehre, S. 476f.

[566] „2,2% Prozent – die Inflation ist zurück", FAZ vom 15.6.2018, S. 21.

Infrastruktur

Infrastruktur ist die Ausstattung eines Landes mit allgemeinen Einrichtungen, die alle Menschen benötigen und deshalb oft der Staat baut und unterhält oder regionale oder lokale Versorgungsunternehmen.

Zum Beispiel: Straßen, Eisenbahnschienen, Kanäle, Stromleitungen, Wasser- und Abwasserversorgung, Telefonleitungen, Kommunikationsnetze, Müllabfuhr und Abfallanlagen.

Im weiteren Sinne gehören auch zur Infrastruktur: Schulen, Kindergärten, Fachschulen, Universitäten, Krankenhäuser, Ärzte (-versorgung), Friedhöfe.

Inhaberschuldverschreibung

Eine *Inhaberschuldverschreibung* ist ein Wertpapier, das eine Forderung verbrieft (dokumentiert), und zwar eine Forderung gegen einen Emittenten (Herausgeber) der Inhaberschuldverschreibung.

Der Emittent ist verpflichtet, die Zinsen und den Rücknahmekurs bei Fälligkeit an den Inhaber der Urkunde zu leisten.

In einem Inhaberpapier wird der Besitzer namentlich nicht genannt (siehe BGB § 793).

Gegensatz: Eine *Namensschuldverschreibung* enthält den Namen des Besitzers.

Insolvenz

„Eine Unternehmenskrise oder eine Insolvenz wird indes selten durch ein plötzliches und unvorhersehbares Ereignis hervorgerufen, sondern sie ist in der Regel das Ergebnis eines länger andauernden Prozesses, der sich in aufeinander-folgenden Jahresabschlüssen des Unternehmens zunehmend niederschlägt."[567]

Insolvenz heißt *Zahlungsunfähigkeit*. Daneben gibt es auch die Begriffe ‚Konkurs', ‚Bankrott' und ‚Pleite'. Der Begriff ‚Konkurs' war in Deutschland früher in Gebrauch, seit der Insolvenzordnung von 1999 nicht mehr offiziell.

In Deutschland gab es 2013 etwa 26.000 *Unternehmens-insolvenzen* und etwa 91.000 *Verbraucherinsolvenzen* (auch *Privatinsolvenzen* genannt). Die meisten Unternehmens-insolvenzen gibt es bei Baustellenarbeiten, in der Gastronomie und im Einzelhandel.

Gründe einer Insolvenz sind[568]
- Zahlungsunfähigkeit
- drohende Zahlungsunfähigkeit
- Überschuldung (nur bei einer juristischen Person[569])

Zahlungsunfähigkeit heißt, man kann seine fälligen Zahlungs-verpflichtungen nicht erfüllen.

Drohende Zahlungsunfähigkeit bedeutet, man kann seine Zahlungsverpflichtungen voraussichtlich bei Fälligkeit nicht erfüllen.

Überschuldung liegt vor, wenn das Vermögen kleiner ist als die Verbindlichkeiten (die Verbindlichkeiten sind die Schulden).

Die Insolvenzen werden im Internet bekannt gemacht.[570] Das Insolvenzverfahren wird nur auf schriftlichen Antrag eröffnet. Antragsberechtigt sind die Gläubiger und der Schuldner.[571]

---

[567] Siehe Prof. Dr. Jörg Baetge, Prof. Dr. Hans-Jürgen Kirsch und Dr. Stefan Thiele: Bilanzanalyse, Seite V.

[568] Insolvenzordnung §§ 17, 18 und 19.

[569] **Juristische Personen** sind keine natürlichen Personen, sondern rechtliche Gebilde (z.B. Aktiengesellschaften, GmbH, Vereine (e.V.), Stiftungen, Bund, Länder, Gemeinden, Anstalten des öffentlichen Rechts u.a.).

InsurTech

InsurTech setzt sich zusammen aus *Insurance* (Versicherung) und *Technology*. Vorläufer ist der Begriff *FinTech* (*Finance* und *Technology*).

Das sind Start-ups (neu gegründete Unternehmen), die die Geschäftsprozesse in Versicherungen neu gestalten wollen auf Basis neuer (digitaler) Technologien (entsprechend FinTech im finanziellen Bereich).

Interbankenmarkt

Die Banken erhalten die Banknoten von ihrer zuständigen Notenbank, der Europäischen Zentralbank (EZB), in Deutschland vertreten durch die Bundesbank als Teil des Euro-Systems.

Banknoten sind das Bargeld in Form von Geldscheinen, also Papiergeld (nicht Münzen). Die Banknoten erhalten die Banken aber nicht nur von den Notenbanken, sondern schneller und billiger oft von anderen Banken. Die Banken leihen sich gegenseitig täglich Millionenbeträge, auf kurzem Wege und ohne Sicherheiten. Das ist der *Interbankenmarkt*.[572]

Das geht natürlich nur, wenn man sich kennt *und vertraut*. Als im Jahre 2007 die Weltfinanzkrise begann und bald Gerüchte umliefen, dass die oder jene Bank Probleme habe oder sogar einem Ansturm auf die Bank ausgesetzt sei (*Bank Run*), vertraute bald keine Bank mehr der anderen. Keine Bank lieh mehr einer anderen Bank Millionenbeträge von heute auf morgen. Damit war der Interbankenmarkt fürs Erste ausgetrocknet. Wenn die Bank jetzt Bargeld brauchte, musste sie sich an die Zentralbank wenden, auch wenn es umständlicher und aufwendiger war.

---

[570] Insolvenzordnung § 9.
[571] Insolvenzordnung § 13.
[572] Siehe Wolfgang Münchau: Kernschmelze im Finanzsystem, S. 76.

Internationaler Währungsfonds

Der Internationale Währungsfonds (IWF, englisch *International Monetary Fund*, IMF) wurde 1944 gegründet und ist eine Sonderorganisation der Vereinten Nationen (UN). Er hat 189 Mitgliedsländer und seinen Sitz in Washington (USA).

Der Währungsfonds soll die internationale Zusammenarbeit in der Währungspolitik und das Wachstum des Welthandels fördern und Kredite vergeben. Nach dem zweiten Weltkrieg war er auch für die Einhaltung der Regeln im System fester Wechselkurse zuständig, die aber seit 1973 flexibler wurden.[573]

Der Währungsfonds vergibt in Finanz- und Währungskrisen **Kredite** an die Mitgliedsländer, die nicht an bestimmte Zwecke oder Projekte gebunden sind, die aber Auflagen verlangen, um die Wirtschaft des Landes zu stabilisieren.

Im Jahre 1967 hat der Währungsfonds **Sonderziehungsrechte** (SZR, englisch SDR) geschaffen, das ist eine künstliche Reservewährung des Weltwährungssystems, aus dem alle Mitgliedsländer in Liquiditätskrisen benötigte Finanzmittel entnehmen können, nach einer Quote pro Land, die ihnen zugeteilt wird (und die alle fünf Jahre neu beschlossen wird).[574]

Interner Zinsfuß

Zinsfuß ist ein altes Wort für Zinssatz, wird aber immer noch gerne verwendet und klingt authentisch (also ‚echt‘).

Interner Zinsfuß heißt er, weil von außen kein Zinssatz vorgegeben wird, mit dem sich das Kapital verzinsen soll (wie beim Kapitalwert). Beim internen Zinsfuß soll der Zinssatz ja gerade berechnet werden, und zwar allein aus den Ein- und Auszahlungen einer Investition (oder einer Zahlungsreihe).[575] Hier drei Varianten:

---

[573] Siehe www.bmz.de (am 26.2.2017).
[574] Siehe Prof. Dr. Herbert Sperber und Prof. Dr. Joachim Sprink: Internationale Wirtschaft und Finanzen, S. 173f.
[575] Prof. Dr. Ralf-Bodo Schmidt: Unternehmungsinvestitionen, S. 93.

Interner Zinsfuß			
Variante:	A	B	C
Jahr	Zahlungen	Zahlungen	Zahlungen
0	-20.000	-20.000	-20.000
1	+4.000	+4.500	+5.000
2	+5.000	+5.500	+6.500
3	+6.000	+7.000	+8.000
4	+7.000	+8.000	+9.000
Summe:	+2.000	+5.000	+8.500
IKV:	3,6%	8,6%	14,3%
Die Zahlungen in den Jahren 1 bis 4 sind Überschüsse (oder Salden) aus allen Ein- und Auszahlungen pro Jahr.			

IKV heißt ‚interne Kapitalverzinsung' und ist der interne Zinsfuß, er ist hier mit der Tabellenkalkulation Excel ermittelt. Aus den Zahlungen der Variante A ergibt sich der interne Zinsfuß mit 3,6%, aus B mit 8,6% und aus C mit 14,3%. Auf diese Art können Sie ihn schnell und einfach berechnen.

Wenn Ihnen diese Information über den internen Zinsfuß ausreicht, brauchen Sie diesen Artikel nicht weiterlesen. Wenn Sie den internen Zinsfuß selbst berechnen wollen, können Sie natürlich gerne weiterlesen.

Um den internen Zinsfuß selbst zu berechnen, müssen die abgezinsten[576] Zahlungen einer Investition zusammen null ergeben. Mit anderen Worten, der *Kapitalwert* der abgezinsten Zahlungen muss null sein.

Zahlungsreihe der Variante A:
Die Zahlungen der Jahre 1 bis 4 müssen abgezinst werden und die Summe (der Kapitalwert) muss null sein:
$-20.000 + (4.000/q^1) + (5.000/q^2) + (6.000/q^3) + (7.000/q^4) = 0$
(Das ist die Berechnungsgleichung.)

Die gleiche Zahlungsreihe steht in der folgenden Tabelle in der Spalte „abgezinst" noch mal in etwas anderer Form. In der

---

[576] Siehe Artikel „Aufzinsung, Abzinsung" oder „Barwert und Endwert" in diesem Buch.

Summenzeile steht die Null, das ist der Kapitalwert, der sich aus der abgezinsten Zahlungsreihe ergeben soll.

Interner Zinsfuß		
	Variante A	
Jahr	Zahlungen	abgezinst
0	-20.000	-20.000
1	+4.000	4.000 durch q^1
2	+5.000	5.000 durch q^2
3	+6.000	6.000 durch q^3
4	+7.000	7.000 durch q^4
Summe:	+2.000	0

0 = Kapitalwert

In der Spalte „abgezinst" steckt der Wert q, in dem der Zinsfuß i enthalten ist (q = 1 + i,   q ist der Abzinsdivisor, i ist der Zinssatz).

Um den internen Zinsfuß zu berechnen, muss man die Berechnungsgleichung nach q auflösen. Das ist so komplex, dass der Mathematiker Carl Friedrich Gauss dafür Additions-logarithmen entwickelt hat und es damit lösen konnte.[577] Aber Gauss war ein Genie. Alle Normalsterblichen verwenden für dieses Problem eine Näherungsmethode durch Ausprobieren und einfacher *Interpolation* (Interpolation heißt: man findet einen *gesuchten* Wert, der zwischen zwei *bekannten* Werten liegt).

Und das geht so: In der folgenden Tabelle 1 wird in das gelbe Feld oben links „3%" eingesetzt, damit man unten rechts im blauen Feld einen *positiven* Kapitalwert bekommt (der ist hier +307). Man probiert einfach etwas.

Interpolation des internen Zinsfuß			(Tabelle 1)			
Jahr (n)	0	1	2	3	4	Summe
Zinssatz (i)	3%	3%	3%	3%	3%	
Betrag (€)	-20.000	+4.000	+5.000	+6.000	+7.000	+2.000
Abzinsdivisor (q^n)		1,03	1,0609	1,0927	1,1255	
Kapitalwert (€)	-20.000	+3.883	+4.713	+5.491	+6.219	+307
Nur in den gelben Feldern Zahlen eingeben!						

---

[577] Siehe Prof. Dr. Erich Kosiol: Finanzmathematik, S. 99. Siehe auch Fleckenstein, Fricke, Georgi: Excel – Das Zauberbuch, S. 290.

In der zweiten Tabelle setzt man oben links „4%" ein, damit man unten rechts im blauen Feld einen *negativen* Kapitalwert bekommt (das klappt, man bekommt -213). Der *gesuchte* Kapitalwert ‚null' wird zwischen beiden Werten liegen.

Interpolation des internen Zinsfuß				(Tabelle 2)		
Jahr (n)	0	1	2	3	4	Summe
Zinssatz (i)	4%	4%	4%	4%	4%	
Betrag (€)	-20.000	+4.000	+5.000	+6.000	+7.000	+2.000
Abzinsdivisor (q^n)		1,04	1,0816	1,1249	1,1699	
Kapitalwert (€)	-20.000	+3.846	+4.623	+5.334	+5.984	-213
Nur in den gelben Feldern Zahlen eingeben!						

In der dritten Tabelle muss ein Wert zwischen 3% und 4% eingegeben werden (das weiß man ja auch schon aus der Berechnung aus Excel (erste Tabelle in diesem Artikel) – man kann es aber auch einfach schätzen). Wenn man 3,6% eingibt, erscheint noch nicht die gewünschte Null, aber man ist nahe dran. Ein weiteres Probieren führt dann bald zur gewünschten Null im blauen Feld.

Interpolation des internen Zinsfuß				(Tabelle 3)		
Jahr (n)	0	1	2	3	4	Summe
Zinssatz (i)	3,59%	3,59%	3,59%	3,59%	3,59%	
Betrag (€)	-20.000	+4.000	+5.000	+6.000	+7.000	+2.000
Abzinsdivisor (q^n)		1,0359	1,0730	1,1115	1,1513	
Kapitalwert (€)	-20.000	+3.862	+4.660	+5.398	+6.080	-0
Nur in den gelben Feldern Zahlen eingeben!						

Auf dem Wege der Interpolation ist man relativ schnell zum gewünschten Ergebnis gekommen, einmal zum Kapitalwert ‚null' und zum andern zum internen Zinsfuß von 3,59%. Zum Ausprobieren brauchen Sie natürlich nur eine Tabelle dieser Art, die drei Tabellen sind hier nur zur gefälligen Darstellung nötig.

Wenn man zwei Versuchszinssätze ausprobiert hat (hier 3% und 4% in den Tabellen 1 und 2) mit den zugehörigen Kapitalwertergebnissen (+307 und -213), dann kann der interne

Zinsfuß auch durch eine *Formel* berechnet werden.[578] In einfacher Form sieht die Formel[579] so aus:

Berechnung des internen Zinsfuß nach Interpolation	Wert	Bezeichnung
Zinssatz 1	3	i1
Zinssatz 2	4	i2
Kapitalwert 1	+307	K01
Kapitalwert 2	-213	K02
Formel:		
i1 – K01 * ((i2 – i1) / (K02 – K01))		
3-307*((4-3)/(-213-307))	= 3,59%	

Schließlich kann der interne Zinsfuß nach Interpolation auch *grafisch* ermittelt werden.[580]

Der interne Zinsfuß gibt die effektive Verzinsung der Investition an und damit die *Kapitalrendite*.[581] Ob die ermittelte Rendite der Investition für den Investor vorteilhaft ist, muss er an seiner Renditeerwartung messen oder an vergleichbaren anderen Renditen.

Die Ermittlung des internen Zinsfußes kann tückisch werden, wenn die *Vorzeichen* in einer Investitions-Zahlungsreihe öfter als einmal wechseln. Die meisten Zahlungsreihen beginnen mit einer Anfangsinvestition (also mit einem negativen Betrag, hier -20.000) und haben in allen folgenden Jahren positive Salden (hier +4.000, +5.000, +6.000 und +7.000). Wenn insbesondere in längeren Zahlungsreihen, etwa mit 20 Jahren, die Vorzeichen mehr als einmal wechseln, zum Beispiel weil die Investition Generalüberholungen benötigt und diese zu negativen Salden in

---

[578] Siehe Prof. Dipl.-Kfm Klaus Olfert: Investition, S. 132f.

[579] Sternchen (*) heißt „mal" (multiplizieren), Schrägstrich (/) heißt „geteilt durch" (dividieren).

[580] Siehe Prof. Dr. Ulrich Leffson: Programmiertes Lehrbuch der Investitionsrechnung, S. 197; ebenso Prof. Dipl.-Kfm. Klaus Olfert, S. 133.

[581] Prof. Dr. Helmut Diederich: Allgemeine Betriebswirtschaftslehre I, S. 158.

einem Jahr oder mehreren führen, kann es zu mehrdeutigen Ergebnissen des internen Zinsfuß führen.[582]

Der interne Zinsfuß verwendet für seine Berechnungen Ein- und Auszahlungen und Zinssätze, die für die Zukunft gelten sollen. Da Zahlen der Zukunft ungewiss sind, stehen und fallen die Ergebnisse der Berechnungen mit der Zuverlässigkeit und Treffsicherheit der verwendeten Zahlen.

Inventur und Inventar

Erst kommt die Inventur, dann kennt man das aktuelle Inventar.

Die Inventur ist eine *Bestandsaufnahme* aller Vermögensgegenstände und Schulden eines Unternehmens am Ende des Geschäftsjahres, weil man die Daten für die Bilanz braucht.

Bestandsaufnahme heißt, dass alle vorhandenen Mengen gezählt werden müssen, oft noch persönlich, häufig aber durch permanente Erfassung der Zu- und Abgangsmengen durch Computer.

Ergebnis der Inventur sind die aktuellen Inventarlisten.

Wegen der Bedeutung der Vorratsmengen in vielen Branchen nehmen die Wirtschaftsprüfer und die interne Revision häufig teil an der Inventur.

---

[582] Prof. Dipl.-Kfm. Klaus Olfert: Investition, S.135. Ebenso: Prof. Dr. Dieter Schneider: Investition und Finanzierung, S. 178ff.

Investition

Wenn ein *Unternehmen investiert*, dann gibt es Geld aus, um Maschinen, Werkzeuge, Einrichtungen, Produktionsgebäude u.ä. zu beschaffen, um damit *Produkte* herzustellen und *Dienstleistungen* zu erbringen, die dann verkauft werden sollen.

Wenn ein *privater Haushalt* Lebensmittel kauft, Wasser und Strom geliefert bekommt und Miete für die Wohnung bezahlt, dann gibt er Geld aus zum eigenen *Verbrauch*; mit diesen Ausgaben wird nichts produziert, das verkauft wird.

Auch der *Staat* gibt Geld aus zum *Verbrauch* (den größten Teil seiner Ausgaben), er *investiert* aber auch. Die Bezahlung der Behörden, Beamten und Angestellten, der Polizei und der Bundeswehr sind (staatlicher) *Verbrauch*. Sie sind notwendig, sind wirtschaftlich aber Verbrauch.

Investitionen dagegen sind die Ausgaben des Staats für die Infrastruktur, für Straßen, Eisenbahnstrecken und Kommunikationsverbindungen, weil sie in vielen künftigen Jahren dauerhaft genutzt werden und wirtschaftlich erforderlich und nützlich sind.

Betriebswirtschaftlich

Betriebswirtschaftlich ist eine *Investition* der Austausch von Geld gegen Sach- und Finanzanlagen. Ein Unternehmen gibt Geld aus, um Maschinen und Anlagen zu kaufen, mit denen man Güter herstellen will oder Dienstleistungen erbringen kann.[583]

Finanzanlagen werden auch als Investition angesehen. Sie werden nicht verbraucht, sondern im Bestand gehalten und sollen Zinserträge ergeben.

Keine Investitionen sind Ausgaben von Privatpersonen, ob für den Lebensunterhalt, Kleidung oder etwas anderes, sie sind Verbrauchsausgaben und dienen nicht der Produktion von Gütern.

---

[583] Angelehnt an Prof. Dr. Dieter Schneider: Investition und Finanzierung, S. 136.

Volkswirtschaftlich

Aus volkswirtschaftlicher Sicht sind Investitionen alle Maßnahmen, die der Erweiterung oder Verbesserung des volkswirtschaftlichen Produktionsapparats oder der Infrastruktur dienen,
zum Beispiel Verkehrswege.[584]

In der Volkswirtschaftslehre ist das *Investieren* der Gegenpol zum *Sparen*. Für die Einzelperson bedeutet Sparen die
Vorsorge für schlechte Zeiten und fürs Alter; es ist also für den
Einzelnen vernünftig. Für die ganze Volkswirtschaft bedeutet
Sparen, dass Geld aus dem Verkehr gezogen wird, die Geldmenge wird reduziert, die Nachfrage geschwächt, Produktion
und Beschäftigung vermindert. *Für die ganze Volkswirtschaft
kann das Sparen also nachteilig sein und die Arbeitslosigkeit
befördern.*[585]

Da hilft das *Investieren* als Gegenpol: Soweit der Unternehmer für seine Investitionen Kredite beansprucht, bewirkt er
Geldschöpfung. Die Banken schöpfen durch Kredit neues Geld,
das Buchgeld (oder Giralgeld).[586] Das Investieren erweitert also
die Geldmenge (wirkt also expansiv auf die Geldmenge) der
Volkswirtschaft (wie das Sparen die Geldmenge verringert).[587]

„Wenn die Zinsen fallen, steigt die Investitionstätigkeit."
Alte Weisheit – stimmt aber immer weniger.

Ob die Unternehmen investieren, hängt von vielen Faktoren ab.
Der britische Ökonom John Maynard Keynes hat den erwarteten
Ertrag der Investition und den *Kapitalmarktzins* für entscheidend
gehalten, aber das wird nicht von allen Ökonomen geteilt. Zu
viele andere Faktoren spielen ebenfalls eine Rolle. Die Investition
ist ein „höchst unsicherer Kantonist"[588], seine Bestimmungs-
größen liegen alle in der Zukunft und sind daher unsicher.

Die Investition ist das Hauptproblem der volkswirtschaftlichen Beschäftigungstheorie und ist der entscheidende
Faktor für die Erklärung der Konjunkturschwankungen.[589]

---

[584] Siehe Prof. Dr. Erich Preiser: Nationalökonomie heute, S. 104.
[585] Siehe Prof. Dr. Peter Bofinger: Grundzüge der
Volkswirtschaftslehre, S. 39.
[586] Siehe hierzu im Artikel „Geld" in diesem Buch.
[587] Siehe Prof. Dr. Erich Preiser: Nationalökonomie heute, S. 105.
[588] Ebenda, S. 110.
[589] Ebenda, S. 110.

Einkommens- und Kapazitätseffekt

Die Investition hat zwei Seiten, den Einkommenseffekt und den Kapazitätseffekt.

Zum *Einkommenseffekt*: Die Investitionsausgaben erzeugen Löhne der Arbeiter und Einnahmen der Firmen, die an den Investitionsvorhaben beteiligt sind, desweiteren führen sie zu Aufträgen für die Unternehmen, die die benötigten Maschinen und das benötigte Baumaterial liefern. Die so verdienten Einkommen werden wieder ausgegeben und führen so zu Beschäftigung und Einkommen in weiteren Wirtschaftsbereichen, so im Konsumbereich, ob beim Bäcker oder im Handel und anderen. Dieser Ablauf lässt das Volkseinkommen auf das Mehrfache der ursprünglichen Investitionsausgaben ansteigen. Die ursprünglichen Investitionsausgaben multiplizieren sich (ein Multiplikatorprozess also).

Die zweite Seite ist der *Kapazitätseffekt*: Wer investiert, will seine Produktionskapazität ausweiten, eine neue Fabrik bauen oder ein neues Logistik-Verteilzentrum oder auch eine neue Straße. Er will also die Kapazität erhöhen.

Im Gegensatz zum Einkommenseffekt, der sofort einsetzt, wenn für die Arbeiten an dem Investitionsvorhaben Zahlungen fließen, wirkt der Kapazitätseffekt erst, wenn die Investition fertig ist und die Fabrik benutzt werden kann.

Der Einkommenseffekt wirkt sich auf der volkswirtschaftlichen Nachfrageseite aus. Der Kapazitätseffekt vergrößert das potentielle (das mögliche) Angebot.[590]

Investitionen und Produktivität

Produktivitätszuwächse entstehen durch produktive Investitionen (unproduktive Investitionen wie der Kauf von Immobilien steigern die Produktivität nicht, die Immobilien waren ja schon da). *Seit Jahren nehmen die produktiven Investitionen in der westlichen Welt ab*. Das bedeutet auch weniger Wirtschaftswachstum,[591] das die kommenden Probleme der sinkenden Bevölkerunganzahl und der hohen Verschuldung nicht erleichtert.

---

[590] Ebenda, S. 115f.
[591] Siehe Daniel Stelter: Eiszeit in der Weltwirtschaft, S. 67f.

Investment Banking

In der alten Zeit waren die Banken für die Geldversorgung der Wirtschaft da. Sie gaben den Unternehmen Kredite und sorgten für den Zahlungsverkehr. Heute heißt das *Commercial Banking*.

Inzwischen haben die Banken längst das *Investment Banking* entdeckt. Es ist interessanter, spannender und ertragreicher. Jedenfalls brachte es in der nahen Vergangenheit die großen Gewinne.

Diese Geschäftssparte der Banken beschäftigt sich mit den *Kapitalmärkten*, führt Emissionen durch (Ausgabe von Wertpapieren), handelt mit Wertpapieren und verwaltet Vermögen, berät und vermittelt Fusionen und Unternehmensübernahmen, entwickelt neue Finanzinstrumente und erzielt damit eine Rendite für die Bank und ihre Aktionäre.[592]

Leider war das Investment Banking auch *eine* Ursache (von mehreren) für die Entstehung der Weltfinanzkrise ab 2007, die uns heute noch (zehn Jahre später) große Sorgen macht (wegen der riesigen Schulden und der niedrigen Zinsen).[593]

Das Investment Banking einiger großer Banken hat widerrechtliche Maßnahmen durchgeführt, die zu Milliardenstrafen geführt haben. Damit hat es dem Ansehen der Banken schwer geschadet.

ISIN

ISIN ist eine Wertpapiernummer.

ISIN heißt *International Securities Identification Number* und ist eine Nummer, die jedes Wertpapier bekommt, um es zu identifizieren.

---

[592] Siehe Duden Wirtschaft von A bis Z, S. 438.
[593] Siehe dazu unter anderem Prof. Joseph Stiglitz Ph.D. (Nobelpreisträger): Im freien Fall. Ebenfalls: Prof. Paul Krugman Ph.D. (Nobelpreisträger): Die neue Weltwirtschaftskrise. Ebenfalls: Prof. Dr. Hans-Werner Sinn: Kasino-Kapitalismus. – Weiteres dazu im Artikel „Weltfinanzkrise 2007" in diesem Buch.

J

Jahresabschluss

„Jeder Kaufmann ist verpflichtet, Bücher zu führen und in diesen seine Handelsgeschäfte und die Lage seines Vermögens nach den Grundsätzen ordnungsmäßiger Buchführung ersichtlich zu machen." Das ist die *Buchführungspflicht* gemäß HGB § 238.

Der Kaufmann muss „zu Beginn seines Handelsgewerbes" und zum Schluss jedes Geschäftsjahres einen Abschluss aufstellen, der sein Vermögen und seine Schulden darstellt. Das ist die Pflicht zur Aufstellung der *Bilanz* gemäß HGB § 242 Absatz 1.

Der Kaufmann hat außerdem eine Gegenüberstellung der Aufwendungen und Erträge des Geschäftsjahrs aufzustellen. Das ist die Pflicht zur Aufstellung der *Gewinn- und Verlustrechnung* gemäß HGB § 242 Absatz 2.

Die Bilanz und die Gewinn- und Verlustrechnung bilden den Jahr*esabschluss* (HGB § 242 Absatz 3)

Einzelkaufleute mit nicht mehr als 500.000 Euro Umsatz und 50.000 Euro Jahresüberschuss brauchen diese Vorschriften nicht anwenden (HGB § 242 Absatz 4).

Kapitalgesellschaften

Die gesetzlichen Vertreter einer *Kapitalgesellschaft* haben den Jahresabschluss zu erweitern
- um einen Anhang
- und um einen Lagebericht.

Der Anhang bildet eine Einheit mit der Bilanz und der GuV[594] (also den Jahresabschluss).

---

[594] heißt Gewinn- und Verlustrechnung

© Springer Fachmedien Wiesbaden GmbH, ein Teil von Springer Nature 2019
W. Klitzsch, *Grundbegriffe der Wirtschaft*,
https://doi.org/10.1007/978-3-658-27904-2_10

Die gesetzlichen Vertreter einer *kapitalmarktorientierten Kapitalgesellschaft*, die nicht zur Aufstellung eines Konzernabschlusses verpflichtet ist, haben den Jahresabschluss zu erweitern

- um eine Kapitalflussrechnung
- und um einen Eigenkapitalspiegel.

Beide bilden eine Einheit mit der Bilanz, der GuV und dem Anhang (also den Jahresabschluss).

Sie können den Jahresabschluss um eine Segmentberichterstattung erweitern.

Der Jahresabschluss und der Lagebericht sind von den gesetzlichen Vertretern in den ersten drei Monaten des Geschäftsjahres für das vergangene Geschäftsjahr aufzustellen. Für kleine Kapitalgesellschaften gibt es Erleichterungen (HGB § 264).

Jahresüberschuss

Der Jahresüberschuss ist der *Gewinn nach Steuern* und wird in der Gewinn- und Verlustrechnung ausgewiesen.

Ein Jahresüberschuss ergibt sich, wenn die Erträge höher sind als die Aufwendungen. Wenn die Erträge niedriger sind als die Aufwendungen, ist es ein Jahresfehlbetrag.

Nach der Position „Jahresüberschuss" in der GuV wird noch die *Gewinnverwendung* dargestellt. Der Jahresüberschuss (der Gewinn) kann

- *ausgeschüttet* werden (an die Eigentümer oder Aktionäre)
- oder *in die Rücklagen eingestellt* werden (dann steigt das Eigenkapital).

Ein Jahresfehlbetrag (ein Verlust) vermindert das Eigenkapital.

K

Kalkulation

Kalkulation ist die Ermittlung der Preisuntergrenze eines Produkts (oder einer Dienstleistung).

Der Unternehmer ermittelt den Einzelpreis, zu dem er sein Produkt anbieten will,

- aus seinen Kosten, die seine Preisuntergrenze bilden,
- aus seinem geplanten Gewinnaufschlag
- und aus möglichen Preisaufschlägen, soweit der Wettbewerb und der Markt sie zulässt.

Die Anzahl der verkauften Produkte soll natürlich *die ganzen Kosten decken*, die Produktion und Vertrieb des Produkts verursachen. Darüber hinaus sollte ein Produkt nicht nur die Kosten decken, sondern einen *Mindestgewinn* erbringen.

Die Kalkulation heißt auch *Kostenträgerrechnung* (auch *Selbstkostenrechnung*).[595] Die Kosten sind zuerst nach Kostenarten gegliedert und werden auf Kostenstellen geschrieben; dann werden sie *Kostenträgern* zugeordnet, um die Frage zu beantworten: Wofür sind die Kosten angefallen? Welches Produkt muss die Kosten tragen? Das betreffende Produkt muss die Kosten durch den Verkauf wieder hereinbringen, der Produktpreis muss also die Kosten abdecken.

---

[595] Siehe Prof. Dr. Günter Wöhe, Prof. Dr. Ulrich Döring und Prof. Dr. Gerrit Brösel: Einführung in die Allgemeine Betriebswirtschaftslehre, S. 890ff.

© Springer Fachmedien Wiesbaden GmbH, ein Teil von Springer Nature 2019
W. Klitzsch, *Grundbegriffe der Wirtschaft*,
https://doi.org/10.1007/978-3-658-27904-2_11

Kapital

Betriebswirtschaftlich

Das Kapital finanziert die Vermögensgegenstände eines Unternehmens.

Vermögensgegenstände sind Grundstücke, Gebäude, Maschinen, Anlagen, Vorräte, Patente, Lizenzen, Software und Geld in der Kasse, auf dem Bankkonto und in Wertpapieren (wie Aktien und Anleihen).

Das Kapital eines Unternehmens besteht vorwiegend aus *Fremdkapital*. Das sind (Lieferanten-)Verbindlichkeiten, Rückstellungen, Kredite und Darlehen (also alles Schulden).

Ein (meist kleinerer) Teil des Kapitals ist das *Eigenkapital*. Es besteht aus eingebrachtem Kapital von Aktionären oder Gesellschaftern des Unternehmens und aus verdienten Jahresgewinnen, die (auch zum Teil) nicht an die Eigentümer der Unternehmen ausgeschüttet werden, sondern im Unternehmen einbehalten wurden.

Das Kapital wird in der *Bilanz* der Unternehmen auf der Passivseite aufgeführt, die Vermögensgegenstände auf der Aktivseite.

Volkswirtschaftlich

In der Volkswirtschaft gibt es drei Produktionsfaktoren: Boden, Arbeit und Kapital.

Boden und *Arbeit* sind primäre Produktionsfaktoren, soll heißen, sie sind zuerst da gewesen, sie sind nicht erst vom Menschen geschaffen.

Das *Kapital* dagegen sind geschaffene Güter, sie sind aus dem Wirtschaftsprozess hervorgegangene Produkte, die für weitere Produktionen eingesetzt werden.[596]

---

[596] Professor Paul A. Samuelson: Volkswirtschaftslehre, S. 77.

Diese Produktionsmittel sind Fabriken, Häuser, Vorräte, Werkzeuge, Maschinen, Computer, technisches Wissen und anderes mehr. Man nennt sie auch *Kapitalgüter*[597] oder *Kapitalstock*.

Das starke Wachstum unserer Wirtschaft in den letzten hundert Jahren ist dem Kapitalstock zu verdanken. Die Jahrhunderte davor zeigten kaum ein Wachstum; soweit es Wachstum gab, dann nur durch das (geringe) Wachstum der Bevölkerung. Erst die Mechanisierung und Industrialisierung führte dazu, dass der Kapitalstock stark zunahm. Dabei nahm die Anzahl der Kapitalgüter (der Maschinen und Werkzeuge) zu, und ebenso die Qualität dieser Produktionsmittel. Außerdem wurde auch die Ausbildung der Arbeitskräfte immer besser.[598]

Auch in Zukunft ist der Zuwachs des Kapitalstocks entscheidend für die Aufrechterhaltung des Wohlstands und der weltweiten Minderung der Armut.

---

[597] Prof. Dr. Artur Woll: Volkswirtschaftslehre, S. 216f.
[598] Prof. Robert Heilbroner und Prof. Lester Thurow: Wirtschaft – Das sollte man wissen, S. 77f.

Kapitalflussrechnung

Die meisten Interessenten eines Jahresabschluss würden wohl gerne erfahren, ob das Unternehmen weiterhin in den kommenden Jahren zahlungsfähig sein wird. Sollte ein Unternehmen zahlungsunfähig werden, muss es die Insolvenz beim Amtsgericht beantragen.

Die Gewinn- und Verlustrechnung (GuV) zeigt die Aufwendungen und Erträge eines Unternehmens und seinen Gewinn (oder Verlust). Da aber nicht alle Aufwendungen und Erträge mit Zahlungen verbunden sind,[599] stellt die GuV die *Liquiditätslage* des Unternehmens nicht dar. Eventuelle Zahlungsengpässe können mit der GuV nicht erkannt werden.

Um die Liquiditätslage eines Unternehmens beurteilen zu können, braucht man eine separate Zusammenstellung der Zahlungen, die *Kapitalflussrechnung*. Sie beruht auf dem Cashflow-Gedanken, der alle Ein- und Auszahlungen aus den Aufwendungen und Erträgen der GuV und den Veränderungen der Aktiv- und Passivposten der Bilanz ableitet.[600]

Gesetzlich gefordert in Deutschland ist die Kapitalflussrechnung[601] von Konzernabschlüssen und kapitalmarktorientierten Kapitalgesellschaften.[602]

---

[599] Zum Beispiel **Abschreibungen** verursachen keine Zahlungen. Die Abschreibung ist eine Buchung auf einem Aufwandskonto und landet in der GuV. Die Gegenbuchung ist eine Wertminderung auf einem Bestandskonto (zum Beispiel „Maschinen") und landet in der Bilanz. Eine Zahlung erfolgt nicht, die Zahlungsmittel werden nicht berührt. Auszahlungen wurden dagegen geleistet, als die Maschinen gekauft wurden, aber das war ein paar Jahre früher.

[600] Siehe Prof. Dr. Günter Wöhe, Prof. Dr. Ulrich Döring und Prof. Dr. Gerrit Brösel: Einführung in die Allgemeine Betriebswirtschaftslehre, S. 747ff.

[601] Die Bezeichnung „**Kapitalflussrechnung**" ist denkbar ungeeignet: *Cashflow* heißt Geld oder Liquidität oder Zahlungsmittel. *Kapital* dagegen heißt Bestand an vor allem langfristigen Vermögenswerten, die der Produktion dienen, auch **Realkapital** oder **Kapitalstock** genannt (siehe Ulrike Herrmann: Der Sieg des Kapitals, S. 119).

[602] HGB § 297 und § 264.

Kapitalflussrechnung	Mio. €	Mio. €
Jahresüberschuss nach Anteilen anderer Gesellschafter		+5.155
Abschreibungen	+3.455	
Veränderung der Vorräte	-606	
Veränderung der Forderungen	+97	
Veränderung der Verbindlichkeiten und sonst. Rückstellungen	-190	
Veränderung der Pensionsrückstellungen	-697	
Gewinne aus Abgängen von langfr. Vermögenswerten u. Wp.	-256	
Cashflow aus betrieblicher Tätigkeit	**+1.803**	**+6.958**
Auszahlungen für Sachanlagen und immat. Vermögenswerte	-5.296	
Auszahlungen für Finanzanlagen und Wertpapiere	-1.131	
Auszahlungen für Akquisitionen	-963	
Einzahlungen aus Devestitionen	+1.336	
Einzahlungen aus dem Abgang von langfr. Vermögensw. u. Wp.	+1.558	
Cashflow aus Investitionstätigkeit	**-4.496**	**+2.462**
Kapitalerhöhungen/-rückzahlungen	-	
Aufnahme von Finanzverbindlichkeiten	+6.048	
Tilgung von Finanzverbindlichkeiten	-5.760	
Gezahlte Dividende an Aktionäre	-2.480	
Gezahlte Dividende an andere Gesellschafter	-286	
Cashflow aus Finanzierungstätigkeit	**-2.478**	**-16**
Veränderungen durch Umrechnungseinflüsse		-90
Veränderungen durch Änderungen des Konsolidierungskreis		-3
Gesamte Veränderungen		**-109**
Zahlungsmittel am Jahresanfang		+1.827
Gesamte Veränderungen		-109
Zahlungsmittel am Jahresende		**+1.718**

Die Kapitalflussrechnung muss nach dem DRS 21 erstellt werden (das ist der Deutsche Rechnungslegungs-Standard 21). Das DRS-Committee e.V. ist vom Bundesjustizministerium beauftragt, solche Standards zu erstellen.[603]

---

[603] Nach HGB § 342.

Die dargestellte Kapitalflussrechnung wurde nach der indirekten Methode erstellt, das heißt, sie geht vom Jahresüberschuss aus, um den Zahlungsbestand am Jahresende zu ermitteln.

Die Kapitalflussrechnung beginnt mit dem Jahresüberschuss 5.155 Millionen Euro. Da die Abschreibungen keine Zahlungen auslösen, müssen sie dazuaddiert werden, um den richtigen Kassenstand zu ermitteln (also +3.455 Millionen Euro).

Wenn Vorräte im gleichen Jahr bezogen und bezahlt werden, ergibt sich dadurch ein erfolgsneutrales Buchungsergebnis, so dass dieser Vorgang die GuV nicht erreicht. Da die Kapitalflussrechnung aber auch die Bewegungen der Bilanzposten erfasst, hat sie aufgenommen, dass die Vorräte in diesem Jahr aufgestockt wurden und daher mehr Zahlungsmittel gebunden haben (-606 Millionen Euro).

In dieser Weise werden alle Posten der Kapitalflussrechnung im Einzelnen bewertet und mit einem Plus oder einem Minus versehen.

Die Veränderungen des Cashflows aus betrieblicher Tätigkeit hat +1.803 Millionen Euro gebracht. Zusammen mit dem Jahresüberschuss (+5.155 Millionen Euro beträgt der Cashflow bis zu dieser Stelle +6.958 Millionen Euro.

Aus diesen fast 7 Milliarden Euro werden -4.496 Millionen Euro für die Investitionstätigkeit bezahlt und -2.478 Millionen Euro für Finanzierungstätigkeit. Mit anderen Worten: die hereingekommenen rund 7 Milliarden Euro sind für Investitionen und Finanzierung auch wieder verbraucht worden, einschließlich einer Dividende von -2.766 Millionen Euro (-2.480-286 = -2766). Nach kleineren Korrekturen am Ende hat sich der Kassenstand um -109 Millionen Euro vermindert. Da der Zahlungsmittelbestand am Anfang des Jahres +1.827 Millionen Euro betrug, beträgt er am Jahresende +1.718 Millionen Euro. Der Cashflow hat sich also im Jahr 2014 um 6% vermindert.

Der Free Cashflow[604] hat sich in den letzten vier Jahren ungefähr halbiert.[605]

---

[604] Free Cashflow gleich Cashflow aus betrieblicher Tätigkeit minus Auszahlungen für Sachanlagen und immaterielles Vermögen.
[605] Siehe BASF Bericht 2014, S. 59.

Kapitalgesellschaft

Kapitalgesellschaften sind in Deutschland
- die Aktiengesellschaft (AG),
- die Gesellschaft mit beschränkter Haftung (GmbH)
- und die Kommanditgesellschaft auf Aktien (KGaA).

Kapitalgesellschaften haben eine eigene Rechtspersönlichkeit[606] und ein eigenes Kapital. Sie haften für ihre Verbindlichkeiten mit ihrem eigenen Vermögen, die Aktionäre haften darüber hinaus nicht.

Die Aktiengesellschaft hat drei Organe, die Hauptversammlung, den Aufsichtsrat und den Vorstand.[607]

Das Gegenstück zur Kapitalgesellschaft ist die Personengesellschaft: offene Handelsgesellschaft (oHG), Kommanditgesellschaft (KG).[608]

Kapitalismus

Als Kapitalismus wird eine Wirtschaftsordnung bezeichnet, in der das Kapital das wirtschaftliche Zusammenleben überwiegend bestimmt. Die Kapitalbesitzer haben das private Eigentum an den Produktionsmitteln (wie Fabriken und Maschinen) und haben den Nutzen daraus, während die Arbeiter nur ihre Arbeitskraft haben.

Für Karl Marx wurden die Arbeiter von den Kapitalisten ausgebeutet, weil sie am Mehrwert der Produktion nicht gerecht beteiligt wurden. Das sollte nach Marx zur Verelendung breiter Massen führen und nach ihrer revolutionären Erhebung zum Sozialismus.[609]

---

[606] Eine **Rechtspersönlichkeit** haben **juristische Personen**. Sie sind keine natürlichen Personen, sondern rechtliche Gebilde (z.B. Aktiengesellschaften, GmbH, Vereine (e.V.), Stiftungen, Bund, Länder, Gemeinden, Anstalten des öffentlichen Rechts u.a.).

[607] Siehe Aktiengesetz ab § 76 und folgende; siehe ebenfalls Prof. Dr. Klaus Spremann und Prof. Dr. Pascal Gantenbein: Finanzmärkte, S. 173 f.

[608] Siehe auch Artikel „Rechtsformen" in diesem Buch.

[609] Siehe Duden Wirtschaft von A bis Z, S. 25.

Die Entwicklung kam anders: Die Arbeiter schufen sich in den Gewerkschaften Vertreter ihrer Interessen und erkämpften sich eine Beteiligung an der Festlegung ihrer Löhne und weitere Mitspracherechte. Die Entstehung von demokratischen Strukturen in vielen Staaten (allgemeine Wahlen, Parlamente, gewählte Regierungen, unabhängige Rechtsprechung) führte zur Einschränkung der Macht der Kapitalbesitzer.

Kapitalstock

Das investierte Sachkapital einer Volkswirtschaft (wie zum Beispiel Deutschland) bezeichnet man auch als *Kapitalstock*. Es umfasst damit alle vorhandenen Maschinen, Anlagen, Betriebsgebäude, Vorrichtungen, Werkzeuge, Computer und Softwareprogramme, die zur Produktion von Gütern und Dienstleistungen verwendet werden.

Die Zuführungen zum Sachkapital sind die *Investitionen*. Die (wertmäßigen) Minderungen des Sachkapitals sind die *Abschreibungen*.

Der Umfang, die Qualität und der technologische Stand des *Kapitalstocks* sind entscheidend für die Menge und die Güte der Produkte eines Landes. Ebenso von gleicher Bedeutung ist der *Wissensstand* der *Beschäftigten* des Landes. Von beidem hängt der Wohlstand des Landes ab.

Vom (materiellem) *Wohlstand* wiederum hängt ab, was sich ein Land leisten kann, zum Beispiel im sozialen Bereich, in Kultur und Kunst, aber auch als Beitrag zur Linderung des Nots der Menschen in aller Welt, eingeschlossen die Hilfe für Flüchtlinge und Asylsuchende.

Kapitalwertmethode

Auswahlproblem
Die Kapitalwertmethode beurteilt, ob eine Investition vorteilhaft ist und daher durchgeführt werden soll.

Dazu werden alle Zahlungen einer Investition auf den Anfang der Investition abgezinst, um sie vergleichbar zu machen mit anderen Investitionen oder sie zu vergleichen mit den Erwartungen des Investors an eine Investition.[610]

Eine Investition habe folgende Zahlungen:

Kapitalwertmethode						
Zins:				8%		
Jahr	Aus- zahlungen	Ein- zahlungen	Saldo	Abzins- divisor	Kapital- werte	Kumulierte Kapitalwerte
0	-6.000		-6.000		-6.000	-6.000
1	-1.000	+3.000	+2.000	1,08	+1.852	-4.148
2	-500	+2.000	+1.500	1,17	+1.286	-2.862
3	-300	+2.000	+1.700	1,26	+1.350	-1.513
4		+2.000	+2.000	1,36	+1.470	-43
Summe	-7.800	+9.000	+1.200		-43	

Abzinsdivisor: 1 + 8% = 1,08 potenziert mit der Jahresanzahl (z.B. hoch 2)

Quelle: Wöhe: Einf. in die Allg. Bwl, S. 691.

Am Beginn der Investition ist üblicherweise eine Anfangsauszahlung erforderlich (-6.000 im Jahr null, am Anfang der Investition). In den folgenden Jahren gibt es meistens mehr Einzahlungen als Auszahlungen, siehe Spalten „Auszahlungen", „Einzahlungen" und „Saldo".

Die Summe der Spalte „Saldo" ist mit 1.200 positiv. Wenn es gleichgültig wäre, in welchen Jahren welche wie hohen Zahlungen fließen und wenn keine Zinsen beachtet werden müssten, würde der positive Gesamtsaldo von 1.200 bedeuten, die Investition ist vorteilhaft.

---

[610] Siehe Prof. Dr. Günter Wöhe: Einführung in die Allgemeine Betriebswirtschaftslehre, S. 689ff. Siehe ebenso Prof. Dr. Helmut Diederich: Allgemeine Betriebswirtschaftslehre I, S. 154ff. Siehe ebenso Prof. Dipl.-Kfm. Klaus Olfert: Investition, S. 127ff.

Wenn der Investor für diese Investition einen Kredit mit 8% Zinsen bezahlen muss (oder eine Verzinsung der Investition von 8% erwartet), müssen die 8% Zinsen miteingerechnet werden.

Um die Zahlungen, die in verschiedenen Jahren gezahlt werden und die verschieden hoch sind, zu vergleichen, werden alle Zahlungen auf den Anfang der Investition mit einem einheitlichen Zinssatz (hier 8%) abgezinst. Durch die Abzinsung erhält man den Barwert (oder Kapitalwert) für alle Zahlungen.

Die *Anfangsauszahlung* von -6.000 wird nicht abgezinst, da sie am Anfang der Investition gezahlt wird.

Der Saldo 2.000 aus dem Jahr 1 wird am Ende des *ersten Jahrs* mit 8% auf den Jahresanfang abgezinst. Der Abzinsungsdivisor ist 1,08. Er entsteht aus 1 plus 8%, also 1 + 8% = 1,08. Der Saldo 2.000 geteilt durch 1,08 ist gleich 1.852, das ist der Kapitalwert (oder Barwert) des Saldobetrags des ersten Jahres.[611]

Der Saldo des *zweiten Jahres* (1.500) wird über zwei Jahre abgezinst, das geschieht dadurch, dass der Abzinsungsdivisor 1,08 mit sich selbst malgenommen wird, also 1,08 mal 1,08, das ergibt 1,1664, abgerundet 1,17 (nur die Darstellung in der Tabelle ist gerundet, die Berechnung erfolgt genau). Der Kapitalwert des zweiten Jahrs ist 1.286.

Der Saldo des *dritten Jahrs* (1.700) wird über drei Jahre abgezinst, der Abzinsungsdivisor muss dreimal mit sich malgenommen werden, oder anders gesagt, der Abzinsungsdivisor ist $1,08^3$ (hoch 3). Das ergibt 1,2597 und abgerundet 1,26, der Kapitalwert ist 1.350.

Der Saldo des *vierten Jahrs* (2.000) hat den Abzinsungsdivisor $1,08^4$ gleich 1,36 und den Kapitalwert 1.470.

---

[611] Als Beispiel: In der Tabelle auf der vorigen Seite in der Spalte Saldo in der zweiten Zeile (Jahr 1) muss der Betrag +2.000 durch den *Abzinsdivisor* geteilt (dividiert) werden: 2.000 durch 1,08 ist gleich 1.852. – Vielfach wird auch ein *Abzinsfaktor* verwendet, der muss mit dem Betrag malgenommen (multipliziert) werden. Der Abzinsfaktor im Jahr 1 lautet: 1 durch 1,08 gleich 0,9259. Der Betrag 2.000 mal 0,9259 ist gleich 1.852. – Die Verwendung des Abzinsdivisors ist etwas einfacher.

Der gesamte Kapitalwert setzt sich zusammen aus der (Anfangs-)Investition von -6.000 und dem Ertragswert der nachfolgenden Jahre von +5.957. Der Ertragswert konnte die Investition nicht ausgleichen, der Kapitalwert ist mit -43 negativ.

Zusammenfassung des Kapitalwerts		
Kapitalwert	Summen	
-6.000	-6.000	Investition
+1.852 +1.286 +1.350 +1.470	+5.957	Ertragswert
-43	-43	Kapitalwert

Der negative Kapitalwert bedeutet, dass diese Investition einschließlich einer Verzinsung von 8% das gewünschte Ziel nicht (ganz) erreicht hat, damit nicht vorteilhaft ist.

Die Kapitalwertmethode ermittelt keine Rendite für eine Investition, sondern ermittelt, ob die Investition mit den angegebenen Zahlungen und unter einer gegebenen Verzinsung (hier 8%) die Erwartung erfüllt hat. Bei einem negativen Kapitalwert ist die Erwartung nicht erfüllt.

Wenn ein niedrigerer Zinssatz angesetzt werden kann, etwa 6% oder 4%, ergibt sich ein Kapitalwert von +233 oder +531, so dass die Investition dann vorteilhaft ist:

Kapitalwerte verschiedener Zinssätze							
Zins:		8%		6%		4%	
Jahr	Saldo	Abzins-divisor	Kapital-wert	Abzins-divisor	Kapital-wert	Abzins-divisor	Kapital-wert
0	-6.000		-6.000		-6.000		-6.000
1	+2.000	1,08	+1.852	1,06	+1.887	1,04	+1.923
2	+1.500	1,17	+1.286	1,12	+1.335	1,08	+1.387
3	+1.700	1,26	+1.350	1,19	+1.427	1,12	+1.511
4	+2.000	1,36	+1.470	1,26	+1.584	1,17	+1.710
Summe:	+1.200		-43		+233		+531

Die folgende Zusammenfassung zeigt, wie die verschiedenen Zinssätze bei gleichen Ein- und Auszahlungen zu verschiedenen Kapitalwerten führen:

Verschiedene Kapitalwerte			
8%	6%	4%	Zins
-6.000	-6.000	-6.000	Investition
+5.957	+6.233	+6.531	Ertragswert
-43	+233	+531	Kapitalwert

Ersatzproblem

Eine vorhandene Maschine (also ein vorhandenes Investitions-objekt) hat eine technische Lebensdauer, die sehr lang sein kann. Aus wirtschaftlicher Sicht kann die wirtschaftlich ver-nünftige Nutzungsdauer kürzer sein, zum Beispiel wenn die laufenden Kosten der vorhandenen Maschine höher sind als die einer neuen Maschine.

Die Kapitalwertmethode kann ermitteln, wie lange die wirtschaftliche Nutzungsdauer sein soll und wann die alte Maschine durch eine neue ersetzt werden soll.[612]

Dazu benötigt sie die Ein- und Auszahlungen (Erlöse und Kosten) der einzelnen Jahre und die Salden daraus. Aus den Zahlungssalden werden durch Abzinsung die jährlichen Barwerte ermittelt. Die jährlich möglichen Liquidationserlöse der vorhandenen Maschine werden ebenfalls abgezinst.

Kapitalwerte der Nutzungsdauern						
Zins:		8%				
Jahr (n)	Saldo der Zahlungen	Abzins-divisor (q^n)	Barwert der Zahlg.	Liqui-dations-erlöse	Barwert der Liqu.-erlöse	Kapitalwerte der Nutzungs-dauern
0	-3000					
1	+2000	1,08	+1852	+1500	+1389	+241
2	+1700	1,1664	+1457	+800	+686	+995
3	+1200	1,2597	+953	+600	+476	+1738
4	+500	1,3605	+368	+100	+74	+1703
		$q^n = 1,08^n$			Maximum:	+1738

---

[612] Prof. Dr. Günter Wöhe: Einführung in die Allgemeine Betriebs-wirtschaftslehre, S. 698ff. – Prof. Dr. Helmut Diederich: Allgemeine Betriebswirtschaftslehre I, S. 155ff.- Prof. Dipl.-Kfm. Klaus Olfert: Investition, S. 138ff.

Der *Kapitalwert des Jahres 3* setzt sich zusammen aus
   -3.000 Anfangsinvestition aus Jahr 0
   +1.852 Barwert der Zahlungen aus Jahr 1
   +1.457 Barwert der Zahlungen aus Jahr 2
   +953 Barwert der Zahlungen aus Jahr 3
   +476 Barwert des Liquidationserlös aus Jahr 3
   = 1.738 Kapitalwert im Jahr 3.

Die Kapitalwerte der jeweiligen Nutzungsdauern setzen sich zusammen aus der Anfangsinvestition, aus den Barwerten der Zahlungen der jeweils enthaltenen Jahre (beim Jahr 3 sind das die Barwerte der Jahre 1, 2 und 3) und dem Barwert des Liquidationserlös des betreffenden Jahres (hier das Jahr 3).

Wenn der Kapitalwert am Ende des Jahres 3 seinen höchsten Wert erreicht hat (1.738), ist die optimale Nutzungsdauer erreicht. Es ist daher aus wirtschaftlicher Sicht optimal, den identischen Ersatz vorzusehen, obwohl diese Investition für vier Jahre geplant war.[613]

Die Kapitalwertmethode verwendet für ihre Berechnungen Ein- und Auszahlungen und Zinssätze, die für die Zukunft gelten sollen. Da Zahlen der Zukunft ungewiss sind, stehen und fallen die Ergebnisse der Kapitalwertmethode mit der Zuverlässigkeit und Treffsicherheit der verwendeten Zahlen.

Kartell

Kartell bedeutet eine Absprache zwischen Unternehmen, die eine Beschränkung des Wettbewerbs bewirken wollen.

Häufig geht es dabei um *Preisabsprachen*, um die Preise künstlich hoch zu halten. Damit werden die Kunden geschädigt, weil sie zu hohe Preise zahlen müssen; die Anbieter haben einen rechtswidrigen Vorteil, weil sie zu hohe Preise kassieren.

Das Gesetz gegen Wettbewerbsbeschränkungen (GWB) *verbietet* in § 1 Vereinbarungen zwischen Unternehmen, die eine Verhinderung, Einschränkung oder Verfälschung des Wettbewerbs bezwecken oder bewirken.

---

[613] Prof. Dipl.-Kfm. Klaus Olfert: Investition, S. 139.

Kassa-Markt

An der Börse werden Geschäfte vereinbart, die dann
- entweder sofort erfüllt werden (Kassa-Markt)
- oder später erfüllt werden (Terminmarkt).

Im Kassa-Markt muss der Kaufpreis *bei Lieferung bezahlt* werden. In Deutschland heißt das innerhalb von zwei Werktagen nach Vertragsabschluss.[614]

Im Terminmarkt dagegen wird *später bezahlt*, zum vereinbarten Termin.

Kaufkraft

Kaufkraft bedeutet, welche Gütermenge wir mit unserem Geld kaufen können (einschließlich Dienstleistungen).
    Wenn die Kaufkraft groß ist, kann der Geldbesitzer mehr Waren und Dienstleistungen kaufen.
    Wenn die Kaufkraft schwächer geworden ist, zum Beispiel weil die Preise allgemein stark gestiegen sind (also die Inflation zugenommen hat), kann der Geldbesitzer für das gleiche Geld weniger Waren und Dienstleistungen kaufen.

Die Kaufkraft misst man mit einem definierten *Warenkorb*, um die Kaufkraft auch im Zeitverlauf festzustellen und zu vergleichen. Lesen Sie dazu bitte im Artikel „Index" in diesem Buch.

---

[614] Siehe Prof. Dr. Herbert Sperber und Prof. Dr. Joachim Sprink: Internationale Wirtschaft und Finanzen, S. 81 und 140.

Kernkapitalquote

Kernkapital

Das *Kernkapital* ist ein wichtiger Teil des Eigenkapitals der Bank.

Das *Eigenkapital* einer Bank im Euro-Raum (also in der europäischen Währungsunion) besteht aus drei Teilen:[615]

- hartes Kernkapital
- zusätzliches Kernkapital
- Ergänzungskapital

Das *harte Kernkapital* heißt europaweit *Common Equity Tier 1 Capital (CET 1)*[616] und besteht aus eingezahltem Eigenkapital und offenen Rücklagen (einbehaltene Gewinne). Banken müssen eine harte Kernkapitalquote von mindestens 4,5% haben.

Das *zusätzliche Kernkapital* heißt *Additional Tier 1 Capital (AT 1)*. Das Kapital muss dauerhaft bereit gestellt werden und nachrangig[617] sein. Hartes und zusätzliches Kernkapital zusammen müssen mindestens 6,0% haben.

Das *Ergänzungskapital* heißt *Tier 2 Capital*. Es dient dem Gläubigerschutz im Insolvenzfall.

Kern- und Ergänzungskapital zusammen müssen mindestens 8,0% haben (gesamte Eigenkapitalquote).

Außerdem gibt es noch *Zusatzpuffer*, über die die Bankenaufsicht für jedes Land individuell bestimmt.[618]

---

[615] Deutsche Bundesbank Eurosystem: Eigenmittel, vom 17.1.2018, https://www.bundesbank.de.

[616] *Tier 1* ist Englisch und heißt hier „Stufe 1".

[617] Zum Begriff „**nachrangig**" sehen Sie bitte im Artikel „Mezzanine" in diesem Buch.

[618] Quelle: www.bundesfinanzministerium.de: Was ist Basel III? vom 4.11.2010.

Kernkapitalquote

Die *Kernkapitalquote* ist der (rechnerische) Anteil des Kernkapitals der Bank am Wert der Geschäftsrisiken der Bank. Wenn Geschäftsrisiken tatsächlich eintreten, können sie in Höhe des vorhandenen Kernkapitals aufgefangen werden. Wenn das Kernkapital aufgebraucht ist und noch mehr Geschäftsrisiken tatsächlich eintreten, ist die Existenz der Bank gefährdet.

Beispiel: Eine Bank hat 56 Milliarden Euro *Kredite* ausgegeben (die *Geschäftsrisiken* einer Bank stammen überwiegend aus den gewährten Krediten). Alle Kredite unterliegen grundsätzlich einem Risiko (sie können vorübergehend ausfallen oder gar nicht mehr zurückgezahlt werden).

Die Bank hat 7 Milliarden Euro *Kernkapital*. Damit sind die 56 Milliarden Kredite mit diesen 7 Milliarden Euro gegen Verluste abgesichert. Wenn Kredite ausfallen, kann die Bank das bis zu 7 Milliarden Euro verkraften.

Das ist eine Absicherung der Kreditrisiken bis zu 12,5% der Kreditrisiken (7 durch 56 gleich 0,125 gleich 12,5% – oder: 7 / 56 = 0,125 = 12,5%). Das ist die *Kernkapitalquote*.

Die Deutsche Bank hatte am Geschäftsjahresende 2017 eine harte Kernkapitalquote von 14,0%, die Commerzbank eine von 14,1%.[619]

Keynes

Der britische Ökonom John Maynard *Keynes* (1883 bis 1946) begründete die makroökonomische Theorie und führte damit gesamtwirtschaftliche Größen wie *Investition*, *Konsum*, *Einkommen* und *Produktion* in die Volkswirtschaftslehre ein.[620]

Keynes wollte die Arbeitslosigkeit abbauen und die Vollbeschäftigung dadurch herstellen, dass der Staat mehr Geld ausgibt, als die Steuereinnahmen hergeben. Der Staat sollte

---

[619] Geschäftsberichte 2017, Seite „Der Konzern im Überblick" (Deutsche Bank) bzw. „Kennzahlen" (Commerzbank).
[620] Siehe Prof. Dr. Peter Bofinger: Grundzüge der Volkswirtschaftslehre, S. 53.

Kredite aufnehmen und ein Defizit[621] des Staatsbudgets erstmal hinnehmen. Dieses Vorgehen wurde bekannt als *deficit spending* („das Defizit ausweiten"). Mit den zusätzlichen Ausgaben des Staates sollten vor allem öffentliche Investitionen bezahlt werden (zum Beispiel Straßen gebaut werden).[622]

In der Zeit nach dem zweiten Weltkrieg (1950er und 1960er Jahre) richteten sich viele Länder nach dieser Lehre von Keynes.

Der zweite Teil seiner Lehre war, im Wirtschaftsaufschwung die gestiegene Staatsverschuldung wieder abzutragen. Das funktionierte allerdings kaum, so dass die Staaten auf ihren hohen Schulden sitzen blieben. Daher kamen die meisten Länder in den 1970er Jahren von der Lehre von Keynes wieder ab.

Zur Lehre von Keynes lässt sich sagen, dass eine Nachfrageausweitung auf monetärer Expansion (Ausweitung der Geldmenge) allenfalls kurzfristige Erfolge hat. Ein *Beschäftigungsanstieg* setzt Investitionen vor allem privater Unternehmer voraus.[623]

Knappheit

Wir leben nicht im Paradies: Die meisten Güter sind knapp. Jedenfalls sind sie nicht so reichlich vorhanden, dass alle Menschen beliebig viel davon bekommen können. Deshalb muss der Mensch *wirtschaften*: Er muss überlegen, was er mit seinem Geld kauft und wofür es nicht mehr reicht.

Und nur, weil viele Güter knapp sind, haben sie einen Preis. Je knapper die Güter, desto teurer sind sie (wenn sie begehrt sind). Nur was unbegrenzt vorhanden ist, kostet nichts.

---

[621] **Defizit** ist ein Fehlbetrag, genauer: Der Staat hat mehr Ausgaben als Steuereinnahmen. Dazu muss er Kredite aufnehmen, sich also verschulden.
[622] Prof. Dr. Artur Woll: Volkswirtschaftslehre, S. 357.
[623] Ebenda, S. 359.

Körperschaftsteuer

Die Körperschaftsteuer ist eine spezielle Form der Einkommensteuer.

Sie besteuert das Einkommen der juristischen Personen, das sind *Kapitalgesellschaften* wie Aktiengesellschaften (AG), Kommanditgesellschaften auf Aktien (KGaA) und Gesellschaften mit beschränkter Haftung (GmbH), des Weiteren Genossenschaften, Versicherungsvereine auf Gegenseitigkeit und andere.[624]

Doppelbesteuerung

Da bei Kapitalgesellschaften der Gewinn besteuert wird und bei Anteilseignern (Aktionären) der Kapitalgesellschaften die Gewinnausschüttung der Kapitalgesellschaften an die Anteilseigner besteuert wird, kommt es zur Doppelbesteuerung.

Eigentlich soll die Einkommensteuer alle Einnahmen einer Person zusammenfassen und nach persönlichen Abzugsbeträgen die Steuern berechnen. Um auf diese Weise die persönlichen Einnahmen der Aktionäre großer Kapitalgesellschaften zu besteuern mit Tausenden von Aktionären, die auch noch oft wechseln und viele im Ausland wohnen – das wäre viel zu kompliziert.[625]

- Deshalb gibt es die Körperschaftsteuer für große Unternehmen, die den Gewinn der Kapitalgesellschaften schon auf der Ebene der Kapitalgesellschaften besteuert.
- Auf der zweiten Ebene gibt es die Einkommensteuer, die das Einkommen der Personen (etwa der Aktionäre) besteuert, wobei es zur Anrechnung schon vorher abgeführter Steuern kommen kann, um doppelte Besteuerung zu vermeiden.

Gewinnbesteuerung

Die Einkommensteuer besteuert die Einkommen (der Personen), die Körperschaftsteuer besteuert die Gewinne (der Kapitalgesellschaften). Das stimmt im Grundsatz.
Eigentlich aber besteuern *beide*, Einkommensteuer und Körperschaftsteuer, die Gewinne. Denn bei beiden werden von den

---

[624] Siehe Körperschaftsteuergesetz (KStG) § 1.
[625] PD Dr. Stefan Bach: Unsere Steuern, S. 48ff.

Einnahmen die Ausgaben abgezogen, der übrig bleibende Gewinn wird besteuert.

Nur haben die Privatpersonen nur wenige Ausgaben, die steuerlich abgezogen werden können, etwa die Fahrtkosten zur Arbeit (das sind nötige Ausgaben, um der Arbeit nachzugehen und das Monatseinkommen zu verdienen). Der größere Teil des privaten Einkommens ist dann der „Gewinn", der versteuert wird. Was dann als Netto-Einkommen bleibt, davon wird das meiste ausgegeben, aber das sind *private* Ausgaben für die Lebensführung, die man beim Finanzamt nicht geltend machen kann.

Also: Sowohl bei der Einkommensteuer als auch bei der Körperschaftsteuer werden die Einnahmen gekürzt durch die (steuerwirksamen) Ausgaben. Der daraus sich ergebende Gewinn wird besteuert.

Steuersatz
Der Körperschaftsteuersatz beträgt 15% in Deutschland seit 2008. Das ist international ziemlich niedrig, dazu kommt aber die kommunale *Gewerbesteuer*. Die ist unterschiedlich hoch, aber durchschnittlich 14%, so dass mit dem Solidaritätszuschlag die gesamte steuerliche Gewinnbelastung der Kapitalgesellschaften bei 30% liegt.

Kombilohn

Beim Kombilohn erhält der Beschäftigte einen Teil des Lohns von seinem Arbeitgeber und einen Zuschuss vom Staat. Weil der Lohn allein zum Leben nicht ausreicht, zahlt der Staat einen Zuschuss zum Lohn.

Der Zuschuss soll nicht auf Dauer gezahlt werden, sondern vorübergehend, um den Arbeitnehmer einen Einstieg oder Wiedereinstieg ins Arbeitsleben zu ermöglichen. Andernfalls wäre der Arbeitnehmer arbeitslos.

Komparativer Kostenvorteil

„Durch die Teilnahme am internationalen Handel können die Länder ihre Versorgung mit Gütern und Dienstleistungen verbessern. Das gilt auch für Länder, die bei der Produktion aller Güter absolute Kostenvorteile *haben."*[626]

Absoluter Kostenvorteil

Der britische Ökonom *Adam Smith* wies im 18. Jahrhundert auf Handelsvorteile zwischen Großbritannien und Portugal hin, weil in Portugal Wein und in Großbritannien Wolle günstiger hergestellt werden konnte.[627]

Wenn diese internationale Arbeitsteilung genutzt wird, indem Wein nach Großbritannien und Wolle nach Portugal exportiert wird, nutzt das beiden Ländern, weil beide das tun, was sie besser können und mit weniger Aufwand herstellen können.

Wenn ein Produkt in einem Land billiger hergestellt werden kann als in einem anderen Land, ist das ein *absoluter Kostenvorteil* für das jeweilige Land. Er führt (unter Kostengesichtspunkten jedenfalls) zu einem *(Außen-)Handel* zwischen den beiden Ländern. Bei diesem Handel gewinnen beide Seiten, wenn sich die Länder jeweils auf die Produkte konzentrieren, die sie billiger herstellen können als andere.[628]

Komparativer Kostenvorteil

Wenn ein Land aber bei der Produktion *aller* Güter teurer ist als ein anderes Land, könnte man vermuten, dass es zu keinem Handel zwischen diesen beiden Ländern kommt, weil es sich für das billiger produzierende Land nicht lohnt. Der britische Ökonom *David Ricardo* hat vor zweihundert Jahren gezeigt, dass es nicht auf die absoluten, sondern auf die *komparativen Kostenvorteile* zwischen zwei Ländern ankommt und dass diese in der Regel vorliegen und zu einem Handel führen, der für alle Länder von Nutzen ist.[629]

---

[626] Siehe Prof. Dr. Herbert Sperber und Prof. Dr. Joachim Sprink: Internationale Wirtschaft und Finanzen, S. 11.
[627] Siehe Dorling Kindersley Verlag: Das Wirtschaftsbuch, S. 82ff.
[628] Prof. Dr. Artur Woll: Volkswirtschaftslehre, S. 572.
[629] Ebenda, S. 573.

Wenn ein Land A sowohl Schuhe und Hüte in weniger Arbeitsstunden herstellen kann als Land B (und zwar Hüte um 20 Prozent besser und Schuhe um 50 Prozent besser), sollte es sich auf Schuhe konzentrieren, denn so setzt es seine Zeit am nutzvollsten ein.

Wenn das Land B für beide Produkte mehr Zeit braucht als Land A, aber Hüte in weniger Arbeitszeit herstellt als Schuhe, sollte es sich auf Hüte konzentrieren, denn so hat es den besseren Wettbewerbsvorteil im Handel mit Land A.[630]

Damit hat das Land B im Vergleich mit den beiden Wahlmöglichkeiten (Hüte oder Schuhe) den *komparativen* (vergleichbaren) *Kostenvorteil* gewählt.

Wenn beide Länder sich auf das konzentrieren, wo sie den besten Nutzen erreichen, werden (international) unnötige Aufwände vermieden, insgesamt mehr Güter hergestellt und der Wohlstand beider Länder angehoben.[631]

Dazu ein Zahlenbeispiel:

Arbeitsstunden		
	Land A	Land B
Schuhe	50	100
Hüte	64	80

Land A 50% besser als Land B
Land A 20% besser als Land B

Land A braucht weniger Arbeitsstunden als Land B für beide Produkte, Schuhe und Hüte.

Land A braucht 50% weniger Arbeitsstunden bei Schuhen und 20% weniger bei Hüten.

Land A braucht weniger Arbeitsstunden für Schuhe als für Hüte. Land A sollte bevorzugt Schuhe herstellen.

Land B braucht für beide Produkte mehr Arbeitsstunden als Land A.

Land B braucht weniger Arbeitsstunden für Hüte als für Schuhe. Land B sollte bevorzugt Hüte herstellen.

---

[630] Siehe Dorling Kindersley Verlag: Das Wirtschaftsbuch, S. 83.

[631] Leider muss man auch eine Einschränkung machen: Der (Außen-) Handel führt meist für alle Länder zu einem Nutzen. Der Nutzen erreicht aber nicht einfach alle einzelnen Menschen. Der **Freihandel** sorgt nicht von selbst für **Gerechtigkeit**, dafür muss die Politik sorgen.

Austauschverhältnisse

In Land A können Schuhe in 50 Stunden hergestellt werden, Hüte in 64 Stunden.

1.000 Schuhe würden in Land A 50.000 Stunden benötigen. In den 50.000 Stunden könnten 781 Hüte in Land A hergestellt werden (50.000 / 64 = 781).

Wenn Land A 1.000 Schuhe nach Land B exportiert, sind diese in Land B auch 1.000 Schuhe, aber 100.000 Arbeitsstunden wert (statt 50.000 Stunden in Land A).

In 100.000 Stunden in Land B können dort 1.250 Hüte hergestellt und nach Land A exportiert werden (100.000 / 80 = 1.250).

In Land A könnten 781 Hüte hergestellt werden, in Land B 1.250 Hüte.

Durch diesen grenzüberschreitenden Handel hat Land A keine Kapazitäten von der Schuhherstellung abziehen müssen und dennoch eine erheblich höhere Zahl an Hüten erhalten, nämlich 60% mehr (1.250 − 781 = 469 Hüte; 469 / 781 = 0,60 = 60%). Land B hat zu eigenen Konditionen produziert und verkauft. Für beide Länder hat sich der Handel gelohnt (unter der Annahme, dass keine Handelshindernisse aufgebaut wurden, wie Zölle und andere Barrikaden).

Hier gibt es einen *Einwand*: Land B will die Schuhe aus Land A kaufen, weil sie billiger sind. Wenn sie mit 100.000 Stunden bewertet werden, hat Land B nach Inlandskonditionen produziert und verkauft (also ohne Verlust), aber keinen zusätzlichen *Vorteil* aus dem Außenhandel mit Land A. Das lässt sich ändern, wenn ein Betrag verhandelt wird, der zwischen 100.000 (Land B) und 50.000 (Land A) liegt.

Als Folge daraus mindert sich die Zahl der Hüte (bisher 1.250). Wenn 75.000 Stunden als Bewertung verhandelt würden, sind es 937 Hüte (75.000 / 80 = 937). Der Außenhandel hat sich dann weiterhin für beide Länder gelohnt.

In der Praxis wird der Außenhandel natürlich in *Preisen* (in Euro, Dollar, Pfund oder anderen) verhandelt und nicht in Arbeitsstunden, die sind nur die Basis für die Kalkulation in der Produktion. Die Preise basieren vor allem auf den Stückkosten

(Produktionskosten pro Stück, hier der Schuhe oder der Hüte). Die Stückkosten werden vor allem bestimmt durch die Arbeitsstunden und den Lohnsatz[632] (ansonsten noch durch weitere Kosten, etwa Versandkosten).

Wenn der Lohnsatz 10 Euro im Land A und 6 Euro im Land B beträgt, haben Land A und B folgende Preise (weitere Kosten vernachlässigt):

	Land A	Land B
	Arbeitsstunden	
Schuhe	50	100
Hüte	64	80
	Lohnsatz	
Schuhe	10	6
Hüte	10	6
	Preise	
Schuhe	500	600
Hüte	640	480

Land A bietet den geringeren Preis für Schuhe, Land B bietet den geringeren Preis für Hüte.

Land A hat den absoluten Vorteil bei den geringsten Arbeitsstunden je Produkt.

Land B hat den höheren Preis bei Schuhen, aber den geringeren Preis bei Hüten. *Land B hat also den **komparativen Vorteil** bei Hüten gegenüber Land A.*

---

[632] Siehe Prof. Dr. Herbert Sperber und Prof. Dr. Joachim Sprink: Internationale Wirtschaft und Finanzen, S. 11f.

Kondratieff-Zyklen

Die Schwankungen der Weltkonjunktur, die in langen Wellen verlaufen, jeweils etwa 50 Jahre, hat der russische Wirtschaftswissenschaftler Kondratieff erstmals 1926 beschrieben, deshalb wurden sie nach ihm benannt.[633]

Am Beginn jeder langen Welle stand eine neue umwälzende Technik, die die Wirtschaft verändert hat. Die erste war die Dampfmaschine, die zweite die Eisenbahn, die dritte die Elektrifizierung, die vierte das Automobil und die fünfte die Mikroelektronik und die Telekommunikationstechnik.[634]

Häufiger als in langen Wellen werden die Konjunkturzyklen in kürzeren Wellen betrachtet, etwa drei bis zehn Jahren.

Konjunktur

Wenn die Wirtschaft gerade gut läuft und mehr produziert und verkauft, dann sagt man: *„Wir haben gerade Konjunktur!"*

Wenn die Wirtschaft dagegen schwächer wird und weniger produziert und weniger verkauft, dann sagt man: *„Die Konjunktur wird schlechter."*

Die *Konjunktur* ist also die schwankende Auslastung der Produktionsmöglichkeiten der Wirtschaft eines Landes; *coniunctio* ist lateinisch und heißt „Zusammenhang" (der aufeinander folgenden wirtschaftlichen Daten).

Die Konjunktur schwankt also, mal gibt es einen Aufschwung, dann wieder einen Abschwung. Diese Auf- und Abschwünge dauern oft nur einige Jahre.

---

[633] Dr. Carl G. Baier: Allgemeine Volkswirtschaftslehre II, S. 149f.
[634] Duden Wirtschaft von A bis Z, S. 108f.

Konjunkturphasen

Den Konjunkturverlauf teilt man häufig in vier Phasen ein: Aufschwung, Boom, Rezession und Depression.

Im *Aufschwung* gibt es mehr Aufträge für die Wirtschaft, es gibt neue Arbeitsplätze, die Produktion wird gesteigert, es wird mehr verkauft.

Im *Boom* erreichen die Aufträge ihre Höchstzahl und steigen irgendwann nicht weiter. Die Produktionskapazitäten erreichen ihre Auslastung, es gibt Engpässe an manchen Stellen. Es besteht Vollbeschäftigung, Fachkräfte werden gesucht. Die Nachfrage der Käufer ist oft größer als das Angebot der Verkäufer.

Die *Rezession* (auch *Abschwung*) beginnt damit, dass man erkennt, der Höhepunkt ist erreicht, weiter nach oben geht es erstmal nicht, weitere Investitionen werden zurzeit nicht benötigt. Die Nachfrage nach Investitionen geht also zurück, die Aufträge lassen nach, die Produktion geht zurück, die Kapazitäten sind nicht mehr voll ausgelastet, die Kosten zu hoch, Personalabbau droht.

In der *Depression* wird eine schwache Auslastung der Wirtschaft erreicht. Die Beschäftigung sinkt, die Arbeitslosigkeit nimmt zu.

Warum schwankt die Konjunktur?

Die Konjunktur, also die Auslastung der Produktionsmöglichkeiten der Wirtschaft eines Landes, entsteht durch das Zusammenwirken von sehr vielen Menschen, die täglich Entscheidungen treffen. Diese Entscheidungen betreffen alle wirtschaftlichen Tatbestände, die die Konjunktur in einem Land zusammengenommen bestimmen, also Entscheidungen über den Konsum (Nachfrage), Investitionen (z.B. Fabrikgebäude und Maschinen), Arbeitsplätze, die Herstellung der Produkte und ihren Verkauf (Warenangebot), über das Angebot von Dienstleistungen; und das alles in vielen Branchen.

Diese vielen Entscheidungen können in vielen Fällen zusammenpassen. Die Autoindustrie baut die geplanten Autos, und die
Kunden kaufen sie. Dann läuft die Konjunktur wie erhofft.

Wenn aber mehr Autos gebaut werden und die Kunden
weniger Autos kaufen, dann kann die Konjunktur erste
Schwankungen zeigen.

Wenn die Pläne aller Marktteilnehmer (das sind die Käufer
und die Verkäufer in allen Branchen) zusammentreffen, wird es
immer vorkommen, dass die Konjunktur Auf- und Abschwünge, also Konjunkturschwankungen haben wird.

Konjunkturschwankungen können nicht nur durch Nachfrage-
änderungen bei Konsum- oder Investitionsgütern entstehen,
sondern auch durch spezielle Einwirkungen entstehen, etwa
durch plötzliche und starke Erdöl- oder andere Rohstoff-
Preisveränderungen oder durch Finanzkrisen oder zu hohe
Staatsverschuldung.[635]

Auch wenn der Konjunkturverlauf immer wieder schwankt, gibt
es dennoch oft einen langfristigen Anstieg des *Wachstums* der
Wirtschaft eines Landes.

Konsolidierung

Konsolidierung kann heißen, dass ein Unternehmen sicherer,
gefestigter, zukunftsfester gemacht wird.

Im Rahmen des Jahresabschluss heißt *Konsolidierung* die
Erstellung eines Konzernabschluss, bei dem die Einzeljahres-
abschlüsse der Unternehmen, die zum Konzern gehören, zu
einem Konzernabschluss zusammengerechnet werden.

Die Konzernbilanz entsteht nicht einfach durch Addition der
Posten der Bilanzen der Einzelunternehmen des Konzerns. Der
Konzern ist eine wirtschaftliche Einheit, daher müssen Lieferungen und Forderungen, Kapitalbeteiligungen und Gewinne
innerhalb des Konzerns eliminiert (aufgehoben oder miteinander verrechnet) werden, sonst würde die Addition zu

---

[635] Siehe Prof. Dr. Herbert Sperber: VWL Grundwissen, S. 42ff.

Doppelzählungen führen und die wirtschaftliche Lage des Konzerns falsch dargestellt werden.

Konsolidiert (aufgerechnet) werden
- *Kapitalbeteiligungen* bei der Obergesellschaft mit den entsprechenden Eigenkapitalanteilen bei den Untergesellschaften (Kapitalkonsolidierung)
- *Forderungen* und *Verbindlichkeiten* zwischen Konzerngesellschaften (Schuldenkonsolidierung)
- die *Gewinne* der Untergesellschaften zu einem Konzerngewinn (Aufwands- und Ertrags-Konsolidierung).[636]

Konto

Ein *Konto* war früher eine Seite im Hauptbuch der Buchführung (das Hauptbuch gibt es dem Namen und Inhalt nach immer noch, es steckt aber heute fast immer in einem Computer).

Auf dem Konto werden Geldbeträge und zugehörige Texte gebucht (eingetragen), natürlich nur solche, die mit dem jeweiligen Konto zu tun haben.

Es gibt
- Bankkonten
- Konten in der Buchführung der Unternehmen
- und heutzutage Konten jede Menge, im Internet, beim Handytarif, zu jeder Kunden- oder Kreditkarte und noch mehr.

Bankkonten
Bankkonten braucht man vor allem für den Lohn oder das Gehalt der Kunden (das ist ein Girokonto, ein *laufendes* Konto, von dem bezahlt man auch Rechnungen). Dagegen nimmt ein *Sparkonto* nur Sparbeträge auf, Rechnungen kann man davon nicht bezahlen.

---

[636] Siehe Prof. Dr. Günter Wöhe: Einführung in die Allgemeine Betriebswirtschaftslehre, S. 1054.

Sachkonten

Die Konten in der Buchführung, die im Hauptbuch stehen, sind Sachkonten. Jedes Konto hat einen Kontonamen und eine Kontonummer. Die Sachkonten enthalten zum Beispiel Forderungen, Verbindlichkeiten (das sind Schulden), Telefonkosten, Raumkosten, Reisekosten, Abschreibungen und viele andere.

Bei den Sachkonten muss man Bestandskonten und Erfolgskonten unterscheiden:

- Ein *Bestandskonto* führt Bestände von Vermögensgegenständen, zum Beispiel Maschinen, Vorräte oder Wertpapiere. Die Salden der Bestandskonten kommen in die Bilanz, die stellt die Bestände dar.
- Ein *Erfolgskonto* zeigt Aufwendungen oder Erträge (auch Einnahmen und Ausgaben). Die Salden der Erfolgskonten kommen in die Gewinn- und Verlustrechnung, die stellt die Aufwendungen und Erträge dar (und daraus ergibt sich dann der Gewinn oder der Verlust).

Alle Konten sind mit ihren Namen und ihren Kontonummern in einem *Kontenplan* enthalten. Ein mittelgroßes Unternehmen kann leicht 300 Sachkonten haben.

Personenkonten

Neben Sachkonten gibt es noch Personenkonten, und zwar Kundenkonten und Lieferantenkonten, außerdem Gehaltskonten (in der Gehaltsbuchhaltung).

Für jeden Kunden gibt es ein *Kundenkonto*. Eine Versicherung, die 800.000 Kunden hat, hat 800.000 Kundenkonten. Wenn sie 3.000 Mitarbeiter hat, hat sie auch 3.000 Gehaltskonten.

Wenn der Kunde eine Ware bestellt hat und diese Ware versandt wurde und 46,50 Euro kostet, wird dieser Betrag auf dem Kundenkonto gebucht, weil der Kunde sie noch bezahlen muss. Wenn der Kunde sie später bezahlt, wird der Zahlungseingang von 46,50 Euro gebucht – damit ist das Konto ausgeglichen, der Kontostand (der Saldo) steht wieder auf null. So zeigt ein Kundenkonto immer den aktuellen Stand: *Welche Beträge sind noch offen?*

Kundenkonto			
Kundenname: Werner Müller			
Warenausgänge	**Euro**	**Zahlungseingänge**	**Euro**
Lieferung M1 25.3.2018	-46,50	Zahlung M1 am 7.4.2018	46,50
Lieferung M2 3.4.2018	-378,00	Zahlung M2 am 11.4.2018	378,00
Lieferung M3 18.4.2018	-235,70	Zahlung M3 am 3.5.2018	235,70
Lieferung M4 6.6.2018	-115,00		
Summe:	-775,20	Summe:	660,20
		Saldo:	-115,00

Das gleiche gilt für die *Lieferantenkonten*. Die Lieferanten liefern dem Unternehmen täglich Waren, Rohstoffe, Vormaterial, die beim Warenempfang registriert werden und in der Buchhaltung auf den Lieferantenkonten gebucht werden. Wenn die Ware an den Lieferanten bezahlt wird, wird der Zahlungsausgang auf dem Lieferantenkonto gebucht, so dass immer festgestellt werden kann, was das Unternehmen schon bezahlt hat und was noch nicht.

Konvertibilität

Konvertibilität (auch Konvertierbarkeit) bedeutet, dass Währungen in andere Währungen getauscht werden können.

Die Währungen der Industrieländer sind im allgemeinen konvertibel.

Wenn der freie Umtausch von Währungen begrenzt oder verboten ist, unterliegt die betreffende Währung der *Devisenbewirtschaftung*. Die Währung darf also nicht beliebig getauscht werden, die Freiheit des Handels ist eingeschränkt oder ganz verboten.

Konzern

Ein *Konzern* besteht aus zwei oder mehr Unternehmen. Kennzeichnend sind:
- Ein Konzern steht unter einer einheitlichen Leitung, die das herrschende Unternehmen hat.[637]
- Die Konzernunternehmen sind damit wirtschaftlich und finanziell vom herrschenden Unternehmen abhängig.
- Die Konzernunternehmen bleiben rechtlich selbständig und erstellen einen eigenen Jahresabschluss.
- Das Konzern-Mutterunternehmen hat einen Konzernabschluss aufzustellen, wenn es einen beherrschenden Einfluss auf ein (oder mehrere) Tochterunternehmen ausüben kann.[638]

Beteiligungen und verbundene Unternehmen

Beteiligungen sind Anteile an anderen Unternehmen, die bestimmt sind, dem eigenen Geschäftsbetrieb mit einer dauernden Verbindung zu dienen.[639]

Im Zweifel gelten Anteile von einem Fünftel (20 Prozent) des Nennkapitals an einer Kapitalgesellschaft als Beteiligung.[640]

Verbundene Unternehmen sind Unternehmen, die in den Konzernabschluss eines Mutterunternehmens einzubeziehen sind.[641]

---

[637] Aktiengesetz § 18.
[638] HGB § 290 Absatz 1.
[639] HGB § 271 Absatz 1 Satz 1.
[640] HGB § 271 Absatz 1 Satz 3.
[641] HGB § 271 Absatz 2.

Kosten

Kosten sind Verbrauch von Gütern und Dienstleistungen im Rahmen der betrieblichen Leistungserstellung. Sie werden in Euro angegeben (also in Werten, nicht in Mengen).[642]

Den Kosten stehen die *Erlöse* gegenüber, die durch den Verkauf der betrieblichen Produkte und Leistungen hereinkommen.

Fixkosten

Ob man viel oder wenig produziert, die *fixen* Kosten bleiben gleich hoch – solange man überhaupt produktionsfähig bleiben will (die fixen Kosten sind beschäftigungs*un*abhängig).

Das sind etwa die Abschreibungen für die Maschinen und die Betriebsausstattung, die man beschafft und bezahlt hat und die jetzt da sind, auch wenn man wenig oder gar nichts produziert.

Dazu gehören auch Kosten für Gebäude, Grundstücke, Anlagen, Computer, Möbel. Dazu gehören auch die Löhne und Gehälter, die ein Unternehmen weiterbezahlen muss, egal ob es heute viel oder morgen wenig produziert.

Variable Kosten

Variable (beschäftigungs*ab*hängige) Kosten ändern sich mit der Produktionsmenge. Wer 1.000 Autos am Tag baut, braucht 4.000 Reifen am Tag; wer 2.000 Autos baut, braucht 8.000 Reifen. Alle von der Anzahl der produzierten Waren abhängigen Kosten sind variable Kosten.

Kosten und Aufwand

Kosten und Aufwand sind zu einem großen Teil der Beträge gleich, aber nicht völlig.

Betriebsfremde Aufwendungen sind keine Kosten; eine Spende des Unternehmens an das Rote Kreuz ist Aufwand, vermindert also das Vermögen des Unternehmens, ist aber nicht durch die betriebliche Leistungserstellung bedingt, sind also keine Kosten.
Auch *außergewöhnliche Aufwendungen*, etwa ein Feuerschaden, können aus den Kosten ausgeschlossen bleiben, weil

---

[642] Siehe Prof. Dr. Günter Wöhe, Prof. Dr. Ulrich Döring und Prof. Dr. Gerrit Brösel: Einführung in die Allgemeine Betriebswirtschaftslehre, S. 290.

sie als Zufallsgröße die Information über die Kosten verwirren und unbrauchbar machen.

In der Kostenrechnung gibt es auch *kalkulatorische Zusatz-kosten*, die man in der Kostenrechnung ansetzt, um die Belastung realistisch darzustellen und vergleichbar zu machen, die aber gar kein Aufwand sind, weil keine Zahlungen fließen. Beispiele sind kalkulatorische Eigenkapitalzinsen, kalkulatorische Mieten und kalkulatorischer Unternehmerlohn.[643]

Kredit

Kredit kommt von lateinisch *credere* und heißt *anvertrauen*. Ein Kredit ist Geld, das man verleiht, und dazu gehört Vertrauen (sonst würde man das Geld nicht hergeben).

Auf Deutsch heißt der Kredit auch *Darlehen*.

Kreditformen

Hypothekenkredite dienen dem Hauskauf oder Hausbau. Als Sicherheit wird der Kredit im Grundbuch eingetragen (über einen Notar). Sollte der Kredit nicht mehr zurückgezahlt werden können, kann die Bank das Haus versteigern lassen, um das verlorene Geld wieder hereinzubekommen.

Autokaufkredite werden besichert durch Hinterlegung des Kfz-Briefs bei der Bank.

Konsumentenkredite (auch *Ratenkredite*) werden oft nicht besichert, dann werden sie gegen Nachweis eines regelmäßigen Einkommens gewährt.

Kreditformen gibt es in vielen weiteren Varianten.

Tilgung

Ein Kredit wird zurückgezahlt in einem regelmäßigen Betrag, der die *Zinsen* und die *Tilgung* enthält. Näheres dazu im Artikel „Annuität" und im Artikel „Baufinanzierung" in diesem Buch.

Zur Vorfälligkeitsentschädigung siehe Artikel „Vorfälligkeitsentschädigung" in diesem Buch.

---

[643] Siehe Prof. Dr. Günter Wöhe, Prof. Dr. Ulrich Döring und Prof. Dr. Gerrit Brösel: Einführung in die Allgemeine Betriebswirtschaftslehre, S. 639.

Kreditderivate

Kreditderivate bieten die Möglichkeit, ein Kreditrisiko an einen anderen zu verkaufen. Dabei wird nur das Risiko verkauft, das Kreditgeschäft selbst nicht.

Die Bank zum Beispiel, die einen Kredit vergibt, verkauft das Kreditausfall*risiko*, behält aber den Kredit. Die Bank will also das Ausfallrisiko versichern, das Kreditderivat ist also eine Art Versicherung.

Der Anbieter des Kreditderivats (der Verkäufer des Derivats, der Sicherungsgeber) bekommt dafür eine Prämie (eine Geldzahlung). Wenn der Kredit zurückgezahlt wird, also nicht ausfällt (kein Schadenfall), dann ist die Prämie sein Ertrag.

Wenn der Kredit dagegen (ganz oder teilweise) nicht zurückgezahlt wird (also der Schadenfall eintritt), muss der Derivateverkäufer der Bank den Schaden ersetzen.

Formen von Kreditderivaten
Ein *Credit Default Swap (CDS)* ist ein Kreditausfall-Swap, also eine Art Kreditausfall-Versicherung (aber keine echte Versicherung durch ein Versicherungsunternehmen, sondern als Swap ein Finanzinstrument). Eine CDS wird zwischen Banken im Interbankenmarkt gehandelt. Die CDS haben den größten Anteil an den gesamten Kreditderivaten. Sie haben sich hauptsächlich seit 1995 entwickelt und hatten im Jahr 2011 ein gewaltiges Marktvolumen von rund 27 Billionen US-Dollar.

Credit Linked Notes sind Schuldpapiere, die zum Beispiel von Banken am Kapitalmarkt ausgegeben werden.

Total Return Swap: Dieser Swap sieht vor, dass zum Beispiel eine Bank alle Zahlungen aus einem Kredit an ihren Vertragspartner, den Sicherungsgeber, weiterleitet (daher Total Return). Dafür erhält die Bank als Gegenleistung eine vereinbarte feste Zahlung (mit der man sicherer kalkulieren kann).[644]

---

[644] Siehe Prof. Dr. Klaus Spremann und Prof. Dr. Pascal Gantenbein: Finanzmärkte, S. 166.

Warum verkaufen Banken ihre Kreditrisiken?

Kleinere Banken zum Beispiel können nicht unbedingt alle Risiken tragen, zumal sie vielleicht nur in einer bestimmten Region tätig sind. Sie können ihr Geschäft weiterbetreiben (da sie dort spezielle regionale Kenntnisse haben), wenn sie zum Beispiel durch Derivate in der Lage sind, einen Teil ihrer Risiken abzugeben. Auch Versicherungen müssen einen Teil ihrer Schadenrisiken rückversichern, weil sie sehr große Schäden oft nicht allein tragen können.

Kreditrisiko

Kreditrisiko bedeutet einen möglichen Kreditausfall. Genauer gesagt, bei Krediten können Kredit*rückzahlungen* ausfallen.

Der Kreditgeber (die Bank) muss damit rechnen, dass Kreditnehmer ihre Schulden (ganz oder teilweise) nicht zurückzahlen können.

Für dieses (Ausfall-)Risiko hat die Bank einen Ausgleich in Form eines Betrags in die Kreditrückzahlungen aller Kreditkunden eingerechnet. Ein Geschäft muß sich immer insgesamt tragen, also auch eingerechnet einiger Ausfälle, die von Anfang an einkalkuliert werden müssen.

Kreditwesengesetz

Das Kreditwesengesetz bestimmt: „Kreditinstitute sind Unternehmen, die *Bankgeschäfte* ... betreiben...‟ und zählt dann auf, was Bankgeschäfte sind (KWG § 1 Absatz 1):[645]

- Einlagengeschäft
- Pfandbriefgeschäft
- Kreditgeschäft
- Diskontgeschäft
- Finanzkommissionsgeschäft
- Depotgeschäft
- Tätigkeit als Zentralverwahrer
- Darlehenserwerbsgeschäft
- Garantiegeschäft
- Scheckeinzugs-, Wechseleinzugs- und Reisescheckgeschäft
- Emissionsgeschäft
- Tätigkeit als zentrale Gegenpartei

Das Gesetz bestimmt nicht nur, was ein Kreditinstitut ist, sondern bestimmt noch etliche *weitere Begriffe*:[646]

- Finanzdienstleistungsinstitute (KWG § 1 Absatz 1a)
- Finanzdienstleistungen
- Anlagevermittlung
- Anlageberatung
- Betrieb eines multilateralen Handelssystems
- Platzierungsgeschäft
- Betrieb eines organisierten Handelssystems
- Abschlussvermittlung
- Finanzportfolioverwaltung
- Eigenhandel
- systematische Internalisierung
- Finanzinstrumente für eigene Rechnung
- Hochfrequenzhandel
- Drittstaateneinlagenvermittlung
- Sortengeschäft
- Factoring
- Finanzierungsleasing
- Anlageverwaltung

---

[645] Siehe Kreditwesengesetz (KWG) § 1.
[646] Siehe ebenso KWG § 1.

- eingeschränktes Verwahrgeschäft
- Eigengeschäft
- Finanzdienstleistungsinstitut
- OTC-Handel
- Finanzunternehmen (KWG § 1 Absatz 3)
- Geldmaklergeschäft
- CRR-Kreditinstitute (Absatz 3d)
- Wertpapier- oder Terminbörsen
- Zentralverwahrer (Absatz 6)
- Schwesterunternehmen (Absatz 7)
- bedeutende Beteiligung (Absatz 8)
- Finanzinstrumente (Absatz 11)
- Aktien
- Vermögensanlagen
- Schuldtitel
- Anteile an Investmentvermögen
- Geldmarktinstrumente
- Devisen
- Derivate
- Termingeschäfte
- finanzielle Differenzgeschäfte
- Kreditderivate
- Risikomodelle
- Geschäftstag (Absatz 16b)
- Finanzsicherheiten (Absatz 17)
- Branchenvorschriften (Absatz 18)
- Finanzbranche (Absatz 19)
- Finanzkonglomerat (Absatz 20)
- Refinanzierungsunternehmen (Absatz 24)
- Refinanzierungsmittler (Absatz 25)
- Zweckgesellschaften (Absatz 26)
- hartes Kernkapital (Absatz 28)
- Wohnungsunternehmen mit Spareinrichtung (Absatz 29)
- übermässige Verschuldung (Absatz 30)
- systemisches Risiko (Absatz 33)
- Modellrisiko (Absatz 34)

Krisen

Wirtschaftskrisen sind gelebte Wirtschaftsgeschichte.

Was ist eine Krise?

Wenn nicht mehr alles wie bisher in ruhigen und ordentlichen Bahnen weiterläuft, wenn die Stabilität weg ist, wenn das Vertrauen in die Zukunft schwindet und man nicht mehr weiß, wie es weitergehen soll, dann steckt man in der Krise (das kann wirtschaftlich, medizinisch oder psychologisch gemeint sein).

Eine Krise kann darauf beruhen, dass sich die *Erwartungen* der Menschen ändern, ins Negative ändern. Irgendwo kommt die Erwartung auf, dass ein bestimmter *Preis* wohl nicht mehr steigen wird, weil er schon sehr hoch ist. Das kann zuerst ein unbestimmtes Gefühl sein, sobald es mitgeteilt wird und andere Menschen es aufnehmen, kann es sich schnell verbreiten. Wenn das immer mehr Menschen erreicht, ist der Punkt gekommen, wo die Stimmung kippt. Da bricht die Krise aus.

Meistens fällt eine Krise *nicht vom heiteren Himmel*, der Himmel hat sich meistens schon eingetrübt. Einer Krise geht oft eine negative Entwicklung voraus, sie kommt meistens nicht plötzlich. Anzeichen für die Krise haben vielleicht auch manche gesehen, sie werden aber oft nicht ernst genommen.

Finanzkrisen und Kredite

Alle Finanzkrisen wurden ausgelöst durch übermäßige Verschuldung. Aber nicht jedes Wachstum der Kredite ist schädlich.

Ein kräftiges Wachstum der Kredite war oft gut, weil es zu Wirtschaftswachstum und Wohlstand beitrug, ohne anschließende Krise – das zeigt eine internationale Analyse der Finanzmärkte aus den vergangenen 150 Jahren in drei von vier Fällen. In jedem vierten Fall folgte dem Kreditwachstum allerdings eine Finanzkrise.[647]

Die Ökonomen der Analysen unterscheiden dabei zwischen gutem und schlechtem *Kreditwachstum*. Das *gute* Kreditwachstum unterstützt sinnvolle Investitionen, die das Produk-

---

[647] „Nur jeder vierte Kreditboom führt zur Krise", FAZ vom 5.1.2018, S. 25.

414

tionsvermögen ausweitet und den allgemeinen Wohlstand fördert.

Das *schlechte* Kreditwachstum
- finanziert zu hohen *Konsum* (der keine nachhaltigen Werte schafft, sondern schnell verbraucht wird), oft auch zu hohe Investitionen in *Immobilien*, die nicht dauerhaft gebraucht werden oder leer stehen (Beispiele in Spanien, Irland, USA),
- zeigt sich in einem ansteigenden Anteil der Kredite an den *langfristig* verfügbaren Kundeneinlagen der Banken (so dass langfristige Kredite zum Teil durch kurzfristiges Geld finanziert werden müssen, eine riskante Art, besonders wenn schwierige Zeiten kommen),
- zeigt sich in Veränderungen in der Länder-Zahlungsbilanz von Boom-Ländern als Folge starker Zahlungszuflüsse von *Auslandskapital* (das vom Boom auf dem Immobilienmarkt profitieren will).

Was ist eine Wirtschaftskrise?
„Wirtschaftskrisen zählen zu den wiederkehrenden, prägenden Ereignissen der Geschichte. ... Wirtschaftskrisen sind auch keine neue Erfahrung. Bereits aus dem Alten Testament sind mit der Josephs-Geschichte die sieben mageren und die sieben fetten Jahre überliefert. Ernteschwankungen und in ihrem Gefolge Teuerung, Hunger und Not zählten zu den ständigen Begleitern der Geschichte Alteuropas.“[648]

Wenn in einer kleinen Stadt eine große Fabrik geschlossen wird, in der ein großer Teil der Bewohner beschäftigt ist, dann ist das für die Stadt und das umliegende Gebiet eine *(örtliche) Krise*; allerdings nicht nur eine wirtschaftliche Krise, sondern auch eine mit sozialen Folgen für die Familien und die kommunale Politik.

Es gab sehr viele *Staats- und Finanzkrisen* in unserer Wirtschaftsgeschichte, außerdem auch *Spekulationsblasen*. Und es gab zwei große *Wirtschaftskrisen*, die Weltwirtschaftskrise von 1929 und die Weltfinanzkrise von 2007. Einige Krisen werden hier dargestellt.

---

[648] Prof. Dr. Werner Plumpe: Wirtschaftskrisen, S. 7f.

Habsburger Staatsbankrott

In alter wie in neuer Zeit waren es Kriege, die immer viel Geld kosteten. Kaiser Karl der Fünfte („In meinem Reich geht die Sonne niemals unter") regierte bis 1558 über Österreich, Böhmen, Ungarn, Spanien, die Niederlande und in Südamerika und führte viele Kriege.

Das Geld dafür lieh er sich bei den Augsburger Finanzhäusern der Fugger und der Welser sowie bei italienischen Banken, auch die Gelder für die deutsche Kaiserkrone (denn so eine Wahl war nicht umsonst). Eine lange Zeit gedieh die Zusammenarbeit der Augsburger Finanzhäuser mit dem Habsburger Weltreich, aber ab 1545 gingen die Geldforderungen der Habsburger über die Grenzen der Finanzhäuser hinaus.

Philipp der Zweite, nachfolgender Herrscher über Spanien, erklärte alle Forderungen seiner Banken für unwirksam und gewährte ihnen stattdessen staatliche Wertpapiere, die angesichts des maroden Zustands der spanischen Staatsfinanzen wenig wert waren. Die Welser gingen nach längerer Zeit 1614 in Konkurs, die Fugger überlebten noch, aber nicht mehr wie früher.[649]

Gehen kleine Kredite kaputt,
haben die Kreditnehmer ein Problem.
Gehen große Kredite kaputt,
hat die Bank ein Problem.
Alter Bankenspruch

Tulpenwahn

In *Holland* gab es um 1630 einen *Tulpenwahn*. Tulpen fanden den Weg aus der Türkei nach Holland und waren wegen ihrer leuchtenden Farben bald begehrt, aber knapp. Was begehrt und knapp ist, ist teuer und wird oft immer teurer. Der Preis der Tulpen stieg ins schier Unermessliche, zuletzt sollen 5.000 und sogar 10.000 Gulden für eine Tulpenzwiebel bezahlt worden sein. Aber eines Tages, es war 1637, fand sich keiner mehr, der auf einer Auktion einen noch höheren Preis zahlen wollte. Der Händler blieb auf seinem Angebot sitzen. Und das sprach sich

---

[649] Gerald Braunberger: „Der erste Staatsbankrott", in: Gerald Braunberger und Benedikt Fehr (Hg.): Crash – Finanzkrisen gestern und heute, S. 14ff.

schnell herum, die Preise verfielen, der Markt brach völlig zusammen.[650]

Gründerzeitkrise

Nach Ende des deutsch-französischen Kriegs 1871 und dem neu gegründeten Deutschen Reich ging von Berlin eine Gründungswelle aus. Von 1871 bis 1873 wurden in Deutschland 928 Aktiengesellschaften gegründet, vor allem im Bergbau, im Maschinenbau und bei der Eisenbahn.

Der einheitliche Wirtschaftsraum, der mit dem neuen Deutschen Reich geschaffen wurde, begünstigte Unternehmensgründungen und ließ Erwartungen an das künftige Wachstum aufkommen. Die Börse der neuen Reichshauptstadt überflügelte die bisherige Hauptbörse in Frankfurt.

Auch an der Wiener Börse gab es zahlreiche Neugründungen. Hier nahm auch die Gründerzeitkrise ihren Anfang. 1873 erreichten die Österreichische Credit-Anstalt negative Nachrichten, so dass sie Börsendepots kündigte und Kontokorrentkredite einschränkte. Das erzeugte einen ersten Liquiditätsengpass (das Bargeld wurde knapp), der an nur drei Tagen im Mai 1873 etwa 150 Zahlungseinstellungen verursachte (150 Unternehmen konnten keine Zahlungen mehr leisten). Ein Wiener Kommissionshaus[651] wurde am 9. Mai zahlungsunfähig. Noch am gleichen Tag wurden Insolvenzen von 120 Unternehmen angemeldet.

In wenigen Wochen fielen die Börsenkurse ins Bodenlose. Da die Banken in Europa schon eng verbunden waren, wirkte sich der Sturz der Kurse auch auf andere Länder aus. Bis Oktober 1873 häuften sich die Insolvenzen. Im Herbst 1873 ging die Berliner Vereinsbank in Konkurs. Die Kurse der 444 deutschen Aktiengesellschaften sanken in der Folge um durchschnittlich 46 Prozent. In der Gründerzeit wurden zu schnell zu viele Kapazitäten geschaffen, die so schnell nicht gebraucht wurden und sich daher nicht halten konnten. Die Nachfrage war dafür zu klein, das Angebot zu groß. Die Produktion musste

---

[650] Winand von Petersdorff-Campen: „Eine Tulpe für 87.000 Euro", in: Gerald Braunberger und Benedikt Fehr (Hg.): Crash – Finanzkrisen gestern und heute, S. 20ff. – Ausführlicher im Artikel „Spekulation" in diesem Buch.
[651] Ein Kommissionshaus wickelt Aufträge für Kunden an der Börse ab (und bekommt dafür eine Kommission, eine Gebühr).

gedrosselt werden, Arbeitskräfte entlassen werden. Von den 107 Aktienbanken, die zwischen 1870 und 1874 in Deutschland gegründet wurden, gab es fünf Jahre später nur noch ein Drittel. Die Gründerzeitkrise endete erst 1879.[652]

Deutsche Hyperinflation 1923

Fünf Jahre nach dem ersten Weltkrieg (der von 1914 bis 1918 dauerte) gab es in Deutschland eine *Hyperinflation*. Die Arbeiterfrauen zogen mit dem Handkarren zur Fabrik, um den Lohn ihrer Männer abzuholen. Den Handkarren brauchten sie für das viele Papiergeld, das man alleine nicht tragen konnte.[653] Das bisschen Brot und Gemüse, das man damit kaufen konnte, konnte man hingegen ohne Mühen auf den Handkarren legen.

Ursache für diese Hyperinflation war der erste Weltkrieg, der wie alle Kriege viel Geld kostete und für den wie immer riesige Kredite aufgenommen wurden. Die Kredite kamen von Kriegsanleihen, die die Bürger bezahlten, und von der staatseigenen Zentralbank, der Reichsbank, die mehr Geld herstellte und herausgab als vorher. Die Folge war, dass die Lebenshaltungskosten schon 1920 achtmal so hoch waren wie 1913, vor dem Krieg. Die Preise waren also stark gestiegen, das war schon eine Inflation. Aber 1923 waren die Kosten, also auch die Preise, tausendmal so hoch gestiegen, das war die Hyperinflation.

Ein Kilogramm Roggenbrot kostete am 3. Januar 1923 in Berlin 163 Reichsmark, am 19. November 1923 aber 233 Milliarden Reichsmark. Im Jahr 1923 wurde der wirtschaftliche Alltag chaotisch, im Herbst 1923 kam die Wirtschaft weitgehend zum Erliegen.

Diese *Geldentwertung* wirbelte die Gesellschaft durcheinander. Alle, die Geld hatten, wurden bitterarm. Alle, die gespart hatten, die Geld angelegt hatten oder Anleihen gekauft hatten, die Zinseinnahmen hatten, Angestellte, Beamte und Rentner, die feste Gehälter hatten, alle wurden bitterarm. Das Geld war ja nichts mehr wert.

---

[652] Judith Lembke: „Das Ende der Gründerzeit", in: Gerald Braunberger und Benedikt Fehr (Hg.): Crash – Finanzkrisen gestern und heute, S. 60ff.
[653] Stefan Ruhkamp: „Die deutsche Hyperinflation", in: Gerald Braunberger und Benedikt Fehr (Hg.): Crash – Finanzkrisen gestern und heute, S. 66ff.

Wer *Sachwerte* hatte wie Grundstücke, Gebäude, Fabriken, Anteile an Unternehmen, Aktien – der war besser dran.[654]

Die Hyperinflation wurde im November 1923 durch die Einführung der *Rentenmark* beendet. Es gab einen radikalen Währungsschnitt, eine Billion (Papier-)Mark wurde zu einer Rentenmark. Die Rentenmark wurde ausgegeben von der Deutschen Rentenbank, die eigens dafür gegründet wurde. Die neue Rentenmark war gedeckt durch Rentenpapiere, das sind Wertpapiere über Grundstücke, die jeder Grundbesitzer mit 6% seines Grundeigentums an den Staat übertragen musste.[655]

Am 30. August 1924 wurde zusätzlich die *Reichsmark* eingeführt, die von der Reichsbank ausgegeben wurde. Beide, Rentenmark und Reichsmark, waren gleich viel wert, wurden beide mit RM abgekürzt und hatten Bestand bis zur Währungsreform 1948 nach dem zweiten Weltkrieg.

Weltwirtschaftskrise 1929

An der New Yorker Börse war der 24. Oktober 1929 der schwarze Donnerstag, in Europa war es um einen Tag versetzt der schwarze Freitag. Fast alle wollten ihre Aktien verkaufen, so schien es. Am 29. Oktober 1929 erreichte die Verkaufswelle für Aktien ihren Höhepunkt. Einige Aktien mit zuvor dreistelligen Kursen fanden erst für einen Dollar einen Abnehmer. Drei Jahre später waren 89% der im Jahr 1929 in der Spitze erreichten Börsenwerte vernichtet.[656]

Die Kernphase der Weltwirtschaftskrise begann 1929 und dauerte bis 1932.[657] Das Volkseinkommen sank in dieser Zeit in Deutschland um 40% und in den USA um 50%. In ähnlichem Maße sank die Industrieproduktion.

Dem Zusammenbruch vorausgegangen war eine große Spekulation. Der Aufschwung der zwanziger Jahre kam durch

---

[654] Sollte man sich merken, so etwas kann auch heute gelten, wenn Geld entwertet wird und Zinsen sehr niedrig sind – Sachwerte (auch Aktien) sind dann in aller Regel standfester.

[655] http://www.zeitklicks.de am 24.5.2018.

[656] Hanno Mussler: „Der Börsenkrach von 1929", in: Gerald Braunberger und Benedikt Fehr (Hg.): Crash – Finanzkrisen gestern und heute, S. 80ff.

[657] Zur Dauer der Krise gibt es auch andere Zeitangaben: Prof. Dr. Werner Plumpe: Wirtschaftskrisen, S. 81.

das Fließband, die Massenproduktion von Autos und Radios. Der Kurs der Radio Corporation of America stieg von 5 Dollar auf 500 Dollar in nur fünf Jahren; 1932 hatte die Aktie 98 Prozent des Wertes verloren.

Aber die Ausgaben waren schneller als die Einkommen. Nur Kundenkredite und Ratenkäufe (die auch Kredite sind) hatten diesen Konsum möglich gemacht.

Zwischen 1929 und 1933 gingen 40% der amerikanischen Banken pleite, ebenso viele Banken in Europa. Die Kunden verloren ihre Gelder, die sie den Banken anvertraut hatten, eine Einlagensicherung wie heute gab es nicht.

Bei einer Krise dreht sich die Spirale nach unten: Wenn die Gelder verloren gehen, bricht der Konsum ein, es wird viel weniger gekauft. Die Firmen verlieren Umsätze, sie müssen Beschäftigte entlassen, die Arbeitslosigkeit steigt. Die Steuereinnahmen des Staates gehen zurück. Amerika zog seine Kredite aus Europa zurück, mit denen unter anderem Deutschland seine Weltkriegs-Reparationszahlungen an Frankreich und England bezahlte. Auf diese Weise verbreitete sich der New Yorker Börsenkrach nach Europa und löste dort auch eine große Krise aus, die die Wirtschaft schwer traf.

Damit brachen auch in Deutschland die Umsätze und die staatlichen Steuereinnahmen weg. Reichskanzler Brüning kürzte die Sozialleistungen und öffentlichen Aufträge, was aber den Wirtschaftsabschwung und die soziale Lage verschärfte – allerdings hatte Brüning im Rahmen der Reparationsverpflichtungen gegenüber den Alliierten keine andere Wahl (die Reichsbank durfte dem Reich nur sehr begrenzte Kredite geben).[658]

In Deutschland waren im Winter sechs Millionen Menschen arbeitslos, wobei fast die Hälfte der Bevölkerung direkt oder indirekt von Arbeitslosigkeit betroffen war.[659] In der Not wählten viele Menschen bei den Parlamentswahlen links- oder rechtsextreme Parteien.

In Amerika wurde Franklin Delano Roosevelt 1933 neu zum Präsidenten gewählt, der die Ideen des britischen Ökonomen

---

[658] Prof. Dr. Werner Plumpe: Wirtschaftskrisen, S. 84f.
[659] Ebenda, S. 82.

John Maynard Keynes aufgriff und den Staat investieren ließ, auch wenn er damit ein Staatsdefizit in Kauf nahm.[660]

Eine Reaktion auf die Weltwirtschaftskrise war die Schaffung der amerikanischen Börsenaufsicht (*Securities Exchange Commission, SEC*, allgemein auch *Wertpapieraufsicht* genannt).

Fazit: Die Weltwirtschaftskrise von 1929 stellte alle bis dahin gesammelten Krisenerfahrungen in den Schatten und ließ das bisherige Wissen unbedeutend werden.

Die Zeit nach dem Weltkrieg ab 1918 hatte schon große Probleme gebracht. Die weltwirtschaftliche Arbeitsteilung war zerstört, die globalen Finanzmärkte und die Schuldner-Gläubiger-Beziehungen hatten sich stark verändert und die weltweiten industriellen und landwirtschaftlichen Überkapazitäten nach dem Krieg lasteten auf der Wirtschaft.

In Deutschland gab es die große Auslandsverschuldung (durch den ersten Weltkrieg), schlecht ausgelastete Kapazitäten, daher auch geringe Investitionen, hohe Arbeitslosigkeit und für die Wirtschaftslage zu hohe Löhne.[661]

Silbermarkt

Zwischen 1973 und 1980 versuchten die Gebrüder Hunt aus den USA den *Silbermarkt* zu manipulieren, indem sie Silber in großem Stil aufkauften. Die beiden Hunts verfügten 1980 über die Hälfte der amerikanischen Vorräte an Silber. Damit konnten sie den Silberpreis nach oben treiben, weil Silber unter anderem auch von der Industrie benötigt wird. Eine Unze Silber kostete 1978 noch 5 Dollar und 1980 fast 50 Dollar.

Das Vorgehen der Brüder Hunt war dabei ungewöhnlich: Sie kauften das Silber nicht nur an der Börse, sie ließen es sich auch anliefern und anschließend verbrachten sie es außerhalb der Grenzen der USA, um sicher zu sein, dass es nicht beschlagnahmt würde. Außerdem wurde dadurch die Öffentlichkeit darauf aufmerksam, dass Silber knapp sei – was den Preis weiter nach oben trieb.

---

[660] Siehe Artikel „Keynes" und Artikel „Volkswirtschaft" (Abschnitt „Keynesianismus") in diesem Buch.
[661] Prof. Dr. Werner Plumpe: Wirtschaftskrisen, S. 90f.

Woran die Brüder Hunt wohl nicht gedacht hatten: Dass die Warenterminbörse COMEX (wo man Silber kaufen und verkaufen konnte) eines Tages die Spielregeln änderte. Das hatte sie noch nie gemacht. Am 21. Januar 1980 verbot sie den Kauf von Silber in größeren Mengen. Von diesem Tag an waren nur noch Verkäufe erlaubt.

Damit konnte der Silberpreis nicht weiter steigen. Er fiel innerhalb kürzester Zeit. Die Hunts hätten bald auf Grund von umfangreichen Terminverträgen mehrere Milliarden Dollar bezahlen sollen, was sie nicht konnten. Sie verloren den größten Teil ihres Vermögens.[662]

Der Computer-Börsenkrach von 1987

Am 19. Oktober 1987 entlud sich ein Kursgewitter an der New Yorker Börse, das sich schon über Wochen aufgebaut hatte. Der amerikanische Dow-Jones-Index (ein Aktienindex) verlor 22% an einem Tag, dem „Schwarzen Montag", der größte Tagesverlust in der Geschichte bis dahin.[663]

Zu dem Kurssturz trug eine neue Finanzstrategie bei, die eigentlich vor Kurseinbußen schützen sollte. Sie heißt *Portfolio Insurance* und baut auf einem finanzmathematischen Modell auf und steuert das Aktienportefeuille[664] weitgehend selbst, mit Hilfe eines Computers. Der Computer überwacht laufend die aktuellen Börsenkurse und löst selbständig Kauf- oder Verkaufsaufträge aus.[665]

Die automatisierten Computerprogramme von Portfolio Insurance erzeugten große Mengen von Verkaufsaufträgen, am 16. Oktober 1987 gab es Verkaufsaufträge mit einer Verkaufssumme von 12 Milliarden Dollar, von denen nur 4 Milliarden Dollar ausgeführt werden konnten, mangels Käufern (*jeder Verkauf kommt nur zustande, wenn sich auch ein Käufer findet – zum Kauf und Verkauf gehören immer zwei*).

---

[662] Steffen Uttich: „Die große Silberspekulation", in: Gerald Braunberger und Benedikt Fehr (Hg.): Crash – Finanzkrisen gestern und heute, S. 85ff.

[663] Benedikt Fehr: „Der elektronische Börsenkrach", in: Gerald Braunberger und Benedikt Fehr (Hg.): Crash – Finanzkrisen gestern und heute, S. 91ff.

[664] **Aktienportefeuille** heißt Aktienportfolio oder Aktienpaket oder Wertpapierbestand.

[665] Wolfhart Berg: Der Crash, S. 73ff., hier S. 76.

Der folgende Börsenhandelstag, der Montag, 19. Oktober 1987, begann gleich zu Handelsbeginn mit Verkaufsaufträgen mit einem Milliardenvolumen und verlief chaotisch, nicht nur in New York, sondern auch rund um den Globus. Der amerikanische Aktienmarkt verlor an diesem Tag 500 Milliarden Dollar an Wert.

Wenn die Entwicklung nach unten Fahrt aufnimmt, verstärkt sie sich oft von selbst. Jeder will schnell noch verkaufen, bevor es noch schlimmer wird. Was hilft da noch? Eine feste Stimme, die klar und kurz sagt, was kommt:

Der amerikanische Notenbankchef Alan Greenspan, der erst zwei Monate im Amt war, teilte am nächsten Morgen in einem einzigen Satz mit, die Notenbank (Federal Reserve System, kurz Fed genannt) stehe bereit, das Finanzsystem und die Wirtschaft insgesamt mit Liquidität zu versorgen. Kurz darauf stabilisierte sich der Markt.[666]

Nach dem Börsencrash vom 19. Oktober 1987 wurden neue Regeln an der New Yorker Börse eingeführt. So kann der Börsenhandel unterbrochen werden, wenn die Kurse stark fallen. Auch kann der computergesteuerte Aktienhandel eingeschränkt werden, wenn sich das Kursniveau zu stark verändert; allerdings wurde diese Regel später wieder aufgehoben.[667]

LTCM

Der *Hedgefonds* LTCM (Long Term Capital Management) wurde 1994 gegründet. Er stellte die besten Akademiker ein, die es gab, die alle einen Doktortitel hatten, und zwei Finanz-Professoren von ihnen bekamen 1997 sogar den Nobel-Preis.

Der Fonds nahm ungewöhnlich hohe Kredite auf. Er hatte Wertpapiere im Volumen von 1,25 Billionen Dollar bei einem Eigenkapital von nur 2,2 Milliarden Dollar (ein Anteil von nur 0,17% Eigenkapital am Wertpapierbestand). Ein hochriskantes Spiel.[668]

---

[666] Benedikt Fehr: „Der elektronische Börsenkrach", in: Gerald Braunberger und Benedikt Fehr (Hg.): Crash – Finanzkrisen gestern und heute, S. 94.

[667] Ebenda, S. 96.

[668] Daniel Schäfer: „Nobelpreisträger irren", in: Gerald Braunberger und Benedikt Fehr (Hg.): Crash – Finanzkrisen gestern und heute, S. 105ff.

Im ersten Jahr erzielte LTCM eine Rendite von 28 Prozent, in den nächsten Jahren sogar mal 40 Prozent. Die Katastrophe kam 1998. Im Sommer erreichte die Asienkrise Russland. Russland stellte die Rückzahlungen für seine Staatsschulden ein (ein so genanntes Schuldenmoratorium) und wertete den Rubel ab. Große Wertpapierbestände der Fonds der Finanzwelt wurden in US-Staatsanleihen umgeschichtet, die sicherer waren. Der LTCM hatte anders spekuliert, so daß er in riesige Zahlungsverpflichtungen geriet, die LTCM auf Grund seines geringen Eigenkapitals nicht ausgleichen konnte. Das war in der Finanzwelt bekannt. Ein Zusammenbrechen des amerikanischen und internationalen Finanzsystems war zu befürchten.

Daher kam es zu einer bis dahin einzigartigen Rettungsaktion am 23. September 1998, geleitet von William McDonough, dem Präsidenten der New Yorker Notenbank Federal Reserve System, und unter Teilnahme der dreizehn Vorstandsvorsitzenden der wichtigsten amerikanischen und europäischen Banken (auch der Deutschen Bank und der Dresdner Bank).

Banken, die Kunden des LTCM waren, übernahmen die Verluste in Höhe von 3,7 Milliarden Dollar. Der Fonds wurde im Jahr 2000 aufgelöst.[669]

Asienkrise 1997
Thailand hat 68 Millionen Einwohner, mehr als Großbritannien oder Frankreich, spielte aber dennoch in der Weltwirtschaft bisher keine große Rolle. In den 1980er Jahren begann eine industrielle Entwicklung, vor allem durch japanische Unternehmen. 1991 lag Thailands Auslandsverschuldung noch etwas unter seinen Exporten, also im normalen Rahmen.

Während der 1990er Jahre begann Thailands finanzielle Unabhängigkeit zu schwinden. Investitionen in der dritten Welt wurden wieder hoffähig, der Niedergang des Kommunismus in der Sowjetunion, in China und Asien ließ Investitionen weniger riskant erscheinen und die Zinssätze in den Industrieländern waren auf niedrigem Niveau, so dass bessere Renditen in anderen Ländern gesucht wurden.[670]

---

[669] https://de.wikipedia.org/w/index.php?title=Long-Term_Capital_Management&oldid=177566467"
[670] Prof. Paul Krugman Ph.D. (Nobelpreisträger 2008): Die neue Weltwirtschaftskrise, S. 95ff.

Die privaten Kapitalströme in die Entwicklungsländer betrugen 1990 noch 42 Milliarden Dollar, aber 1997 bereits 256 Milliarden Dollar, das Sechsfache. Der wachsende Umfang der *Auslandskredite*, die nach Thailand flossen, zog eine massive Kreditschöpfung in Thailand nach sich, in ihrer inländischen Währung *Baht*, um neue Investitionen in Thailand umzusetzen.

Wo mehr Geld da ist, nimmt der Boom seinen Lauf. Zunehmende Investitionen und mehr Nachfrage der zu Geld gekommenen Verbraucher führten zu einem Anstieg der Einfuhren. Wenn bei einer wachsenden Wirtschaft die Löhne steigen, steigen auch die Kosten der Produkte, auch der Produkte, die exportiert werden. Was wiederum die Exportpreise anhebt und den Export erschwert, wegen der Wettbewerbsfähigkeit mit den Produkten anderer Länder.

Das Ergebnis war ein erhebliches *Leistungsbilanzdefizit* (mehr Kapital*zu*flüsse aus dem Ausland als Kapital*ab*flüsse in das Ausland bedeuten ein Leistungsbilanzdefizit).[671]

Ein solches Defizit ist nicht von vornherein schlecht, viele Länder haben ein Defizit und leben damit. Es kommt auf den Einzelfall an: Ist das Defizit tragbar oder steht es auf wackligen Füssen? Beruht der Optimismus der Investoren im Hinblick auf Asien (Thailand, Malaysia, Indonesien) auf soliden Fakten oder ist er eine Welle, die bald vergeht?

Bald musste man erkennen, dass die Investoren nicht nur das privatwirtschaftliche, also das kaufmännische Risiko beurteilten, sondern dass auch politische oder verwandtschaftliche Beziehungen zu einem Regierungsmitglied eine Rolle spielten.[672] Stillschweigende Garantien für Geschäfte bedeuten meist riskantere Geschäfte, und die gehen häufiger und schneller in die Brüche, weil das Risiko von Anfang an größer war als erkannt oder zugegeben.

In 1996 und 1997 kam der *Kreditmotor*, der Thailand antrieb, langsam ins Stottern. Einige Exportmärkte Thailands ließen nach, der japanische Yen wurde abgewertet und eine wachsende Zahl der Investitionen, bei denen viele spekulativ waren, wurden notleidend (konnten nicht mehr bezahlt werden).

---

[671] Siehe Artikel „Leistungsbilanz" in diesem Buch.
[672] Prof. Paul Krugman, a.a.O., S. 101f.

Dadurch kam auch mehr Unruhe auf bei den ausländischen Geldgebern, das Vertrauen der Märkte versiegte und die Gelder flossen spärlicher.

Die rückläufigen Auslandskredite stellten auch die thai-ländische *Zentralbank* vor Probleme. Da weniger ausländisches Geld ins Land floss, ließ auch die Nachfrage nach Baht am Devisenmarkt nach. Aber um die Importe zu bezahlen, mussten Baht in Auslandswährungen umgetauscht werden, Dollar und Yen vor allem. Um den Wert von Baht nicht sinken zu lassen, kaufte die Zentralbank Baht an den Märkten, dafür musste sie Dollar und Yen hergeben, die natürlich nicht endlos vorhanden waren, sondern mal zur Neige gingen.

Die Zentralbank hätte auch die zirkulierende *Geldmenge* verringern können, was aber die Zinsen hochgetrieben und der Investitionstätigkeit weiter geschadet hätte.

Die Zentralbank hätte auch den *Wechselkurs* des Baht freigeben können, aber alles hat seine Vor- und Nachteile. Wenn der Kurs des Baht sinkt und der Kurs des Dollar steigt, werden manche Dollar-Schulden der thailändischen Banken und Unternehmen unbezahlbar und dann Ursache für etliche Konkurse dieser Banken und Unternehmen.

Viele Krisen haben gezeigt, dass die Zentralbanken mit einem Machtwort klar machen müssen, was sie wollen und was sie durchsetzen werden.[673] Für die thailändische Zentralbank waren alle Alternativen unschöne Alternativen, zu denen man sich noch nicht durchringen konnte.

Man wartete also noch ab, so dass die Spekulanten die Gelegenheit hatten, auf das zu spekulieren, was dann später doch kommen musste, die letztendliche Baht-Abwertung. Am 2. Juli 1997 ließ die Regierung den Baht fallen.[674]

Die Abwertung des thailändischen Bahts erzeugte eine *Rezession*, die ganz Asien erfasste – eine Bevölkerung von 700 Millionen Menschen mit einem Viertel der Weltproduktion. Man hatte erwartet, dass der Kurs des Baht etwa um 15% fallen

---

[673] Siehe das klare Wort von Alan Greenspan zum Börsenkrach 1987, Artikel „Krisen" in diesem Buch, Abschnitt „Der Computer-Börsenkrach von 1987".

[674] Prof. Paul Krugman Ph.D. (Nobelpreisträger 2008): Die neue Weltwirtschaftskrise, S. 106.

müsse, um die thailändische Wirtschaft auf der Kostenseite wieder wettbewerbsfähig zu machen. Die Währung begab sich aber in den freien Fall, der Baht-Preis in Dollar stieg in den folgenden Monaten um 50%.

Malaysia kam ebenfalls stark unter Druck, und Indonesien geriet in einen noch schlechteren Zustand. Nicht nur ganz Südostasien wurde erfasst, sogar Südkorea, das weiter entfernt ist und ein Bruttoinlandsprodukt hatte, das dreimal so groß war wie das thailändische. Diese Intensität der Rezession hatte keiner erwartet.

Es gab zwar Kapitalströme, die auf dem Weg in die südost-asiatischen Länder den Weg über Schwellenländer-Fonds (Emerging Market Funds) nahmen, so dass diese Länder im Wortsinne in einen Topf geworfen wurden. Die Region stand bei den Investoren hoch im Kurs, weil sie das asiatische Wunder darstellten. Wenn die Stimmung aber in einem Land dieser Region umkippt, liegt es nahe, dass alle Länder dieser Region davon mitbetroffen werden.[675]

Die asiatischen Länder waren anfälliger geworden für eine Finanzpanik, die sie früher so nicht kannten. Die Gründe waren: ihre Finanzmärkte hatten sich erstens geöffnet zu einer Markt-wirtschaft, und zweitens war die beträchtliche Verschuldung im Ausland in Dollar notiert, im Unterschied zu früher.[676]

Weltfinanzkrise 2007
Siehe eigenen Artikel unter diesem Namen in diesem Buch.

Fazit
Finanzkrisen erscheinen vielen Menschen als das Werk einer Bande von skrupellosen Gaunern, ein populäres Bild. Aber Finanz- und Wirtschaftskrisen zählen zu den wiederkehrenden, prägenden Ereignissen der Geschichte. Krisen sind auch keine neuen Erfahrungen, sie gab es schon im Alten Testament.[677]

Sie prägten das wirtschaftliche Geschehen schon lange vor der Durchsetzung des modernen Kapitalismus im 19. Jahr-hundert.[678] Sie sind normaler Bestandteil der Wirtschafts-geschichte und sind auch nicht einfach als Fehler der jeweiligen

---

[675] Prof. Paul Krugman, a.a.O., S. 112ff.
[676] Ebenda, S. 118.
[677] Prof. Dr. Werner Plumpe: Wirtschaftskrisen, S. 7f.
[678] Ebenda, S. 116.

Wirtschafts- und Finanzpolitik hinzustellen.[679] Sie haben eine Funktion im wirtschaftlichen Strukturwandel, sie fördern positive Zukunftserwartungen und korrigieren Übertreibungen.

Die Finanz- und Wirtschaftskrisen der 1920er und 1930er Jahre (der Zwischenkriegszeit) waren Ausnahmephänomene, die viel zu tun hatten mit den militärisch und politisch bedingten Zerstörungen der Weltwirtschaft im ersten Weltkrieg von 1914 bis 1918 und der wirtschaftlich unseligen Konkurrenz der Staaten in den Jahren nach dem ersten Weltkrieg.

Die allgemeine Erwartung ist heute wohl noch stark geprägt von der Zeit des großen Booms des Wiederaufbaus (nach dem zweiten Weltkrieg, von 1945 bis 1970), in der es hohes Wachstum gab, Vollbeschäftigung und keine großen Finanz- und Wirtschaftskrisen. Diese Zeit hatte ebenfalls einen Ausnahmecharakter, als Gegenpendel zur Zwischenkriegszeit (von 1918 bis 1945). Diese (gute) Zeit mag vielen als Normalfall gelten, weil man sie erlebt hat und daher von ihr geprägt wurde, sie kann aber nicht als Norm der allgemeinen Wirtschaftspolitik gelten, weil es eine außerordentliche Zeit war.[680]

In der Weltfinanzkrise wurde schließlich auch die *Gier* mancher Personen oder gar Berufsgruppen verantwortlich gemacht für die Krise. Dazu schrieb Karl Marx schon 1857: *„Gerade das wiederholte Auftreten von Krisen in regelmäßigen Abständen trotz aller Warnungen der Vergangenheit schließt indessen die Vorstellung aus, ihre letzten Gründe in der Rücksichtslosigkeit einzelner zu suchen."*[681]

---

[679] Ebenda, S. 120.
[680] Prof. Dr. Werner Plumpe: Wirtschaftskrisen, S. 117.
[681] Ebenda, S. 121.

Kulanz

Kulanz ist freiwilliges Entgegenkommen eines Geschäfts-partners. Der andere Geschäftspartner hat in der Sache, um die es geht, keinen Rechtsanspruch.

Meistens geht es um einen Fehler, den ein Partner sieht, der aber nicht einwandfrei geregelt ist und der daher vom andern Partner nicht zwingend kostenlos behoben werden muss.

Um die Sache friedlich zu beheben, regelt der eine Partner den Konflikt, in dem er dem andern Partner entgegenkommt (ob ganz oder teilweise).

So weit erscheint die Sache gut und friedlich geregelt zu sein. Sie hat aber auch eine *Schattenseite*: Wenn eine solche *kulante* Regelung anderen bekannt wird, fühlen sie sich ungleich (also ungerecht) behandelt. „Der eine bekommt es umsonst, und ich musste aber die Behebung des Fehlers selbst bezahlen!" Gleiche Regeln für alle einzuhalten, hat also seinen guten Sinn. Kulanz zu gewähren kann seine Tücken haben.

Kupon

Der Kupon ist als Dividendenschein der Aktienurkunde und als Zinsschein(bogen) der Urkunde eines festverzinslichen Wertpapiers beigefügt.

Wenn der Kupon am Fälligkeitstermin bei der Bank eingereicht wird, zahlt die Bank die fällige Dividende oder den fälligen Zins aus.

Kurse

„Wenn die Zinsen steigen, fallen die Kurse."
Und umgedreht: „Wenn die Zinsen fallen, steigen die Kurse."
Alte Finanzweisheit

Warum ist das so? Wer Anleihen gekauft hat, hat sie zu einem bestimmten Kurs gekauft. Zu diesem Zeitpunkt gab es auch einen allgemeinen Marktzins (sagen wir 4%).

1) Wenn nach einigen Monaten der Marktzins allgemein gestiegen ist (auf 5%), sind Wertpapiere, die nur 4% bieten, weniger wert als aktuelle Angebote, die jetzt 5% bieten. „Weniger wert" heißt, wenn die vor einem halben Jahr gekauften Wertpapiere jetzt zum Verkauf angeboten werden, wäre der Kurs (der Verkaufspreis) niedriger.
Also: „Wenn die Zinsen steigen, fallen die Kurse."

2) Wenn der allgemeine Marktzins dagegen unter 4% gesunken ist, gilt das Gegenteil: Die Wertpapiere mit 4% sind wertvoller als andere Angebote, die unter 4% liegen. Daher steigt der Kurs der Wertpapiere, die 4% bieten.
Also: „Wenn die Zinsen fallen, steigen die Kurse."

Wer seine Anleihen jetzt nicht verkauft, sondern sie bis zum Ende der Laufzeit hält, dem kann der schwankende Kurs egal sein. Am Ende der vereinbarten Laufzeit bekommt er das, was beim Kauf vereinbart wurde.

Kurzarbeitergeld

Wenn in einem Betrieb ein erheblicher Arbeitsausfall mit Entgeltausfall vorliegt, können Arbeitnehmer/innen Anspruch auf Kurzarbeitergeld haben (Sozialgesetzbuch Drittes Buch (SGB III) § 95 „Anspruch").

Kurzarbeitergeld wird aus der Arbeitslosenversicherung finanziert. Die Entscheidung, ob Kurzarbeitergeld gezahlt wird, trifft die zuständige regionale Agentur für Arbeit. Die regionale Agentur muss sich an die gesetzlichen Regelungen halten, hat aber Ermessensspielräume.

Für die Beantragung von Kurzarbeitergeld gelten folgende Voraussetzungen:

1. Es muss einen unvermeidbaren wirtschaftlichen Grund geben, der den Einsatz von Beitragsgeldern rechtfertigt.
2. Hat das Unternehmen alles getan, um die Arbeitszeitreduzierung zu vermeiden?
3. Es muss eine baldige Besserung in Sicht sein.
4. Es muss sich um einen erheblichen Arbeitsausfall mit Entgeltausfall handeln.
5. Die Arbeitszeitreduzierung muss zwischen Unternehmen und Belegschaft vereinbart sein.

Wenn der Antrag genehmigt wird, bekommen betroffene Mitarbeiter 60% des Lohnausfalls, bei Haushalten mit Kindern 67%. Die Zahlungen sind auf ein halbes Jahr begrenzt, es gab aber schon Ausnahmen bis zu zwei Jahren.[682]

---

[682] „Wer entscheidet über Kurzarbeitergeld?", FAZ vom 24.8.2016, S. 3.

L

Laffer-Kurve

Die Laffer-Kurve geht auf den amerikanischen Ökonomen *Arthur Laffer* (geboren 1940) zurück. Sie stellt das Steueraufkommen dar in Abhängigkeit vom Steuersatz:

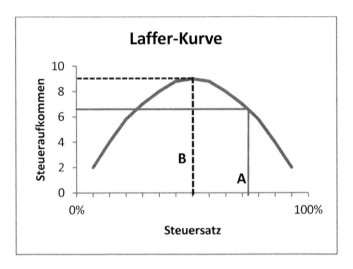

Wenn der Steuersatz A gesenkt würde, würde das *Steueraufkommen* nicht sinken, sondern steigen (von über 6 auf etwa 9, siehe senkrechte Grafikachse „Steueraufkommen"), und zwar dann, wenn er auf den optimalen Steuersatz B abgesenkt wird.

Bei dieser Steuersenkung würde nach dieser Meinung die Leistungsbereitschaft der Menschen steigen und die Schattenwirtschaft zurückgehen.

Würde der Steuersatz weiter abgesenkt werden und damit unter den steueroptimalen Steuersatz sinken, würde das Steueraufkommen wieder sinken.[683]

Dass verringerte Steuersätze das Steueraufkommen erhöhen, wurde bisher empirisch (in der Wirklichkeit) nicht belegt.[684]

---

[683] Siehe Prof. Dr. Arne Heise: Einführung in die Wirtschaftspolitik, S. 138f. Siehe auch Dorling Kindersley Verlag: Das Wirtschaftsbuch, S. 270f.
[684] Dudenverlag: Wie Wirtschaft funktioniert, S. 144f.

© Springer Fachmedien Wiesbaden GmbH, ein Teil von Springer Nature 2019
W. Klitzsch, *Grundbegriffe der Wirtschaft*,
https://doi.org/10.1007/978-3-658-27904-2_12

Lastschriftverfahren

Wer eine Rechnung zu bezahlen hat, kann den Rechnungsbetrag
- bar bezahlen oder unbar (mit Bankkarte),
- mit einem Scheck bezahlen,
- überweisen,
- mit einer Lastschrift abbuchen lassen.

In Deutschland bezahlen viele beim kleinen Einkauf gerne mit
Bargeld. Ein wachsender Anteil bezahlt unbar (mit Bankkarte).

Ein *Scheck* ist ein Papier (ein Bankformular), das der Zahler
unterschreiben muss und dann dem Zahlungsempfänger gibt,
der den Scheck seiner Bank vorlegt. Die Bank reicht den
Scheck an die Bank weiter, bei der der Zahler sein Konto hat,
das dann mit dem Rechnungsbetrag belastet wird. Der Scheck
wird in Deutschland relativ wenig benutzt – wie man sieht, ist
er auch kein einfaches Verfahren.

Die *Überweisung* wird in Deutschland häufig verwendet. Bei
einer Überweisung füllte der Zahler früher ein Überweisungs-
formular aus (auch ein Papier) und gab es seiner Bank. Die
überwies den Rechnungsbetrag an die Bank des Zahlungs-
empfängers und belastete das Konto des Zahlers.
  Die Überweisung wird in Deutschland immer noch häufig
verwendet, aber heute meist online ausgeführt, über ein Formular der Bank im Internet.

Eine *Lastschrift* wird vom Zahlungsempfänger (*zum Beispiel
einer Versicherung*) bei der Bank des Kunden abgerufen und
auf dem Kundenkonto belastet (gebucht). Voraussetzung ist
eine Erlaubnis des Kunden an den Zahlungsempfänger (*die
Versicherung*).
  Der Kunde bekommt für diese Zahlung oft keine einzelne
Rechnung. Die Lastschrift wird vor allem benutzt für regelmäßige Zahlungen, etwa für Strom-, Wasser- und Gas-
Rechnungen, Versicherungs-Rechnungen, Abonnement-Rech-
nungen oder Steuerzahlungen.

Latente Steuern

Latent heißt „verborgen", „etwas kann vorhanden sein, ist aber nicht offensichtlich".

Beträge von latenten Steuern in der Bilanz entstehen aus Differenzen zwischen *handelsrechtlichen* und *steuerrechtlichen* Wertansätzen, und zwar bei Wertansätzen von
- Vermögensgegenständen,
- Schulden,
- Rechnungsabgrenzungsposten.

Wenn erfolgswirksame Sachverhalte in Handelsbilanz und Steuerbilanz unterschiedlich bilanziert (in der Bilanz angesetzt) werden, unterscheiden sich der Gewinn der Steuerbilanz und das Jahresergebnis der Handelsbilanz.

Die Steuerzahlung bemisst sich nach der Steuerbilanz. Diese Steuerzahlung würde in der Handelsbilanz als unrichtig erkannt. Um diese Differenz zu beseitigen, wird in der Handelsbilanz ein Steuerabgrenzungsposten gebildet, der die latenten Steuern umfasst, damit die beiden Ergebnisse der Steuerbilanz und der Handelsbilanz wieder einander entsprechen.[685]

Wenn der steuerliche Gewinn geringer ist als das Handelsbilanzergebnis, müssen latente Steuern auf der Passivseite der Bilanz eingestellt werden. Vermutlich ist später mit einer Steuer*be*lastung zu rechnen.

Wenn sich die Differenzen zwischen handelsrechtlichen und steuerrechtlichen Wertansätzen in späteren Geschäftsjahren voraussichtlich abbauen, dann müssen oder können sie bilanziert werden:
- Wenn sich eine Steuer*be*lastung ergibt, *muss* sie als *passive* latente Steuer bilanziert werden.
- Wenn sich eine Steuer*ent*lastung ergibt, *kann* sie als *aktive* latente Steuer bilanziert werden.[686]

---

[685] Prof. Dr. Jörg Baetge, Prof. Dr. Hans-Jürgen Kirsch, Dr. Stefan Thiele: Bilanzen, S. 543ff.
[686] Siehe Handelsgesetzbuch § 274.

Eine Steuerbelastung ist eine (latente) Steuerschuld, eine Steuerentlastung ist ein (latenter) Steueranspruch.

Die verschiedene Verfahrensweise (ob bilanziert werden muss oder kann) ist Folge des Vorsichtsprinzips (eine vernünftige Bilanzierungsregel des deutschen Handelsrechts).[687]

Laufende Verzinsung

Die *laufende Verzinsung* bezieht sich auf den Kurs (den Kapitaleinsatz, den Kaufpreis) einer Anleihe und kann daher höher oder niedriger sein als der Nominalzins.[688]

Daten einer Anleihe:

Nennwert:	100 (€)
Nominalzins (Kupon):	8 (€)
Kurs (Kapitaleinsatz):	110 (€)
Rückzahlung (Tilgung):	102 (€)
Restlaufzeit (RLZ):	9 (Jahre)

1) Nominalverzinsung: 8 / 100 = 8%
   (Nominalzins geteilt durch Nennwert)
   (/ bedeutet „dividiert durch")

2) Laufende Verzinsung: 8 / 110 = 7,27%
   (Nominalzins geteilt durch Kurs)

Der Kurs 110 ist höher als der Nennwert 100, deshalb sinkt die laufende Verzinsung auf 7,27% (zum Vergleich Nominalzins 8%).

3) Einfache Verzinsung:
   Jeder Zinssatz ist ein Bruch, jeder Bruch hat einen Zähler und einen Nenner.

---

[687] Siehe dazu Artikel „Vorsichtsprinzip" in diesem Buch.
[688] https://www.boerse.de/boersenlexikon/Laufende-Verzinsung am 18.1.2018.

*Der **Zähler** der einfachen Verzinsung besteht aus Nominalzins + ((Rückzahlung – Kurs) / RLZ):*[689]

8 + ((102 – 110) / 9) =

8 + (-8 / 9) =

8 + (-0,8889) =

8 – 0,8889 = 7,1111

*Der **Nenner** der einfachen Verzinsung enthält den Kurs (110).*

*Die **einfache Verzinsung** errechnet sich also so:*

7,1111 / 110 = 6,46%

Vielleicht ist manchem die Darstellung des Rechenwegs auf die folgende Weise eingängiger:

Berechnung der einfachen Verzinsung			
Nominalzins (Kupon):	8		
Rückzahlung:	102		
Kurs (Kapitaleinsatz):	110		
Restlaufzeit (Jahre):	9		
	Zahl 1	Zahl 2	Ergebnis
Rückzahlung minus Kurs	102	110	-8
(Rückzahlung minus Kurs) / Restlaufzeit	-8	9	-0,8889
Kupon minus 0,8889	8	-0,8889	7,1111
7,1111 / Kurs = einfache Verzinsung	7,1111	110	6,46%

Die einfache Verzinsung bezieht die Zinseinnahmen auf den Kurs. Die Zinseinnahmen umfassen den Nominalzins (8%) und die Differenz aus Rückzahlung minus Kurs, bezogen auf die Restlaufzeit.

4) Effektivverzinsung:

Bei der Effektivverzinsung wird der interne Zinsfuß gesucht, der sich aus den gegebenen Zahlungen der künftigen neun Jahre der Laufzeit ergibt. Es ergibt sich ein Effektivzins von 6,66%.[690]

---

[689] Prof. Dr. Thomas Heidorn: Finanzmathematik in der Bankpraxis, S. 26f.

[690] Prof. Dr. Thomas Heidorn: Finanzmathematik in der Bankpraxis, S. 31.

Effektivverzinsung			
Jahr	Kauf und Tilgung	Kupon	Summe
0	-110		-110
1		8	8
2		8	8
3		8	8
4		8	8
5		8	8
6		8	8
7		8	8
8		8	8
9	102	8	110
Summe:	-8	72	64
IKV:			6,66%

IKV heißt interne Kapitalverzinsung, das ist der Excel-Begriff für den internen Zinsfuß.
(Bitte lesen Sie dazu den Artikel „Interner Zinsfuß" in diesem Buch.)

Leasing

Leasing heißt Vermieten, vor allem von Autos, Computern und Produktionsanlagen.

Autos etwa werden oft für zwei bis vier Jahre geleast, danach nimmt der Autohersteller (oder die Leasing-Gesellschaft) die Autos zurück und verwertet sie weiter.

Der Leasing-Kunde zahlt die Monatsraten und hat ansonsten keinen weiteren Aufwand. Er braucht keinen hohen Neupreis für die Autos aufzuwenden und belastet auch seine Bilanz nicht mit den Anschaffungskosten, es bleibt also Eigenkapital frei für die eigentlichen unternehmerischen Zwecke. Berechnungen haben wiederholt ergeben, dass die Leasingkosten für Autos geringer sind als die Kosten des Unternehmens für neu gekaufte Autos.

Ähnlich gute Erfahrungen wurden mit dem Leasing von Firmen-Computern gemacht.

Lebensversicherung

Risiko-Lebensversicherung

Eine Risiko-Lebensversicherung zahlt beim Tod der versicherten Person die Versicherungssumme, die vertraglich vereinbart wurde. Das ist von Bedeutung, wenn die versicherte Person den Lebensunterhalt der Familie verdient hat. Ohne eine solche Risiko-Lebensversicherung stände die Familie plötzlich ohne regelmäßiges Einkommen da.

Die Risiko-Lebensversicherung sorgt für den Unterhalt der Familie, in Form eines einmaligen Geldbetrags oder einer Rente. Damit kann man auch den Kredit für das Haus der Familie bezahlen, wenn der nötige Betrag für die Rückzahlung des Kredits in der Versicherungssumme enthalten ist. Die Versicherungssumme, die versichert werden soll, muss bei Vertragsabschluss festgelegt werden, nach dem Bedarf der Familie.

Eine Risiko-Lebensversicherung ist keine Altersvorsorge! Wenn der Versicherungszeitraum endet, gibt es keine Zahlung, nur weil sie endet; das ist systemgemäß, in der Risiko-Lebensversicherung wird nichts angespart (das ist Aufgabe der Kapital-Lebensversicherung). Dafür ist die Risiko-Lebensversicherung relativ günstig zu haben.

Kapital-Lebensversicherung

- Die Kapital-Lebensversicherung versichert den *Todesfall*: Wenn der Versicherte während der Laufzeit der Versicherung stirbt, bekommt der im Vertrag genannte Bezugsberechtigte (zum Beispiel die Ehefrau) die Versicherungssumme und steht nicht plötzlich mittellos da.
- Wenn der Versicherte den Ablauf der Kapital-Lebensversicherung erlebt, erhält er eine Geldsumme, entweder als einmaligen Kapitalbetrag oder als Rente.

Die Kapital-Lebensversicherung war viele Jahrzehnte lang ein beliebtes Mittel zur Ergänzung der Altersversorgung, da sie über lange Jahre ein erhebliches Sparvolumen sicher anlegte. Das Sparvolumen steigerte sich einmal durch die laufenden

Beiträge, zum andern stieg die Verzinsung über lange Zeit, oft 30 Jahre, durch den Zinseszins.[691]

Wenn man für das Alter eine Altersrente ansparen will, ist der monatliche *Beitrag* zur Lebensversicherung naturgemäß viel höher als bei einer Risiko-Lebensversicherung, die nur den Todesfall versichert. Der genaue Beitrag der Kapital-Lebensversicherung hängt auch von der Versicherungssumme ab, die man bei Vertragsabschluss vereinbart.

Da gibt es zwei Probleme: man muss diesen Beitrag erstens natürlich auch regelmäßig aufbringen können und ihn zweitens langfristig durchhalten.

Ein drittes Problem ist zurzeit der allgemeine *Niedrigzins*. Bei vielen Geldanlagen bekommen Sie zurzeit kaum noch Zinsen. Das Problem haben natürlich auch die Versicherungen. Einige Versicherungen haben die Neuabschlüsse von Kapital-Lebensversicherungen mit garantierter Auszahlung bereits eingestellt.

Andere bieten Kapital-Lebensversicherungen nach wie vor an, zum Beispiel wurde ein garantiertes Ablaufguthaben von 114.000 Euro angeboten im August 2016 für 30 Jahre Laufzeit mit einem Monatsbeitrag von 300 Euro. Ein *mögliches* höheres Ablaufguthaben wurde mit 154.000 Euro genannt (aber nicht garantiert). Das garantierte Ablaufguthaben wurde mit einem Jahreszins von ungefähr 0,5% kalkuliert, also mit einem sehr niedrigen Zins.[692]

Die Kapital-Lebensversicherung gehört zu den bekanntesten Sparformen (neben dem Sparbuch, dem Bausparvertrag und neuerdings der Riester-Rente).[693] Bei der Kapital-Lebensversicherung war die Zahl der Verträge und das Volumen der Beiträge bis vor ein paar Jahren weitaus höher (weil da die Zinsen noch höher waren).

---

[691] Siehe Artikel „Zinseszinsen" in diesem Buch.

[692] Wenn man (wie früher mal) mit 7% Jahreszins kalkulieren kann bei 30 Jahren Laufzeit und 300 Euro Monatsbeitrag, käme man ungefähr auf ein Ablaufguthaben von 366.000 Euro. So haben sich die Zeiten geändert.

[693] Siehe Michael Braun Alexander: So geht Geld, S. 113.

Wegen des niedrigen Zinses hatte die Kapital-Lebensversicherung am Neuzugang der Lebensversicherer (nach Beiträgen) 2014 nur noch einen Anteil von 5%.[694]

Weil die Zinsen zurzeit sehr niedrig sind, droht die Kapital-Lebensversicherung ihre Geschäftsbasis zu verlieren. Eines Tages könnte sich das mal wieder ändern, wenn der Zins wieder steigt.

Leerverkauf

Wer Wertpapiere verkauft, sie aber noch gar nicht hat, der verkauft „leer". Der Verkäufer will die Wertpapiere später kaufen, wenn er sie liefern muss. Es handelt sich also um einen *Terminkontrakt*: der Vertrag wird heute abgeschlossen, die Wertpapiere sollen aber erst zu einem späteren Termin übergeben werden.

Die Absicht des Verkäufers ist, die Wertpapiere später, wenn er sie kaufen wird, billiger zu bekommen. Dann hätte er einen Gewinn.

Wenn diese Erwartung nicht eintritt, sondern die Wertpapiere später teurer sind, wird er einen Verlust haben.[695]

Leerverkäufe sind also ein riskantes Geschäft – und auch eine Wette, ein Wettspiel. Wer solche Geschäfte macht, muss sich gut auskennen und hat dennoch ein großes Risiko.

---

[694] Quelle: BaFin Statistik 2014, S. 23. Die private Rentenversicherung hatte einen Anteil von 28%, die Lebensversicherung, bei der das Anlagerisiko vom Versicherungsnehmer getragen wird (fondsgebundene Lebensversicherung), hatte 18% und die übrigen Kollektivversicherungen hatten ebenfalls 18%; die Berufsunfähigkeitsversicherung hatte 11% Anteil und die Risikoversicherung 8%; zusammen 88% (mit Kapital-Lv). Daneben gab es noch weitere Versicherungen mit weniger Anteilen.
[695] Siehe Wolfgang Münchau: Kernschmelze im Finanzsystem, S. 118.

Leistungsbilanz

Die deutsche Leistungsbilanz ist Teil der deutschen *Zahlungs-bilanz*. Die Zahlungsbilanz enthält insgesamt:

- die Leistungsbilanz,
- die Kapitalbilanz,
- die Vermögensänderungsbilanz und
- den Restsaldo
  (siehe Artikel „Zahlungsbilanz" in diesem Buch).

Die *Leistungsbilanz* umfasst den Warenhandel, die Dienstleistungen, die Primäreinkommen und die Sekundäreinkommen (Erläuterungen siehe Artikel „Zahlungsbilanz"):

Leistungsbilanz 2015				
in Milliarden Euro				
	Ausfuhr oder Einnahmen	Einfuhr oder Ausgaben	*Saldo*	*Anteil BIP*
Warenhandel	+1.180	-917	*+263*	
Dienstleistungen	+239	-269	*-30*	
Primäreinkommen	+195	-131	*+64*	
Sekundäreinkommen	+64	-104	*-40*	
Summe Leistungsbilanz	+1.678	-1.421	*+257*	*8,5%*

Quelle: Statistisches Jahrbuch 2016, S. 434.

Die Leistungsbilanz 2015 hat 1.678 Milliarden Euro an Ausfuhren oder Einnahmen und -1.421 Milliarden Euro an Einfuhren oder Ausgaben im Jahr 2015.

Der Saldo (die Differenz) aus diesen beiden Zahlen ist 257 Milliarden Euro, also ein *Leistungsbilanz-Überschuss* (der Saldo ist positiv, die Ausfuhren übersteigen die Einfuhren um 257 Milliarden Euro).

Das sind 8,5% des deutschen Bruttoinlandsprodukts (das 3.026 Milliarden Euro beträgt im Jahr 2015).

Die Leistungsbilanz wird bestimmt vom Warenhandel und den Dienstleistungen. Beides zusammen sind die Exporte und Importe. Die Exporte zusammen betragen 1.419 Milliarden Euro

(1.180 + 239 = 1.419). Die Importe betragen zusammen -1.186 Milliarden Euro (-917 – 269 = -1.186).

Der Saldo aus Warenhandel und Dienstleistungen beträgt zusammen 233 Milliarden Euro (263 – 30 = 233).

Primäreinkommen und Sekundäreinkommen haben zusammen einen Saldo von 64 – 40 = 24 Milliarden Euro. Sie haben also zusammen einen Anteil von 9% des Leistungsbilanz-Überschuss (24 durch 257 gleich 9%).

Warenhandel und Dienstleistungen haben zusammen einen Anteil von 233 durch 257 gleich 91%. Daher der Begriff „Export-Überschuss", womit oft auch der ganze Leistungsbilanz-Überschuss gemeint ist, auch wenn er nicht ganz zutreffend ist.

Leistungsbilanz-Überschüsse und -Defizite weltweit
Viele Länder exportieren mehr Waren als sie importieren, andere haben mehr Importe (Einfuhren) als Exporte (Ausfuhren). Wer mehr exportiert als importiert, hat einen *Leistungsbilanz-Überschuss*. Den größten Leistungsbilanz-Überschuss auf der Welt hat Deutschland (die Zahlen sind hier aus dem Jahr 2012 und in Dollar):

Leistungsbilanz-Überschüsse (2012)		Mrd. Dollar
1	Deutschland	255
2	China	193
3	Eurozone*	171
4	Saudi-Arabien	164
5	Kuwait	76
6	Niederlande	73
7	Norwegen	72
8	Russland	71
9	Ver.Arab.Emirate	66
10	Katar	62
	*ohne innereuropäischen Handel	
Quelle: The Economist: Die Welt in Zahlen 2015, S. 34.		

Das größte Leistungsbilanz-Defizit hat die USA:

Leistungsbilanz-Defizite (2012)	
	Mrd. Dollar
1 USA	-440
2 Großbritannien	-94
3 Indien	-91
4 Australien	-64
5 Kanada	-62
6 Frankreich	-57
7 Brasilien	-54
8 Türkei	-48
9 Indonesien	-24
10 Südafrika	-20
Quelle: The Economist: Die Welt in Zahlen 2015, S. 34.	

Amerikanischer Import-Überschuss

US-Präsident Trump beklagt das Handelsbilanzdefizit der USA.[696] Dieses Defizit kann man auch Außenhandelsdefizit oder Import-Überschuss nennen, offiziell heißt es auf Deutsch Leistungsbilanzdefizit.

Wenn die USA Waren (und Dienstleistungen) aus dem Ausland importieren, verfügen sie nicht nur über die Waren, die sie selbst im Inland herstellen, sondern auch zusätzlich noch über die importierten Waren (abzüglich der selbst exportierten Waren).

Da sie weniger Waren ins Ausland exportieren als aus dem Ausland importieren, haben sie mehr Waren zur Verfügung, also einen Import-Überschuss.

Diesen Import-Überschuss haben andere Länder nicht nur hergestellt, sondern auch finanziert. Mit ihrem Geld haben sie in die Fabriken investiert, um diese Waren herzustellen und dann nicht selbst zu verwenden, sondern zu exportieren. Damit haben die USA die Ersparnisse der übrigen Welt verwendet, um das Warenangebot in ihrem Land zu erweitern.

---

[696] Winand von Petersdorff: „Wie man ein Handelsbilanzdefizit verschwinden lässt", FAZ vom 18.11.2017, S. 25.

Der Import-Überschuss führt dazu, dass die USA große Schulden in den Ländern der Welt haben. Sie leben also zum Teil auf Pump (auf Kredit), und das schon lange.

Wenn der US-Präsident den amerikanischen Import-Überschuss (das amerikanische Leistungsbilanzdefizit) senken will, müssten die Amerikaner mehr sparen (weniger verbrauchen) oder weniger investieren oder die Staatsausgaben konsolidieren (also auch sparen).[697] Präsident Trump dagegen will die Steuern senken (also die Staatseinnahmen senken, nicht die Staatsausgaben). Den amerikanischen Import-Überschuss zu senken, das wird auf diese Weise nicht zustandekommen.

Deutsche Exportüberschüsse

Die Exporte der deutschen Wirtschaft verschaffen uns Arbeitsplätze, Absatzmärkte und Gewinne. Und immer wieder Lob von den (deutschen) Politikern („dass wir als Exportnation vom Euro in besonderer Weise profitieren"[698]). Aber Sondergewinne Deutschlands durch den Euro hat es nicht gegeben.[699]

Als der Euro im Jahre 1995 beschlossen wurde, gab es zwischen Deutschland und den anderen Mitgliedsländern der Euro-Zone keine nennenswerten Ungleichgewichte bei den Leistungsbilanz-Salden (das sind die Exportüberschüsse).

In den folgenden Jahren erlebte Deutschland eine binnenwirtschaftliche Schwäche, es wurde nicht genug investiert, es wurden nicht genug Arbeitsplätze geschaffen, die deutschen Einkommen wuchsen nur noch wenig und ebenso waren die Importe nach Deutschland geringer.

In manchen anderen europäischen Ländern (vor allem in den südlichen Ländern wie Portugal, Spanien, Italien, Griechenland, Zypern, dazu noch Irland) sah es dagegen besser aus: dort floss das Kapital, dort gab es ein Wachstum, getrieben von der Inflation, mit dem Wachstum stiegen auch die Importe, auch die deutschen Exporte, die in den anderen europäischen Staaten ja Importe waren.

---

[697] Prof. Dr. Stefan Kooths: „Grundkurs zur Leistungsbilanz", FAZ vom 7.8.2017, S. 18.
[698] Bundeskanzlerin Angela Merkel, siehe Prof. Dr. Hans-Werner Sinn: Die Target-Falle, S. 64.
[699] Ebenda, S. 64ff.

Zu dieser Zeit war in Deutschland eine *Flaute* und in den Südländern ein *Aufschwung*. Wo die Flaute ist, fließen Geld, Kredite und Exporte *ab* in die Länder des Aufschwungs.

Die Länder des Aufschwungs erhöhen ihre Importe (auch aus Deutschland) und senken ihre (eigenen) Exporte, denn die werden durch ihre steigenden Preise zu teuer, und das legt auch die Grundlage für künftige Zeiten, denn auch später sind zu teure Exporte schlecht zu verkaufen.

So erklären sich deutsche Exportüberschüsse, die sich langsam entwickeln und im Laufe der Zeit immer weiter steigen.

Und so erklären sich zu hohe Preise (der Südländer) als Hindernis für zukünftig mehr Exporte.

Die deutschen Exportüberschüsse *haben sich durch die wirtschaftlichen Gegebenheiten in den Ländern so ergeben*, wie sie gekommen sind, unter den Bedingungen der Einführung des Euro.

Die Exportüberschüsse (weitgehend identisch mit den Leistungsbilanzüberschüssen) führen zu einem Kapitalexport Deutschlands. *Kapitalexport und Leistungsbilanzüberschüsse sind zwei Seiten derselben Medaille.* Mit den Leistungsbilanzüberschüssen hat Deutschland viel Kapital an die Nachbarländer abgegeben. **Die deutschen Exportüberschüsse sind durch eigene binnenwirtschaftliche Schwäche entstanden** und führten zu hohem Kapitalexport, der in den Nachbarländern genutzt wurde, etwa für Investitionen oder Lohnerhöhungen.

Das Vermögen, das mit dem exportierten Kapital im Ausland aufgebaut wurde, nützt den deutschen Vermögensbesitzern. Für die deutschen Arbeitnehmer hat es kaum einen Vorteil. Wenn das Vermögen in Deutschland genutzt worden wäre, hätte es hier in Gebäude und Maschinen investiert werden können und die Produktivität steigern können und so Lohnerhöhungsspielräume für deutsche Arbeitnehmer schaffen können.

Was das Vermögen im Ausland betrifft, das aus Exportüberschüssen gebildet wurde, stellt sich die Frage, ob es verfügbar sein wird, wenn es in Deutschland in Anspruch genommen werden soll, denn die betreffenden Länder haben hohe Schulden.

Kritik an den deutschen Überschüssen

Deutschland wird schon länger kritisiert für seine hohen Export-Überschüsse, zuletzt heftiger von den USA, Frankreich und anderen Ländern der Euro-Zone.

Deutschland hatte im Jahr 2017 einen Export-Überschuss in Höhe von 8,5% der deutschen Wirtschaftsleistung (des Bruttoinlandsprodukts, BIP). Im Jahr 2018 waren es noch 7,4%.

Das ifo-Institut hält die ausländische Kritik an den deutschen Überschüssen für überzogen: „Der Überschuss schadet weder anderen noch Deutschland selbst." Da die Export-Überschüsse einen Export von Kapital in die Abnehmerländer bedeuten, würden geringere Überschüsse weniger Kapitalexport bedeuten und damit die Zinsen in den Abnehmerländern erhöhen.

Die EU-Regeln sehen eine Obergrenze für die Überschüsse von 6% vor. Da Deutschland vom Export abhängig ist, sollte es den Handelspartnern entgegenkommen, nach Meinung des ifo-Instituts. Es schlägt beschleunigte Abschreibungen von Investitionen, eine bessere Verlustverrechnung und eine steuerliche Begünstigung von Forschung und Entwicklung vor.[700]

Leitzins

Der Leitzins ist ein *Zinssatz*, den die Zentralbank (auch *Notenbank* genannt) festsetzt. Damit will sie die Zinshöhe am Geldmarkt steuern und die Geldpolitik durchsetzen, die sie verwirklichen will. Dazu hat die Zentralbank einen staatlichen Auftrag, die *Geldstabilität* sicherzustellen.

---

[700] „Fuest: Deutschland sollte Steuer für Unternehmen senken", FAZ vom 15.7.2017. S. 18.

Leverage

Lever heißt ‚Hebel‘, *Leverage* heißt ‚Hebelung‘.

Ein Unternehmen kann die Eigenkapitalrendite *hebeln* (erhöhen), wenn es mit weniger Eigenkapital finanziert ist und dafür mit Fremdkapital finanziert ist.

Beispiel:
Ein Unternehmen hat folgende Zahlen:

Vermögen:	1 Million €
Jahresüberschuss:	100.000 €
Rendite:	10% (100.000 / 1.000.000 = 10%)

Wenn das Unternehmen vollständig mit Eigenkapital finanziert ist, haben die Eigenkapitaleigner also die eine Million Euro eingezahlt und haben mit dem Jahresüberschuss von 100.000 Euro eine Eigenkapitalrendite von 10%.[701]

Wenn das Unternehmen aber nur mit 300.000 Euro Eigenkapital und mit 700.000 Euro Fremdkapital finanziert ist, müssen zuerst die Fremdkapitalzinsen bezahlt werden. Wenn die Zinsen 5% betragen, sind das 35.000 Euro (5% mal 700.000).

Von den 100.000 Euro Jahresüberschuss verbleiben dann noch 65.000 Euro für die Eigenkapitalgeber. 65.000 Euro von 300.000 Euro Eigenkapital sind eine Eigenkapitalrendite von 21,6% (65 durch 300 = 21,6%).[702]

Ergebnis: Auf eine Million Euro beträgt die Eigenkapitalrendite 10%, auf 300.000 Euro beträgt sie 21,6%, also gut doppelt so viel. Das ist der Hebeleffekt (Leverage).[703]

Was muss man daraus folgern? Soll man auf jeden Fall auf die Eigenkapitalfinanzierung zu 100% verzichten und einen größeren Teil durch Fremdkapital ersetzen?

„Auf jeden Fall" sicher nicht. Dazu gibt es Fragen und Argumente:

---

[701] Eine Besteuerung wird hier nicht betrachtet.

[702] Siehe Prof. Dr. Klaus Spremann und Prof. Dr. Pascal Gantenbein: Finanzmärkte, S. 111 f.

[703] Daniel Stelter: Die Schulden im 21. Jahrhundert, S. 15.

- Wenn der Jahresüberschuss zum Beispiel 20.000 Euro beträgt und damit unter die Fremdkapitalzinsen fällt (35.000 Euro), müssen die Fremdkapitalzinsen dennoch bezahlt werden. Dadurch gibt es nach Fremdkapitalzinsen einen Verlust für das Eigenkapital (20.000 minus 35.000 gleich -15.000) und damit wird die Eigenkapitalrendite negativ (-15.000 durch 300.000 gleich -5%). Der Hebel wirkt also nicht nur zum Positiven, sondern auch zum Negativen.[704]

- Wenn das Eigenkapital nur noch 300.000 Euro beträgt (statt vorher eine Million Euro), dann steigt das Risiko der Verschuldung und der Insolvenz. Mit einer Million Euro kann natürlich ein größerer Verlust in einem Geschäftsjahr aufgefangen werden.

- Wenn die Eigenkapitalgeber nur noch 300.000 Euro Eigenkapital im Unternehmen haben, haben sie zwar erstmal eine größere Rendite (auf nur noch 300.000 Euro), aber sie tragen ein größeres Risiko pro Euro, denn das Unternehmensrisiko ist gleich geblieben, während das Risiko sich vorher auf eine Million Euro verteilte, jetzt aber nur noch auf 300.000 Euro.

- Was machen die Eigenkapitalgeber mit den 700.000 Euro, falls sie diese aus dem Unternehmen zurückbekommen, wenn das Unternehmen mit 700.000 Euro Fremdkapital finanziert wird? Haben Sie gleiche oder bessere Anlagemöglichkeiten?

---

[704] Siehe Prof. Dr. Klaus Spremann und Prof. Dr. Pascal Gantenbein: Finanzmärkte, S. 112.

Libor

Libor heißt *London Interbank Offered Rate*. Zu diesem Zinssatz geben sich Londoner Banken gegenseitig unbesicherte Kredite.

Der Libor ist bekannt als Referenz-Zinssatz, den andere Finanzgeschäfte verwenden.

Es gibt verschiedene Libor-Zinssätze. Der Libor wird für 7 unterschiedliche Laufzeiten und 5 verschiedene Währungen berechnet, und zwar für den US-Dollar, das britische Pfund, den Euro, den japanischen Yen und den Schweizer Franken.

Der Libor Euro Overnight Kurs betrug -0,4434% (für eine Nacht) am 27.7.2018.

Der Zinssatz Libor wurde täglich durch eine relativ laxe Umfrage unter Banken festgelegt und dabei jahrelang manipuliert. Der Libor betraf in aller Welt Finanzprodukte im Wert von mehr als 500 Billionen Euro.

Wegen dieser Manipulationen des Libor und Euribor wurden europäische Großbanken von der EU-Kommission zu Geldstrafen in Milliardenhöhe verurteilt.

Die britische Finanzaufsicht FCA will den Libor abschaffen und durch ein zuverlässigeres System ersetzen. Eine denkbare Alternative könnte der Zinssatz *SONIA* (Sterling Overnight Index Average) sein.[705]

Entschieden ist das noch nicht. Der Libor soll ab 2021 nicht mehr gültig sein.[706]

---

[705] „Skandalzins Libor soll ersetzt werden", FAZ vom 28.7.2017, S. 29.
[706] https://www.businessinsider.de am 29.7.2018.

Liquidität

Liquidität hat, wer genügend Zahlungsmittel bereit hat, um seine Zahlungsverpflichtungen zu erfüllen. Zahlungsmittel sind Bargeld und Geld auf Girokonten (also Bankkonten für den laufenden Zahlungsverkehr), das sofort verfügbar ist. Dazu gehört auch Geld auf Sparkonten und Tageskonten, das schnell verfügbar gemacht werden kann, sowie offene Kreditlinien bei Banken, aus denen sofort Zahlungen erfolgen können.

Nicht dazu gehören Vermögensgegenstände, die nur schwer und zeitaufwendig verkauft werden könnten, zum Beispiel Gebäude und Maschinen.

Liquidierbarkeit bedeutet, dass Vermögensgegenstände kurzfristig zu liquiden Mitteln getauscht werden können, also zu Geld, das für Zahlungen verwendet werden kann.

Lohn

Volkswirtschaftlich gesehen ist der Lohn das Einkommen des Faktors Arbeit, also aller Arbeitnehmer eines Landes (einer Volkswirtschaft).

Betriebswirtschaftlich gesehen ist der Lohn (einschließlich Gehalt) das Entgelt für die Arbeitsleistung der Mitarbeiter des Unternehmens und ein wichtiger Kostenanteil.[707]

Warum die Löhne nicht stärker steigen
In der politischen Diskussion gibt es öfter mal die Meinung, *die Löhne sollten stärker steigen*, das würde helfen. Wer sagt so was? Die Arbeiter verständlicherweise, die bekommen dann mehr, und die Gewerkschaften sind natürlich auch dafür.

Im Jahr 2017 hat es auch der Präsident der Europäischen Zentralbank (EZB) gefordert. Er möchte die Inflationsrate in der Euro-Zone anheben, möglichst auf knapp 2%. Warum will er das? Er will die Wirtschaft ankurbeln, das Wachstum ist

---

[707] Siehe Prof. Dr. Günter Wöhe: Einführung in die Allgemeine Betriebswirtschaftslehre, S. 194.

schwach, und wenn es zu schwach wird, könnte sogar eine Deflation kommen, die ist gefährlich und muss verhindert werden.

Und deshalb sollen die Löhne steigen. Ende 2016 betrug das Lohnwachstum im Euro-Raum nur 1,6%. Das ist zu wenig, um der Inflation einen Schub zu geben. Aber die Lohnsteigerungen richten sich nach der Arbeitsproduktivität, und die ist in den letzten Jahren recht schwach ausgefallen.[708] Das wiederum liegt an der schwachen Investitionstätigkeit, und die wiederum braucht neue Absatzchancen, sonst wird nicht investiert.

Lohnquote

Das Arbeitnehmerentgelt betrug 1.541 Milliarden Euro im Jahre 2015, das sind 51% des deutschen Bruttoinlandsprodukts und 68% des Volkseinkommens.[709]

Akkordlohn

Angestellte bekommen meist ein *Monatsgehalt*, Arbeiter oft einen *Stundenlohn*. Akkord-Arbeiter bekommen einen *Stücklohn*.

Der Akkordlohn heißt auch Leistungslohn, weil er direkt von der erbrachten Leistung abhängt.[710]

Zum Beispiel sollen in einem neuen Gebäude 300 Deckenlampen angebracht werden, dafür wird dem Elektriker ein Akkordlohn von 14 Euro pro installierter Lampe angeboten. Sein Lohn richtet sich also nach der Stückzahl; wieviel Zeit er dafür braucht, ob er also zum Beispiel zehn oder zwanzig Stück am Tag schafft, ist seine Sache.

Wie vieles im Leben hat auch die Akkordarbeit Vor- und Nachteile: Manch einer kann vielleicht beim Akkord gut verdienen, wenn er die Arbeit gut und zügig zu erledigen versteht. Andere fühlen sich vielleicht bedrängt oder überfordert und verdienen daher weniger.

---

[708] „Warum die Löhne nicht stärker steigen", FAZ vom 19.7.2017, S. 16.
[709] Siehe Statistischer Jahresbericht 2016 des Statistischen Bundesamts, S. 321.
[710] Siehe Duden Wirtschaft von A bis Z, S. 313. Ebenso Prof. Dr. Günter Wöhe: Einführung in die Allgemeine Betriebswirtschaftslehre, S. 208ff.

Ecklohn

Der Ecklohn ist der Lohn, über den die Tarifpartner (Arbeitgeberverbände und Arbeitnehmergewerkschaften) bei Lohnverhandlungen verhandeln, um nicht über alle einzelnen Lohngruppen verhandeln zu müssen. Die Löhne der anderen Lohngruppen werden aus dem Ecklohn abgeleitet.[711]

Lorenz-Kurve

Die Lorenz-Kurve hat der amerikanische Statistiker *Max Otto Lorenz* 1905 veröffentlicht. Sie zeigt, dass das Einkommen nicht gleichverteilt ist:

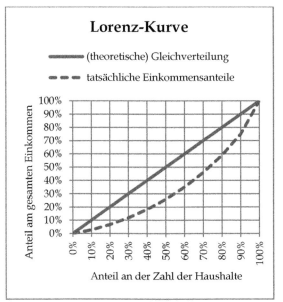

Quelle: Statistisches Bundesamt, EVS 2003 (www.destatis.de).

Gleichverteilt wäre das Einkommen, wenn 10% der Haushalte 10% des Einkommens beziehen würden, von der untersten Einkommensstufe beginnend.[712] Die Grafik und die Tabelle

---

[711] Siehe Prof. Dr. Günter Wöhe: Einführung in die Allgemeine Betriebswirtschaftslehre, S. 202.
[712] Prof. Dr. Artur Woll: Volkswirtschaftslehre, S. 424.

zeigen die Verteilung des Haushalts-Nettoeinkommens in Deutschland auf zehn Einkommensstufen.

Anteil Haushalte:	10%	20%	30%	40%	50%	60%	70%	80%	90%	100%
Anteil Einkommen:	2,7%	6,7%	11,9%	18,2%	25,9%	35,1%	46,0%	58,9%	75,0%	100%
Abweichung (in Prozentpunkten):	-7,3	-13,3	-18,1	-21,8	-24,1	-24,9	-24,0	-21,1	-15,0	
Lücke:	-73%	-67%	-60%	-55%	-48%	-42%	-34%	-26%	-17%	
Beispiel:	-7,3 / 10 = -0,73 = -73%									

Die Tabelle zeigt, dass die ersten 10% der Haushalte 2,7% des gesamten Einkommens beziehen (und nicht 10%). Die 60% der Haushalte beziehen 35,1% des gesamten Einkommens (und nicht 60%). Die 90% der Haushalte beziehen 75% des gesamten Einkommens. Das zehnte Zehntel (von 90% bis 100%) der Haushalte bezieht demnach 25% des gesamten Einkommens. Dies ist das einzige Zehntel, das mehr als 10% des Einkommens bezieht.

Die *Abweichung* in der Tabelle von -7,3% beim ersten Zehntel der Haushalte ergibt sich aus 2,7 – 10 = -7,3.

-7,3 von 10 sind -73%[713] von 10, das ist die *Lücke*, die das erste Zehntel der Haushalte mit seinem tatsächlichen Einkommen (2,7) vom gleichverteilten Einkommen (10) trennt.

Mit anderen Worten, beim *ersten* Zehntel ist die Lücke zum (theoretischen) gleichverteilten Einkommen *am größten*. Bei allen weiteren Zehnteln (werden auch *Dezile* genannt) wird diese Lücke jeweils geringer. Beim zweiten Zehntel sind es zum Beispiel -67%, beim sechsten Zehntel -42%.

Die *Abweichung* in der Tabelle ist am größten mit -24,9 bei 60% der Haushalte, was auch aus der roten Kurve der Grafik erkennbar ist. Bei 50% und 70% der Haushalte ist die Abweichung mit jeweils -24,1 und -24,0 nur wenig geringer.

---

[713] -7,3 durch 10 gleich -0,73 gleich -73%.

Gini-Koeffizient

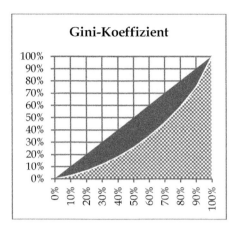

Der italienische Statistiker *Corrado Gini* hat den Gini-Koeffizienten benannt als das Verhältnis der kleinen blauen (gefüllten) Fläche zur gesamten Dreiecksfläche (gefüllt *und* punktiert).

Der Gini-Koeffizient ist das Maß für die Einkommensverteilung.[714] Je größer der Gini-Koeffizient wird, desto ungleicher wird die Einkommensverteilung in einem Land.[715] Für Deutschland beträgt er 0,344 (oder 34,4%).[716]

Lottogewinn

„Wenn ich im Lotto eine Million gewinne, gehe ich nächsten Tag zum Chef und kündige!"

Und dann beginnt das Luxusleben? Nichtstun, Weltreisen und Luxusvilla?

Das wird nicht gehen. Schon die Luxusvilla kostet meist mehr als eine Million. Und schon aus der Traum, denn wovon wollen Sie dann leben?

---

[714] Prof. Dr. Artur Woll: Volkswirtschaftslehre, S. 424.
[715] Prof. Dr. Peter Bofinger: Grundzüge der Volkswirtschaftslehre, S. 234.
[716] Statistisches Bundesamt, Einkommens- und Verbrauchsstichprobe 2003.

Wenn Sie erst 30 Jahre alt sind und also noch ein langes Leben vor sich haben, dann reicht eine Million nicht lang. Rechnen Sie einfach mal: Wenn Sie 3.000 Euro netto im Monat verdienen, sind das 36.000 Euro im Jahr und 1.332.000 Euro bis Alter 67 (36.000 Euro mal 37 Jahre), ohne jede Lohnerhöhung gerechnet, die immerhin die Preissteigerungen einigermaßen auffangen – die Lotto-Million tut da nichts dazu, über 37 Jahre nicht, sie bleibt immer eine Million. Zinsen bekommen Sie auch nicht zurzeit, und das könnte noch länger so bleiben.

Wenn Sie Ihre Arbeitsstelle kündigen, haben Sie keine Krankenversicherung mehr und keine Rentenversicherung, die wurde ja bisher von Ihrem Bruttolohn bezahlt. Die können Sie mit Ihrer Lotto-Million aber nicht aufbringen, Sie werden mit Ihrem Nettolohn ja schon 1.332.000 Euro verdienen (und wohl auch ausgeben). Da fehlen Ihnen schon 332.000 Euro (und die Lohnerhöhungen noch dazu). Die Lotto-Million und die Kündigung Ihrer Arbeitsstelle hätte Sie schon ins Hintertreffen gebracht.

Aber es kommt noch dicker: Wovon leben Sie ab Alter 67? Wenn Sie die Arbeitsstelle bis Alter 67 gehalten haben, bekommen Sie grob geschätzt vielleicht 2.000 Euro Rente pro Monat, das sind 24.000 Euro im Jahr. Wer noch 20 Jahre lebt, darf 480.000 Euro Rente in den 20 Jahren erwarten (kleine jährliche Rentensteigerungen kommen noch dazu).

Bei dieser ungefähren Rechnung bekommen Sie 1.812.000 Euro (1.332.000 plus 480.000), wenn Sie weiter ihre Arbeitsstelle behalten, Lohnerhöhungen und jährliche Renten-steigerungen kriegen Sie noch dazu. Und Krankenversicherung haben Sie auch, die Sie ohne Arbeitsstelle privat versichern müssten.

Also, wenn Sie im Lotto gewinnen, alles ruhig angehen und sinnig abwägen, die Kündigung kann noch warten. Manches würde sich jetzt verwirklichen lassen, aber nicht alles. Und Reserven braucht man auch immer mal.

M

Magisches Viereck

Das magische Viereck bezeichnet die vier wirtschaftspoliti-
schen Hauptziele des Stabilitätsgesetzes:
- Stabilität des Preisniveaus
- hoher Beschäftigungsstand
- außenwirtschaftliches Gleichgewicht
- stetiges und angemessenes Wirtschaftswachstum

Das Viereck wird magisch genannt, weil kaum alle vier Ziele
gleichzeitig erreicht werden können.

Das Stabilitäts- und Wachstumsgesetz wurde auf Initiative des
Wirtschaftsministers Professor Karl Schiller 1967 beschlossen.[717]

Marge

Die Marge ist eine Differenz oder ein Aufschlag.

Wenn ein Unternehmen Kosten für ein *Produkt* von 850.000
Euro hat und einen Verkaufserlös von 890.000 Euro erzielt,
welche Marge hat es dann?

Marge	
Produktkosten	850.000
Verkaufserlös	890.000
Marge (in €)	40.000
Marge (in %)	4,7%

Die Marge ist die Differenz zwischen Verkaufserlös und
Kosten. Sie beträgt 40.000 Euro oder 4,7% (40.000 / 850.000 =
0,047 = 4,7%).

---

[717] Siehe Prof. Dr. Peter Bofinger: Grundzüge der
Volkswirtschaftslehre, S. 286f.

© Springer Fachmedien Wiesbaden GmbH, ein Teil von Springer Nature 2019
W. Klitzsch, *Grundbegriffe der Wirtschaft*,
https://doi.org/10.1007/978-3-658-27904-2_13

Für manche Unternehmen ist eine Marge von 4,7% in Ordnung, für andere ist sie zu niedrig – das kommt auf die eigenen Ansprüche an oder die Erwartungen der Aktionäre.

Wenn ein Referenzzins 3,1% beträgt und ein *Kreditgeschäft* mit 3,4% vereinbart werden soll, ist der Aufschlag (gleich Kreditmarge) 0,3%.

Marketing

Marketing bedeutet „Vermarktung". Dazu gehören alle Maßnahmen, um die Produkte des Unternehmens *auf den Markt* (und *an den Kunden*) zu bringen, also die Produkte attraktiv zu machen und die Kunden über Werbung und Produktdarbietung anzusprechen.

Aber das reicht nicht: Marketing heißt, das Unternehmen auf den Markt und die Kunden auszurichten. Die Erwartungen der Kunden müssen erkannt werden, auch die sich immer wieder *verändernden* Erwartungen; damit verbunden die technologischen Veränderungen, die schon manche Unternehmen unbeachtet ließen oder zu spät beachtet haben und dann manchen Unternehmen schwere Einbussen gebracht haben, ob im Handy-Markt (Nokia, Blackberry) oder im Fotomarkt (Kodak) und in andern.

Markt

Ein *Markt* ist ein Ort, an dem Käufer und Verkäufer zusammenkommen, um zu kaufen und zu verkaufen.

Einen Markt gibt es auf dem städtischen *Marktplatz*, aber auch an vielen anderen Orten, zum Beispiel an *Börsen*, an denen Aktien oder Rohstoffe oder anderes gehandelt werden, oder an *Großmärkten*, an denen Lebensmittel oder Blumen gekauft oder versteigert werden.

Märkte sind aber ebenso oft *abstrakte* Märkte, wie zum Beispiel der Erdölmarkt, der weltweit über Nachrichtenverbindungen läuft (über Fernschreiben (Telex), Telefon, Telefax, Internet).

Alle Märkte sind begrenzt auf *bestimmte Güter*, der städtische Marktplatz auf Lebensmittel für die privaten Verbraucher, der Großmarkt in den großen Städten auf den Lebensmittel-Großhandel der Region, der Kraftfahrzeugmarkt auf Autos und der Versicherungsmarkt auf private Versicherungen.

Es gibt unermesslich viele Märkte, nach Umfang, nach Branchen und Gütern und Dienstleistungen und nach geographischer Reichweite, bis hin zu vielen weltweiten Märkten.

Die Märkte sind unterschiedlich *reguliert*. Die Aktienbörsen sind streng reguliert durch ein eigenes Aktiengesetz, das es in Deutschland seit 1937 gibt, in Preußen schon seit 1843. Die städtischen Marktplätze haben auch ihre Regeln, manch andere Märkte sind weniger reguliert.

Marktkapitalisierung

Bei Aktiengesellschaften gibt es eine Marktkapitalisierung, auch *Börsenwert* genannt. Das ist der *aktuelle Marktwert* der Aktiengesellschaft (AG), der täglich an der Börse festgestellt wird. Er ergibt sich aus dem Aktienkurs der AG und der Anzahl der Aktien; entweder aus allen Aktien (*gesamter* Börsenwert) oder nur aus den an Dritte ausgegebenen Aktien (Aktien im *Streubesitz*, also ohne Aktien, die im eigenen Bestand der AG gehalten werden).[718]

Die tägliche Angabe der Börsenwerte finden Sie im Finanzteil vieler Tageszeitungen und im Internet.[719]

Die SAP AG hatte einen gesamten Börsenwert von 127 Milliarden Euro am 2.4.2019, das ist der größte Börsenwert an diesem Tag im DAX (**D**eutscher **A**ktienindex). Den zweitgrößten Wert hatte die Linde PLC[720] mit 89 Milliarden Euro, den dritten die Allianz AG mit 86 Milliarden Euro.[721]

Da sich die Aktienkurse täglich verändern, verändern sich auch die Börsenwerte (die Marktkapitalisierungen) ständig. Wie sich der Börsenwert bildet, lesen Sie bitte im Artikel „Preisbildung" in diesem Buch.

Wirecard

Am 14.8.2018 hatte die Deutsche Bank AG eine Marktkapitalisierung von knapp 21 Milliarden Euro. Der Zahlungsdienstleister *Wirecard* war am gleichen Tag um 200 Millionen Euro wertvoller. So kann es gehen, wenn zwei Entwicklungen gegenläufig verlaufen: Im Jahr 2015 hatte Wirecard noch eine Marktkapitalisierung von 5 Milliarden Euro, die Deutsche Bank eine von über 40 Milliarden Euro. Wirecard arbeitet auf einem wichtigen Zukunftsmarkt der Zahlungsabwicklung und arbeitet

---

[718] Prof. Dr. Thomas Heidorn: Finanzmathematik in der Bankpraxis, S. 121.

[719] In der FAZ wird der gesamte Börsenwert und der Börsenwert nach Streubesitz angegeben.

[720] **PLC** heißt Public Limited Company und ist eine britische Unternehmensrechtsform für größere Unternehmen, deren Aktien an der Börse gehandelt werden.

[721] Siehe FAZ vom 4.4.2019, S. 28.

für viele Onlinehändler im Hintergrund. Es hat 4.900 Mitarbeiter, die Deutsche Bank 95.000 Mitarbeiter. Wirecard hat einen Umsatz von 1,5 Milliarden Euro, die Deutsche Bank 27 Milliarden Euro.[722] Aber an der Börse zählen vor allem Vertrauen in die zukünftigen Entwicklungen wichtiger Märkte und neuer Techniken, hier etwa das mobile Bezahlen, das in vielen Ländern schon jetzt große Bedeutung hat.

Das Vertrauen treibt die Aktienkurse nach oben, aber manchmal ebenso schnell wieder nach unten. Die Aktienkurse können sich täglich verändern, auch bei Wirecard: Am 1.10.2018 wurde die Aktie von Wirecard mit 192 Euro gehandelt, am 20.11.2018 mit 125 Euro. Das ist ein Drittel weniger (192 − 125 = 67; 67 / 192 = 0,35 = 35%).[723]

Durch Zeitungsberichte ging der Aktienkurs weiter nach unten, im Februar 2019 lag er unter 100. Damit hatte sich der Kurs gegenüber dem Höchststand im September 2018 um die Hälfte halbiert. Damit waren mehr als 12 Milliarden Euro an Marktkapitalisierung verflüchtigt.[724]

Mark to Market

Mark ist Englisch und heißt hier „bewerten".

Mark to Market heißt „bewerten zum Markt" oder „Marktpreise ansetzen".

Danach müssen die Wertpapiere der Banken, zum Beispiel Aktien, stets nach dem aktuellen Marktpreis bilanziert werden (in der Bilanz angesetzt werden). Auch dann, wenn nichts verkauft wurde.[725]

In der Zeit allgemeiner Kurssteigerungen der Aktien, wenn also die Aktien höhere Preise haben, dann müssen die Aktien mit höheren Werten in der Bilanz stehen, wenn eine Bilanz zu einem Stichtag erstellt wird. Dadurch entstehen rechnerisch

---

[722] „Deutsche Bank ist nicht mehr die wertvollste Bank Deutschlands", FAZ vom 15.8.2018, S. 25.
[723] „Wirecard im Sinkflug", FAZ vom 21.11.2018, S. 23.
[724] „Polizei durchsucht Wirecard-Büros in Singapur", FAZ vom 9.2.2019, S. 24.
[725] Prof. Dr. Hans-Werner Sinn: Kasino-Kapitalismus, S. 87f. und S. 160ff.

höhere Gewinne in der Bilanz (auch wenn keine Aktien verkauft wurden zu den aktuell hohen Preisen).

Wenn die Bank höhere Gewinne hat, werden auch höhere Dividenden an die Aktionäre ausgeschüttet. Die Aktionäre wollen natürlich ihren Anteil an den höheren Gewinnen haben.

Die Dividenden müssen über Kredite finanziert werden, denn entsprechende Einnahmen waren ja nicht zugeflossen, wenn die Bank ja keine Aktien verkauft hat (etwa weil sie meint, dass die Aktien noch weiter im Kurs steigen werden). Die Wertsteigerungen kamen ja nur durch Marktpreissteigerungen zustande, ohne eigene Verkäufe der Bank.

Durch die Marktpreismethode werden also Gewinne ausgewiesen, die durch unternehmerisches Handeln der Bank gar nicht eingetreten sind. Die ausgewiesenen Gewinne sind nicht real, sondern fiktiv (unwirklich).

Die Marktpreismethode, auch *Mark to Market* oder *Fair Value* genannt, ist eine Regel der IFRS (International Financial Reporting Standards), das sind angelsächsisch geprägte Bilanzierungsregeln, die auch in Europa und Deutschland Bedeutung haben, vor allem für Kapitalgesellschaften.[726]

Das deutsche Handelsrecht (*Handelsgesetzbuch, HGB*) dagegen fordert eine Bewertung nach Anschaffungskosten oder, wenn gegeben, nach einem niedrigeren Wert. Höhere Werte aus Marktpreissteigerungen dürfen nach HGB in der Bilanz nicht angesetzt werden, denn die sind unsicher, die sind nicht real (nicht tatsächlich erfolgt).

Das ist das *Niederstwertprinzip* der HGB-Bilanzierung, das nichtrealisierte Gewinne nicht in die Bilanz kommen läßt und stille Reserven für schlechte Zeiten bildet und so stabile Verhältnisse fördert.[727]

Siehe dazu die Artikel „Bewertungsreserven", „Buchwert" und „Vorsichtsprinzip" in diesem Buch.

---

[726] Siehe auch Artikel „IFRS" in diesem Buch.
[727] Prof. Dr. Hans-Werner Sinn: Kasino-Kapitalismus, S. 88 und S. 163.

Marktwirtschaft

Marktwirtschaft

Die Marktwirtschaft ist eine wirtschaftliche Tätigkeit, die um einen *Markt* zentriert ist. Sie ist eine uralte Form des Wirtschaftslebens.[728]

Die ganze Marktwirtschaft besteht aus unzählig vielen Tauschvorgängen mit unzähligen Teilmärkten für jede Warengattung.[729]

In einer *Marktwirtschaft* treffen die Marktteilnehmer die wirtschaftlichen Entscheidungen. Die *Marktteilnehmer* sind die Menschen und Unternehmen, die etwas kaufen oder verkaufen.

Die Marktteilnehmer sind in ihren Entscheidungen bis zu einem gewissen Grad frei. Begrenzt werden sie durch einen *Ordnungsrahmen*, den der Staat festlegt und überwachen muss.

Selbststeuerung oder Lenkung?

Seitdem in der großen Wirtschaftskrise von 1929 der Glaube an die Selbststeuerung der Marktwirtschaft verloren ging, wird die Wirtschaft in allen Ländern gelenkt, manchmal nur konjunkturell, oft auch mehr[730] – das heißt, der Staat mischt sich in die Wirtschaft ein.

Nach der Weltfinanzkrise von 2007 und den folgenden Jahren reagierten die Staaten erneut vielfach mit Regulierungen der Wirtschaft und insbesondere der Banken.

Gelenkte Marktwirtschaft

In den 1960er Jahren gab es den *Wohlfahrtsstaat*, der ausgleichende Gerechtigkeit erreichen wollte durch breite staatliche Eingriffe in der Wirtschafts- und Sozialpolitik. Schweden war (neben anderen) eine Zeit lang ein Beispiel für den Wohlfahrtsstaat.

Der *Wettbewerbsstaat* hingegen will die staatlichen Eingriffe reduzieren und fordert mehr Eigeninitiative und aktive Teilnahme am Marktgeschehen.[731] Beispiele sind Großbritannien

---

[728] Prof. Dr. Erich Preiser; Nationalökonomie heute, S. 40.
[729] Ebenda, S. 47.
[730] Ebenda, S. 43.
[731] Siehe Prof. Dr. Arne Heise: Einführung in die Wirtschaftspolitik, S. 27.

unter Premierministerin Thatcher und die Vereinigten Staaten unter Präsident Reagan in den 1980er Jahren.

Beide Varianten der gelenkten Marktwirtschaft sind nicht ohne Probleme: Der *Wohlfahrtsstaat* könnte zu komfortabel werden und zu bequem machen und dabei viel zu teuer werden. Der *Wettbewerbsstaat* wird leicht ruppig und egoistisch und reißt zu viele soziale Konflikte auf. Daher sind beide Varianten nicht mehr allzu gefragt.

Zentral gelenkte Wirtschaft

In einer *zentral gelenkten Wirtschaft*[732] werden die wichtigen wirtschaftlichen Entscheidungen von einer zentralen Verwaltung getroffen – deshalb wird sie auch *Verwaltungswirtschaft* genannt.[733] Die Produzenten können in einem solchen Wirtschaftssystem nicht entscheiden, was sie produzieren wollen; die finanziellen und materiellen Mittel werden ihnen von zentraler Stelle zugewiesen. Die Verbraucher haben wenig Einfluss darauf, was sie kaufen wollen.

Die zentral gelenkte Wirtschaft ist mit dem Sozialismus verbunden. Die gab es in der Sowjetunion und ihren Satellitenstaaten[734] einschließlich der DDR, heute noch in Nordkorea, Kuba und neuerdings in Venezuela.

Die übrige Welt weiß, daraus entsteht nur Mangelwirtschaft, und das nutzt niemandem und bestimmt nicht den eigenen Einwohnern. Ein wichtiger Grund für das Scheitern des Sozialismus liegt in der Verkennung der menschlichen Natur. Ein wichtiger Vorteil der Marktwirtschaft ist die persönliche Bindung der Menschen an ihre Arbeit und ihre Leistung, die sie an die eigene Familie weitergeben können. Ein deutscher Unternehmer schrieb vor einigen Jahren: „Dass eines unserer Kinder meine Position übernehmen sollte, war immer ein großes Ziel gewesen. Ein wesentlicher Antrieb für menschliches Tun ist die

---

[732] Die **zentral gelenkte Planwirtschaft** wird oft als *Planwirtschaft* bezeichnet. Diese Bezeichnung drückt aber nicht den entscheidenden Unterschied zur Marktwirtschaft aus, denn auch in der Marktwirtschaft wird geplant (allerdings nicht von einer zentralen Lenkungsstelle, sondern dezentral in den vielen Unternehmen und von den vielen anderen Marktteilnehmern). Siehe Prof. Dr. Artur Woll: Volkswirtschaftslehre, S. 44.
[733] Siehe Prof. Dr. Erich Preiser: Nationalökonomie heute, S. 40.
[734] Satellitenstaaten standen im Machtbereich der Sowjetunion.

Möglichkeit der Weitergabe des Erarbeiteten an die nächste Generation. Das hat der Sozialismus noch nie begriffen. Er meint, die Gesellschaft allein müsste der Nutznießer sein, und verzichtet so auf einen entscheidenden Impuls für Leistung."[735]

Marktwirtschaft oder zentral gelenkte Wirtschaft?

Die zentral gelenkte Wirtschaft scheitert daran, die erforderlichen, ungeheuer umfangreichen Informationen aufzunehmen und zu verarbeiten.[736] Sie führt zu einer gigantischen Bürokratie. Sie wird oft auch nicht akzeptiert, weil sie eine Befehlswirtschaft ist[737] und die Menschen nicht zu eigenem Tun motiviert. Sie ist unflexibel und kann nicht auf die tausendfachen Änderungen der Bedingungen und Anforderungen in den vielen Wirtschaftsbranchen und Regionen eines Landes reagieren – sie erfährt diese Änderungen meist noch nicht mal.

Grenzen und Mängel der Marktwirtschaft

Die Marktwirtschaft ist in der Lage, einen materiellen Wohlstand zu erreichen. Sie muss aber Grenzen gesetzt bekommen:
- mit einer Wirtschaftsordnungspolitik.
- Private Unternehmen produzieren nur, was sie verkaufen können. Für Dinge jenseits des Materiellen kann die Marktwirtschaft nicht sorgen (etwa für saubere Luft).
- Die soziale Absicherung der Kranken oder der weniger leistungsfähigen Menschen muss der Staat regeln,
- ebenso die Erhaltung des Rechtssystems
- und des Umweltschutz.

Mängel der Marktwirtschaft sind
- Inflation und Deflation,
- ungleiches Einkommen und ungleiches Vermögen der Menschen, wenn die Unterschiede zu groß werden,
- immer wiederkehrende konjunkturelle Schwankungen bis hin zu Wirtschaftskrisen und daraus folgender Arbeitslosigkeit.[738]

---

[735] Berthold Leibinger: Wer wollte eine andere Zeit als diese, S. 317.
[736] Siehe Prof. Dr. Artur Woll: Volkswirtschaftslehre, S. 49f.
[737] Siehe Prof. Dr. Erich Preiser: Nationalökonomie heute, S. 42.
[738] Siehe Prof. Dr. Herbert Sperber: VWL Grundwissen, S. 11.

Mehrwertsteuer

Die Mehrwertsteuer ist eine *Umsatzsteuer*: Sie besteuert den Umsatz, das sind „Lieferungen und sonstige Leistungen, die ein Unternehmer im Inland gegen Entgelt im Rahmen seines Unternehmens"[739] durchführt. Helgoland ist ausgenommen, ausserdem Freihäfen und andere.[740]

Umsatzsteuer wird auch auf Einfuhren (Importe) aus Staaten außerhalb der Europäischen Union erhoben (*Einfuhrumsatzsteuer,* es gelten die Regeln für Zölle).[741]

Steuersätze

Der allgemeine Steuersatz beträgt 19%; der ermäßigte Steuersatz 7% und gilt für die meisten Lebensmittel, für Getränke, Bücher, Zeitungen und Fahrkarten für den Nahverkehr.[742]

Vorsteuer

Die Unternehmen zahlen Umsatzsteuer, wenn sie Rohstoffe, Halbfertigprodukte oder andere Materialien einkaufen. Diese gezahlte Umsatzsteuer ziehen sie wieder ab von der Umsatzsteuer, die sie selbst beim Verkauf ihrer Waren einnehmen.

Das ist die *Vorsteuer*, die die Unternehmen also verrechnen können mit der Umsatzsteuer, die sie beim Verkauf bekommen. Die Unternehmen zahlen also an das Finanzamt am Ende nur Umsatzsteuer auf die Differenz zwischen Vorsteuer und selbst eingenommener Umsatzsteuer.

Kleines Rechenbeispiel: Ein Händler hat einen Umsatz von 20.000 Euro. Darauf bekommt er 19% Umsatzsteuer gleich 3.800 Euro von seinen Kunden. Zusammen hat er dann 23.800 Euro. Er hatte vorher Waren für 14.000 Euro gekauft und darauf 2.660 Euro Umsatzsteuer (19%) bezahlt. An das Finanzamt muss er 3.800 minus 2.660 gleich 1.140 Euro Umsatzsteuer zahlen.

---

[739] Umsatzsteuergesetz § 1 Absatz 1.
[740] Umsatzsteuergesetz § 1 Absatz 2.
[741] Umsatzsteuergesetz § 21.
[742] Duden Wirtschaft von A bis Z, S. 195f.

Merkantilismus

Merkantilismus heißt das wirtschaftliche Handeln der europäischen Länder, insbesondere Frankreichs und Englands, im Frühkapitalismus (etwa vom 16. bis 18. Jahrhundert). Da der Merkantilismus den Staat zum Herrn des Handels macht, wird er nach dem französischen Wort *mercantile* (kaufmännisch) benannt.[743]

Ziel ist es, dem Staat mehr Einnahmen zu verschaffen, um die hohen Kosten für das stehende Heer, die Beamten, die Verwaltung und die Hofhaltung zu decken.

Die *Mittel* dafür sind, im Inland mehr und effektiver zu produzieren (bei geringen Löhnen) und mehr ins Ausland zu exportieren und weniger Importe ins Inland zu lassen, also Überschüsse im Außenhandel zu erreichen.

Erreicht werden kann das nur durch staatliche Eingriffe und straffe Regelungen. In Frankreich sorgte Finanzminister Colbert dafür, dessen *Colbertismus* in anderen Ländern nachgeahmt wurde.

---

[743] Dr. Werner Menzel: Vom Fürstenstaat zur Bürgerfreiheit, Stuttgart o.J.

Mezzanine

Mezzanine ist italienisch und bezeichnet ein Zwischengeschoss eines Hauses, also zwischen oben und unten.

Mezzanine-Kapital (auch *Hybrid*-Kapital genannt) sind Zwischenformen des Kapitals, die typische Merkmale sowohl von Eigenkapital als auch von Fremdkapital haben können.[744]

Eigenkapital ist grundsätzlich dadurch gekennzeichnet:
- Es bleibt eingezahlt und wird nicht zurückgezahlt.
- Es haftet für die Schulden des Unternehmens.
- Es bekommt keine Zinsen, hat aber Anspruch auf einen Gewinnanteil.

Fremdkapital ist dadurch gekennzeichnet:
- Es muß zurückgezahlt werden.
- Es wird verzinst.
- Es haftet nicht für die Schulden des Unternehmens.

Es handelt sich um ein nachrangiges Darlehen, das nicht durch Pfandrechte abgesichert ist und daher ein höheres Risiko hat, dafür aber auch meist eine feste Verzinsung.

Hierunter fallen Kredite, die Eigentümer des Unternehmens geben, auch Wandelanleihen, die in Aktien umgewandelt werden können,[745] und ebenso das Genussscheinkapital.

Nachrangig ist ein Darlehen, das bei der Auflösung des Unternehmens und der Rückzahlung der vorhandenen Schulden nicht als erstes zurückgezahlt wird, sondern erst nach anderen Schulden (nachrangig) zurückgezahlt wird. Wenn die Schulden höher sind als das verbliebene Eigenkapital, können nachrangige Darlehen leer ausgehen, deshalb hat es ein höheres Risiko.

---

[744] Siehe Prof. Dr. Günter Wöhe, Prof. Dr. Ulrich Döring und Prof. Dr. Gerrit Brösel: Einführung in die Allgemeine Betriebswirtschaftslehre, S. 548.
[745] Siehe Prof. Dr. Klaus Spremann und Prof. Dr. Pascal Gantenbein: Finanzmärkte, S. 60.

MiFID II

1990 gab es 760 Sparkassen in Deutschland, 2018 gab es noch 386 (nur noch die Hälfte).[746] Noch stärker traf es die Volks- und Raiffeisenbanken, 1990 gab es noch 3.300, heute 900.

Viele Filialen sind nicht mehr nötig, weil Überweisungen heute per Online-Banking erledigt werden. Viele Filialen werden auch zu teuer, weil die Erträge der Banken geringer werden durch die niedrigen Zinsen.

Aber das Sterben kleiner Banken ist in den vergangenen Jahren auch auf die aufsichtsrechtliche Lawine zurückzuführen, die Unmenge an Melde- und Dokumentationspflichten, die die kleinen Banken überfordern.[747]

Und hier spielt MiFID II eine große Rolle. MiFID heißt *Markets in Financial Instruments Directive* und ist eine *EU-Finanzmarktrichtlinie*, die den Wertpapierhandel verändert und mehr Schutz für Anleger bringen soll.[748]

Seit 2004 gibt es MiFID I, die erste europäische Finanzmarktrichtlinie. In der Finanzmarktkrise ab 2007 wurde deutlich, dass die Anleger besser geschützt werden müssen. Außerdem beschlossen die G20-Staaten 2009, die globalen OTC-Derivatemärkte[749] zu reformieren, daher begann die EU-Kommission, MiFID zu überarbeiten.[750] MiFID II trat im Januar 2018 in Kraft. MiFIR ist die zugehörige Verordnung (R in MiFI<u>R</u> heißt *Regulation*).

---

[746] https://www.dsgv.de am 26.4.2018.

[747] Markus Frühauf: „Zäsur am Bankenmarkt", FAZ vom 26.4.2018, S. 22.

[748] „Das müssen Sie über MiFID II wissen", Handelsblatt www.handelsblatt.com vom 4.1.2018.

[749] OTC heißt **Over the counter**, Geschäfte über den Tresen oder Schaltergeschäfte, ausserbörslicher Handel, auch Direkthandel. – **Derivate** sind abgeleitete Finanzprodukte, siehe Artikel „Derivate" in diesem Buch.

[750] Marktabfrage der BaFin zu MiFID II, https://www.bafin.de vom 17.10.2016.

MiFID II soll folgende Ziele erreichen:[751]

- Es soll mehr Transparenz erreichen,
- mehr Geschäfte an geregelte Märkte verlagern,
- die G20-Beschlüsse umsetzen, zum Beispiel die Handelspflicht von Derivaten an geregelten Handelsplätzen,
- kleinen und mittleren Unternehmen den Zugang zu Kapital ermöglichen,
- den Anlegerschutz stärken,
- den Hochfrequenzhandel regulieren,
- den Zugang zu Handels- und Nachhandelsdienstleistungen diskriminierungsfrei ermöglichen
- und die Aufsicht und Kooperation der nationalen Behörden stärken.

MiFID II umfasst 7.000 Seiten und hat den Banken und Vermögensverwaltern zwei Milliarden US-Dollar gekostet.[752]

Die neue Richtlinie sieht nach gewaltiger Bürokratie aus. Ob die umfangreichen Anforderungen und Aufzeichnungspflichten den kleinen Sparkassen und Volks- und Raiffeisenbanken gerecht werden oder dem Kundeninteresse dienen, darf man bezweifeln.

Mindestlohn

Der Lohn sollte eigentlich zwischen den Beschäftigten und den Unternehmen vereinbart werden, ohne ein staatliches Mindestlohngesetz zu benötigen.

Denn wenn ein Mindestlohn gesetzlich festgelegt wurde, darf niemand mehr für eine Arbeit bezahlt werden, für die er unter dem Mindestlohn arbeiten würde. Dieses Recht würde ihm genommen. In diesem Fall bliebe er arbeitslos.

---

[751] „MiFID II / MiFIR – ein Überblick", Deutsche Börse Group, http://deutsche-boerse.com am 26.4.2018.
[752] „Das müssen Sie über MiFID II wissen", Handelsblatt www.handelsblatt.com vom 4.1.2018.

Ein Mindestlohn ist dennoch berechtigt, wenn für Arbeit Löhne bezahlt werden, die fast jeder für unmoralisch hält. Da das geschehen ist, sind die betreffenden Arbeitgeber selber schuld, dass der Mindestlohn eingeführt wurde.

Am 1.1.2015 ist das Mindestlohngesetz in Kraft getreten, das zu Beginn einen Mindestlohn von brutto 8,50 Euro pro Stunde vorsah. Seit 1.1.2017 sind 8,84 Euro gültig, die gelten auch im Jahr 2018.[753]

Seit 1. Januar 2019 ist der Mindestlohn auf 9,19 Euro gestiegen, und ab 1. Januar 2020 soll er auf 9,35 Euro steigen, hat die Mindestlohnkommission beschlossen.

Der von der Regierung eingesetzten Mindestlohnkommission gehören drei Vertreter der Gewerkschaften an und drei Vertreter der Arbeitgeber. Arbeitsminister Hubertus Heil (SPD) hat angekündigt, den Vorschlag umzusetzen.[754]

Der niedersächsische Ministerpräsident Weil hält einen Mindestlohn von 12 Euro ab 2020 für angebracht.[755]

Monetarismus

Der Monetarismus ist eine volkswirtschaftliche Lehre, die das *Geld* als besonders wichtig ansieht zur Steuerung der Wirtschaft eines Landes.

Monetarismus kommt von lateinisch *moneta* – die Münze. Davon leitet sich auch englisch *money* ab – das Geld.

Entscheidend für die gesamtwirtschaftliche Entwicklung ist danach ein stabiles Preisniveau und die Regulierung der Geldmenge. Der Monetarismus lehnt Staatseingriffe wie eine Konjunktur- und Beschäftigungspolitik ab.

Vertreter dieser Lehre ist vor allem *Milton Friedman* (1912 bis 2006).

---

[753] www.dgb.de vom 22.11.2017.
[754] „Mindestlohn steigt auf 9,35 Euro je Stunde" und „Der Mindestlohn steigt stärker als erwartet", FAZ vom 27.6.2018, S. 1 und S. 19.
[755] „Weil fordert zwölf Euro Mindestlohn", Nordwest-Zeitung vom 31.12.2018, S. 6.

Monopol

Ein *Monopol* bedeutet, ein Markt hat nur einen Anbieter (oder nur einen Abnehmer). Der Monopolist setzt den Preis für sein Produkt möglichst hoch an und hält das Angebot eher knapp, damit sein Produkt gefragt bleibt. Die optimale Versorgung der Kunden mit den Produkten und die günstigsten Preise für die Kunden (wie unter Wettbewerbsbedingungen) werden so nicht erreicht.

Auf vielen Märkten herrscht Wettbewerb: Auf dem Pkw-Markt gibt es viele Autofirmen, die ihre Autos anbieten (mehr als hundert Typen in Deutschland). Die Anzahl der Kunden liegt bei 50 Millionen (in Deutschland sind 47 Millionen Pkw zugelassen[756]).

Es gibt aber auch Märkte, die nur einen Anbieter oder nur einen Abnehmer haben. Die Eisenbahn, wenn man nur Deutschland betrachtet, hat außer der Deutschen Bahn nur ganz wenige andere kleine Eisenbahnen. Das kann man als ein Fast-Monopol auf der Abnehmerseite ansehen.

Früher gab es Monopole in Regionalmärkten, zum Beispiel bei der Feuerversicherung für Privathäuser (die Monopole sind aber inzwischen aufgehoben).

Wie kommt es zu Monopolen?
Einmal durch technische Innovationen. Als Apple 2007 sein iPhone herausbrachte (ein Handy mit Computer und Internet-Zugang), gab es das erstmal so nur bei Apple, die Nachfrage war riesig. Die Konkurrenz brauchte erst eine Zeit, den technischen Vorsprung wieder zu verkürzen. Als Trumpf Werkzeugmaschinen anbot, die mit der neuen Lasertechnik arbeiteten, hatte das Unternehmen einen weltweiten Vorsprung.

In der Vergangenheit entwickelten sich Unternehmen des Bergbaus, der Eisenbahnen, der Elektro- und chemischen Industrie zu immer größeren Unternehmen, weil sie immer mehr Kapital brauchten, um die großen Investitionen zu finanzieren. Wem diese Entwicklung gelang, der wurde immer größer und übernahm andere Unternehmen und verdrängte kleinere Unternehmen, so dass daraus Monopole entstanden.

---

[756] Lt. Kraftfahrt-Bundesamt am 1.1.2019.

Moral Hazard

Moral Hazard bedeutet ‚moralische Gefahr' oder ‚moralisches Risiko', die Versuchung zu einem unehrenhaften Verhalten. Jemand wird verleitet, zu seinen Gunsten gegen die Regeln zu handeln, weil es hoffentlich niemand merkt. Er verschafft sich einen Vorteil mit unlauteren Methoden.[757]

Altbekanntes Beispiel ist die *Feuerversicherung*: Wenn ein Hausbesitzer eine Feuerversicherung hat, wendet er vielleicht weniger Sorgfalt darauf, einen Feuerschaden zu vermeiden, als jemand, der keine Feuerversicherung hat. Er schadet damit allen, die in der Feuerversicherung versichert sind und ihren Beitrag bezahlen (der Beitrag wird nach dem Schadenaufkommen kalkuliert).

Aktuelles Beispiel ist die *Weltfinanzkrise*, die 2007 begann. Eigentlich gilt die Regel: *Wer den Nutzen hat, muss auch den Schaden tragen*. In der Bankenwelt hatte sich aber offensichtlich die Erkenntnis durchgesetzt: *too big to fail*. Wer zu groß ist, darf nicht bankrott gehen. Das gilt besonders für das Finanzsystem, weil es lebenswichtig für die ganze übrige Wirtschaft ist. Viele Finanzakteure konnten wohl hohe Risiken eingehen in der Gewissheit: *wenn es ernst wird, haut der Staat uns raus*.[758] Was er dann gezwungenermaßen auch tat.

Die Gefahr ist also, jemand könnte versucht sein, etwas zu tun, was er nicht darf, was niemand darf. Es ist nicht anständig, und es schadet allen oder vielen.

MSCI World Index

MSCI heißt *Morgan Stanley Capital International*. Der MSCI World Index ist der bekannteste *Aktienindex* für den Weltaktienmarkt. Er enthält etwa 1.600 Unternehmen aus 24 entwickelten Ländern. Darunter haben US-Unternehmen über 50 Prozent Anteil am Wert des Index, es folgen Großbritannien, Japan und Deutschland.

---

[757] Prof. Dr. Andreas Rödder: 21.0 – Eine kurze Geschichte der Gegenwart, S. 53.
[758] Ebenda, S. 69.

N

Namenspapiere

Namenspapiere (etwa Aktien) lauten auf den Namen einer Person. Nur die genannte Person kann die Rechte aus den Papieren geltend machen.

Gegenteil: *Inhaberpapiere* können von den Inhabern geltend gemacht werden, die die Papiere haben, ohne Namensnennung.

Negativzinsen

Normalerweise bekommt man Zinsen, wenn man einer Bank Geld leiht, zum Beispiel als Spareinlagen. Das war bisher immer normal, weil Geld meistens knapp war. Die Bank nahm das Geld des Kunden und verdiente damit wiederum Zinsen und gab dem Kunden einen Teil davon ab.

Heute gibt es zu viel Geld, zumindest auf den Finanzmärkten. Wenn zu viel Geld da ist, sinkt der Preis fürs Geld. Manchmal muss man sogar was bezahlen, nur weil man es auf der Bank ablegt – das sind die negativen Zinsen (also „Zinsen verkehrt").

An den Kapitalmärkten gibt es für Anleihen derzeit negative Zinsen. Das mag angehen, es muss ja niemand akzeptieren, der das nicht will.

Ob eine Volksbank oder Sparkasse aber Negativzinsen auf größere Einlagen von Privatkunden (ab 10.000 Euro beim Tagesgeld und ab 25.000 Euro beim Termin- und Festgeld zum Beispiel) einführen kann, und zwar über die Allgemeinen Geschäftsbedingungen (AGB), also ohne Zustimmung des Kunden, das kann schon strittig sein.

© Springer Fachmedien Wiesbaden GmbH, ein Teil von Springer Nature 2019
W. Klitzsch, *Grundbegriffe der Wirtschaft*,
https://doi.org/10.1007/978-3-658-27904-2_14

Die Verbraucherzentrale Baden-Württemberg hat gegen eine solche Negativzins-Regelung geklagt.[759] Das Landgericht Tübingen hat entschieden, dass bei bestehenden Geldanlageverträgen nicht nachträglich einseitig ein Negativzins eingeführt werden darf.[760]

Nennwert

Der *Nennwert* (auch *Nominalwert* genannt) ist aufgedruckt – auf der Banknote, auf der Aktie, auf der Anleihe.

Der Nennwert auf der Aktie gibt den Anteil der Aktie am Grundkapital (Eigenkapital) der Aktiengesellschaft an. Danach richtet sich der Stimmenanteil des Aktionärs.

Der *Kurswert* einer Aktie kann stark abweichen vom Nennwert. Der Kurs wird vom Börsenpublikum durch Kauf und Verkauf bestimmt und täglich an der Börse festgestellt.[761]

Neoliberalismus

Der Begriff „Neoliberalismus" bezeichnete in den 1950er und 1960er Jahren den Freiburger Ordoliberalismus. Er steht für eine wachstumsorientierte Wirtschaft freier Märkte und geringer Staatsinterventionen. Er fordert jedoch staatliche Regeln, die kontrolliert und durchgesetzt werden müssen; Monopole und Kartelle sind verboten.

Später wurde der Neoliberalismus meistens ideologisch abwertend verwendet. Hier bezeichnete er die Reformpolitik durch Deregulierungen von Kapitalmärkten, Privatisierungen von Staatsunternehmen und allgemeiner Stabilitätspolitik.

Der Neoliberalismus wurde in den 1980er Jahren zum Kampfbegriff seiner Kritiker. Prägend soll auch gewesen sein,

---

[759] „Der Trend zu Negativzinsen ist offenbar gestoppt", FAZ vom 5.12.2017, S. 27.
[760] Thomas Wagner: „Gericht kippt erstmals Negativzinsen", www.tagesschau.de/wirtschaft/negativzinsen-103.html
[761] Siehe Artikel „Preisbildung" in diesem Buch.

dass der chilenische Diktator Pinochet in den 1970er Jahren den amerikanischen Ökonom Milton Friedman als Berater holte.[762] Die Neoliberalen sollen für Fehlentwicklungen und Misserfolge verantwortlich gemacht werden. Gesellschafts- und wirtschaftspolitische Positionen, die von Politikern und Publizisten als „neoliberal" bezeichnet werden, werden von den wirklichen Neoliberalen nicht vertreten, schon gar nicht von den Ordoliberalen.[763]

Niedrigzins

Warum ist der *Zins* seit einiger Zeit so niedrig?

Der Zins ist so niedrig, weil die Produktivität so gering ist, die Steuersätze zu hoch sind und die Unternehmen nicht viel investieren.

Gemeint ist hier der *Realzins*, der sich aus den genannten Größen ergibt (Produktivität, Steuersätze, Investitionen).

Man könnte auch sagen: Geld ist genug vorhanden. Wenn etwas knapp und gefragt ist, dann steigt der Preis. Wenn etwas reichlich vorhanden ist und die Nachfrage ist schwach, dann sinkt der Preis. Geld ist reichlich vorhanden, daher sinkt sein Preis, also der Zins. Der Preis richtet sich nach Angebot und Nachfrage, das ist bei allen wirtschaftlichen Gütern so.

Viele sagen, den niedrigen Zins verursacht die Notenbank, mit ihrer Geldpolitik. Die Notenbank und viele Ökonomen (Wirtschaftswissenschaftler) sagen, die Notenbank folgt dem Realzins (den kann sie nicht bestimmen) und passt ihren Nominalzins (den kurzfristigen Leitzins, den kann sie bestimmen) so an, dass er die Inflationsrate niedrig hält.

Denn die Aufgabe der Notenbank ist es, den Wert des Geldes stabil zu halten, also Inflation und Deflation zu verhindern. Das ist ihr gelungen, in vielen Jahren.[764]

---

[762] Prof. Dr. Andreas Rödder: 21.0 – Eine kurze Geschichte der Gegenwart, S. 54.
[763] Prof. Dr. Alfred Schüller: Liberale Ordnungspolitik – eine Notwendigkeit ohne Alternative, in: ORDO Band 59, S. IX.
[764] „Sind die Zentralbanken harmlos?", FAZ vom 25.6.2014, S. 35.

Der amerikanische Wirtschaftsprofessor Richard Clarida und mit ihm andere Ökonomen halten heute ein im Vergleich zu früheren Jahrzehnten niedriges Zinsniveau nicht für eine Verirrung, sondern für einen Ausdruck der aktuellen wirtschaftlichen Verhältnisse.[765]

Der niedrige Zins ist ungewöhnlich, bisher war der Zins immer höher. Er verhindert die Konsolidierung der Staatshaushalte Frankreichs und Italiens (es ist ja genug Geld im Markt, da muss man sich nicht mit Reformen abmühen).[766]

Der niedrige Zins schadet auch den Sparern und den Lebensversicherten und ist schwierig für die Banken, sogar Spekulationsblasen wären denkbar. Aber ist das die Schuld der Notenbank? Wohl nicht.

Aber hier stellt sich eine andere Frage: Darf die Notenbank das? Für grundsätzliche Fragen ist das Parlament zuständig. Darf die Notenbank Staaten finanzieren? (was sie praktisch tut durch große Käufe von Staatsanleihen, sie gibt den Staaten also Kredite in großem Umfang) Darf sie über Griechenlands Schicksal (mit)entscheiden? Darf sie über grundsätzliche politische Fragen befinden, weil sie als Notenbank autonom ist?[767] Wohl nicht.

---

[765] „Ich stelle der EZB insgesamt eine gute Note aus", FAZ vom 29.7.2017, S. 25.
[766] „Zentralbanken auf Abwegen", FAZ vom 26.2.2015, S. 25.
[767] Henrik Müller: „Unheimlich mächtig", Manager Magazin 9/2012, S. 94.

Nominal und real

Gehalt

Wenn Sie ein Monatsgehalt von 3.470 Euro erhalten und die Tarifverhandlungen der Gewerkschaft eine Gehaltserhöhung von 3,4% pro Monat fürs nächste Jahr bringen (das sind 117,98 Euro mehr), dann ist das eine *nominale* Gehaltserhöhung. Dieses monatlich höhere Gehalt wird das Unternehmen auszahlen.

Die Gewerkschaft und die Presse werden wahrscheinlich berichten, dass die Inflation (die allgemeine Preissteigerung) 1,8% beträgt. Und sie werden die 1,8% von den 3,4% abziehen und sagen, die reale Gehaltserhöhung betrage nur 1,6% (das sind nur 55,52 Euro). Das ist die *reale* Lohnerhöhung. Weil die allgemeinen Preise gestiegen sind, können Sie sich in Wirklichkeit nur für 1,6% mehr Waren und Leistungen kaufen.

Sie sind also besser gestellt gegenüber dem Gehalt zuvor, dem Geldbetrag nach um 3,4%, aber der Kaufkraft nach nur um 1,6% – das liegt an der allgemeinen Preissteigerung, also an der Inflation.[768]

Guthabenverzinsung

Nominale und reale Werte gibt es auch woanders. Zum Beispiel bei einer Guthabenverzinsung (etwa ein Sparplan), wenn der jährliche Zins 6% beträgt und die Zahlung monatlich erfolgt und verzinst wird (siehe folgende Tabelle).

Der jährliche Zinssatz von 6% ist nominal. Durch die monatlichen Zahlungen ergibt sich der reale (effektive) Zinssatz von 6,1678% (weil die Zinsen schon früher im Jahr, nämlich jeden Monat, abgerechnet werden; bei einer Jahreszahlung einmal am Ende des Jahres gäbe es genau 6%, nicht mehr).

---

[768] Siehe Artikel „Inflation" in diesem Buch.

Guthabenverzinsung monatlich					
jährlicher Zins:		6%			
Effektivzins:		6,1678%			
Monatsrate nachschüssig (am Monatsende zu zahlen)					
	Anfangs- wert	Monats- rate	zu ver- zinsen	Monats- zinssatz	Zinsen	End- wert
Januar	0	50	0,00	0,5%	0	0,00
Februar	0,00	50	50,00	0,5%	0,25	50,25
März	50,25	50	100,25	0,5%	0,50	100,75
April	100,75	50	150,75	0,5%	0,75	151,51
Mai	151,51	50	201,51	0,5%	1,01	202,51
Juni	202,51	50	252,51	0,5%	1,26	253,78
Juli	253,78	50	303,78	0,5%	1,52	305,29
August	305,29	50	355,29	0,5%	1,78	357,07
September	357,07	50	407,07	0,5%	2,04	409,11
Oktober	409,11	50	459,11	0,5%	2,30	461,40
November	461,40	50	511,40	0,5%	2,56	513,96
Dezember	513,96	50	563,96	0,5%	2,82	566,78
Summe		600			16,78	616,78

Um den Effektivzins zu berechnen, brauchen Sie nicht unbedingt eine Tabelle (wie diese), es geht einfacher mit einem Tabellenkalkulationsprogramm wie Excel (Funktion EFFEKTIV).

Geldanlage

Die meisten Geldanlageformen, die in Deutschland als sicher gelten, sind *nur nominal* sicher, zum Beispiel Spareinlagen (Sparbücher), Bargeld und Geld auf dem Konto, auch Festgeld und Termingeld und Anleihen und Lebens- und Renten-versicherungen.

Was haben sie gemeinsam? Die nominalen Geld- und Zins-beträge, auf die der Kunde bei diesen Anlageformen Anspruch hat, laufen Gefahr, von der *Inflation*, also von steigenden Preisen aufgefressen zu werden; ganz besonders über längere Zeiten, um die es ja insbesondere geht (bei langfristigen Hausbaukrediten und bei der Altersvorsorge).

Reale Vermögenswerte sind Sachwerte, die sind der Inflation weniger ausgesetzt. Das sind Aktien und Aktienfonds, Immobilien, Rohstoffe, Gold und Edelmetalle.[769]

---

[769] Siehe Michael Braun Alexander: So geht Geld, S. 158.

O

OECD

OECD heißt *Organization for Economic Cooperation and Development* (Organisation für wirtschaftliche Zusammenarbeit und Entwicklung) und wurde 1960 gegründet.

Die OECD soll die nationalen Wirtschaftspolitiken der Industrieländer koordinieren. Sie hat ihren Sitz in Paris und hat zurzeit 35 Mitgliedsländer.

Ihr Vorgänger war die OEEC (*Organization for European Economic Cooperation*), wurde 1947 gegründet und hatte den Wiederaufbau Europas zur Aufgabe.

Die OECD fordert neuerdings, die wachsende *Ungleichheit* in der Welt zu bekämpfen, indem Einkommen und Vermögen progressiver[770] besteuert werden sollen.[771]

Diese neue Einstellung der OECD unter ihrem mexikanischen Generalsekretär Angel Gurria bedeutet mehr Umverteilung der Einkommen und der Vermögen, also höhere Steuern für Wohlhabende.

Diese Einstellung hat Befürworter unter den Ökonomen, aber ebenso Kritiker. Mehr Umverteilung kann das Wachstum verringern, das werde aber nur in Entwicklungs- und Schwellenländern beobachtet, nicht in Industrieländern.[772]

---

[770] Wenn Sie 20.000 Euro Einkommen haben im Jahr, zahlen Sie 2.520 Euro Steuern (das ist ein Steuersatz von 12,6%). Wenn Sie 50.000 Euro Einkommen haben, zahlen Sie 12.561 Euro Steuern (Steuersatz 25,1%) (nach Einkommensteuer-Grundtabelle 2017). *Der Steuersatz wird höher, wenn das Einkommen höher wird*, das nennt man **progressiven Steuersatz**. (Wenn das Einkommen von 50.000 Euro mit 12,6% besteuert würde, also mit dem gleichen Steuersatz wie 20.000 Euro, wäre die Steuer 6.300 Euro, also nur halb so hoch.)

[771] „Die OECD rückt nach links", FAZ vom 6.6.2017, S. 17.

[772] So Prof. Dr. Clemens Fuest vom Ifo-Institut in München, ähnlich der Sachverständigenrat zur Begutachtung der gesamtwirtschaftlichen Entwicklung.

© Springer Fachmedien Wiesbaden GmbH, ein Teil von Springer Nature 2019
W. Klitzsch, *Grundbegriffe der Wirtschaft*,
https://doi.org/10.1007/978-3-658-27904-2_15

Wer das Kapital höher besteuern will, muss wissen, dass das Kapital scheu wie ein Reh ist und ein Land schnell verlassen kann.

Im November 2016 forderte die OECD eine höhere Staatsverschuldung, um *Investitionen* anzuschieben. Auch hierfür gibt es Befürworter (etwa den Internationalen Währungsfonds, die EU-Kommission, Italien, Frankreich und die SPD) und Kritiker wie Lars Feld.[773] Die Staatsverschuldung ist jetzt schon sehr hoch.

Operations Research

Unter *Operations Research* (*Optimalplanung*, wörtlich „Erforschung der betrieblichen Arbeitsabläufe", in Deutschland auch „Unternehmensforschung" genannt) versteht man die Anwendung mathematischer Methoden zur Vorbereitung optimaler Entscheidungen."[774]

Optimale Entscheidungen können dabei Produktionsprogramme[775] sein, die mit geringsten Kosten arbeiten, oder logistische Tourenplanungen, die die kürzeste Wegstrecke zu allen anzufahrenden Stellen ergeben. Letzten Endes dienen optimale Entscheidungen immer dazu, die Aufwendungen gering zu halten und den Ertrag zu verbessern.

Eine einfache Anwendung ist die *Gewinnschwellenanalyse* (auch Ermittlung des *break even point*).[776] In vereinfachter Tabellenform kann man sie so darstellen:[777]

---

[773] Prof. Dr. Lars Feld, Mitglied des Sachverständigenrates, siehe genannten FAZ-Artikel vom 6.6.2017, S. 17.

[774] Siehe Prof. Dr. Heiner Müller-Merbach: Operations Research, Seite V und Seite 1. Zum Thema Operations Research siehe auch Prof. Dr. Günter Wöhe: Einführung in die Allgemeine Betriebswirtschaftslehre, S. 144ff.

[775] Produktionsprogramme sind hier keine Software für Computer, sondern eine Zusammenstellung von Produkten, die produziert werden sollen.

[776] Siehe Prof. Dr. Heiner Müller-Merbach, S. 40.

[777] Siehe auch Artikel „Deckungsbeitragsrechnung" in diesem Buch.

	Verlust	Gewinn-schwelle	Gewinn
Verkaufserlös pro Stück	50 €	50 €	50 €
variable Produktionskosten	-20 €	-20 €	-20 €
Deckungsbeitrag pro Stück	30 €	30 €	30 €
produzierte Menge	500	600	700
Deckungsbeitrag gesamt	15.000 €	18.000 €	21.000 €
Fixkosten	-18.000 €	-18.000 €	-18.000 €
Gewinn oder Verlust	-3.000 €	0 €	3.000 €

Im Tabellenkalkulationsprogramm Excel ist eine *Zielwert-suche* enthalten,[778] mit der für verschiedene Gewinnbeträge die jeweils erforderliche Anzahl der produzierten Menge angezeigt wird. Für die Spalte „Gewinnschwelle" der obigen Tabelle kann man für den Gewinn die Zahl null eintragen und bekommt damit die produzierte Menge 600 angezeigt, bei der hier die Gewinnschwelle liegt. Wenn man für die Spalte „Gewinn" 3.000 Euro für den Gewinn einträgt, wird eine produzierte Menge von 700 angezeigt, die für diesen Gewinn nötig ist.

Mit *linearen Gleichungssystemen* kann man das optimale Produktionsverfahren bestimmen, das zu den niedrigsten Kosten führt, und ebenso eine innerbetriebliche Leistungs-verrechnung unterstützen, indem man die Kosten der Hilfs-stellen auf die Hauptbetriebe verrechnet.[779]

Mit der *Differentialrechnung* kann der optimale Preis bestimmt werden, ebenso optimale Bestellmengen sowie optimale Laufzeiten chemischer Reaktoren.[780]

Die *lineare Planungsrechnung* (auch *lineare Programmierung* genannt) ist das bekannteste Instrument des Operations Research. Sie lässt sich auf viele Probleme anwenden[781], bei denen Maximierungs- oder Minimierungsaufgaben zu lösen

---

[778] Die Zielwertsuche in Excel aufrufen unter „Daten/Datentools/Was-wäre-wenn-Analyse/Zielwertsuche" (in Excel-Version 2010).
[779] Siehe Prof. Dr. Heiner Müller-Merbach: Operations Research, S. 42ff.
[780] Ebenda, S. 70.
[781] Ebenda, S. 87.

sind, so etwa das „Transportproblem", bei dem mehrere Lager-orte von mehreren Fabriken mit verschiedenen Produktmengen zu beliefern sind und die Transportkosten minimiert werden sollen.[782]

Opportunitätskosten

Wenn Sie 30.000 Euro haben, können Sie sich davon ein Auto kaufen oder das Geld verzinslich anlegen (zum Beispiel). Beides zugleich können Sie nicht, weil das Geld dafür nicht reicht.

Ein junger Mann kauft sich wahrscheinlich das Auto. In früheren (besseren Zins-)Zeiten hätte er dann später gelesen, wieviel Geld er nach zehn Jahren gehabt hätte, nämlich 44.000 Euro mit Kapital und Zinsen (als Reserve für alle Fälle des Lebens), wenn er das Geld mit 4% Zinssatz angelegt hätte. Das Auto ist nach zehn Jahren nicht mehr viel wert.

Wenn man sich für das Auto entschieden hat, hat man den Nutzen des Autos. Den Nutzen der Geldanlage mit Zinsen hat man dann nicht. *Man „bezahlt" die Nutzung des Autos mit dem Verlust der 44.000 Euro*. Die Nutzung des Autos kostet die Chance (die Gelegenheit, die Opportunität), 44.000 Euro zu bekommen. Das sind die *Opportunitätskosten* des Autokaufs. Sie heißen auch *Alternativkosten* oder *Verzichtskosten* oder *Kosten entgangener Gewinne*.

Das war ein privates Beispiel für Opportunitätskosten. Für ein Unternehmen sind alternative Entscheidungen oft von großer Bedeutung. Ein Unternehmen produziert ein Produkt, das am Markt gut verkauft wird. Es würde gerne ein zweites Produkt herstellen, um auf zwei Beinen zu stehen. Dem zweiten Produkt werden auch gute Chancen eingeräumt, es wäre profitabel, aber es würde auch viel Kapital erfordern. Man überlegt, ganz auf das neue Produkt umzusteigen. Das Risiko ist hoch. Da sind gründliche Ermittlungen der Alternativ- oder Opportunitäts-kosten nötig, um eine gute Entscheidung zu treffen.

---

[782] Siehe Prof. Dr. R. Henn und Prof. Dr. H. P. Künzi: Einführung in die Unternehmensforschung II, S. 22.

Opportunität bedeutet eine (gute) Gelegenheit. *Opportun* wäre es, sie zu ergreifen (wenn sie gut ist).

Eine Opportunität (also eine Gelegenheit), die man auslässt, führt dazu, dass man den Nutzen oder Ertrag dieser Gelegenheit nicht bekommt. Ein Ertrag, den man nicht bekommt, ist ein Verlust; ein Nutzen, den man nicht erhält, der kostet was. Das sind die *Opportunitätskosten*, die Kosten der nicht verwirklichten Gelegenheit.

Wenn sich zwei gute Möglichkeiten ergeben, aber man kann nur eine verwirklichen, muss man sich für eine entscheiden. Der Unternehmer wählt unter wirtschaftlicher Sicht die Alternative mit dem besseren Ertrag.

Diese *Opportunitätskosten* sind nun keine echten Kosten, die man verbuchen müsste, sie sind ein Maßstab zum Vergleich mit der verwirklichten Möglichkeit, um daran zu ermessen, was habe ich verwirklicht und was habe ich verfallen lassen?

Opportunitätskosten sind die entgangenen Erträge der nächstbesten Alternative und können ein Maßstab der getroffenen Wahl sein.[783]

Option

Eine *Option* ist eine Wahlmöglichkeit. In einem Vertrag ist eine Option ein Wahlrecht, das der Optionsinhaber wahrnehmen kann, aber nicht muss.

Ein Vertrag über eine Option gibt dem Käufer der Option

- während eines festgelegten *Zeitraums* (Kontraktlaufzeit)
- das *Recht*, aber nicht die Pflicht,
- eine bestimmte *Menge* einer bestimmten Ware
- zu einem im voraus festgesetzten *Preis*
- zu *kaufen* (Call) oder zu *verkaufen* (Put).

---

[783] Siehe Prof. Dr. Peter Bofinger: Grundzüge der Volkswirtschaftslehre, S. 65. Siehe auch Prof. Dr. Günter Wöhe: Einführung in die Allgemeine Betriebswirtschaftslehre, S. 701. Siehe ebenfalls Prof. Dr. Artur Woll: Volkswirtschaftslehre, S. 25ff.

Für dieses Recht zahlt der Käufer eine Prämie (also einen Preis für die Option). Den im Voraus festgesetzten Preis der Ware zahlt er nur bei Wahrnehmung der Option.

Der Verkäufer der Option erhält die Prämie für die Option. Wenn die Option wahrgenommen wird, muss der Verkäufer die Ware zum festgesetzten Preis verkaufen.[784]

Kaufoption		
	aktueller Kurs	
	unter	über
	Vertragspreis	
Vertragspreis	3000	3000
aktueller Kurs	2800	3450
Differenz	-200	+450
Option	*nicht wahr-genommen*	*wahrgenommen*
Ertrag: Optionsprämie Kursgewinn	-150	-150 +450
Gewinn/Verlust	-150	+300

Beispiel: Inhaber einer *Kaufoption* (Call):

- Wenn der aktuelle Kurs der Ware am Kauftag *unter* dem vertraglich festgesetzten Preis liegt, wird die Option nicht wahrgenommen. Der Käufer kann die Ware günstiger am Kassamarkt kaufen. Die bezahlte Prämie für die Option bedeutet einen Verlust in Höhe der Prämie.
- Wenn der aktuelle Kurs der Ware am Kauftag *über* dem vertraglich festgesetzten Preis liegt, wird die Option wahrgenommen. Der Käufer kann die Ware günstiger über die Option kaufen (und sie dann am Kassamarkt verkaufen). Ein Gewinn entsteht für den Käufer, wenn der aktuelle Kurs höher als die gezahlte Prämie über dem festgesetzten Preis der Ware liegt.[785]

---

[784] Siehe Prof. Dr. Thomas Heidorn: Finanzmathematik in der Bankpraxis, S. 157.
[785] Siehe Prof. Dr. Thomas Heidorn: Finanzmathematik in der Bankpraxis, S. 158.

Ordnungspolitik

„Gerade in Krisenzeiten erscheint ordnungspolitisches Denken unerlässlich.“[786]

Ordnungspolitik ist ein Teil der Wirtschaftspolitik (oder sollte es sein). Sie setzt längerfristige Rahmenbedingungen für die Wirtschaftsordnung, die Voraussetzung ist für eine erfolgreiche und sozial abgestimmte Wirtschaft, die von den Menschen angenommen wird.

Die Ordnung der Wirtschaft muss nicht dem *Sozialismus* folgen, der die Menschen nicht versorgen kann und der mit seinem Wirken gescheitert ist, und ebenso wenig der *absoluten Freiheit*, die sich über menschliche Bedürfnisse und Ängste rücksichtslos hinwegsetzt.

Der Staat muss die Ordnung der Wirtschaft vorgeben, also etwa den Kapitalverkehr und die Börsen gesetzlich regeln, aber nicht einzelne Devisenkurse oder Zinssätze festlegen.[787]

Zur guten Ordnung der Wirtschaft gehört die *Einheit von Entscheidung und Haftung*. Wer das Recht auf Erfolgsbeteiligung hat, hat auch die Pflicht zur Verlustbeteiligung.

Ablassen muss der Staat vom immer wiederkehrenden Interventionismus, der in der Sache schnelles und unüberlegtes Eingreifen bedeutet und kaum je der guten Lösung näherkommt, dafür aber zeigen soll, „die Regierung hat was getan!"

Abwrackprämie

Ordnungspolitik ist das Gegenteil von Durchwursteln (das manche lieber als Pragmatismus bezeichnen). Wenn eine Krise kommt und die Regierung eine *Abwrackprämie*[788] ins Leben ruft, dann ist das eine Blitzmaßnahme, die den Wählern wohl zeigen soll, die Regierung ist sofort zur Stelle und „sie handelt!". Ob sie wirklich was bewirkt und Richtiges und Gutes tut, das steht dahin. Vielleicht sollten vor allem die Seelen beschwichtigt werden, denn die Psychologie spielt in der Politik

---

[786] ORDO Jahrbuch für die Ordnung von Wirtschaft und Gesellschaft, Band 60, S. V.

[787] Siehe Prof. Dr. Alfred Schüller: Liberale Ordnungspolitik – eine Notwendigkeit ohne Alternative, in: ORDO Band 59, S. X.

[788] Siehe Artikel „Abwrackprämie" in diesem Buch.

immer mit. Und war die Abwrackprämie gerecht und für alle gleichmäßig oder bevorteilt sie einige und viele andere nicht?[789]

Ordnungspolitik soll und muss beachten: „Bedenke die Folgen deiner Entscheidungen und ihrer weichenstellenden Wirkung!"
   Oder: „*Welchen Nutzen und welche Last stiften an welchen Stellen des Wirtschaftskreislaufs voraussichtlich die Aufwendungen für die Abwrackprämie?*"[790]

Wirtschaftsordnung

Professor Walter Eucken, der in Freiburg von 1927 bis 1950 lehrte, hat als Wirtschaftsordnung die zentralverwaltungswirtschaftliche Lenkung abgelehnt und sich für die Marktordnung vollständiger Konkurrenz eingesetzt.[791] „Die Wirtschaftspolitik der Wettbewerbsordnung zielt darauf, den Märkten eine solche Ordnung zu geben, dass alle Teile des Wirtschaftsprozesses sinnvoll integriert werden."[792] Und im Weiteren: „Die wirtschaftenden (Menschen) führen nicht Befehle aus, sondern sie suchen selbst diejenige Verwendung ihrer eigenen Arbeitskraft, ihrer Produktionsmittel und ihres Geldes, die ihnen als die beste erscheint. … Was die Betriebe produzieren, welche Technik sie anwenden, welche Rohstoffe sie kaufen, auf welchen Märkten sie verkaufen, *ist frei*." *Ist frei* war also damals (vor 1950) nicht so selbstverständlich wie heute.
   Professor Eucken hat Grundregeln einer guten Wirtschaftspolitik aufgestellt:
- Respekt vor den Eigentumsrechten
- und für die Vertragsfreiheit
- stabile Währung
- Wettbewerb
- private Haftung[793]

---

[789] Siehe dazu Heike Göbel: „Die Kosten des Wurstelns", FAZ vom 31.12.2009, S. 11.
[790] Hans D. Barbier: „Der Ruf der dreiundachtzig", FAZ vom 5.5.2009, S. 11. – 83 Ökonomen haben zur Rettung der Ordnungspolitik aufgerufen.
[791] Prof. Dr. Walter Eucken: Grundsätze der Wirtschaftspolitik, S. 243ff.
[792] Ebenda, S. 245f.
[793] Philip Plickert: „Ökonomik in der Vertrauenskrise", FAZ vom 5.5.2009, S. 9.

Organschaft

Eine steuerliche *Organschaft* besteht, wenn ein rechtlich selbständiges Unternehmen nach den tatsächlichen Verhältnissen finanziell, wirtschaftlich und organisatorisch in ein anderes Unternehmen eingegliedert ist.[794]

Die eingegliederte Gesellschaft ist die *Organgesellschaft*, die Obergesellschaft ist der *Organträger*.

Beispiel:
Eine Aktiengesellschaft L betreibt eine Lebensversicherung, eine andere Aktiengesellschaft S betreibt eine Schadenversicherung.

Alle Mitarbeiter sind bei der AG L angestellt. Die AG S hat keine angestellten Mitarbeiter.

Die Vorstandsmitglieder der beiden AG (L und S) sind Vorstandsmitglieder bei beiden AG (personen-identisch).

Ein Teil der Mitarbeiter arbeitet für die AG L, die andern für die AG S. Die AG S bekommt von der AG L eine Rechnung für die Arbeitsleistung der Mitarbeiter, die sie bezahlen muß; ohne Organschaft muß die AG S auch Umsatzsteuer auf diese Rechnung an die AG L bezahlen. Mit Organschaft entfällt die Umsatzsteuer, wenn die beiden AG umsatzsteuerlich eine Organschaft bilden.

Organträger und Organgesellschaft werden steuerlich als ein Unternehmen behandelt und können bei vorliegenden Innenleistungen (z.B. die Arbeitsleistung der Mitarbeiter der AG L für die AG S) oft Umsatzsteuer einsparen. Beide Unternehmen müssen im Inland gelegen sein.

Wenn eine Organschaft besteht, gibt es *umsatzsteuerliche* und *gewerbesteuerliche* Wirkungen, die gesetzlich eintreten. Für die Umsatzsteuer und Gewerbesteuer muß also nicht noch zusätzlich etwas beantragt werden.

Anders ist es für die *körperschaftsteuerliche* Organschaft: Dafür braucht man zusätzlich einen Gewinnabführungsvertrag, damit die Organschaft auch für die Körperschaftsteuer wirkt.

---

[794] Umsatzsteuergesetz § 2 Absatz 2 Nr. 2.

OTC

OTC heißt *Over the Counter*, zu Deutsch „über den Schalter" (oder „über den Tresen").

1) Im *Pharmageschäft* ist es das Geschäft mit den rezeptfreien Produkten (im Gegensatz zu den vom Arzt auf einem Rezept verschriebenen Medikamenten).

2) Im *Finanzbereich* ist das OTC-Geschäft vorwiegend der außerbörsliche Handel von Wertpapieren, in dem man Wertpapiere auch direkt von Banken oder Wertpapierhäusern kaufen kann.

Auch wer Goldmünzen direkt am Bankschalter kauft, kauft sie *over the counter*.

Outsourcing

Source ist Englisch und heißt „Quelle" oder „Ursprung"; gemeint ist hier eine Aufgabe, die im eigenen Betrieb erledigt wird.

Outsourcing heißt, die Aufgabe wird nicht mehr im eigenen Betrieb erledigt, sondern „nach außen vergeben", in ein anderes Unternehmen.

Eine Autofabrik kann zum Beispiel Reifen oder Autositze oder andere Teile, die sie bisher selber hergestellt hat, an Fremdfirmen (an andere Firmen) vergeben, das heißt von diesen Firmen herstellen und liefern lassen – das heißt Outsourcing.

Es gibt natürlich auch das Gegenteil: Autoteile, die bisher von Fremdfirmen bezogen wurden, werden im eigenen Betrieb hergestellt (*Insourcing*).

Welche Gründe können für das Outsourcing unter anderem entscheidend sein?

- Fremdfirmen haben bei speziellen Teilen oft viel mehr Erfahrung und langjährige *Spezialkenntnisse* und können oft günstiger produzieren und daher billiger anbieten.
- Was die Autofabrik selbst produziert, hat sie auch selbst in der Hand. Was sie selbst entwickelt, bleibt *Betriebsgeheimnis* und bringt ihr eventuell Vorteile gegenüber Konkurrenten am Markt.
- Eventuelle Probleme mit einer Fremdfirma bei *Preisverhandlungen* oder bei *Lieferunterbrechungen* muss sie bei Eigenherstellung nicht fürchten.

P

Parität

Parität heißt „Gleichheit".

Wenn ein Euro ein US-Dollar kostet (1 € = 1 $), haben die beiden Währungen Parität, der Wert der beiden Währungen ist gleich.

Pauschale

Pauschal heißt ungenau, undifferenziert, die verschiedenen Einzelheiten der Sache wurden nicht beachtet oder nicht bewertet, die Sache wurde zu allgemein und nicht genau betrachtet.

Pauschal kann man in zweierlei Hinsicht verwenden:
- Eine *Bewertung* kann pauschal sein und damit in aller Regel ungenau sein.
- Eine Pauschale kann aber auch eine vernünftige *Vereinfachung* sein.

Bewertung
Beispiel: „Hier wird diese Berufsgruppe *pauschal* dargestellt, das trifft in vielen Punkten ja gar nicht zu und ergibt ein falsches Bild." In dieser Weise wird das Wort *pauschal* bewertend verwendet.

Pauschalbetrag
Beispiel: Bei der Ausfüllung der jährlichen Steuererklärung könnte man für jeden Tag, an dem man zur Arbeit gefahren ist, die Fahrtkosten ermitteln und sie einzeln in der Steuererklärung aufführen. Weil das zu aufwendig ist, wird das im Steuerrrecht einfacher geregelt: es gibt im Einkommensteuergesetz eine Entfernungspauschale[795], die beträgt 0,30 Euro für jeden Kilometer

---

[795] Einkommensteuergesetz § 9 Absatz 1 Nr. 4.

© Springer Fachmedien Wiesbaden GmbH, ein Teil von Springer Nature 2019
W. Klitzsch, *Grundbegriffe der Wirtschaft*,
https://doi.org/10.1007/978-3-658-27904-2_16

der Entfernung zwischen Wohnung und Arbeitsstätte. Das ist eine *Pauschale (*oder ein *Pauschalbetrag)*, die gilt für alle Steuerzahler, egal wie groß das Auto ist und wieviel Benzin es verbraucht, es ist eine vernünftige Vereinfachung.

Im Steuerrecht gibt es noch mehrere Pauschalen oder Pauschbeträge, zum Beispiel für Werbungskosten, für doppelte Haushaltsführung, für Reisekosten, für Sonderausgaben, für außergewöhnliche Belastungen, Behinderten-Pauschbetrag, Pflege-Pauschbetrag.

Personengesellschaft

Personengesellschaften sind in Deutschland
- die Offene Handelsgesellschaft (OHG),
- die Kommanditgesellschaft (KG),
- die GmbH & Co. KG,
- die Partnerschaftsgesellschaft (für freie Berufe),
- die Gesellschaft bürgerlichen Rechts (GbR).

Die stille Gesellschaft ist keine Personengesellschaft.

Die Personengesellschaften haben keine eigene Rechtspersönlichkeit, die Gesellschafter haften persönlich.[796]

Siehe Artikel „Rechtsformen" in diesem Buch.

---

[796] Siehe Prof. Dr. Klaus Spremann und Prof. Dr. Pascal Gantenbein: Finanzmärkte, S. 173 f.

Pflichtversicherung

Wenn es in Deutschland Unwetterkatastrophen gibt, kommt immer das Thema auf, ob man eine Pflichtversicherung gegen Unwetterschäden einführen sollte. Die Folge wäre, dass alle Hausbewohner in einem Bundesland oder einer Region sich versichern müssen, egal ob sie es für nötig halten.

Dabei kann man das dem mündigen Bürger auch selbst überlassen, ob er das für nötig hält. Man weiß, dass in Ländern wie Sachsen, wo es in den vergangenen Jahren Unwetterschäden gab, der Anteil der freiwillig Versicherten stark gestiegen ist. Wo Schäden sind, merkt der Bürger auf und trägt selber zur Vorsorge bei. Es muss nicht alles auf die Allgemeinheit abgewälzt werden.

Da kommt dann oft das Argument, in der Autohaftpflicht gibt es auch eine Pflichtversicherung. Ja, das stimmt, aber die schützt die Dritten, die durch Autounfälle verletzt werden (und sonst vielleicht leer ausgehen). Bei Unwetterkatastrophen schützt man sich selbst, durch eine freiwillige Versicherung, wenn man will.[797]

Phillips-Kurve

Der neuseeländische Ökonometriker *Alban Phillips* hat einen statistischen Zusammenhang zwischen der Arbeitslosigkeit und den Lohnerhöhungen für Großbritannien festgestellt für Zeiten zwischen 1861 und 1957.

Die nach ihm benannte Phillips-Kurve sagt damit aus: Je höher die Arbeitslosigkeit war, desto niedriger waren die Lohnerhöhungen. Je niedriger die Arbeitslosigkeit war, desto stärkere Lohnerhöhungen gab es.

---

[797] Siehe Philipp Krohn: Pflichtversicherung, FAZ vom 11.6.2016, S. 28.

494

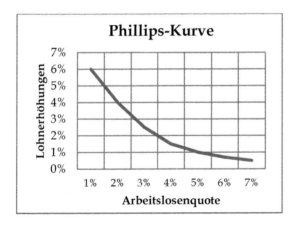

Phillips gibt in seiner Untersuchung von 1958 keine Ursachen-erklärung. Er beschränkt sich auf die Beschreibung der Beziehungen zwischen der Arbeitslosigkeit und den Lohn-erhöhungen.[798]

Bei einem hohen Beschäftigungsstand konnten Arbeit-nehmer vermutlich höhere Lohnzuwächse aushandeln. Bei hoher Arbeitslosigkeit war dagegen nicht viel herauszuholen.[799]

Modifizierte Phillips-Kurve
Die amerikanischen Ökonomen *Samuelson* und *Solow* haben die Phillips-Kurve verändert: Sie haben die Lohnerhöhungen ersetzt durch die Inflationsraten. Die modifizierte Phillips-Kurve bedeutet damit, bei höheren Inflationsraten gibt es geringe Arbeitslosenquoten, und umgekehrt: niedrige Inflation führt zu höherer Arbeitslosigkeit.[800]

In den 1970er Jahren war die Meinung verbreitet, die Politik könne die Inflation erhöhen und damit die Arbeitslosigkeit senken. Bundeskanzler Helmut Schmidt sagte einmal, ihm wären 5 Prozent Inflation lieber als 5 Prozent Arbeitslose. Die weitere Entwicklung zeigte allerdings, dass die Arbeitslosigkeit sich durch die Inflation nicht steuern ließ.

In vielen Ländern konnte die gegenseitige Abhängigkeit zwischen Arbeitslosigkeit und Inflation nicht eindeutig

---

[798] Siehe Prof. Dr. Artur Woll: Volkswirtschaftslehre, S. 470.
[799] Siehe Prof. Dr. Peter Bofinger: Grundzüge der Volkswirtschaftslehre, S. 469f.
[800] Siehe Prof. Dr. Arne Heise: Einführung in die Wirtschaftspolitik, S. 118f.

festgestellt werden. Das heißt, dass die Arbeitslosigkeit durch verschiedene Inflationsraten nicht gelenkt werden konnte.

„Die tatsächlichen Werte der Inflationsraten und Arbeitslosenquoten in Deutschland seit 1960 zeigen jedoch, dass eine einfache Beziehung zwischen Arbeitslosigkeit und Inflation nicht besteht."[801]

Piketty

Der französische Ökonom[802] Thomas *Piketty* veröffentlichte 2013 sein Buch „Das Kapital im 21. Jahrhundert" in Französisch und 2014 in Englisch, im Herbst 2014 auch in Deutsch.

Er nahm damit Bezug auf „Das Kapital" von Karl Marx, dessen erster Band 1867 erschien.

Pikettys Buch wurde in den USA ein Bestseller, wohl auch weil die Vermögens- und Einkommensverteilung vor allem in den USA als ungerecht empfunden wird.

In dem Buch geht es darum:
- Wie hoch ist das gesamte *Volkseinkommen*,
- wieviel höher ist das gesamte *Vermögen*?
- Und wer hat das Vermögen? Wie ist es verteilt?
- Wie geht die Entwicklung von Vermögen und Einkommen in der Zukunft weiter?

Volkseinkommen
Höhe und Entwicklung des Volkseinkommens[803] wird bestimmt durch das Wirtschaftswachstum. Das Wirtschaftswachstum wiederum wird bestimmt durch die Bevölkerungszahl und der Produktivität.[804]

---

[801] Quelle: Duden Wirtschaft von A bis Z, S. 114.
[802] **Ökonom** heißt Volkswirt oder Wirtschaftswissenschaftler.
[803] Das **Volkseinkommen** eines Landes besteht aus allen Arbeitnehmereinkommen und allen Unternehmens- und Vermögenseinkommen eines Landes. Es macht 75% des deutschen Bruttoinlandsprodukts aus. Siehe Artikel „Bruttoinlandsprodukt" in diesem Buch.
[804] Siehe Artikel „Produktivität" in diesem Buch.

Vor dem Jahr 1700 gab es in der Welt kaum feststellbare Produktivitätssteigerungen. Das Wirtschaftswachstum der Welt vor 1700 beziffert Piketty auf 0,1 Prozent pro Jahr, ausschließlich als Folge des Bevölkerungswachstums.[805]

Mit der industriellen Entwicklung stieg das Wirtschaftswachstum ab 1820 um jährlich 0,9% und seit 1913 um jährlich 1,6%.

Heute[806] verlangsamt sich das Wachstum der Weltbevölkerung, in Europa beginnt die Bevölkerung um 0,1% zu schrumpfen. Fundamentale Produktivitätssteigerungen (durch technologische Entwicklungen) erwartet Piketty nicht.

Vermögen

Das *Vermögen* der Länder Frankreich, Großbritannien und Deutschland (privates und staatliches Vermögen) war bis etwa zum ersten Weltkrieg (1914) ungefähr siebenmal so groß wie das Volkseinkommen. Das Volkseinkommen betrug also 100%, die *Vermögensquote* das 7-fache, also 700%.

Das Vermögen der Reichen war durch den ersten und zweiten Weltkrieg und die Weltwirtschaftskrise 1929 stark verringert worden. Auch nach dem zweiten Weltkrieg (nach 1945) blieb die Vermögensquote noch länger niedrig.

Ab den 1970er Jahren wurden wieder mehr Kredite aufgenommen, mehr Geld ausgegeben und mehr Vermögen gebildet. Wenn mehr Vermögen gebildet wird, besonders durch Schulden, verteilt es sich meist nicht gleichmäßig auf alle, sondern konzentriert sich wieder auf bestimmte wenige: wer Schulden aufnehmen kann, hat schon Vermögen – wer kein Vermögen hat, kann keine Schulden aufnehmen.

Zukünftige Entwicklung

Nach Piketty ist die *Kapitalrendite* (r) dauerhaft größer als das *Wachstum* der Wirtschaft (g wie *growth*): r > g. Das Kapital (oder das Vermögen) wächst nachhaltig schneller als die Wirtschaftsleistung, ist seine Aussage.[807]

---

[805] Daniel Stelter: Die Schulden im 21. Jahrhundert, S. 47f.

[806] „Heute" wird in der Quelle nicht genauer bestimmt. Man kann das Jahr 2014 als „heute" betrachten (1. Auflage der Quelle).

[807] Siehe Ulrich Horstmann: Alles, was Sie über Das Kapital im 21. Jahrhundert von Thomas Piketty wissen müssen, S. 11ff.

Dagegen wird geltend gemacht, dass Piketty das Vermögen *vor Steuern* analysiert.[808] Da gerade die großen Vermögen stark besteuert werden, gäbe die Analyse *nach* Steuerzahlung ein anderes Ergebnis.

Dass die Kapitalrendite schneller wächst als die Wirtschaft, wird von den meisten für vorübergehend akzeptiert, wird als dauerhaft aber von vielen für falsch gehalten.[809] Die Mehrheit sagt, die Kapitalrendite wächst auf lange Sicht so wie das Wirtschaftswachstum (r = g).[810]

Auch wird kritisiert, dass mit der Formel r > g ein sehr einfaches Welterklärungsmodell gebracht wird, ohne dass auf die vielschichtigen Zusammenhänge eingegangen werden muss.[811]

Vermögenskonzentration

In den 2010er Jahren besitzen die reichsten 10 Prozent der Menschen rund 60 Prozent des nationalen Vermögens der meisten europäischen Länder, insbesondere in Frankreich, Deutschland, Großbritannien und Italien.[812]

In denselben Ländern besitzt die Hälfte der Bevölkerung so gut wie nichts: In Frankreich besitzen die ärmsten 50 Prozent der Menschen zusammen nur 4 Prozent, in den USA nur 2 Prozent.

---

[808] Ebenda, S. 14.
[809] Ebenda, S. 76.
[810] Ebenda, S. 77.
[811] Ebenda, S. 78.
[812] Daniel Stelter: Die Schulden im 21. Jahrhundert, S. 52.

Portfolio

Portfolio setzt sich zusammen aus Lateinisch *portare* – tragen und *folium* – Blatt, also eine Blattsammlung, die man tragen kann (wie *Portemonnaie* – die Geldbörse, die man tragen kann).

Portfolio (auch *Portefeuille*) ist der Bestand an Kapitalanlagen (also Dokumente, mithin Blätter), die ein privater Kapitalanleger hat (oder ein Unternehmen oder eine Bank).

Eine einfache Regel empfiehlt, das Portfolio (also das Vermögen) in drei etwa gleiche Teile aufzuteilen: Ein Teil wird in Aktien gehalten, ein Teil in Immobilien und ein Teil liquide (also flüssig, etwa in Bargeld, Girokonto, Sichteinlagen und Tagesgeld).

Preisbildung

Die Preise bilden sich in einer Marktwirtschaft nach *Angebot* und *Nachfrage*. Wenn sich Preise ändern, liegt das nur in der Veränderung der Nachfrage oder des Angebots.

Oft wird argumentiert, der Preis bilde sich nach den *Kosten* des Produkts. Und die Höhe des Preises hängt auch mit den Kosten des Produkts zusammen. Aber die Kosten fließen natürlich in die Angebotsseite des Preises mit ein. Daher kann die allgemeine Aussage so bleiben, dass Angebot und Nachfrage den Preis bestimmen.[813]

---

[813] Siehe Prof. Dr. Erich Preiser: Nationalökonomie heute, S. 48.

Marktpreisermittlung

An der Frankfurter Börse werden im elektronischen Xetra-Handelssystem mehrmals am Tag Auktionen für Aktien jeweils einer Aktiengesellschaft durchgeführt. Dabei wird der *Marktpreis* ermittelt, das ist hier der Börsenkurs. Hier ein Beispiel:

vorliegende Aufträge		
Aktien-kurs (€)	Kauf-aufträge (Stück)	Verkaufs-aufträge (Stück)
bestens		26
120	15	2
121	5	6
122	3	16
123	16	4
124	6	7
125	3	10
126	4	
billigst	25	
Summe:	77	71

Die Kursbildung verläuft so: Die vorliegenden Kauf- und Verkaufsaufträge (auch *Orders* genannt) werden nach den Aktienkursen sortiert. Die **vorliegenden Aufträge** zeigt die vorige Tabelle.

Der limitierte Auftrag gibt den gewünschten Kurs an; der *Kauf*auftrag zum Beispiel gibt den Kurs 121 an, wenn nicht höher als für 121 gekauft werden soll; der *Verkaufs*auftrag zum Beispiel gibt den Kurs 124 an, wenn nicht geringer als für 124 verkauft werden soll.

Wer kein Limit angibt, akzeptiert den Kurs, der sich ergibt, möchte aber natürlich *billigst* erwerben oder *bestens* verkaufen.

Für alle genannten Aktienkurse wird die kumulierte (auf-
addierte) Anzahl Aktien ermittelt; bei den *Verkaufs*aufträgen
beginnend beim niedrigsten Kurs aufsteigend, bei den *Kauf*-
aufträgen beim höchsten Kurs absteigend (siehe folgende
Tabelle):[814]

Börsenkursbildung			
	kumulierte		
Aktien-kurs (€)	Kauf-aufträge (Stück)	Verkaufs-aufträge (Stück)	Umsatz (Stück)
unter 120	77	26	26
120	77	28	28
121	62	34	34
122	57	50	50
123	54	54	54
124	38	61	38
125	32	71	32
126	29	71	29
über 126	25	71	25

Der Markt, hier die Börse, will den Austausch für die meisten
Aufträge ermöglichen. Das gelingt beim Kurs 123, weil hier
die meisten Aufträge, nämlich 54, abgewickelt werden
können. Bei allen anderen Kursen kommen weniger Aufträge
zum Zuge.

---

[814] Siehe Prof. Dr. Peter Bofinger: Grundzüge der
Volkswirtschaftslehre, S. 44ff.

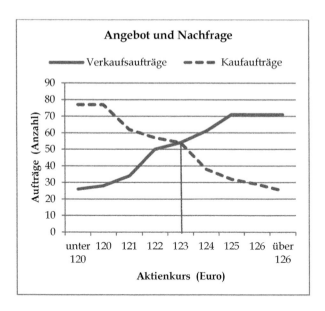

Bei Kurs 123 kann der größte Umsatz für Angebot und Nachfrage verwirklicht werden. Damit ist auch der Kurs für diese Auktion festgelegt (und damit auch der Preis von 123 Euro).

Der Preis von 123 Euro wird *markträumender Preis* genannt, weil er die größte Menge vom Markt räumt. Er wird auch *Gleichgewichtspreis* genannt, weil Angebot und Nachfrage sich bei diesem Preis im Gleichgewicht befinden.

Preiselastizität

Wenn ein Käufer eine Ware kaufen will
- und mehr von der Ware kauft, wenn der Preis sinkt,
- und weniger von der Ware kauft, wenn der Preis steigt,
dann reagiert er (preis)elastisch auf die Preisveränderungen.

Der Käufer reagiert völlig *preisunelastisch*, wenn er die Ware kauft, egal wie teuer sie ist (weil er sie unbedingt haben will).

Der Käufer reagiert *preiselastisch*, wenn er auf Preisveränderungen reagiert, indem er mehr oder weniger von der Ware kauft.

Beispiel für *preisunelastisch*: Wenn Sie in einer Theaterpause einen Sekt kaufen möchten, haben Sie keine Preiselastizität: Sie bekommen den Sekt nur, wenn Sie die drei Euro bezahlen. Bezahlen Sie den Preis nicht, bekommen Sie gar keinen Sekt. Zum Verhandeln haben die Theaterpausen-Verkäufer weder Zeit noch Lust.

Preisniveau

Preisniveau bedeutet „allgemeine Preishöhe", meistens von mehreren oder allen Waren und Dienstleistungen, so dass man für ein Land angeben kann, ob die Preise allgemein im Durchschnitt höher oder niedriger liegen als in anderen Ländern.

In Europa haben die Länder folgende Preisniveaus (die Europäische Union insgesamt hat den Preisdurchschnitt von 100):

Preisniveaus in Europa für Konsumgüter und Dienstleistungen	
Schweiz	161
Dänemark	139
Großbritannien	121
Frankreich	108
Deutschland	104
EU-Durchschnitt	*100*
Spanien	92
Griechenland	86
Slowakei	68
Polen	53
Rumänien	52
Bulgarien	48

Quelle: FAZ 17.6.2017, S. 20

In der Schweiz (kein EU-Mitglied) liegt das Preisniveau gut dreimal so hoch wie in Bulgarien. Die deutschen Preise liegen nahe beim EU-Durchschnitt.

Preisstabilität

Wenn die Preise stabil sind, also nicht steigen und auch nicht sinken, dann soll die Inflation sicher null Prozent (0%) betragen. Das wird wohl jeder so sehen.

Ist aber doch nicht so. Ein stabiles Preisniveau wird in der Wirtschaftspolitik und von den meisten Notenbanken mit einer jährlichen Inflationsrate von knapp 2% gleichgesetzt, so auch von der Europäischen Zentralbank.

Als Grund dafür wird angegeben, dass die statistischen Inflationsraten die tatsächliche Geldentwertung etwas überzeichnen.[815] Das heißt, die offiziell ermittelten Inflationsraten sind nicht so ganz richtig. Knapp 2% Inflationsrate wird in der Praxis als preisstabil angesehen.

Es mag auch mitspielen, dass die *Deflation* stärker gefürchtet wird als eine *geringe Inflation*.[816]

Private Banking
Privates Bankgeschäft

Als Student der Wirtschaft hörte ich einen Vortrag eines Bankvertreters, der darstellte, dass die Banken sich früher nicht um den privaten Kunden gekümmert haben, sie hielten ihn nicht für lohnenswert, man überließ ihn den Sparkassen und Volksbanken.

Früher hatten die Arbeiter auch kein Bankkonto, sie bekamen ihren Lohn in die Lohntüte, und manche Frauen warteten freitags schon am Werkstor, um die Lohntüte einzukassieren (bevor der Mann in die Kneipe zog).

Es war in den 1960er Jahren, dass sich das auch bei den großen Banken änderte. Der *Privatkunde* wurde entdeckt, er bekam ein Lohn- oder Gehaltskonto bei der Bank, und schon wegen seiner großen Zahl war er auch für andere Geschäfte interessant, etwa für Konsum- und Auto-Kredite und andere.

---

[815] Siehe Prof. Dr. Peter Bofinger: Grundzüge der Volkswirtschaftslehre, S. 299.
[816] Siehe Prof. Dr. Erich Preiser: Nationalökonomie heute, S. 91.

Heutzutage richtet sich der Begriff *Private Banking* an vermögende Privatkunden, die vor allem in der Anlage ihres Vermögens beraten werden sollen.

Private Equity

Equity ist Englisch und heißt „Eigenkapital".

Private Equity heißt, Investoren, Gesellschaften oder (Private Equity-)Fonds beteiligen sich am Eigenkapital von privaten Unternehmen (die nicht an der Börse notiert sind) oder übernehmen sie ganz.

Private Equity-Fonds suchen Unternehmen mit überdurchschnittlichen Wachstumspotenzialen. Sie wollen den Wert der Beteiligung steigern, hohe jährliche Gewinnausschüttungen erreichen und nach ein paar Jahren einen hohen Verkaufserlös erzielen.[817]

Private Equity-Fonds sind keine Hedgefonds (siehe Artikel „Hedgefonds" in diesem Buch).

Produktivität

Die Produktivität bestimmt maßgeblich den Lebensstandard der Menschen in einem Land. Ein Land erreicht einen hohen Lebensstandard, wenn es Waren und Leistungen in großer Menge produziert. Daraus folgen eine bessere Ernährung, sichere Häuser, eine bessere medizinische Versorgung und eine längere Lebenserwartung.[818]

---

[817] Siehe Prof. Dr. Günter Wöhe, Prof. Dr. Ulrich Döring und Prof. Dr. Gerrit Brösel: Einführung in die Allgemeine Betriebswirtschaftslehre, S. 564ff.

[818] Prof. N. Gregory Mankiw, Prof. Mark P. Taylor und Andrew Ashwin: Volkswirtschaftslehre für Schule, Studium und Beruf, S 337f.

Was ist (Arbeits-)Produktivität?

- Die Produktivität kann als Produktmenge je Arbeitsstunde definiert werden.[819]
- Sie kann auch als Produktmenge pro Mitarbeiter
- oder pro Maschine berechnet werden.

Allgemein gilt:
- Produktivität = Ausbringungsmenge / Einsatzmenge
- oder Produktivität = Output / Input.

Beispiel:
Eine Fabrik baut in einer Arbeitsstunde:
    a) 80 Autos (Output) pro 1000 Mitarbeiter (Input).
Eine andere baut:
    b) 95 Autos pro 1300 Mitarbeiter.

Produktivität a): 80 / 1000 = 8,0%
Produktivität b): 95 / 1300 = 7,3%
In Fabrik a) ist die Produktivität (etwas) höher.

Die Produktivität ist also ein Verhältnis (eine Relation) von Mengenangaben, nicht von (Geld-)Werten.
Produktivität ist nicht gleich Wirtschaftlichkeit und nicht gleich Rentabilität.[820]

Wodurch entsteht Produktivität?
Wie stark die Produktivität zunimmt, hängt ab
- vom technischen Fortschritt,
- von der Ausstattung der Unternehmen mit Maschinen (dem Kapitalstock[821])
- und von der Ausbildung und Qualifikation der Arbeitskräfte.[822]

---

[819] Siehe Prof. Dr. Erich Preiser: Nationalökonomie heute, S. 115. Ebenso Dr. Eduard Mändle: Allgemeine Volkswirtschaftslehre I, S. 38.
[820] Siehe Artikel „Rendite" und „Wirtschaftlichkeit" in diesem Buch.
[821] **Kapitalstock** heißt Bestand an Kapitalgütern, die nötig sind, um Produkte herzustellen, also Maschinen, Gebäude, Anlagen, Vorrichtungen, Computer.
[822] Malte Fischer: „Mehr Schubkraft muss her", Wirtschaftswoche vom 13.11.2015, S. 32.

Wachstum

Die steigende Produktivität ist die Hauptursache für das *Wachstum* der wirtschaftlichen Leistung (also des volkswirtschaftlichen Bruttoinlandsprodukts).

Wenn die Produktivität um zwei Prozent pro Jahr wächst, verdoppelt sich unsere Wirtschaftsleistung schon nach 35 Jahren,[823] also etwa nach einer Generation.[824]
Liegt das Wachstum der Produktivität hingegen nur bei einem Prozent, dauert es 70 Jahre, bis sich die Wirtschaftsleistung verdoppelt. Bei einem halben Prozent dauert es sogar 140 Jahre.

Die Arbeitsproduktivität lag in den *USA* acht Jahrzehnte lang durchschnittlich bei 2,4% (von 1891 bis 1972). In den folgenden zwei Jahrzehnten (von 1972 bis 1996) lag sie nur bei 1,4%. Von 1996 bis 2004, während des New Economy-Booms, war die Produktivität pro Jahr bei 2,5%, fiel aber danach wieder zurück auf 1,3% und liegt aktuell bei unter 1%.

In *Deutschland* war die Produktivität 1,9% pro Jahr zwischen 1995 und 2005, aber nur noch 0,8% zwischen 2005 und 2014. Ein Grund seien, so sagt der Sachverständigenrat,[825] die Hartz-Reformen, mit denen 3,4 Millionen Beschäftigte wieder Arbeit fanden, allerdings meistens in weniger qualifizierten Stellen, vor allem im Dienstleistungsbereich,[826] so dass die Produktivität dadurch nicht sonderlich gefördert wurde.[827]

---

[823] Zwei Prozent Steigerung pro Jahr ergibt eine Verdoppelung in 35 Jahren. Dazu eine kleine Rechnung: Anfangsbetrag 100, Endbetrag 200, jährlicher Steigerungssatz (oder Zinssatz) 2% ergibt eine Laufzeit von 35 Jahren (berechnet mit Excel, Funktion ZZR). 200 ist das Doppelte von 100, diese Zahl zu erreichen dauert 35 Jahre bei 2% jährlichem Zinseszins. 100 und 200 sind nur ein Beispiel, geht auch mit anderen Zahlen (zum Beispiel 6000 und 12000).

[824] Eine **Generation** ist der durchschnittliche Altersabstand der Eltern zu den Großeltern und den Kindern und beträgt ungefähr 30 Jahre (der Altersabstand war unterschiedlich in den Jahrhunderten, früher über 30, später eher bei 25, in der letzten Zeit wieder höher – man heiratet heutzutage später).

[825] Siehe Artikel „Sachverständigenrat" in diesem Buch.

[826] „Warum wächst die Produktivität kaum?", FAZ vom 12.3.2018, S. 19.

[827] Malte Fischer: „Mehr Schubkraft muss her", Wirtschaftswoche vom 13.11.2015, S. 32.

Neben der Produktivität kann das Wachstum einfach auch durch eine wachsende Bevölkerung verursacht werden (was in früheren Jahrhunderten meistens die einzige Ursache für das (niedrige) Wachstum war).[828]

Allgemein kann man die Produktivität steigern, indem man heute neue *Kapitalgüter*[829] produziert, dann haben wir morgen einen größeren *Kapitalstock*. Das verlangt allerdings, mehr von unseren Mitteln (Ressourcen) in die Produktion von Kapitalgütern zu investieren (also mehr Investitionen) und weniger zu konsumieren (zu verbrauchen), also weniger in den laufenden Konsum zu stecken.[830]

Niedrige Produktivität und niedrige Löhne sind eng miteinander verknüpft.[831]

Die wichtigsten Innovationen unserer Produktivität

Der amerikanische Professor Robert Gordon hält die Ausstattung unserer Häuser mit fließendem Wasser, die Elektrifizierung und den Verbrennungsmotor für die wichtigsten Innovationen der vergangenen 250 Jahre, die für unsere Produktivität und damit für unseren Wohlstand gesorgt haben.

Dazu gehörten die Dampfmaschinen, die Webstühle antrieben, ebenso Eisenbahnen, Schiffe und Fabrikmaschinen. Auch die aufkommende Elektrizität hatte weitreichende Folgewirkungen auf der ganzen Welt, und das über Jahrzehnte hinweg. Und schließlich hat der Verbrennungsmotor Autos und Flugzeuge ebenso wie Produktions- und Baumaschinen angetrieben.[832]

Wir haben uns an sie gewöhnt, aber „im Vergleich zu diesen Erfindungen verblassen die Neuerungen des Computerzeitalters."[833] Computer und Internet haben nach Gordons

---

[828] Daniel Stelter: Die Schulden im 21. Jahrhundert, S. 47.
[829] Siehe Artikel „Kapital" in diesem Buch.
[830] Prof. N. Gregory Mankiw, Prof. Mark P. Taylor und Andrew Ashwin: Volkswirtschaftslehre für Schule, Studium und Beruf, S 338.
[831] Siehe Tim Harford: Ökonomics, S. 300.
[832] Philip Plickert: „Die mühsame IT-Revolution", FAZ vom 24.8.2015, S. 16.
[833] Malte Fischer: „Das Wohlstands-Mysterium", Wirtschaftswoche vom 18.12.2015, S. 70.

Auffassung unsere Arbeitsproduktivität weniger gesteigert als die Erfindungen der industriellen Revolution vor über hundert Jahren, denn diese haben weitreichende und langjährige Erfindungen ausgelöst und dadurch viele Jahre die Produktivität erhöht.

Andere amerikanischen Wissenschaftler sehen das allerdings anders. Der amerikanische Professor Erik Brynjolfsson hält die Computer und das Internet für Basisinnovationen, deren Ausnutzung und Weiterentwicklung Zeit brauchen, was auch bei den Erfindungen vor hundert Jahren so war. Der große Produktivitätsschub stehe daher noch bevor.[834]

Produktivitäts-Paradoxon
Mit dem Produktivitäts-Paradoxon bezeichnet man einen Widerspruch. Weil es seit einiger Zeit so viele Computer und Smartphones gibt und Internet und so viel Informations- und Kommunikationstechnik, hätte man einen Anstieg der Produktivität erwartet. Der kam aber (noch) nicht, die Produktivität liegt mit 0,8% in Deutschland unerwartet niedrig.

Manches ist im Internet umsonst, und was nichts kostet, schlägt sich wertmäßig auch nicht im Output nieder, erhöht also auch nicht die Produktivität. Wenn es aber so kommt, dass auch die Digitalisierung erheblich Zeit braucht (wie die früheren Produkte des technischen Fortschritts), bis sie sich in vielen nützlichen Produkten niederschlägt, so kann man Hoffnung haben, dass dann auch die Produktivität wieder steigen wird.

---

[834] Philip Plickert: „Der seltsame Optimist", FAZ vom 24.8.2015, S. 16.

Profit Center

Profit Center sind rechtlich unselbstständige Bereiche eines Unternehmens, die aber eigenständig dafür sorgen müssen, dass sie Gewinn (*profit*) erzielen. Das bedeutet, dass sie für ihre Erträge und Kosten selbst sorgen müssen und verantwortlich sind.[835] Damit ist ein Profit Center ein „Unternehmen im Unternehmen".

Profit Center werden etwa gebildet, wenn ein Unternehmen auf vielen verschiedenen Märkten tätig ist und eine gemeinsame Geschäftsleitung den vielen Besonderheiten der jeweiligen Geschäftsfelder nicht so gut entsprechen könnte wie eine jeweils spezialisierte Geschäftsleitung.

Prokura

Prokura stammt aus dem Lateinischen. *Pro* heißt „für", *cura* heißt „Sorge, Fürsorge", ein *procurator* ist ein „Stellvertreter" oder „Verwalter".

Die Prokura ermächtigt zu allen Arten von gerichtlichen und außergerichtlichen Geschäften und Rechtshandlungen, die der Betrieb eines Handelsgewerbes mit sich bringt.

Zur Veräußerung und Belastung von Grundstücken[836] ist der Prokurist nur ermächtigt, wenn ihm diese Befugnis besonders erteilt ist (HGB § 49).

Die Prokura wird vom Geschäftsinhaber bzw. Vorstand mittels ausdrücklicher Erklärung erteilt (HGB § 48) und im Handelsregister eingetragen.

Eine Beschränkung des Umfangs der Prokura wirkt nur nach innen (innerhalb des Unternehmens), sie ist Dritten gegenüber unwirksam (gilt also nicht außerhalb des Unternehmens) (HGB § 50).

---

[835] Siehe Prof. Dr. Günter Wöhe, Prof. Dr. Ulrich Döring und Prof. Dr. Gerrit Brösel: Einführung in die Allgemeine Betriebswirtschaftslehre, S. 112.

[836] **Veräußerung** heißt Verkauf. **Belastung** von Grundstücken bedeutet, im Grundbuch finanzielle Lasten (Geldbeträge, Schulden) über einen Notar eintragen zu lassen, die für die Firma dann wirksam sind.

Protektionismus

Protektionismus ist ein Mittel der Außenwirtschaftspolitik eines Landes, das den Freihandel erheblich beeinträchtigt.[837] Er will inländische Wirtschaftsbereiche vor ausländischer Konkurrenz schützen

- durch Zölle auf Einfuhren (Importe),
- durch beschränkte Einfuhrmengen,
- durch staatliche Subventionen (Zahlungen) an inländische Unternehmen.

Gründe für den Protektionismus sind
- inländische Arbeitsplätze sichern,
- Industrien aufbauen und weiterentwickeln, die der internationalen Konkurrenz noch nicht gewachsen sind,
- Wirtschaftsbereiche erhalten, die ohne Schutz verschwinden würden (etwa die Landwirtschaft),
- eigene Rüstungsindustrie erhalten.

Zölle zu erheben ist das traditionelle Mittel des Protektionismus und ist immer noch sehr weit verbreitet. Zölle kann man als Steuern verstehen, die bei der Einfuhr erhoben werden, weil die Ware aus dem Ausland kommt.
Nicht-tarifäre Handelshemmnisse umfassen alle anderen Handelshemmnisse ausser den Zöllen.[838] Wenn in Deutschland Bier nur nach dem Reinheitsgebot verkauft werden durfte, kann der ausländische Bierimporteur das als Handelshemmnis ansehen, weil er sein Bier in Deutschland nicht verkaufen kann. So können viele Qualitätsvorschriften aus Sicht der ausländischen Händler als Handelshemmnisse gesehen werden, ebenso technische Normen oder umweltpolitische Vorschriften und manch andere.

---

[837] Siehe Prof. Dr. Artur Woll: Volkswirtschaftslehre, S. 604ff.
[838] **Zolltarife** werden wie andere Preise in Tariflisten aufgeführt, etwa Stromtarife, Bahntarife, Tariflöhne, Versicherungstarife.

Provision

Provision ist lateinisch und heißt hier Anteil oder Beteiligung.

„Der Handelsvertreter hat Anspruch auf Provision für alle während des Vertragsverhältnisses abgeschlossenen Geschäfte, die auf seine Tätigkeit zurückzuführen sind", heißt es im HGB § 87.

Provision ist üblicherweise die Bezahlung für eine Tätigkeit des Verkaufens oder Vermittelns von Geschäften. Die Verkäufer oder Vermittler sind oft keine Angestellten, sondern selbständig tätig.

Angestellte sind weisungsgebunden und unterliegen dem Weisungsrecht der Firma bzw. des Vorgesetzten. Sie bekommen ein festes Gehalt, das daneben auch variable Anteile (auch Provisionen) enthalten kann.

Selbstständige, zum Beispiel auch Handelsvertreter, bekommen als Bezahlung kein Gehalt, sind nicht weisungsgebunden, bestimmen ihren Arbeitsablauf selber und erhalten als Bezahlung eine Provision für abgeschlossene Geschäfte, also eine Beteiligung am Zustandekommen der Geschäfte.

Provisionen werden von vielen Kunden kritisch gesehen, besonders bei *Kapitallebensversicherungen* und *Bausparverträgen*. Das liegt daran, dass auf dem Kundenkonto als erstes die Provision des Vermittlers erscheint, das ist eine Ausgabe für das Unternehmen und hat deshalb auf dem Konto ein Minus-Vorzeichen. Als erstes einen negativen Betrag auf dem Kundenkonto zu finden, das hatte sich der Kunde so nicht vorgestellt. Bei anderen Geschäften, etwa beim Autokauf, gibt es auch Provisionen für die Autoverkäufer, aber das erfährt der Kunde nicht, da gibt es kein Kundenkonto wie bei der Lebensversicherung.

Das Kundenkonto einer Lebensversicherung oder eines Bausparvertrags beginnt meist mit der eingebuchten Provision des Vermittlers, also negativ. Die dann monatlich eingebuchten Beiträge des Kunden sind positive Beträge, die nach einiger Zeit das Konto mit positivem Saldo zeigen. Das sollte dem Kunden vorher erläutert werden.

Da es seit einiger Zeit kaum Zinsen gibt (der Zinssatz liegt bei null Prozent), werden kaum noch Kapitallebensversicherungen abgeschlossen. Das Thema der Provisionen für Kapitallebensversicherungen ist daher gerade nicht so akut. Das kann sich aber mal wieder ändern.

Prozent

Prozent heißt „pro Hundert" oder v.H. (vom Hundert).

Wozu braucht man Prozente?

Beispiel:
Einer hat 138 von 345,
ein anderer hat 294 von 840.
Wer hat einen größeren Anteil?

138 / 345 = 0,4 = 40%
294 / 840 = 0,35 = 35%

Der eine hat 138 und hat 40% Anteil (von 345), der andere hat 294, aber nur 35% Anteil (von 840). Wenn man den Anteil ausrechnet, kann man die beiden Anteile besser vergleichen.

Zum Ausrechnen der Anteile braucht man die Prozentangabe. Die (höheren) Gesamtbeträge 345 oder 840 werden gleich 100% gesetzt.
Die (kleineren) Teilbeträge 138 und 294 werden durch die Gesamtbeträge geteilt, so bekommt man die vergleichbaren Anteile 40% und 35%.

Um den Anteil von einem krummen Betrag anschaulich zu machen, dafür also braucht man die Prozent-Angabe.

Prozentveränderungen
Prozentangaben können verwirren:
„*Der Umsatz ist um 20% gestiegen*" steht im Geschäftsbericht, wenn der Umsatz 240.000 Euro betrug und es im Vorjahr 200.000 Euro waren.
„*Der Umsatz ist um 17% zurückgegangen*" heißt es, wenn der Umsatz 200.000 Euro betrug und es im Vorjahr 240.000 Euro waren.

Hierbei beträgt die Steigerung 40.000 und der Rückgang ebenso 40.000. Dennoch sind die Angaben „plus 20%" und „minus 17%" richtig. Der Betrag der Steigerung wie des Rückgangs (40.000) wird auf den Vorjahresbetrag bezogen, und der ist mal 200.000, mal 240.000:

40.000 von 200.000 sind 20%,
40.000 von 240.000 sind 17%.

Bei Prozentangaben kommt es auf die Bezugsgröße an, hier auf den jeweiligen Vorjahresbetrag.

Zum Begriff Prozentpunkte:
a) Wenn der Umsatz von 250.000 Euro auf 280.000 Euro gestiegen ist, beträgt der Umsatzzuwachs 30.000 Euro, und das sind 12% mehr (30.000 durch 250.000 = 0,12 = 12%). *Der Umsatzzuwachs beträgt 12 Prozent.*

b) Wenn der geplante Umsatz 290.000 Euro sein sollte, wäre der Umsatzzuwachs 40.000 Euro gewesen. Das wären 16% mehr gewesen (40.000 durch 250.000). *Der geplante Umsatzzuwachs wäre 4 Prozentpunkte höher gewesen als der tatsächliche Umsatzzuwachs (von 12% auf 16% gleich 4 Prozentpunkte).*

Warum heißt es ‚Prozentpunkte'?
Wenn man Prozentangaben vergleicht und man meint den Unterschied zwischen 12% und 16%, dann sind es 4 Prozent*punkte*.

Der Prozent*anteil* 4% von 12% wäre ja 33% (4 durch 12 = 33%), aber das ist hier nicht gemeint.

Q

Quantitative Easing

Wörtlich heißt das mengenmäßige „Erleichterung" (oder „Lockerung").

Wenn der Leitzins bei null Prozent liegt, kann man den Zinssatz ja nicht weiter senken, also auf diesem Wege keine weitere Lockerung der Geldpolitik auslösen.

Das will man aber: Die Zentralbank will so viel Geld in die Märkte fließen lassen, dass keine Deflation entsteht, sondern die Inflation bei knapp 2% liegt.

Dann müssen Mittel des *Quantitative Easing* ran: Durch Ankauf von Anleihen kann man dann immer noch viel Geld in die Märkte fließen lassen, in der Hoffnung, dass man den gewollten Zielen näher kommt.[839] Die Inflation von 2% wurde inzwischen erreicht (im Juni 2018).

Professor Stefan Homburg (Universität Hannover) sagte dazu: „Sie können nicht längerfristige strukturelle Probleme mit Gelddrucken lösen."[840]

Siehe auch Artikel „Geldpolitik" in diesem Buch.

---

[839] Hans-Dieter Seibert: Englische Wirtschaftsbegriffe, S. 190.
[840] Philip Plickert: „Wenn es Geld vom Himmel regnet",
http://www.faz.net am 11.3.2016.

© Springer Fachmedien Wiesbaden GmbH, ein Teil von Springer Nature 2019
W. Klitzsch, *Grundbegriffe der Wirtschaft*,
https://doi.org/10.1007/978-3-658-27904-2_17

R

Rating

Rating ist die Bewertung der Kreditwürdigkeit von Unternehmen und Staaten.

Die Ratingagenturen ordnen die bewerteten Unternehmen und Staaten einer Risikogruppe zu, entweder einer guten oder einer weniger guten. Davon kann abhängen, wieviel Zinsen die Unternehmen und Staaten für aufgenommene Kredite bezahlen müssen. Besonders Kreditwürdige zahlen weniger Zinsen, da sie die Kredite mit Sicherheit zurückzahlen werden.

Wer schlechter beurteilt wird, muss mehr Zinsen bezahlen, weil das Risiko besteht, dass seine Rückzahlungen stocken oder ganz ausfallen. Wie so oft hat alles seinen Preis.

Es gibt nur wenige Ratingagenturen (Standard & Poors, Moodys, Fitch).

Die Ratingagenturen sind fehlbar wie alles auf der Welt und nicht unabhängig von der Finanzwirtschaft. Sie bekommen auch Aufträge von der Wirtschaft, so etwa im Vorfeld der Weltfinanzkrise, die 2007 begann. Sie haben Wertpapiere als gut eingestuft, die erhebliche Risiken hatten. Sie haben damit der Weltfinanzkrise den Boden bereitet[841] und haben dadurch eine Mitverantwortung für die Weltfinanzkrise.

---

[841] Markus Neumann: Banker verstehen, S. 184. Ebenso: Prof. Paul Krugman Ph.D. (Nobelpreisträger 2008): Die neue Weltwirtschaftskrise, S. 176. Ebenso: Prof. Joseph Stiglitz Ph.D. (Nobelpreisträger 2001): Im freien Fall, S. 32 und S. 132.

© Springer Fachmedien Wiesbaden GmbH, ein Teil von Springer Nature 2019
W. Klitzsch, *Grundbegriffe der Wirtschaft*,
https://doi.org/10.1007/978-3-658-27904-2_18

Realwirtschaft

Realwirtschaft ist die (große und ganze) Wirtschaft *ohne* den Finanzbereich.

Der *Finanzbereich* umfasst Banken, Sparkassen, Börsen, Kreditkartenfirmen, Zahlungsverkehrsdienstleister, Investmentfirmen, Hedgefonds und Fintech-Unternehmen.

Manche zählen auch *Versicherungen* zum Finanzbereich. Eine kurze Zeit gab es *Allfinanz*-Ideen, eine Einheit von Banken und Versicherungen. Davon spricht niemand mehr. Sie haben niemals wirklich zusammengehört. *Versicherungen gleichen Risiken aus*, in der Realwirtschaft sowie im privaten Bereich der Menschen – Sachschäden, Unfälle, Feuer, Gebäude- und Autoschäden und andere – alles kein Finanzbereich.

Rechtsformen

Jedes Unternehmen, das am Wirtschaftsleben teilnehmen will, muß eine Rechtsform wählen. Mit der Rechtsform sind gesetzlich geregelte Pflichten verbunden.

Das Existenzgründungsportal des Bundesministeriums für Wirtschaft und Energie hat die Rechtsformen im Internet zusammengestellt.[842]

Für Gewerbetreibende:
- Einzelunternehmen
- Offene Handelsgesellschaft (oHG)
- Gesellschaft mit beschränkter Haftung (GmbH)
- Unternehmensgesellschaft (haftungsbeschränkt) (UG, auch Mini-GmbH genannt)
- GmbH & Co. KG
- Kommanditgesellschaft (KG)
- Aktiengesellschaft (AG)

---

[842] www.existenzgruender.de am 26.6.2017

Kleingewerbetreibende (sind keine Kaufleute):
- Einzelunternehmen
- Gesellschaft bürgerlichen Rechts (GbR)

Freiberufler:
- Einzelunternehmen
- Gesellschaft bürgerlichen Rechts (GbR)
- Partnerschaftsgesellschaft (PartG)
- Partnerschaftsgesellschaft mit beschränkter Berufshaftung (PartG mbB)

Kooperationsmodell:
- eingetragene Genossenschaft

Außerdem:
- eingetragener Verein (e.V.)
- Versicherungsverein auf Gegenseitigkeit (VaG)
- Limited (Ltd.)
- Ltd. & Co. KG
- Stille Gesellschaft
- KG auf Aktien (KGaA)
- Societas Europaea (SE)
- Stiftung

Refinanzierung

Die *Refinanzierung* ist die Finanzierung der Finanzierung.

Wenn eine Bank Geld ausleiht, damit Unternehmen neue Gebäude oder Maschinen finanzieren können, dann muss sie sich dieses ausgeliehene Geld (oder einen Teil davon) auch selbst wieder beschaffen oder *refinanzieren* (durch hereinkommendes Geld, also Einnahmen, zum Beispiel durch Einlagen der Kunden, etwa Spareinlagen, Tages- und Termineinlagen).

Die Bank kann zwar auch *Geld schöpfen*, aber das hat Grenzen, die die Zentralbank setzt.[843]

---

[843] Siehe dazu den Artikel „Geld", dann im Abschnitt „Geldschöpfung" und im Abschnitt „Mindestreserve".

Reichensteuer

Eine Reichensteuer gibt es seit 2007. Es ist keine neue Steuer, sondern eine Steuersatzerhöhung für hohe Einkommen.

Wer ein zu versteuerndes Einkommen bis 260.532 Euro hat im Steuerjahr[844] 2018, muss 42% Steuern bezahlen (vorbehaltlich weiterer Ausnahmeregeln).

Wer 260.533 Euro versteuern muss, muss 45% Steuern zahlen, aber erst *ab* 260.533 Euro. Für das Einkommen vorher zahlt er auch 42% Steuern.[845]

Das heißt, die Reichensteuer belastet das Einkommen ab 260.533 Euro mit 3% mehr.

Für gemeinsam veranlagte Eheleute gilt der doppelte Euro-Betrag (des zu versteuernden Einkommens).

Im Jahr 2009 waren von der Reichensteuer etwa 58.000 Personen (0,2%) der Steuerpflichtigen betroffen. Das Steueraufkommen betrug 640 Millionen Euro im Jahr 2010.[846] Zum Vergleich: Die gesamten Steuereinnahmen in 2010 betrugen 530 Milliarden Euro; die Reichensteuer hatte also einen Anteil von 0,12% (640 / 530.000 = 0,12%).

REIT

REIT heißt *Real Estate Investment Trust*, auf Deutsch „Immobilienfonds". Solche Unternehmen sind amerikanische Immobilien-Aktiengesellschaften, die an der Börse notiert sind.

In Deutschland gibt es REITs erst seit 2007, allerdings sind erst fünf REITs an deutschen Börsen notiert. In den USA gibt es REITs seit 1960, Australien und europäische Länder folgten später.[847]

---

[844] Das Steuerjahr heißt auch Veranlagungszeitraum (VZ).
[845] Einkommensteuergesetz § 32a „Einkommensteuertarif".
[846] https://de.wikipedia.org am 15.4.2018.
[847] Markus Neumann: Banker verstehen, S. 121f.

Rekapitalisierung

Rekapitalisierung heißt allgemein die Wiederherstellung oder Wiederauffüllung des Eigenkapitals eines Unternehmens durch neues Kapital, wenn das Eigenkapital vermindert wurde.

Nach der Weltfinanzkrise 2007 bedeutet Rekapitalisierung auch die Ausstattung der *Banken* mit dem erforderlichen Eigenkapital durch den Sonderfonds Finanzmarktkapitalisierung (SoFFin). (Siehe Artikel „SoFFin" in diesem Buch)

Rendite

Die *Rendite* (auch *Rentabilität* genannt) ist der Gewinn, den das Kapital in einem Jahr in Euro und in Prozent erbringt. Beispiel:

Gewinn: 3.000 €

Kapital: 80.000 €

Rendite: 3.000 / 80.000 = 3,75%

(/ heißt dividieren)

Wenn der Gewinn als *Eigenkapitalrendite* ermittelt werden soll, muss er auf das Eigenkapital bezogen werden. Beispiel:

Gewinn: 3.000 €

Eigenkapital: 50.000 €

Eigenkapitalrendite: 3.000 / 50.000 = 6%

Da das Eigenkapital 50.000 Euro beträgt und das gesamte Kapital 80.000 Euro, sind 30.000 Euro Fremdkapital. Um die *Gesamtkapitalrendite* vollständig zu berechnen, sollte man auch die *Fremdkapitalzinsen* in die Berechnung einbeziehen. Die Fremdkapitalzinsen sind Ertrag des Fremdkapitals, aber nicht im Gewinn enthalten, sondern im Aufwand.[848] Beispiel:

Gewinn: 3.000 €

Fremdkapitalzinsen (FK):   1.200 €

Gewinn und FK-Zinsen: 4.200 €

Gesamtkapital: 80.000 €

Gesamtkapitalrendite: 4.200/80.000= 5,25%

---

[848] Siehe Prof. Dr. Günter Wöhe: Einführung in die Allgemeine Betriebswirtschaftslehre, S. 48.

Wenn der Gewinn als *Umsatzrendite* ausgewiesen werden soll, muss er auf den Umsatz bezogen werden. Beispiel:

Gewinn: 3.000 €
Umsatz: 110.000 €
Umsatzrendite: 3.000 / 110.000 = 2,7%

Return on Investment (ROI)

Return on Investment heißt „Rückfluss des investierten Kapitals" und ist ein Rendite-Kennzahlensystem, das vom Chemiekonzern DuPont 1919 entwickelt wurde.[849]

Beispiel:

Gewinn: 113
Gesamtkapital: 3.113
Return on Investment: 113 / 3.113 = 3,6%

In dieser einfachsten Form ist der ROI identisch mit der ersten Renditeberechnung wie oben (Gewinn durch Kapital gleich Rendite).

Eine erste Zerlegung bezieht den *Umsatz* ein:[850]
Der Gewinn wird auf den Umsatz bezogen und der Umsatz auf das investierte Kapital (nicht nur anwendbar auf das gesamte Unternehmen, sondern auch auf Geschäftsbereiche, Sparten, Produktgruppen und Produkte), das ergibt folgende *Formel*:

(Gewinn / Umsatz) mal (Umsatz / Kapital) = ROI

Der erste Teil der Zerlegung ist die *Umsatzrendite*:

Gewinn: 113
Umsatz: 3.823
Umsatzrendite: 113 / 3.823 = 2,96%

Die Umsatzrendite von 2,96% bedeutet, dass dem Unternehmen von 100 Euro Umsatz 2,96 Euro als Gewinn verbleiben. (Nach einer Umfrage in Deutschland glauben viele Menschen, dass die Unternehmen etwa 35% vom Umsatz als Gewinn behalten können; tatsächlich sind es nur 3% im Durchschnitt.)

---

[849] Siehe Prof. Dr. Günter Wöhe: Einführung in die Allgemeine Betriebswirtschaftslehre, S. 686 (16. Auflage) und S. 200 (26. Auflage).
[850] Prof. Dipl.-Kfm. Klaus Olfert: Investition, S. 34.

Der zweite Teil ist die Kapitalumschlagshäufigkeit:

Umsatz: 3.823
Gesamtkapital: 3.113
Kapitalumschlag: 3.823 / 3.113 = 1,23

Die Kapitalumschlagshäufigkeit bedeutet, dass das investierte Gesamtkapital im Jahr 1,23-mal umgeschlagen wurde. Anders ausgedrückt, mit 100 Euro investiertem Kapital wurden 123 Euro Umsatz im Jahr realisiert. (Das zeigt eine relativ hohe Kapitalbindung pro Jahr im Unternehmen, die erforderlich ist, um einen Umsatz zu erzielen, der nur 1,23-mal so hoch ist wie das eingesetzte Kapital.)

Wenn man die Kennziffern weiter zerlegt (gemäß Kennziffernsystem), ergeben sich weitere Detailergebnisse.

Wenn man die Ergebnisse der beiden dargestellten Teile multipliziert, ergibt sich natürlich wieder das schon oben dargestellte Ergebnis von 3,6% (da in der Formel der Umsatz herausgekürzt werden kann):

Umsatzrendite: 0,0296
Kapitalumschlag: 1,23
Return on Investment: 0,0296*1,23 = 3,6%
                       (* heißt multiplizieren)

Rendite immer pro Jahr

Die Rendite in Prozent wird immer *pro Jahr* angegeben, um mit anderen Anlagemöglichkeiten zu vergleichen. Wenn der Gewinn für drei Jahre bekannt ist, muss die Prozentangabe pro Jahr ermittelt werden:

Zeitraum: 3 Jahre
Gewinn in 3 Jahren: 1.600 €
Kapital am Anfang: 10.000 €
Kapital am Ende: 11.600 €
ergibt Rendite pro Jahr:[851]   5,07%

Dieselbe Rendite kann mit dem Kalkulationsprogramm Excel berechnet werden (Funktion ZINS):

---

[851] Rendite pro Jahr ermittelt mit dem Finanztaschenrechner HP 10bII.

Rendite pro Jahr	
berechnet mit Excel-Funktion	
Anfangskapital (€)	-10.000
Zeitraum (Jahre)	3
Ertrag nach 3 Jahren (€)	1.600
Kapital am Ende (€)	11.600
Rendite pro Jahr	5,07%

In einer eigenen Tabelle kann man die Entwicklung von den 10.000 Euro am Anfang des ersten Jahres bis zu den 11.600 Euro am Ende des dritten Jahrs nachvollziehen, dass der Zinssatz 5,07% zum richtigen Ergebnis führt:

	Kapital am Anfang und am Ende			
Jahr	Kapital am Jahresanfang	Zins-satz	Zinsen	Kapital am Jahresende
1	10.000,00	5,07%	507,18	10.507,18
2	10.507,18	5,07%	532,90	11.040,07
3	11.040,07	5,07%	559,93	11.600,00
	Summe:		1.600,00	

Die Rendite pro Jahr beträgt nicht 5,33% (1600 / 10000 / 3 (Jahre) = 5,33%), sondern 5,07% wegen des Zinseszinseffekts:[852]

Im ersten Jahr werden 10.000 Euro verzinst, im zweiten Jahr werden aber auch die Zinsen aus dem ersten Jahr mitverzinst, daher werden 10.507,18 Euro im zweiten Jahr verzinst. Im dritten Jahr werden zusätzlich die Zinsen des zweiten Jahrs mitverzinst, daher werden 11.040,07 Euro im dritten Jahr verzinst. Daraus ergeben sich jedes Jahr höhere Zinsen (im ersten Jahr 507,18 Euro, im zweiten Jahr 532,90 Euro und im dritten Jahr 559,93 Euro), zusammen 1.600 Euro.

Die Tabelle zeigt: Der Ertrag in 3 Jahren betrug 1.600 Euro, daraus ergibt sich eine durchschnittliche jährliche Rendite von 5,07%[853] (bei einem Kapital von 10.000 Euro am Anfang der 3 Jahre).

---

[852] Siehe Artikel „Zinseszins" in diesem Buch.
[853] Die durchschnittliche jährliche Rendite ist mathematisch identisch mit der durchschnittlichen jährlichen Wachstumsrate.

Rente

Eine *Rente* ist ein gleicher Betrag pro Monat oder pro Jahr. Er hat aber in der Praxis verschiedene Bedeutungen:

Altersrente

Meistens wird darunter die „Rente" verstanden, die man im Alter als Zahlung pro Monat bekommt, wenn die Berufstätigkeit beendet ist.

Die meisten Menschen bekommen eine *Altersrente* von der staatlichen Rentenversicherung, weil sie während des Berufslebens Beiträge zur Rentenversicherung gezahlt haben, meist indem ihre Firma, bei der sie angestellt waren, diese Beiträge an die staatliche Rentenversicherung abgeführt hat (weil das gesetzlich so geregelt ist).

Altersrenten gibt es auch von anderen Stellen, so
- eine *Betriebsrente* von privaten Unternehmen, wenn es vertraglich vereinbart wird,
- eine *Altersrente* aus beruflichen Organisationen, zum Beispiel für Rechtsanwälte oder Ärzte und andere Berufsgruppen,
- eine *Pension* für Beamte vom Staat.

Eine Altersrente kann man auch von einer *privaten Rentenversicherung* bekommen, wenn man einen privaten Versicherungsvertrag abschließt und die Beiträge regelmäßig selbst einzahlt.

Renten im Finanzbereich

Im Finanzbereich sind „Renten" Finanzanlagen mit einem gleichen Zahlungsbetrag pro Monat oder pro Jahr, die müssen aber nichts mit dem Alter zu tun haben. Der *Rentenmarkt* ist ein Teil des Finanzmarkts, dort werden *Rentenpapiere* gehandelt (gekauft und verkauft), das sind Wertpapiere, die einen gleichen (festen) Zinsbetrag auszahlen (deshalb auch „festverzinsliche Wertpapiere", sie heißen oft auch „Anleihen").

Rentenbarwertfaktor und Rentenendwertfaktor

Rentenendwertfaktor

*Beispiel: Sie zahlen 30 Jahre lang eine Rente von 1.200 Euro jährlich **nachschüssig** (immer am Ende des Jahres) auf ein Konto, das mit 4% verzinst wird. Wie hoch ist das Kapital nach 30 Jahren (der Rentenendwert)?*

Rentenzahlung (r):　　1200 €
jährlicher Zinssatz (i): 4% (= 0,04)
Zinsfaktor (q):　　　　$1 + i = 1 + 4\% = 1 + 0{,}04 = 1{,}04$
Jahre (n):　　　　　　30

1) Die Berechnung mit dem Finanztaschenrechner *HP12C* geht so: auf Taste n (Jahre) 30 eingeben, auf Taste i (Zinssatz) 4 eingeben und auf Taste PMT (Payment, Zahlung) -1200 (minus 1200) eingeben. Taste FV (Future Value, Endwert) drücken, das ergibt den Rentenendwert 67.302 Euro (wenn END eingestellt ist[854]).

Eingezahlt wurden 36.000 Euro (1.200 mal 30), durch die Zinsen sind also 31.302 Euro dazugekommen (67.302 minus 36.000 gleich 31.302). Das ist nicht viel bei 30 Jahren (das sind nur 47% des Endwerts), das liegt an dem (geringen) Zinssatz von 4%.

Mit 8% Zinssatz ergäbe sich ein Endwert von 135.940 Euro und ein Zinsbetrag von 99.940 Euro (135.940 minus 36.000 gleich 99.940), was 74% des Endwerts wäre. Der Endwert wäre *doppelt* so hoch (135.940 durch 67.302 gleich *2*), der Zinsbetrag wäre *dreimal* so hoch (99.940 durch 31.302 gleich *3*).

---

[854] END heißt, die Zahlungen erfolgen immer am Ende der Perioden (nachschüssig). Wenn BEGIN eingestellt ist, erfolgen die Zahlungen immer am Beginn der Perioden (vorschüssig). Danach richtet sich die Verzinsung: bei Beginn wird die erste Periode verzinst. Bei nachschüssiger Zahlung wird erst die zweite Periode verzinst, die erste nicht, das Geld war ja noch gar nicht da.

2) Berechnet mit dem PC-Tabellenkalkulationsprogramm *Excel* und der Funktion ZW (Zukünftiger Wert, Endwert) beträgt der Rentenendwert ebenso 67.302 Euro.

3) Der Rentenendwert kann auch mit dem *Rentenendwertfaktor*[855] berechnet werden, das ist eine Formel, das geht nicht anders. Dabei müssen Sie q = 1,04 dreißigmal mit sich selbst multiplizieren, das geht mit dem Finanztaschenrechner oder dem PC-Kalkulationsprogramm, es geht auch mit einem normalen Taschenrechner (aber genau bis dreißig zählen!) oder auf dem Papier (aber mühsam).

Rentenendwertfaktor (REF): $(q^n - 1) / i$
In diesem Beispiel:
$$= (1,04^{30} - 1) / 0,04$$
$$= (3,2434 - 1) / 0,04$$
$$= 2,2434 / 0,04$$
$$= 56,0849 \ (REF)$$

Rentenendwert:
Rentenzahlung (r) * REF
$$= 1200 * 56,0849$$
$$= 67302 \ €$$

Dreißigmal q = 1,04 mit sich selbst multiplizieren, also q^{30} (q hoch 30) zu berechnen, geht auf dem Finanztaschenrechner HP12C einfach: 1,04 eingeben und ENTER-Taste drücken, 30 eingeben und die Taste y^x drücken, das ergibt 3,2434. (Die Anzeige muss dafür auf 4 Stellen hinter dem Komma eingestellt sein, einfach die gelbe f-Taste drücken und dann die 4 eingeben.)

Rentenbarwertfaktor
Beispiel: Sie zahlen einem Verwandten 10 Jahre lang einen Zuschuss für Schule und Studium von 6.000 Euro jährlich **vorschüssig** *(zahlbar also zu Jahresbeginn). Wieviel Kapital müssen Sie am Anfang der 10 Jahre (Rentenbarwert) bereit stellen, wenn das Kapital mit 3% verzinst wird?*

jährliche Zahlung (r):	6000 €
jährlicher Zinssatz (i):	3% (= 0,03)
Zinsfaktor (q):	1 + i = 1,03
Jahre (n):	10

---

[855] Siehe Prof. Dr. Lutz Kruschwitz: Finanzmathematik, S. 50.

1) Die Berechnung mit dem Finanztaschenrechner *HP12C* geht wieder so: auf Taste n (Jahre) 10 eingeben, auf Taste i (Zinssatz) 3 eingeben und auf Taste PMT (Payment, Zahlung) -6000 eingeben. Taste PV (Present Value, Barwert) drücken, das ergibt den Rentenbarwert 52.717 Euro (wenn BEGIN eingestellt ist, siehe Fussnote auf der vorigen Seite zu END).

   Ausgezahlt wurden in 10 Jahren 60.000 Euro (6.000 mal 10). Die Differenz von 7.283 Euro (60.000 minus 52.717) sind die Zinsen, die die Bank in den 10 Jahren dazugezahlt hat.

   Mit 8% Zinssatz ergäbe sich ein Barwert von 43.481 Euro und ein Zinsbetrag von 16.519 Euro. Der bereit zu stellende Barwert wäre bei 8% Zinssatz um 9.236 Euro geringer (52.717 minus 43.481 gleich 9.236 Euro), der Zinsbetrag wäre *doppelt* so hoch (16.519 durch 7.283 gleich 2).

2) Berechnet mit dem PC (Excel-Funktion Barwert) beträgt der Rentenbarwert ebenso 52.717 Euro.

3) Die Finanzmathematik hat natürlich auch einen Rentenbarwertfaktor[856] (hier vorschüssig), um den Rentenbarwert zu berechnen:

   Rentenbarwertfaktor (RBF): $(q * (q^n - 1)) / (i * q^n)$
   In diesem Beispiel: $= (1{,}03 * (1{,}03^{10} - 1)) / (0{,}03 * 1{,}03^{10})$
   $\quad\quad\quad\quad\quad = (1{,}03 * (1{,}34392 - 1)) / (0{,}03 * 1{,}34392)$
   $\quad\quad\quad\quad\quad = (1{,}03 * 0{,}34392) / 0{,}04032$
   $\quad\quad\quad\quad\quad = 0{,}35429 / 0{,}04032$
   $\quad\quad\quad\quad\quad = 8{,}786109 \ (RBF)$
   Rentenbarwert: jährliche Zahlung (r) * RBF
   $\quad\quad\quad\quad\quad = 6000 * 8{,}786109$
   $\quad\quad\quad\quad\quad = 52717 \ €$

(Wenn alle Berechnungen mit allen Kommastellen gespeichert werden, ist das Ergebnis korrekt. Mit zu wenig Kommastellen gibt es kleine Abweichungen.)

---

[856] Siehe Prof. Dr. Lutz Kruschwitz: Finanzmathematik, S. 61.

Rentenmarkt

Mit *Rentenmarkt* ist ein Teil des Kapitalmarkts gemeint, an dem *Renten(papiere)* öffentlich gehandelt werden.

Sie werden auch *Anleihen, Obligationen* oder *Bonds* genannt. Sie sind Zinsinstrumente und leicht handelbar.

Abgrenzung: Stellen die Zinsinstrumente zweiseitige Verträge dar, die kaum handelbar sind, sind es *Darlehen* oder *Kredite*.[857]

Rentenversicherung

Die *Rente* ist eine Altersrente, ein monatlicher Geldbetrag, den man im Alter bekommt, wenn man nicht mehr arbeiten muss oder kann.

Die *Rentner* bekommen die Rente monatlich (wie früher im Arbeitsleben monatlich ihren Lohn oder ihr Gehalt), damit sie ihren Lebensunterhalt bestreiten können (damit sie das bezahlen können, was sie brauchen und noch etwas mehr).

Die *Rentenversicherung* sorgt dafür, dass Rentner eine Rente bekommen, wenn sie nach Ende ihres Arbeitslebens nicht mehr arbeiten und deshalb keinen Lohn oder kein Gehalt mehr bekommen.

Voraussetzung ist aber, dass die heutigen Rentner als frühere Arbeiter und Angestellte, als sie noch Arbeit hatten und Lohn oder Gehalt bekamen, einen Teil ihres Lohns oder Gehalts an die Rentenversicherung bezahlt haben, damit die damaligen Rentner auch eine Rente bekommen konnten.

Wer zahlt die Rente? Die Rentenversicherung zahlt die Rente an die Rentner. Aber woher bekommt sie das Geld dafür? Der größte Teil der Rente (etwa drei Viertel) kommt von den Menschen, die jetzt arbeiten, die also zwischen 15 Jahre und 67 Jahre alt sind und eine Arbeit haben, für die sie Lohn oder Gehalt bekommen.

---

[857] Siehe Prof. Dr. Klaus Spremann und Prof. Dr. Pascal Gantenbein: Finanzmärkte, S. 124.

Von diesem Lohn oder Gehalt müssen sie einen Teil an die Rentenversicherung abgeben, das ist Gesetz. Sie haben dann also etwas weniger Geld von ihrem Lohn oder Gehalt. Dafür bekommen sie später auch eine Rente, wenn sie alt sind und nicht mehr arbeiten.

Das nennt man *Generationenvertrag*: die Alten bekommen eine Rente, die Jungen (die Erwerbstätigen, die eine Arbeit haben) bezahlen die Rente.

„*Die Rente ist sicher*" sagte einst Bundesarbeitsminister Blüm.[858] Aber die Höhe des Geldbetrags der Rente hat er nicht gemeint, nur dass es sie sicher geben wird.

Aber wie hoch wird sie in der Zukunft sein? Die Rentner werden immer mehr, da die Menschen länger leben. Die arbeitende Bevölkerung wird immer weniger, weil weniger Kinder geboren werden, aber sie muss die Rente verdienen, die die Rentner bekommen.

Denn bei der staatlichen Rente wird kaum angespart, es geht von der Hand in den Mund: Die Berufstätigen zwischen Alter 15 und 67 verdienen das Geld, und die Rentenversicherung gibt die Rentenbeiträge flugs weiter an die Rentner. Das nennt man *Umlageverfahren*.[859]

Die Rentner haben es also nur gut, wenn genug Rente erarbeitet wird, also wenn die Wirtschaft floriert; was man für Deutschland bisher sagen konnte und worauf wir auch in Zukunft bauen.

Lebensarbeitszeit

Als der Reichskanzler Bismarck im Jahre 1889 die Rentenversicherung einführte, bekam man die Rente ab Alter 70. Die meisten Menschen damals bekamen keine Rente, weil sie mit 70 bereits gestorben waren.

Später wurde das Rentenalter auf 65 herabgesetzt und es bekamen mehr Menschen eine Altersrente. Heutzutage leben die Menschen meist viel länger, daher bekommen auch viel mehr Menschen eine Rente.

---

[858] Michael Braun Alexander: So geht Geld, S. 77.

[859] Gegenteil ist das Kapitaldeckungsverfahren, dabei werden die monatlichen Beiträge angespart und verzinst, bis sie im Alter als Rente oder einmaliger Kapitalbetrag ausgezahlt werden.

Die Deutsche Rentenversicherung hat zurzeit 50 Millionen Rentenversicherte und 21 Millionen Rentner.[860]

Aber es wird nicht funktionieren, wenn die Menschen immer älter werden und das Renteneintrittsalter bei 67 oder gar bei 65 stehen bleibt. Das werden wir nicht bezahlen können, dafür ist die Anzahl der Arbeitenden zu gering, während die Zahl der Rentner weiter steigt.

Da die Menschen länger gesund bleiben und länger leben, muss natürlich auch die Lebensarbeitszeit länger werden und das Renteneintrittsalter höher gesetzt werden. Auch das Alter 70 wird nicht ausreichen, wenn die Menschen immer älter werden, die Rente wird später beginnen müssen.

Wer bezahlt die Renten?

Alle denken, die Renten werden von den aktuellen erwerbstätigen Menschen aufgebracht. Dabei bezahlt ein Viertel der heute ausgezahlten Renten der Staat, also der Bundeshaushalt. Und wer ist das in Wirklichkeit? Das sind die Steuerzahler, die zahlen schon ein Viertel der Rente.[861]

Zum Teil also eine steuerfinanzierte Rente. Genau genommen ist das zum Teil keine Versicherung mehr, denn eine Versicherung wird eigentlich getragen von den Einzahlungen der versicherten Beitragszahler.

Im Entwurf des Bundeshaushalts für 2019 sind 98 Milliarden Euro als Rentenzuschuss vorgesehen.[862] Der gesamte Bundeshaushalt für 2019 umfasst 356 Milliarden Euro. Damit fließen schon 27 Prozent des Bundeshaushalts in die Altersrenten. Und das soll in der Zukunft noch steigen. Wenn das man gut geht.

---

[860] „Wechsel in der Rentenversicherung", FAZ vom 7.12.2016, S. 24.
[861] Dietrich Creutzburg: „Bald 100 Milliarden Euro Steuerzuschuss für die Rente", www.faz.net vom 14.6.2017.
[862] „Scholz reagiert auf Trump mit der Vision dauerhaft hoher Renten", FAZ vom 7.7.2018, S. 22.

Repo-Geschäfte

Ein *Repo-Geschäft* ist eine Rückkaufvereinbarung und damit ein kurzfristiges Finanzierungsinstrument. Es handelt sich um ein Wertpapierpensionsgeschäft: die Wertpapiere werden verkauft mit der Pflicht, Wertpapiere gleicher Gattung und Menge zu einem späteren Zeitpunkt zurückzukaufen. Die Wertpapiere gehen also zwischendurch mal woanders „zur Pension".

Der Zinssatz eines Repo-Geschäfts heißt *Reposatz*.

Die *Laufzeit* beträgt oft nur ein paar Tage, höchstens bis zu einem Jahr.

Der Repo-Markt ist ein Teil des Geldmarkts. Das Repo-Geschäft ist ein wichtiges geldpolitisches Instrument der Notenbank, mit dem sie die Liquidität am Geldmarkt steuert. Die Notenbank kann Liquidität *zuführen*, indem sie als Geldgeberin auftritt, und Liquidität *abschöpfen*, indem sie als Geldnehmerin auftritt.[863]

---

[863] Quelle: Schweizer Nationalbank.

Rezession

Jede Rezession wurde von einem deutlichen Anstieg des Zins-niveaus ausgelöst.[864]

Eine *Rezession* ist der Rückgang des realen Bruttoinlands-produkts (BIP) in zwei Quartalen hintereinander.

Als 1966/67 die Konjunktur zum ersten Mal nach dem zweiten Weltkrieg schwächer wurde, war es noch keine Rezession, sondern eine *Stagnation* (weil es nur *ein* Quartal war).

Die erste Rezession gab es 1974/75 als Folge der ersten Ölkrise 1973. Das reale BIP ging um 1% zurück.[865]

Wie kommt man aus einer Rezession wieder heraus? Oder passiert das ganz von allein?

Professor Erich Preiser schrieb dazu 1967: „Die Wirtschaft pendelt zwischen Überspannung und Depression, und was schlimmer ist: beide tendieren dahin, sich zu verstärken."[866]

Wenn eine Rezession heraufzieht, reagiert jeder einzelne für sich vernünftig: er hält sich zurück, er gibt weniger aus, er spart mehr. Das ist für ihn persönlich vernünftig, für die ganze Wirtschaft ist es falsch. Dadurch verstärkt sich die Rezession und dauert länger.

Die Wirtschaftspolitik ist also aufgerufen, der Rezession entgegenzuwirken, durch Zinssenkung, mehr Liquidität (mehr Geld im Umlauf) und Belebung der Wirtschaft.

Zum Thema „Konjunktur" lesen Sie bitte auch den Artikel „Konjunktur" in diesem Buch.

---

[864] Siehe Prof. Dr. Peter Bofinger: Grundzüge der Volkswirtschaftslehre, S. 404.
[865]Ebenda, S. 289f.
[866] Prof. Dr. Erich Preiser: Nationalökonomie heute, S. 124.

Riester-Rente

Die Riester-Rente ist eine *zusätzliche* Altersrente (zusätzlich zur gesetzlichen Altersrente), die nach dem Bundesarbeitsminister Riester benannt wurde.[867]

Sie entstand 2001, als die Bundesregierung das Niveau der gesetzlichen Rente absenkte. Um die abgesenkte gesetzliche Rente aufzubessern, wurde die Riester-Rente eingeführt. Das alte Rentenniveau wird damit aber kaum wieder erreicht, die Riester-Rente ist ein eher kleiner Baustein der gesamten Altersrente.

Die Riester-Rente wird mit *eigenen* Beitragszahlungen gebildet, dafür wird sie vom Staat gefördert, durch *Zulagen* und *Steuervorteile*. Die meisten Bundesbürger sind berechtigt, die Riester-Rente zu beantragen, und *sie lohnt sich auch* für die meisten.[868]

Riester-Verträge sind eine *sichere* Anlage. Bei staatlichen Leistungen nach Hartz IV bleiben Riester-Guthaben unberücksichtigt, sie werden nicht angerechnet und werden auch nicht gepfändet. Die Riester-Ersparnisse dürfen auch nicht unter die Summe der eingezahlten Beiträge sinken, egal welche Krisen kommen.

Inzwischen gibt es 16,6 Millionen Riester-Verträge. Selbstständige, die nicht rentenversicherungspflichtig sind, und Freiberufler, die berufsständisch pflichtversichert sind, können die Riester-Rente nicht abschließen. Sie sollten im Artikel „*Rürup-Rente*" (heißt auch „*Basis-Rente*") in diesem Buch nachlesen.

Allerdings ist die Riester-Rente *kompliziert*. Und dazu sind die fälligen Gebühren der Anbieter manchmal hoch und intransparent dazu.[869]

Und wenn das Leben mal quer läuft und Sie Geld brauchen, hilft Ihnen die Riester-Rente wenig. Wenn Sie dennoch Geld zurückhaben wollen, müssen Sie dann eher noch einiges Geld

---

[867] Michael Braun Alexander: So geht Geld, S. 87ff.
[868] Prof. Dr. Axel Börsch-Supan: Kein großer Wurf, Interview in der Zeitschrift „Capital" 04/2017, S. 117.
[869] Eine Vergleichsliste finden Sie in der Zeitschrift „Capital" 04/2017 ab Seite 120.

an Zulagen und Steuervergünstigungen zurückzahlen, gerade dann, wenn man das Geld braucht. Man sollte die Riester-Rente also am besten laufen lassen und nicht anrühren.

Die Riester-Rente ist eine *Leibrente*, sie wird gezahlt bis ans Lebensende. Ab dem 60. Geburtstag kann man Kapital entnehmen, aber nur bis zu 30 Prozent des angesparten Kapitals, weil die Rente eine Leibrente bleiben soll. Auch das Vererben der Rente ist schwierig.

Im Ruhestand muss die Riester-Rente *versteuert* werden, sie ist ja ein Einkommen. Da man als Rentner meist ein geringeres Einkommen hat als in der Berufszeit, ist das günstiger (als das Einkommen in der Berufszeit zu versteuern und dann vom versteuerten Einkommen die Rentenbeiträge abzuführen – wie es früher war).

Wenn Sie einen Riester-Vertrag abschließen wollen, haben Sie die Wahl zwischen verschiedenen Varianten:
- Riester-Banksparpläne
- Riester-Baudarlehen (Wohn-Riester)
- Riester-Bausparverträge
- Riester-Fondspolicen
- Riester-Fondssparpläne
- Riester-Rentenversicherungen

Riester-Banksparpläne sind im Zweifel am besten geeignet nach Meinung der Stiftung Warentest/Finanztest. Allerdings bieten nur noch wenige Banken die Riester-Banksparpläne an – ist wohl zu aufwendig.

Riester-Bausparverträge sind geeignet, wenn Sie wirklich bauen wollen.

Riester-Fondspolicen werden von privaten Rentenversicherungen angeboten, die Beiträge der Kunden fließen ganz oder teilweise in Fonds. Diese Variante bietet Renditechancen, ist aber auch oft teurer.

Riester-Fondssparpläne sollten eine Laufzeit von 30 Jahren haben. Sie nutzen die Renditechancen von Aktienfonds vor allem in den jungen Jahren der Sparer und schichten die Anlagegelder später in Rentenfonds um. Bei Fonds kann man während der Ansparphase (während Alter von 35 bis 65) aber auch mal ins Minus kommen. (Bei allen Riester-Verträgen gilt: die eingezahlten Beiträge und die Zulagen sind sicher.)

Riester-Rentenversicherungen sollten bis zum Ende der Laufzeit eingehalten werden, damit sie sich lohnen. Sie werden öfter als relativ teuer berichtet, also ein Angebot mit geringen Kosten auswählen.[870]

Riester-Baudarlehen (Wohn-Riester) sind wegen der hohen Förderung vom Staat für die Eigenheimfinanzierung erste Wahl.[871] Allerdings darf der Sparer sein Haus nicht verkaufen, sonst werden Zulagen und Steuervorteile zurückverlangt (oder er muss bald ein neues Haus kaufen).[872]

Achten Sie besonders auf die *Kosten* einer Variante, da gibt es Gebühren und Provisionen, die schon viel Ärger verursacht haben.

Seit 2017 gibt es für Neukunden einer Riester-Rente ein *Produktinformationsblatt,* das vom Bundesfinanzministerium erarbeitet wurde. Es sollte einen leichten Produktvergleich ermöglichen, die Erwartungen werden aber nicht eingelöst. Die Produktinformationsblätter „bringen keinen Durchbruch bei der Akzeptanz" und „sind für einen Durchschnittskunden immer noch schwer zu verstehen".[873]

---

[870] Markus Neumann: Banker verstehen, S. 128ff.
[871] Ebenda, S. 167ff.
[872] Daniel Mohr: „Riester lebt!", FAZ vom 5.8.2017, S. 31.
[873] Prof. Dr. Axel Börsch-Supan: „Kein großer Wurf", Interview in der Zeitschrift „Capital" 04/2017, S. 117.

Risiko

Risiko heißt, es könnte einen Schaden oder Verlust geben oder ein Vorteil ausbleiben.

Risikoverzicht

Wer ein Risiko eingeht, sollte vorher das Risiko einschätzen. Wenn ein Unternehmer bei einem Geschäft nach vernünftiger Einschätzung 2 Millionen Euro verdienen könnte, aber im schlechtesten Fall auch 5 Millionen Euro verlieren könnte, während sein Eigenkapital 4 Millionen Euro beträgt, sollte er von diesem Geschäft Abstand nehmen, er könnte sonst seine Existenz verlieren.

Bei allen Geschäften, die Ertrag oder Verlust erheblich verändern könnten, sollte man eine vernünftige und gründliche Risikoeinschätzung vornehmen.

Risikostreuung

„Lege nicht alle Eier in einen Korb" wusste schon Oma. Das heißt heute gerne *Diversifikation;* also die Geschäfte verteilen, mit vielen Kunden Geschäfte machen, nicht nur einen Kunden haben, weitere Kunden dazugewinnen.

Risikoüberwälzung

Die Feuerversicherung gab es in Hamburg schon um 1676: Ein paar Häuser brannten jedes Jahr, aber man wusste nicht, welche. Wenn aber alle Hausbesitzer Beiträge zur Feuerversicherung zahlen, ist es für alle billig und jeder hat den Versicherungsschutz.

Rohergebnis

Das Rohergebnis ist ein Zwischenergebnis (und noch nicht das Endergebnis).

Es gibt verschiedene Begriffsinhalte:

1) Umsatzerlöse – Materialaufwand = Rohergebnis

2) Umsatzerlöse – Material- und Personal-Aufwendungen = Bruttoergebnis (= Rohergebnis)

3) Definition des HGB § 276:
   Umsatzerlöse
   +/- Bestandsveränderungen
   + andere aktivierte Eigenleistungen
   + sonstige betriebliche Erträge
   - Materialaufwand
   = Rohergebnis

Das dargestellte Rohergebnis nach HGB gilt für das Gesamtkostenverfahren (GKV). Das Rohergebnis für das Umsatzkostenverfahren (UKV) weicht vom GKV inhaltlich ab.[874]

---

[874] Siehe Prof. Dr. Jörg Baetge, Prof. Dr. Hans-Jürgen Kirsch und Dr. Stefan Thiele: Bilanzen, S. 630f.

Rücklagen

Rücklagen sind (Teil des) Eigenkapital(s).

Gewinnrücklagen

Gewinnrücklagen entstehen aus dem Jahresüberschuss, soweit er einbehalten wird und nicht ausgeschüttet wird (nach HGB § 272 Absatz 3).

Bei Aktiengesellschaften und Versicherungsvereinen auf Gegenseitigkeit muss eine *gesetzliche Rücklage* gebildet werden (nach Aktiengesetz § 150).

Kapitalrücklagen

Kapitalrücklagen entstehen bei einer Kapitalerhöhung, wenn ein Betrag über den Nennbetrag erzielt wird, und bei weiteren Maßnahmen nach HGB § 272 Absatz 2.

Der Nennbetrag einer Kapitalerhöhung (etwa 10 Millionen Euro) wird dem gezeichneten Kapital zugeführt. Wenn bei der Kapitalerhöhung 15 Millionen Euro eingenommen werden, wird der Betrag von 5 Millionen Euro (Betrag über dem Nennbetrag) der Kapitalrücklage zugeführt.

Die Einnahme von 15 Millionen Euro kommt daher, dass der Ausgabekurs der Kapitalerhöhung (der Preis) zu 150% angeboten und akzeptiert wurde: 100% Nennbetrag der Kapitalerhöhung, 50% Agio (Aufschlag).

Rückstellungen

Rückstellungen sind ungewisse Verbindlichkeiten.[875]

Verbindlichkeiten sind Schulden, bei denen der zu zahlende Betrag feststeht (deshalb sind sie verbindlich).
Bei Rückstellungen steht der zu zahlende Betrag nicht fest, er ist ungewiss. Ebenso ungewiss ist, wann er fällig wird und ob er überhaupt fällig wird.

Wenn es nicht sicher, aber wahrscheinlich oder gut möglich ist, dass ein Geldbetrag später mal gezahlt werden muss, muss in der Buchhaltung eine Rückstellung gebildet werden. Der Unternehmer ist durch das Handelsrecht verpflichtet, die Buchhaltung und Bilanzierung vorsichtig zu erstellen; er muss daher eine Zahlung als Rückstellung buchen, auch wenn es gar nicht sicher ist, dass die Zahlung erfolgen muss; es reicht schon, dass die Zahlung wahrscheinlich erfolgen muss. Der Unternehmer muss also vorsichtig sein und für ein Risiko vorsorgen (das ist ein altes kaufmännisches Prinzip).

Beispiel Prozess:
Wenn eine Firma verklagt wird, um einen Betrag zu bezahlen, und wenn eine Zahlung aus dieser Klage wahrscheinlich oder auch nur möglich erscheint, muss die Firma eine Rückstellung bilden in Höhe des Betrags, der zu zahlen wäre. Der Betrag muss geschätzt werden, denn der Betrag ist noch nicht bekannt. Auch wann der Betrag zu zahlen ist, ist nicht bekannt.

Beispiel Autounfall:
Wenn einer Versicherung ein Autounfall gemeldet wird, den jemand verursacht hat, der bei ihr versichert ist, schätzt sie den Aufwand dieses Unfalls und gibt ihn in ihr Computersystem ein. Damit wird sogleich eine Schadenrückstellung gebucht.

---

[875] So definiert das HGB in § 249.

Mit dieser Unfallmeldung hat die Versicherung das Risiko gemeldet bekommen, dass sie diesen Unfall eventuell bezahlen muss. Es steht noch nicht fest, dass sie ihn bezahlen muss, es kann aber so kommen. Auch der genaue Aufwand steht noch nicht fest, und auch nicht, wann zu zahlen ist. Bekannt ist nur, dass ein Anspruch bestehen könnte. Das ist ein typischer Fall für die notwendige Bildung einer Rückstellung.

Was heißt „eine Rückstellung bilden"?
Wenn eine Firma eine Rückstellung bildet, hat sie in ihrer Buchhaltung einen Betrag gebucht, der für diesen Schaden reserviert ist. Dieser Betrag wird in der Buchhaltung als Rückstellung geführt. Die Bildung der Rückstellung kann natürlich nicht aus der Luft gegriffen werden: In gleicher Höhe wie der Rückstellungsbetrag steht jetzt in der Buchhaltung ein Betrag unter dem Aufwand (das sind also Kosten). Um diesen Betrag mindert sich das Ergebnis der Firma in diesem Jahr, also der Gewinn.

Wenn die Rückstellung am Jahresende noch besteht (weil zum Beispiel der Autounfall noch nicht erledigt ist), steht diese Rückstellung mit anderen Rückstellungen auf der Passivseite der Bilanz. Das ist Fremdkapital. Alle Rückstellungen sind Fremdkapital.

Rückversicherung

Die Rückversicherung ist die Versicherung der Versicherungen.

Auch Versicherungen versichern sich: Eine Versicherung versichert Schäden ihrer Kunden, zum Beispiel in der Kfz-Haftpflichtversicherung über 100 Millionen Euro Versicherungssumme. Einen Teil der 100 Millionen Euro versichert sie bei anderen Versicherungen, den Rückversicherungen, so dass sie selbst nur einen Teil der jeweiligen Schadenbeträge übernimmt; wenn ein Schadenfall eintritt, übernimmt der Rückversicherer seinen Anteil.

Rürup-Rente

Die *Rürup-Rente*, auch *Basisrente* genannt, wurde 2005 eingeführt und nach Professor Rürup benannt. Sie ist gedacht für Selbstständige und Freiberufler, die die Riester-Rente nicht erhalten können.

Die Rürup-Rente ist *kapitalgedeckt*, der Beitragszahler bildet aus seinen Beiträgen Kapital, aus dem er im Alter eine Rente bezieht.[876]

Der Staat fördert die Rürup-Rente, indem die Vorsorge-Beiträge zur Rente vom Einkommen abgezogen werden und damit in der Berufszeit nicht versteuert werden müssen. Im Rentenalter dagegen müssen die Rentenzahlungen *versteuert* werden, was günstiger ist, weil die Rentner ein niedrigeres Einkommen haben und daher weniger Steuern zahlen müssen als in ihrer Berufszeit.

Die Vorsorge-Beiträge, die man zur Rürup-Rente *steuerlich abziehen* kann, sind recht hoch, so dass die Rürup-Rente attraktiv ist für die, die gut verdienen und daher sonst erhebliche Einkommensteuerbeträge zahlen müssten.

Nachteile: Die Rürup-Rente gibt es nur als Rente, eine Kapitalzahlung ist ausgeschlossen. Auch vererben kann man sie schwer und auch nicht als Kapital verschenken, etwa an Frau oder Kinder. Die Rürup-Rente ist unverkäuflich, also nicht liquide zu machen. Man kann sie nicht beleihen, was zum Beispiel bei Lebensversicherungen möglich ist; die Rürup-Rente kann allerdings auch nicht (in der Berufszeit) gepfändet werden. Die Rürup-Rente ist kein Notgroschen, man kommt nicht ans Geld, wenn man es mal braucht.

Sie hat aber auch einen Vorteil: Selbst wenn man als Selbstständiger pleite geht (und das Geld gebraucht hätte), die Rürup-Rente bleibt ihm als Rente. Wenn er erst Rentner ist, wird's ihn freuen.

Nützt aber nicht viel: die Rürup-Rente wird selten abgeschlossen.

---

[876] Siehe Michael Braun Alexander: So geht Geld, S. 99ff.

S

Sachverständigenrat

Der „Sachverständigenrat zur Begutachtung der gesamtwirtschaftlichen Entwicklung" (SVR) heißt auch „Rat der
Wirtschaftsweisen".

Den Rat gibt es seit 1963 auf Vorschlag von Professor
Ludwig Erhard, damals deutscher Bundeswirtschaftsminister.
Der Rat hat fünf Mitglieder (Wirtschaftsprofessoren), die die
Bundesregierung vorschlägt und der Bundespräsident beruft,
auf fünf Jahre jeweils.

Der Rat erstellt ein Jahresgutachten über die Wirtschaftslage
und die wirtschaftliche Entwicklung (im November jeweils). Er
untersucht,
1. wie die Stabilität des Preisniveaus,
2. ein hoher Beschäftigungsstand
3. und das außenwirtschaftliche Gleichgewicht
4. bei stetigem und angemessenem Wirtschaftswachstum
   (magisches Viereck[877])
gewährleistet werden können.

Dabei soll der Rat die *Bildung* und die Verteilung von *Ein-
kommen* und *Vermögen* einbeziehen, die Ursachen von
Spannungen zwischen *Nachfrage und Angebot* aufzeigen und
Fehlentwicklungen und deren Beseitigung aufzeigen.[878]

---

[877] Die **vier Ziele der Wirtschaftspolitik** sind magisch (also
Zauberei), weil alle zusammen kaum unter einen Hut zu bringen sind.
[878] Quellen: Wirtschaftswoche vom 25.9.2015, S. 33, und
https://www.sachverstaendigenrat-wirtschaft.de am 27.10.2017.

© Springer Fachmedien Wiesbaden GmbH, ein Teil von Springer Nature 2019
W. Klitzsch, *Grundbegriffe der Wirtschaft*,
https://doi.org/10.1007/978-3-658-27904-2_19

Saldo

Saldo stammt aus dem Italienischen und ist der Unterschied (die Differenz) zwischen den beiden Seiten eines Kontos.

Den Saldo braucht man, wenn man den Jahresabschluss erstellen will, dann werden alle Konten abgeschlossen, sie werden nicht mehr bebucht, das Ergebnis pro Konto ist *saldiert* und damit *ausgeglichen*.

Saldieren bedeutet, die Zahlen auf beiden Seiten des Kontos zu addieren und dann die Differenz der beiden Summen fest-zustellen: das ist der *Saldo*. Er ist das Ergebnis des Kontos.

Kundenkonto			
Kundenname: Werner Müller			
Warenausgänge	**Euro**	**Zahlungseingänge**	**Euro**
Lieferung M1 25.3.2018	**-46,50**	Zahlung M1 am 7.4.2018	46,50
Lieferung M2 3.4.2018	**-378,00**	Zahlung M2 am 11.4.2018	378,00
Lieferung M3 18.4.2018	**-235,70**	Zahlung M3 am 3.5.2018	235,70
Lieferung M4 6.6.2018	**-115,00**		
Summe:	**-775,20**	Summe:	660,20
		Saldo:	**-115,00**

Der Saldo wird beim Jahresabschluss als Abschlusssaldo in die Bilanz oder in die Gewinn- und Verlustrechnung übertragen. Damit ist der Inhalt des Kontos als verdichtete Information, reduziert auf eine Zahl, im Jahresabschluss enthalten.

Schadenversicherung

Die ersten Schadenversicherungen waren *Feuerversicherungen*; die Hamburger Feuerkasse wurde 1676 gegründet.[879]

Das Prinzip war: Wenn in jedem Jahr *einige* Häuser niederbrennen, aber *alle* oder *viele* Hausbesitzer die Schäden in einem Jahr bezahlen (durch den Versicherungsbeitrag), dann hat jeder einen relativ kleinen Betrag pro Jahr zu bezahlen, aber alle haben den Schutz vor der Gefahr des Vermögensverlusts durch ein niedergebranntes Haus. Also:

Viele zahlen einen Beitrag,

wenige haben Schäden,

die von *allen* Beiträgen bezahlt werden.

Manchmal melden sich Kunden bei Versicherungen, wenn ein Schaden des Kunden von der Versicherung nicht bezahlt wurde, weil dieser Schaden gar nicht versichert ist. Der Kunde macht dann geltend, dass er schon viele Jahre seinen Beitrag gezahlt habe und nie einen Schaden gehabt habe, da könne die Versicherung doch mal kulant sein und den Schaden dennoch bezahlen. Sie hätte doch so viel Geld von ihm bekommen, da müsse ja noch viel da sein.

Das verhält sich aber nicht so. Die Beiträge der Kunden werden in der Schadenversicherung nicht angesammelt (die Schadenversicherung ist keine Sparkasse[880]), die eingehenden Beiträge aller Kunden in jedem Geschäftsjahr werden verwendet, um die Schäden der Kunden zu bezahlen.[881]

Neben den Schäden müssen natürlich die Personal- und Sachkosten der Versicherung bezahlt werden. Wenn dann noch was übrig bleibt (es sollte möglichst jedes Jahr etwas übrig bleiben!), kommt das in die Reserven, die eine Schadenversicherung unbedingt vorhalten muss, weil es neben guten Geschäftsjahren auch schlechte gibt, also solche mit besonders großen Schäden.

---

[879] Quelle: www.hamburger-feuerkasse.de am 6.6.2015.

[880] Auch die Sparkasse lässt das eingezahlte Geld der Kunden nicht einfach liegen.

[881] Können Sie jedem Geschäftsbericht einer Schadenversicherung entnehmen. Die **Geschäftsberichte** (nicht nur von Versicherungen) sind im Internet einsehbar.

Die Schäden werden also von den Beiträgen aller Kunden bezahlt, am Jahresende sind alle Beiträge verbraucht.

Die Beiträge werden nach dem Schadenaufwand der versicherten Kunden und den Kosten kalkuliert. In der Kraftfahrtversicherung mussten die 95 deutschen Kfz-Versicherungen 79,4% der Beiträge im Jahr 2014 für die Schäden aufwenden und weitere 17,3% für die Personal- und Sachkosten, siehe Tabelle:

Kraftfahrtversicherung (alle deutschen Kfz-Versicherungen)	**2014**	
Versicherungsunternehmen (Anzahl)	95	
Verträge (Anzahl in Mio.)	105,1	
	in Mio. €	Anteil
verdiente Brutto-Beiträge	23.638	100,0%
Schadenaufwand nach Abwicklung	18.768	79,4%
Personal- und Sachkosten	4.089	17,3%
Schaden und Kosten	22.858	96,7%
Ergebnis nach Schaden und Kosten	+780	3,3%

Quelle: BaFin Statistik 2014, S. 53ff., Tabellen ab Nr. 500

Die Beiträge im Jahr 2014 wurden also durch Schaden und Kosten zu 96,7% verbraucht (die Ergebnisse schwanken natürlich von Jahr zu Jahr je nach Schadenaufkommen).

Schattenbanken

Schattenbanken sind keine illegalen Unternehmen (auch wenn es sich so anhört).[882]

Schattenbanken sind Unternehmen, die keine Banklizenz haben, aber finanzielle Dienste anbieten. Darunter fallen Investmentfonds, Geldmarktfonds, Kreditfonds, Hedgefonds, Vermögensverwalter, Crowdfunding-Firmen[883] und Fintech-Unternehmen.[884]

Schattenbanken stellen eine alternative Finanzierungsquelle dar neben dem regulierten[885] Bankensektor.

Ein Teil der Finanzmärkte der Schattenbanken ist auch reguliert und mithin auch nicht so risikoreich, wie früher befürchtet – stellte die sechste Analyse des Finanzstabilitätsrats der G 20 (der größten 20 Wirtschaftsnationen der Welt) fest.

Den risikoreichen Teil der Finanzmärkte der Schattenbanken bezifferte der Finanzstabilitätsrat auf 34 Billionen Dollar. Das sind 13% der gesamten Finanzmärkte der betrachteten Staaten.[886]

Der Vorsitzende des Finanzstabilitätsrats, der britische Notenbankchef Mark Carney, sah keine neuen Risiken, die nach weiterer Regulierung der Märkte rufen.

---

[882] „Schattenbanken regulieren", FAZ vom 22.8.2015, S. 22.
[883] Siehe Artikel „Schwarmfinanzierung" in diesem Buch.
[884] **Fintech**-Unternehmen sind Finanztechnologie-Unternehmen. Ein bekanntes Beispiel ist Paypal (ein Unternehmen für Zahlungen im Internet).
[885] „**reguliert**" heißt, es gibt viele Regeln (Gesetze und andere Vorschriften) etwa für Banken, während unregulierte Fintech-Unternehmen weniger Vorschriften haben.
[886] „Schattenbanken werden immer bedeutsamer", FAZ vom 30.10.2015, S. 20, und „Schattenbanken verwalten 34 Billionen Dollar", FAZ vom 11.5.2017, www.faz.net.

Schattenwirtschaft

Zur Schattenwirtschaft gehören Hausarbeit, Eigenversorgung, Nachbarschaftshilfe, Schwarzarbeit, Schwarzhandel, Steuerhinterziehung.[887]

Diese Aktivitäten tragen zur gesamtwirtschaftlichen Leistung bei, werden aber nicht erfasst im Sozialprodukt und fehlen daher in den veröffentlichten Wirtschaftszahlen.

Schwarzarbeit und Schwarzhandel zahlen außerdem keine Steuern und keine Sozialbeiträge, entziehen sich also der Pflicht, sich an den gemeinsamen Kosten der allgemeinen Aufgaben zu beteiligen.

Schufa

Schufa heißt *Schutzgemeinschaft für allgemeine Kreditsicherung*. Sie firmiert heute unter Schufa Holding AG. Sie ist eine private Wirtschaftsauskunftei.

Die Schufa gibt Auskunft über die *Bonität* von Unternehmen und Personen. Sie informiert ihre Partner zum Schutz vor Verlusten im Kreditgeschäft.

Die Informationen stammen zum Teil wiederum von den Partnern aus vergangenen Geschäften und aus weiteren Quellen, etwa aus Insolvenzverfahren.

---

[887] Dudenverlag: Wie Wirtschaft funktioniert, S. 50.

Schulden

Wer Schulden hat, muss dem Gläubiger die Schuld zurückzahlen.

Die weltweiten Schulden wachsen unaufhörlich, sowohl die
Staatsschulden als auch die Schulden der *Unternehmen* und der
privaten Haushalte.
    Vom Jahr 2000 bis 2016 ist die weltweite Verschuldung von
87 auf 215 Billionen Dollar gestiegen. Das sind (215 minus 87
gleich) 128 Billionen Dollar *mehr* in 17 Jahren.
    Das sind 147% mehr Schulden (128/87=147%), mehr als 8%
pro Jahr im Durchschnitt.[888]

Gesamte Schulden der Welt				
Jahr	Schulden der Welt	*Veränderung*		Anteil an der jährlichen Wirtschaftsleistung*
	(in Billionen Dollar)		*(in %)*	
2000	87			
2007	142	*+55*	*+63%*	269%
2014	199	*+57*	*+40%*	286%
2016	215	*+16*	*+8%*	325%
seit 2000:		*+128*	*+147%*	* BIP (Bruttoinlandsprodukt)

Damit sind die gesamten Schulden der Welt mehr als dreimal so
groß wie die jährliche Wirtschaftsleistung der Welt.[889]

Wie viele Schulden verträgt die Welt?
Das kommt maßgeblich auf die *Zinsbelastung* an, und die wird
wesentlich von den Notenbanken bestimmt (sagen viele,[890] aber
nicht alle).

---

[888] Quellen: „Die Welt versinkt in Schulden", http://www.spiegel.de
am 1.11.2017, und „Schulden in der Welt von 215 Billionen Dollar",
FAZ vom 5.4.2017, S. 27.
[889] 215 Billionen Schulden entspricht 325% Anteil an der Wirtschaftsleistung. 215 durch 325% ergibt 66 Billionen (= 100%), das ist die
Wirtschaftsleistung der Welt im Jahr 2016.
[890] So sagt unter anderen Stefan Bielmeier: „Wie viele Schulden
verträgt die Welt?", FAZ vom 9.11.2015, S. 18. Diese Meinung wird
nicht von allen geteilt, siehe Artikel „Zins" in diesem Buch.

Der Anstieg der Verschuldung, den die Notenbanken ermöglicht haben, war für die Stabilisierung der Weltwirtschaft hilfreich in den Jahren nach der Weltfinanzkrise, die 2007 begann.

Wenn aber die Zinsen mal wieder steigen, wird diese Verschuldung Probleme bringen, denn dann müssen die Schuldner höhere Zinsen bezahlen. Das werden nicht alle können, besonders die Unternehmen der Schwellenländer haben hohe Schulden (laut der Bank für internationalen Zahlungsausgleich in Basel, BIZ).

Bei höherer Zinsbelastung verträgt die Welt weniger Schulden. Das könnte zu einer neuen Finanzkrise führen.[891]

Staatsschulden in Deutschland
Im Jahr 1950 hatte Deutschland in seinen öffentlichen Haushalten (Bund, Länder und Gemeinden) insgesamt 10 Milliarden Euro[892] Schulden. Im Jahr 2012 waren es 2.068 Milliarden Euro, das 200-fache:[893]

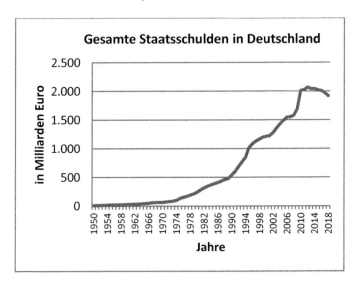

---

[891] Markus Frühauf: „Schuldenberg wächst in der Welt gefährlich schnell", FAZ vom 7.4.2017, S. 27.
[892] Von DM (Deutsche Mark) umgerechnet.
[893] Quelle: Statistisches Bundesamt (www.destatis.de) am 1.11.2017.

Ab dem Jahr 2013 gingen die deutschen Schulden erstmalig wieder zurück, auf 1.914 Milliarden Euro im Jahr 2018.

Die meisten anderen Staaten machen allerdings nicht mit, ihre Schulden steigen weiterhin.

Die deutschen Staatsschulden stiegen immer stärker an:

Deutscher Staatsschuldenanstieg		
	Schulden Mrd.	*Anstieg*
Jahr	Euro	Mrd. Euro
1950	10	
1960	29	*+19*
1970	64	*+35*
1980	239	*+175*
1990	538	*+299*
2000	1.211	*+673*
2012	2.068	*+857*
2018	1.914	*-154*

Die in Deutschland beschlossene *Schuldenbremse* hat seit 2013 Wirkung gezeigt (siehe Artikel auf der nächsten Seite).

Schuldenbremse

Weil die Schulden schon fast überall sehr hoch sind, soll die *Schuldenbremse* gesetzlich vorschreiben, dass Bund und Länder die Schulden reduzieren. Diese neue Regelung gibt es seit 2009 mit der Föderalismusreform II.[894]

Die bisherige Regel

Nach der bisherigen Regel (vor 2009) durfte die *Neu-verschuldung* nicht höher sein als die Investitionen des Bundes.[895] Das ging nach dem bekannten Konzept: Für die *laufenden Ausgaben* dürfen keine Kredite aufgenommen werden, das muss aus den *laufenden Einnahmen* bezahlt werden.

Was aber investiert wird, was also auch in der Zukunft genutzt wird, dafür kann man auch Kredite aufnehmen (weil Nutzungszeit und Finanzierungszeit zueinander passen). Beispiele im staatlichen Bereich sind Straßen, Schulen und Universitäten (die viele Jahre lang genutzt werden), Beispiele in Unternehmen sind Gebäude und Maschinen.

Es kam häufig vor (vor 2009), dass die Regierung eine Störung des gesamtwirtschaftlichen Gleichgewichts geltend gemacht hat, um eine größere Neuverschuldung durchzusetzen, als Artikel 115 des Grundgesetzes erlaubte. Schlupflöcher gab es auch damals schon, entscheidend ist immer der politische Wille.

Die neue Regel

Die neue Schuldenbremse steht im Grundgesetz, Artikel 109 (Haushaltswirtschaft in Bund und Ländern), was ihre Bedeutung erhöht und eine Nachprüfbarkeit durch das Verfassungsgericht ermöglichen würde.

Der *Bund* musste die (neue) Schuldenbremse erstmals 2011 anwenden. Ab 2016 darf das jährliche kreditfinanzierte Haushaltsdefizit des Bundes höchstens 0,35% des Bruttoinlands-

---

[894] Dominic Quint, Clemens Hetschko, Marius Thye: „Achtung, Bremsversagen", FAZ vom 23.11.2012, S. 12.
[895] Das stand früher im Grundgesetz Artikel 115. Siehe Prof. Dr. Thomas Straubhaar: „Und alle Dämme brechen", Rheinischer Merkur vom 4.6.2009, S. 11.

produkts betragen. Bei einem BIP von 3,1 Billionen Euro (2016) hätte der Bund einen Spielraum von 11 Milliarden Euro, den er ausnutzen kann oder nicht.

Im Grundgesetz Artikel 109 Absatz 3 heißt es: „Die Haushalte von Bund und Ländern sind grundsätzlich ohne Einnahmen aus Krediten auszugleichen." Allerdings gibt es Schlupflöcher. In wirtschaftlich schlechten Zeiten darf der Bund zusätzliche Schulden aufnehmen, um *konjunkturbedingte* Einnahmenausfälle und Ausgabensteigerungen auszugleichen. Im Gegenzug verringert sich der Verschuldungsspielraum allerdings in guten Zeiten.

Daneben gibt es noch eine Ausnahme für *Notsituationen*, die sich der Kontrolle des Staates entziehen, etwa für Naturkatastrophen.

Für die *Bundesländer* steht im Grundgesetz Artikel 109 Absatz 3, dass „...keine Einnahmen aus Krediten zugelassen werden." Die Bundesländer können von 2011 bis 2019 noch von der neuen Regelung abweichen.

Werden die Schulden sinken?
Die Schuldenbremse ist ein klares Signal, dass die Schulden gesenkt werden sollen und neue Schulden eingeschränkt werden sollen.

Bis der deutsche Schuldenstand von 60% des Bruttoinlandsprodukts erreicht wird, kann es allerdings noch etliche Jahre dauern, selbst bei weiterem guten Konjunkturverlauf. (60% Schuldenquote ist für die Euro-Länder als Höchstwert vertraglich vereinbart. Die deutsche Quote liegt höher, die Quote der meisten anderen Länder liegt noch höher, die vereinbarte Quote von 60% wird also häufig nicht eingehalten.)

Was kann an der Schuldenbremse verbessert werden?
Die Schuldenbremse umfasst die Schulden des Bundes und der Länder. Die Schulden der Gemeinden und der Sozialversicherung werden bei der Schuldenbremse nicht beachtet.

Für zusätzliche Kreditaufnahmen für Notsituationen könnten verbindliche Tilgungsregelungen eingeführt werden, sonst könnten sie auf Dauer den Schuldenstand hoch halten.[896]

---

[896] Siehe Dominic Quint, Clemens Hetschko, Marius Thye: „Achtung, Bremsversagen", FAZ vom 23.11.2012, S. 12.

Schuldenschnitt

In den vergangenen zwei Jahrhunderten kamen *Staatsschuldenkrisen* häufig vor. Viele Staaten waren oft zahlungsunfähig, also insolvent (oder pleite).[897]

Wie kann man eine Staatsschuldenkrise beenden?
- durch eine Inflation
- mit einem Schuldenschnitt
- die Schulden vergemeinschaften

Inflation
Eine Inflation senkt den realen Wert der nominalen[898] Schulden. Bei 3% Inflation sinkt der Wert in zehn Jahren um 34%. Aber sie kommt einem Flächenbombardement gleich: Sie *senkt* die Schuldenlast aller staatlichen und privaten Schuldner, auch der Schuldner, die zahlungsfähig sind. Sie *belastet* alle Gläubiger, Sparer, Rentner, Lebensversicherte, und zwar viel zu hoch als erforderlich.

Schuldenschnitt
Bei einem *Schuldenschnitt* (heißt auch Schulden*erlass*) erleiden die Kapitalgeber echte Verluste. Es trifft also die, die das Geld hatten, die damit ins Risiko gegangen sind und die dafür Zinsen bekommen haben; also die richtigen. Alle andern erleiden keine Verluste.

Ein Schuldenschnitt muss rechtzeitig erfolgen, er darf nicht hinausgezögert werden, weil sonst die ursprünglichen Kapitalgeber die Risiken längst an den Staat und die Rettungsfonds und Notenbanken übertragen haben, wie es bei der Griechenlandkrise abgelaufen ist. Vorher hätten die Investoren eintreten müssen, danach zahlen es die normalen Steuerzahler, die zwar viele sind, aber selbst nicht viel haben.

Die verschuldeten Staaten werden außerdem vielleicht aus einem Schuldenschnitt lernen und sich weniger verschulden. Die Kapitalgeber haben Geld verloren und werden vielleicht genauer abwägen, wem sie Geld leihen. Bei einer Inflation lernt

---

[897] Siehe Prof. Dr. Harald Hau und Prof. Dr. Ulrich Hege: „Warum ein Schuldenschnitt die bessere Lösung ist", FAZ vom 14.9.2012, S. 14.
[898] Siehe Artikel „Nominal und real" in diesem Buch.

jedenfalls niemand was, und bei einem Vergemeinschaften der Schulden schon gar nicht.

Schulden vergemeinschaften
Seine Schulden anderen aufzuladen ist kein Prinzip, das eine Gemeinschaft zusammenhält.

Wenn man sich an die Hilfe der andern gewöhnt und selbst zu wenig tut, führt das dazu, dass auch die helfenden Länder immer mehr verschuldet werden und schließlich selbst zahlungsunfähig werden können. Das hilft also auf Dauer niemandem.

Wenn die helfenden Länder darauf dringen, dass die verschuldeten Länder ihre Schulden stärker reduzieren, bedeutet das für die Bürger in den verschuldeten Ländern, dass sie sparen und sich einschränken müssen. Damit wird sich der Missmut der Menschen in den verschuldeten Ländern schnell auf die helfenden Länder richten, es wird zu Protest- und Gewaltaktionen kommen, wie wir sie in der Griechenlandkrise gesehen haben. Dann wird die anfängliche Solidarität der helfenden Länder schnell nachlassen. Die Stimmung in der Euro-Zone wird schlechter – auch das war bereits Wirklichkeit.

Fazit
Der Schuldenschnitt ist die klare und einzig richtige Maßnahme.

Schuldentilgungsfonds

Ein europäischer Schuldentilgungsfonds wurde vom deutschen Sachverständigenrat („die fünf Weisen") und vom europäischen Ratspräsidenten Herman van Rompuy vorgeschlagen.[899]

Der Fonds soll alle Staatsschulden von mehr als 60% des Bruttoinlandsprodukts (BIP) zusammenlegen, in gemeinschaftlicher Garantie. Damit könnte Italien die Hälfte seiner Schulden abgeben, Deutschland ein Viertel und Frankreich ein knappes Drittel. Den höchsten Betrag könnte Griechenland abladen.

Keine Schulden abgeben könnten Luxemburg, Finnland, Estland, Slowenien und Slowakei, weil ihre Schulden geringer sind als 60% des BIP.

Der Fonds würde 2.658 Milliarden Euro umfassen, das sind 28% des BIP in der Währungsunion.

Der Sachverständigenrat hat an den Fonds etliche Bedingungen geknüpft, die in Italien kaum berichtet worden sein sollen. Die Länder sollten Sicherheiten einbringen, die aber einige Länder gar nicht erbringen können.[900]

Die Bundesbank lehnt den Tilgungsfonds ab, weil es sich um eine Gemeinschaftshaftung handele und diese verfassungsmäßig fraglich sei.[901]

---

[899] „Fonds zur Schuldentilgung begünstigt Italien", FAZ vom 5.7.2012, S. 10.
[900] „Nicht genug Gold für den Tilgungsfonds", FAZ vom 5.7.2012, S. 10.
[901] „Bundesbank lehnt Schuldentilgungsfonds ab", FAZ vom 19.6.2012.

Schuldschein

Ein *Schuldschein* ist eine einfache Urkunde, die der Schuldner unterschreibt und damit bestätigt, dass er eine Schuld hat. Sie ist ein Dokument, aber kein Wertpapier. Der Schuldschein wird auch in privaten Schuldverhältnissen verwendet.

Das Eigentum an dem über eine Forderung ausgestellten Schuldschein steht dem Gläubiger zu (BGB § 952).

Wenn ein Schuldverhältnis erlischt, indem die geschuldete Leistung bewirkt wird, kann der Schuldner neben der Quittung auch die Rückgabe des Schuldscheins verlangen (BGB § 371).

„Privaturkunden begründen, sofern sie von den Ausstellern unterschrieben sind oder mittels notariell beglaubigten Handzeichens unterzeichnet sind, vollen Beweis dafür, dass die in ihnen enthaltenen Erklärungen von den Ausstellern abgegeben sind." (Zivilprozessordnung § 416 – Beweiskraft von Privaturkunden)

Der Schuldschein wird auch im *Finanzbereich* verwendet, in letzter Zeit mit zunehmendem Volumen. Der Schuldscheinmarkt (ein Finanzmarkt) wird von Unternehmen, Banken und der öffentlichen Hand als Emittent benutzt (sind also Ausgeber der Schuldscheine oder Schuldner oder Geldeinsammler).

Der Aufwand für Schuldscheine ist geringer als bei Anleihen, Schuldscheine werden auch nicht an Börsen notiert (Anleihen werden an der Börse gehandelt). Schuldscheine sind daher nicht so leicht handelsfähig (das ginge an der Börse einfacher), obwohl die Börsen in Hamburg und Hannover eine (elektronische) Handelsplattform für Schuldscheine erstellt haben. Das Handeln von Schuldscheinen ist auch gar nicht das wichtigste am Schuldscheinmarkt.

Im März 2017 befanden sich *Schuldscheine* im Wert von 89 Milliarden Euro im Umlauf, die von Unternehmen begeben worden waren. Dagegen gab es Ende 2016 deutsche Unternehmens-*Anleihen* im Wert von 297 Milliarden Euro im Umlauf.

Neu herausgegebene Schuldscheine von Unternehmen gab es 27 Milliarden Euro *im Jahr 2016*, was einen starken Anstieg bedeutete. *Im Jahr 2010* waren es noch 5 Milliarden Euro neu herausgegebene Schuldscheine.[902]

---

[902] „Das Ausland entdeckt den Schuldschein", FAZ vom 3.5.2017, S. 25.

Schuldverschreibung

Zur Einordnung der Begriffe

Das *Wertpapiergeschäft* der Banken besteht aus dem Eigenhandel der Bank und dem Kommissionsgeschäft.

Im *Kommissionsgeschäft* kauft und verkauft die Bank Wertpapiere im Namen des Kunden.

Die Basisinstrumente im Kommissionsgeschäft bestehen aus *Aktien, Schuldverschreibungen* und *Genussscheinen*.[903]

Schuldverschreibungen

Schuldverschreibungen heißen auch *Anleihen, Obligationen, festverzinsliche Wertpapiere, Rentenpapiere* und (englisch) *Bonds*.

Staaten oder *Unternehmen* wollen sich *finanzieren* (also Geld bekommen), deshalb dokumentieren sie eine Schuld in einer Schuldverschreibung.

Die *Käufer* einer Schuldverschreibung leihen dem Herausgeber (dem Emittenten) der Schuldverschreibung Geld (geben ihm also einen (langfristigen) Kredit) für eine bestimmte Laufzeit.

Die Käufer haben Anspruch auf bestimmte Zinsen und auf Rückzahlung der Schuld. Sie werden durch eine Schuldverschreibung kein Teilhaber, sondern Gläubiger.[904]

In *Inhaberschuldverschreibungen* ist kein Besitzername eingetragen, sie können daher an der Börse gehandelt werden.

Namensschuldverschreibungen sind auf den Namen eines bestimmten Inhabers ausgestellt.

Schuldverschreibungen, die an der Börse gehandelt werden, können auch vor Ablauf der Laufzeit verkauft werden (um Geld zu beschaffen). Da der Verkauf nach dem aktuellen Kurs erfolgt, kann das auch zu einem Verlust führen.

---

[903] Prof. Dr. Detlef Hellenkamp: Bankwirtschaft, S. 126.
[904] Siehe www.bafin.de: Finanzwissen (13.10.2016). Siehe auch Markus Neumann: Banker verstehen, S. 144.

Risiken

Schuldverschreibungen können auch *Zertifikate* sein, die von der Wertentwicklung anderer Finanzprodukte abhängen und daher ein hohes Risiko haben können (weiteres lesen Sie bitte im Artikel „Zertifikate" in diesem Buch).

Alle Schuldverschreibungen haben das *Emittentenrisiko*: wenn der Emittent zahlungsunfähig ist, ist die Schuldverschreibung wertlos, das Geld ist weg.

Schwarmfinanzierung

Schwarmfinanzierung (auch *Crowdfunding* oder *Crowdinvesting* genannt) heißt „Einsammeln von kleinen Beträgen". Denn *Crowd* heißt Menge oder Schwarm, auf Deutsch „Kleinvieh macht auch Mist". Kommen viele kleine Beträge zusammen, kommt auch eine beachtliche Summe zusammen.

Die Schwarmfinanzierung ist erst etwa vor zehn Jahren aufgekommen. Sie ist möglich geworden durch Internet-Plattformen, die zahlreiche Kapitalgeber ansprechen können, die sich auch mit kleinen Beträgen an der Finanzierung von Vorhaben beteiligen können. In Deutschland gab es hierfür 2011 die erste Plattform.

Start-ups (neue kleine Unternehmen) haben oft eine Idee, aber kaum Geld. Wenn die Idee die Leute überzeugt, die (etwas) Geld haben, kann bei vielen Leuten auch schon ein Sümmchen Geld zusammenkommen. Und das ist *Schwarmfinanzierung*.

Crowdfunding kann Schwarmfinanzierung bedeuten im Sinne von *Finanzierung* von Start-up-Unternehmen, es kann aber auch eine *Spendensammlung* für soziale oder andere Projekte sein. Das ist dann kein Investment (keine Beteiligung an einem Unternehmen), das ist eine Spende, da bekommen Sie nichts zurück.

Der Begriff *Crowdinvesting* sagt deutlicher („man investiert"), dass es um die Finanzierung von Unternehmen geht.

Crowdlending heißt Schwarm*kredit* (*lend* heißt (aus)leihen), also ein Kredit, der aus vielen kleinen Beträgen von vielen Personen zusammenkommt.

Crowdlending ist beim Unternehmen, das den Kredit bekommt, Fremdkapital.

Crowdinvesting ist beim Unternehmen Eigenkapital, das rangiert im Konkursfall ganz zuletzt, ist also mit einem höheren Risiko belegt – kann dafür aber auch größere Gewinnchancen haben.

Ob Sie bei einer Schwarmfinanzierung überhaupt Geld zurückbekommen, ist völlig offen. Das hängt von der genauen Ausgestaltung der Regeln des einzelnen Projekts ab. Und außerdem vom Risiko, dass jedes Projekt mit sich bringt.

Die Bundesanstalt für Finanzdienstleistungsaufsicht (BaFin) weist darauf hin, dass Plattformbetreiber und Kapital suchende Anbieter von Beteiligungsmöglichkeiten beachten müssen, dass sich beim Crowdfunding nicht nur unternehmerische, steuerliche, gesellschaftsrechtliche, sondern auch aufsichtsrechtliche Fragen stellen.[905]

---

[905] BaFin-Journal vom September 2012, S. 11ff.

Schwarze Zahlen, rote Zahlen

Schwarze Zahlen bedeuten *Gewinne*, **rote Zahlen** bedeuten *Verluste*.

Oder auch: **schwarze Zahlen** bedeuten *Einnahmen* (also plus), **rote Zahlen** bedeuten *Ausgaben* (also minus).

Zum Beispiel in einem Kontoauszug:

Kontoauszug			
Datum	Bezeichnung	Betrag	Stand
15.3.	Anfangsstand		+284,30
16.3.	Strom	-178,70	+105,60
18.3.	Wasser	-112,55	-6,95
25.3.	Gehalt	+2.745,66	+2.738,71
28.3.	Abo Zeitung	-23,50	+2.715,21
2.4.	Miete	-837,00	+1.878,21

Wenn in der Zeitung steht, das Unternehmen schreibe rote Zahlen, dann macht es (zumindest in diesem oder letztem Jahr) einen Verlust.

„Wenn das Unternehmen in Deutschland zum ersten Mal in diesem Jahr schwarze Zahlen verbucht", dann hat es bisher in Deutschland Verluste gemacht und in diesem Jahr erstmals einen Gewinn erzielt.

Schweinezyklus

Der *Schweinezyklus* ist bekannt aus der Landwirtschaft, ist aber ein wirtschaftlicher Ablauf mit Angebot und Nachfrage und kommt daher auch in anderen Branchen vor.[906]

Wenn der Preis für Schweinefleisch steigt, kommen viele Schweinezüchter auf den naheliegenden Gedanken, mehr Schweine aufzuziehen, weil man damit gerade gut verdienen kann. Allerdings kommen nicht nur einige Schweinezüchter auf diese Idee, sondern oft ganz viele. Daraus folgt, dass in nächster Zeit wahrscheinlich viel mehr Schweinefleisch angeboten wird, als verkauft werden kann. Wenn das Angebot zu groß ist und die Nachfrage zu klein, dann sinkt der Preis, denn alle wollen ihr Schweinefleisch verkaufen.

Wenn sich das überall rumspricht, und das geht meistens schnell, werden viele Schweinezüchter wieder weniger Schweine aufziehen, denn es lohnt sich ja nicht mehr so. Auch das machen wieder viele andere auch. So dass es demnächst wieder weniger Schweinefleisch gibt und der Preis wieder steigt, weil die Käufer gerne Schweinefleisch kaufen möchten, aber es zu wenig gibt.

Und so könnte es immer weitergehen, rauf und runter.

Und nicht nur bei Schweinefleisch, genau so bei Kartoffeln, Milch, Zucker, Kaffee und vielem anderen.

---

[906] Siehe Michael Braun Alexander: So geht Geld, S. 156ff.

Schwellenländer

Schwellenländer (auch *Emerging Markets* genannt) sind vor allem **Brasilien**, **Russland**, **Indien**, **China** und **Südafrika** (die BRICS-Länder). Sie werden zwischen Entwicklungsländern und Industriestaaten gesehen. Sie hatten etwa seit dem Jahr 2000 ein starkes Wachstum ihrer Wirtschaft und haben damit auch die Weltwirtschaft angetrieben. In letzter Zeit hat das Wachstum aber stark nachgelassen.

China ist die zweitgrößte Volkswirtschaft der Welt und hatte die letzten Jahre ein großes Wachstumstempo vorgelegt. Zurzeit erlebt China einen Strukturwandel, der das Wachstum vermindert hat.

Russland und *Brasilien* sind große Rohstoffexporteure für Öl, Erz und Eisen. Seitdem das Wachstumstempo der chinesischen Wirtschaft geringer geworden ist, haben sie weniger Einnahmen aus diesen Exporten und spüren die Abhängigkeit von diesen Rohstoffen.

In den Schwellenländern türmen sich enorme *Schuldenberge* auf, vorwiegend bei Unternehmen und Privatleuten. Die Schulden lauten oft auf Dollar, was Risiken birgt, wenn die eigenen nationalen Währungen an Wert zum Dollar verlieren. Das könnte sich noch verschärfen, wenn der Dollar eine Zinserhöhung erlebt (oder auch mehrere).

Die Weltwirtschaft muss sich wohl auf ein geringeres Wachstumstempo der Schwellenländer einstellen, und vielleicht für längere Zeit. Das wird auch den deutschen Export betreffen.[907]

---

[907] Siehe Johannes Pennekamp: „Die große Schwellenangst", FAZ vom 27.8.2015, S. 1.

SDAX

Der SDAX heißt *Small Cap DAX* (small capitalization) und ist ein deutscher Aktienindex mit 50 Unternehmen unterhalb des M-DAX. Er wurde 1999 begonnen.

Zum Marktsegment *Prime Standard* gehören DAX, TecDAX, MDAX und SDAX.

Der SDAX beruht auf den Kursen des elektronischen Handelssystems Xetra.

SEC

SEC heißt *Securities and Exchange Commission*, das bedeutet wörtlich Wertpapierhandelskommission. Sie ist die amerikanische Börsenaufsichtsbehörde.

Sie wurde nach der Weltwirtschaftskrise von 1929 im Jahre 1934 gegründet. Sie registriert und kontrolliert alle Unternehmen, deren Aktien an der New Yorker Börse gehandelt werden.

SEPA

SEPA heißt *Single Euro Payments Area*, auf Deutsch: ein „einziges Euro-Zahlungsgebiet".

Früher (vor SEPA) hatte Europa viele verschiedene nationale Zahlungsverkehrssysteme. Mit SEPA gibt es in Europa für *Überweisungen* und *Lastschriften* nur noch ein Zahlungsverkehrssystem, mit dem man im Inland und grenzüberschreitend Zahlungen veranlassen kann. *Schecks* sind nicht einbezogen, die unterliegen weiterhin den nationalen Regelungen.

An SEPA nehmen 32 Staaten teil (27 Staaten der Europäischen Union und Schweiz, Island, Norwegen, Liechtenstein und Monaco). Betroffen davon sind 500 Millionen Bürger.

SEPA wurde eingeführt nach einer EU-Verordnung vom März 2012 und in Deutschland gemäß einem Begleitgesetz vom März 2013. Firmen mussten bis zum Februar 2014 umstellen, Verbraucher hatten Zeit bis zum Februar 2016.

Neu ist die IBAN-Nummer, die internationale Bankkontonummer (*International Bank Account Number*), die die Bankleitzahl und die Kontonummer enthält (und ein Länderkennzeichen und eine Prüfziffer). In Deutschland hat sie immer 22 Stellen.

Daneben gibt es auch eine internationale Bankleitzahl, BIC genannt (*Bank Identifier Code*).

Die SEPA-Einführung war für den Verbraucher nur mit wenig Umstellungsaufwand verbunden. Für die Unternehmen, insbesondere für Banken, Versicherungen und Unternehmen mit sehr umfangreichen Zahlungsverbindungen, war der Umstellungsaufwand sehr hoch.

Mit SEPA wurde ein neues europäisches Zahlungssystem geschaffen und damit uns allen zu lange und unhandliche Kontonummern beschert. Die neuen kleinen Cent-Münzen kann man heute noch nicht gut unterscheiden, das war vorher besser. Reformer sollten eigentlich bessere und einfachere Lösungen schaffen, vor allem für die Menschen (die Kunden), aber vielleicht hat es ihnen niemand gesagt.

Shareholder Value

Share heißt „Anteil", das kann ein Anteil am Eigenkapital einer Personengesellschaft sein oder eine Aktie an einer Aktiengesellschaft.

Der *shareholder* ist der Anteilseigner, also der Besitzer der Anteile (er „hält" (als *holder*) die Anteile).

Shareholder Value ist der Wert des Kapitals der Anteilseigner. Als Eigenkapitalgeber erwarten sie eine Rendite, einen jährlichen Gewinnanteil, denn in einer anderen Anlageform, etwa in einer festverzinslichen Anleihe, würde das gleiche Kapital ebenfalls eine Verzinsung bekommen (zurzeit allerdings nicht, so lange der Zins bei null liegt).

Die Idee des Shareholder Value wurde 1981 von Jack Welch angestoßen, dem Vorstandsvorsitzenden des damals weltgrößten Konzerns General Electric.[908] Er forderte, dass die Unternehmensführungen sich in erster Linie auf die Gewinnerzielung für die Aktionäre, auf den Anstieg des Aktienkurses und auf hohe Dividenden konzentrieren sollten. Daher müssten Quartalsberichte eingeführt und Quartalsdividenden ausgeschüttet werden. Die Idee des Shareholder Value verbreitete sich über die ganze Welt, auch in Deutschland.

Das kurzfristige Denken in Quartalsberichten und Quartalsdividenden, der schnelle Erfolg ohne Rücksicht auf Nachhaltigkeit, Kosteneinsparungen um jeden Preis nur für den schnellen Gewinn erzeugten eine Stimmung, die zur Weltfinanzkrise von 2007 beitrug.

Das Unternehmen, an dem sich die Eigenkapitalgeber mit ihrem Kapital beteiligen, hat viele Interessen zu bedienen, nicht nur die des Eigenkapitalgebers, etwa die Interessen
- der Mitarbeiter des Unternehmens (fester Arbeitsplatz, guter Lohn)
- der Lieferanten (faire Preise, gute Lieferbedingungen)
- der Banken
- der Finanzverwaltung (angemessene Steuerzahlung)
- der Stadtverwaltung

---

[908] „Die dümmste Idee der Welt", Zeitschrift für Versicherungswesen 9/2009, S. 265.

- der Öffentlichkeit (Einwohner der Umgebung)
- der örtlichen Presse
- der Umwelt.

Alle diese Interessen wollen angemessen beachtet werden und müssen auch beachtet werden, damit alles auf Dauer in guten Bahnen läuft.

Mit dem Shareholder Value kam eine Bewegung auf, die darauf pochte, dass die Interessen der Anteilseigner zuerst kommen müssen. Dabei stehen sie meistens auch an erster Stelle, denn die Anteilseigner können sich gegenüber dem Management der Firma durchsetzen (die Manager werden vom Aufsichtsrat berufen und abberufen, der Aufsichtsrat wird von den Anteilseignern gewählt – oder die Anteilseigner sind direkt die, die die Geschäftsleitung bestimmen).
Dennoch ist die überzogene Herausstellung des Shareholder Value (und damit die Vernachlässigung der anderen Interessen) nicht geeignet, eine harmonische Entwicklung eines Unternehmens zu fördern.

Jack Welch ging 2001 in den Ruhestand und sagte 2009 in einem Interview: „Shareholder Value war die dümmste Idee der Welt." Im Mittelpunkt der Unternehmensführung sollten die Mitarbeiter, die Kunden und die Produkte stehen. Wenn es hier stimme, ergebe sich der Shareholder Value von selbst.

Unternehmen brauchen Gewinne, die Einnahmen müssen die Ausgaben decken. Maximierung des Gewinns braucht man nicht. Ein extra betonter Shareholder Value ist nicht nötig. Kurzfristiges Quartalsdenken sollte dem nachhaltigen Handeln weichen. Werner von Siemens sagte dazu mal: „Für augenblicklichen Erfolg verkaufe ich die Zukunft nicht."[909]

---

[909] Handelsblatt Morning Brief vom 10.11.2017

Sichteinlagen

Sichteinlagen sind Geldbeträge, die von Kunden auf ein Konto bei einer Bank eingezahlt worden sind (daher „Einlagen") und täglich von den Kunden zurückgefordert werden können (*Einlagen auf Sicht*).

Das heißt, die Sichteinlagen sind *täglich fällig*. Für Sichteinlagen sind keine Laufzeiten und keine Kündigungsfristen vereinbart.

Das Gegenstück sind *Termineinlagen*, die bis zu einer vereinbarten Frist bei der Bank verbleiben und erst nach Ablauf der vereinbarten Frist zurückgefordert werden können.

Skonto

Auf Rechnungen stand früher oft, man dürfe 2% vom Rechnungsbetrag weniger zahlen, wenn man schnell zahlt. Das heißt *Skonto,* ist italienisch und ist ein Preisnachlass.

Das ging so: Wenn der Rechnungsbetrag 3.500 Euro war, dann brauchten Sie nur 3.430 Euro bezahlen, weil Sie 2% von 3.500 Euro (gleich 70 Euro Skonto) abziehen konnten – natürlich nur innerhalb der Skontofrist (meistens 10 Tage).

Wenn man die Skontofrist von 10 Tagen nicht einhielt, musste man nach 30 Tagen den vollen Rechnungsbetrag zahlen (die 3.500 Euro).

Warum machte der Lieferant das?
Damit der zahlungspflichtige Kunde die Rechnung schnell bezahlt und der Lieferant nicht so lange auf sein Geld warten muss.

Früher waren die Zinsen viel höher als heute. Da war es sinnvoll, den Kunden zu motivieren, die Rechnung schnell zu bezahlen. Die Zinsen auf dem Bankkonto spielten noch eine Rolle.

Was hat der Lieferant nun gewonnen durch den angebotenen Skontoabzug?

Der Kunde muss 3.500 Euro nach 30 Tagen bezahlen. Bei Skontoabzug von 70 Euro zahlte er 3.430 Euro nach 10 Tagen.

Der Lieferant hat 3.430 Euro bekommen, die konnte er für 20 Tage verzinsen (vom 11. Tag bis zum 30. Tag). Bei einem Zinssatz von 10% pro Jahr ergibt das für 20 Tage 19,06 Euro Zinsen.

Das Ergebnis: Der Lieferant hat 70 Euro Verlust durch Skonto und 19 Euro Zinsgewinn. Macht zusammen einen Verlust von 51 Euro:

Verlust durch Skonto	
Rechnungsbetrag	3500
Zahlungsbetrag	3430
Skontoverlust	-70
Zinsgewinn (20 Tage)	19
gesamter Verlust	-51

Berechnung der Zinsen:	
Zahlungsbetrag	3430
jährlicher Zinssatz	10%
Zinsen für 1 Jahr (3430 * 10%)	343
343 / 360 Tage * 20 Tage	19,06

/ heißt dividieren   * heißt multiplizieren

Das Angebot des Skontoabzugs ist für den Lieferanten rein rechnerisch zu seinem Nachteil. Er mag als Vorteil ansehen, dass die Bezahlung der Rechnung mit Skontoabzug das Geld früher ins Haus bringt. Könnte natürlich auch sein, dass die Bezahlung der Rechnungen durch die Kunden in Wirklichkeit noch länger dauert als nur 30 Tage. Dann würde eine frühere Zahlung der Kunden wegen des Skontos den gesamten Verlust vermindern.

Kein Skonto bei Null-Zinsen
Da es zurzeit kaum noch Zinsen gibt, wird auch kaum noch Skonto angeboten. Wenn doch, zahlen Sie sofort, Sie sparen die oben genannten 70 Euro.

Wenn Sie nach 30 Tagen 3.500 Euro zahlen, also 70 Euro mehr, haben Sie für die 70 Euro vom 11. Tag bis zum 30. Tag auf Ihrem Bankkonto keine Zinsen bekommen (weil es ja zurzeit keine Zinsen gibt).

Es lohnt sich also, die Rechnung unter Skontoabzug mit 3.430 Euro zu bezahlen und die 70 Euro einzusparen – falls noch jemand Skonto anbietet.

Societas Europaea

Societas Europaea (SE) heißt „Europäische (Aktien-) Gesellschaft" oder Europa-AG. Sie ist eine Rechtsform für Aktiengesellschaften in der Europäischen Union.

In Deutschland gibt es sie seit Ende 2004. Sie braucht ein Mindestkapital von 120.000 Euro.[910]

Die Unternehmensführung der SE kann erfolgen
- durch Vorstand und Aufsichtsrat (zwei Gremien) oder
- durch einen (gemeinsamen) Verwaltungsrat (ähnlich einem amerikanischen *Board*).

Die Anzahl der Aufsichtsratsmitglieder kann auf 12 verringert werden. Der Umfang der Mitbestimmung kann ausgehandelt werden.

Eine SE kann überall in der EU tätig werden, ohne für jedes Land eine eigene Tochtergesellschaft zu gründen. Allerdings hat eine SE 30 unterschiedliche nationale Ausprägungen, weil die Rechtsordnungen der europäischen Länder nicht angeglichen sind, also überall etwas anders sind.[911]

---

[910] Siehe Prof. Dr. Günter Wöhe, Prof. Dr. Ulrich Döring und Prof. Dr. Gerrit Brösel: Einführung in die Allgemeine Betriebswirtschaftslehre, S. 222.
[911] www.handelsblatt.com am 23.10.2017.

SoFFin

SoFFin heißt „Sonderfonds Finanzmarkt-Stabilisierung". Er wurde 2008 geschaffen als Sondervermögen des Bundes zur Stabilisierung des Finanzsystems in Deutschland. Der Sonderfonds wurde von der Finanzmarktstabilisierungsanstalt (FMSA) in Frankfurt verwaltet.[912]

Der Sonderfonds hat Kapitalhilfen in Milliardenhöhe geleistet, um das Bankensystem in der Finanzkrise (ab 2007) vor dem Untergang zu bewahren. Darunter befanden sich 18 Milliarden Euro für die Commerzbank und 10 Milliarden Euro für die Hypo Real Estate (auch eine Bank), außerdem Verluste aus dem Schuldenschnitt für Griechenland.

Der Sonderfonds vergab Garantien von 168 Milliarden Euro (am Zeitpunkt der höchsten Auslastung) – Garantien, keine Zahlungen. Zum gleichen Zeitpunkt hatte er Kapital von 29 Milliarden Euro vergeben.[913]

Da im Laufe der Jahre auch Einnahmen zu verbuchen waren, hatte der Sonderfonds Ende 2016 einen aufgelaufenen Verlust von 22 Milliarden Euro.[914]

Die Bankenrettung kostete allerdings noch mehr, wohl 30 bis 50 Milliarden Euro.[915] Außer dem Soffin haben auch die Förderbank KfW und die WestLB-Abwicklung Kosten für die Bankenrettung gehabt.

---

[912] Deutsche Bundesbank: Geld und Geldpolitik, S. 112.
[913] „Der Nothelfer soll zum Abwickler werden", Wirtschaftswoche vom 2.10.2015, S. 34.
[914] „Milliardengrab Bankenrettung", FAZ vom 2.5.2017, S. 22.
[915] Gemäß Prof. Christoph Kaserer, siehe „Rettungsfonds Soffin hilft Banken nur noch dieses Jahr", FAZ vom 3.1.2014, S. 13.

Soll und Haben

Soll und Haben sind die beiden Seiten eines Kontos der doppelten Buchhaltung.

Soll ist die linke Seite, *Haben* die rechte Seite (wenn noch in T-Kontenform gearbeitet wird).

In Listenform kann man Soll und Haben auch mit den Vorzeichen „plus" und „minus" verbuchen (siehe Artikel „Schwarze Zahlen, rote Zahlen").

Sollzinsen und Habenzinsen

Sollzinsen berechnet die Bank dem Kunden für einen Kredit. Sollzinsen sind also Einnahmen für die Bank.

Habenzinsen zahlt die Bank dem Kunden für sein Guthaben. Habenzinsen sind also Ausgaben für die Bank.

Solvabilität

Solvabilität ist die Ausstattung von Banken und Versicherungen mit Eigenmitteln, die durch Aufsichtsrecht vorgeschrieben sind (nur für Banken und Versicherungen; gibt es nicht für Industrie- und Handels-Unternehmen).

Eigenmittel sind Eigenkapital und weitere verfügbare Mittel (zum Beispiel Rückstellungen für Beitragsrückerstattung (RfB) bei Lebensversicherungen).

Zur Abgrenzung: Solvenz

Solvenz bedeutet *Zahlungsfähigkeit* (für alle Unternehmen und Personen). Wer seinen Zahlungsverpflichtungen nicht mehr nachkommen kann, ist *insolvent* (zahlungsunfähig) und muss seine Insolvenz anzeigen (siehe Artikel „Insolvenz" in diesem Buch).

Sondertilgungen

Wenn Sie einen Kredit bei einer Bank aufnehmen, steht im Kreditvertrag oft, dass Sie *Sondertilgungen* vornehmen können. Was heißt das?

Kredite werden durch regelmäßige Tilgungen zurückgezahlt, meist durch vereinbarte Monatsraten. Das führt zu einer bestimmten Laufzeit des Kredits (zum Beispiel 10 Jahre).

Wollen Sie einen Kredit vorzeitig zurückzahlen (zum Beispiel schon nach 8 Jahren), also die Kreditlaufzeit verkürzen (Sie sparen dadurch Zinsen), verlangt die Bank eine *Vorfälligkeitsentschädigung*.

Die verlangt sie, weil ihr durch die vorzeitige Rückzahlung des Kredits die Zinserträge für die letzten beiden Jahre entgehen, die der Bank durch den abgeschlossenen Kreditvertrag zustehen.

Sondertilgungen verkürzen die Kreditlaufzeit auch, sind aber kostenfrei – wenn es so im Kreditvertrag steht. Die Kreditlaufzeit verkürzt sich je nach dem Betrag der Sondertilgung und nach dem Zeitpunkt der Sondertilgung. Meist kann man 5 bis 10 Prozent der Kreditsumme pro Jahr extra tilgen – sofern man Extra-Geld dafür zur Verfügung hat.

Sondertilgungen sind für Sonderfälle gedacht, zum Beispiel für eine Erbschaft oder einen Lottogewinn. Vielleicht hat man ja auch mal gut gewirtschaftet oder gespart, so dass Extra-Geld zur Verfügung steht.

Der Kredit von 100.000 Euro in der folgenden Tabelle mit 2% Jahreszins und 500 Euro Monatsrate (die Tilgung und Zinsen enthält) führt zu einer Kreditlaufzeit von 20,3 Jahren und Rückzahlungen von 121.741 Euro in dieser Laufzeit. Nach Abzug der 100.000 Euro Tilgung bleiben Zinskosten von 21.741 Euro.

Die Sondertilgung von 10.000 Euro im *ersten* Jahr der Kreditlaufzeit führt zu einer Verkürzung der Laufzeit auf 18,0 Jahre und zu Zinskosten von 17.257 Euro, das sind 4.484 Euro Zinskosten weniger.

Der Kredit mit Sondertilgung im ersten Jahr begann im April 2014 und endet im Februar 2032, die Sondertilgung erfolgte im November 2014, also recht früh im Kreditverlauf.[916]

Der Zeitpunkt der Sondertilgung spielt eine Rolle für die Minderung der Zinskosten. Wenn die Sondertilgung im *zehnten* Jahr der Laufzeit erfolgt, führt das zu einer Laufzeit von 18,4 Jahren und zu Zinskosten von 19.594 Euro. Die Einsparung der Zinskosten zum Kredit ohne Sondertilgung beträgt noch 2.147 Euro.

Wenn die Sondertilgung erst *im 16. Jahr* der Laufzeit erfolgt, führt das zu einer Laufzeit von 18,7 Jahren und nur noch zu einer Einsparung der Zinskosten von 589 Euro.

Sondertilgung	ohne	mit		
		Sondertilgung		
		im 1. Jahr	im 10. Jahr	im 16. Jahr
Kredit	100.000	100.000	100.000	100.000
jährl. Zinssatz	2%	2%	2%	2%
monatl. Zinssatz*	0,1667%	0,1667%	0,1667%	0,1667%
Monatsrate	-500	-500	-500	-500
Sondertilgung		-10.000	-10.000	-10.000
ergibt:				
Laufzeit Monate	243	216	221	224
Laufzeit Jahre	20,3	18,0	18,4	18,7
Rückzahlungen**	121.741	117.257	119.594	121.152
Tilgung	100.000	100.000	100.000	100.000
Zinskosten***	**21.741**	**17.257**	**19.594**	**21.152**
Diff. Zinskosten ohne/mit		4.484	2.147	589

*jährl. Zinssatz durch 12 Monate (2 / 12 = 0,1667)
**alle Monatsraten plus Sondertilgung
***Rückzahlungen minus Tilgung (121.741 – 100.000 = 21.741)

---

[916] Die Berechnung der Laufzeit und der Zinskosten eines Kredits mit Sondertilgung erfolgt durch eine Tilgungsverlaufstabelle, die für jeden Monat des Kredits eine Zeile in der Tabelle enthält, um für jeden Monat die Zinsen und Tilgungen einzeln und damit auch die Sondertilgung anzugeben.

Die *Tilgung* eines Kredits sollte man nicht auf Sondertilgungen aufbauen. Ein Kredit sollte mit regelmäßigen Tilgungsbeträgen zurückgezahlt werden, die so hoch sind, wie sie für den Kreditnehmer dauerhaft tragbar sind. Also nicht nur 1% Tilgung ansetzen, sondern, wenn es geht, 2% oder 3% oder sogar höher. Sonst wird die Kreditlaufzeit immer länger und die zu zahlende Zinssumme steigt und steigt. Das folgende Beispiel zeigt das deutlich:

Kredit 300.000			
Zinssatz	2%	2%	2%
Monatsrate	-1.000	-1.500	-2.000
Kredit	300.000	300.000	300.000
Laufzeit Monate	416	243	173
Laufzeit Jahre	**35**	**20**	**14**
Rückzahlungen	416.235	365.223	345.506
Tilgung	300.000	300.000	300.000
Zinskosten	**116.235**	**65.223**	**45.506**
	Diff.:	*-51.012*	*-70.729*
jährliche Zinsen*	6.000	6.000	6.000
Jahresrate	12.000	18.000	24.000
bleibt für Tilgung*	6.000	12.000	18.000
ergibt Tilgungssatz*	2%	4%	6%
* am Anfang			
Die Zinsen sinken während der Laufzeit,			
die Tilgungsbeträge steigen während der Laufzeit.			
Die Monats- und Jahresraten bleiben gleich.			

Wenn der Kredit von 300.000 Euro mit einer Monatsrate von 1.000 Euro zurückgezahlt wird (in der Monatsrate stecken Zins und Tilgung), dauert die Rückzahlung 35 Jahre (416 Monate). Wenn der Kredit aber mit 2.000 Euro zurückgezahlt wird, dauert die Rückzahlung nur 14 Jahre (173 Monate).

Bei 14 Jahren sind das 45.506 Euro Zinskosten, bei 35 Jahren sind es 116.235 Euro (70.729 Euro mehr!).

Bevor Sie einen Kreditvertrag unterschreiben, sollten Sie prüfen, welche Zinsbelastung auf Sie zukommt und ob Sie eine höhere Monatsrate tragen können, denn die würde die Rückzahlungsfrist verkürzen und die Zinskosten senken.

Ein noch deutlicheres Beispiel zeigt ein Kredit von 600.000 Euro, wenn er nur mit 1.500 Euro monatlich zurückgezahlt werden soll:[917]

Kredit 600.000			
Zinssatz	2%	2%	2%
Monatsrate	-1.500	-3.000	-4.000
Kredit	600.000	600.000	600.000
Laufzeit Monate	660	243	173
Laufzeit Jahre	**55**	**20**	**14**
Rückzahlungen	989.575	730.445	691.012
Tilgung	600.000	600.000	600.000
Zinskosten	**389.575**	**130.445**	**91.012**
	Diff.:	*-259.130*	*-298.563*
ergibt Tilgungssatz	1%	4%	6%

Wenn der Kredit mit nur 1.500 Euro monatlich zurückgezahlt werden soll, würde die Kreditlaufzeit 55 Jahre dauern. Wenn dieser Kredit im Alter von 40 Jahren aufgenommen wird, ist der Kreditnehmer 95 Jahre alt, wenn die Kreditschuld abgetragen ist.

Bei 55 Jahren Kreditlaufzeit müssen 389.575 Euro Zinskosten bezahlt werden. Wenn der Kredit mit monatlich 3.000 Euro in 20 Jahren zurückgezahlt werden kann, betragen die Zinskosten noch 130.445 Euro (259.130 Euro weniger!).

---

[917] Angeregt durch den Artikel von Volker Loomann: „Sondertilgungen – eine geistige Verwirrung wohlbetuchter Seelen", FAZ vom 29.9.2015, S. 29.

Sonderziehungsrechte

Im Jahre 1967 hat der Währungsfonds *Sonderziehungsrechte* (SZR, englisch SDR) geschaffen. Das ist eine künstliche Reservewährung des Weltwährungssystems, aus dem alle Mitgliedsländer in Liquiditätskrisen benötigte Finanzmittel entnehmen können, nach einer Quote pro Land, die ihnen zugeteilt wird (und die alle fünf Jahre neu beschlossen wird).[918]

Die chinesische Währung Renminbi (auch Yuan genannt) wurde ab 2016 in den Korb der Sonderziehungsrechte des Internationalen Währungsfonds (IWF) aufgenommen. Bis dahin gehörten zu diesem Korb der Sonderziehungsrechte der US-Dollar, der Euro, das britische Pfund und der japanische Yen.

Die *Sonderziehungsrechte* des IWF sind eine künstliche Währung, die jedes der 188 Mitgliedsländer des IWF in einem bestimmten Umfang erhalten kann. Gehen einem Mitgliedsland die Devisen aus, kann es mit seinen Sonderziehungsrechten zum Beispiel Dollar bekommen, um damit etwa Öllieferungen zu bezahlen.

Berechnet werden die Werte der Anteile der Sonderziehungsrechte der Mitgliedsländer auf der Grundlage der im Korb enthaltenen Währungen.

Der globale Handel wird zurzeit mit 45% in Dollar und mit 28% in Euro abgewickelt, mit 3% in Yuan.[919] Der Anteil der Währungen am globalen Handel spiegelt sich ungefähr im Anteil der Währungen im Korb der Sonderziehungsrechte des IWF.

---

[918] Siehe Prof. Dr. Herbert Sperber und Prof. Dr. Joachim Sprink: Internationale Wirtschaft und Finanzen, S. 173f.
[919] Siehe FAZ: „Der Yuan soll offizielle Reservewährung werden", FAZ vom 1.12.2015, S. 17.

Soziale Marktwirtschaft

Die soziale Marktwirtschaft *„ist sogar die einzig vernünftige Form, wie man eine Marktwirtschaft praktizieren kann"*, sagte Professor Peter Bofinger. Er fügte aber hinzu: *„Wohlstand sollte für alle da sein. ... In den letzten zehn Jahren hatten viele – obwohl die Wirtschaft insgesamt deutlich zulegte – nicht mehr, sondern weniger Geld in der Tasche."*[920]

Die soziale Marktwirtschaft baut auf der Marktwirtschaft auf und will zusätzlich den sozialen Ausgleich. Sie vereint die Vorteile der Marktwirtschaft (wirtschaftliche Leistungsfähigkeit, Entscheidungsfreiheit, staatliche Rechtsordnung, privates Eigentum) mit den Vorteilen des sozialen Ausgleichs (Beschränkung des Wettbewerbs, Absicherung der Arbeitslosigkeit, Kurzarbeitergeld, Rentenversicherung, Verbraucherschutz).

Begründet wurde die soziale Marktwirtschaft von der Freiburger Schule[921] durch Walter Eucken, Wilhelm Röpke und Alfred Müller-Armack, verwirklicht wurde sie von Ludwig Erhard als Wirtschaftsminister.

Nach der Weltfinanzkrise, die 2007 begann und 2008 mit dem Zusammenbruch der amerikanischen Bank Lehman Brothers starke Auswirkungen über die ganze Welt hatte, sagten manche voraus, dass der Kapitalismus und die Marktwirtschaft am Ende seien. Das war zu schnell und falsch beurteilt. Es wurden manche Fehler gemacht und gegen die Regeln der Marktwirtschaft verstoßen, aber die soziale Marktwirtschaft ist die beste Ordnung, es gibt keine bessere.[922]

---

[920] Siehe Interview „Wir sind unterfinanziert", Rheinischer Merkur Nr. 22/2009, S. 14.

[921] Freiburger Schule nennt man eine Gruppe von Professoren in Freiburg im Breisgau, die etwa seit 1930 eine ordoliberale Konzeption der Wirtschaftsordnung geschaffen haben, aus der die soziale Marktwirtschaft hervorgegangen ist.

[922] Michael Rutz: „Fest verankert", Rheinischer Merkur vom 30.7.2009, S. 11.

Folgende Punkte müssen eingehalten werden:
- Wer wirtschaftlich handelt, bekommt die Gewinne, muss aber auch die Verluste tragen. Risiko und Haftung gehören zusammen. Das ist sträflich vernachlässigt worden und muss künftig ohne Ausnahme gelten und durchgesetzt werden.
- Kredite wurden zum Teil ohne hinreichende Sicherheiten gewährt und damit die Stabilität der Finanzmärkte gefährdet.
- Der Staat hat den Wettbewerb verzerrt, indem er Unternehmen einseitig subventioniert hat und damit Unternehmen unfair am Markt gehalten hat.
- Der Staat muss die *Ordnung* der Wirtschaft stärker regeln und aufmerksamer beaufsichtigen, aber die *Geschäfte* im Einzelnen nicht lenken wollen.
- Hedgefonds und Rating-Agenturen und weitere Schattenbanken müssen reguliert und beaufsichtigt werden.

Sparen

Was heißt „Sparen"? Darüber gibt es verschiedene Meinungen:[923]
- Wer dieses Jahr weniger ausgibt als im letzten Jahr, der hat gespart. Kann man so verstehen.
- Wer in einem Jahr weniger ausgibt als er einnimmt, hat auch gespart. Er behält damit sogar in diesem Jahr Geld über, er hat einen Einnahmeüberschuss.
- In der Volkswirtschaftslehre ist Sparen eine Zunahme des Reinvermögens.[924]
- Politiker meinen manchmal mit Sparen die Verminderung der Neuverschuldung. Dabei steigen die Schulden aber weiter, nur nicht so stark. Kann man nicht als Sparen durchgehen lassen.

---

[923] Prof. Dr. Peter Bofinger: Grundzüge der Volkswirtschaftslehre, S. 330.
[924] Der Zuwachs des Sachvermögens und der Zuwachs des Leistungsbilanzsaldos ergibt den Zuwachs des Reinvermögens (in einer offenen Volkswirtschaft), und das ist die Ersparnis. Siehe Prof. Dr. Peter Bofinger: Grundzüge der Volkswirtschaftslehre, S. 329.

Sparen fürs Alter

Sparen fürs Alter ist sinnvoll und ratsam, um die zu erwartende Rente aufzubessern. Dazu ein paar kleine Berechnungen, um zu sehen, was dabei rauskommt:

1) *Ansparen fürs Alter:* Ab Ihrem 30. Geburtstag sparen Sie monatlich 100 Euro. Wieviel Geld haben Sie an Ihrem 67. Geburtstag zusammen?

   Vom 30. bis zum 67. Geburtstag sind es 37 Jahre oder 444 Monate. 100 Euro mal 444 Monate ergeben 44.400 Euro, die Sie bis zum 67. Geburtstag eingezahlt haben.

   Wenn Sie in den 37 Jahren nur 2% Zins pro Jahr bekommen, dann haben Sie 65.788 Euro am 67. Geburtstag.

   Allerdings ist dieser Betrag nicht mehr so viel wert, wie er 37 Jahre vorher war. Das liegt an der *Inflation*. Mit dem Betrag von 65.788 Euro könnten Sie sich vielleicht nur noch die Hälfte der Waren kaufen wie vor 37 Jahren, je nach den Inflationsraten, die es in den 37 Jahren gegeben hat. Sollten Sie mit 4% Zins pro Jahr rechnen dürfen, dann hätten Sie 101.803 Euro am 67. Geburtstag. Die Inflation muss natürlich auch hier wieder bedacht werden.

   Wenn Sie 200 Euro jeweils monatlich sparen könnten, hätten Sie mit 2% Zins 131.576 Euro am 67. Geburtstag. Mit 200 Euro monatlich und 4% Zins wären es 203.605 Euro.

Ansparen fürs Alter				
jährlicher Zinssatz	2%	4%	2%	4%
Jahre	37	37	37	37
ergibt Monate	444	444	444	444
Monatsrate (€)	-100	-100	-200	-200
Anfangswert (€)	0	0	0	0
fällig zu Beginn	1	1	1	1
Summe Monatsraten (€)	-44.400	-44.400	-88.800	-88.800
Endwert (mit Zinsen) (€)	+65.788	+101.803	+131.576	+203.605

Endwert berechnet mit Excel-Funktion ZW (Zukunftswert)

Betrag und Zinssatz haben auf lange Sicht eine erhebliche Wirkung. Aber die Zukunft ist unsicher, wie immer – welche Zinssätze und Inflationsraten es geben wird, weiß niemand.

2) *Monatliche Rente im Alter:* Am 67. Geburtstag möchten Sie den Betrag von 65.788 Euro in eine monatliche Rente umwandeln, die 25 Jahre lang (300 Monate) gezahlt werden soll. Bei angenommenen 3% Zins bekommen Sie eine Monatsrente von 312 Euro.

Wenn Sie 101.803 Euro angespart haben, beträgt die Monatsrente 483 Euro. Bei 131.576 Euro ergibt sich eine Monatsrente von 624 Euro, bei 203.605 Euro eine Monatsrente von 966 Euro.[925]

Umwandlung in eine monatliche Altersrente				
Anfangswert (€)	-65.788	-101.803	-131.576	-203.605
Jahre	25	25	25	25
ergibt Monate	300	300	300	300
jährlicher Zinssatz	3%	3%	3%	3%
Endwert (€)	0	0	0	0
fällig am Monatsende	0	0	0	0
Monatsrente (€)	+312	+483	+624	+966

Monatsrente berechnet mit Excel-Funktion RMZ (regelmäßige Zahlung)

---

[925] Die genannten Zahlen wurden mit dem Finanztaschenrechner HP12C und mit dem PC-Tabellenkalkulationsprogramm Excel berechnet.

Sparquote

Sparen

Sparen heißt Nichtverbrauchen. Wer spart, verzichtet mit einem Teil seines Einkommens darauf, es auszugeben. „Wer spart, verzichtet auf Konsum."[926]

Die Nachfrage nach Konsumgütern mindert sich also, und soweit das nicht ausgeglichen wird, so gehen Produktion und Beschäftigung in der Volkswirtschaft zurück. Das Sparen wirkt depressiv. „*Was den Einzelnen reich macht, wird, wenn es alle tun, zur Quelle des Unheils, der Arbeitslosigkeit.*"[927] Das gilt auch für das Sparkonto.

Sparquote

Wenn man von seinem *(Brutto-)Einkommen* die Steuern und Sozialabgaben abzieht, verbleibt das verfügbare Einkommen. Den größten Teil des *verfügbaren Einkommens* gibt man aus (z.B. fürs Wohnen, Essen, für Kleidung, Freizeit und Unterhaltung). Der restliche Anteil des verfügbaren Einkommens der privaten Haushalte, der nicht ausgegeben, sondern gespart wird, das ist die *Sparquote*.

Die Sparquote der deutschen Haushalte lag in den Jahren nach 2005 bei 11%.

Die Sparquote der amerikanischen Haushalte lag um 1985 bei 10%. Von 1985 bis 2005 sank sie auf null Prozent. Da wohlhabende Amerikaner auch in dieser Zeit gespart haben, müssen daher andere Amerikaner in dieser Zeit auf Kredit gelebt haben.[928]

---

[926] Prof. Dr. Erich Preiser: Nationalökonomie heute, S. 103.
[927] Ebenda, S. 103.
[928] Siehe Prof. Dr. Hans-Werner Sinn: Kasino-Kapitalismus, S. 32.

Spekulation

Spekulieren heißt versuchen, Gewinne zu machen unter Ausnutzung von erwarteten Preisveränderungen (das können auch Kurse oder Zinssätze sein).

Natürlich kann man dabei auch verlieren, wenn die tatsächlichen Preisveränderungen anders eintreten als erwartet.

Beispiel: Wenn *Kaffee* im Moment billig ist, aber ein Spekulant glaubt, der Preis wird bald steigen, dann kauft er große Mengen von Kaffee, um ihn dann zu verkaufen, wenn er teurer wird. Wird er nicht teurer, hat der Spekulant sich verspekuliert (und keine Gewinne erzielt, sondern Verluste erlitten).

Die Spekulation ist zwiespältig: sie kann marktregulierend und preisausgleichend wirken, aber ebenso zu Störungen des Kapitalmarkts führen und sogar einen Börsenkrach auslösen.

Spekulationsblasen
Wenn die Preise viel schneller steigen, als die reale Wirtschaft wächst, kann eine *Spekulationsblase (oder Preisblase)* vermutet werden.

In einer Preisblase verlassen die Preise die realen wirtschaftlichen Bedingungen. Die Preise sind irreal (unwirklich) hoch; es wird allgemein erwartet, dass sie auf längere Zeit nicht so hoch bleiben werden. Dann könnte die Blase eines Tages platzen und die Preise sehr schnell sinken.

Dabei kann es sich ebenso um Immobilienpreise handeln (wie 2006 in den USA) als auch um Preise von Tulpenzwiebeln (wie in Holland um 1635) oder um andere Güterpreise.

Tulpenwahn
Tulpen stammen aus Armenien und der Türkei und waren bis 1580 in Holland nahezu unbekannt. Einen Botaniker am Habsburger Hof in Wien verschlug es nach Holland, und er hatte Tulpenzwiebeln im Gepäck. Tulpen unterschieden sich damals von jeder anderen Blume, ihre Farben waren leuchtend schöner als alle andern. Dadurch wurden sie bald begehrt, und was begehrt und knapp ist, das treibt die Preise schnell nach oben.

Da das Angebot an Tulpenzwiebeln nur langsam wuchs, die Tulpen selbst aber immer begehrter wurden, fing man an, nicht Tulpen, sondern die Rechte daran zu handeln. Es tauchten immer mehr Zwischenhändler auf, die sich mit größeren Mengen eindeckten, um sie teurer weiterzuverkaufen. Damit war der Status der Spekulation erreicht. Die Käufer kauften, ohne Tulpen in die Hand zu bekommen, und konnten nicht sicher sein, was sie da erworben hatten.

Was immer noch im Preis steigt, wird weiterhin von anderen Käufern zu noch höheren Preisen gekauft – solange diese Preisentwicklung anhält. Am Höhepunkt der Tulpenmanie sollen 5.500 Gulden bezahlt worden sein (das können 87.000 Euro sein, genau weiß man es nicht). Im Jahre 1637 auf einer gewöhnlichen Auktion fand sich zum ersten Mal kein Käufer, der einen noch höheren Preis zahlen wollte. Der Händler blieb auf seinem Angebot sitzen. Das sprach sich schnell herum. In kurzer Zeit brach der Markt zusammen. Der Preis verfiel auf unter ein Hundertstel des Höchstpreises.[929]

Dotcom-Blase

Die Dotcom-Blase hatte ihren Ursprung im Internet. *Dot* ist Englisch und heißt „Punkt" und *.com* ist ein Teil von Internetadressen wie *www.digital.com.*

Als das Internet in den 1990er Jahren bekannter wurde, wurden sehr viele neue Internet-Firmen gegründet, die viele Ideen und erst wenig Geld hatten, aber durch die Notierung an den Börsen und den Verkauf ihrer Aktien viel Geld hereinbekamen, weil viele Anleger ihre Zukunftschancen völlig überschätzten.

Diese vielen IT-Firmen[930] bildeten die New Economy[931] und waren oft in extra gegründeten Börsenbereichen zusammengefasst, in Deutschland hieß das „Neuer Markt". Die neuen Firmen und ihre Anleger hatten bald das Nachsehen, denn die meisten Firmen ging bald wieder ein und verschwanden von der Bildfläche – und hatten auch die großen Anlagegelder ver-

---

[929] Siehe Winand von Petersdorff-Campen: „Eine Tulpe für 87.000 Euro", in: Gerald Braunberger und Benedikt Fehr (Hrg.): Crash – Finanzkrisen gestern und heute, S. 20 ff.

[930] IT heißt **Informationstechnik**; früher hieß das EDV (elektronische Datenverarbeitung).

[931] Siehe Prof. Dr. Andreas Rödder: 21.0, S. 23.

braucht und verloren. Zwischen März 2000 und Oktober 2002 verloren die Dotcom-Aktien 7 Billionen Dollar.[932] Der „Neue Markt" wurde dann wieder geschlossen.

Amerikanische Immobilienblase
Die Verkaufspreise von Einfamilienhäusern in den USA stiegen von 1996 bis 2006 um 190%, das sind etwa 11% durchschnittlich pro Jahr.[933] Dieser Preisanstieg lag weit über dem Wachstum der amerikanischen Wirtschaft und wird daher als *Immobilienblase* bezeichnet.

Eine *Preisblase* ist von begrenzter Dauer. Irgendwann platzt die Blase und der Preisanstieg ist beendet. Die amerikanische Immobilienblase endete Mitte Juni 2006, danach sanken die Preise im Sturzflug. In zweieinhalb Jahren von Juni 2006 bis Dezember 2008 gingen die Immobilienpreise um 28% zurück, womit die Immobilienbesitzer Dollar in Billionen verloren.

Das Platzen der amerikanischen Immobilienblase von 2006 war der Ausgangspunkt und eine der Ursachen der weltweiten Finanzkrise von 2007 (siehe dazu Artikel „Weltfinanzkrise 2007" in diesem Buch).

Sperrminorität

Die meisten Beschlüsse der Hauptversammlung einer Aktiengesellschaft benötigen nach dem deutschen Aktienrecht eine Mehrheit der abgegebenen Stimmen (*einfache Stimmenmehrheit*).[934] Das ist *mehr* als 50 Prozent der Stimmen, mindestens 50 Prozent plus eine Stimme.

Ein Beschluss der Hauptversammlung über eine *Satzungsänderung* bedarf einer Mehrheit, die *mindestens* drei Viertel des bei der Beschlussfassung vertretenen Grundkapitals umfasst[935] (es reichen also 75 Prozent des vertretenen Grundkapitals, eine weitere Einheit mehr ist nicht erforderlich).

---

[932] Siehe Dorling Kindersley Verlag: Das Wirtschaftsbuch, S. 99.
[933] Siehe Prof. Dr. Hans-Werner Sinn: Kasino-Kapitalismus, S. 47.
[934] Aktiengesetz § 133.
[935] Aktiengesetz § 179 Absatz 2.

Eine *Sperrminorität* hat also der, der 25 Prozent *und eine Stimme mehr* hat, weil er einen Beschluss zur Satzungsänderung verhindern (sperren) kann, denn der braucht 75 Prozent und kann gegen die Sperrminorität nicht zustande kommen.[936]

Eine *qualifizierte Mehrheit* von 75 Prozent erfordern u.a. folgende Beschlüsse:

- Satzungsänderung (Aktiengesetz § 179)
- Kapitalherabsetzung (AktG § 222)
- Abberufung von Aufsichtsratsmitgliedern (AktG § 103)
- Auflösung der Gesellschaft (AktG § 262)
- Fusionsbeschlüsse (AktG § 319)

Spesen

Der Begriff *Spesen* kommt aus dem Italienischen und meint meistens den Aufwand für Speisen (ursprünglich lateinisch *expensa*).

Die *Spesen* sind die Ausgaben für Essen und Trinken, wenn man unterwegs ist. Wenn man privat unterwegs ist, muss man diese Ausgaben selber bezahlen. Wenn man dienstlich oder geschäftlich unterwegs ist, bekommt man einen Teil der Ausgaben erstattet.

Warum (nur) einen Teil? Weil Essen und Trinken unterwegs teurer sind als zu Hause, wird der Verpflegungs*mehr*aufwand erstattet – man ist ja aus beruflichen Gründen unterwegs.

Die normalen Kosten, die man auch zu Hause hat oder in der Kantine der Firma, die sind Privatsache, die hat man ja jeden Tag so wie so.

Allerdings bekommt man den Verpflegungs*mehr*aufwand nicht in der Höhe, wie er tatsächlich anfällt (wie er also in der Praxis jedesmal anders anfällt) – die Abrechnung wäre viel zu umständlich (und damit zu aufwendig). Jeder beruflich

---

[936] Siehe Prof. Dr. Günter Wöhe, Prof. Dr. Ulrich Döring und Prof. Dr. Gerrit Brösel: Einführung in die Allgemeine Betriebswirtschaftslehre, S. 248.

Reisende bekommt pauschale Beträge (*Verpflegungs-pauschalen*) ersetzt:[937]

1) Wenn ein Arbeitnehmer außerhalb seiner Wohnung und seiner ersten Tätigkeitsstätte (seines normalen Arbeitsplatzes) beruflich tätig wird, bekommt er 24 Euro für jeden Kalendertag, an dem der Arbeitnehmer 24 Stunden von seiner Wohnung und von seiner ersten Tätigkeitsstätte abwesend ist.

2) Er bekommt 12 Euro für den Anreisetag und den Abreisetag, wenn er an diesem Tag oder an einem anschließenden Tag oder an einem vorhergehenden Tag außerhalb seiner Wohnung übernachtet.

3) Er bekommt 12 Euro für den Kalendertag, an dem er ohne Übernachtung außerhalb seiner Wohnung mehr als 8 Stunden von seiner Wohnung und der ersten Tätigkeitsstätte abwesend ist.

„*Außer Spesen nichts gewesen*" heißt es manchmal. Soll heißen, Kosten sind angefallen (für Reisekosten, für Speis und Trank, für Übernachtungen und für weitere Nebenkosten), aber das Geschäft, das man abschließen wollte, ist nicht zustande gekommen.

Der Begriff *Spesen* wird manchmal auch in weiterem Umfang verstanden. Dann sind allgemein *Nebenkosten* gemeint, etwa Bearbeitungsgebühren, Provisionen, Bankspesen, Maklergebühren, Courtagen, Reisekosten, Übernachtungskosten.

Spread

Spread heißt „Spreiz" oder „Spanne" oder „Differenz".

Im Finanzbereich ist die Differenz gemeint zwischen Ankaufspreis und Verkaufspreis (eines Wertpapierkurses oder eines Devisenkurses).

---

[937] Einkommensteuergesetz § 9 Absatz 4a. Für Steuerpflichtige (z.B. Nicht-Arbeitnehmer oder Selbständige) siehe Einkommensteuergesetz § 4 Absatz 5 Satz 1 Nr. 5.

Squeeze-out

Squeeze-out heißt „herausdrängen".

Herausgedrängt werden können Minderheitsaktionäre. Ein Aktionär, der 95% der Stimmrechte hat, kann die restlichen Aktionäre aus der Aktiengesellschaft herausdrängen, indem er sie auszahlt (Barabfindung).[938]

Bei der Deutscher Ring Lebensversicherung AG ist dies gemacht worden, der Hauptaktionär hatte 97% der Stimmen.

Diese Regelung wurde 2002 eingeführt. Eine Verfassungsbeschwerde vor dem Bundesverfassungsgericht hatte keinen Erfolg.

Warum gibt es diese Regelung? Die Kleinaktionäre können gegen einen Aktionär, der 95% der Aktien hat, vorgeschlagene Beschlüsse nicht verhindern. Aber sie können die Beschlüsse verzögern, ohne letzten Endes etwas zu bewirken.

Staatsquote

Der Staat sollte in die Produktion und Verteilung der Güter nicht eingreifen, dennoch ist der Staat für die Wirtschaft unentbehrlich. Der Staat muss

- die Rechtsordnung schaffen und aufrecht erhalten
- die Eigentumsrechte sichern
- die Rechtsprechung sicherstellen
- die innere und äußere Sicherheit garantieren
- das Geld in den Verkehr bringen und überwachen
- die soziale Sicherung gewähren
- die Altersrenten sicherstellen
- eine allgemeine Krankenversicherung sicherstellen
- die Steuern erheben
- den Wettbewerb aufrecht erhalten

---

[938] Aktiengesetz § 327a. Siehe auch Prof. Dr. Günter Wöhe, Prof. Dr. Ulrich Döring und Prof. Dr. Gerrit Brösel: Einführung in die Allgemeine Betriebswirtschaftslehre, S. 249.

- in Wirtschaftskrisen stabilisierend eingreifen
- die Umwelt schützen[939]

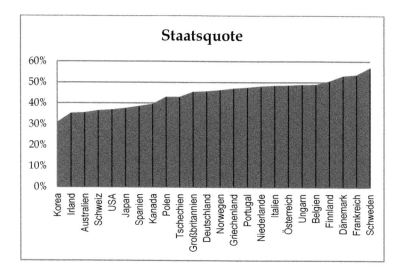

Die Staatsquote ist der Anteil der Staatsausgaben am Brutto-inlandsprodukt. Sie ist in den dargestellten Ländern unter-schiedlich, in Korea 31% und in Schweden 57%.[940]

Staatsverschuldung

Öffentliche Ausgaben werden durch *Steuern* finanziert, so ist es allgemein bekannt. Allerdings gibt es da noch eine andere Möglichkeit, der Staat kann sich verschulden und *Kredite* aufnehmen. Schon in früheren Zeiten haben Landesherren vor allem für Kriege Kredite aufgenommen. In neueren Zeiten nehmen Staaten aber auch in Friedenszeiten Kredite auf, in großen Beträgen, und seit der Weltfinanzkrise 2007 ist die Verschuldung weiter gestiegen.

Im Gegensatz zu den Steuern müssen Kredite *getilgt* werden. Der Staat muss aber nicht nur tilgen, er muss in normalen

---

[939] Siehe Prof. Dr. Peter Bofinger: Grundzüge der Volkswirtschaftslehre, S. 212ff. und 286.
[940] Siehe Prof. Dr. Peter Bofinger: Grundzüge der Volkswirtschaftslehre, S. 2015.

Zeiten *Zinsen* bezahlen. Das muss er zurzeit nicht, weil der Zinssatz bei null liegt.

„Staatsverschuldung führt regelmäßig zu einer Umverteilung von Einkommen zwischen verschiedenen Generationen"[941], zu einer Belastung der künftigen Staatsbürger.

Die staatliche Kreditaufnahme ist eine Umverteilung der Steuerlasten, in doppelter Hinsicht, die lebenden Bürger werden nicht gefragt, ob die Staatsausgaben so hoch sein müssen, und die künftigen, noch gar nicht lebenden Bürger können noch nicht gefragt werden, ob sie die spätere Steuerlast tragen wollen.[942]

Wirkung der Staatsverschuldung

Wenn der Staat Kredite aufnimmt, steht er in Konkurrenz mit seinen Bürgern: die Kreditnachfrage des Staates verdrängt einen Teil der *privaten Kapitalnachfrage* des Produktionssektors vom Kapitalmarkt.[943]

Wenn der Staat seine Ausgaben durch höhere Staatsverschuldung finanziert (also durch Kredite), führt das langfristig zu verringerten Marktlöhnen, zu gestiegenen Zinsen und einer verringerten Kapitalbildung.[944] Infolge einer höheren Staatsverschuldung sinkt die Wohlfahrt aller beteiligten Generationen.[945]

Stabilitäts- und Wachstumspakt

Der *Stabilitäts- und Wachstumspakt* wurde 1997 von den Mitgliedern der Europäischen Union beschlossen als Ergänzung des AEU-Vertrags (Vertrag über die Arbeitsweise der Europäischen Union).[946]

Eigentlich ging es um Stabilität, damit sollten die Defizite der Staatshaushalte der EU-Länder begrenzt werden. Im Fall

---

[941] Siehe Prof. Dr. Dietmar Wellisch: Finanzwissenschaft III: Staatsverschuldung, S. 2.
[942] Ebenda, Seite V.
[943] Ebenda, S. 33.
[944] Ebenda, S. 37 und S. 40.
[945] Ebenda, S. 43.
[946] Deutsche Bundesbank: Geld und Geldpolitik, S. 150.

einer Konjunkturflaute sollten höchstens 3% *Defizit* erlaubt sein (3% vom Bruttoinlandsprodukt (BIP) des jeweiligen Landes).

Kaum ein Land nahm das ernst, auch Deutschland und Frankreich überschritten die vereinbarten 3% (Deutschland und Frankreich zählen zu den großen Mitgliedern der EU und sollten als Beispiel vorangehen). Bis zum Jahr 2014 wurde die 3%-Grenze in der ganzen EU 156-mal überschritten.[947]

Nach dem AEU-Vertrag sollte jedes EU-Land nicht mehr *Staatsschulden* haben als 60% des Bruttoinlandsprodukts des Landes. Viele Länder hatten höhere Schulden und wurden trotzdem in die Währungsunion aufgenommen.

Die EU-Länder einigten sich auf einen *Fiskalpakt*, der rigorosere Schuldengrenzen vorschreibt als der Stabilitäts- und Wachstumspakt von 1997 (siehe Artikel „Fiskalpakt" in diesem Buch).

Stagflation

Stagflation setzt sich zusammen aus *Stagnation* und *Inflation*.

In den Vereinigten Staaten und in Großbritannien war es in den 1970er Jahren durch die Öl(preis)krisen zu einem Anstieg der Arbeitslosigkeit und gleichzeitig der Inflation gekommen. Das hatte es noch nicht gegeben, entweder gab es bisher Stagnation (und damit stabile Preise) oder Wachstum (und damit oft steigende Preise, mithin Inflation).

In den USA wurde Ronald Reagan 1978 zum Präsidenten gewählt und in Großbritannien Margret Thatcher 1979 zur Premierministerin. Beide wollten die Stagflation bekämpfen, indem sie das Wirtschaftswachstum und die Privatinitiative förderten und den Staatseinfluss und die Staatsausgaben verminderten.[948]

Diese *Angebotspolitik* wandte sich ab von der bisherigen Nachfragepolitik von J. M. Keynes, die vor allem nach dem zweiten Weltkrieg in vielen Ländern Zuspruch fand.

---

[947] Prof. Dr. Hans-Werner Sinn: Der Euro, S. 72f.
[948] Siehe Prof. Dr. Arne Heise: Einführung in die Wirtschaftspolitik, S. 137f.

Standardabweichung

Für bestimmte Daten ergeben sich oft jeden Tag andere Werte, zum Beispiel für Aktienkurse, wie in dieser Tabelle in zwei verschiedenen Fällen:

Aktienkurse			
	Tage	Aktienkurse Fall 1	Aktienkurse Fall 2
	1	80	80
	2	88	110
	3	94	130
	4	91	170
	5	87	190
Anzahl:	5		
Summe:		440	680
Mindestwert:		80	80
Höchstwert:		94	190
Spannweite:		14	110
Mittelwert:		88	136
Mittelabweichung:		3,6	35,2
Varianz:		22	1584
Standardabweichung:		4,7	39,8

Aktienkurse Fall 1
Die Aktienkurse im Fall 1 bewegen sich von 80 über 94 zu 87, sie steigen also zuerst und sinken dann wieder. Der Mindestwert ist 80, der Höchstwert 94, die *Spannweite* ist also 14 (94 minus 80).

Der *Mittelwert* (das arithmetische Mittel, oft auch *Durchschnitt* genannt) ist 88 (das ist die Summe 440 geteilt durch die 5 Tage).

Die einzelnen Aktienkurswerte können dicht am Mittelwert liegen, sie können aber auch weit verstreut vom Mittelwert liegen. Um die Streuung der einzelnen Kurswerte vom Mittelwert festzustellen, gibt es *Streuungsmaße*, das sind u.a. die *Mittelabweichung*, die *Varianz* und die *Standardabweichung*.

Die *Mittelabweichung* in der Tabelle „Aktienkurse" ist mit einer Excel-Funktion ermittelt, wie auch die beiden anderen Streuungsmaße *Varianz* und *Standardabweichung*. Im Folgenden wird die Berechnung dieser Streuungsmasse erklärt.

Mittelabweichung: Für jeden Aktienkurs an den fünf Tagen wird die Abweichung vom Mittelwert festgestellt (siehe folgende Tabelle „Streuungsmaße Fall 1"). Die Abweichungen ergeben positive und negative Zahlen und ergeben in der Summe null.

Wenn man die absoluten Abweichungen (ohne Vorzeichen, also ohne Plus- und Minus-Zeichen) addiert und die Summe 18 durch die 5 Tage teilt, erhält man den Mittelwert der absoluten Abweichungen 3,6 – das ist die Mittelabweichung.

Streuungsmaße Fall 1					
Aktienkurse Fall 1	Mittelwert	Abweichung vom Mittelwert	absolute Abweichungen	quadrierte Abweichungen	Standard- abweichung
80	88	-8	8	64	
88	88	0	0	0	
94	88	6	6	36	
91	88	3	3	9	
87	88	-1	1	1	
Summe:		0	18	110	
Mittelwert:			3,6	22	4,7
			Mittel- abweichung	Varianz	Wurzel aus Varianz

Die Mittelabweichung von 3,6 bei einem Mittelwert von 88 ist eine geringe Streuung (3,6 durch 88 = 4%) der einzelnen Kurswerte um den Mittelwert.

Varianz: Wenn man die absoluten Abweichungen für jeden Aktienkurs quadriert (also jeweils mit sich selbst multipliziert, z.B. 8 mal 8 gleich 64), fallen größere Abweichungen stärker ins Gewicht als kleinere. Die Summe der quadrierten Abweichungen von 110 geteilt durch 5 Tage ergibt einen Mittelwert der quadrierten Abweichungen von 22, das ist die Varianz.

Die *Standardabweichung* (4,7) ist die Wurzel aus der Varianz (22). Sie ist mit 5% vom Mittelwert (88) etwas höher als die

4% der Mittelabweichung vom Mittelwert (88), da ja durch die Quadrierungen die größeren Abweichungen stärker ins Gewicht fallen.

Aktienkurse Fall 2

Die Aktienkurse im Fall 2 bewegen sich von 80 ab stetig aufwärts bis 190. Der Mindestwert ist 80, der Höchstwert 190, die *Spannweite* ist also 110 (190 minus 80).

Der *Mittelwert* ist 136 (Summe 680 geteilt durch 5 Tage).

Für die *Mittelabweichung* wird wieder für jeden Aktienkurs an den fünf Tagen die Abweichung vom Mittelwert festgestellt (siehe folgende Tabelle „Streuungsmaße Fall 2"). Die absoluten Abweichungen ergeben in der Summe 176 und geteilt durch 5 Tage den Mittelwert 35,2 – das ist die Mittelabweichung.

Streuungsmaße Fall 2					
Aktienkurse Fall 2	Mittelwert	Abweichung vom Mittelwert	absolute Abweichungen	quadrierte Abweichungen	Standard- abweichung
80	136	-56	56	3136	
110	136	-26	26	676	
130	136	-6	6	36	
170	136	34	34	1156	
190	136	54	54	2916	
Summe:		0	176	7920	
Mittelwert:			35,2	1584	39,8
			Mittel- abweichung	Varianz	Wurzel aus Varianz

Die Mittelabweichung von 35,2 bedeutet 26% vom Mittelwert 136 (35,2 durch 136 = 26%) und bedeutet eine schon erheblich höhere Streuung als im Fall 1.

Der Mittelwert der quadrierten Abweichungen beträgt 1584, das ist die *Varianz*.

Die Wurzel aus der Varianz ($\sqrt{1584} = 39,8$) ist die Standardabweichung im Fall 2 der Aktienkurse. Die *Standardabweichung* ist mit 29% (39,8 durch 136 = 29%) wiederum etwas höher als die absolute Mittelabweichung mit 26% vom Mittelwert.

Start-up

Ein *Start-up* ist ein neu gegründetes Unternehmen, das sich noch in seiner Startphase befindet.

Meistens werden solche Unternehmen wegen einer innovativen Geschäftsidee gegründet, oft auch wegen einer Idee aus dem technologischen Bereich.

Start-up-Unternehmen haben oft nicht sehr viel Startkapital, so dass sie Unterstützung und Förderung gebrauchen können. Das kann *Venture Capital* sein (*Wagniskapital* aus besonderen Förderungstöpfen) oder ein baldiger *Börsengang* (erstmaliges Angebot der eigenen Aktien an der Börse, auch IPO genannt – *Initial Public Offering*).

Steuererklärung

Was heißt eigentlich *Steuererklärung*? Erklärt jemand die Steuer? Das könnte wohl der Steuer*berater*, aber nicht der Steuer*zahler*, der ja die Steuererklärung abgibt.

Eine *Erklärung* kann auch eine *Mitteilung* sein (oder eine *Meldung*), denn der Steuerzahler soll dem Finanzamt etwas mitteilen, nämlich seine Einnahmen, von denen der Staat einen gewissen Anteil haben möchte (die Steuern), je nach Gesetzeslage.

Und diese Erklärung, die die Einnahmen des Steuerzahlers enthält (und mitteilt), geht an die Steuerverwaltung (ans Finanzamt). Die rechnet dann die Steuern aus und schickt dem Steuerzahler einen *Steuerbescheid* zu, in dem steht, wieviel Steuern er bezahlen muss.

Dabei muss der Steuerzahler nicht seine ganzen Einnahmen versteuern lassen. Manche Ausgaben kann man von den Einnahmen abziehen (und dann die restlichen Einnahmen versteuern), natürlich nur, wenn auch das im Gesetz steht. Aber dann zahlt man (etwas) weniger Steuern. Siehe dazu den Artikel „Steuern absetzen" in diesem Buch.

Die Pflicht zur Abgabe der Steuererklärung wird (allgemein) geregelt in der Abgabenordnung (AO, ein Gesetz), dort im § 149.

Steuern

In Deutschland gibt es ungefähr 50 Steuern, so etwa
- Einkommen-, Lohn- und Körperschaftsteuer[949]
- Verkehrsteuern wie Umsatzsteuer, Grunderwerbsteuer, Versicherungsteuer
- Verbrauchsteuern wie Bier-, Tabak-, Branntwein-, Kfz- und Mineralölsteuer
- Ertragsteuer, Gewerbeertrag- und Grundsteuer
- Erbschaftsteuer
- Zölle

Was sind Steuern?
„Steuern sind Geldleistungen, die nicht eine Gegenleistung für eine besondere Leistung darstellen und von einem öffentlich-rechtlichen Gemeinwesen zur Erzielung von Einnahmen allen auferlegt werden, bei denen der Tatbestand zutrifft, an den das Gesetz die Leistungspflicht knüpft." (Abgabenordnung (AO) § 3)

Steuerarten
Direkte Steuern zahlt der Steuerpflichtige direkt an das Finanzamt, zum Beispiel die Lohn- und Einkommensteuer (bei Angestellten macht das meistens die Firma (der Arbeitgeber), stellvertretend für den Steuerzahler, jeden Monat).

Indirekte Steuern wie die Umsatzsteuer zahlt der Bürger beim Kauf einer Ware an den Verkäufer der Ware. Der Verkäufer muss sie an das Finanzamt abführen. Das gilt für alle Rechnungen, zum Beispiel auch für Rechnungen von Handwerkern.

Steuertarife
Beim *proportionalen* Steuertarif wird wie bei der Umsatzsteuer immer 19% verlangt (oder immer 7% bei dem verminderten Steuersatz, etwa für Lebensmittel). Der Steuerbetrag steigt im gleichen Maße wie die Steuergrundlage (hier der Umsatz): Wer für 10 Euro (netto) kauft, bezahlt 1,90 Euro Steuern zusätzlich; wer für 100 Euro kauft, bezahlt 19 Euro Steuern – immer 19%.

---

[949] Begriffe wie „Körperschaftsteuer" oder „Einkommensteuer" werden ohne zweites s geschrieben (also nicht „Einkommenssteuer"). (Man schreibt ja auch nicht „Tabakssteuer".)

Beim *progressiven* Steuertarif (wie bei der Einkommensteuer) steigt der Steuer*satz* mit dem Einkommen: Wenn Sie 20.000 Euro Einkommen haben im Jahr, zahlen Sie 2.524 Euro Einkommensteuern (das ist ein Steuersatz von 12,6%).

Wenn Sie 50.000 Euro Einkommen haben, zahlen Sie 12.563 Euro Steuern (Steuersatz 25,1%, nach Einkommensteuer-Grundtabelle 2017).

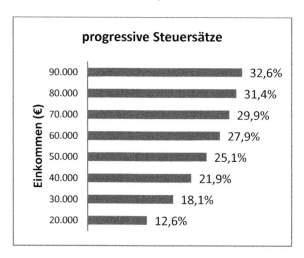

Der Steuer**satz** *wird höher, wenn das Einkommen höher wird*, das nennt man *progressiven Steuersatz*. Wenn das Einkommen von 50.000 Euro mit 12,6% besteuert würde (also mit dem gleichen Steuersatz wie 20.000 Euro), wäre die Steuer 6.300 Euro, also nur halb so hoch.

Steuern auf Arbeit und Kapital
Arbeitseinkommen werden höher besteuert, *Kapitalgewinne* werden niedriger besteuert – in Deutschland, in europäischen Ländern und in den USA. US-Milliardär Warren Buffet kritisiert deshalb, seine Sekretärin unterliege einem höheren Steuersatz als er selbst.

Warum werden Kapitalgewinne begünstigt? Weil Kapital flüchtig ist wie ein Reh, es huscht schnell über Ländergrenzen und ist schwer aufzuhalten. Angestellte dagegen bleiben meist im Land. Dabei wären hohe Steuern auf Kapitalgewinne hilfreich, um Einkommens- und Vermögens-Unterschiede auszugleichen.

Steuereinnahmen

Steuereinnahmen erheben der Bund, die Länder und die Gemeinden. Alle drei zusammen bekommen 734 Milliarden Euro im Jahr 2017 (nach Einschätzung der Steuerschätzer im November 2017). Die meisten Steuern bekommt der Bund.

Die Steuereinnahmen des Jahres 2017 der gemeinschaftlichen Steuern (Bund, Länder und Gemeinden) und der Bundessteuern und der Ländersteuern (ohne reine Gemeindesteuern) betrugen 674 Milliarden Euro:

Steuereinnahmen 2017 in Milliarden Euro			Anteil
Lohnsteuer	196		29,1%
Einkommensteuer	59		8,8%
Ertragsteuer	21		3,1%
Abgeltungsteuer	7		1,0%
Körperschaftsteuer	29		4,3%
Summe Einkommen- und Ertragsteuern	312	312	46,3%
Umsatzsteuer		226	33,5%
Gewerbesteuerumlage		9	1,3%
sonstige Bundessteuern		100	14,8%
sonstige Ländersteuern		22	3,3%
Zölle		5	0,7%
gesamte Steuereinnahmen (ohne reine Gemeindesteuern)		**674**	100,0%

Quelle: Bundesfinanzministerium 26.1.2018

Steuerquote

Die *Steuerquote* ist der Anteil der Steuereinnahmen am Bruttoinlandsprodukt. Deutschlands Steuerquote beträgt 23%. Die Schweiz liegt bei 21%, Belgien und Italien liegen bei 30%, Norwegen bei 32%, Schweden bei 34% und Dänemark bei 47%.[950] Diese Steuerquoten enthalten keine Sozialbeiträge.

Bei der Steuerquote liegt Deutschland im internationalen Vergleich eher niedrig, auch wenn viele glauben, Deutschland sei ein Hochsteuerland. Das liegt wohl an den Sozialbeiträgen, da liegt Deutschland eher hoch.[951]

---

[950] https://de.wikipedia.org/wiki/Steuerquote am 12.2.2018.
[951] PD Dr. Stefan Bach: Unsere Steuern, S. 144.

Wenn man die Steuern und die Sozialbeiträge zusammen-
rechnet zur *Steuer- und Abgabenbelastung*, wie es die OECD[952]
tut, liegt Deutschland immer noch im Mittelfeld. An der Spitze
liegen auch dann die skandinavischen Länder (Dänemark,
Norwegen, Schweden, Finnland), es folgen Belgien, Italien,
Österreich und Frankreich.[953]

Allerdings sind die Sozialbeiträge, in Deutschland jedenfalls, überwiegend keine Steuern, sondern Versicherungsbeiträge. Die Leistungen, die man später bekommt, orientieren
sich an den gezahlten Beiträgen; im Gegensatz zu den Steuern,
das sind öffentliche Abgaben, für die man keinen Anspruch auf
(direkte) Gegenleistungen hat.[954]

Wer zahlt die Steuern?

Alle zahlen Steuern, stand im Internet, denn alle kaufen was,
und dabei müssen sie Umsatzsteuer bezahlen. Soweit nicht
falsch, nur ist die Umsatzsteuer (auch Mehrwertsteuer) nicht
gemeint. Gemeint ist hier die Lohn- und Einkommensteuer.

Man könnte denken, (Lohn- und Einkommen-)Steuern
zahlen doch alle? Das wären in Deutschland 80 Millionen
Personen. Aber die Kinder zahlen natürlich keine Steuern, das
sind 17 Millionen.[955]

Bleiben also 63 Millionen Menschen in Deutschland, die
Lohn- und Einkommensteuer bezahlen könnten – tatsächlich
aber zahlen 38 Millionen Personen Lohn- und Einkommensteuer.

25 Millionen zahlen also keine Lohn- und Einkommensteuer.

In diesen 25 Millionen sind die Ehefrauen nicht enthalten
(wie man meinen könnte), denn die sind in den Steuerzahlern
nach der Splittingtabelle[956] enthalten (nämlich als zwei
Personen gezählt).

Die 25 Millionen sind Steuerpflichtige, die „nicht belastet"
werden, soll heißen, sie müssen keine Steuern bezahlen, weil
sie nicht so viel verdienen. Etwa deshalb, weil nach Ein-

---

[952] Siehe Artikel „OECD" in diesem Buch.

[953] Ebenda, S. 145.

[954] Ebenda, S. 78f.

[955] Bundesfinanzministerium: Datensammlung der Steuerpolitik,
Ausgabe 2013, Tabelle 2.3, www.bundesfinanzministerium.de.

[956] Die **Splittingtabelle** gilt für gemeinsam veranlagte Ehepaare; sie
werden vom Finanzministerium als zwei Personen gezählt.

kommensteuergesetz § 32a die tarifliche Einkommensteuer null beträgt, wenn das zu versteuernde Einkommen bis 9.000 Euro im Jahr beträgt (der Betrag gilt für das Jahr 2018, er wird jedes Jahr etwas angehoben).

Von den 63 Millionen (Einwohner ohne Kinder) sind 38 Millionen Steuerzahler, das sind 60%, die Lohn- und Einkommensteuer zahlen. Der Rest (40%) zahlt mithin keine Lohn- und Einkommensteuern.

Die 38 Millionen, die Lohn- und Einkommensteuern zahlen, zahlen natürlich unterschiedlich viel, weil sie auch unterschiedliche Einkommen haben. Die untere Hälfte der Steuerpflichtigen, gemessen an den Einkünften,[957] tragen mit 5,1% zum Einkommensteueraufkommen bei (im Jahr 2013). Die obere Hälfte der Steuerpflichtigen trägt mit 94,9% zum Einkommensteueraufkommen bei.[958]

Annähernd das ganze Einkommensteueraufkommen wird also getragen von etwa 19 Millionen Steuerzahlern (etwa 30% der 63 Millionen Einwohner ohne Kinder).

Das schließt ein, dass die anderen 70% nicht nur kaum oder keine Steuern zahlen, sondern auch in vielen Fällen Hilfe und Unterstützung brauchen, die von den 30% geleistet werden.

Vor vielen Jahren habe ich auf einer Feier einem Gesprächspartner gesagt, dass die meisten Steuern von höchstens einer Hälfte der Steuerzahler aufgebracht werden. Er glaubte es nicht und schüttelte nur den Kopf.

Wofür werden die Steuern ausgegeben?
Der jährliche Bundeshaushalt spiegelt wider, wofür die Steuern auf Bundesebene ausgegeben werden. Der größte Posten (40%) ist der des Bundesarbeitsministeriums, das u.a. für die Arbeitslosigkeit und die Rentenversicherung zuständig ist.

Zu den Ausgaben des Bundeshaushalts siehe den Artikel „Bundeshaushalt" in diesem Buch.

---

[957] **„Einkünfte"** ist ein spezieller Steuerbegriff. Einkünfte sind nicht das Einkommen noch das zu versteuernde Einkommen. Einkünfte sind Einnahmen minus abziehbare Aufwendungen (Werbungskosten und Betriebsausgaben).
[958] Siehe Bundesfinanzministerium: Datensammlung der Steuerpolitik, Ausgabe 2013, Tabelle 2.2.

Steuern absetzen

Das kann man doch „von der Steuer absetzen"?

Das sollte man nicht ganz so wörtlich nehmen, sonst wird man leicht enttäuscht.

Aber ganz falsch ist es auch nicht: Man kann etwas *von der Steuer absetzen*, aber nicht direkt vom Steuer*betrag* abziehen, sondern „vom zu versteuernden Einkommen abziehen" und spart damit Steuern.

Beispiel: Wenn Sie ein jährliches Einkommen von 30.000 Euro haben und dieses versteuern müssen, zahlen Sie 5.427 Euro Steuern (nach der Einkommensteuer-Grundtabelle 2017). Danach verbleiben Ihnen 24.573 Euro.

Wenn Sie für die Fahrten mit dem Pkw zur Arbeit Kosten von 1.600 Euro im Jahr haben und diese *von der Steuer absetzen* können, dann brauchen Sie nur noch 28.400 Euro zu versteuern:

	€	€	Diff.
jährl. Einkommen	30.000	30.000	
Fahrten zur Arbeit		-1.600	
zu versteuern	30.000	28.400	
jährl. Steuern	-5.427	-4.926	
verbleibt	24.573	23.474	-1.099

Sie haben also die Kosten für die Pkw-Fahrten (1.600 Euro) nicht vom Steuerbetrag (5.427 Euro) absetzen können. Wenn das ginge, hätten Sie 1.600 Euro gespart.

Aber Sie brauchten nur noch 4.926 Euro Steuern zahlen und haben damit 1.099 Euro gespart.

Stille Reserven

Stille Reserven heißen still, weil sie (früher) nicht bekannt waren, sie standen nicht im Geschäftsbericht und nicht in der Bilanz, waren aber doch da und hießen deshalb *still*e Reserven.

Dafür sorgt unser Handelsrecht (das steht im Handelsgesetzbuch, HGB). Grundstücke zum Beispiel stehen mit dem Anschaffungspreis von 1 Million Euro in der Bilanz, weil sie mal so viel gekostet haben, auch wenn das schon lange her ist und sie heute 4 Millionen Euro wert sind. Das HGB schreibt vorsichtiges Bilanzieren vor, also steht das Grundstück mit 1 Million Euro in der Bilanz und nicht mit 4 Millionen Euro, solange es nicht für 4 Millionen Euro verkauft ist (und dann stände es ja auch nicht mehr in der Bilanz, weil es dann verkauft ist).

Die stille Reserve besteht in der Differenz zwischen den 4 Millionen Euro und der 1 Million Euro, also in diesem Fall aus 3 Millionen Euro.

Heute sind die Reserven nicht mehr *still*, weil sie im Geschäftsbericht im Text angegeben werden (müssen). Deshalb heißen sie heute *Bewertungsreserve*n. In der Bilanz stehen sie deshalb immer noch nicht, und das ist gut so, wegen des vorsichtigen Bilanzierens.

Stop loss

Stop loss heißt wörtlich, einen (drohenden) Verlust zu stoppen.
Den Begriff *Stop loss* gibt es bei Rückversicherungen und bei der Aktienanlage.

Rückversicherung

Eine Schadenversicherung (Erstversicherer) kann mit einer Rückversicherung vereinbaren, dass der Erstversicherer alle Einzelschäden bis zu einem bestimmten Betrag bezahlt (zum Beispiel bis 400.000 Euro pro Schaden). Alle Schadenkosten über 400.000 Euro bezahlt der Rückversicherer. Damit begrenzt der Erstversicherer seine Haftung für alle Schäden bis 400.000 Euro pro Schaden, das nennt man einen *Stop loss*.[959]

Aktienanlage

Beispiel: Der Anleger hat 100 Aktien, deren Kurs er nicht ständig überwachen möchte. Er will sich aber absichern für den Fall, dass der Kurs plötzlich stark absackt. Dazu kann er einen Stop loss-Auftrag an die Bank geben, dass die Aktien verkauft werden sollen, wenn ein bestimmter Kurs erreicht wird (ohne dass noch ein extra Auftrag gegeben werden müsste).[960]

Angenommen, der Aktienkurs steht bei 80, der Anleger geht in Urlaub und gibt den Auftrag, bei Kurs 60 die 100 Aktien zu verkaufen. Kurs 60 ist der Stop-Kurs. Sinn und Zweck ist natürlich, der Anleger will einen grösseren Verlust vermeiden.

Die Frage ist, wird es gelingen, einen grösseren Verlust zu vermeiden? Oder kann es auch anders kommen?

Wenn der Aktienkurs bei 60 angekommen ist, werden die 100 Aktien zum Kauf angeboten. Dass sie zum Kurs 60 verkauft werden können, ist nicht sicher, der Verkaufskurs kann auch niedriger liegen (auch mal höher). Die 100 Aktien werden zum nächst handelbaren Kurs verkauft, der vorher natürlich nicht bekannt ist.

---

[959] Dr. Michael Pickel: https://www.versicherungsmagazin.de am 15.2.2018.
[960] Markus Neumann: Banker verstehen, S. 185.

Wenn der Kurs 60 erreicht wurde und die Aktien verkauft wurden, kann es sein, dass der Kurs anschließend wieder ansteigt. Dann war der Verkaufsauftrag nicht sinnvoll, und der folgende Gewinn der Aktie wird verpasst.

Es gibt auch „Schwarze Montage" oder ähnliche Tage, an denen ein starker Kurseinbruch eintritt, aber die Kurse bald danach wieder kräftig steigen. Auch dann war ein Stop loss-Auftrag fehl am Platz.[961]

Bei einem Stop-loss-Auftrag sollte kein Limit mitbeauftragt werden, sonst wird nur bei Kurs 60 oder höher verkauft, aber nicht verkauft, wenn sie unter 60 fällt. Dann bleiben die Aktien unverkauft, bei weiter fallenden Kursen verlieren die Aktien immer weiter. Ein Limit kann also gefährlich sein.[962]

Manche raten, die Vermeidung von Verlusten nicht weiter zu verfolgen, sondern auf fundamentale Faktoren zu achten und gute Aktien länger zu halten.[963]

Storno

Wenn eine Buchung falsch war, darf man sie in der Buchhaltung nicht löschen (auch nicht durchstreichen, wenn man noch auf Papier schreibt). Man muss sie durch eine Korrekturbuchung berichtigen, so dass die falsche Buchung und die Korrekturbuchung sichtbar sind und die Korrektur damit dokumentiert ist. Die Korrekturbuchung heißt *Storno*(*buchung*).

Die Begriffe Konto, Storno, Saldo, Giro stammen aus dem Italienischen, weil die (doppelte) Buchhaltung in Norditalien entstanden ist.

---

[961] Andreas Oswald: „Vorsicht vor der Stopp-Loss-Order bei Aktien", http://www.tagesspiegel.de vom 19.9.2015.
[962] https://www.gevestor.de am 14.2.2018.
[963] Thomas Grüner: „Sorgenfrei in den Urlaub mit Stop-Loss?", http://www.manager-magazin.de am 14.7.2017.

Streuung

Schon die Großmutter sagte: „Lege nicht alle Eier in einen Korb!"[964]

Oder: Setze nicht alles auf eine Karte!

Das Risiko durch *Streuung* zu mindern ist eine altbekannte Maßnahme. Streuen heißt, das Geld auf verschiedene Anlagen zu verteilen, um dadurch das gesamte Risiko zu mindern, weil die einzelnen Risiken der Anlagen meist (hoffentlich) nicht gleich groß sind und auch nicht gleichzeitig wirksam werden.

Strukturierte Produkte

Strukturierte Produkte sind künstliche und komplexe Finanzprodukte, die durch Banken neu zusammengestellt, also gebündelt werden, und dann ein neues Produkt darstellen.

Sie bestehen aus
- Basiswerten und
- Derivaten.

Basiswerte sind oft
- Aktien
- Anleihen
- Terminkontrakte (Futures).[965]

Derivate sind Finanzprodukte, die von einem anderen Finanzprodukt (dem Basiswert) abhängen, hinsichtlich Preis und Entwicklung. Die Wertentwicklung des Derivats hängt also wesentlich vom Basiswert ab.

---

[964] Ob meine Großmutter es auch gesagt hat, weiss ich nicht (aber sie hätte es sagen können). Aber Prof. Dr. Raffelhüschen hat es bei einem Vortrag in Stuttgart gesagt.

[965] https://de.wikipedia.org/wiki/Strukturiertes_Finanzprodukt vom 15.2.2018.

Strukturierte Produkte sind eine Kombination von klassischen Finanzanlagen und Derivaten und bieten dadurch Rendite-chancen bei verschiedenen Wertentwicklungen, bergen aber auch erhöhte Risiken.

Mit strukturierten Produkten soll es ermöglicht werden, gezielt auf bestimmte Börsentrends zu spekulieren.[966]

Strukturierte Produkte sind eine Schuldverschreibung einer Bank. Rückzahlung und Rendite garantiert die emittierende Bank. Der Anleger trägt das Emittentenrisiko – ist der Emittent (der Herausgeber des Produkts) pleite, ist das angelegte Geld weg. So geschehen bei der Pleite der Lehman Brothers-Bank 2008 in der Weltfinanzkrise.[967]

Nach Mitteilung des Schweizerischen Verbands für strukturierte Produkte betrug der Umsatz mit strukturierten Produkten 226 Milliarden Schweizer Franken im Jahr 2016.[968]

Stückaktien

Stückaktien sind nennwertlose Aktien, sie haben keinen Nennwert (keinen Geldbetrag) auf den Aktien aufgedruckt.

Jede Aktie hat den gleichen Wert (und damit den gleichen Anteil am Grundkapital).

Der Wert einer Aktie wird so ermittelt (Beispiel):
- Grundkapital 800.000 Euro
- durch Anzahl der Aktien 160.000
- ergibt 5 Euro pro Aktie.

---

[966] http://www.boersennews.de am 15.2.2018.
[967] Finanz-Seiten.com/finanz-lexikon/208-strukturierte-produkte-zertifikate am 15.2.2018.
[968] „Strukturierte Produkte – einfach erklärt", http://www.20min.ch vom 24.4.2017.

Stuttgarter Verfahren

Mit dem *Stuttgarter Verfahren* wird der Wert eines Unternehmens geschätzt. Es wurde in erster Linie vom Finanzamt in der Erbschaft- und Schenkungsteuer verwendet für Unternehmen, die nicht an der Börse notiert sind (der Wert der *börsennotierten* Unternehmen wird jeden Tag an der Börse festgestellt).

Im Bereich der Erbschaftsteuer wurde das Stuttgarter Verfahren durch die Erbschaftsteuerreform ab 2009 abgeschafft, weil das Bundesverfassungsgericht die Anwendung in der Erbschaftsteuer als nicht vereinbar mit dem Grundgesetz ansah.

An die Stelle des Stuttgarter Verfahrens in der Erbschaftsteuer treten andere Methoden, zum Beispiel das Ertragswertverfahren.[969]

Das Stuttgarter Verfahren ist deshalb noch nicht ganz außer Mode, weil es in anderen Bereichen verwendet wurde, unter anderem auch in vielen GmbH-Verträgen, etwa beim Ausscheiden von Gesellschaftern, um deren Ansprüche an der Beteiligung des Unternehmenswerts festzustellen.

Berechnung

Der Unternehmenswert wird beim Stuttgarter Verfahren zum Teil durch den Vermögenswert und zum Teil durch den Ertragswert gebildet, ist also ein Mischwert.

Das *Vermögen* ist die Differenz aus der Summe der Vermögensgegenstände und der Schulden, ist also das Nettovermögen. Das Nettovermögen wird durch das Nominalkapital geteilt (siehe folgende Tabelle). Dieser *Vermögensanteil* wird oft als Prozent angegeben (in unserem Rechenbeispiel allerdings nicht, weil das einfacher ist).

Der *Ertragsanteil* ergibt sich aus den Gewinnen der letzten drei Jahre, die verschieden gewichtet werden (im Vorjahr dreimal, im 2. Vorjahr zweimal, im 3. Vorjahr einmal). Die Summe der drei gewichteten Gewinne wird durch sechs geteilt (wegen der sechs Gewichtungen), daraus ergibt sich der maßgebliche Ertrag für die drei Jahre. Dieser wird wiederum durch das Nominalkapital geteilt (siehe folgende Tabelle).

---

[969] Siehe Artikel „Ertragswert" in diesem Buch.

Stuttgarter Verfahren	
Vermögen	400.000
Nominalkapital	50.000
Vermögen : Nominalkapital	400.000 : 50.000 = 8
Vermögensanteil	**8,0**
Gewinn Vorjahr	90.000
Gewinn 2. Vorjahr	110.000
Gewinn 3. Vorjahr	110.000
gewichtete Jahresgewinne:	
– Vorjahr (mal 3)	270.000
– 2. Vorjahr (mal 2)	220.000
– 3. Vorjahr (mal 1)	110.000
– Summe	600.000
Summe : 6 (Gewichte)	600.000 : 6 = 100.000
massgeblicher Ertrag	100.000
massgeblicher Ertrag : Nominalkapital	100.000 : 50.000 = 2,0
Ertragsanteil	**2,0**
0,68*(Vermögensanteil + 5*Ertragsanteil)	0,68*(8,0+5*2,0) = 12,24
Gemeiner Wert pro Anteil	12,24
12,24*50.000 Kapitalanteile	12,24*50.000 = 612.000
Unternehmenswert	**612.000**

Nach den früheren Erbschaftsteuer-Richtlinien (2003) muss der *gemeine Wert* eines Gesellschaftsanteils aus dem Vermögensanteil und dem Ertragsanteil gebildet werden, und zwar nach der Formel:

0,68 mal (Vermögensanteil + 5 mal Ertragsanteil)
(siehe obige Tabelle)

Der gemeine Wert pro Anteil wird mit der Anzahl der Kapitalanteile multipliziert, dann erhält man den nach diesem Verfahren geschätzten gesamten Unternehmenswert.

Die Richtlinien erlauben etliche Sonderbestimmungen, also Korrekturmöglichkeiten.

Sub-prime

Sub-prime heißt wörtlich „unterhalb der ersten Stufe" oder „nicht erstklassig" und verschleiert damit die wirkliche Bedeutung, denn gemeint sind Kreditkunden mit schlechter Bonität,[970] die leicht in die Situation kommen können, ihre Kredite nicht zurückzahlen zu können.[971]

Substanzwert

Der *Substanzwert* (auch *Reproduktionswert, Vermögenswert* oder *Sachwert* genannt) ist der Wert eines Unternehmens, der sich aus dem Wert der vielen einzelnen Vermögensgegenstände zusammensetzt.[972]

Der *Reproduktionswert* müßte aufgewendet werden, um einen Betrieb der gleichen technischen Leistungsfähigkeit zu errichten. Er basiert auf den Wiederbeschaffungskosten aller Vermögenswerte am Tag der Bewertung.

Der Substanzwert enthält nicht die *immateriellen* Werte, die man nicht bilanzieren kann, wie Produktmarken, Marktstellung, Kundenstamm und das Fachwissen der Mitarbeiter.

Der Substanzwert wird auch hilfsweise ermittelt, um einen Wert zu bekommen, um ihn mit dem Ertragswert zu vergleichen, in der Annahme, dass der Ertragswert einen höheren Preis erbringen wird.

Um die künftigen Erträge einzuschätzen, muss der *Ertragswert* ermittelt werden.[973]

---

[970] **Bonität** heißt Güte. Im Finanzbereich ist Kreditwürdigkeit gemeint. Kreditwürdig ist, wer seine Kredite über die ganze Laufzeit zurückzahlen kann und wird.

[971] Siehe Prof. Niall Ferguson: Der Aufstieg des Geldes, S. 13.

[972] Siehe Prof. Dr. Günter Wöhe: Einführung in die Allgemeine Betriebswirtschaftslehre, S. 711f.

[973] Siehe Artikel „Ertragswert" in diesem Buch.

Subvention

Subventionen sind Zahlungen des Staates an Unternehmen oder Branchen.

Es können auch andere geldwerte Vorteile sein. Geldwerte Vorteile können zum Beispiel Steuervergünstigungen oder Preisnachlässe sein.

Subventionen sind staatliche Eingriffe in die Wirtschaft. Sie bevorzugen bestimmte Unternehmen oder Branchen und benachteiligen damit alle andern.

Subventionen werden politisch begründet, um Benachteiligte zu fördern, zum Beispiel die Landwirtschaft oder Rüstungsunternehmen oder neue technische Innovationen.

Swap

Swap heißt Tausch. Da jedes Geschäft ein Tauschgeschäft ist („Geld gegen Ware"), könnte man eigentlich jedes Geschäft als Swap bezeichnen. Tatsächlich werden aber nur reine Finanztransaktionen als Swap bezeichnet (also keine Warengeschäfte).

Mit einem Swap werden zwischen den Vertragspartnern Zahlungsströme getauscht. Swaps sind derivative Finanzinstrumente und sind meist außerbörsliche Geschäfte (werden also nicht an Börsen gehandelt). Sie dienen allgemein der Verminderung von finanziellen Risiken.

Zinsswap
Bei einem Zinsswap tauschen die Geschäftspartner fixe Zinszahlungen gegen variable Zinszahlungen für mehrere Jahre.[974]

Getauscht werden nur die Zinszahlungen, die Basisbeträge werden nicht getauscht. Ein Zinsswap für ein Volumen von 50 Millionen Euro führt nicht zum Tausch von 50 Millionen

---

[974] Siehe Peter Binkowski und Dr. Helmut Beck: Finanzinnovationen, S. 26f. Siehe auch Wolfgang Münchau: Kernschmelze im Finanzsystem, S. 229 (kurz) und S. 83ff.

Euro, sondern lediglich zum Tausch der Zinszahlungen, die sich auf die 50 Millionen Euro beziehen.[975]

Warum wird ein solcher Zinsswap abgeschlossen? Zinsswaps sollen Zinsänderungsrisiken absichern (*hedging*[976]). Wenn Risiken stärker abgesichert werden als erforderlich, kann die Grenze zum spekulativen Verhalten leicht überschritten werden.

Als Beispiel für einen Zinsswap folgende Interessenlage:

Eine *Bank* vergibt Kredite mit langer Zinsbindung. Bei den Spareinlagen können sich die Zinssätze kurzfristig ändern, sie sind also variabel.

Durch fixe Zinssätze bei den Krediten und variable Zinssätze bei den Einlagen hat die Bank ein *Zinsrisiko*: die beiden Zinssätze könnten auseinanderlaufen. Wenn die Zinseinnahmen die Zinsausgaben nicht mehr decken, gibt es Verluste.

Um das Zinsrisiko zu mindern, vereinbart die Bank einen Zinsswap, durch den sie bei den Krediten mehr variable Zinssätze bekommt und bei den Einlagen mehr fixe Zinssätze bekommt.

Eine *Lebensversicherung* käme als Partner des Zinsswaps in Frage, weil sie lang laufende Verpflichtungen aus Versicherungsansprüchen (auf der Passivseite der Bilanz) und kürzer laufende Kapitalanlagen (auf der Aktivseite) hat. Ein Lebensversicherungsvertrag kann über 30 Jahre laufen, während Kapitalanlagen geringer als 10 Jahren laufen. Um das Zinsrisiko zu mindern, könnten sie im Bereich der Kapitalanlagen mehr feste Zinszahlungen brauchen und im Bereich der Versicherungsansprüche mehr variable Zinszahlungen.[977]

---

[975] Siehe Prof. Dr. Klaus Spremann und Prof. Dr. Pascal Gantenbein: Finanzmärkte, S. 210.

[976] **Hedging** ist eine Absicherung gegen kommende Preisschwankungen.

[977] Siehe Prof. Dr. Klaus Spremann und Prof. Dr. Pascal Gantenbein: Finanzmärkte, S. 154. Siehe auch Patrick Wegmann: Zinsderivate: Einsatz und Bewertung, in: Fit for Finance, S. 360ff.

Ein Zins-Swap hat oft einen Gewinner und einen Verlierer, manchmal sind auch beide Verlierer. Das hängt von der Entwicklung der Zinssätze ab. Der einzige, der immer gewinnt, ist der Swap-Händler (das sind oft Investmentbanken). Außerdem ist manchem Beteiligten die Sicherheit vor extremen finanziellen Schwierigkeiten am wichtigsten, die er sich mit einem Swap erkaufen kann.[978]

Tom-Next-Index-Swaps (TOIS)

Tom-Next-Index-Swaps sind für den kurzfristigen Bereich gedacht und haben Laufzeiten zwischen einer Woche und einem Jahr. Wie beim Zinsswap wird ein fixer Zinssatz gegen einen variablen Zinssatz getauscht.

Der *fixe* TOIS-Zinssatz ist der Geldmarktzinssatz für Anlagen vom nächsten auf den übernächsten Geschäftstag (deshalb *Tom-Next* aus *tomorrow next*). Der *variable* Tom-Next-Satz errechnet sich aus dem Zins für Tagesgeld. Den TOIS-Markt gibt es seit 1997.[979]

Währungsswap

Auch ein Währungsswap ist im Kern ein Zinsswap, doch werden hier auch die Basisbeträge in den unterschiedlichen Währungen ausgetauscht. Auch ein Währungsswap dient der Absicherung, hier des Währungsrisikos. Wegen des Austausches der Basisbeträge kann das Risiko beim Währungsswap wesentlich größer sein als bei einem Zinsswap.[980]

---

[978] Siehe Wolfgang Münchau: Kernschmelze im Finanzsystem, S. 88.

[979] Siehe Prof. Dr. Klaus Spremann und Prof. Dr. Pascal Gantenbein: Finanzmärkte, S. 155.

[980] Siehe Prof. Dr. Klaus Spremann und Prof. Dr. Pascal Gantenbein: Finanzmärkte, S. 210; Und: Peter Binkowski und Dr. Helmut Beck: Finanzinnovationen, S. 28.

SWIFT

SWIFT heißt *Society for Worldwide Interbank Financial Tele-communication.* Es ist ein Netzwerk für den Zahlungsverkehr, das den Banken gehört und dem 11.000 Banken angeschlossen sind. SWIFT wurde 1973 in Brüssel gegründet und ist in Belgien ansässig.[981]

Für internationale Überweisungen hat SWIFT ein Monopol. Über SWIFT werden täglich im Durchschnitt 25 Millionen Meldungen zwischen den Banken verschickt.

Seit 2015 wurden zwölf Banken von Hackern angegriffen (bis Mai 2016), bei denen die Systeme von SWIFT eine Rolle spielten. SWIFT will mit einem neuen Sicherheitsprogramm gegenhalten.[982]

---

[981] Quelle: Duden Wirtschaft von A bis Z, S. 411.
[982] Siehe: „Immer mehr Banken werden von Hackern angegriffen", FAZ vom 28.5.2016, S. 27, und: „Banken bangen um ihre Computersysteme", FAZ vom 19.5.2016, S. 25.

T

Target

Target-Salden sind versteckte Rettungskredite im EZB-System.[983]

Begriff
TARGET ist eine Abkürzung und heißt „*Trans-European Automated Real-time Gross Settlement Express Transfer System*". Es gäbe auch bescheidenere Begriffe für ein Zahlungssystem.

TARGET ist das Zahlungsverkehrssystem der Zentralbanken des Euro-Systems. Es wurde 1999 in Betrieb genommen und 2008 durch ein weiterentwickeltes System namens TARGET2 abgelöst.[984]

Wozu braucht man Target?
Im Target-System wird nur der elektronische Geldverkehr mit *grenzüberschreitenden* Überweisungen erfasst.[985]

Alle Banken im Euroraum sind über Target miteinander verbunden, ob direkt oder indirekt. Die Zentralbanken nutzen es zum Beispiel für die Auszahlung von Krediten an die Banken, die Banken nutzen es für eilbedürftige Zahlungen großer Euro-Beträge an Unternehmen und für Zahlungen zwischen den Geschäftsbanken, wobei die Buchungen auf den Konten der Geschäftsbanken bei den Zentralbanken erfolgen.[986]

Das bedeutet, dass bei allen grenzüberschreitenden Zahlungen zwischen den Euro-Ländern das Target-System die Zahlungen transferiert (durchführt) und auch festhält (also dokumentiert oder speichert, etwa für Auswertungen).

Volumen
Im Jahr 2011 wurden 348.000 Zahlungen pro Tag im Durchschnitt abgewickelt. Das war ein Gesamtwert von

---

[983] Interview mit Prof. Dr. Clemens Fuest, FAZ vom 31.3.2016, S. 16.
[984] Deutsche Bundesbank: Geld und Geldpolitik, S. 55.
[985] Prof. Dr. Hans-Werner Sinn: Der Euro, S. 239.
[986] Deutsche Bundesbank: Geld und Geldpolitik, S. 55f.

© Springer Fachmedien Wiesbaden GmbH, ein Teil von Springer Nature 2019
W. Klitzsch, *Grundbegriffe der Wirtschaft*,
https://doi.org/10.1007/978-3-658-27904-2_20

2.384 Milliarden Euro im ganzen Jahr 2011, der über das Targetsystem abgewickelt wurde, was bis dahin öffentlich kaum bekannt war.[987]

Das ist ein gewaltiges Volumen. Zum Vergleich: Deutschlands Bruttoinlandsprodukt betrug im gleichen Jahr 2.570 Milliarden Euro, war also nur 8% größer.

Kredite oder Clearing?

Ursprünglich sollte das Target-System dem *Clearing* dienen, also der Verrechnung der Finanzströme. Als Quelle für Kredite zwischen den nationalen Zentralbanken der Mitgliedsländer der Euro-Zone war es nicht gedacht. Man dachte anfangs, dass Überziehungen über Nacht stehen bleiben und am nächsten Tag verrechnet werden, so dass keine Salden länger stehen bleiben würden. Bis 2007, also bis zur Weltfinanzkrise, war es auch etwa so.[988]

Target-Salden

Die Zahlungen zwischen den Ländern des Euroraums hielten sich bei den vielen Zu- und Abflüssen über die Grenzen normalerweise die Waage, sie waren ausgeglichen. Eine solche Normalsituation ist ein Zahlungsbilanz-*Gleichgewicht*. So war es vor der Weltfinanzkrise.

Als die Weltfinanzkrise begann und dann von den USA auch nach Europa kam, änderte sich das. Wenn mehr Geld die Grenze eines Landes in Richtung Ausland verlässt als Geld ins Land hereinkommt, wenn sich also Zu- und Abflüsse nicht ausgleichen, gibt es ein Zahlungsbilanz-*Ungleichgewicht*.

Dann gibt es einen *Saldo*, ein *Defizit* für das Krisenland, das mehr Schulden bekommt; einen *Überschuss* für das Kreditgeberland, das mehr Forderungen bekommt.

Beides, Schulden und Forderungen, gelten gegenüber der Europäischen Zentralbank, über die alle Zahlungen abgewickelt werden im Target-System.

Ab 2007 hatten die Krisenländer[989] Defizite, die Kreditgeberländer[990] hatten Überschüsse. Die Krisenländer hatten

---

[987] Prof. Dr. Hans-Werner Sinn: Die Target-Falle, veröffentlicht 2012.
[988] Prof. Dr. Hans-Werner Sinn: Der Euro, S. 252.
[989] Griechenland, Irland, Portugal, Spanien, Italien, Zypern (GIPSIZ).
[990] Deutschland, Niederlande, Luxemburg, Finnland, Frankreich, Estland.

Target-Schulden, die Kreditgeberländer hatten Target-Forderungen.

Die Target-Schulden und Target-Forderungen begannen 2007 etwa bei null und lagen im Jahr 2012 (5 Jahre später) etwas über 1.000 Milliarden Euro (das ist 1 Billion Euro):

Nationale Target-Salden 2012 (Mrd. €)			
Target-Forderungen		**Target-Schulden**	
Deutschland	+751	-434	Spanien
Niederlande	+125	-289	Italien
Luxemburg	+117	-108	Griechenland
Finnland	+62	-91	Irland
Frankreich	+15	-71	Portugal
Estland	+1	-43	Österreich
		-36	Belgien
		-10	Zypern
		-6	Slowenien
		-2	Slowakei
		-1	Malta
	+1.071	-1.091	
Quelle: Prof. Dr. Hans-Werner Sinn: Der Euro, S.249			

Die Deutsche Bundesbank hatte mit 751 Milliarden Euro den größten Anteil an den Target-Forderungen (70% der gesamten Target-Forderungen).

Nach 2012 sanken die Target-Salden wieder bis unter 600 Milliarden Euro. Im Jahr 2015 standen die Forderungen bei 700 Milliarden Euro und die Schulden bei 526 Milliarden Euro.[991] Ende Juni 2018 erreichten die Forderungen der Bundesbank einen Rekord von 976 Milliarden Euro,[992] was im Bundestag zur Sprache kam, wegen der eventuellen hohen Haftung Deutschlands.

---

[991] Prof. Dr. Hans-Werner Sinn: Der Euro, S. 245. Danach haben einige Länder die Daten nicht mehr veröffentlicht.

[992] „Deutsches Target-*Guthaben* nähert sich rasant der Billion", FAZ vom 7.7.2018, S. 22. – Der Begriff „*Guthaben*" ist nicht angemessen, „Forderungen" wäre passender. Wie der Artikel ja selbst aussagt, werden wir diesen Target-Saldo kaum wieder hereinbringen können, eher abschreiben müssen.

Target-Kredite als Rettungsanker

Die lokalen Geschäftsbanken der Länder der Euro-Zone konnten sich im Target-System Kredite über ihre nationalen Notenbanken besorgen (und können es weiterhin).[993] Mit den Target-Krediten konnte die Wirtschaft der jeweiligen Länder im Ausland Waren und Vermögensgegenstände kaufen und Schulden zurückzahlen.[994]

Das Target-System war ein Rettungsanker für die südeuropäischen Krisenländer, zusätzlich zu den übrigen Finanzhilfen. Die Target-Kredite übertrafen alle anderen Rettungsmaßnahmen, die von europäischen Parlamenten beschlossen wurden: Mit 1.003 Milliarden Euro im August 2012 waren es fast viermal so viel wie die Summe der zwischenstaatlichen Kredite der Euro-Länder und der Kredite der EU und des IWF.[995]

Durch die Target-Kredite, die von den Zentralbanken in den Krisenländern geschaffen wurden, wurde ein riesiger Beitrag zur gesamten Geldmenge des Euroraums geleistet. Diese Liquidität landete durch die Käufe und die weiteren Zahlungen der Krisenländer ganz überwiegend in den nördlichen Ländern des Euroraums. Das trug dazu bei, dass die Zinsen auf Tiefststände fielen.[996]

Die nationalen Zentralbanken der Krisenländer haben seit 2007 geholfen, die Wirtschaft dieser Länder durch Notenbankkredite zu finanzieren, weil die privaten Finanzmärkte sich zurückgezogen hatten. Damit haben die Target-Kredite den Lebensstandard der Krisenländer unterstützt und das Euro-System zunächst stabilisiert.[997]

Das muss aber eine Mahnung sein, die Wirtschaftsstrukturen zu verändern. Öffentliche Mittel und Mittel anderer können nur vorübergehend helfen. Die Einsicht darin ist bisher zu gering verbreitet.

---

[993] Die nationalen Notenbanken der Länder, die Mitglieder der europäischen Währungsunion sind, sind Teil des Eurosystems, an dessen Spitze die Europäische Zentralbank (EZB) steht. Das Eurosystem wird auch oft Euro-Zone oder Euroraum genannt.

[994] Prof. Dr. Hans-Werner Sinn: Der Euro, S. 237.

[995] Ebenda, S. 9.

[996] Ebenda, S. 264.

[997] Ebenda, S. 269f.

TecDAX

TecDAX heißt *Technology DAX* und ist ein Aktienindex, der Aktien von 30 Aktiengesellschaften der Technologie-Branche umfasst. Es gib ihn seit 2003.

Der TecDAX gehört zur Gruppe der anderen DAX-Aktienindices: DAX(-30), MDAX, SDAX und TecDAX. Sie gehören zur und werden betrieben von der Deutschen Börse AG.

Tender

Ein Tender ist ein Auktionsverfahren, mit dem die Zentralbank dem Markt (also den Geschäftsbanken) Zentralbankgeld zuführt oder entzieht. Das ist ein geldpolitisches Instrument der Zentralbank.[998]

Terminbörse

An einer Terminbörse werden standardisierte *Terminkontrakte* (Handelsverträge auf Termin) gehandelt (auch *Futures* genannt).

In den Terminverträgen kann mit Aktien, Währungen, Rohstoffen und anderem gehandelt werden.

Eine bedeutende Terminbörse, die *EUREX*, gibt es in Eschborn bei Frankfurt am Main.[999]

---

[998] Deutsche Bundesbank: Geld und Geldpolitik, S. 266. Ebenso Duden Wirtschaft von A bis Z, S. 153.
[999] Markus Neumann: Banker verstehen, S. 185.

Termingeschäft

Bei einem Termingeschäft wird zwischen den Vertragsparteien festgelegt,

- eine bestimmte Menge
- zu einem im Vertrag festgelegten Preis
- zu einem späteren Zeitpunkt
- abzunehmen oder zu liefern.[1000]

Terms of Trade

Terms of Trade ist ein Begriff des Außenhandels. Der Begriff zeigt das Verhältnis des *Export*güterpreisniveaus eines Landes zum *Import*güterpreisniveau desselben Landes (Beispiel):

Terms of Trade
= Exportgüterpreisniveau durch Importgüterpreisniveau
= 180 € / 150 €
= 1,2 = 120%

Wenn sich das Exportgüterpreisniveau ändert, zum Beispiel auf 200 Euro steigt, und das Importgüterpreisniveau gleich bleibt, ändert sich das Terms of Trade-Verhältnis:[1001]

Terms of Trade
= Exportgüterpreisniveau durch Importgüterpreisniveau
= 200 € / 150 €
= 1,33 = 133%

Die Terms of Trade haben sich in diesem Fall für das Inland verbessert. In diesem Maße hat sich auch der Außenhandelsgewinn des Landes verbessert. Damit können *für die gleiche Exportmenge mehr Importgüter eingeführt werden.*[1002]

[1000] Siehe Prof. Dr. Thomas Heidorn: Finanzmathematik in der Bankpraxis, S. 219.
[1001] Prof. Dr. Artur Woll: Volkswirtschaftslehre, S. 578.
[1002] Siehe Prof. Dr. Herbert Sperber und Prof. Dr. Joachim Sprink: Internationale Wirtschaft und Finanzen, S. 5 und S. 177.

Das Terms of Trade-Verhältnis gibt nicht den Handelsgewinn an, sondern ob sich die unbekannten Handelsgewinnanteile zwischen In- und Ausland verändert haben.[1003]

Thesaurierung

Thesauros ist griechisch und heißt „Schatz". Der englische Begriff *treasurer* heißt „Schatzmeister" und ist Finanzminister.

Thesaurieren heißt, Geld *ansammeln*. Ein Unternehmen kann seinen Jahresgewinn *ausschütten* (die Aktiengesellschaft kann die Dividende an die Aktionäre ausschütten) oder den Gewinn einbehalten (also nicht ausschütten, sondern ansammeln oder thesaurieren – oder beides tun, zum Teil ausschütten, zum Teil einbehalten).

Auch *Fonds* behalten ihre Gewinne oft ein, damit sie sie wieder anlegen können.

Unternehmen thesaurieren ihre Gewinne (auch teilweise), um ihr Eigenkapital zu stärken.

Tilgung

Tilgung bedeutet Rückzahlung eines Kredits oder einer ähnlichen Schuld.

Auch der Begriff *Abtrag* wird verwendet, wenn man einen Haufen Schulden abtragen will, die Schulden also zurückzahlen oder tilgen will.

Weiteres finden Sie unter den Artikeln „Annuität" und „Baufinanzierung" in diesem Buch.

[1003] Prof. Dr. Artur Woll: Volkswirtschaftslehre, S. 578.

Toxisch

„Toxisch" heißt giftig und stammt aus der Medizin.

Im Finanzbereich sind damit Wertpapiere (oder allgemein Finanzwerte) gemeint, die nicht mehr viel wert sind und deshalb aus dem Bestand entfernt werden sollten, um getrennt behandelt zu werden, damit Banken oder Unternehmen mit den anderen, weiterhin werthaltigen Wertpapieren weiterarbeiten können.

TTIP

TTIP heißt *Transatlantic Trade and Investment Partnership* und wurde als Freihandelsvertrag zwischen der Europäischen Union und den Vereinigten Staaten seit 2013 verhandelt.
Nachdem US-Präsident Trump sein Amt antrat (im Januar 2017), wurden die Verhandlungen über TTIP eingestellt, weil er den Freihandelsvertrag ablehnt.

Vor- und Nachteile
Der deutsche mittelständische Exporteur von Maschinen und Anlagen, der in die USA exportieren will, trifft auf andere Regulierungen in den USA und muss dafür einen erheblichen zusätzlichen Aufwand betreiben, der eigentlich unsinnig ist und überflüssig wäre. Solche Handelshindernisse sind aber vorhanden und könnten durch eine Vereinbarung wie TTIP abgeschafft werden.

Der Freihandelsvertrag NAFTA zwischen den USA und Mexiko hat den Arbeitern in beiden Ländern schwere Nachteile gebracht und vielfach ihre Existenzen vernichtet, wie berichtet wurde. Überwiegend profitiert haben offensichtlich große Unternehmen. Da darf sich niemand wundern, dass ähnliche Freihandelsverträge wie TTIP keine breite Zustimmung finden.

U

Überschuldung

Wann ist ein Unternehmen *überschuldet*?

Wenn das Vermögen des Schuldners die bestehenden Verbindlichkeiten nicht mehr deckt, liegt Überschuldung vor.[1004]

Im Fall der Überschuldung müssen Unternehmen, die juristische Personen sind, einen Insolvenzantrag stellen (siehe Artikel „Insolvenz").

Das Insolvenzverfahren wird nur auf schriftlichen Antrag eröffnet. Antragsberechtigt sind die Gläubiger und der Schuldner.[1005]

Die Insolvenzen werden im Internet bekannt gemacht.[1006]

Versicherungen dürfen selbst keine Insolvenz anmelden, das steht nur der Bundesanstalt für Finanzdienstleistungsaufsicht (BaFin) zu.

Überschussbeteiligung

Lebensversicherungen haben ihre Kunden viele Jahrzehnte an ihrem Überschuss (also ihrem Gewinn) beteiligt. Lebensversicherungen müssen gemäß Verordnung 90% ihres Überschuss an ihre Kunden zurückgeben, in der Praxis waren es oft 98%. Private Krankenversicherungen mussten gemäß Verordnung 80% zurückgeben.

Warum gibt es die Überschussbeteiligung? In der Lebensversicherung gibt es eine Mindestverzinsung, den *Garantiezins*, der vom Bundesfinanzminister festgelegt wird. Der Garantiezins wurde vorsichtshalber niedrig festgelegt, meistens war die tatsächlich erreichte Verzinsung früher viel höher.

Der für den Kunden garantierte Zinssatz auf die Spartteile der Versicherungsbeiträge betrug früher mal 3,5%. Man

---

[1004] Insolvenzordnung § 19.
[1005] Insolvenzordnung § 13.
[1006] Insolvenzordnung § 9.

© Springer Fachmedien Wiesbaden GmbH, ein Teil von Springer Nature 2019
W. Klitzsch, *Grundbegriffe der Wirtschaft*,
https://doi.org/10.1007/978-3-658-27904-2_21

kalkulierte vorsichtig, weil die Versicherungsverträge oft eine lange Laufzeit hatten und man Erträge in 20 oder 30 Jahren nicht vorhersagen kann. Tatsächlich erzielte man früher oft 7% Zins pro Jahr.

Durch die Überschussbeteiligung wurde auch dieser Zinsgewinn (der über dem Garantiezins von 3,5% lag, zum Beispiel bis 7%) an die Kunden zurückgegeben, aber nicht im Vorhinein garantiert, sondern erst gutgeschrieben nach Ablauf des Geschäftsjahrs.

Durch die zurzeit sehr niedrigen Zinssätze ist diese Überschussbeteiligung und das Geschäft mit der kapitalbildenden Lebens- und Rentenversicherung stark zurückgegangen, also zurzeit nicht von großer Bedeutung.

Umlageverfahren

Die gesetzliche Rentenversicherung wird in Deutschland überwiegend durch das *Umlageverfahren* finanziert.

Das geht so: Die Berufstätigen, die zwischen 15 und 67 Jahre alt sind, verdienen ihren Lohn oder ihr Gehalt und müssen jeden Monat davon einen Betrag an die Rentenversicherung abführen (meist erledigt das die Firma, wenn die Berufstätigen dort angestellt sind).

Die Rentenversicherung zahlt aus diesen abgeführten Rentenbeiträgen die Renten an die Rentner (die also nicht mehr arbeiten, sondern Rentner sind und Rente beziehen – die also meist 65 Jahre alt sind oder älter).

Das Ganze heißt Umlageverfahren, weil das Geld von den Berufstätigen an die Rentner *umgelegt* wird (das Geld wird nicht gespart oder angelegt, sondern gleich weitergeleitet).

Die Folge dieses Verfahrens ist: Die Rentner bekommen ihre Rente nur, wenn sie von den Berufstätigen erarbeitet wird. Es muss also auch genügend Berufstätige geben, die Lohn und Gehalt verdienen und davon noch Rentenbeiträge abgeben können. Da es immer mehr Rentner gibt und eher weniger Berufstätige, ist das durchaus kein kleines Problem.

Das Gegenstück zum Umlageverfahren ist das Kapitaldeckungsverfahren (auch Anwartschaftsdeckungsverfahren genannt). Das wird verwendet bei den privaten Lebensversicherungen. Die Berufstätigen sparen jeden Monat einen Betrag (freiwillig, man schließt einen Lebensversicherungsvertrag ab), und das so lange, wie sie berufstätig sind (das können 30 oder 40 Jahre sein). Bei 300 Euro kommen bei 40 Jahren 144.000 Euro zusammen, ohne Zinsen. Bei den gegenwärtigen Zinssätzen von nahe null Prozent ergibt sich leider kaum ein Zinsgewinn. Mit 7 Prozent Zinsen (und Zinseszinsen) ergaben sich früher 787.444 Euro nach 40 Jahren (solche großen Beträge können durch Zins und Zinseszins und bei 40 Jahren und 7% Zinssatz entstehen).[1007]

Umlaufrendite

Festverzinsliche Wertpapiere (Anleihen u.ä.) haben
- eine Emissionsrendite
- und eine Umlaufrendite.

Die *Emissionsrendite* wird bei der Neuausgabe von Wertpapieren angegeben.

Die *Umlaufrendite* ist die durchschnittliche Rendite der Wertpapiere, die sich im Umlauf befinden (die also schon früher ausgegeben wurden). Sie gibt die tatsächliche Zinsentwicklung des Markts wieder. Sie wird von der Bundesbank ermittelt.[1008]

[1007] Siehe dazu Artikel „Zinseszins" in diesem Buch.
[1008] Duden Wirtschaft von A bis Z, S. 457. Ebenso: Markus Neumann: Banker verstehen, S. 185f.

Ungleichheit in Deutschland

Ungleichheit bei Einkommen und Vermögen

Die Ungleichheit der *Bruttoeinkommen* (*vor* Steuern und Transfers) ist in Deutschland relativ hoch im internationalen Vergleich.

Die Ungleichheit der *verfügbaren* Einkommen (*nach* Steuern und Transfers) liegt in Deutschland fast im Durchschnitt der Industrieländer.

Deutschland hat die höchste Ungleichheit bei *privaten Vermögen* in der Eurozone. Die ärmsten 40 Prozent der Bevölkerung haben weniger Nettovermögen in Deutschland als kaum sonstwo. Der Staat begegnet dem durch Umverteilung über Steuern und Transferleistungen, aber besser wäre, die Menschen könnten eigenverantwortlich für sich selbst sorgen, im Sinne der sozialen Marktwirtschaft Ludwig Erhards. Stattdessen sind immer mehr Menschen vom Staat abhängig, besonders in Ostdeutschland.

Die Einkommensungleichheit ist in Deutschland in den vergangenen Jahrzehnten stark angestiegen. Ab 2005 ist die Einkommensungleichheit nicht weiter gestiegen.

Ungleichheit in der Bildung

In Deutschland erreicht ein Viertel der Kinder einen besseren *Bildungsabschluss* als ihre Eltern. Das ist eine der niedrigsten Quoten aller Industrieländer.

Deutschland gibt relativ wenig aus für die *frühkindliche* Bildung im Vergleich der Industrieländer.

In Deutschland werden *Frauen* um 22 Prozent niedriger bezahlt als Männer, dieser Unterschied gehört zu den größten in den verglichenen Ländern.[1009]

[1009] Nach Prof. Dr. Marcel Fratzscher: „Ungleichheit und die Soziale Marktwirtschaft", FAZ vom 29.9.2016, S. 17.

Unternehmenswert

Der Unternehmenswert kann ermittelt werden als
- Substanzwert
- Ertragswert
- Liquidationswert
- Firmenwert

Der *Substanzwert* richtet sich nach dem Wiederbeschaffungswert der einzelnen Vermögensgegenständen (siehe Artikel „Substanzwert").

Der *Ertragswert* wird ermittelt aus den künftigen Erträgen und Aufwendungen, also den Zahlungsüberschüssen (oder Gewinnen). Die geschätzten jährlichen Überschüsse werden mit einem einheitlichen Zinssatz abgezinst (*Discounted Cashflow-Methode, DCF*), um sie zu vergleichen (siehe Artikel „Ertragswert").

Der *Liquidationswert* ist der Verkaufs- oder Erlöswert (siehe Artikel „Ertragswert").

Der *Firmenwert* (auch *Geschäftswert* oder *good will*) ist ein Wert, der über dem Substanz- oder Ertragswert liegt. Dieser zusätzliche Wert kann für zukünftige Ertragserwartungen bezahlt sein und wird als Firmenwert bilanziert[1010] (siehe Artikel „Firmenwert").

[1010] Siehe Prof. Dr. Günter Wöhe: Einführung in die Allgemeine Betriebswirtschaftslehre, S. 1077. Ebenso: Siehe Prof. Dr. Günter Wöhe, Prof. Dr. Ulrich Döring und Prof. Dr. Gerrit Brösel: Einführung in die Allgemeine Betriebswirtschaftslehre, S. 706.

V

Valuta

Valuta heißt
1) *Währung* (meist ausländische Währung, z.B. spanische Valuta)
2) *Wertstellung* eines Postens auf einem Kontoauszug.

Auf dem Kontoauszug wird das Buchungsdatum eines Betrags angegeben und daneben das Wertstellungsdatum des Betrags. Die beiden Daten können voneinander abweichen. Für die Zins- und Gebührenberechnung wird von dem Wertstellungsdatum ausgegangen.

Beispiel: Sie holen an einem Samstag 300 Euro aus dem Geldautomat. Die 300 Euro werden am Montag in der Bank gebucht (Buchungsdatum). Das Wertstellungsdatum (Valuta) ist der Samstag, denn Sie können über die 300 Euro ab Samstag verfügen.

Verbindlichkeiten

Verbindlichkeiten sind *Schulden*, deren Betrag und Fälligkeit feststehen (*verbindlich* sind).
   Beispiel: Das Unternehmen hat eine Lieferung bekommen. Ab diesem Zeitpunkt hat es eine Verbindlichkeit für die gelieferte Ware, bis es den Rechnungsbetrag gezahlt hat.

Wenn nach dem Jahresende die Bilanz aufgestellt wird, stehen die Verbindlichkeiten auf der (rechten) Passivseite der Bilanz. Es stehen aber nur solche Verbindlichkeiten in der Bilanz, die am Bilanzstichtag (meistens der 31.12. eines Jahres) noch offen sind, also noch nicht bezahlt sind. Alle schon bezahlten Verbindlichkeiten sind erledigt und stehen nicht in der Bilanz.

Die Verbindlichkeiten sind Fremdkapital. Das Fremdkapital gehört nicht dem Unternehmen, das es zurzeit hat und es in der

© Springer Fachmedien Wiesbaden GmbH, ein Teil von Springer Nature 2019
W. Klitzsch, *Grundbegriffe der Wirtschaft*,
https://doi.org/10.1007/978-3-658-27904-2_22

Bilanz ausweist, sondern einem Fremden. Das Fremdkapital muss daher (früher oder später) zurückgezahlt werden.

Verbriefung

Eine Verbriefung ist *allgemein* die Dokumentation einer Tatsache oder die Zusicherung eines Rechts auf einem Stück Papier („Das habe ich schriftlich").

Im *Finanzbereich* ist die Verbriefung eine Umwandlung von Vermögenspositionen in handelbare Wertpapiere.[1011] Die Verbriefung (englisch *Securitisation*) hat sich etwa ab 1990 stark verbreitet.[1012]

Aktien
Eine altbekannte Form der Verbriefung sind die *Aktien*. Die Aktien einer Aktiengesellschaft (AG) sind das Eigenkapital der AG.[1013] Das Eigenkapital der AG steht in der Bilanz der AG und ist in viele kleine Stücke aufgeteilt (in die Aktien) und kann so von vielen Käufern auch in kleinen Beträgen gekauft werden. Auf diese Weise können Aktiengesellschaften von sehr vielen Personen (den Aktionären) Kapital bekommen.

Forderungen
Forderungen stehen in der Bilanz der Unternehmen, als Vermögensposition auf der Aktivseite. Sie sind Ansprüche des Unternehmens an andere Unternehmen oder Personen, von denen sie Geldzahlungen zu bekommen haben (also Zahlungen *fordern* können).

*Kredit*forderungen stehen als Vermögensposition in den Bilanzen der Banken, weil die Banken Kredite an Kunden gegeben haben und daher Forderungen an die Kunden auf

---

[1011] Es gibt auch eine synthetische Verbriefung, dabei werden nicht die Kreditforderungen verkauft, sondern nur das Risiko, dass die Kreditforderungen ausfallen (die Kunden also die Kredite nicht zurückzahlen können).

[1012] Prof. Joseph Stiglitz Ph.D. (Nobelpreisträger): Im freien Fall, S. 131.

[1013] Aktiengesetz § 1 Absatz 2: „Die Aktiengesellschaft hat ein in Aktien zerlegtes Grundkapital."

Rückzahlung haben (wie es im Kreditvertrag mit dem jeweiligen Kunden vereinbart wurde).

Diese Kreditforderungen stehen normalerweise so lange in der Bilanz, bis der Kunde sie zurückgezahlt hat. Das war immer so und ist klar und übersichtlich, für die Bank und auch für den Kunden.

Wozu Verbriefung?

Wenn die Banken Kreditforderungen in Wertpapiere umwandeln (verbriefen), können die Banken sie an der Börse verkaufen. Aber warum sollten die Banken das tun?

Für die Kreditforderungen, die in den Bilanzen der Banken stehen, müssen die Banken Eigenkapital vorhalten, um das Risiko abzudecken, dass immer mal Kredite nicht zurückgezahlt werden. Wenn eine Bank so viele Kredite vergeben hat, wie ihr Eigenkapital erlaubte, braucht sie neues Eigenkapital. Wenn das nicht geht, kann sie keine weiteren Kredite vergeben, muss also das Kreditgeschäft vermindern oder erst mal einstellen.

Wenn man Kreditforderungen in handelbare Wertpapiere umwandelt und an der Börse an die Finanzmärkte der Welt verkauft, sind sie aus der Bilanz verschwunden. Das bisher gebundene Eigenkapital für die Kreditforderungen wird wieder frei – und die Bank kann neue Kredite vergeben, sie kann also das Kreditgeschäft wieder aufleben lassen und bekommt neues Geschäft und neue Einnahmen.[1014]

Die Verbriefung dient also der Kapitalbeschaffung der Banken. Dafür gibt sie allerdings die vertrauensvolle Bindung zu ihren Kunden auf, wenn die Kunden erfahren, dass ihre Kredite von der Bank an irgendwelche Investoren verkauft wurden. Meine Sparkasse hat vor zehn Jahren in der Weltfinanzkrise ausdrücklich mitgeteilt, dass sie ihre Baukreditforderungen nicht an Investoren verkaufen wird.

Verbriefung und Weltfinanzkrise

Die vermehrte Anwendung der Verbriefung hatte noch einen besonderen Grund. US-Präsident Clinton hatte mit einem ver-

---

[1014] Siehe Wolfgang Münchau: Kernschmelze im Finanzsystem, S. 98ff.

schärften Gesetz[1015] die Hypothekenbanken in den USA angewiesen, Kredite an Kunden auszugeben, um ein eigenes Haus kaufen zu können, auch und gerade an solche Kunden, die keine ausreichende Bonität hatten (also kein genügendes Einkommen hatten, um die Hauskredite auf Dauer zurückzuzahlen).

Diese Kredite wurden *Sub-prime-Kredite* genannt. Sie waren politisch gewollt, um jedem Amerikaner ein eigenes Haus zu verschaffen. Dies wurde später als Hauptgrund für die Weltfinanzkrise bezeichnet, und zwar von der US-Kommission zur Untersuchung der Finanzkrise (FCIC).[1016]

Die Hypothekenbanken wussten, wie unsicher die Rückzahlung dieser Kredite sein würde, und haben einen großen Teil dieser Kredite verbrieft, um sie zu verkaufen *und sie damit loszuwerden*.[1017] Der Anteil der Verbriefungen von Krediten geringer Bonität am Markt der hypothekengedeckten Wertpapiere betrug im Jahr 2001 noch 7%. Nachdem vermehrt bonitätsschwache Sub-prime-Kredite vergeben wurden, stieg der Anteil bis 2006 auf 42%.[1018]

Man könnte natürlich fragen, warum andere Banken oder Investoren solche schlechten Wertpapiere kaufen sollten. Die Antwort darauf ist einfach: manche haben gar nicht erfahren, dass die Wertpapiere so schlecht waren. Die Renditen (die Zinsen) dagegen waren ansehnlich, und das lockt manche Käufer.

Umwandlung der Kreditforderungen zu Wertpapieren

Um die Wertpapiere zu erschaffen, wurden sehr viele einzelne Kredite zu großen Bündeln zusammengefasst. Der einzelne Kredit und der dahinter stehende Kreditkunde und seine persönlichen Risiken waren also nicht mehr zu erkennen.

Die geschaffenen Wertpapiere gaben den Käufern der Wertpapiere Ansprüche auf die Zins- und Tilgungszahlungen

---

[1015] Community Reinvestment Act, siehe Prof. Dr. Hans-Werner Sinn: Kasino-Kapitalismus, S. 127.

[1016] Siehe Matthias Weik und Marc Friedrich: Der grösste Raubzug der Geschichte, S. 137. – FCIC heißt *Financial Crisis Inquiry Commission*.

[1017] Siehe dazu Artikel „Sub-prime" und „Weltfinanzkrise 2007" in diesem Buch.

[1018] Prof. Dr. Hans-Werner Sinn: Kasino-Kapitalismus, S. 128.

der Kreditkunden (also der Hausbesitzer); früher flossen diese Zahlungen der Bank zu, als die Kreditforderungen noch der Bank gehörten.

Die Wertpapiere, die aus den Kreditforderungen der Bank entstanden waren, sind hypothekengedeckte Wertpapiere (auf Englisch *Mortgage Backed Securities, MBS*),[1019] die es auch in Deutschland gibt und als Pfandbriefe bekannt sind.

Allerdings sind die Ansprüche aus den amerikanischen MBS und den deutschen Pfandbriefen unterschiedlich: Wenn der amerikanische Hausbesitzer seinen Hauskredit nicht mehr zurückzahlen kann, bekommt der Besitzer des MBS-Wertpapiers auch keine Zins- und Tilgungszahlungen mehr; Ansprüche gegen die Bank hat der MBS-Wertpapierbesitzer nicht. Der deutsche Hypotheken-Pfandbrief dagegen hat Ansprüche gegen die Bank, die den Pfandbrief herausgibt.[1020]

Eine weitere Besonderheit des amerikanischen Hypothekenmarkts ist das *regressfreie Hypothekendarlehen*,[1021] das die ausländischen Käufer meist nicht kannten. Wenn die amerikanischen Hausbesitzer ihren Hauskredit nicht mehr zurückzahlen konnten, brauchten sie ihren Hausschlüssel nur bei der Bank abgeben, ihre Restschulden aus dem Hauskredit brauchten sie nicht mehr zurückzahlen. In Deutschland und anderen Ländern ist das anders, dort müssen sie ihre Schulden weiterhin zurückzahlen, auch aus künftigen Einnahmen oder anderem Vermögen.

Wenn das alle Käufer in aller Welt gewusst hätten,
- dass die amerikanischen Wertpapiere aus verbrieften Subprime-Krediten keine Zins- und Tilgungszahlungen mehr auszahlen, wenn der Hausbesitzer diese laufenden Zahlungen nicht mehr leisten kann,
- und auch keine Schulden mehr aus dem Hauskredit hat, wenn er das Haus an die Bank zurückgibt,

---

[1019] *Mortgage* heißt Hypothek. Eine **Hypothek** ist ein Pfandrecht, das in das Grundbuch beim Grundbuchamt (bei Gericht) eingetragen wird; sie dient der Bank, die den Kredit gegeben hat, als Pfand für den Fall, dass der Kreditnehmer seinen Kredit nicht (mehr) zurückzahlen kann.
[1020] Prof. Dr. Hans-Werner Sinn: Kasino-Kapitalismus, S. 128f.
[1021] Prof. Joseph Stiglitz Ph.D. (Nobelpreisträger): Im freien Fall, S. 132. Ebenso Prof. Dr. Hans-Werner Sinn: Kasino-Kapitalismus, S. 106ff.

- er also einen Hauskredit leicht bekommen kann und ihn auch leicht wieder loswerden kann,
- dann wären die MBS-Wertpapiere kaum so zahlreich verkauft worden –
- und uns wäre wohl eine Weltfinanzkrise erspart geblieben.
- Man sollte immer wissen, was man genau kauft – und nicht nur kaufen, was hohen Zins bringt.

Wertpapiere werden häufig durch Hypotheken (*Mortgage*) besichert, aber auch durch andere Vermögenspositionen, etwa andere Kredite, Auto-Leasing-Verträge, Kreditkarten-Geschäfte. Auch solche Vermögenspositionen werden verbrieft, daraus geschaffene Wertpapiere heißen allgemein *Asset Backed Securities (ABS)*.[1022]

Bei den Wertpapieren, die aus verbrieften Vermögenspositionen entstanden sind, spielen CDO und CDS eine große Rolle (lesen Sie dazu bitte die Artikel „CDO" und „CDS" in diesem Buch).

Rating-Agenturen
Die Käufer der MBS-Wertpapiere kannten die wirklichen Risiken der Wertpapiere oft nicht, sie verließen sich auf die Bewertung der Rating-Agenturen. Die Rating-Agenturen vergaben beste Noten, obwohl sie das Risiko der Produkte kannten.[1023] Die US-Untersuchungskommission bezeichnete die drei Rating-Agenturen (Moody's, Standard & Poor's und Fitch) als Schlüsselfiguren der Finanzkrise.[1024]

Die Verbriefung hatte einen großen Vorteil – dachte man: sie streute die Risiken der daraus entstandenen Wertpapiere ebenso über die Welt, wie sie über die Welt verkauft wurden.

Bei der Gestaltung der Wertpapiere, die aus den Subprime-Krediten erstellt wurden, ging man davon aus, dass Kreditforderungen aus weit auseinander liegenden Regionen der USA nicht gleichzeitig ausfallen würden. In der Fachsprache heißt

---

[1022] *Asset* heißt allgemein „Vermögen" oder „Vermögensgegenstände".

[1023] Prof. Joseph Stiglitz Ph.D. (Nobelpreisträger): Im freien Fall, S. 132.

[1024] Siehe Matthias Weik und Marc Friedrich: Der grösste Raubzug der Geschichte, S. 179. Ebenso Dr. Norbert Häring: So funktioniert die Wirtschaft, S. 189.

das, die Ausfallrisiken wären „stochastisch unabhängig vonein-ander", würden also zufällig mal hier und mal da vorkommen.

Daher glaubte man, die Wertpapiere guten Glaubens ver-kaufen zu können, und zwar sogar mit sehr guter Bewertung, obwohl viele Subprime-Kredite enthalten waren, die wahr-scheinlich notleidend werden würden. Und man hatte nicht bedacht, dass ein Anstieg der Zinsen im gesamten Land auch das ganze Land betreffen würde, nicht nur eine Region.

Eine gute Bewertung durch die Rating-Agenturen war die Voraussetzung dafür, dass die Wertpapiere sowohl von amerikanischen Käufern (zum Beispiel Pensionskassen) als auch von europäischen Banken (zum Beispiel IKB und deutschen Landesbanken) und anderen Banken weltweit gekauft wurden. Deutsche Banken allein haben bis zum Jahr 2008 um die 300 Milliarden Euro in solche Wertpapiere investiert.[1025]

Als die Immobilienkrise in den USA ausbrach, die Hauspreise also sanken, erreichte diese Krise recht schnell das ganze Land, die Hauspreise sanken also überall, auf breiter Front. Die Ausfallrisiken traten im ganzen Land auf und gleichzeitig, waren also stochastisch nicht unabhängig voneinander, nicht zufällig, sondern traten gemeinsam und geballt auf.

Der Wert der Häuser sank, während die Schulden der Haus-eigentümer in ihrer Höhe bestehen blieben, so dass bald viele Hauseigentümer überschuldet waren.

Die gute (aber falsche) Bewertung der Wertpapiere durch die Rating-Agenturen war eine wesentliche Ursache dafür, dass die amerikanische Immobilienkrise zu einer weltweiten Finanzkrise wurde.

Zweckgesellschaften

Einige amerikanische Banken hielten MBS-Wertpapiere über Sondergesellschaften (Zweckgesellschaften genannt) außerhalb ihrer Bilanz, die meisten aber wurden weiterverkauft.[1026] Die Käufer kauften die Wertpapiere ebenfalls oft durch ihre Zweck-gesellschaften, das hatte seinen Grund: es sollte günstig abgewickelt werden und am besten nicht so bekannt werden.

[1025] Prof. Dr. Hans-Werner Sinn: Kasino-Kapitalismus, S. 136.
[1026] Prof. Joseph Stiglitz Ph.D. (Nobelpreisträger): Im freien Fall, S. 132.

Zweckgesellschaften (auch *Conduits* oder *Special Purpose Vehicles* genannt)[1027] wurden von einer Bank gegründet und hatten einzig den Zweck, die Wertpapiere aus der Verbriefung zu kaufen. Zweckgesellschaften wurden meistens im Ausland gegründet,[1028] was steuerliche Vorteile hatte. Sie hatten üblicherweise ein geringes Eigenkapital und wurden zuerst auch nicht mit dem Konzernabschluss der Muttergesellschaft konsolidiert (waren nicht im Konzernabschluss enthalten). Das half aber nicht viel, die Zweckgesellschaften brauchten von der Muttergesellschaft eine Garantie gegen Verluste, sonst hätten sie am Markt kein Geld bekommen. Die Muttergesellschaft musste letzten Endes die Haftung übernehmen[1029] – so kam es dann auch.

Bewertung der Verbriefung

Wenn die Bank die Kredite im eigenen Bestand hält, hat sie großes Interesse daran, Kredite nur an Kunden zu geben, von denen man erwarten kann, die Kredite über die ganze lange Laufzeit zurückzuzahlen.[1030] Die Bank wird also sorgsam darauf achten, dass die Kunden die Bonität haben, die ihnen ermöglicht, den Kredit mit Zins und Tilgung zu bedienen – sonst leidet das Renommee der Bank, und das könnte ihre Existenz bedrohen.

Zu dieser Sorgfalt wird die Bank nicht angehalten, wenn sie die ausgezahlten Kredite schon bald über die Börse an alle Welt verkauft.

[1027] Siehe Artikel „Zweckgesellschaft" in diesem Buch.

[1028] Prof. Dr. Hans-Werner Sinn: Kasino-Kapitalismus, S. 165.

[1029] Ebenda, S. 65ff.

[1030] Prof. Joseph Stiglitz Ph.D. (Nobelpreisträger): Im freien Fall, S. 137.

Vermögensanlage

Viele Menschen auf dieser Welt brauchen sich keine Gedanken zu machen über ein Wort wie „Vermögensanlage", weil sie kein Vermögen haben. Viele freuen sich schon, wenn sie über die Runden kommen.

Wer doch Vermögen hat, der ist nicht sicher, dass er damit glücklicher wird – so jedenfalls wird immer wieder mal berichtet. Wer nichts hat, braucht keine Angst haben, etwas zu verlieren. Aber ob das nun glücklicher macht?

Wenn Sie doch was anzulegen haben, sollten Sie drei Dinge beachten:
1. Legen Sie nicht alle Eier in einen Korb! Alte Weisheit von Oma, streuen Sie das Risiko!
2. Kaufen und dann abwarten. Geduld haben! „Viel hin und her macht die Taschen leer" (und die der Banken und Berater voll) – denn Geldbewegungen und Aufträge an die Banken kosten Geld.
3. Glauben Sie nicht an Tips. Wenn die rum sind, ist die Sache schon längst gelaufen. Dann sind Sie zu spät dran.

Geldvermögen in Zeiten der Niedrigzinsen

Anlagekategorien gibt es grundsätzlich nur wenige:
- Zinsanlagen (alles, was Zinsen zahlt: Anleihen, Obligationen, Schuldverschreibungen, Fonds, Kapitallebensversicherungen, Sparbuch, Zertifikate)
- Aktien
- Immobilien
- der kleine Rest (Gold, Silber, Platin, Rohstoffe, Kunst etc.)

Die Deutschen haben drei Viertel ihres Geldvermögens auf dem Girokonto, in Bargeld, Spareinlagen und Versicherungen. In Zeiten der Niedrigzinsen bringt das alles keinen Zinsertrag.

Ausweichmöglichkeiten sind nicht zahlreich: Aktien und Aktienfonds, Immobilien (wenn nicht schon zu teuer), Edelmetalle.

Vermögensteuer

Die Vermögensteuer besteuert vorhandenes *Vermögen* (also kein Einkommen, das besteuert die Einkommensteuer).

Zweck dieser Steuer ist, dass vorhandenes Vermögen, wenn es besonders hoch ist, zu den Steuereinnahmen beitragen kann und soll.

Das Bundesverfassungsgericht hat 1995 die geltende Vermögensteuer für verfassungswidrig erklärt, weil Grundstücke viel zu niedrig bewertet wurden und andere Vermögen dagegen zu hoch. Die Bundesregierung hat daraufhin seit 1997 keine Vermögensteuer mehr erhoben – das Vermögensteuergesetz wurde aber nicht abgeschafft, die Vermögensteuer wurde nur *ausgesetzt*.

Im Jahr 1996 erbrachte die Vermögensteuer 9 Milliarden DM (4,6 Milliarden Euro).[1031] Das ist nur ein Anteil von 0,6% an den 734 Milliarden Euro Steuereinnahmen[1032] des Bundes, der Länder und Gemeinden in 2017.[1033]

Die Vermögensteuer stand den Bundesländern zu. Der Steuersatz für natürliche Personen betrug 1% jährlich (nach einem Freibetrag von 120.000 DM pro Familienmitglied) und 0,6% jährlich für Körperschaften.[1034]

Vermögensteuer oder Vermögensabgabe

Eine *Vermögensabgabe* ist eine *einmalige* Besteuerung des aktuellen Vermögensbestands der Vermögensbesitzer. Sie könnte dazu dienen, einen hohen Schuldenstand des Staates einmalig zu verringern, zum Beispiel nach der Weltfinanzkrise.

Vermögensteuern sollen hohe persönliche Vermögen fortlaufend (jährlich) besteuern. Persönliche Vermögen umfassen aber nicht nur privates Vermögen, sondern häufig auch betriebliches Vermögen.

[1031] Dudenverlag: Wie Wirtschaft funktioniert, S. 31.
[1032] Siehe Artikel „Steuern" im Abschnitt „Steuereinnahmen" in diesem Buch.
[1033] 4,6 durch 734 gleich 0,6%.
[1034] https://de.wikipedia.org/wiki, S. 1 von 5, am 7.8.2018.

In Deutschland waren außerdem auch juristische Personen (*Kapitalgesellschaften* und ähnliche) vermögensteuerpflichtig.[1035]

Kosten der Steuererhebung

Die Erhebung einer Steuer bringt nicht nur Einnahmen, sie bringt auch Erhebungskosten. Die Vermögensteuer ist die Steuer mit den höchsten Erhebungskosten. Es muss eine sehr große Anzahl von Vermögensgegenständen regelmäßig bewertet werden. Für die Vermögensteuer sollen über 10.000 Mitarbeiter der Finanzverwaltung benötigt werden.[1036]

Das RWI-Institut für Wirtschaftsforschung schätzte die Gesamtkosten (für Erhebungskosten der Finanzverwaltung und des Aufwands der Steuerzahler) auf 32% der Vermögensteuereinnahmen, das Institut der deutschen Wirtschaft auf 33% (das wären 1,5 Milliarden Euro, wenn die 4,6 Milliarden Euro von 1996 zu Grunde gelegt werden).

Das Deutsche Institut für Wirtschaftsforschung schätzte die möglichen jährlichen Einnahmen einer neuen Vermögensteuer auf 10 bis 20 Milliarden Euro. Die Erhebungskosten, die man dagegenstellen muss, wurden auf 4 bis 8% des Steueraufkommens geschätzt[1037] (400 Millionen bis 1,6 Milliarden Euro).

Ökonomen warnen, dass jede Vermögensteuer mit erheblichen Bewertungsproblemen zu tun habe. Die Erhebungs- und Befolgungskosten können sich auf bis zu 50% des erwarteten Steueraufkommens belaufen.[1038]

Wiedereinführung der Vermögensteuer?

Deutschland und andere Staaten sind stark verschuldet, während es in diesen Ländern viele reiche private Personen und Familien gibt. Gleichzeitig haben etwa die Hälfte der Einwohner Deutschlands so gut wie kein Vermögen und zahlen auch nur 5% der gesamten Einkommensteuer.

[1035] Siehe DIW Berlin, DIW Glossar: Vermögensteuer, https://www.diw.de/de/diw am 7.8.2018.

[1036] Siehe Prof. Dr. Ralf Maiterth und Prof. Dr. Caren Sureth: „Vermögensteuer vernichtet Eigenkapital", FAZ vom 16.9.2013, S. 18.

[1037] https://de.wikipedia.org/wiki, S. 3 von 5, am 7.8.2018.

[1038] „Wissenschaftler warnen vor Vermögensteuer", FAZ vom 12.6.2013, S. 10.

In Deutschland wie in anderen Ländern sind Einkommen und Vermögen ungleich verteilt. Um das anzugleichen, gibt es bei der Einkommensteuer progressive Steuersätze (*wer mehr Einkommen hat, hat höhere Steuersätze*).[1039]

Damit die Reichen, die mehr Vermögen haben, von ihrem Vermögen etwas abgeben, um die staatlichen Aufgaben zu finanzieren, wird des öfteren die Wiedereinführung der Vermögensteuer gefordert, von den Linken, Teilen der Grünen, der SPD und den Gewerkschaften.

Vermögensabgabe

„Die Vermögensteuer macht Reiche nicht arm" denken wohl viele, „denn die haben ja immer noch genug". Das sagt auch Verdi-Vorsitzender Bsirske in einem Interview.[1040]

Der Vorschlag der Verdi-Gewerkschaft sieht eine *Vermögensabgabe* vor nur für Privatpersonen, nicht für Unternehmen (lt. Interview). Das Vermögen soll erst ab 1 Million Euro besteuert werden pro Erwachsener, zusätzlich 200.000 Euro Freibetrag pro Kind. Das Vermögen soll das Nettovermögen sein, also nach Abzug aller Verbindlichkeiten (das sind Schulden, die zum Vermögen gehören).

Ab einer 1 Million Euro soll eine Abgabe von 10% des Vermögens erhoben werden, ab 10 Millionen Euro 20% und ab 100 Millionen Euro 30%. Die Abgabe soll über 10 Jahre gestreckt werden (also innerhalb von 10 Jahren in mehreren Zahlungen gezahlt werden).

Vermögensteuer trifft auch Betriebe

Das Problem beginnt, wenn nicht nur Personen, nicht nur *Superreiche* persönlich etwas abgeben sollen, sondern auch *Unternehmen und Betriebe* von der Vermögensteuer betroffen werden. Die Unternehmen und Betriebe sind in Deutschland häufig in Familienbesitz, und deren Vermögen steckt oft in den Betrieben.

Wenn außerdem auch juristische Personen (*Kapitalgesellschaften* und andere) Vermögensteuer abführen müssen (wie es bis 1996 war), sind bei der Wiedereinführung der Vermögen-

---

[1039] Siehe Artikel „Einkommensteuer" in diesem Buch.
[1040] „Die Vermögensteuer macht Reiche nicht arm", FAZ vom 27.8.2012, S. 11.

steuer nicht die Superreichen das Thema, die von ihrem Reichtum was abgeben sollen. Das Thema ist, *wieviel Eigenkapital der Unternehmen im Laufe der Zeit vernichtet wird* und wie, davon abhängig, die weitere Entwicklung unserer Wirtschaft aussieht, einschließlich der Arbeitsplätze.

Wenn Unternehmen Vermögensteuer zahlen müssen,
- können sie das aus dem *laufenden Gewinn* zahlen
- oder, wenn der Gewinn nicht ausreicht oder bei Verlust, *aus der Vermögenssubstanz*.

„Aus der Vermögenssubstanz" heißt, dass das Unternehmen auf längere Sicht nicht bestehen kann. Das Vermögen besteht aus Grundstücken, Gebäuden, Fabrikhallen, Maschinen und Vorrichtungen, die gebraucht werden und daher nicht verkauft werden können, wenn der Betrieb arbeiten soll. Auf das Betriebsvermögen kann nicht verzichtet werden.

Die Vermögensteuer muss also aus dem laufenden Gewinn bezahlt werden, der wird aber durch die eventuell wieder eingeführte Vermögensteuer in vielen Fällen erheblich stärker belastet werden als bisher.

Ergebnis nach Ertrag- und Vermögensteuern
Beispiel: Ein Unternehmen hat 2 Millionen Euro Vermögen in seinem Betrieb und erreicht eine Rendite von 4%. Das ist ein Gewinn vor Ertragsteuern von 80.000 Euro (2.000.000 mal 4% = 80.000).

Durchschnittlich kann man mit 30% Ertragsteuern rechnen (Einkommensteuer, Gewerbesteuer, Solidaritätszuschlag), das sind hier 24.000 Euro (80.000 mal 30% = 24.000). Der Gewinn nach Ertragsteuern beträgt 56.000 Euro (80.000 minus 24.000 = 56.000; 70% vom Gewinn vor Ertragsteuern).

Wenn der Betrieb auf die 2 Millionen Vermögen 1% Vermögensteuer zahlen muss, sind das 20.000 Euro (2.000.000 mal 1% = 20.000), und das sind 25% von 80.000 Euro, ein Viertel des Gewinns.

Der Gewinn nach beiden Steuern beträgt nur noch 36.000 Euro (80.000 minus 24.000 minus 20.000 = 36.000). Das sind jetzt 45% vom Gewinn vor Ertragsteuern (36.000 von 80.000 = 45%). 55% haben Ertrag- und Vermögensteuern weggenommen.

Gewinn nach Ertrag- und Vermögensteuern	
Vermögen (€)	2.000.000
Rendite	4%
Gewinn vor Steuern (€)	80.000
Ertragsteuern in %	30%
Ertragsteuern (€)	24.000
Gewinn nach Ertragsteuern (€)	56.000
Vermögensteuern in %	1%
Vermögensteuern (€)	20.000
Gewinn nach Steuern (€)	36.000
Ertragsteuern in % (wie oben)	30%
Vermögensteuern in % *)	25%
Ertrag- und Vermögensteuern in %	55%

*) 20.000 durch 80.000 gleich 25%

Bisher wurde der *Gewinn* mit 30% besteuert. Nach Einführung der Vermögensteuer würde der Gewinn mit 55% belastet. Das ist bei diesen Zahlen bald die doppelte Belastung. Der Vermögensteuer-Prozentsatz von 1% sieht niedrig aus, führt aber dazu, dass schon bei 4% Rendite der Betrieb über die Hälfte des Gewinns an das Finanzamt abgeben muss.

Dabei ist das *Eigenkapital* die Existenzgrundlage jedes Unternehmens. Es ist der Risikopuffer für schlechte Jahre. Es fängt Verluste auf, die in manchen Jahren vorkommen – wenn das Eigenkapital ausreichend vorhanden ist (sonst kann es nichts auffangen). Es ist die Voraussetzung für Kredite, die die Bank gewähren soll – ohne ausreichendes Eigenkapital läuft kaum was (auch die Bank muss vorsichtig sein).

Wenn es mit dem Eigenkapital hapert, kann es bald aus sein mit dem Betrieb. Dann zahlt der Betrieb gar keine Steuern mehr. Und die Arbeitsplätze sind auch weg.

Wenn der Betrieb nur 2% Rendite aus dem gleichen Vermögen (2 Millionen Euro) erreicht (siehe folgende Tabelle), hat er 40.000 Euro vor Steuern und noch 8.000 Euro nach Ertrag- und Vermögensteuern:

Gewinn nach Ertrag- und Vermögensteuern				
Vermögen (€)	2.000.000	2.000.000	2.000.000	2.000.000
Rendite	3%	2%	1%	0%
Gewinn vor Steuern (€)	60.000	40.000	20.000	0
Ertragsteuern in %	30%	30%	30%	30%
Ertragsteuern (€)	18.000	12.000	6.000	0
Gewinn nach Ertragsteuern (€)	42.000	28.000	14.000	0
Vermögensteuern in %	1%	1%	1%	1%
Vermögensteuern (€)	20.000	20.000	20.000	20.000
Gewinn nach Steuern (€)	22.000	8.000	-6.000	-20.000
Ertragsteuern in % (wie oben)	30%	30%	30%	30%
Vermögensteuern in % *)	33%	50%	100%	
Ertrag- und Vermögensteuern in %	63%	80%	130%	

*) Vermögensteuern (€) durch Gewinn vor Steuern

Damit wären 80% des Gewinns vor Steuern durch die Versteuerung weggenommen. Die verbleibenden 8.000 Euro sind 20% des Gewinns vor Steuern und 0,4% des Vermögens. Da kann man verstehen, dass andere Vermögensanlagen attraktiver sind.

Wenn der Betrieb 1% Rendite erreicht, kommt er durch die Vermögensteuer ins Minus, weil die Vermögensteuer auch bei Verlust zu zahlen ist.

Das gleiche passiert, wenn der Betrieb keinen Gewinn erzielt (Gewinn von null oder Verlust, rechte Spalte in der obigen Tabelle).

Eine Untersuchung der Jahresabschlüsse deutscher börsennotierter Unternehmen zeigt, dass es im Durchschnitt fast zu einer Verdopplung der Steuerbelastung der Unternehmen durch die Einführung der Vermögensteuer kommt. Bereits nach sechs Jahren wird mehr als 10% des Eigenkapitals aufgezehrt (durchschnittlich über alle Unternehmen). Bei einem Fünftel der Unternehmen reichen in einzelnen Jahren die laufenden Gewinne nicht aus, um die Vermögensteuer zu bezahlen.[1041] Die Vermögensteuer birgt also große Risiken für die deutsche Wirtschaft.

[1041] Siehe Prof. Dr. Ralf Maiterth und Prof. Dr. Caren Sureth: „Vermögensteuer vernichtet Eigenkapital", FAZ vom 16.9.2013, S. 18.

Gutachten

Ein Gutachten über die Vermögensteuer, das das Bundeswirtschaftsministerium in Auftrag gegeben hat,[1042] kam zum Ergebnis, dass die Wiedereinführung der Vermögensteuer zu fast 20 Milliarden Euro Steuereinnahmen führen kann, aber gleichzeitig zur Verringerung in Höhe von 66 Milliarden Euro anderer Steuern führt. Grund ist die schlechtere wirtschaftliche Entwicklung durch die Wiedereinführung der Vermögensteuer.[1043] Eine Vermögensteuer bremse das Wirtschaftswachstum, die Auswirkungen der Vermögensteuer auf die Gesamtwirtschaft seien negativ.[1044]

Erbschaftsteuer

Zwei Drittel der Vermögen in Deutschland werden durch Erbschaften erworben. Wenn man die Vermögenskonzentration durch Erbschaften abmildern will, ist die Erbschaftsteuer die angemessene Steuer.[1045]

[1042] Erstellt vom ifo-Institut und Ernst & Young.

[1043] „Vermögensteuer käme für alle teuer", FAZ vom 30.11.2017, S. 16.

[1044] „Vermögensteuerstudie auf Eis", FAZ vom 12.8.2017, S. 18.

[1045] „Wissenschaftler warnen vor Vermögensteuer", FAZ vom 12.6.2013, S. 10.

Vermögensverteilung

Die *Einkommen* sind ungleich verteilt, das *Vermögen* aber ist noch ungleicher verteilt, und zwar beides weltweit.

In den letzten Jahren ist die Ungleichheit der Vermögen noch weiter gewachsen.[1046]

Die *Armut* in der Welt ist geringer geworden, aber nicht besiegt.

Die reichsten 10% der Weltbevölkerung besitzen zusammen 85% des Weltvermögens; die ärmeren 50% der Weltbevölkerung besitzen zusammen nur 1% des Weltvermögens, also fast nichts.

Aussagen über Vermögen sind ungenau: die besonders großen Vermögen sind kaum erfasst. Die Ungleichheit der Vermögen ist daher wohl noch größer als dargestellt.

Zum Vermögen gehören Sachvermögen, Geldvermögen und Beteiligungsvermögen; staatliche und private Renten- oder Pensionszusagen gehören nicht zum Vermögen (sie sind Ansprüche auf künftige Zahlungen, aber kein schon vorhandenes Vermögen).

Vermögen kann nur aufgebaut (angespart) werden, wenn ausreichend Einkommen verdient wird. Wenn das Einkommen zum Leben verbraucht wird und nichts angespart werden kann, wird auch kein Vermögen aufgebaut.

Die berufliche Qualifikation und die berufliche Stellung und damit verbunden das berufliche Einkommen sind Voraussetzungen zur Vermögensbildung.

Der wichtigste Grund für eine Vermögenskonzentration in der Geschichte waren Erbschaften, zumal Zinseinkommen oft steuerlich begünstigt wurden.

[1046] https://de.wikipedia.org am 6.4.2018.

Verschuldung

*Verschuldung ist vorgezogener Konsum,
der später ausfällt.*[1047]

Finanz- und Wirtschaftskrisen werden verursacht durch zu hohe Schulden. Zuerst sind es oft die Schulden der *Unternehmen* und der *privaten Haushalte*.[1048] Wenn der Staat eingreifen muss, um Banken und Wirtschaft zu stabilisieren, sind es auch Schulden des Staates.[1049] Im Falle von Kriegen führt die Verschuldung des *Staates* oft zu Krisen und Währungsreformen.

Die größere Verschuldung führte zu größeren Vermögenswerten. Aber *Vermögenswerte*, die auf Krediten basieren, sind krisenanfällig. Irgendwann schwindet das Vertrauen in die weitere Aufwärtsentwicklung und die Preise brechen ein, erst langsam, dann immer schneller. Die Vermögen werden immer schneller weniger wert, die Kredite können nicht mehr bedient werden, immer mehr Häuser stehen zum Verkauf, die Preise brechen weiter ein.

Das bedroht die Existenz mancher Banken, die Krise weitet sich aus und erreicht die Realwirtschaft.[1050] Die Spirale nach unten dreht sich.

An dieser Stelle haben die Regierungen in den letzten Jahrzehnten meist eingegriffen, was auch oft erforderlich war, um die Wellen wieder zu beruhigen. Insoweit haben sie Nutzen gestiftet.

Was danach fehlte, waren klare Regeln. Ohne klare Regeln werden die Gewinne weiterhin privatisiert und die Verluste sozialisiert werden. *Wer mit seinem Geld ins Risiko geht, sollte wissen, dass er Gewinne und Verluste tragen muss.* **Risiko und Haftung gehören immer zusammen.** Manche Regierungen wollen diese Regel nicht wahrhaben, lieber sollen andere zahlen. Selber anstrengen ist unangenehm, und Politiker, die das durchsetzen wollen, werden vielleicht nicht wiedergewählt.

[1047] Nach Dr. Hjalmar Schacht, Reichsbankpräsident von 1923 bis 1930. Quelle: Matthias Weik und Marc Friedrich: Der grösste Raubzug der Geschichte, S. 198.
[1048] Siehe Daniel Stelter: Eiszeit in der Weltwirtschaft, S. 25.
[1049] Ebenda, S. 17.
[1050] **Realwirtschaft** ist alles an Wirtschaft ohne Finanzsektor.

Versicherung

Eine Versicherung kann den Schaden nicht verhindern, aber den finanziellen Schaden durch eine Zahlung ausgleichen.

Beispiel *Feuerversicherung*: In jedem Jahr brennen ein paar Häuser nieder, aber man weiss vorher nicht, welche. Wenn aber alle Hausbesitzer Beiträge zur Feuerversicherung einzahlen, hat jeder einen kleinen Betrag pro Jahr zu bezahlen, aber alle haben den Schutz vor der Gefahr des Hausverlusts, weil sie mit dem Schadenbetrag das Haus wieder aufbauen können.

Für die Versicherung gilt die Regel:
Viele zahlen einen Beitrag,
wenige haben Schäden,
die von *allen* Beiträgen bezahlt werden.

Das Wort „Versicherung" bedeutet einmal
- Versicherungs*unternehmen*, zum andern
- Versicherungs*vertrag*, der den Versicherungsschutz in einem Versicherungszweig bietet (zum Beispiel in der Kfz-Haftpflichtversicherung) und im Vertrag dokumentiert.

In der Versicherung gibt es öffentliche und private Versicherungen zu unterscheiden:

1. Es gibt *öffentliche* Versicherungen,
   - wie die gesetzliche Rentenversicherung,
   - die gesetzliche Krankenversicherung,
   - die gesetzliche Pflegeversicherung,
   - die gesetzliche Arbeitslosenversicherung
   - die Berufsgenossenschaften (für den Unfallschutz)

2. In der *privaten* Versicherung gibt es die
   - Lebensversicherung
   - private Krankenversicherung
   - Schadenversicherung (auch Sachversicherung genannt)
   - Rückversicherung

Die Versicherungszweige untergliedern sich noch in einzelne Versicherungssparten; besonders viele hat die Schadenversicherung, bis zu 30 (die größeren sind: Kfz-Haft-pflichtversicherung, Kfz-Kaskoversicherung, Unfallversicherung, Privat-Haftpflichtversicherung, Hausratversicherung, Gebäudeversicherung).

Die private Versicherungsbranche wird auch *Assekuranz* genannt (französisch *Assurance*, italienisch *Assicurazione*).

Welche Versicherungen braucht man denn?
1. Eine Krankenversicherung braucht jeder.
2. Eine Kfz-Haftpflichtversicherung ist gesetzlich vorgeschrieben, sie schützt die vom Autounfall Betroffenen. Ohne diese Versicherung wird das Auto (zum öffentlichen Verkehr auf den Straßen) nicht zugelassen.
3. Die private Haftpflichtversicherung ist unersetzlich, wenn man andere schwer verletzt, die dann nicht mehr arbeiten können. Ohne Versicherung kann man dann selbst ruiniert werden, weil man für eine solche Verletzung haftet. (Diese Versicherung hat aber ein Drittel der Deutschen nicht.)
4. Eine Berufsunfähigkeitsversicherung braucht man, wenn man seinen Beruf nicht mehr ausüben kann und daher nichts mehr verdient. Vom Staat bekommt man da nicht mehr viel. (Dreiviertel der Deutschen haben diese Versicherung nicht.)
5. Wer ein eigenes Haus hat, braucht eine Wohngebäudeversicherung (gegen Feuer-, Wasser-, Sturm- und Hagelschäden und Einbrecher). So ein Haus ist teuer und für viele das einzige große Vermögen. Wenn es abgebrannt ist, ist es weg; die Feuerversicherung ersetzt den Schaden.
6. Wer ein eigenes Haus und eine Familie hat, braucht eine Risiko-Lebensversicherung. Wenn der Geldverdiener der Familie stirbt, muss die Familie sonst das Haus oft aufgeben, weil sie das Baudarlehen oft nicht mehr bezahlen kann.
7. Eine Rentenversicherung gibt es für die meisten vom Staat, aber die Rente reicht oft nicht, und sie wird in Zukunft nicht besser, weil es immer mehr Rentner gibt und weniger Arbeitende, die die Rente verdienen müssen. Wer kann, muss zusätzlich fürs Alter vorsorgen, sonst kann es knapp werden.

Das waren schon *sieben* Versicherungen, die oft wichtig sind. Es gibt noch mehr Versicherungen, die demnach nicht ganz so wichtig sind, aber dennoch ratsam sein können:[1051]

- Eine *Hausratversicherung* haben viele, sie kann nützlich sein.
- Eine *Unfallversicherung* zahlt bei einem Unfall, manchmal reicht eine Krankenversicherung nicht, wenn etwa nötige Umbauten anstehen.
- Ob Rechtsschutz-, Glasbruch-, Reisegepäck- oder Reiserücktritt-Versicherungen nützlich sind, möge jeder für sich entscheiden.

Versicherungsverein auf Gegenseitigkeit

Private Versicherungen müssen in Deutschland Unternehmen sein,[1052] die nur die Rechtsform einer Aktiengesellschaft, eines Versicherungsvereins auf Gegenseitigkeit oder einer Anstalt des öffentlichen Rechts haben dürfen.

Der *Versicherungsverein auf Gegenseitigkeit* (VaG) ist ein Verein besonderen Rechts.[1053] Viele für ihn gültige Regeln stammen aus dem Aktiengesetz, weitere aus dem Versicherungsaufsichtsgesetz.[1054]

Eine Versicherung als Aktiengesellschaft ist natürlich eine Kapitalgesellschaft, deren Kapital auf Aktien basiert. Das ist beim VaG anders: er hat Kapital, aber keine Kapital*anteile*, und da es sie nicht gibt, kann auch niemand Anteile am VaG kaufen oder verkaufen.

Natürlich braucht und hat auch der Versicherungsverein *Kapital*, aber dieses Kapital gehört dem Verein insgesamt,

---

[1051] Siehe Michael Braun Alexander: So geht Geld, S. 63 ff.

[1052] In England müssen es nicht Unternehmen sein, dort können Versicherer auch Personen sein (die *Names* von Lloyds of London, ein Versicherungsmarkt).

[1053] Kein „eingetragener Verein" (e.V.), das ist oft die Rechtsform von Verbänden und Sportvereinen.

[1054] Das Gesetz enthält Vorschriften über die Versicherungsaufsicht und über den Versicherungsverein auf Gegenseitigkeit.

aber keiner einzelnen Person. Der Verein kann also nicht an der Börse aufgekauft werden (er ist auch gar nicht an der Börse notiert).

Der Versicherungsverein gehört den Vereinsmitgliedern. Er bleibt ein selbständiges und unabhängiges Unternehmen. Er kann keinem Konzern angehören, weil auch dieser Konzern keine Kapitalanteile eines Versicherungsvereins kaufen kann. Der Versicherungsverein gehört den Mitgliedern, die zugleich Eigentümer und Kunden sind.

Mitglied im Verein wird man, indem man gemäß Satzung in den Verein eintreten kann, bei einer Versicherung also einen Versicherungsvertrag abschließt (oder mehrere). Durch die Satzung können die Versicherungsvereine festlegen, wer Mitglied werden darf, zum Beispiel bestimmte Berufsgruppen, wie etwa bei der Fahrlehrerversicherung VaG.

Die Mitglieder und Kunden des Vereins bekommen hier günstigen Versicherungsschutz, dessen Gestaltung sie selbst beeinflussen können.

Der Versicherungsverein muss für sein Eigenkapital keine Zinsen und keine Dividenden zahlen, denn das Eigenkapital des Vereins ist in langen Jahren selbst aufgebracht worden, durch Einbehaltung jährlicher Gewinne.

Verwässerung

Auch *Kapitalverwässerung* genannt.

Die Aktienanteile der Altaktionäre *verwässern*, wenn neue Aktien hinzukommen (durch Ausgabe neuer Aktien), wenn der Kurs der neuen Aktien unter dem bisherigen Wert liegt:

Beispiel:

Unternehmenswert:	600.000 €
Anzahl Altaktien:	120.000 Stück
Wert pro Altaktie:	5 €
Anzahl neuer Aktien:	20.000 Stück
Preis neue Aktie:	4 €
Wert der neuen Aktien:	80.000 €
Anzahl Aktien gesamt:	140.000 Stück
gesamter Wert neu:	680.000 €
neuer Wert pro Aktie:	4,86 €

Der Wert der Aktien der Altaktionäre verwässert in diesem Fall. Bisher war die Aktie 5 Euro wert, jetzt ist sie 4,86 Euro wert.

Das gleiche passiert, wenn *Gratisaktien* ausgegeben werden.

Bezugsrecht
Um der Verwässerung des Werts der Altaktien entgegenzuwirken, gibt es ein Bezugsrecht im Aktiengesetz § 186:
Jedem Aktionär muss auf sein Verlangen ein seinem Anteil an dem bisherigen Grundkapital entsprechender Teil der neuen Aktien zugeteilt werden.
Wenn der Aktionär bisher 5% der Aktien hat (5% von 120.000 sind 6.000 Aktien), müssen ihm 5% der neuen Aktien zugeteilt werden (5% von 20.000 sind 1.000 Aktien).

Volatilität

Volatilität heißt, dass Kurse (öfter und stärker) schwanken. Volatilität heißt größere Schwankungsbreite.

Kurse, die schwanken, sind *volatil*.

Meistens sind es Aktienkurse, die öfter und stärker schwanken (also die Kurswerte sich häufig ändern). Solche Aktien sind volatil.

Der Gegensatz: *stabile* Kurse schwanken weniger oder kaum.

Die Schwankungsbreite wird mit der Standardabweichung gemessen (siehe Artikel „Standardabweichung" in diesem Buch).

Volkswirtschaftslehre

Die *Volkswirtschaft* ist die gesamte Wirtschaft eines Volkes oder besser eines Landes oder Staates. Sie gab es, nachdem es Staaten gab, zum Beispiel Frankreich oder England.

Die *Volkswirtschafslehre*, auch *Nationalökonomie* genannt, entstand als Wissenschaft durch praktische Bedürfnisse des Staates und damit mit dem Aufkommen des Absolutismus (etwa ab Jahr 1600). Dieser bezahlte seine Verwaltung und sein Heer mit Geld und hatte Interesse daran, die Geldwirtschaft, Handel und Gewerbe zu fördern. Das war die Zeit des Merkantilismus, und ihre wirtschaftlichen Verwaltungsleute studierten die Kameralwissenschaften.

François *Quesnay*, Arzt am Hofe Ludwigs XV. von Frankreich, verfasste 1758 als erster eine Darstellung des wirtschaftlichen Kreislaufs („Tableau Économique") und begründete damit die Schule der Physiokraten, die sich gegen die Bevormundung der Wirtschaft durch den Staat wendeten. Von ihnen stammt auch das Motto „*Laisser faire, laisser passer, le monde va de lui-même*" (Lass machen, lass geschehen, die Welt läuft von selbst).[1055]

[1055] Siehe Prof. Dr. Erich Preiser: Nationalökonomie heute, S. 12ff.

Als Begründer der klassischen Nationalökonomie gilt der schottische *Adam Smith*, dessen Hauptwerk „Der Wohlstand der Nationen" 1776 erschien. Er stellt dar, dass die Wirtschaft keiner Lenkung durch den Staat bedarf. Was die Marktwirtschaft von selbst steuert, ist die *Preisbildung*, sofern sie frei von staatlichem Einfluss bleibt.

Die Physiokraten hielten den *Boden* und damit die Landwirtschaft allein für produktiv. Adam Smith hat richtig erkannt, dass die einzige Quelle des Wohlstands die menschliche *Arbeit* ist.[1056]

Drei Hauptfragen

Die klassische Volkswirtschaftslehre kennt drei Hauptfragen, mit denen sie sich vorrangig beschäftigt:

1) Die erste Hauptfrage ist: *Wie steuert sich die Marktwirtschaft?* Sie steuert sich über den Preis. Wenn Waren knapp und begehrt sind und die Nachfrage nach ihnen steigt, dann steigt der Preis. *Was knapper wird, wird teurer.* – Was gut verkauft wird, wird von den Verkäufern mit einer größeren Menge angeboten werden, soweit das möglich ist. In der Folge wird das den Preis wieder sinken lassen. Der Preis steuert also die knappen Waren, weil Käufer und Verkäufer auf die (steigenden und fallenden) Preise reagieren.

2) Die zweite Hauptfrage ist: *Wie hoch ist der Lohn? Wie wird das Einkommen verteilt?* Der Lohn ist das Einkommen aus der Arbeit, Einkommen kommt aber auch aus Vermögensbesitz, aus Grundbesitz, aus Kapitalerträgen wie Zinsen und aus Unternehmergewinn. Die Gesetze der Einkommensverteilung zu erforschen, sei *die* Aufgabe der Nationalökonomie, schrieb David Ricardo 1817.[1057]

3) Die dritte Hauptfrage ist: *Unter welchen Bedingungen gibt es stetiges Wachstum der Volkswirtschaft?* Anders ausgedrückt, man fragt nach den Ursachen der Konjunkturschwankungen. Die Wirtschaft entwickelt sich nicht ruhig und stetig aufwärts, sondern hat immer wieder Krisen und

---

[1056] Ebenda, S. 16.
[1057] Siehe Prof. Dr. Erich Preiser: Nationalökonomie heute, S. 19.

Zusammenbrüche, in England schon seit 1815, aber später auch in allen anderen Ländern. Daraus entwickelte sich die Konjunkturforschung als Teil der Volkswirtschaftslehre.[1058]

Keynesianismus

Die große Weltwirtschaftskrise von 1929 führte zu großer und langjähriger Massenarbeitslosigkeit und dazu, dass die Welt den Glauben an die Selbststeuerung der Wirtschaft verlor. Der Staat musste helfen, um für Vollbeschäftigung zu sorgen. Das wissenschaftliche Instrumentarium dafür lieferte der Engländer *John Maynard Keynes*, der der britischen Regierung empfahl, sich auf dem Kapitalmarkt Geld zu leihen und damit Aufträge an die Wirtschaft zu finanzieren. Das geliehene Geld könne zurückgezahlt werden, wenn im folgenden Aufschwung bei hoher Beschäftigung die Steuern reichlich fließen. Dieses Konzept heißt *deficit spending* (der Staat soll mehr Geld ausgeben, auch wenn er dadurch ein Defizit[1059] bekommt).

Bis in die 1960er Jahre wurden die Vorstellungen von Keynes befolgt, dass der Staat die Wirtschaft ankurbeln soll und kann. In den 1970er Jahren verstärkten sich allerdings die Zweifel an der staatlichen Konjunkturlenkung. Die vom Staat aufgenommenen Gelder wurden auch im Aufschwung nicht zurückgezahlt, so dass die Staatsverschuldung immer stärker anstieg. Als es Stagnation und Arbeitslosigkeit und gleichzeitig Inflation gab, genannt *Stagflation*, stand dieser Tatbestand in Widerspruch zur Theorie von Keynes.[1060]

Monetarismus

Milton Friedman ist der Begründer der Monetaristen. Die Monetaristen sehen in der staatlichen Ankurbelung der Wirtschaft eine begrenzte oder gar negative Wirkung auf die Beschäftigung. Sie kritisieren, dass der Staat, wenn er sich Geld am Kapitalmarkt leiht, in Konkurrenz zu den Unternehmen tritt und dazu noch die Zinsen steigen lässt. Nach ihrer Meinung steigert eine stärkere staatliche Kapitalnachfrage die Geldmenge und die wiederum treibt die Inflation an.[1061]

[1058] Siehe ebenda, S. 19f.
[1059] Defizit heißt Fehlbetrag oder Verlust.
[1060] Siehe Prof. Dr. Herbert Sperber: VWL Grundwissen, S. 57f.
[1061] Ebenda, S. 59f.

Volkswirtschaftliche Gesamtrechnung

Eine volkswirtschaftliche Gesamtrechnung ist zu einem wesentlichen Teil wie die Bilanz für ein ganzes *Land*, wie Unternehmen jedes Jahr die Bilanz für ihr Unternehmen erstellen.

Etwas anspruchsvoller ausgedrückt: „Die volkswirtschaftliche Gesamtrechnung liefert ein quantitatives Bild des makroökonomischen Geschehens eines Landes."[1062]

Quantitatives Bild heißt dabei, es besteht aus Zahlen, wie die Bilanz eines Unternehmens auch. *Makroökonomisch* heißt, es geht um die gesamte Wirtschaft eines Landes, hier um die Wirtschaft Deutschlands.

Erfasst und errechnet wird die volkswirtschaftliche Gesamtrechnung vom Statistischen Bundesamt und von der Bundesbank.

Teile der volkswirtschaftlichen Gesamtrechnung
Die volkswirtschaftliche Gesamtrechnung (VGR) hat folgende Teile:
- Sie ermittelt die gesamtwirtschaftliche *Güterproduktion* Deutschlands und die *Einkommen*, die im Zuge der Güterproduktion entstanden sind.

Die VGR hat noch folgende Nebenrechnungen:
- Input-Output-Rechnung
- Vermögensrechnung
- Finanzierungsrechnung
- Außenwirtschaftsrechnung
- Arbeitsvolumenrechnung
- Einkommensrechnung für private Haushalte nach sozioökonomischer Gliederung[1063]

Bruttoinlandsprodukt und Bruttonationaleinkommen
Der älteste und wichtigste Teil der VGR ist die Ermittlung der Güterproduktion und der daraus entstandenen Einkommen.

[1062] Siehe Prof. Dr. Michael Frenkel und Prof. Dr. Klaus Dieter John: Volkswirtschaftliche Gesamtrechnung, S. 1.
[1063] Ebenda, S. 5.

Das Bruttoinlandsprodukt betrug 2015 in Deutschland 3.026 Milliarden Euro:

Volkswirtschaftliche Gesamtrechnung	
2015	Mrd. Euro
Bruttoinlandsprodukt (BIP)	+3.026
Primäreinkommen an übrige Welt	-132
Primäreinkommen aus übriger Welt	+197
Bruttonationaleinkommen (BNE)	+3.091

Quelle: Statistisches Jahrbuch 2016, S. 324

Das *Bruttoinlandsprodukt* ist der Gesamtwert der im Inland erstellten Güter. Er besteht aus den privaten und staatlichen Konsumausgaben, den Bruttoinvestitionen der Unternehmen und des Staates sowie der Differenz aus den Exporten und den Importen.[1064]

Die „Primäreinkommen an übrige Welt" sind Einkommen, die Ausländer im Inland erzielten. Die „Primäreinkommen aus übriger Welt" sind Einkommen, die Inländer im Ausland erzielten.[1065] Diese Primäreinkommen fließen also aus dem Inland ins Ausland bzw. aus dem Ausland ins Inland.

Näheres zum BIP lesen Sie bitte im Artikel „Bruttoinlandsprodukt" oder auch im Artikel „Zahlungsbilanz" in diesem Buch.

Nebenrechnungen der VGR

Die *Input-Output-Rechnung* befasst sich ebenfalls mit der Güterproduktion, sie zeigt vor allem die Verflechtungen zwischen 59 Produktionsbereichen.

Aufgabe der *Vermögensrechnung* ist die Erfassung der Sachvermögensgüter.

Die *Finanzierungsrechnung* erfasst die Veränderungen der Forderungen und Verbindlichkeiten der Volkswirtschaft, gegliedert nach Sektoren.

[1064] Siehe Prof. Dr. Michael Frenkel und Prof. Dr. Klaus Dieter John: Volkswirtschaftliche Gesamtrechnung, S. 45.
[1065] Ebenda, S. 47.

Der Hauptbestandteil der *Außenwirtschaftsrechnung* ist die Zahlungsbilanzstatistik, die die Veränderungen der Kreditbeziehungen zum Ausland erfasst.

Die *Arbeitsvolumenrechnung* erfasst die beschäftigten Arbeitnehmer und Selbständige nach Bereichen.

Die *Einkommensrechnung für private Haushalte* zeigt die Einkommensverteilung nach Haushaltsgruppen.

Vollbeschäftigung

Bei *Vollbeschäftigung* finden alle Arbeitsuchenden einen Arbeitsplatz; bei Vollbeschäftigung gibt es keine längeren Arbeitslosen.

Kurzfristige Arbeitslose wird es aber immer geben, weil Arbeitnehmer ihren Arbeitsplatz wechseln wollen oder müssen und auf der Suche nach einem neuen Arbeitsplatz sind und dann zwischendurch arbeitslos sein können.

Daher muss die Arbeitslosenquote bei Vollbeschäftigung nicht 0% lauten, sondern bis zu 2% gilt als Vollbeschäftigung.

Vorfälligkeitsentschädigung

Wenn ein Darlehensnehmer (also ein Kunde) einen Darlehensvertrag mit *veränderlichem* Zinssatz hat, kann er jederzeit unter Einhaltung einer Kündigungsfrist von drei Monaten den Vertrag kündigen.[1066]

Wenn er einen Darlehensvertrag mit *gebundenem* Sollzinssatz[1067] hat (*Zinsbindung*), kann er nur zum Ende der Zinsbindung kündigen (auch wenn das Darlehen noch nicht vollständig zurückgezahlt ist – die dann bestehende Restschuld muss natürlich zurückgezahlt werden).

Wenn ein Kunde sein Darlehen (mit Zinsbindung) vor Ablauf der Zinsbindungsfrist zurückzahlen will (weil er etwa

---

[1066] BGB § 489 Absatz 2.

[1067] Der **Sollzinssatz** ist der für den Kunden zu zahlende Zins und ist fest vereinbart für eine bestimmte Frist, zum Beispiel für 5 oder 10 Jahre.

mehr Geld zur Verfügung hat als geplant), kann die Bank die Kündigung annehmen, wird aber meistens eine Vorfälligkeitsentschädigung[1068] verlangen als Ersatz des Schadens durch die vorzeitige Rückzahlung. Eine Zeitung berichtete, eine vorzeitige Kreditablösung eines Autokredits ohne Vorfälligkeitsentschädigung hat keine der getesteten Autobanken bei einem Test angeboten.[1069]

Wenn ein Kredit vorzeitig zurückgezahlt wird, entgehen der Bank die Zinseinnahmen der restlichen Laufzeit des Darlehens. Die Bank hat durch die vorzeitige Rückzahlung des Kredits einen *Margenschaden*. Die *Marge* ist die Differenz zwischen den Zinseinnahmen der Bank und den Aufwendungen (Zins- und Verwaltungskosten) für die restliche Laufzeit.

Die Bank kann durch die vorzeitige Rückzahlung auch einen *Refinanzierungsschaden* haben. Wenn bei Auszahlung des Kreditbetrags zum Beispiel ein Zinssatz von 5% galt und bei der vorzeitigen Rückzahlung 2%, kann die Bank die Rückzahlung nur mit 2% wieder anlegen, hat also einen Schaden von 3% durch die vorzeitige Rückzahlung.

Wenn Sie das Darlehen vorzeitig kündigen wollen, können Sie die Vorfälligkeitsentschädigung vorher berechnen, im Internet finden sich kleine Rechner hierzu, etwa von der Stiftung Warentest (https://www.test.de/Abloesung-Baukredit).

Vorsichtsprinzip

Das Prinzip kaufmännischer Vorsicht beherrscht die Bewertung in der deutschen Handelsbilanz.[1070] Der Bilanzierende soll grundsätzlich vorsichtig bewerten.

[1068] BGB § 502.

[1069] „Niedrige Zinsen – aber schwacher Service", FAZ vom 24.5.2017, S. 25.

[1070] Siehe Prof. Dr. Günter Wöhe: Bilanzierung und Bilanzpolitik, S. 381. Ebenso: Prof. Dr. Jörg Baetge, Prof. Dr. Hans-Jürgen Kirsch und Dr. Stefan Thiele: Bilanzen, S. 135ff.

Anschaffungswertprinzip

Die deutschen Vermögenswerte in der Bilanz richten sich nach dem Anschaffungswert. Höhere Werte wie Marktwerte, die aber noch nicht tatsächlich bezahlt wurden (etwa für das konkrete Grundstück), sind unsicher und dürfen nicht angesetzt werden.

Imparitätsprinzip

Das Vorsichtsprinzip führt zu ungleicher Behandlung der Bewertung von *Vermögen* und *Schulden* (Imparität heißt Ungleichheit).

Ein *Grundstück* vorsichtig zu bewerten heißt, es nach den Anschaffungskosten zu bewerten *oder* zu niedrigeren Werten, wenn es die gibt. Sollte aber der Wert des Grundstücks am Markt offensichtlich höher sein als die mal früher bezahlten Anschaffungskosten, darf dieser Marktwert nicht angesetzt werden, denn das wäre nicht vorsichtig, er ist ja nicht realisiert, der Marktwert ist auch nicht sicher, nur geschätzt und kann auch schnell wieder mal sinken.

Das *Vermögen* vorsichtig zu bewerten, etwa ein Grundstück, heißt eher niedrig zu bewerten.

Die *Schulden* dagegen müssen eher höher bewertet werden, wenn man sie vorsichtig bewerten will. Wer Schulden zu niedrig bewertet, läuft schnell ins Risiko, wenn die Schulden sich tatsächlich als höher erweisen. Dann sind schnell mal keine Reserven mehr da. Der vorsichtige Kaufmann behält immer Reserven in der Hand.

Realisierungsprinzip

Aus dem Realisierungsprinzip folgt, dass Werte erst bilanziert werden dürfen, wenn sie realisiert sind. Ein Grundstück, das vor 20 Jahren eine Million Euro gekostet hat und heute drei Millionen wert ist, bleibt in der deutschen Bilanz mit einer Million Euro bewertet. Es könnte vielleicht für drei Millionen Euro verkauft werden, aber das ist nur eine Schätzung, keine Realität. Solange es noch nicht verkauft ist, bleibt es bei einer Million Euro.

Die anglo-amerikanische Bilanzierung würde das Grundstück mit drei Millionen Euro bewerten, obwohl es nur eine Schätzung ist und noch keine Realität. Diese Bilanzierung richtet sich nach den aktuellen Marktwerten, die sich aber auch schneller ändern können. Die deutsche Bilanzierung bleibt bei den festen Werten, die sind sicherer und solider.

Niederstwertprinzip

Das Niederstwertprinzip gilt für die Vermögensgegenstände, ein Teil davon ist das Anschaffungswertprinzip (siehe vorige Seite). Es besagt: von zwei möglichen Wertansätzen muss der niedrigere angesetzt werden. Wenn die Anschaffungs- oder Herstellungskosten höher sind als der Marktpreis, muss der Marktpreis angesetzt werden.[1071] Nur der Marktpreis ist in diesem Fall der vorsichtige Wert.

Höchstwertprinzip

Das Höchstwertprinzip gilt für die Verbindlichkeiten (also die Schulden). Liegt der Wert einer Verbindlichkeit unter den Anschaffungskosten (etwa möglich bei Auslandsschulden in Folge von Wechselkursänderungen), so müssen die Anschaffungskosten angesetzt werden. Die niedrigere Bewertung der Auslandsschuld in Folge einer Wechselkursänderung kann zu einem Gewinn führen, der unrealisiert ist und auch nicht nachhaltig ist, also unvorsichtig.

Vorzugsaktien

Mit Vorzugsaktien ist ein Vorzug verbunden, sie gewähren dem Aktionär eine Vorzugsstellung beim Dividendenbezug (Vorabdividende oder erhöhtem Gewinnanteil (Mehrdividende)[1072]).

Mit einem Vorzug ist meist auch ein Nachteil verbunden, Vorzugsaktien haben meist kein Stimmrecht in der Hauptversammlung.[1073]

[1071] Siehe Prof. Dr. Günter Wöhe: Bilanzierung und Bilanzpolitik, S. 384.
[1072] Aktiengesetz § 139.
[1073] Siehe Prof. Dr. Günter Wöhe, Prof. Dr. Ulrich Döring und Prof. Dr. Gerrit Brösel: Einführung in die Allgemeine Betriebswirtschaftslehre, S. 537. Und: Duden Wirtschaft von A bis Z, S. 458.

W

Wachstum

Wachstum der Wirtschaft ist die Zunahme der gesamten Wirtschaftsleistung eines Landes, gemessen am Bruttoinlandsprodukt (BIP).[1074] Wird angegeben pro Jahr und pro Monat oder Quartal.

Dynamisches Wachstum

Die Dynamik der Wachstumsprozesse wird von vielen Menschen unterschätzt. Wenn das Bruttoinlandsprodukt jedes Jahr um 2% wächst, dann verdoppelt es sich schon nach 35 Jahren.[1075] Wenn es um 3% jedes Jahr wächst, dann schon nach 24 Jahren.

Wozu ist dieses Wachstum gut? Vor allem hilft es, die große Armut in vielen Teilen der Erde zu überwinden. In den letzten Jahrzehnten sind darin schon Fortschritte gemacht worden, aber die Bemühungen müssen weitergehen.

Ursachen des Wachstums

Wachstum wird einmal verursacht durch die Zunahme der *Bevölkerung*. Mehr Menschen produzieren mehr, damit steigt das Sozialprodukt und das Volkseinkommen (Sozialprodukt und Volkseinkommen sind ein und dasselbe).[1076]

Wachstum wird zum andern verursacht durch den *technischen Fortschritt* oder durch die zunehmende *Arbeitsteilung* (wegen der Spezialisierung), die beide die Produktivität anheben.

Unstetes Wachstum

Die Geschichte der Marktwirtschaft zeigt ein unstetes Wachstum. Seit 200 Jahren gibt es immer wieder Jahre des Aufschwungs, dann Rezessionen und Krisen und dann wieder

---

[1074] Siehe Artikel „Bruttoinlandsprodukt" in diesem Buch.
[1075] Siehe Prof. Dr. Peter Bofinger: Grundzüge der Volkswirtschaftslehre, S. 568.
[1076] Siehe Prof. Dr. Erich Preiser: Nationalökonomie heute, S. 114.

© Springer Fachmedien Wiesbaden GmbH, ein Teil von Springer Nature 2019
W. Klitzsch, *Grundbegriffe der Wirtschaft*,
https://doi.org/10.1007/978-3-658-27904-2_23

Wachstumsjahre. Eine stetige ruhige Entwicklung gibt es auf Dauer nicht.

Investitionen, die durchgeführt werden, vergrößern die Kapazität. Aber wer sorgt dafür, dass die Mehrprodukte durch die vergrößerte Kapazität auch abgenommen, also gekauft werden? Dafür ist nur gesorgt, wenn es weitere Investitionen gibt, deren Einkommenseffekt das bewirken kann. „*So erfordert jede Investition neue Investitionen.*"[1077]

Wenn die Wirtschaft störungsfrei wachsen soll, so müssten die Investitionen mit einer bestimmten Rate wachsen. Diese Rate lässt sich ermitteln. Eine Rate also, mit der die Investition zunehmen muss, wenn ein stetiges Wachstum gesichert sein soll.

Das ist aber reine Theorie. Das Unternehmen, das feststellt, sein Absatz geht zurück, seine Kapazitäten können zurzeit nicht ausgenutzt werden, wird erst mal gar nicht investieren und die weitere Entwicklung abwarten.

Eine solche Entwicklung hat oft die Eigenschaft, sich selbst zu verstärken. Da gesamtwirtschaftlich die Investitionen sich verringern, werden viele Unternehmen sich bei Investitionen zurückhalten, so dass die Investitionen weiter schrumpfen. Es gibt also keine automatische Tendenz, um zu einem Gleichgewicht zu kommen. Die Wirtschaft pendelt zwischen Überspannung und Depression, und beide tendieren dahin, sich zu verstärken.[1078] Das Gute daran ist, die Entwicklung tendiert auch mal wieder zurück in die andere Richtung.

Schwaches Wachstum

Ein schwaches Wachstum in vielen Ländern in den vergangenen Jahrzehnten ist unter anderem verursacht durch die demographische Entwicklung. Die *Altersstruktur* in vielen Ländern wird das Wachstum auch zukünftig noch weiter schwächen: Alte Menschen haben meist schon vieles, was sie brauchen, konsumieren weniger und sparen eher.

[1077] Siehe Prof. Dr. Erich Preiser: Nationalökonomie heute, S. 121.
[1078] ebenda, S. 122ff.

Weitere Ursachen für schwaches Wachstum in vielen Ländern sind
- die wachsenden Staatsschulden,
- die teilweise nachlassende Qualität der Ausbildung (zum Beispiel in den USA und Europa)
- und die Ungleichheit der Einkommensverteilung.[1079]

Wagnis

„Wer wagt, gewinnt" heißt es. *Oder auch nicht*, denn es ist ein Wagnis, und das Ende ist daher offen.

Der Begriff *Wagnis* ist identisch mit *Risiko* oder *Verlustgefahr*.

Alle drei Wagnisse (Wagnis, Risiko, Verlustgefahr) können
- aus Zufällen entstehen,
- aus erkannten oder unerwarteten Gefahren,
- aus Unsicherheitsfaktoren oder
- aus erkannten, aber falsch eingeschätzten Risiken.

Wer ein Wagnis wagt, sollte es zuerst abwägen. Das *Risikomanagement* muss zuerst darin bestehen, Risiken systematisch und möglichst vollständig zu erkennen (zu identifizieren).

Danach kann man
- auf hohe Risiken und entsprechende Geschäfte verzichten
- Risiken überwälzen (an andere)
- Risiken versichern
- Risiken in Kauf nehmen (wenn sie nicht zu groß sind und dafür aber große Chancen bieten).

[1079] Siehe Gerald Braunberger: „Die Zinsen sind nicht wegen der Notenbanken niedrig", FAZ vom 24.6.2015, S. 25.

Währung

Rechnungen werden auf Heller und Pfennig gezahlt.
Wer den Pfennig nicht ehrt, ist des Talers nicht wert.
Wer was verstanden hat, bei dem ist der Groschen gefallen.

Die Währung in Deutschland hatte im Laufe der Geschichte schon viele Namen: Heute heißt sie Euro (und Cent), vorher Deutsche Mark (und Pfennig), davor Reichsmark, Rentenmark und Goldmark. Und noch viel früher Heller, Taler, Groschen, Kreuzer, Gulden, Sesterze und Denare.[1080]

Inlandswährung

Die *Währung* ist das Geld eines Landes, zum Beispiel war das in Deutschland früher die Deutsche Mark (DM), von 1948 bis 2002. Das war unsere *Inlandswährung.*

Seit 2002 hat Deutschland die Währung „Euro", kurz „€" geschrieben. Die anderen 16 Länder der Euro-Zone haben ebenfalls die Währung „Euro", weil sie der Europäischen Währungsunion beigetreten sind.

Auslandswährungen

Andere Währungen sind aus deutscher Sicht *Auslandswährungen*, zum Beispiel Dollar, Franken, Pfund, Krone, Rubel, Yen und Yuan und andere.

Für die Namen der Währungen gibt es *ungenormte Abkürzungen*:
  € (Euro)
  $ (Dollar)
  sfr (Schweizer Franken)
  £ (Pfund)
  ¥ (Yen).

Für den internationalen Währungshandel gibt es für alle Währungen der Welt *genormte Abkürzungen*, die immer aus drei Buchstaben bestehen.[1081] Hier eine kleine Auswahl:

[1080] Detlef Gürtler: Die Tagesschau erklärt die Wirtschaft, S. 87.
[1081] Deutsche Bundesbank: Geld und Geldpolitik, S. 200 und S. 203.

AUD	Australischer Dollar
CAD	Kanadischer Dollar
CHF	Schweizer Franken
CNY	Chinesischer Renminbi Yuan
CZK	Tschechische Krone
DKK	Dänische Krone
EUR	Euro
GBP	Britisches Pfund
JPY	Japanischer Yen
NOK	Norwegische Krone
PLN	Polnischer Zloty
RUB	Russischer Rubel
SEK	Schwedische Krone
TRY	Türkische Lira
USD	US-Dollar

Die meisten Abkürzungen beginnen mit zwei Buchstaben, die für das Land stehen (etwa CH für die Schweiz oder GB für Großbritannien).

Für den Begriff „Währung" wird auch der Begriff „Valuta" verwendet.

Währungsreform
Das Wort „Währungsreform" war früher für Deutsche erschreckend: Viele Menschen verloren dabei große Teile ihres Vermögens. Und es gab zwei solcher Währungsreformen in Deutschland innerhalb von 25 Jahren, in 1923 und 1948, jeweils nach den beiden Weltkriegen.

Die Währungsreformen von 1871 und 2002 schufen neue Währungen (Goldmark und Euro) für ein neues und größeres Gebiet (das Deutsche Reich und die Europäische Währungsunion), vernichteten aber keine Vermögen.

Wandelanleihen

Wandelanleihen werden von Unternehmen ausgegeben und sind eine Anleihe, die das Recht hat, in Aktien des Unternehmens getauscht (gewandelt) zu werden. Die Anleiheinhaber können damit an einer guten Kursentwicklung der Aktie teilhaben.

Das Wandelrecht ist für den Anleiheinhaber ein Vorteil, weil er sich später je nach Entwicklung der Aktie entscheiden kann. Wenn der Aktienkurs den Nominalwert der Wandelanleihe deutlich übersteigt, wird der Anleiheinhaber das Wandelrecht wahrscheinlich ausüben.

Nach dem Tausch in Aktien besteht die Anleihe nicht mehr.

Derzeit gibt es rund 1.500 Wandelanleihen mit einem Gesamtwert von 600 Milliarden US-Dollar. Die USA haben 48% des Markts, Europa 31% und Japan 21%.

Gegensatz: Eine *Optionsanleihe* besteht aus zwei verschiedenen Wertpapieren, einer Anleihe und einem Optionsschein, die beide bestehen bleiben.[1082]

Warrants

Warrants heißen auch *Optionsscheine* und sind selbständig handelbare Wertpapiere, die dem Käufer verschiedene Bezugsrechte verbriefen (dokumentieren und damit garantieren), zum Beispiel US-Dollar, Euro, Gold, Silber, Öl, festverzinsliche Anleihen, Aktien oder Genussscheine, oft zu festgelegten Kursen.[1083]

Für die Bezugsrechte bezahlt der Käufer einen Geldbetrag (eine Prämie oder ein Aufgeld).

Wann der Käufer die Bezugsrechte ausüben kann, wird vertraglich festgelegt (zum Beispiel während einer bestimmten Laufzeit oder an einem bestimmten Tag).

[1082] Siehe Prof. Dr. Klaus Spremann und Prof. Dr. Pascal Gantenbein: Finanzmärkte, S. 129 ff.
[1083] Siehe Peter Binkowski und Dr. Helmut Beck: Finanzinnovationen, S. 14.

Optionsscheine geben dem Käufer Rechte in der Zukunft und sind daher *Terminkontrakte*. Geschäfte auf Termin (die in der Zukunft abgewickelt werden) können Gewinne oder Verluste bringen, je nach dem, wie sich die Kurse (die Preise) der zu Grunde liegenden Geschäfte entwickeln werden. Terminkontrakte und Optionsscheine sind also immer mit Unsicherheiten verbunden und unterliegen der persönlichen Einschätzung der künftigen Entwicklungen.

Wechselkurs

Wenn Sie 300 Dollar kaufen wollen, bezahlen Sie dafür 283,356 Euro[1084]. Der *Wechselkurs* ergibt sich aus:
283,356 Euro geteilt durch 300 Dollar gleich 0,94452, das ist der Wechselkurs. Mit diesem Wechselkurs kaufen Sie Dollar und berechnen den zu zahlenden Preis in Euro.
Anders ausgedrückt: Mit dem Wechselkurs wird die eine Währung in die andere umgerechnet.

Probe: Sie wollen 300 Dollar kaufen und wissen den Wechselkurs, dann rechnen Sie:
300 Dollar mal 0,94452 gleich 283,356 Euro.
Der Wechselkurs stimmt also.

Zur Vereinfachung wird der Wechselkurs standardmäßig auf *einen* Dollar bezogen:
1 Dollar = 0,94452 Euro
Das ist die 1-Dollar-Gleichung.

1 Dollar kostet 0,94452 Euro.
10 Dollar kosten also 9,4452 Euro.
100 Dollar kosten 94,452 Euro.
300 Dollar kosten 283,356 Euro.

Wir wissen jetzt, was der Dollar kostet.

[1084] Am 11.4.2017 gemäß Internet.

Und was kostet der Euro?

Wenn Sie 200 Euro kaufen wollen, bezahlen Sie dafür 211,748 Dollar (laut Tageszeitung oder Internet). Der *Wechselkurs* ergibt sich aus:

211,748 Dollar geteilt durch 200 Euro gleich 1,05874.

Mit diesem Wechselkurs kaufen Sie Euro und berechnen den zu zahlenden Preis in Dollar.

Probe: 200 Euro mal 1,05874 gleich 211,748 Dollar.

Auch dieser Wechselkurs stimmt also.

Das ist die 1-Euro-Gleichung:

1 Euro = 1,05874 Dollar.

1 Euro kostet 1,05874 Dollar.

10 Euro kosten also 10,5874 Dollar.

100 Euro kosten 105,874 Dollar.

200 Euro kosten 211,748 Dollar.

Kurs-Umrechnung von Dollar in Euro

Wenn wir von der 1-Dollar-Gleichung ausgehen:

1 Dollar = 0,94452 Euro.

Teilen Sie die 0,94452 Euro durch 0,94452, dann steht auf der rechten Seite der Gleichung 1 Euro (0,94452 / 0,94452 = 1).[1085]

Teilen Sie den 1 Dollar auf der linken Seite der Gleichung auch durch 0,94452, dann steht dort 1,05874 (1 / 0,94452 = 1,05874). Also:

1,05874 Dollar = 1 Euro.

Umrechnung erledigt!

Begriffe

Die Begriffe *Wechselkurs*, *Devisenkurs* und *Währungskurs* werden synonym (gleich) verwendet.

Preis- und Mengen-Notierung

Wenn die ausländische Währung (1 Dollar) mit dem Preis der Inlandswährung (0,94452 Euro) angegeben wird, dann nennt man das *Preisnotierung*: 0,94452 Euro = 1 Dollar.

[1085] Der Schrägstrich (/) heißt „geteilt durch". Das ist üblich in einem PC-Kalkulationsprogramm wie Excel.

Wenn die Inlandswährung (1 Euro) die Menge an ausländischer Währung (1,05874) angibt, nennt man das *Mengennotierung*: 1,05874 Dollar = 1 Euro.

Der Wert des Euro wird üblicherweise in der Mengennotierung angegeben. Vor der Zeit des Euro war die Preisnotierung vorherrschend[1086] und ist sie noch in anderen Regionen der Welt.

Wenn Währungen teurer oder billiger werden
In dem folgenden Bild fällt der Wechselkurs der japanischen Währung Yen von 123 auf 117 (Yen pro 1 Euro). In der Zeitung stand, der Yen sei teurer geworden. Dabei ist im folgenden Bild klar ersichtlich, dass der Wechselkurs fällt. Was stimmt jetzt?

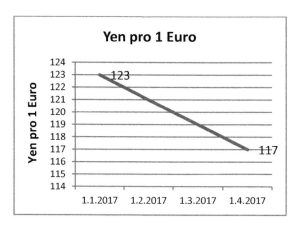

Am 1. Januar 2017 musste der Besitzer der Yen für einen Euro 123 Yen bezahlen. Im April musste er für einen Euro (nur noch) 117 Yen bezahlen, der Yen ist also wertvoller geworden, *also teurer geworden*. **Gefallen ist der Wechselkurs, der *(Wert des) Yen ist gestiegen*.**

Im gleichen Zuge hat der Euro im Verhältnis zum Yen an Wert verloren, er hat also (zum Yen) abgewertet.

Das gleiche Prinzip gilt natürlich für jedes Verhältnis zweier Währungen: Wenn 1 Euro zuerst 1,058 Dollar kostet und später 1,063 Dollar kostet, dann hat der Dollar abgewertet und der

---

[1086] Prof. Dr. Artur Woll: Volkswirtschaftslehre, S. 545f.

Euro aufgewertet (weil man für einen Euro mehr Dollar bekommt, ist der Euro wertvoller).

Euro/Dollar-Kurs

Der Dollarkurs für einen Euro betrug 1,40 im Jahr 2008. Er verlor etwas in den nächsten Jahren, stand aber 2013 mit 1,37 wieder fast in gleicher Höhe. Danach fiel er auf 1,05 in 2016 und erholte sich wieder auf 1,20 in 2017.[1087] Ende März 2018 stand er bei 1,24 (in der Tabelle nicht enthalten).

Im Verlaufe des Jahres 2017 ist der Kurs gestiegen (von 1,05 am Anfang auf 1,20 am Ende des Jahres); das bedeutet, dass der Dollar an Wert verloren hat und der Euro stärker geworden ist.

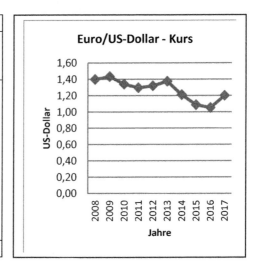

1 Euro = US-Dollar	
Jahr	Jahres-Schlusskurs (in Dollar)
2008	1,40
2009	1,43
2010	1,34
2011	1,29
2012	1,32
2013	1,37
2014	1,21
2015	1,09
2016	1,05
2017	1,20
1 € = $	

Umsatz in fremder Währung

In der Zeitung stand, dass eine deutsche Bank die Hälfte ihres Umsatzes in US-Dollar abgerechnet hat (die andere Hälfte natürlich in Euro). Da der Euro im Jahr stärker geworden ist, war das gesamte Jahresergebnis der Bank in Euro dadurch niedriger ausgefallen.

Um den in Dollar abgerechneten Umsatz in Euro umzurechnen, brauchen wir den *Kurs in Euro* (in der obigen Tabelle steht der *Kurs in Dollar*):

[1087] https://www.boerse.de am 27.3.2018

Kursumrechnung von Dollar in Euro			
Jahr	Kurs (in Dollar)	*teilen:*	ergibt Kurs (in Euro)
2016	1,05	1 durch 1,05	0,95
2017	1,20	1 durch 1,20	0,83

Umsatz in Dollar und Euro			
Jahr	Umsatz (in Dollar)	Kurs (in Euro)	ergibt Umsatz (in Euro)
2016	500.000	0,95	475.000
2017	500.000	0,83	415.000

Der Umsatz in Dollar soll für diese Beispielrechnung in beiden Jahren 500.000 Dollar betragen (ebenso auch der Umsatz in Euro in beiden Jahren).

Der Umsatz in Dollar beträgt umgerechnet in Euro 475.000 Euro in 2016 und 415.000 Euro in 2017, also 60.000 Euro weniger, bedingt durch den Kurs in Euro, der 0,95 in 2016 beträgt und 0,83 in 2017.

gesamter Umsatz		
Jahre:	2016	2017
in Euro	500.000	500.000
in Dollar, umgerechnet in Euro	475.000	415.000
gesamter Umsatz	975.000	915.000
Diff. zum Vorjahr		*-60.000*

Nominaler und realer Wechselkurs

Ein Zentner Kartoffeln soll in Deutschland 40 Euro und in Amerika 25 Dollar kosten. Der *nominale Wechselkurs* beträgt 0,8 Euro pro Dollar. Wechselt ein Amerikaner 25 Dollar zum Kurs von 0,8 Euro pro Dollar, erhält er 20 Euro (25 Dollar mal 0,8 gleich 20 Euro).

Der Amerikaner erhält also für 20 Euro einen halben Zentner Kartoffeln in Deutschland, aber in Amerika für das gleiche

Geld einen ganzen Zentner. Diese deutschen Kartoffeln sind doppelt so teuer wie in Amerika.[1088]

Der *reale Wechselkurs* des Dollar beträgt in diesem Fall nur 0,5 Zentner deutsche Kartoffeln pro 1 Zentner amerikanische Kartoffeln.

Ermittlung des realen Wechselkurs (Wr):
Preisniveau Ausland (PA):   25 Dollar
Preisniveau Inland (PI):   40 Euro
Wechselkurs nominal (Wn): 0,8

(PA * Wn) / PI = Wr
(25 * 0,8) / 40
(20) / 40
20 / 40 = 0,5 = Wr   (* heißt „mal", / heißt „durch")

Bedeutung der Wechselkurse
Viele Wechselkurse ändern sich ständig und werden deshalb täglich in den Medien mitgeteilt. Aus Wechselkursänderungen können sich für die betroffenen Unternehmen und Händler erhebliche Veränderungen ihrer eigenen wirtschaftlichen Lage ergeben, zum Beispiel für exportierende deutsche Unternehmen, die Güter in alle Welt verschicken.

[1088] Siehe Prof. Dr. Herbert Sperber und Prof. Dr. Joachim Sprink: Internationale Wirtschaft und Finanzen, S. 4.

Weltbank

Die *Weltbank* wurde 1944 in Bretton Woods (USA) gegründet, zusammen mit dem Internationalen Währungsfonds (IWF), als Sonderorganisation der Vereinten Nationen (UN).

Nach dem zweiten Weltkrieg war es Ziel der Weltbank, den *Wiederaufbau* zu fördern und stabile Währungen zu schaffen. Seit den 1960er Jahren ist es ihre Hauptaufgabe, die *Armut* in der Welt zu bekämpfen und die Lebensbedingungen der Menschen in den Entwicklungsländern zu verbessern.

Die Weltbank heißt genauer „Internationale Bank für Wiederaufbau und Entwicklung" (*International Bank for Reconstruction and Development*, IBRD). Mit vier weiteren Organisationen bildet sie die Weltbankgruppe.

Ihr Sitz ist Washington (USA). Sie beschäftigt in 100 Ländern 10.000 Mitarbeiter, die in 1.800 Projekten engagiert sind. Im Geschäftsjahr 2012 hat die Weltbank 53 Milliarden US-Dollar für Projekte in Entwicklungsländern bereitgestellt.[1089]

[1089] Siehe www.bmz.de (am 26.2.2017). Siehe auch Prof. Dr. Herbert Sperber und Prof. Dr. Joachim Sprink: Internationale Wirtschaft und Finanzen, S. 171.

Weltfinanzkrise 2007

*Im November 2008 besuchte Queen Elizabeth die London School of Economics und stellte dabei die Frage: „**Warum hat niemand die Finanzkrise kommen sehen?**"*

Ihre einfache Frage konnten 33 Experten der British Academy auch am 22. Juli 2009 nur so beantworten: „Alles in allem, Eure Majestät, war das Versagen, den Zeitpunkt, das Ausmaß und die Härte der Krise vorauszusehen und sie abzuwenden..., in erster Linie ein Versagen der kollektiven Vorstellungskraft vieler kluger Menschen, die Risiken des Gesamtsystems zu erkennen."[1090]

Die British Academy richtete am 8. Februar 2010 einen zweiten Brief an die Queen, in dem sie keinen Konsens über Lösungen für die Krise vorstellen konnte: „Am Ende liegt die große Herausforderung darin, dass Institutionen und Organisationskulturen zusammenarbeiten. ... Sie sehen, es gibt keine einfachen Antworten."[1091]

IKB

Die ersten öffentlichen Anzeichen der Weltfinanzkrise in Deutschland zeigten sich im Sommer 2007. Die *IKB Deutsche Industriebank* in Düsseldorf stand in den Schlagzeilen der Zeitungen, sie war in existenziellen Schwierigkeiten, es drohte eine ernste Krise. Hier begann die Weltfinanzkrise 2007 in Deutschland.

Die IKB hatte eine *Zweckgesellschaft*[1092] gegründet (auch *Conduit* genannt), die amerikanische Hypothekenkredite und Kreditverbriefungen ankaufte. Das Geschäft wurde finanziert durch den Verkauf kurzfristiger Wertpapiere, die meist nach 30 oder 60 Tagen ausliefen, also immer wieder neu verkauft werden mussten. Das Geschäft war rentabel und hatte ein ziemlich großes Volumen von 13 Milliarden Euro erreicht.

Der Begriff „Zweckgesellschaft" war in der Öffentlichkeit bis dahin kaum bekannt. Zu dieser Zeit mussten die Geschäfte der Zweckgesellschaft noch nicht in der Bilanz der Mutter-

---

[1090] Prof. Dr. Andreas Rödder: 21.0, Eine kurze Geschichte der Gegenwart, S. 62.
[1091] Ebenda, S. 70.
[1092] Siehe den Artikel „Zweckgesellschaft" in diesem Buch.

gesellschaft IKB erscheinen, obwohl die Zweckgesellschaft nur ein geringes Eigenkapital hatte.

Die amerikanischen Hypothekenkredite, die die Zweckgesellschaft der IKB in großen Mengen gekauft hatte, verloren durch die Immobilienkrise in den USA stark an Wert. Deshalb blieben auch die Käufer der kurzfristigen Wertpapiere weg, die davon hörten – das Geschäft funktionierte nicht mehr.

Die KfW in Frankfurt (Kreditanstalt für Wiederaufbau), die Anteile an der IKB besaß (aber nicht die Mehrheit, die IKB war überwiegend eine private Bank), hatte der IKB eine Garantie über 8 Milliarden Euro gegeben, obwohl sie selbst nur Eigenkapital von 4 Milliarden besaß – Zahlen, die nicht zusammenpassen, besonders dann nicht, wenn es kritisch wird.

Auf einer Wochenendbesprechung Ende Juli 2007 vereinbarten Bankenvertreter, Bankaufsicht, Bundesbank und Bundesfinanzministerium Milliardenschwere Maßnahmen, um die IKB zu retten. Die IKB hatte Risiken in Höhe von 15 Milliarden Euro zu bewältigen, die sie nicht mehr selbst aufbringen konnte. Der IKB-Vorsitzende musste seinen Posten räumen.[1093]

Kein Geldhandel mehr zwischen den Banken

Im August 2007 wurden die ersten Fonds vorübergehend geschlossen, um Geldabflüsse zu verhindern. Es könnten weitere Banken insolvent werden, so wurde befürchtet, daher liehen sich Banken gegenseitig kein Geld mehr, der *Interbankenhandel* trocknete schlagartig aus. Die Europäische Zentralbank in Frankfurt stellte den Banken eintägige Kredite von 94 Milliarden Euro zu 4% Zinsen zur Verfügung.

Eine Woche später brauchte auch die Landesbank Sachsen (SachsenLB) eine Liquiditätshilfe, um Kreditzusagen an ihre irische Zweckgesellschaft einzuhalten. Nach zehn Tagen übernahm die Landesbank Baden-Württemberg die SachsenLB. Später hatten auch alle anderen Landesbanken und weitere Geschäftsbanken hohe Verluste durch Wertberichtigungen.

Aber schon Anfang 2008 gab es Stimmen, diese Krise sei überstanden.

[1093] Benedikt Fehr: „Die Chronik der Krise", in: Gerald Braunberger und Benedikt Fehr (Hg.): Crash – Finanzkrisen gestern und heute, S. 137ff. – Im gleichen Buch: Holger Appel: „Der Untergang der IKB", S. 169ff.

Lehman Brothers

Aber die Finanzkrise ging weiter und hatte noch schwerwiegende und langjährige Folgen. Am 15. März 2008 wurde die amerikanische Investmentbank *Bear Stearns* von der amerikanischen Notenbank Fed finanziell gestützt.

Am 9. Juni 2008 berichtete die amerikanische Investmentbank *Lehman Brothers* über einen Verlust von 2,8 Milliarden Dollar. Am 15. September 2008 brach Lehman Brothers zusammen, die von der Regierung der USA nicht gerettet wurde, nachdem vorher andere Banken mit Riesensummen gerettet wurden. Das war der Beginn der *akuten Phase* der Weltfinanzkrise.

Viel später wurde festgestellt, dass es besser gewesen wäre, auch Lehman Brothers zu retten. Der Zusammenbruch von Lehman Brothers bedeutete Riesenverluste weltweit.

Am 10. Oktober 2008 endete eine Börsenwoche, in der die Kurse weltweit um 18% einbrachen. Einen so starken *Kurseinbruch* in einer Woche hatte es noch nicht gegeben; während der Weltwirtschaftskrise 1929 waren die Kurse in einer Woche im Oktober 1929 um 10% eingebrochen.[1094]

Die Immobilienkrise

Die Finanzkrise nahm auf dem Immobilienmarkt der USA ihren Anfang. Die Verkaufspreise von Einfamilienhäusern in den USA stiegen von 1996 bis 2006 um das Dreifache, etwa 11% pro Jahr durchschnittlich.

Mitte 2004 begann die US-Notenbank, den *Leitzins* zu erhöhen, um das Wachstum der Wirtschaft zu dämpfen und der Inflation entgegenzuwirken.[1095] Mit dem Leitzins stiegen die Kreditzinsen, und viele Hauskredite hatten keinen festen Zins vereinbart, sondern einen variablen Zins, so dass die Zinssätze vieler Hauskredite anstiegen, was mancher Kreditschuldner bald nicht mehr bezahlen konnte.

Mitte 2006 hatten die Hauspreise in vielen amerikanischen Städten ihren Höhepunkt überschritten und begannen zu fallen. Damit platzte diese *Immobilienblase*, und damit begann die akute Immobilienkrise und die Finanzkrise in den USA, ein Jahr vor dem Beginn der Finanzkrise in Deutschland.

[1094] Prof. Dr. Hans-Werner Sinn: Kasino-Kapitalismus, S. 15.
[1095] Matthias Weik und Marc Friedrich: Der grösste Raubzug der Geschichte, S. 67f.

Die Preise in den USA sanken im Sturzflug, bis Dezember 2008 um 28%, wodurch die Immobilienbesitzer einen Wert von 7 Billionen Dollar verloren.[1096]

Während die Häuser stark an Wert verloren hatten, bestanden die *Hauskredite* in unveränderter Höhe weiter. Der Betrag des aufgenommenen Hauskredits überstieg den aktuellen Wert des Hauses jetzt in vielen Fällen. Die Hausbesitzer waren in die Überschuldung geraten.

Wenn ein Hausbesitzer sein Haus verkaufen wollte oder musste, bekam er dafür einen Preis, der nicht ausreichte, den Hauskredit vollständig zurückzuzahlen. Die Banken, die die Hauskredite gegeben hatten, mussten damit rechnen, dass sie einen Teil ihres Geldes nicht wiederbekamen.

Warum platzte die Immobilienblase?
Wie sich Preise entwickeln, hängt oft von den Zukunfts-erwartungen der Marktteilnehmer ab. Erwarten die Marktteil-nehmer für die nächste Zukunft weiterhin steigende Preise, sind sie oft bereit, auch ziemlich hohe Preise zu zahlen – weil sie ja erwarten, dass die Preise noch höher steigen und der jetzt gezahlte Preis immer noch relativ günstig ist.

Aber nahezu jede besonders starke Preisentwicklung hat mal ein Ende, jede *Preisblase* platzt irgendwann einmal. Warum platzte die amerikanische Immobilienblase in der Mitte des Jahres 2006?

Es ist gut möglich, dass die amerikanische *Geld- und Zins-politik* den Anlass gab zur Beendigung der Immobilienpreis-blase. Nach dem Anschlag auf das World Trade Center in New York im September 2001 *senkte* die amerikanische Zentralbank *den Zinssatz* von 6,5% in schnellen Schritten bis auf nur noch 1%, die in 2003 erreicht waren. Dies tat sie, um nach dem Anschlag zur Belebung der amerikanischen Wirtschaft beizu-tragen, was auch gelang.

Im Herbst 2004 begann die amerikanische Zentralbank, *den Zinssatz wieder anzuheben.* Das war notwendig, weil die ameri-kanische Wirtschaft ein starkes Wachstum erlebte. In einer sol-chen Phase muss die Zentralbank rechtzeitig beginnen, das Wachstum zu dämpfen, um eine Überhitzung der Konjunktur

---

[1096] Prof. Dr. Hans-Werner Sinn: Kasino-Kapitalismus, S. 48.

und eine Inflation zu vermeiden. Das macht eine Zentralbank meist durch eine Anhebung der Zinsen, die dem Markt die Kredite verteuert und damit die finanziellen Mittel einschränkt.

Die relativ *rasche Steigerung des Zinssatzes* durch die amerikanische Notenbank verfehlte ihre Wirkung nicht: mehr und mehr Marktteilnehmer erwarteten nicht mehr, dass die Hauspreise weiter steigen würden. Die Preissteigerungen wurden geringer und erreichten bald ihr Ende, die Preise begannen zu sinken und sanken sehr schnell weiter – *weil auch hier die Preise davon abhängen, was die Marktteilnehmer erwarten.* Erwarten die Marktteilnehmer für die nächste Zukunft sinkende Preise, sind sie nicht bereit, den aktuellen Preis zu zahlen, denn der ist zu hoch, wenn man erwartet, dass er bald ohnehin niedriger sein wird.

*Bei **Preisentwicklungen** wird besonders eindrucksvoll klar, dass die Wirtschaft von Menschen bestimmt wird. In der Wirtschaft gelten keine Naturgesetze, die einzelnen Entscheidungen sehr vieler Menschen führen dazu, dass die Preise auf den Märkten insgesamt steigen oder sinken.*

So können viele Monate lang große Werte vorhanden sein, zum Beispiel hohe Aktienkurse für die Firmen, die an der Börse gelistet sind. Aber sehr schnell können große Werte verschwinden, wenn sich die Meinungen, Erwartungen und Entscheidungen der Menschen verändern.

Auch wenn die Zinspolitik den Anlass gab zum Ende des Immobilienpreisbooms, die tatsächlichen Entscheidungen der Menschen, mit denen sie reagieren, bestimmen die wirklichen weiteren Entwicklungen.

Die Folgen für die amerikanische Realwirtschaft

Wenn die Hauspreise verfallen, die Häuser also spottbillig werden, ist es viel billiger, gebrauchte Häuser zu kaufen als neue zu bauen – soweit Amerikaner zu dieser Zeit noch Häuser kaufen wollten. Für die Hausbauunternehmen heißt das, sie haben erst mal nichts mehr zu tun. Sie müssen ihre Mitarbeiter entlassen und sind selbst bald pleite. Die Nachfrage nach Baumaterial lässt stark nach, also haben auch die Hersteller von Baumaterial weniger zu tun und müssen Mitarbeiter entlassen. Die Bauunternehmen kaufen keine neuen Maschinen und ihre Arbeitslosen schränken ihre Ausgaben ein. Das trifft die Hersteller von Baumaschinen und Haushaltsgeräten genau so wie die Autohersteller und viele andere Wirtschaftszweige. *In der Wirtschaft ist vieles voneinander abhängig, das ist der **Multiplikatoreffekt**,* der sich erst in der amerikanischen Wirtschaft auswirkte, sich dann aber über die ganze Welt verbreitete, weil die amerikanische Wirtschaft mit der ganzen Welt verflochten ist und weil sie eine sehr große Volkswirtschaft ist, von der sich Änderungen der Preise und Produktionsmengen auf die ganze Welt auswirken können.

Die Bankenkrise

Ab Mitte 2006 sanken die amerikanischen Hauspreise extrem schnell. Viele Hausbesitzer waren bald überschuldet, ihre Kreditschulden waren höher als der Wert ihres Hauses. Die Hauskredite, die die Banken in großem Umfang vergeben hatten, waren daher weniger wert, denn Kredite, deren Zinsen die Hausbesitzer nicht mehr bezahlen können, sind weniger wert, sie werden für die Banken notleidend. Diese Kredite müssen in der Buchhaltung der Banken wertberichtigt werden, der Wert in den Büchern wird vermindert (oder abgeschrieben).

Kredite sind für Banken ein wichtiger Teil ihres Vermögens. Wenn viele Kredite wertberichtigt werden müssen, hat die Bank danach wesentlich weniger Vermögen. Sie ist ärmer geworden. Sie hat Verluste erlitten.

Wenn das Vermögen der Bank geringer wird, wird auch das *Eigenkapital der Bank* geringer, um den gleichen Betrag. Das zeigt die doppelte Buchhaltung: das Vermögen steht auf der einen Seite der Bilanz, das Kapital der Bank auf der anderen Seite. Die beiden Seiten der Bilanz sind in der Summe genau gleich. Wenn das Vermögen geringer wird, wird auch das Eigenkapital geringer. Das Eigenkapital fängt den Verlust auf. Das Eigenkapital ist der Puffer, der den Verlust aus den Wertberichtigungen trägt. (Im umgekehrten Fall, wenn es Erträge gibt aus den Bankgeschäften, wird das Eigenkapital vermehrt.)

Bei vielen amerikanischen Banken wurde das Eigenkapital durch den großen Umfang der erforderlichen Wertberichtigungen stark reduziert. Das Eigenkapital ist Voraussetzung für die Existenz jedes Unternehmens. Ohne Eigenkapital ist das Unternehmen pleite und muss Insolvenz anmelden.

CDO und Verbriefungen

Nicht nur die Hauskredite an Kunden mit geringer Bonität (die nicht genug Geld hatten, um den Hauskredit über eine lange Zeit zurückzahlen zu können) waren eine Quelle großer Verluste für die Banken.

Die Banken hatten *CDO-Papiere*[1097] gekauft, das waren *Schuldverschreibungen*, die mit Hauskrediten besichert waren. In einer CDO wurden tausende Subprime-Kredite gebündelt (also zusammengefasst). Die wurden dann verkauft an Banken, Hedgefonds und andere Investoren.

Die CDO war unterteilt in Tranchen, es gab sie also in verschiedenen Güte-Klassen.[1098] Die *Tranchen* mit der schlechtesten Güte lagen Ende 2008 fast beim Wert null, was bedeutet, dass die Banken, die diese Papiere gekauft und noch im Bestand hatten, fast den ganzen Wert abschreiben mussten.

In Folge der amerikanischen Immobilienkrise kam es also zu einer *Bankenkrise*, zuerst in den USA, dann in der ganzen Welt. Viele amerikanische Banken verschwanden oder wurden übernommen oder verstaatlicht. Im Jahr 2008 sind weltweit 83 Banken durch Konkurse und Übernahmen verschwunden oder verstaatlicht worden.[1099]

Rating-Agenturen

Ein großer Teil der Subprime-Hauskredite wurde verbrieft[1100] und weltweit verkauft. Die Rating-Agenturen haben daran mitgewirkt, diese verbrieften Wertpapiere zu erstellen und haben sie noch dazu mit besten Noten beurteilt, obwohl sie neben guten Krediten auch Subprime-Kredite enthielten. Die Käufer der Wertpapiere haben in aller Welt dem Rating vertraut, das hat entscheidend dazu beigetragen, dass die Finanzkrise eine weltweite Krise wurde.

[1097] Siehe Artikel „CDO" in diesem Buch.

[1098] Benedikt Fehr: „Der Weg in die Krise", in: Gerald Braunberger und Benedikt Fehr (Hg.): Crash – Finanzkrisen gestern und heute, S. 125ff., hier S. 129f.

[1099] Siehe Prof. Dr. Hans-Werner Sinn: Kasino-Kapitalismus, S. 61.

[1100] Die Kreditforderungen der Banken wurden in handelbare Wertpapiere umgewandelt (siehe Artikel „**Verbriefungen**" in diesem Buch) und an die Finanzmärkte verkauft. Dadurch verbreiteten sich die nicht werthaltigen Wertpapiere über die ganze Welt und führten überall zu großen Problemen.

Weltweite Finanzkrise

Die wirtschaftliche Krise der USA ab 2007 machte sich in der ganzen Welt bemerkbar, einmal in der Finanzwirtschaft, zum andern in der Realwirtschaft.

Die amerikanischen Importe (Wareneinfuhren aus dem Ausland) gingen im Jahr 2008 außerordentlich stark zurück, um 27%.[1101] Die amerikanischen Importe sind die größten der Welt, und wenn sie so stark einbrechen, spürt das praktisch die ganze Welt. Deutschland mit seinem riesigen Export (47% des Bruttoinlandsprodukts) spürte es ganz besonders. Die deutsche Investitionsgüterindustrie war besonders schnell und besonders stark betroffen.

Amerika lebte seit vielen Jahren auf Pump. Die Sparquote der amerikanischen Haushalte lag um 1985 bei 10%. Von 1985 bis 2005 sank sie auf null Prozent. Da der Staat laufend neue Schulden machte und die Unternehmen für ihre Investitionen Fremdkapital brauchten, wurde Kapital in großem Umfang aus dem Ausland importiert. Kapitalgeber waren viele Länder der Welt, Hauptkapitalgeber waren China, Deutschland und Japan.

Als die Immobilienblase platzte und die Hauskredite notleidend wurden, hatten zuerst die amerikanischen Banken darunter zu leiden. Durch die hohen Kapitalimporte aus dem Ausland und der damit einhergehenden finanziellen Verflechtung waren auch viele Länder der Welt und ihre Banken stark betroffen.

Unter den größten Kapitalgebern war Deutschland besonders stark in das Geschäft mit den immobilienbesicherten CDO-Papieren eingestiegen, die IKB und die staatlichen Landesbanken und andere. Da die CDO-Papiere besonders schnell an Wert verloren, hatten die deutschen Banken riesige Verluste.

Untersuchungskommission zur Finanzkrise

In den USA wurde eine Kommission zur Untersuchung der Finanzkrise von 2007 bis 2010 (FCIC) eingesetzt. Sie hat zwei Jahre gearbeitet, Berge von Dokumenten gesichtet, 700 Zeugen befragt und einen Abschlussbericht von über 600 Seiten erstellt und im Januar 2011 veröffentlicht.[1102]

[1101] Siehe Prof. Dr. Hans-Werner Sinn: Kasino-Kapitalismus, S. 23.
[1102] „The Financial Crisis Inquiry Report", im Internet unter FCIC zu finden. Siehe auch Matthias Weik und Marc Friedrich: Der grösste Raubzug der Geschichte, S. 131 ff.

In ihrem Bericht stellt die US-Kommission ihre *Conclusions* (Schlussfolgerungen) wie folgt zusammen:

- Diese Finanzkrise war vermeidbar.
- Ein weit verbreitetes Versagen der Finanzregulierung und der Finanzaufsicht hat sich als verheerend erwiesen für die Stabilität der nationalen Finanzmärkte.
- Ein dramatisches Versagen in der Unternehmensführung und im Risikomanagement in vielen systemwichtigen Finanzinstituten war ein Hauptgrund für diese Krise.
- Eine Kombination aus exzessiver Kreditaufnahme, riskanten Investitionen und mangelnder Transparenz hat das Finanzsystem auf einen Kollisionskurs gebracht.
- Die Regierung war schlecht vorbereitet auf die Krise. Ihre widersprüchlichen Reaktionen verstärkten die Unsicherheit und Panik an den Finanzmärkten.
- Es hat einen systemischen Zusammenbruch der Verantwortlichkeit und Ethik gegeben.
- Der Zusammenbruch der Hypothekenkredit-Standards und die Verbreitung der Hypotheken-Verbriefungen über die ganze Welt hat die Krise weiter entfacht.
- Der außerbörsliche Handel mit Derivaten (CDS und CDO) hat entscheidend zu dieser Krise beigetragen.
- Das Versagen der Rating-Agenturen war ein wichtiges Rad im Getriebe der finanziellen Zerstörung.

Ursachen der Finanzkrise
Im Folgenden werden weitere Ursachen der Finanzkrise dargestellt:

1) US-Präsident Bill Clinton hatte angeregt, auch Bürgern mit geringem Einkommen Hauseigentum zu ermöglichen. *Die Verwirklichung des amerikanischen Traums, **ein Haus für jeden**, sei der Hauptgrund der Krise gewesen.*

2) Der US-Notenbank Federal Reserve System (Fed genannt) wurde vorgeworfen, sie habe die Finanzkrise durch **ansteigende Zinsen** seit 2004 ausgelöst:
„Der Ursprung der Banken- und Finanzmarktkrise liegt in einer hektischen Geld- und Zinspolitik der amerikanischen Zentralbank im Dienste einer aktivistischen Konjunktur-, Beschäftigungs- und Sozialpolitik. Mit einer Zinssetzung

nach Art einer Höchstpreispolitik entstehen regelmäßig Fehlanreize, die überall das Gegenteil des Gewünschten bewirken, mögen die wohlfahrtsstaatlichen Zwecke der Politik des niedrigen Zinses noch so wählerwirksam vermarktet worden sein. Zahlreiche US-Haushalte wurden in einer Niedrigzinsphase dazu verleitet, Immobilienkredite zur Verwirklichung ihres Traums vom eigenen Haus aufzunehmen."[1103]

Eine andere Meinung sagt, da die US-Wirtschaft zu boomen begann, war die Fed zu diesen Zinssteigerungen angehalten, um eine Überhitzung der Wirtschaft zu vermeiden. Die *Auslösung* der Finanzkrise durch die ansteigenden Zinsen war daher unvermeidlich, sie war aber nicht die *Ursache* der Banken- und Immobilienkrise, die irgendwann ohnehin aufgebrochen wäre.[1104]

3) Viele Bürger bekamen Hauskredite angeboten trotz mangelnder Bonität (*Sub-prime-Kredite*[1105]). Die Kreditkunden hatten oft wenig Ersparnisse und kein ausreichendes Einkommen, um die Kredite einschließlich der Zinsen auf Dauer zurückzuzahlen.

Kreditvermittler bekommen für jeden Kredit eine Provision und nutzten die Unbedarftheit der Menschen aus, um ihnen Kredite aufzudrängen, von denen klar war, dass sie nicht lange bezahlt werden konnten.

Vielfach begann die Kreditrückzahlung mit einem niedrigen Zins, etwa 2%, und sprang nach geringer Zeit (zwei

---

[1103] Prof. Dr. Alfred Schüller: Liberale Ordnungspolitik – eine Notwendigkeit ohne Alternative, S. XII.
[1104] Prof. Dr. Hans-Werner Sinn: Kasino-Kapitalismus, S. 53ff. – Siehe auch die längere Darstellung der Zinspolitik in diesem Artikel unter dem Abschnitt „Warum platzte die Immobilienblase?".
[1105] „**Sub-prime**" heißt wörtlich „unterhalb (*sub*) der ersten (*prime*) Stufe". Das klingt wie „nicht erstklassig". „Als bewege man sich nur eine Kategorie unterhalb der Spitzenqualität" (Prof. Dr. Peter Bofinger: Ist der Markt noch zu retten?, S. 22). In Wirklichkeit bedeutet es „ohne ausreichende Bonität". Wer zu wenig **Bonität** (Güte) hat, hat nicht genug Einkommen, um den Kredit immer und vollständig zurückzahlen zu können. – Diese Kreditnehmer wurden auch „Ninjas" genannt: **n**o income, **n**o job, no **as**sets (kein Einkommen, keine Arbeit, kein Vermögen).

Jahre zum Beispiel) plötzlich nach oben, etwa auf 8%, was viele Hausbesitzer nicht mehr bezahlen konnten.[1106]

„Da haben viele Menschen hohe Hypothekendarlehen erhalten, die niemals einen solchen Kredit hätten bekommen dürfen", sagte ein Kämmerer eines amerikanischen Landkreises im US-Bundesstaat Ohio und beschreibt damit die Ursache der Sub-prime-Krise.[1107]

Es war abzusehen, dass viele die Kredite bald nicht mehr zurückzahlen konnten und die Häuser bald verlassen mussten.

4) In Amerika müssen Kunden für Hauskredite nur mit ihrem Haus haften (*regressfreie Kredite* nennt man das). Sie brauchen das Haus nur zu verlassen und die Schlüssel der Bank zurückgeben, für die Restschuld des Hauskredits müssen sie nicht mit ihrem weiteren Einkommen oder Vermögen haften; anders als in Deutschland, wo die Kunden die Restschuld auch aus ihrem weiteren Einkommen oder Vermögen zurückzahlen müssen.[1108]

In Amerika konnte man sogar über einen Hauskredit zu etwas Wohlstand kommen, *solange die Hauspreise stiegen* – und das taten sie viele Jahre. Seit einigen Jahren vergaben die Banken einen Hauskredit, der 100% des Hauspreises ausmachte (früher wurden nur 80% gewährt, der Rest von 20% musste als Eigenkapital vorhanden sein). Der Kreditnehmer nahm einen solchen Hauskredit auf und wohnte ein paar Jahre in dem Haus. Währenddessen stiegen die Hauspreise, das Haus konnte zu einem höheren Preis verkauft werden, der Kredit zurückgezahlt werden, und es blieb noch ein Gewinn in Höhe des Wertzuwachses auf Grund der gestiegenen Hauspreise.[1109] – Es wäre ein Dummer, der keine Schulden gemacht hätte.

[1106] Claus Tigges: „Amerikas neue Geisterstädte", in: Gerald Braunberger und Benedikt Fehr (Hg.): Crash – Finanzkrisen gestern und heute, S. 118ff.

[1107] Claus Tigges, a.a.O. S. 123.

[1108] Prof. Dr. Hans-Werner Sinn: Kasino-Kapitalismus, S. 106ff. - Ebenso: Prof. Dr. Peter Bofinger: Ist der Markt noch zu retten?, S. 21ff. – Und: Matthias Weik und Marc Friedrich: Der grösste Raubzug der Geschichte, S. 67.

[1109] Prof. Dr. Hans-Werner Sinn: Kasino-Kapitalismus, S. 108.

Die Geschichte endete allerdings, wie absehbar, als die Hauspreise nicht mehr stiegen; und dann schnell und immer schneller sanken. Die überschuldeten Hausbewohner mussten die Häuser verlassen, und viele amerikanische Banken gingen pleite. – Das System war nur für kurze Zeit gut, eigentlich doch eher untauglich.

5) Viele *Banken* gingen lange Jahre hohe *Risiken* ein – und erzielten damit hohe *Gewinne*. Diese Gewinne wurden privat vereinnahmt, also an die Eigentümer oder Aktionäre ausgeschüttet. Als das Glück umschlug und die hohen Risiken zu hohen Verlusten führten, wurde schnell klar, dass sie die Verluste gar nicht tragen konnten: ihr *Eigenkapital* war viel zu gering, es konnte die riesigen Verluste nie und nimmer auffangen.

Aber warum war das Eigenkapital so gering? Weil es für die Jahre mit den hohen Gewinnen ausreichte, relativ wenig Eigenkapital vorzuhalten, um hohe Gewinne einzufahren; und weil die hohen Gewinne Jahr für Jahr an die Eigentümer der Banken ausgeschüttet wurden – nach der Ausschüttung waren sie den Banken natürlich entzogen, standen den Banken nicht mehr als Reserven zur Verfügung.

Wie konnte es dazu kommen? Die Kapitalgesellschaften, also die Aktiengesellschaften (AG), haben wie die Gesellschaften mit beschränkter Haftung (GmbH) als wesentliches Element ihrer rechtlichen Gestaltung die *Haftungsbeschränkung*. Der einzelne Aktionär haftet, wenn erforderlich, höchstens mit dem Betrag, mit dem er Aktien kauft. Sein weiteres Vermögen kann im Haftungsfall nicht belangt werden. Nur durch diese Haftungsbeschränkung war es den Aktiengesellschaften möglich, bei vielen Menschen die Gelder einzusammeln, die für den Aufbau der Industrie und der Eisenbahn im 19. Jahrhundert benötigt wurden. Die Haftungsbeschränkung war damit eine entscheidende Voraussetzung für die wirtschaftliche Entwicklung und die Industrialisierung. „*Die Kapitalgesellschaft mit beschränkter Haftung ist das zentrale Erfolgsmodell des Kapitalismus.*"[1110]

[1110] Siehe Prof. Dr. Hans-Werner Sinn: Kasino-Kapitalismus, S. 85.

Der Anteil des Eigenkapitals an der Bilanzsumme der fünf großen amerikanischen Investmentbanken betrug vor der Finanzkrise nur 3,2% bis 4,6%.[1111] Der „Rest" des Kapitals war also Fremdkapital, also 95,4% bis 96,8% des gesamten Kapitals. Je geringer der Eigenkapital*anteil* ist, desto höher fällt die Eigenkapital*rendite* aus, aber desto höher werden die Risiken. Aber wenn ein ernster Notfall eintritt, werden die Risiken nicht von den Bankeneigentümern getragen, sondern von den Kunden und vom Staat. Das ist eine extreme Überdehnung des Prinzips der Haftungsbeschränkung. Die hätten Staat und Gesellschaft niemals zulassen dürfen.

6) Die *Bilanzierungsregeln* der IFRS[1112] haben dazu beigetragen, die Eigenkapitalausstattung zu verringern. Nach diesen Regeln müssen die Vermögensgegenstände stets nach den aktuellen Marktpreisen bewertet werden. Wenn der Aktienkurs der Bank steigt, die Aktien also immer teurer werden, steigt damit auch der Wert der Aktien, die in der Bilanz der Bank angegeben werden müssen. Die Bank wird reicher und erzielt hohe Gewinne, auch ohne dass etwas verkauft wurde und ohne dass Verkaufserlöse vereinnahmt wurden.

Hohe Gewinne verleiten zur Ausschüttung hoher Dividenden, obwohl das Geld dafür gar nicht eingenommen wurde und die Dividenden daher über Kredite finanziert werden müssen – ein Widersinn.

Wenn die Marktpreise wieder sinken, sinkt auch sofort wieder das in der Bilanz auszuweisende Vermögen, die Bank wird ärmer. Jetzt könnte sie ein größeres Eigenkapital als Puffer gebrauchen – das wurde aber nicht aufgebaut, sondern als Dividende an die Eigentümer ausgeschüttet. Wo war die Bankaufsicht, die diese Entwicklung verhindert hat?

[1111] Ebenda, S. 86.
[1112] International Financial Reporting Standards

7) Viele deutsche Banken kauften amerikanische Immobilien-kredite und CDOs (Kredit-Verbriefungen), die lange Laufzeiten hatten. Sie finanzierten sie mit kurz laufenden Krediten, daher kam der schöne Zinsgewinn: *kurz und lang laufende Papiere haben meist verschiedene Zinssätze*, das kann man nutzen, man muss aber aufpassen, ob eine Zinsentwicklung sich anbahnt, die ein solches Geschäft schnell zu Ende bringen kann.

In den USA gab es schon vor dem Jahr 2006 Meldungen und Berichte, dass der Immobilienmarkt sich drehen wird (also die Preise sinken werden und damit die Häuser weniger wert sind, so dass viele Hausbesitzer überschuldet werden).

Anscheinend haben viele Banken darauf nicht geachtet, müsste man zumindest meinen, wie sonst soll man so was verstehen? Dass *Fristentransformation*[1113] ein heikles Thema ist, weiß jeder Bankfachmann.

8) Welche Rolle spielte die immer wieder genannte *Gier*? Eine Wirtschaftskrise entsteht dadurch, dass die Regeln nicht so streng sind, wie sie sein müssen, oder dass die Regeln nicht konsequent genug kontrolliert werden, um Schwächen aller Art, die immer da sind oder bei Gelegenheit aufkommen, unter Kontrolle zu behalten.[1114]

Die Frage der Queen

Die Queen fragte: „Warum hat niemand die Finanzkrise kommen sehen?"

Die Frage ist einfach und berechtigt, aber

1. die Entwicklung einer Immobilienpreiskrise zur weltweiten Finanzkrise ist komplex,
2. einmalig bisher in ihrer Größe und
3. neu in ihren verursachenden Elementen.

[1113] Siehe Artikel „Fristentransformation" in diesem Buch.
[1114] Siehe dazu auch das Zitat von Karl Marx im Artikel „Krisen" (ganz am Ende des Artikels) in diesem Buch.

- Die Immobilienkrise in den Vereinigten Staaten begann 2006. Bereits in den Jahren vorher wurde auf die Gefahr einer *Hauspreisblase* hingewiesen, sie wurde aber wenig gehört, man wollte sie kaum zur Kenntnis nehmen.
- Als die *Hauspreise* 2006 aufhörten, weiter zu steigen und dann langsam begannen zu sinken und dann immer schneller sanken, wurden sie in den USA natürlich wahrgenommen, aber nicht in Europa und in der übrigen Welt.
- In *Deutschland* wurde die Krise zum ersten Mal im Juli 2007 bekannt mit der Nachricht, die IKB sei in existenzieller Not. Obwohl die IKB mit Milliardenbeträgen gerettet wurde, sah kaum jemand eine weitere ernste Gefahr für die deutsche Wirtschaft.
- Die neuen Elemente dieser Finanzkrise waren in der Öffentlichkeit kaum bekannt. Das waren die massenweisen *Verbriefungen*[1115] von Hypothekenkrediten, die als CDO weltweit verkauft wurden.
- Die *Kreditrisiken* blieben also nicht bei den Banken, die die Kredite vergeben hatten, sondern wurden *in alle Welt verkauft*, wo niemand wusste, welche Risiken in diesen gebündelten CDO steckten.
- In diesen CDO steckten gute Hypothekenkredite, aber noch mehr Subprime-Kredite, die an Kunden mit *schwacher Bonität* vergeben wurden, deren Rückzahlungen daher unsicher waren, also zum Teil bald ausfallen würden.
- Diese CDO wurden gekauft, weil sie eine hervorragende *Bewertung* (mit AAA) hatten, die die Rating-Agenturen vergeben hatten, die sie aber nicht hätten vergeben dürfen, weil auch sehr schlecht bewertete Kredite enthalten waren.
- Zudem haben die *Rating-Agenturen* an der Erstellung dieser Verbriefungen selbst mitgearbeitet, die sie daher nicht neutral bewertet haben konnten.
- Käufer und Verkäufer erwarten vielleicht, dass Kredite zu einem Teil *notleidend* werden (nicht mehr zurückgezahlt werden) können. Kaum jemand aber hat wohl die Vorstellungskraft, dass sehr viele Kredite nahezu gleichzeitig notleidend werden können – aber genau das geschah ab 2006, als die Hauspreise in allen Regionen der USA

[1115] Siehe den Artikel „Verbriefung" in diesem Buch.

sanken, die Kreditkunden überschuldet waren und die Rückzahlung ihrer Kredite oft nicht mehr zahlen konnten.

- Das hieß für die *Banken*, dass viele ihrer Kredite nicht mehr
viel wert waren. Die Wertrückgänge mussten abgeschrieben
werden, bei vielen war bald auch das Eigenkapital bei null
angekommen, so dass viele Banken geschlossen werden
mussten

- Das Gleiche erging allen *Banken in der Welt*, die CDO mit
Subprime-Krediten hatten (und es oft gar nicht wussten): sie
hatten schwere Verluste und mussten zumachen (waren
insolvent), wenn sie nicht gerettet wurden vom Staat oder
von anderen Banken.

- Die *Frage der Queen* ist damit noch nicht beantwortet, aber
nach dieser Zusammenfassung mag man erkennen, dass die
Abläufe komplex sind und dass die Größe und Wucht des
weltweiten Geschehens kaum jemand wirklich vorher-
gesehen hat.

- *Ökonomen* (Volkswirtschafts-Professoren) gibt es viele auf
der Welt. Sie beschäftigen sich mit der Knappheit der Güter,
der Steuerung der Wirtschaft, mit Lohn und Einkommen,
mit dem Wachstum der Wirtschaft und der Konjunktur, auch
mit Geld, den Finanzen und den Steuern. Mit den *Finanzmärkten* auch, aber noch nicht so sehr viele – ist auch eher
ein junges Thema, und ein komplexes dazu:

- „Eine Ursache … liegt darin, dass die … Ursachen und
Abläufe von Finanzkrisen in der Ökonomie insgesamt nicht
soweit verstanden sind, dass Situationen wie die
gegenwärtige genau prognostiziert werden können“,
schrieben die Wirtschaftsforschungsinstitute in ihrer
regelmäßig erstellten Gemeinschaftsdiagnose.[1116]

- Mindestens bis zur Weltfinanzkrise 2007 wurden die
Themen *„Krisen"* und *„Spekulationsblasen"* in der Volkswirtschaftslehre kaum noch behandelt, während sie in
früheren Zeiten durchaus ein Thema waren.[1117]

- Es muss auch gesagt werden, dass *Ökonomen* vor der
Finanzkrise *gewarnt haben*, so der britische Professor
Richard Dale, der deutsche Professor Max Otte und die
amerikanischen Professoren Robert Shiller und Nouriel

[1116] Lisa Nienhaus: Die Blindgänger, S. 95f.
[1117] Ebenda, S. 112f.

Roubini, ebenso Bundesbankpräsident Axel Weber, Professor Peter Bofinger und Professor Hans-Werner Sinn.[1118]

- Der *Queen* darf man sagen, einige Ökonomen haben vor der Krise gewarnt. Leider muss man dazu sagen, dass der Lauf der Dinge dadurch nicht aufgehalten wurde.

Fazit

1. Die *amerikanische Immobilienkrise* allein hat die weltweite Finanzkrise nicht verursacht. Ohne weitere Zutaten wäre sie vor allem eine nationale Krise geblieben.
2. Die Bündelung der Subprime-Kredite zu CDOs (die *Verbriefung* der Kredite) unter Mitwirkung der *Rating-Agenturen* mit viel zu guten AAA-Bewertungen hat zur weltweiten Finanzkrise geführt.
3. *Kreditrisiken* müssen ganz (oder zur Hälfte) bei der ursprünglichen Bank verbleiben, um die Verantwortung nicht zu verstecken.
4. *Fristentransformation*: Wenn langlaufende Zinsbindungen durch kurzfristig verzinste Gelder finanziert werden, muss die Aufsicht das eng kontrollieren und die Bank das kurzfristig berichten (an die staatliche Aufsicht).
5. *Wetten* auf Konkurse von Konkurrenten oder Fremden (Derivate) sind unmoralisch (und blähen die Volumen (die Geldbeträge) auf, die nachher auch noch gerettet werden müssen) und müssen verboten und unterbunden werden.
6. Da die *Banken* eine besonders wichtige Rolle im Wirtschaftskreislauf spielen und zu oft gerettet werden mussten, müssen sie wieder die Rolle zurückbekommen, die sie früher hatten, der allgemeinen Wirtschaft zu dienen. Ihr Eigenhandel etwa muss weitgehend zurückgefahren werden.

Wie ist die Finanzkrise zu bewerten?

Während der Finanzkrise wurde die Vermutung geäußert, sie sei das Ende des Kapitalismus.[1119] Die Finanzkrise hat in ihren Ursprungsländern in den Finanzmärkten zu große Freiheiten vorgefunden und konnte sich daher dort entwickeln. Die *deutschen ordoliberalen* Wirtschaftsprofessoren Alexander

---

[1118] Ebenda, S. 109 und S. 125f.
[1119] Prof. Dr. Hans-Werner Sinn: Kasino-Kapitalismus, S. 12.

Rüstow, Wilhelm Röpke und Walter Eucken haben größten Wert darauf gelegt, dass Märkte einen starken Ordnungsrahmen brauchen und streng kontrolliert werden müssen.

Für Banken gibt es kein straffes und kein *international einheitliches Regulierungssystem*. Man wird kaum hoffen dürfen, dass sich das groß ändern wird.

Andere Finanzinstitute wie Hedgefonds, Zweckgesellschaften und Investmentbanken werden oder wurden kaum reguliert und oft gar nicht beaufsichtigt. Das sollte sich ändern.

Kann man Krisen verhindern?
Finanz- und Wirtschaftskrisen zählen zu den wiederkehrenden Ereignissen der Geschichte, schon lange vor unserer Zeit und vor dem Kapitalismus des 19. Jahrhunderts. Sie sind eher ein normaler Bestandteil der Wirtschaftsgeschichte und auch nicht einfach als Fehler der jeweiligen Wirtschafts- und Finanzpolitik hinzustellen. Sie haben eine Funktion im wirtschaftlichen Strukturwandel, sie fördern positive Zukunftserwartungen und korrigieren Übertreibungen.[1120]

Die Menschen werden sich Mühe geben, manche geschehenen Übertreibungen abzustellen und künftige Krisen abzumildern. Aber Krisen zu verhindern wird nicht wirklich gelingen.

Wertpapiere

Wertpapiere dokumentieren Vermögensrechte, sind aber nicht immer Urkunden.

Nach dem Wertpapierhandelsgesetz sind es Aktien, Zertifikate, Schuldverschreibungen, Genussscheine, Optionsscheine und andere, wenn sie an einem Markt gehandelt werden können.[1121]

[1120] Prof. Dr. Werner Plumpe: Wirtschaftskrisen, S. 116ff. – Etwas ausführlicher im Artikel „Krise" im Abschnitt „Fazit" ganz am Ende.
[1121] Siehe Duden Wirtschaft von A bis Z, S. 459.

Wertschöpfung

Wenn ein Produkt für 500 Euro verkauft wird und der Betrieb für die Vorleistungen des Produkts 400 Euro bezahlt hat, hat der Betrieb eine Wertschöpfung von 100 Euro geschaffen.

Die Vorleistungen wurden nicht im Betrieb, sondern vorher woanders geleistet. Die Differenz zwischen den Vorleistungen (400 Euro) und dem Verkaufserlös (500 Euro) hat der Betrieb geschaffen, das ist seine Wertschöpfung.

Wertstellung

Auf dem Kontoauszug des Kunden wird für jeden einzelnen Betrag neben dem *Buchungstag* auch der *Wertstellungstag* angegeben. Für die Zins- und Gebührenberechnung wird von dem Wertstellungstag ausgegangen.

Die beiden Daten können voneinander abweichen. Warum? Zum Beispiel holen Sie am Samstag, einem 29. November, Geld aus dem Geldautomaten. Als Buchungstag erscheint auf dem Kontoauszug Montag, der 1. Dezember, an diesem Tag wurde die Geldentnahme gebucht.

Als Wertstellungstag erscheint aber Samstag, der 29. November, denn an diesem Tag haben Sie das Geld bekommen und müssen sich daher auch von diesem Tag an die Zinsen anrechnen lassen.

Wettbewerb

Bei einem *Fußballspiel* gewinnt eine Mannschaft, die andere verliert; bei einem Unentschieden hat keiner gewonnen.

Beim *wirtschaftlichen Wettbewerb* zwischen Ländern (oder Volkswirtschaften) können alle gewinnen. Der Handel bringt Vorteile durch Arbeitsteilung und Spezialisierung, die den Herstellern und Verbrauchern Vorteile bringen, etwa eine größere Vielfalt an Waren und Dienstleistungen, an verschiedenen Qualitätsstufen und niedrigeren Kosten.[1122]

Wettbewerb ist nur gut, wenn er offen und fair abläuft. Dann dient er den Anbietern und den Kunden, dann sorgt er für annehmbare Preise und für bessere Qualitätsentwicklung. Deshalb muss es starke Gesetze dazu geben und eine ausreichende Überwachung.

Die Welt des Wettbewerbs sieht oftmals anders aus, als sie sollte. Den Wettbewerb einzuzäunen ist ein ewiges Ringen, wie so vieles im Leben, das immer wieder neu erkämpft werden muss – wie die Demokratie, wie die Freiheit, der Frieden, wie das Leben ohne Armut und ohne Krieg

Wirtschaft als Schulfach

Mit Wirtschaft haben wir alle zu tun, ob wir wollen oder nicht. Wirtschaftliche Fragen und Probleme stellen sich jedem, ein Leben lang.

Nur einige Fragen:

- Warum steigen und fallen die Preise?
- Warum sind viele Menschen arbeitslos?
- Ist die Globalisierung schuld daran?
- Ist ein Mindestlohn nicht vernünftig?
- Warum verdienen manche so viel und viele so wenig?
- Wie kommt der Wechselkurs zustande?
- Soll ich eine Versicherung abschließen?
- Ist der Zins für meinen Kredit zu hoch?
- Was ist denn der Barwert?
- Komme ich im Alter mit der gesetzlichen Rente aus?
- Warum weiß man bei einer Lebensversicherung nicht, wie viel Geld man im Alter bekommt?

Viele Fragen, die uns angehen – aber es gibt noch viele mehr.

Wer die Schule abgeschlossen hat und ins Berufsleben tritt, kann die meisten dieser Fragen nicht beantworten, oder nur

---

[1122] Prof. N. Gregory Mankiw, Prof. Mark P. Taylor und Andrew Ashwin: Volkswirtschaftslehre für Schule, Studium und Beruf, S. 8.

unzureichend. Es fehlt vielfach das Wissen über die Grundlagen und Zusammenhänge wirtschaftlicher Themen. Und das ist auch kein Wunder, es gibt kein Schulfach Wirtschaft, obwohl es doch alle betrifft!

In der Schule sollen die Kinder lesen, schreiben und rechnen lernen, das ist unbestritten. Deutsch und Mathematik sind daher die wichtigsten Schulfächer. Die Kinder sollen fürs Leben lernen. Und was lernen sie? Sie lernen Fremdsprachen (nützlich!), sie lernen Erdkunde und Geschichte (gut!), Naturwissenschaften (oft zu wenig!), sie treiben Sport (auch zu wenig) und werden sogar mit Musik und Kunst bekannt gemacht.

Aber Wirtschaft fehlt. Von Wirtschaft (und Recht) lernen Sie kaum etwas, oft gar nichts, in jedem Fall viel zu wenig. Dabei kommen wirtschaftliche Fragen und Probleme in jedem Leben vor, immer wieder, ein Leben lang. Auf dieses Leben werden die Schüler nicht vorbereitet.

Wirtschaftswissen gehört zum unentbehrlichen Rüstzeug in der heutigen Welt und sollte deshalb zur Allgemeinbildung gehören, die von der Schule an alle Schüler vermittelt wird. Dazu ist ein eigenes Schulfach nötig. Wenn mal in einem angrenzenden Fach ein Wirtschaftsthema behandelt wird, ist das zu wenig. Das Thema Wirtschaft wird im Schulbetrieb auch erst wirklich ernst genommen, wenn es ein eigenes Fach ist.

Die Wirtschaft ist als Thema sehr vielseitig, überaus reizvoll und voller interessanter und anspruchsvoller Fragen.[1123]
Wie die Mitwirkung des Bürgers in der Demokratie eine Basis an sachlichem Wissen über die Struktur und Abläufe im Staat erfordert, so erfordert die Teilnahme der Menschen an der Marktwirtschaft eine Basis an Wissen über wirtschaftliche Begriffe und Zusammenhänge. Dieses Wissen wird den Menschen unzureichend vermittelt. Ein eigenes *Schulfach Wirtschaft* ist dringend nötig.

[1123] Dieser Text wurde schon mal als Leserbrief im Jahre 2008 in der FAZ veröffentlicht. Der Text ist hier leicht verändert.

Wirtschaftlichkeit

Die *wertmäßige Wirtschaftlichkeit* kann man nur im Vergleich feststellen zwischen zwei (oder mehreren) Möglichkeiten.

Einfach zu sagen „Das ist wirtschaftlich", ohne zwei konkrete Kostensituationen zu vergleichen, ist eine sinnlose Aussage.

Die *wertmäßige* (nicht technische) *Wirtschaftlichkeit* stellt die tatsächlich erreichten Kosten in Verhältnis zu den günstigsten (oder geplanten) Kosten:[1124]

Wirtschaftlichkeit = Istkosten / Sollkosten

Beispiel:
- Die Sollkosten der monatlichen Produktion waren geplant mit 85.000 Euro.
- Die tatsächlich angefallenen Istkosten betrugen 91.000 Euro.
- 91000 / 85000 = 1,07 = 107%
  Die Wirtschaftlichkeit betrug 107% und lag damit um 7% über den erwarteten Sollkosten.
- Oder anders ausgedrückt:
  Die geplanten Kosten wurden um 6.000 Euro überschritten (85000 − 91000 = -6000 €).
- Die Wirtschaftlichkeit lag um -7% unter der Planung (-6000 / 85000 = -7%).

Die *technische* Wirtschaftlichkeit ist die *Produktivität*, die die Ausbringungsmenge (Produktionsmenge) durch die Einsatzmenge teilt:

Produktivität = Output / Input

(Siehe Artikel „Produktivität" in diesem Buch.)

[1124] Siehe Prof. Dr. Günter Wöhe: Einführung in die Allgemeine Betriebswirtschaftslehre, S. 48f.

Wirtschaftspolitik

Politik und Wirtschaftspolitik

Politik heißt Gestaltung und Veränderung der Ordnung (in einem Staat, einer Region, einer Stadt). Politik setzt Ziele, die erreicht werden sollen, und versucht sie zu verwirklichen. Dazu braucht sie Macht, die in Demokratien durch Mehrheiten entstehen.

Die *Wirtschaftspolitik* will gestalten und verändern im Bereich der Wirtschaft.

*Die Kunst der Wirtschaftspolitik besteht darin, nicht nur auf die kurzen Wirkungen, sondern auf die **längeren Wirkungen** jeder Handlung und jeder Politik zu achten; sie besteht darin, die Folgen aufzuspüren, die die Politik nicht nur für eine Gruppe hat, sondern **für alle Gruppen**.*[1125]

Menschliches Handeln hat stets sichtbare Effekte und nicht sichtbare Effekte. Manche betrachten nur die sichtbaren Effekte, aber das reicht nicht aus, gute Ökonomen sehen auch die nicht sichtbaren Effekte vorher und beachten sie.[1126]

In den westlichen Demokratien herrscht in der Wirtschaftspolitik der punktuelle *Interventionismus* vor.[1127] Die Politik mischt sich mächtig ein, vor allem immer dann, wenn politisch Druck entsteht, dass man was tun muss. Ob es sinnvoll ist, ob es langfristig richtig ist, ob es überhaupt so wirkt, wie es soll, steht dahin. Nutzen und Wohlstand des Landes und aller Menschen werden damit nicht so gefördert, wie es möglich wäre.

Wirtschaftspolitik und Ökonomie

Wirtschaftspolitik debattiert über Steuern und Renten, über Subventionen und Schulden und rettet verschuldete Banken und Länder in der Euro-Zone der Europäischen Währungsunion.

Wirtschaftspolitik fragt: „Was ist im Sinne des Gemeinwohls? (und was im Sinne unserer Partei?)" Wirtschaftspolitik betreiben heißt, die Zustimmung der Mehrheit der Wähler zu gewinnen, sonst würde die Demokratie nicht funktionieren.

[1125] Henry Hazlitt: Die 24 wichtigsten Regeln der Wirtschaft, S. 5.
[1126] Ebenda, S. 7.
[1127] Prof. Dr. Gerd Habermann, in: Henry Hazlitt: Die 24 wichtigsten Regeln der Wirtschaft, S. 10.

Die *Ökonomie* (die Wirtschaftslehre) dagegen fragt: „Was sind die Folgen der politischen Maßnahmen? Und was sind die Kosten und Nutzen der Maßnahmen? Was ist die bessere Lösung – für alle, nicht nur für einzelne Gruppen?"

Die Ökonomie muss also neutral bleiben gegenüber der Wirtschaftspolitik, damit sie sie beraten und kritisieren kann.[1128]

Wirtschaftswissenschaft

Die Wirtschaftswissenschaft erforscht das Wirtschaften. Da die Menschen viele Bedürfnisse haben, die Mittel aber meistens knapp sind, müssen die Menschen *wirtschaften*, und das heißt *entscheiden* und dann danach handeln.

Die Wirtschaftswissenschaft bringt keine Naturgesetze hervor, die einmal erkannt und bewiesen sind und dann immer gelten; sie ist keine Naturwissenschaft.

Die Wirtschaftswissenschaft handelt von den Entscheidungen der (vielen Millionen) Menschen. Die Entscheidungen der Menschen können jeden Tag wieder anders ausfallen, zumal sich die Bedingungen in verschiedenen Ländern und in verschiedenen Zeiten immer wieder verändern.

Zur Betriebswirtschaftslehre und zur Volkswirtschaftslehre lesen Sie bitte die Artikel „Betriebswirtschaftslehre" und „Volkswirtschaftslehre" in diesem Buch.

Wohlstand

Wohlstand ist im wirtschaftlichen Sinn die Versorgung der Gesellschaft mit Gütern und Dienstleistungen (materieller Wohlstand oder Lebensstandard).[1129]

Der Wohlstand kann mit dem Bruttoinlandsprodukt (BIP) oder mit dem Pro-Kopf-Einkommen nur unzulänglich gemessen werden, weil der Wohlstand nicht nur von der wirtschaftlichen

---

[1128] Hans D. Barbier: „Der kleine Rest", FAZ vom 9.6.2009, S. 13.
[1129] Duden Wirtschaft von A bis Z, S. 59.

Leistung bestimmt wird, sondern etwa auch von der Gesundheit, der Bildung, der sozialen Sicherung, der Umweltqualität und der Freizeit.

Die OECD hat 1973 ein Konzept zur Messung des Wohlstands entwickelt, das Ausbildung, Gesundheit, Arbeit, Freizeit, Kaufkraft, physische Umwelt, Sicherheit und soziale Beteiligungschancen umfasst.

Die Vereinten Nationen haben 1990 einen *Human Development Index* (HDI) entwickelt, der Gesundheit, Bildung und Einkommen umfasst und der deutlich abweichende Ergebnisse zeigt im Vergleich zum Bruttoinlandsprodukt.[1130] Die ersten zehn Ränge zeigt die Tabelle im Vergleich:

Wohlstand nach BIP und HDI		
nach BIP pro Kopf	Rang	nach HDI
Monaco	1	Norwegen
Liechtenstein	2	Australien
Luxemburg	3	Niederlande
Norwegen	4	USA
Katar	5	Neuseeland
Bermuda	6	Kanada
Kanalinseln	7	Irland
Schweiz	8	Liechtenstein
Macao	9	Deutschland
Australien	10	Schweden
Quelle BIP: The Economist: Die Welt in Zahlen 2015, S.26		
Quelle HDI: Dudenverlag: Wie Wirtschaft funktioniert, S. 53.		

Das BIP ermittelt die Wirtschaftsleistung der Länder (siehe dazu den Artikel „Bruttoinlandsprodukt" in diesem Buch).

Die Rangfolge nach HDI ergibt sich aus den Bereichen Gesundheit (Lebenserwartung bei der Geburt), Bildung (Alphabetisierungsrate) und Lebensstandard (reales Bruttonationaleinkommen pro Kopf – siehe Artikel „Volkswirtschaftliche Gesamtrechnung" in diesem Buch).

[1130] Dudenverlag: Wie Wirtschaft funktioniert, S. 52.

X

Xetra

Xetra ist ein elektronisches Börsenhandelssystem.

Xetra heißt *Exchange Electronic **Trading***. Das heißt wörtlich „elektronische Handelsbörse" (*exchange* heißt hier „Börse").

Ein Börsenhandelssystem organisiert die Käufe und Verkäufe der gehandelten Wertpapiere (wie Aktien, Indexfonds, Optionsscheine, Anleihen), berechnet die Kurse und informiert die Öffentlichkeit über die laufend anfallenden Kurse.

Xetra wurde 1998 eingeführt und gehört zur Frankfurter Wertpapierbörse.

Xetra ist der bedeutendste deutsche Börsenhandelsplatz und hat einen Marktanteil von 90% im Aktienhandel. Xetra ist die Basis für die Berechnung des deutschen Aktienindex DAX.[1131]

[1131] Duden Wirtschaft von A bis Z, S. 459f. – Und: Deutsche Börse Xetra am 11.4.2019.

© Springer Fachmedien Wiesbaden GmbH, ein Teil von Springer Nature 2019
W. Klitzsch, *Grundbegriffe der Wirtschaft*,
https://doi.org/10.1007/978-3-658-27904-2_24

Y

Yield

Yield heißt in der chemischen Industrie „Ausbeute" im Sinne von Ertrag aus den eingesetzten Rohstoffen.

Im Finanzbereich heißt *Yield* „Rendite" oder „Verzinsung".

Yield to Maturity heißt „Rendite bis zur Fälligkeit" einer Anleihe. Eine Anleihe ist fällig, wenn ihre Laufzeit abgelaufen ist und der anfangs eingezahlte Betrag zurückgezahlt wird. Yield to Maturity entspricht dem internen Zinsfuß.[1132]

Es gibt auch eine vorzeitige Verzinsung (also nicht bis zur Fälligkeit), wenn man seine Anleihe vorher verkauft.

Yuan

Die chinesische Währung heißt *Renminbi*, was „Volkswährung" heißt, und das seit der Gründung der Volksrepublik China 1949.

Yuan heißt das Geld als Zahleinheit. Ein Yuan hat zehn Jiao, ein Jiao hat zehn Fen.

Die chinesische Währung wurde 2016 in den Korb der Sonderziehungsrechte des Internationalen Währungsfonds (IWF) aufgenommen.[1133] Vorher gehörten zu diesem Korb der Sonderziehungsrechte der US-Dollar, der Euro, das britische Pfund und der japanische Yen.[1134]

Der globale Handel wurde vor 2016 mit 45% in Dollar und mit 28% in Euro abgewickelt, mit 3% in Yuan.

[1132] Siehe Prof. Dr. Klaus Spremann und Prof. Dr. Pascal Gantenbein: Finanzmärkte, S. 138.

[1133] Siehe FAZ: „Der Yuan soll offizielle Reservewährung werden", FAZ vom 1.12.2015, S. 17.

[1134] Zu den Sonderziehungsrechten siehe Artikel „Sonderziehungsrechte".

© Springer Fachmedien Wiesbaden GmbH, ein Teil von Springer Nature 2019
W. Klitzsch, *Grundbegriffe der Wirtschaft*,
https://doi.org/10.1007/978-3-658-27904-2_25

Z

Zahlungsbilanz

Die *Zahlungsbilanz* eines Landes ist eine Aufzeichnung aller wirtschaftlichen Transaktionen[1135] zwischen Inländern und Ausländern in einem Jahr.[1136] Mit Inländern und Ausländern sind Personen und Unternehmen gemeint.

Die Zahlungsbilanz enthält allerdings nicht nur *Zahlungen* (wie das Wort irreführend sagt), sondern ebenso Ein- und Ausfuhren von Waren und Dienstleistungen.[1137]

Die Zahlungsbilanz ist auch keine *Bilanz*, wie man sie kennt, denn die enthält *Vermögensbestände,* die an einem Stichtag (meist am 31.12.) festgestellt werden. Die Zahlungsbilanz dagegen enthält nur *Stromgrößen* (wie Einnahmen und Ausgaben), die das ganze Jahr über auflaufen und am Jahresabschluss aufaddiert werden.

Die Zahlen in der Zahlungsbilanz eines Landes sind *Geldbeträge* (nicht Mengeneinheiten), also in Euro (oder anderen Währungen).

In der Zahlungsbilanz werden alle Buchungen zweimal gebucht (doppelte Buchhaltung, wie in Bilanzen von Unternehmen üblich). Wenn in der *Leistungsbilanz* eine Warenausfuhr gebucht wird, muss in der *Kapitalbilanz* eine Gegenbuchung erfolgen, die eine *Zahlung* darstellt oder eine *Forderung.*[1138]

[1135] *trans* heißt „hinüber", *Aktion* heißt „Handlung". **Transaktionen** sind Übertragungen (oder Übertragungsvorgänge), zum Beispiel der Versand von Autos von Deutschland ins Ausland, aber ebenso Zahlungen aus dem Ausland nach Deutschland.
[1136] Siehe Statistisches Jahrbuch 2016, S. 440.
[1137] Prof. Dr. Artur Woll: Volkswirtschaftslehre, S. 539. Ebenso Prof. Dr. Peter Bofinger: Grundzüge der Volkswirtschaftslehre, S. 331. Ebenso Prof. Dr. Dieter Brümmerhoff: Volkswirtschaftliche Gesamtrechnungen, S. 194.
[1138] Siehe Statistisches Jahrbuch 2016, S. 440.

© Springer Fachmedien Wiesbaden GmbH, ein Teil von Springer Nature 2019
W. Klitzsch, *Grundbegriffe der Wirtschaft,*
https://doi.org/10.1007/978-3-658-27904-2_26

704

Da alle Transaktionen in der Zahlungsbilanz doppelt gebucht werden (Buchung und Gegenbuchung), ist die Zahlungsbilanz insgesamt ausgeglichen.

Die deutsche Zahlungsbilanz besteht aus
- der Leistungsbilanz,
- der Vermögensänderungsbilanz,
- der Kapitalbilanz
- und dem Restsaldo:

Zahlungsbilanz 2015			
in Milliarden Euro			
	Ausfuhr(en) oder Einnahmen	Einfuhr(en) oder Ausgaben	*Saldo*
(1) Leistungsbilanz	+1.677,7	-1.420,2	*+257,5*
(2) Vermögensänderungsbilanz	+22,2	-22,4	*-0,2*
(3) Saldo aus (1) und (2)			*+257,3*
	inländische Netto-Kapital-anlagen im Ausland	ausländische Netto-Kapital-anlagen im Inland	*Saldo*
(4) Kapitalbilanz	+257,1	+24,9	*+232,2*
(5) Saldo aus (3) und (4)*			*-25,1*
* Das ist ein Restposten aus nicht aufgliederbaren Transaktionen.			

Quelle: Statistisches Jahrbuch 2016, S. 434.

Die Teilbilanzen (Leistungsbilanz, Vermögensänderungsbilanz und Kapitalbilanz) der Zahlungsbilanz werden in zwei Spalten dargestellt (linke und rechte Spalte, ähnlich wie bei den Bilanzen der Unternehmen, die eine Aktivseite und eine Passivseite haben).

Leistungsbilanz
Die Leistungsbilanz ist ein Teil der Zahlungsbilanz und hat folgende Unterteilung:

Leistungsbilanz 2015			
in Milliarden Euro			
	Ausfuhr oder Einnahmen	Einfuhr oder Ausgaben	*Saldo*
Warenhandel	+1.180	-917	*+263*
Dienstleistungen	+239	-269	*-30*
Primäreinkommen	+195	-131	*+64*
Sekundäreinkommen	+64	-104	*-40*
Summe Leistungsbilanz	+1.678	-1.421	*+257*

Quelle: Statistisches Jahrbuch 2016, S. 434.

In der *Leistungsbilanz* werden links die Ausfuhren gebucht und rechts die Einfuhren (weil die Ausfuhren ins Ausland Einnahmen bringen – und die Einfuhren vom Inland bezahlt werden müssen, also für uns Ausgaben sind).

Der *Warenhandel* hatte 2015 Ausfuhren von 1.180 Milliarden Euro und Einfuhren von 917 Milliarden Euro. Der Überschuss der Warenexporte über die Warenimporte betrug 263 Milliarden Euro oder 29% der Importe.[1139]
  Bei den *Dienstleistungen* sind die Ausfuhren traditionell geringer als die Einfuhren und haben daher einen negativen Saldo von -30 Milliarden Euro (-11% der Importe).[1140] Hauptgrund für den negativen Dienstleistungssaldo sind die Auslandsreisen der Deutschen, mit denen sie Geld ins Ausland tragen (und dort ausgeben). Außerdem enthalten die Dienstleistungen auch Transport- und Abwicklungskosten des Außenhandels.
  Primäreinkommen sind vor allem Vermögenseinkommen, daneben auch Einkommen von Arbeitnehmern.
  Sekundäreinkommen sind regelmäßige Zahlungen, denen keine Leistungen gegenüberstehen (etwa Überweisungen der in Deutschland Beschäftigten, die aus dem Ausland kommen, in die Heimatländer, oder Zahlungen an internationale Organisationen (auch an die EU[1141]) oder deutsche Entwicklungshilfe).

[1139] 263 / 917 = 0,287 = 28,7% = 29% (gerundet).
[1140] -30 / 269 = -0,11 = -11%.
[1141] Prof. Dr. Dieter Brümmerhoff: Volkswirtschaftliche Gesamtrechnungen, S. 199.

Die beiden Summen der *Leistungsbilanz* für 2015 (+1.678 und
-1.421 Milliarden Euro) zeigen, dass die deutschen Ausfuhren
(und weiteren Einnahmen) die Einfuhren (und weiteren
Ausgaben) übersteigen, und zwar um +257 Milliarden Euro.
Das ist der Saldo der Leistungsbilanz.

Vermögensänderungsbilanz
Die *Vermögensänderungsbilanz* enthält Vermögensüber-
tragungen, die nicht zu den laufenden Übertragungen gehören,
also eher Sonderfälle sind (zum Beispiel Kauf von Mobilfunk-
frequenzen oder Schuldenerlass gegenüber Staaten).

Kapitalbilanz

Kapitalbilanz 2015			
in Milliarden Euro			
	inländische Netto-Kapital-anlagen im Ausland	ausländische Netto-Kapital-anlagen im Inland	*Saldo*
Direktinvestitionen	+98	+42	*+56*
Wertpapieranlagen	+124	-75	*+199*
Finanzderivate und Mit-arbeiter-Aktienoptionen	+26	-	*+26*
Kredite, Bargeld, Einlagen	+11	+58	*-47*
Währungsreserven	-2	-	*-2*
Summe Kapitalbilanz	+257	+25	*+232*

Quelle: Statistisches Jahrbuch 2016, S. 434.

Die Kapitalbilanz ist ein Teil der Zahlungsbilanz und hat die
dargestellte Unterteilung.

In der *Kapitalbilanz* stehen in der linken Spalte die inländischen
Kapitalanlagen im Ausland. Dazu gehören auch die Waren-
ausfuhren, die in der Leistungsbilanz gebucht wurden und die
als Gegenbuchung in der Kapitalbilanz als Forderungen gebucht
wurden (erwähnt auf der ersten Seite dieses Artikels „Zahlungsbilanz"). Der größte Teil der Forderungen ist im Lauf des Jahres
bezahlt worden und damit erledigt, aber ein kleiner Teil steht
am Jahresende noch offen und steckt daher zumeist im Posten
„Kredite" der Kapitalbilanz.

Wenn deutsche Unternehmen im Ausland eigene Produktions-
stätten erstellen oder Unternehmen gründen oder sich mit
Eigenkapital an Unternehmen beteiligen, sind das *Direktinvestitionen* im Ausland.[1142]

Die Kapitalbilanz zeigt, dass deutsche *Direktinvestitionen*
von 98 Milliarden Euro im Jahr 2015 ins Ausland geflossen
sind. Nach Deutschland sind 42 Milliarden Euro geflossen.
Deutschland hat demnach mehr als doppelt so viel im Ausland
investiert als das Ausland in Deutschland.

Die deutschen *Wertpapieranlagen* im Ausland sind 2015 um
124 Milliarden Euro gewachsen, während die ausländischen
Wertpapieranlagen in Deutschland um 75 Milliarden Euro
vermindert wurden.

Dagegen hat der übrige Kapitalverkehr (*Kredite, Bargeld,
Einlagen*) bei den ausländischen Kapitalanlagen im Inland mit
58 Milliarden Euro zugelegt, die deutschen Kapitalanlagen im
Ausland haben bei diesem Posten 11 Milliarden Euro zugelegt.

Die *Kapitalbilanz* zeigt, dass Deutschland mit +257,1 Milliarden Euro Kapitalanlagen im Ausland hatte, die fast gleich sind
mit dem Saldo der Leistungsbilanz (+257,5 – Zahlen mit
Kommastelle in der ersten Tabelle „Zahlungsbilanz 2015").
Allerdings müssen davon noch die ausländischen Kapitalanlagen im Inland abgerechnet werden (+24,9), so dass der
Saldo der Kapitalbilanz +232,2 beträgt. Daraus kann man
ersehen, in welchem Maße Deutschland Kapital ins Ausland
exportiert, bedingt durch den umfangreichen Warenexport.

(Rest-)Saldo

Die Tabelle „Zahlungsbilanz 2015" zeigt einen Saldo von
+257,3 Milliarden Euro der Leistungsbilanz (einschließlich der
Vermögensänderungsbilanz). Der Saldo der Kapitalbilanz
beträgt 232,2 Milliarden Euro.

Da alle Buchungen doppelt gebucht werden, sollten diese
beiden Salden eigentlich gleich sein. Sie haben allerdings eine
Differenz von -25,1 Milliarden Euro (fast 11% der Kapitalbilanz).
Die Übereinstimmung der beiden Salden wird in der Praxis aber
nicht erreicht, weil die Angaben aus verschiedenen Quellen

[1142] Prof. Dr. Dieter Brümmerhoff: Volkswirtschaftliche
Gesamtrechnungen, S. 205.

stammen und Erfassungslücken und ungenaue periodengerechte Zuordnungen nicht vermeidbar sind.

Aus diesem Grund wird ein Restposten (Restsaldo) eingefügt zum rechnerischen Ausgleich der Zahlungsbilanz.[1143]

Zahlungsbilanzergebnisse

Die Zahlungsbilanz stellt Informationen zur Verfügung über die internationale Verflechtung der Volkswirtschaft.

Wenn von einem *Zahlungsbilanzüberschuss* oder *-defizit* gesprochen wird, ist das eine unzutreffende Darstellung, denn die Zahlungsbilanz ist insgesamt ausgeglichen (wie auch jede Unternehmensbilanz).

Einzelne Teile wie die Leistungsbilanz oder die Kapitalbilanz dagegen haben oft einen *Überschuss* oder ein *Defizit*.

Zu hohe Leistungsbilanz-Überschüsse?

Hohe *Leistungsbilanz-Überschüsse* können als internationale Wettbewerbsfähigkeit der deutschen Wirtschaft angesehen werden, können aber auch anzeigen, dass die hohen deutschen Ersparnisse weniger im Inland, aber dafür mehr im Ausland investiert werden.[1144]

Die deutschen Leistungsbilanz-Überschüsse werden von anderen Ländern stark kritisiert, etwa von den USA und von Frankreich und weiteren europäischen Staaten, auch vom Internationalen Währungsfonds (IWF), weil sie zu hoch seien. Dazu lesen Sie bitte den Artikel „Leistungsbilanz" in diesem Buch.

[1143] Siehe Statistisches Jahrbuch 2016, S. 441. Siehe ebenso Prof. Dr. Dieter Brümmerhoff: Volkswirtschaftliche Gesamtrechnungen, S. 207f.

[1144] Prof. Dr. Dieter Brümmerhoff: Volkswirtschaftliche Gesamtrechnungen, S. 209ff.

Zahlungsunfähigkeit

Der Schuldner ist zahlungsunfähig, wenn er nicht in der Lage ist, die fälligen Zahlungspflichten zu erfüllen. Die Zahlungsunfähigkeit ist allgemeiner Eröffnungsgrund eines Insolvenzverfahrens.[1145]

Das Insolvenzverfahren wird nur auf schriftlichen Antrag eröffnet. Antragsberechtigt sind die Gläubiger und der Schuldner.[1146]

Die Insolvenzen werden im Internet bekannt gemacht.[1147]

Ausführlicher dazu im Artikel „Insolvenz" in diesem Buch.

Zentralbank

Der Begriff *Zentralbank* wird unterschiedlich verwendet:
- Als Zentralbank wird meist die *Notenbank* einer Währung bezeichnet. Für die Deutsche Mark war das früher die Deutsche Bundesbank, für den Euro ist das heute die Europäische Zentralbank (EZB).
- Als Zentralbank werden auch die Girozentralen der Sparkassen und die Zentralinstitute der Genossenschaftsbanken bezeichnet.[1148]

In den USA heißt die Zentralbank *Federal Reserve System,*[1149] oft „Fed" genannt.

Die Zentralbanken einer Währung (die Notenbanken) haben vorrangig die Aufgabe, den Wert des Geldes zu schützen.[1150]

[1145] Insolvenzordnung § 17.
[1146] Insolvenzordnung § 13.
[1147] Insolvenzordnung § 9.
[1148] Siehe Duden Wirtschaft von A bis Z, S. 416.
[1149] Siehe Prof. Dr. Klaus Spremann und Prof. Dr. Pascal Gantenbein: Finanzmärkte, S. 139. Wird auch „US-Zentralbank" genannt.
[1150] Deutsche Bundesbank: Geld und Geldpolitik, S. 2.

Die Notenbanken sind staatlich befugt, die *Banknoten* auszugeben. Im Euroraum sind die Europäische Zentralbank und die nationalen Zentralbanken der Mitgliedsländer der europäischen Währungsunion zur Ausgabe der Banknoten berechtigt, in Deutschland ist das die Deutsche Bundesbank.

Die *Banknoten* kommen in der Regel über die Geschäftsbanken in Umlauf. Das Volumen der in Umlauf gegebenen Banknoten wird allein durch die Nachfrage bestimmt, das heißt, die Deutsche Bundesbank zahlt alle Beträge aus, die von den Geschäftsbanken nachgefragt werden. Die Geschäftsbanken nehmen in der Regel Kredite bei der Zentralbank auf, um ihre Kunden mit Bargeld zu versorgen.

Banknoten sind im Euro-Währungsgebiet das einzige unbeschränkte gesetzliche Zahlungsmittel. *Münzen* dagegen sind nur in beschränktem Umfang gesetzliches Zahlungsmittel. Mehr als 50 Münzen pro Zahlung muss ein Gläubiger nicht annehmen (im Euro-Währungsgebiet). In Deutschland ist niemand verpflichtet, Münzen im Wert von mehr als 200 Euro anzunehmen.[1151]

Die Zuständigkeit für die Herstellung der Euro-*Münzen* liegt bei den Regierungen der Euro-Länder. Das ist ein altes Recht der Regierungen, das nennt man *Münzregal*. In Umlauf bringt die Münzen die Bundesbank, dazu kauft die Bundesbank der Regierung die Münzen ab.

Die Art und Weise, wie die Zentralbank den Banken und Finanzmärkten Geld gibt oder nimmt, wird als *Geldpolitik* bezeichnet. Damit will die Zentralbank folgende Größen steuern:[1152]
- das Zinsniveau
- die Geldmenge
- das Preisniveau an den Kapitalmärkten.

Siehe dazu den Artikel „Geldpolitik" in diesem Buch.

[1151] Deutsche Bundesbank: Geld und Geldpolitik, S. 22f.
[1152] Siehe Prof. Dr. Klaus Spremann und Prof. Dr. Pascal Gantenbein: Finanzmärkte, S. 139 f.

Zerobonds

Bonds sind festverzinsliche Wertpapiere,
Zerobonds sind Wertpapiere mit null Zins(zahlungen) (*zero* heißt null).

Das heißt konkret, bei Zerobonds gibt es während der Laufzeit keine Zinszahlungen, der Geldgeber erhält keine laufenden Zinszahlungen. Am Ende der Laufzeit erhält er den Nominalbetrag zurück.

Wie erhält er dann eine Verzinsung für sein verliehenes Geld? Er zahlt nicht den vollen Nennwert aus (also nicht 100% des Nennwerts), sondern er zahlt weniger aus, einen abgezinsten Betrag, zum Beispiel 96% des Nennwerts (bekommt aber 100% zurück).

Zertifikate

Was sind Zertifikate?
- Erstens sind Zertifikate *Schuldverschreibungen*. Das heißt, Sie geben Ihr Geld einer Bank, die Ihnen dafür eine Schuldverschreibung gibt. Die Bank hat also Schulden bei Ihnen, die in der Schuldverschreibung dokumentiert sind.
- Zweitens sind Zertifikate zusätzlich *Derivate*. Derivate leiten ihren Wert vom Wert eines anderen Finanzprodukts ab (*derivatio* ist lateinisch und heißt „Ableitung"). Das andere Finanzprodukt ist der Basiswert Ihres Zertifikats.

Zertifikate beziehen sich immer auf die Wertentwicklung eines *Basiswertes*; das können Aktien sein, ein Index, Rohstoffe oder Währungen.[1153] Die Wertentwicklung der Zertifikate hängt von der Wertentwicklung anderer Finanzprodukte ab! Sie müssen also, wenn Sie Zertifikate kaufen, gute Kenntnisse über den Basiswert Ihres Zertifikats haben (und am besten wissen, wie sich der Wert in der Zukunft entwickelt).

Die in Zertifikaten angelegten Gelder sind gegen Verlust nicht geschützt (wie etwa Anlagegelder in Fonds als Sonder-

---

[1153] Siehe Markus Neumann: Banker verstehen, S. 170.

vermögen oder Spareinlagen durch den Einlagensicherungsfonds geschützt sind).

Die Kosten von Zertifikaten sind intransparent und können
hoch sein. Der Kunde weiß nicht, ob der Preis angemessen oder
fair ist.[1154]

Wer Zertifikate kauft, hat eine (ungesicherte!) Forderung
gegen den Herausgeber (den Emittenten, zum Beispiel die
Bank). Geht der/die pleite, ist das Geld weg.[1155] So geschehen
im September 2008 bei der Pleite der US-Großbank Lehman
Brothers im Zuge der Weltfinanzkrise.[1156]

Zins

Der Zins ist der Preis für die Überlassung von Geld, zum
Beispiel für ein Darlehen, das die Bank dem Kunden auszahlt.
Der *Kunde zahlt* den Zins an die Bank.

Für das Geld, das der Kunde der Bank überlässt (zum
Beispiel auf dem Sparkonto), *zahlt die Bank* den Zins an den
Kunden.

Nominalzins und Realzins
Wer für sein Geld auf dem Sparbuch 2% Zins(satz) bekommt
und ein Jahr 3.000 Euro auf dem Konto hatte, bekommt 60 Euro
Zinsen am Jahresende gutgeschrieben. Zusammen hat er am
Jahresende 3.060 Euro auf dem Konto.

Die 60 Euro Zinsen sind die *Nominalzinsen* (*nominal* heißt
„dem Namen nach“).

Wenn die Preise in diesem Jahr allgemein im Durchschnitt
um 2% gestiegen sind, dann lag die nominale Kaufkraft am
Jahresanfang bei 3.000 Euro und am Jahresende bei 3.060 Euro
für die gleiche Menge an Gütern oder Dienstleistungen. Die
reale Kaufkraft ist bei einer Preissteigerung von 2% gar nicht
gewachsen, sondern gleich geblieben. Der Nominalzins war
2%, der *Realzins* war entsprechend der realen Kaufkraft 0%.

[1154] Ebenda, S. 170ff.
[1155] Ebenda.
[1156] Siehe Michael Braun Alexander: So geht Geld, S. 214.

Der Nominalzins von 2% hat zur nominalen Kaufkraft von 3.060 Euro am Jahresende geführt. Er enthält aber die Inflation von 2%, also die Preissteigerung. Der Nominalzins von 2% hat die Preissteigerung in dem Jahr ausgeglichen, wir wurden also nicht ärmer, wir blieben gleichbleibend wohlhabend, haben die gleiche Kaufkraft wie am Anfang des Jahres, wir wurden aber auch nicht reicher.

Der *Realzins* ist der Zins ohne Preissteigerungen. Wenn der Realzins 0% ist, kann man damit die gleiche Menge an Gütern oder Dienstleistungen kaufen am Anfang und am Ende des Jahres.

Der Nominalzins könnte einem vorgaukeln, dass man mehr kaufen könne – wenn man die Preissteigerung vergisst.

Warum ist der allgemeine Zins so niedrig?

Die eine Meinung:
Allgemein ist die Ansicht verbreitet, die Zinsen für Anleihen seien so niedrig, weil die Europäische Zentralbank (EZB) sie künstlich niedrig halte.

Das ist auch die Meinung von Folker Hellmeyer, Chefanalyst und Chefvolkswirt der Bremer Landesbank.[1157] Danach ist das Renditeniveau der Bundesanleihen mit 10 Jahren Laufzeit, das 2015 bei 0,2 Prozent lag, politisch induziert, also nicht Ausdruck der Bewertung eines freien Marktes. Die Anleihemärkte sind durch eine politische Intervention verzerrt, weil die EZB Anleihen aufkauft in Höhe von 60 Milliarden Euro monatlich und damit die Finanzmärkte mit einer riesigen Menge Geld flutet.

Das macht die EZB, um die Wirtschaft am Laufen zu halten, damit sie nicht zusammenbricht. Durch die monatlichen Ankäufe der Anleihen gelangt viel Geld in die Märkte, und das Geld bleibt billig, der Zins bleibt niedrig.

Ein Arbeitspapier der BIZ (Bank für internationalen Zahlungsausgleich in Basel) sieht eine Wirkung der Geldpolitik auf den langfristigen Zins. Die Notenbanken wie die amerikanische Federal Reserve, die Bank von England, die Bank von

---

[1157] Siehe „An Aktien führt kein Weg vorbei" (Interview), Focus Money Nr. 16 vom 8.4.2015, S. 32ff.

Japan und die EZB hätten mit ihren großflächigen Käufen von Wertpapieren die langfristigen Zinsen reduziert.[1158]

Die andere Meinung:
Bundesbankpräsident Jens Weidmann und die EZB vertreten eine andere Meinung. Danach sind die allgemeinen Zinsen niedrig, weil wir geringes *Wirtschaftswachstum* haben und dazu noch eine sehr geringe *Inflation*.[1159] Das niedrige Zinsniveau ist ein Anzeichen für ein schwaches Wachstum, nicht nur im Geltungsbereich des Euro, sondern auch in vielen entwickelten Regionen der Welt.[1160]

Ebenso allgemein verbreitet ist die Ansicht, die EZB würde mit ihrer Geldpolitik die *Sparguthaben* der Sparer und die *Altersvorsorge* der Rentner beschädigen. Ökonomen der EZB halten das für falsch. Die EZB kann mit ihrer Geldpolitik nur den *Nominalzins* beeinflussen, kaum aber den Realzins, auf den es ankommt. Der *Realzins* berücksichtigt neben dem Nominalzins auch die Inflationsrate und hängt damit vom wirtschaftlichen Wachstum ab und damit vom realen Ergebnis der Investitionen.

Der *Realzins* geht seit Jahrzehnten zurück, das liegt
- an der demographischen Entwicklung (der Bevölkerungsentwicklung – immer mehr alte Menschen, weniger junge Menschen),
- an zu wenig Innovationen (zu wenig neue technische Erfindungen),
- an Wettbewerbsbeschränkungen, auch auf den Arbeitsmärkten,
- und an finanziellen Regulierungen.[1161]

[1158] Siehe Gerald Braunberger: „Die Zinsen werden noch lange niedrig bleiben", FAZ vom 28.8.2015, S. 27.
[1159] Siehe Gerald Braunberger: „Die Zinsen sind nicht wegen der Notenbanken niedrig", FAZ vom 24.6.2015, S. 25.
[1160] So Bundesbankpräsident Jens Weidmann im genannten FAZ-Artikel vom 24.6.2015.
[1161] Siehe den genannten FAZ-Artikel vom 24.6.2015, der von einer Untersuchung der Ökonomen Ulrich Bindseil (EZB), Clemens Domnick und Jörg Zeuner (beide KfW) berichtet.

Eine Analyse der Bank von England hat den *realen Weltzins* seit 30 Jahren ermittelt. Er stand 1993 bei 5% und ist seitdem bis 2015 nach und nach auf 0% gesunken. Gründe für dieses Sinken sind unter anderem:

- das langsamere Wirtschaftswachstum
- und die schwache Produktivitätsentwicklung,
- die demographische Entwicklung
- und höhere Investitionsrisiken.

Der Council of Economic Advisors, der den US-Präsidenten Obama beraten hat, verweist ebenfalls auf
- das Wirtschaftswachstum
- und die Produktivität als Einflussgrößen auf den Zins,
- dazu auf die demographische Entwicklung,
- eine globale Ersparnisschwemme
- und auf einen Mangel an sicheren Kapitalanlagen.[1162]

Wer ist schuld an den Niedrigzinsen?
Die Zinsen sind nicht nur in Europa bei null Prozent oder darunter. Woran liegt das?
- Die Ersparnisse übersteigen die Investitionen.
- Die Sparer suchen sichere Anlagen, sie meiden Risiken.[1163]

Wenn Geld im Überfluss vorhanden ist, sinkt der Preis (der Zins). Wenn das Angebot zu hoch ist und die Nachfrage zu gering ist, wird der Zins sinken und nicht steigen. Ob die Sparer zu viel Geld anbieten oder ob zu wenig investiert wird – beide Seiten haben ihren Anteil an der Situation, wie sie ist. Die Schuld der Notenbanken (der EZB und der anderen) ist es demnach nicht.

Die Sparer suchen sichere Anlagen, also Zinsanlagen, und meiden Aktien, die riskant gesehen werden. Gerade in Deutschland ist das der Fall und erhöht dadurch die Ersparnisse und ist damit Mitverursacher der Niedrigzinsen (weil Ersparnisse schon genug da sind). Investitionen dagegen fördert Deutschland nicht in dem Maße, wie es gut und möglich wäre.

[1162] Siehe Gerald Braunberger: „Die Zinsen werden noch lange niedrig bleiben", FAZ vom 28.8.2015, S. 27.
[1163] Siehe Lorenzo Bini Smaghi: „Sündenbock EZB", Handelsblatt vom 22.3.2016, S. 48.

Welches Ziel verfolgt die EZB?

Die EZB muss die Geldstabilität sichern. Daher will sie vor allem die Deflation verhindern und zielt auf eine niedrige Inflation von etwas unter 2%. Dieses Ziel von 2% dient einer stabilen Wachstumslage. Wenn die EZB ihre Maßnahmen einstellt, wird das der Stabilitätsentwicklung nicht helfen, und es könnte zu größerer Arbeitslosigkeit führen.

Zinsbindung

Wenn Sie einen Baukredit bei einer Bank aufgenommen haben und im Kreditvertrag vereinbart haben, dass ein Zinssatz von 1,35% pro Jahr gilt und dieser für 10 Jahre fest vereinbart ist, dann haben Sie eine *Zinsbindung* für 10 Jahre.

Sie hätten auch eine Zinsbindung von 5 Jahren wählen können, dann wäre der Zinssatz 1,0% pro Jahr gewesen (diese Zinssätze galten für Februar 2017).

Der Kredit läuft wahrscheinlich länger, vielleicht 18 oder 25 Jahre oder länger, je nach Höhe des Kreditbetrags und der vereinbarten Monatsrate.[1164] Dann muss der Zinssatz von 1,35% nach 10 Jahren (also nach Ablauf der (ersten) Zinsbindung) neu vereinbart werden.

Wenn Sie das nicht wollen, müssen Sie den Kredit nach den 10 Jahren Zinsbindung zurückzahlen mit der dann vorhandenen Restschuld; dann brauchen Sie einen neuen Kredit von einer anderen Bank (es sei denn, Sie haben gerade eine Erbschaft oder einen Lottogewinn gemacht).

Ob bei der alten oder einer neuen Bank: Sie werden nach 10 Jahren einen neuen Zinssatz bekommen, der der allgemeinen Zinslage entspricht, das kann bedeuten, dass der neue Zinssatz

---

[1164] Die **Monatsrate** besteht üblicherweise aus Zins und Tilgung. Sie bestimmt die Laufzeit des Kredits, und diese wiederum bestimmt die **Zinskosten**: Je länger der Kredit läuft, desto größer werden die Zinskosten (die Tilgung ist am Ende immer gleich mit dem Kreditauszahlungsbetrag, die Zinskosten dagegen *verändern* sich mit der Kreditlaufzeit). Wenn Sie können, sollten Sie deshalb die Tilgung so hoch ansetzen, wie die Tilgung für Sie tragbar ist, dann sparen sie Zinskosten, manchmal hohe Beträge. Siehe dazu die Artikel „Annuität" und „Sondertilgungen".

viel höher liegt. Das kann aber auch schon nach 5 Jahren so sein (wenn Sie die Zinsbindung für 5 Jahre gewählt haben).

Die Wahl der Zinsbindung von 10 Jahren kann richtig sein (auch wenn sie mit 1,35% mehr zahlen als 1,0%), wenn der allgemeine Zinssatz nach 5 Jahren schon bei zum Beispiel 4% liegt – denn dann zahlen Sie vom sechsten bis zehnten Jahr immer noch 1,35% statt 4%.

Keiner weiß, wie der Zins sich entwickelt. Die Zukunft ist unsicher, wie immer. Dennoch muss man sich entscheiden; meist danach, wie man die zukünftige Entwicklung einschätzt.

Zinseszins

Der Zinseszins ist der Zins auf die Zinsen.

Wenn Sie 1.000 Euro anlegen (etwa zur Bank bringen) und einen Zinssatz von 4% bekommen, erhalten Sie 40 Euro Zinsen am Ende des Jahres. Zusammen mit dem angelegten Kapital von 1.000 Euro sind das 1.040 Euro.

Wenn Sie die 1.040 Euro im nächsten Jahr wieder zu 4% anlegen, bekommen Sie nicht nur 40 Euro Zinsen, sondern 41,60 Euro.

Warum? Weil Sie nicht nur 1.000 Euro angelegt haben (wie im ersten Jahr), sondern 1.040 Euro. Sie haben auch auf die Zinsen des ersten Jahres (40 Euro) wiederum Zinsen bekommen, das sind die Zinsen auf die Zinsen.

Die Tabelle zeigt die Entwicklung für fünf Jahre:

Zinsen und Zinseszinsen				
Jahr	Anfangs-wert (€)	Zins-satz	Zinsen (€)	End-wert (€)
1	1.000,00	4%	40,00	1.040,00
2	1.040,00	4%	41,60	1.081,60
3	1.081,60	4%	43,26	1.124,86
4	1.124,86	4%	44,99	1.169,86
5	1.169,86	4%	46,79	1.216,65
Summe mit Zinseszinsen:			216,65	
Summe ohne Zinseszinsen:			200,00	
Differenz:			16,65	

Die 1.000 Euro bringen bei 4% pro Jahr nach fünf Jahren 216,65 Euro Zinsen mit Zinseszinsen, weil die in den Vorjahren erhaltenen Zinsen in den folgenden Jahren mitverzinst werden.

Würde man nur die einfachen Zinsen von 40 Euro pro Jahr erhalten (also ohne Zinseszinsen), dann wäre die Summe nur 200 Euro für die fünf Jahre (40 Euro mal 5 Jahre).

Das ist kein großer Unterschied zwischen den beiden Summen, er beträgt nur 16,65 Euro. Bei nur fünf Jahren und einem Zinssatz von 4% auf nur 1.000 Euro ist das nicht anders zu erwarten. Wenn die 1.000 Euro aber 30 Jahre jedes Jahr zu 4% verzinst werden, dann bekommt man ohne Zinseszinsen 1.200 Euro (40 Euro mal 30 Jahre), aber mit Zinseszinsen 2.243,40 Euro.[1165] Das sind 1.043,40 Euro mehr (87% mehr als 1.200 Euro).[1166]

Bei hundert Jahren bekommen Sie 4.000 Euro ohne Zinseszinsen (40 Euro mal 100 Jahre) und 49.504,95 Euro mit Zinseszinsen. Das ist 12-mal so viel.

Ein drastisches Ausmaß des Zinseszinseffektes zeigt das folgende Beispiel:

Karl der Große legt anlässlich seiner Krönung im Jahre 800 bei der Sparkasse Aachen 1 € zu 1% pro Jahr an. Wie hoch ist das Endkapital im Jahre 2000, wenn
a) einfache Zinsen (ohne Zinseszinsen) und wenn
b) Zinseszinsen gutgeschrieben werden?

Das Endkapital beträgt
a) bei einfachen Zinsen 13 €[1167] und
b) mit Zinseszinsen 153.337,56 €.[1168]

[1165] Mit Excel-Funktion ZW: 30 Jahre (Zzr), Zins 4%, -40 Zahlung (Rmz) ergibt Endwert 2243,40 (Zw).

[1166] 1043,40 / 1200 = 0,8695 = 86,95% = 87% (gerundet).

[1167] 1 Euro mal 1% mal 1200 Jahre gleich 12 Euro Zinsen. 12 Euro Zinsen und 1 Euro Anfangskapital gleich 13 Euro.

[1168] Siehe Prof. Dr. Lutz Kruschwitz: Finanzmathematik, S. 10f.

Solche Verzinsungen bringen nur sehr lange Zeiträume zusammen (hier 1.200 Jahre). Sie können es nachrechnen:[1169]

Endwert mit Zinseszinsen		
Jahre	1200	Zzr
Anfangskapital	-1	Bw
Zinssatz	1%	Zins
Endwert	153.337,56 €	Zw

Laufzeit und Altersvorsorge

Der junge Mensch muss bei der Altersvorsorge besonders auf eine lange *Laufzeit* achten, denn den Zinssatz kann er nicht verändern und das vorhandene Kapital muss er akzeptieren (oder verändern durch Sparen), aber die Laufzeit sollte er so früh wie möglich beginnen, damit sie so lang wie möglich wird und hohe Werte gebildet werden können.

100.000 Euro einmal angelegt für 4% Zins bringt nach 10 Jahren einen Endwert von 148.024 Euro und nach 30 Jahren 324.340 Euro. Die längere Laufzeit bringt den stärkeren Zuwachs:

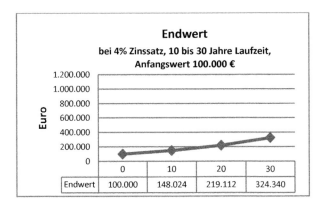

Zum Vergleich zeigt die zweite Grafik den noch viel stärkeren Zuwachs, wenn ein Zinssatz von 8% zum Zuge käme: Aus 100.000 Euro werden nach 10 Jahren 215.892 Euro und nach 30 Jahren 1.006.266 Euro.

[1169] Mit Excel-Funktion ZW: 1.200 Jahre (Zzr), Barwert -1 (Bw), Zins 1% ergibt Endwert 153.337,56 Euro (Zw).

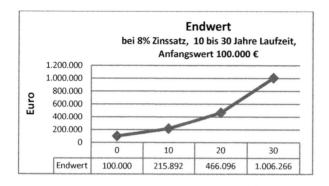

| Endwert | 100.000 | 215.892 | 466.096 | 1.006.266 |

Zinseszins: Wie kann ich den Zinssatz ermitteln?

Aufgabe: Wer 1.000 Euro anlegen will, um in 7 Jahren den doppelten Betrag zu haben, welchen Zinssatz (mit Zinseszinsen) braucht er dafür?[1170]

Zinseszinsen: Berechnung des Zinssatz		
Anfangskapital (AK):	1.000	
Endkapital (EK):	2.000	
Jahre (n):	7	
Formel:	1) EK geteilt durch AK	
	2) daraus n-te Wurzel	
	3) minus 1	
Berechnung:		Ergebnis
EK geteilt durch AK:	2000/1000	2
7. Wurzel:	2^(1/7)	1,1041
minus 1:	-1	0,1041
Zinssatz in %:		10,41%

Die Formel berechnet in Excel (ohne Excel-Funktion).

Für diese Anlage wären 10,41% Zinssatz nötig.

Der Zinssatz lässt sich auch mit einem Finanztaschenrechner und mit der Excel-Funktion ZINS berechnen:

Excel-Funktion ZINS		Excel-Name
Jahre	7	Zzr
Anfangswert	-1000	Bw
Endwert	2000	Zw
Zinssatz	10,41%	Zins

[1170] Siehe Prof. Dr. Lutz Kruschwitz: Finanzmathematik, S. 15.

Zinseszins: Wie kann ich die Laufzeit ermitteln?

Aufgabe: Wer 9.000 Euro hat und auf 10.000 Euro spart und 4% Zinsen bekommt, wie lange muss er warten?[1171]

Wenn Sie mit Logarithmen rechnen können, dann nach der Formel im Buch „Finanzmathematik"[1172], sonst am besten mit dem Finanztaschenrechner oder mit der Excel-Funktion ZZR (Zahlungszeiträume oder Laufzeit oder Jahre):

Excel-Funktion ZZR		Excel-Name
Zinssatz	4%	Zins
Anfangswert	-9000	Bw
Endwert	10000	Zw
Jahre	2,69	Zzr

Er muss 2,69 Jahre warten (das sind 2 Jahre und 252 Tage oder 2 Jahre und etwa 8,4 Monate, also bis in den September hinein).

Zinsfaktor und Zinsdivisor (q)

q ist der Zinsfaktor[1173] und der Zinsdivisor.

q setzt sich zusammen aus 1+i, dabei ist i der Zinssatz, etwa 4%. Dann gilt: q = 1+i = 1+4% = 1+0,04 = 1,04

Aufzinsen

Als *Zinsfaktor* wird q zum Aufzinsen gebraucht:

Wenn man 10.000 Euro mit 4% verzinst, also mit q=1,04 multipliziert, ergibt sich nach einem Jahr 10.400 Euro:

10.000 € mal 1,04 ist gleich 10.400 € (nach 1 Jahr)

Wenn man 10.400 Euro im zweiten Jahr wieder mit 4% verzinst, also wieder mit q=1,04 multipliziert, ergibt sich nach dem zweiten Jahr 10.816 Euro:

10.400 € mal 1,04 ist gleich 10.816 € (nach 2 Jahren)

[1171] Ebenda, S. 16.
[1172] Ebenda, S. 15f.
[1173] Siehe Schülerduden Mathematik I, S. 526.

(Zum Vergleich siehe Artikel „Aufzinsung, Abzinsung", dort erste Tabelle „Aufzinsung".)

Abzinsen

Als *Zinsdivisor* wird q zum Abzinsen gebraucht:

Wenn man 12.167 Euro mit 4% abzinst, also durch q=1,04 dividiert, ergibt sich nach einem Jahr 11.699 Euro:

12.167 € durch 1,04 ist gleich 11.699 € (nach 1 Jahr)

Wenn man 11.699 Euro im zweiten Jahr wieder mit 4% abzinst, also wieder mit q=1,04 dividiert, ergibt sich nach dem zweiten Jahr 11.249 Euro:

11.699 € durch 1,04 ist gleich 11.249 € (nach 2 Jahren)

(Zum Vergleich siehe wieder Artikel „Aufzinsung, Abzinsung", dort dritte Tabelle „Abzinsung".)

Zinsinstrumente

Zinsinstrumente sind Finanzverträge, in denen ein *Zins* vereinbart wird, etwa Sparkonten, Sparbriefe, Tagesgeld, Festgeld, Pfandbriefe, Anleihen, Rentenfonds.[1174]

Beispiele:
1) Bei einem *Darlehen* (oder *Kredit*) zahlt die Bank einen Geldbetrag, etwa 4.000 Euro, und erhält als Gegenleistung vom Kunden einen Zins, zum Beispiel 4% pro Jahr.
2) Bei einer *Anleihe* über 1 Million Euro leiht sich die Bank diesen Geldbetrag zum Beispiel von einer Versicherung und zahlt dafür einen Zins, zum Beispiel 3% pro Jahr.

Gegenteil: *Kein* Zinsinstrument ist zum Beispiel die *Aktie*. Hier wird kein Zins vereinbart. Der Aktionär kauft Aktien von einem Unternehmen und beteiligt sich damit am Eigenkapital dieses Unternehmens. Wenn das Unternehmen in einem Jahr Gewinn erzielt und eine Dividende (einen Gewinnanteil) ausschüttet, bekommt der Aktionär seinen Anteil an der Dividende.

[1174] Siehe Markus Neumann: Banker verstehen, S. 173.

Zinsrechnung

Die *einfache Zinsrechnung* rechnet ohne Zinseszinsen, das heißt, die jährlichen Zinsen werden entnommen und dem Kapital nicht zugeschlagen.

Zur *Zinseszinsrechnung* lesen Sie bitte den Artikel „Zinseszins".

Zinssatz

Die Zinsrechnung kann den *Zinssatz* berechnen, wenn das Anfangskapital, das Endkapital und die Laufzeit (n = Jahre) bekannt sind.[1175]

Beispiel:
Sie haben 800 €, die Sie zur Bank bringen und aufs Sparbuch einzahlen. Sie möchten nach einem Jahr das Endkapital abheben, das dann 850 € sein soll. Wieviel Zinsen wären das und wie hoch ist der Zinssatz? Und werden Sie diese Zinsen bekommen?

Anfangskapital (AK): 800 €
Endkapital (EK):   850 €
Jahre (n):   1
zu berechnen:
EK minus AK: 850 – 800 = 50 (Zinsen)
Zinsen durch AK: 50 / 800 = 0,0625 = 6,25% (Zinssatz)
                      (/ heißt „durch" (teilen oder dividieren))

Sie haben 800 Euro eingezahlt und wollen 850 Euro wiederbekommen, die Zinsen wären also 50 Euro. Die Zinsen (50) dividiert durch das Anfangskapital (800) sind 6,25%, das ist der Zinssatz in diesem Beispiel. Zurzeit (im Jahr 2019) würden Sie diesen Zinssatz bei einer Bank nicht bekommen, weil die Zinssätze allgemein zurzeit viel niedriger sind.

[1175] Quelle: Prof. Dr. Lutz Kruschwitz: Finanzmathematik, S. 3ff.

Anfangskapital

Die Zinsrechnung kann das *Anfangskapital* berechnen, wenn das Endkapital, die Laufzeit und der Zinssatz bekannt sind:

Endkapital (EK): 850 €
Jahre (n): 1
Zinssatz (i): 6,25%
zu berechnen:
Zum einfachen Rechnen verwenden wir q, das den
Zinssatz (i) enthält: q = 1 + Zinssatz = 1 + i = 1 + 6,25%
                              = 1,0625
EK durch q: 850 / 1,0625 = 800 (Anfangskapital)

Das Endkapital (850) wird durch q (1,0625 oder 106,25%) geteilt, das ergibt das Anfangskapital (800 Euro).

Endkapital

Ebenso kann das *Endkapital* berechnet werden, wenn Anfangskapital, Laufzeit (n) und Zinssatz bekannt sind:

Anfangskapital (AK): 800 €
Jahre (n): 1
Zinssatz (i): 6,25% (= 0,0625)
q (aus i): q = 1,0625
zu berechnen:
AK mal q: 800 * 1,0625 = 850 (Endkapital)
                    (* heißt multiplizieren)

Das Anfangskapital (800) wird mit q (1,0625) multipliziert, das ergibt das Endkapital von 850 Euro.

Hier wird mit q multipliziert, q ist hier ein Faktor. Beim Anfangskapital wurde durch q dividiert, q war also dort ein Divisor.

Laufzeit (Jahre)

Schließlich kann die *Laufzeit* berechnet werden, wenn Anfangskapital, Endkapital und Zinssatz bekannt sind:

Anfangskapital (AK):	800 €
Endkapital (EK):	850 €
Zinssatz (i):	6,25%
zu berechnen:	
EK minus AK:	850 − 800 = 50 (Zinsen)
Zinsen / AK / i :	50 / 800 / 6,25% = 1
	(Jahr oder Laufzeit)

Die Zinsen (50) werden durch das Anfangskapital (800) und den Zinssatz (6,25% oder 0,0625) dividiert, das ergibt die Laufzeit von einem Jahr.

Wenn die Laufzeiten länger sind als 1 Jahr

In den bisherigen Beispielen war die Laufzeit ein Jahr. Wenn die Laufzeit jetzt 5 Jahre sein soll und das Endkapital 1100 Euro sein soll, wie hoch ist dann der Zinssatz?
(bei einfachen Zinsen, also ohne Zinseszinsen)

Zinssatz berechnen (ohne Zinseszinsen):

Anfangskapital (AK):	800 €
Endkapital (EK):	1100 €
Jahre (n):	5
zu berechnen:	
EK minus AK:	1100 − 800 = 300 (Zinsen)
Zinsen / AK / n :	300 / 800 / 5 = 0,075 = 7,5% (Zinssatz)

Die Zinsen der 5 Jahre betragen 1100 − 800 = 300 Euro. Die 300 Euro Zinsen dividiert durch das Anfangskapital 800 Euro und dividiert durch 5 (Jahre) ergeben den Zinssatz von 7,5%.

Anfangskapital berechnen (ohne Zinseszinsen):

Endkapital (EK):	1100 €
Jahre (n):	5
Zinssatz (i):	7,5%
zu berechnen:	
Jahre mal Zinssatz:	5 * 7,5% = 0,375
plus 1:	1,375
EK / 1,375:	1100 / 1,375 = 800 (Anfangskapital)

Der Zinssatz pro Jahr (7,5%) wird mit den 5 Jahren der Laufzeit malgenommen, das ergibt 0,375. Der 0,375 wird eine 1,0 hinzuaddiert, das ergibt 1,375. Das Endkapital (1.100 Euro) wird durch diese 1,375 geteilt, das ergibt das Anfangskapital 800 Euro.

Endkapital berechnen (ohne Zinseszinsen):

Anfangskapital (AK):	800 €
Jahre (n):	5
Zinssatz (i):	7,5%
zu berechnen:	
Jahre mal Zinssatz:	5 * 7,5% = 0,375
plus 1:	1,375
AK * 1,375:	800 * 1,375 = 1100 (Endkapital)

Der Zinssatz pro Jahr (7,5%) wird mit den 5 Jahren malgenommen, das ergibt 0,375. Der 0,375 wird eine 1,0 hinzuaddiert, das ergibt 1,375. Das Anfangskapital (800 Euro) wird mit 1,375 multipliziert, das ergibt das Endkapital 1.100 Euro.

Laufzeit berechnen (ohne Zinseszinsen):

Anfangskapital (AK):	800 €
Endkapital (EK):	1100 €
Zinssatz (i):	7,5%
zu berechnen:	
EK minus AK:	1100 − 800 = 300 (Z − Zinsen)
Z / AK / i :	300 / 800 / 7,5% = 5 (Jahre)

Die Zinsen aller Jahre der ganzen Laufzeit betragen 1.100 − 800 = 300 Euro. Die 300 Euro Zinsen dividiert durch das Anfangskapital (800 Euro) und dividiert durch den Zinssatz (7,5%) ergeben die Laufzeit von 5 Jahren.[1176]

[1176] Die Formel im Lehrbuch ist etwas anders dargestellt:

$(1 / 7,5\%) * ((1100 / 800) − 1)$

$= (13,333) * (1,375 − 1)$

$= 13,333 * 0,375$

$= 5$ (Jahre)

Siehe Prof. Dr. Lutz Kruschwitz: Finanzmathematik, S. 8.

Zinsrisiko

Das *Zinsrisiko* liegt darin, dass sich der Zins(satz) *ändern* kann. Und das kann erhebliche Auswirkungen haben, etwa bei Inhabern von Anleihen oder Krediten. Manch einer musste schon sein kreditfinanziertes Eigenheim versteigern lassen, weil er den Baukredit nicht mehr bezahlen konnte, da die Zinsen zu stark gestiegen waren (es gab Zeiten, da gab es Zinssätze von 7% pro Jahr und auch noch höhere).

Beispiel Zinsrisiko für einen Kredit: Sie bauen ein Haus, für das Sie einen Kredit brauchen. Die Abzahlung des Kredits soll in 30 Jahren geschehen. Sie vereinbaren für die ersten 10 Jahre einen Zins von 2% pro Jahr, die daraus entstehende monatliche Belastung an Zins und Tilgung können Sie tragen. – Nach 10 Jahren ist die Zinsbindung ausgelaufen, Sie brauchen den Kredit weiterhin, aber nun hat sich die Lage geändert: der Zins beträgt jetzt 5% pro Jahr. *Das ist das Zinsrisiko, der Zinssatz hat sich geändert.* Jetzt müssen Sie prüfen, ob Sie die monatliche Belastung durch Zins und Tilgung noch tragen können, und wenn nein, wie die Kreditrückzahlung abgeändert werden kann.

Zinsspanne

Die *Zinsspanne* (auch *Zinsmarge* genannt) ist die Spanne (oder Differenz) zwischen den gesamten Sollzinsen und den gesamten Habenzinsen einer Bank, also der Überschuss der Zinserträge über die Zinsaufwendungen. Das ist ein wesentlicher Teil des Ertrags des Bankgeschäfts.

Die *Zinsspanne* kann auch die Differenz zwischen dem Zinssatz eines Wertpapiers und dem Zinssatz einer sicheren Staatsanleihe sein (die Staatsanleihe kann zum Beispiel eine Bundesanleihe sein).

Wenn die Zinsspanne klein ist, sind die Investoren besonders risikofreudig und akzeptieren eine geringe Risikoprämie für den Kauf eines Wertpapiers. Es war ein Merkmal für die beginnende Weltfinanzkrise 2007, dass die Zinsspanne plötzlich

728

zu steigen begann.[1177] Das heißt nämlich, dass die Wertpapiere der Unternehmen als riskanter eingeschätzt werden gegenüber den Staatsanleihen und deshalb nur verkauft werden können, wenn ein höherer Zins geboten wird.

Zinsstrukturkurve

Zinsstruktur
Eine **normale** *Zinsstruktur* hat geringere Zinssätze für *kürzere* Zinsbindungsfristen und höhere Zinssätze für *längere* Zinsbindungsfristen.[1178]

Beispiel: Ein Baukredit hat einen Zinssatz von 1,0% pro Jahr für eine Zinsbindung[1179] von *5 Jahren*, während ein Baukredit mit einer Zinsbindung von *10 Jahren* einen Zinssatz von 1,35% pro Jahr hat (im Jahr 2017).

Wollen Sie also diesen günstigen Zinssatz von 1,35% für 10 Jahre vertraglich vereinbaren, nimmt die Bank dafür einen höheren Zinssatz, bei 5 Jahren Zinsbindung einen niedrigeren Zinssatz.

Eine **inverse** *Zinsstruktur*[1180] hat höhere Zinssätze für *kurzfristige* Kredite und Kapitalanlagen und niedrigere Zinssätze für *langfristige* Kredite und Kapitalanlagen.

Zinskurve
Eine Zinskurve[1181] kann zum Beispiel die Zinssätze (oder Renditen) von *Bundesanleihen* nach Restlaufzeiten darstellen.

[1177] Siehe Wolfgang Münchau: Kernschmelze im Finanzsystem, S. 230.
[1178] Siehe Prof. Dr. Klaus Spremann und Prof. Dr. Pascal Gantenbein: Finanzmärkte, S. 133 f.
[1179] Siehe Artikel „Zinsbindung" in diesem Buch.
[1180] **Invers** heißt „umgekehrt". Normal ist ein höheres Zinsniveau bei langen Laufzeiten. *Umgekehrt* ist ein höheres Zinsniveau bei kurzen Laufzeiten nur, wenn die Erwartungen der Marktteilnehmer sich ändern.
[1181] Siehe Prof. Dr. Klaus Spremann und Prof. Dr. Pascal Gantenbein: Finanzmärkte, S. 134.

In der folgenden Grafik sind die Renditen auf der senkrechten Achse (y-Achse) dargestellt, die Restlaufzeiten auf der waagerechten Achse (x-Achse).

Die Rendite der *Bundesanleihen* ist bei niedriger Restlaufzeit (0) etwa -1%, bei hoher Restlaufzeit (10) etwa +0,5% und entspricht damit der normalen Zinsstruktur.

Eine zweite Zinskurve zeigt die Renditen von *Emerging Market Bonds* (Wertpapiere von aufstrebenden Schwellenländern, die hohe Kurssteigerungen haben können, aber auch hohe Verluste haben können).

Die Zinssätze der Bundesanleihen entwickeln sich stetig auf niedrigem Niveau, während sich die Emerging Market Bonds sprunghaft entwickeln auf etwas höherem Niveau.

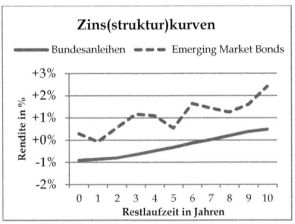

Quelle: www.boerse-stuttgart.de am 15.3.2017

Die Sicht auf die Zinskurven ist unterschiedlich: Der Käufer von Bundesanleihen hat eine geringe Rendite oder sogar eine negative Rendite, dafür hat er ein geringes Verlustrisiko. Der Emittent (Ausgeber) der Bundesanleihen (der deutsche Staat) muss wenig Zins zahlen oder bekommt sogar noch Geld dazu (bei einer negativen Rendite).

Der Emittent der Schwellenländer muss mehr Zins bezahlen, der Käufer bekommt mehr Zins, hat aber keinen stetigen Renditeverlauf und ein höheres Risiko.

Zinsterminkontrakte

Zinsterminkontrakte sind Kaufverträge auf Termin.

„Auf Termin kaufen" heißt, der Vertrag wird zwar heute abgeschlossen und der Preis wird heute vereinbart, die gekaufte Ware (zum Beispiel eine Anleihe) wird aber erst später übergeben, zu einem vereinbarten Zeitpunkt in der Zukunft.

Der Käufer einer Anleihe geht eine *Long-Position* ein, der Verkäufer geht eine *Short-Position* ein. Der Verkäufer ist zur Lieferung der Anleihe zum vereinbarten Termin und zum vereinbarten Preis verpflichtet.[1182]

Zölle

Zölle sind eine Art Steuern, beide heißen auch *Abgaben*.

Zölle werden auf Waren erhoben, die über eine Landesgrenze eingeführt oder ausgeführt werden (*Importe* sind Einfuhren, *Exporte* sind Ausfuhren).

Manchmal werden Zölle auch auf den *Transithandel* erhoben, dann werden Waren durch ein Land transportiert, zum Beispiel von der Schweiz nach Dänemark (durch Deutschland hindurch).

Warum werden Zölle erhoben?
Importzölle werden erhoben, um die inländische Wirtschaft vor ausländischer Konkurrenz (Wettbewerber) zu schützen. Die Importware kann nicht zu ihrem normalen (meist günstigen) Preis verkauft werden, die Importeure müssen ja den Importzoll zu ihrem normalen Preis dazurechnen, dann wird die Importware teurer, teurer als die Ware aus der inländischen Wirtschaft. Die inländische Wirtschaft kann also im Inland billiger verkaufen.

[1182] Siehe Prof. Dr. Klaus Spremann und Prof. Dr. Pascal Gantenbein: Finanzmärkte, S. 156.

Wer hat den Vorteil? Wer hat den Nachteil?
Die inländische Wirtschaft hat den Vorteil, ihre Waren sind billiger und daher wohl besser zu verkaufen (zumindest wenn sie gleicher Qualität sind).

Die ausländischen Waren sind im Inland teurer, für manche Kunden im Inland zu teuer. Die ausländischen Hersteller haben den Nachteil.

Die inländischen Kunden haben auch einen Nachteil: sie könnten gute ausländische Waren günstig kaufen, wenn der Importzoll nicht wäre. Und ob die inländische Ware so günstig bleibt, wo doch die ausländische Ware nicht zum Zuge kommt, ist auch noch die Frage.

Außerdem haben Zölle Auswirkungen auf die Warenqualität: Wer keine ausländischen Wettbewerber hat, kann es etwas ruhiger angehen lassen. Wer Wettbewerber hat, muss sich anstrengen und immer etwas besser werden. Das würde der inländischen Wirtschaft nachhaltig nützen (sie wettbewerbsfähiger machen) und allen Kunden und Arbeitnehmern ebenfalls nützen – aber nicht mit Importzöllen, nur ohne.

Abbau der Zölle
In den 1930er Jahren gab es Zölle von durchschnittlich 50% (auf den Preis der Waren). Das war eine Folge der Weltwirtschaftskrise von 1929, nach der viele Länder zu einem handelslähmenden Protektionismus übergegangen sind. Dem Wohlstand der Länder der Welt tat das nicht gut.

Nach dem zweiten Weltkrieg wurde 1947 ein *General Agreement on Tariffs and Trade* (GATT)[1183] in Kraft gesetzt. Das GATT hat dazu beigetragen, dass der internationale Handel nach dem zweiten Weltkrieg einen enormen Aufschwung nahm. Es gelang in etlichen Verhandlungsrunden, die Zölle zu senken und nichttarifäre Handelshemmnisse zu vermindern. Die Zölle auf Industrieprodukte konnten auf etwa 4% im Durchschnitt reduziert werden.[1184]

[1183] Siehe den Artikel „GATT und WTO" in diesem Buch.
[1184] Prof. Dr. Artur Woll: Volkswirtschaftslehre, S. 596f.

Zweckgesellschaft

Zweckgesellschaften werden von Unternehmen gegründet, um ganz bestimmte Zwecke zu erfüllen. Sie werden auch *Conduit* genannt oder *Special Purpose Vehicle (SPV)*.

Die ganz bestimmten Zwecke können sein:
- Eine Zweckgesellschaft, die man in Irland gründet, profitiert von den niedrigen *Steuern* in Irland. So günstig würde es in Deutschland nicht gehen.
- Die Zweckgesellschaft (ob in Irland oder sonstwo) brauchte man eine Zeit lang nicht in die eigene Bilanz der Muttergesellschaft aufnehmen (*nicht konsolidieren*), was schon praktisch ist, weil es nicht so schnell auffällt.
- Dann braucht man dafür auch kein *Eigenkapital* vorhalten (was eine Bank in Deutschland tun müsste).[1185]

Das Ganze hat aber auch eine andere Seite: Die Muttergesellschaft der Zweckgesellschaft will aus diesem Verhältnis ja einen Vorteil ziehen und steht als Muttergesellschaft so wie so in der Verantwortung für die Geschäfte der Zweckgesellschaft und haftet auch letzten Endes – und so kam es dann auch.

Die Landesbank Sachsen hatte in Irland eine Zweckgesellschaft gegründet und über diese in großem Umfang amerikanische Schuldverschreibungen gekauft. Die Zweckgesellschaft nahm auf dem Eurobondmarkt kurzfristige Kredite auf (zu 1,5% Zinsen) und legte sie in den amerikanischen Schuldverschreibungen langfristig wieder an (zu 7%) (typisches *Fristentransformations*-Problem, das oft Risiken birgt). Die Zinsmarge von 5,5% (7% minus 1,5% gleich 5,5%) war prächtig.

[1185] Prof. Dr. Hans-Werner Sinn: Kasino-Kapitalismus, S. 65ff.

Im Zuge der amerikanischen Finanzkrise ab 2007 mussten die amerikanischen Schuldverschreibungen abgewertet werden,[1186] von denen die Zweckgesellschaft sehr viele im Bestand hatte. Dadurch verringerte sich auch der Wert der Schuldverschreibungen, die die Zweckgesellschaft im Bestand hatte. Die wirtschaftliche Situation der Zweckgesellschaft wurde also kritischer und stand vielleicht schon vor einem Verlust. Die kurzfristigen Kreditgeber der Zweckgesellschaft verloren das Vertrauen in die Zweckgesellschaft und gewährten die kurzfristigen Kredite nicht mehr.

Am Ende war die Landesbank Sachsen pleite. Der Sparkassenverband gab eine Kreditlinie[1187] von 17 Milliarden Euro und das Land Sachsen eine Bürgschaft[1188] von 2,7 Milliarden Euro. Schließlich kaufte die Landesbank Baden-Württemberg die Landesbank Sachsen für 328 Millionen Euro.[1189]

[1186] Wenn eine Bank einen Teil ihrer Schuldverschreibungen nicht mehr zurückzahlen kann (weil sie nicht genug Einnahmen hereinbekommt wegen Zahlungsausfällen bei Kunden), sind diese Schuldverschreibungen weniger wert, bald vielleicht nichts mehr wert, daher muss der Wert in der Bankbilanz vermindert werden (abgewertet werden).

[1187] Eine **Kreditlinie** ist ein Verfügungsrahmen. Die Bank kann über Kredite bis zur Kreditlinie (hier bis zu 17 Milliarden Euro) verfügen, muss sie aber nicht ausnutzen.

[1188] Eine **Bürgschaft** übernimmt einen Verlust, wenn er anfällt. Er soll die Bank liquide halten (sie soll zahlungsfähig bleiben), der Verlust soll natürlich möglichst gar nicht eintreten.

[1189] Prof. Dr. Hans-Werner Sinn: Kasino-Kapitalismus, S. 66.

Zypern-Krise

Steueroase

Zypern ist seit 1974 geteilt, seit dem Einmarsch der Türkei in den nördlichen Teil Zyperns. Der südliche Teil Zyperns ist griechisch orientiert und hat intensive Geschäftsbeziehungen mit Griechenland.

Seit Mitte der 1970er Jahre ist Zypern eine *Steueroase*: Unternehmen auf der Insel werden gering besteuert, wenn ihre Eigentümer nicht in Zypern leben. Dadurch will man Geld ins Land holen. Mit dem Geld kann man arbeiten, zum Beispiel Kredite vergeben.

Zuerst kamen libanesische Unternehmer während des Bürgerkriegs ab 1975, dann kamen neue Kunden aus dem ehemaligen Jugoslawien, wo Krieg herrschte.[1190] Als die Sowjetunion auseinanderfiel und einen politischen Umbruch erlebte (in den 1990er Jahren), entstanden große Vermögen in Russland, die einen sicheren Hort suchten. So kam viel Geld nach Zypern. Um 1995 gab es in Zypern ein paar hundert Holdinggesellschaften mit ausländischen Eigentümern, fünf Jahre später waren es 40.000.[1191]

EU und Euro

Im Jahr 2004 trat Zypern der Europäischen Union bei und 2008 der Europäischen Währungsunion, dem Euro also. Zypern hatte eine einseitige Wirtschaftsstruktur, über die Hälfte der Wirtschaftsleistung stammte aus dem Bankenbereich und den Finanzdienstleistungen. Eine einseitige Wirtschaftsstruktur kann leicht anfällig sein.

Zwischen dem griechischen Teil sind die Geschäftsbeziehungen zu Griechenland historisch besonders eng. Die zypriotischen Banken gaben viele Kredite an griechische Unternehmen und legten viel Geld in griechische Staatsanleihen an, gaben also auch dem griechischen Staat viel Kredit.

[1190] „Wir wurden bestohlen", www.brandeins.de, Ausgabe 10/2014.
[1191] Tobias Kaiser: „Wie aus der Steueroase ein Sanierungsfall wurde", www.welt.de vom 29.10.2012.

Finanzkrise

Griechenland war das erste Land im Euro-Raum, das die Finanzkrise erfasste. Im Oktober 2011 wurde Griechenland von der Europäischen Union und dem Internationalen Währungsfonds gerettet: Griechenland wurde die Hälfte der Staatsschulden erlassen.

Die griechische Staatsschuldenkrise traf auch die zyprische Volkswirtschaft heftig, durch die umfangreichen Kredite der beiden großen Banken in Zypern, die Griechenland gewährt wurden. Für Griechenland wurde ein *Schuldenschnitt*[1192] mit der EU vereinbart, dem auch die zypriotische Regierung zustimmte. Der traf auch die Banken in Zypern, die damit vier Milliarden Euro verloren (was etwa einen Fünftel der jährlichen Wirtschaftsleistung Zyperns ausmacht, also einen erheblichen Anteil).

Wenn die Krise erst mal anfängt, dreht sie alles wie eine Spirale weiter nach unten.

Der bisherige Bauboom in Zypern endete abrupt. Wenn keiner mehr Geld übrig hat, wenn die Banken überschuldet sind und Geld von außen brauchen, etwa von der Europäischen Union, wenn die Baubranche weniger Arbeit hat, viele Immobilien leer stehen, müssen viele Unternehmen ihre Mitarbeiter entlassen. Die Arbeitslosigkeit war in Zypern zuvor kein Problem, jetzt stieg sie auf über elf Prozent.

Russland gab Zypern 2011 einen *Notkredit* von 2,5 Milliarden Euro, was vorübergehend half. Die Regierung in Zypern verhandelte danach mit der EU-Kommission, der Europäischen Zentralbank (EZB) und dem Internationalen Währungsfonds (IWF). Es ging um 17 Milliarden, die Zypern benötigte.

Am 16. März 2013 war die Troika (das Dreigespann aus EU, EZB, IWF) bereit, Zypern einen *Rettungskredit* von 10 Milliarden Euro zu geben, wenn Zypern 7 Milliarden Euro selbst aufbringt. Da die Eigentümer der Banken und die weiteren Investoren, etwa von Anleihen, nicht mehr über solche Summen

---

[1192] **Schuldenschnitt** heißt **Schuldenerlass**: die Schulden werden dem Schuldner erlassen (meistens kann er sie ohnehin nicht zurückzahlen, weil er so viel Geld nicht hat).

verfügten, blieben noch die *Sparer*. Die hatten noch 68 Milliarden Euro auf den Konten.

Am 19. März 2013 beschloss die Regierung daher, Bankeinlagen unter 20.000 Euro von einer *Zwangsabgabe* zu verschonen. Alle Kontoguthaben bei den Banken über 20.000 Euro sollten dazu beitragen, die 7 Milliarden Euro aufzubringen, also zwangsweise enteignet zu werden.

Spareinlagen nur in dieser geringen Höhe zu schützen (bis 20.000 Euro), das war ein einmaliger Skandal, so empfanden die Bürger in Zypern und in der ganzen Welt. Der Vorschlag der Regierung bekam am gleichen Abend im zypriotischen Parlament keine einzige Ja-Stimme, war also durchgefallen.

Da die EZB mitteilte, sie wolle die Banken in Zypern nur noch wenige Tage mit Geld versorgen, wurde es höchste Zeit. In der Nacht zum 25. März 2013 einigte man sich in Brüssel mit den Euro-Finanzministern, dass Einlagen bis 100.000 Euro unangetastet bleiben. Guthaben über 100.000 Euro können zur Schuldentilgung herangezogen werden (bis zu 40 Prozent wurde geschätzt). Außerdem solle eine der zwei großen Banken in Zypern geschlossen werden, die andere solle bestehen bleiben.[1193]

Die Kunden, die mehr als 100.000 Euro Guthaben auf den Bankkonten hatten, wurden zum Teil enteignet, der andere Teil wurde erst mal eingefroren, so dass man das Geld nicht abheben und auch nicht ins Ausland bringen konnte.

Und was ist die Moral von der Geschicht? Zypern als Steueroase, also mit geringen Steuern, zieht viel Geld aus dem Ausland an. Die Banken legen das Geld in zu hohem Umfang in

---

[1193] Stefan Kaiser: „Im Griff der Banken", Spiegel Online vom 20.3.2013. Und: „EU-Finanzminister billigen Rettungsplan", www.handelsblatt.com vom 25.3.2013. Und: „Chronologie der Zypern-Krise", www.bild.de vom 25.3.2013. Und: „EU will Zypern bei der Überwindung einer Rezession helfen", FAZ vom 26.3.2013, S. 1. Und: Michael Martens: „Erst die Troika, dann die Rezession", FAZ vom 26.3.2013, S. 3 Und: Patrick Welter und Werner Mussler: „Wer für die zyprischen Banken zur Kasse gebeten wird", FAZ vom 26.3.2013, S. 9. Und: „Zypern ringt um seine Zukunft", FAZ vom 26.3. 2013, S. 11. Und: „Erleichterung über Zypern-Rettung hält nur kurz an", FAZ vom 26.3.2013, S. 17.

Griechenland an, das hoch verschuldet, also gefährdet ist. Die Weltfinanzkrise (ab 2007) und die Euro-Krise bringen Griechenland nahe an den Zusammenbruch. Griechenland wird gerettet, die Banken von Zypern hängen mit drin und verlieren ebenfalls viel Geld.

Die Rettung der Banken bezahlt einmal die EU (also europäische Länder des Nordens), zum andern die Kunden der Banken, die ihre Einlagen zur Bank gebracht haben, aber nicht die Kreditpolitik der Bank bestimmt haben. Wer ist schuld? Die Kunden nicht, die europäischen Länder des Nordens auch nicht. Nicht so selten zahlt am Ende der Falsche.

Weitere Entwicklung

Die weitere Entwicklung in Zypern lief besser als erwartet. Im Jahr 2013 gab es noch ein Defizit im Staatshaushalt von -4,7% des Bruttoinlandsprodukts (BIP), 2014 gab es schon einen kleinen Überschuss (+0,4%).[1194]

Schon nach drei Jahren, im März 2016, konnte Zypern das Rettungsprogramm der EU und des Währungsfonds verlassen.[1195]

Der Staatshaushalt Zyperns hatte 2016 einen Überschuss von 139 Millionen Euro; nach zehn Monaten 2017 hatte er bereits einen Überschuss von 498 Millionen.[1196]

[1194] Gerd Höhler: „Zypern macht in der Finanzkrise seine Hausaufgaben", www.tagesspiegel.de vom 20.3.2015.

[1195] David Böcking und Giorgos Christides: „Zypern schafft die Wende", www.spiegel.de vom 3.3.2016.

[1196] „Zypern erzielt fünf Jahre nach Finanzkrise Überschuss von 500 Millionen Euro", www.zeit.de am 30.11.2017.

Die Wirtschaft ist für die Menschen da

Die Wirtschaft soll die Armut vertreiben und für Wohlstand sorgen für alle Menschen. Aber wie erreicht man dieses Ziel?

Freier Handel, fairer Wettbewerb und technischer Fortschritt sind unerlässlich, um den Menschen Wohlstand zu verschaffen.

Alle Länder, die versucht haben, diese Wohlstandskräfte zu bremsen, bezahlen mit Armut, Hunger und Unruhen, der Sozialismus des Öfteren auch mit seinem Ende.

Wer für Lebensmittel in seinem Land niedrige Preise staatlich festsetzt, darf sich wundern, dass es diese Lebensmittel gar nicht zu kaufen gibt. Denn fair ist dann, wenn die Bäcker und Händler von ihrer Arbeit noch leben können. Und diese Regierung darf sich auch wundern, wenn die Bürger wütend werden, wenn sie hungern müssen.

Wer Strafzölle und Einfuhrverbote verhängt, hilft den eigenen inländischen Produzenten (aber nur vorübergehend), schadet aber den eigenen Bürgern, die mehr bezahlen müssen, aber schlechtere Qualität bekommen (denn die aus dem Ausland importierte Ware wäre ja besser und/oder billiger).

Wer die beste Technik aus dem Ausland nicht einführen lässt, zwingt seine eigenen Bürger zu billiger Technik und behütet die eigenen Produzenten, deren bescheidene Qualität auf dem Weltmarkt nicht bestehen kann – das gilt für Stahl, Maschinen, Autos, Computer, Handys und alles andere.

Hier sind nicht nur sozialistische Länder gemeint, auch viele andere.[1197]

Armut für niemanden und *Wohlstand für alle* heißt,
- dass die Unternehmen im Rahmen der Rechtsordnung Produkte und Leistungen erbringen, aber ohne Staatseingriffe in die wirtschaftlichen Tätigkeiten,
- der Staat die Menschen ausbildet und fördert, so dass sie selbst für sich entscheiden und sorgen können
- und der Staat den Wohlstand sozial umverteilt, soweit nötig, so dass alle fair und angemessen beteiligt sind und leben können.

[1197] Dieser Text wurde angeregt von einem Artikel von Winand von Petersdorff: „Wohlstandskräfte", FAZ vom 22.4.2017, S. 19.

Nachwort

Ich war Student, als ich mit einem Freund und seinem Vater eine Wahlkampfveranstaltung besuchte. Dort kam ein wirtschaftspolitisches Thema auf, das kontrovers diskutiert wurde. Der Vater meines Freundes fragte mich: „Du studierst doch Wirtschaft. Kannst du das nicht erklären?" Ich konnte es leider nicht, ich war in den ersten Semestern. Aber ich wollte es können, denn wer Wirtschaft studiert, muss sie doch auch erklären können.

Das war vor etwa fünfzig Jahren. Das Interesse für Wirtschaft ist immer geblieben, die ganzen Jahre. Immer wieder habe ich in Gesprächen erfahren, dass Wirtschaftswissen nicht weit verbreitet ist. Viele Fakten und Zusammenhänge sind wenig bekannt.

**

Als ich in meinem ersten Berufsjahr im Controlling eines Konzerns in Hamburg arbeitete, fragte mich mein Vater: „Du bist doch jetzt Diplom-Kaufmann. Was verkaufst du denn bei deiner Arbeit?" Ich antwortete, ich „verkaufe" Informationen. Ich sammle Informationen, stelle sie zusammen, mache sie anschaulich, damit die Geschäftsführung gut informiert ist und gute Entscheidungen treffen kann.

Diese vielseitige und reizvolle Aufgabe des Controllings ist eine interessante Arbeit, wie ich finde, auch heute noch nach vielen Jahren. Immer wieder konnte ich feststellen, dass Tatsachen und Zusammenhänge leichter verstanden werden, wenn sie einfach erklärt und anschaulich dargestellt werden. Das ist wohl eine Binsenweisheit, wird aber dennoch oft missachtet.

Literaturverzeichnis

Bach, Stefan: Unsere Steuern, Frankfurt 2016.

Baetge, Jörg, Hans-Jürgen Kirsch und Stefan Thiele: Bilanzen,
8. Auflage, Düsseldorf 2005.

Baetge, Jörg, Hans-Jürgen Kirsch und Stefan Thiele:
Bilanzanalyse,
2. Auflage, Düsseldorf 2004.

Baier, Carl: Allgemeine Volkswirtschaftslehre II, Stuttgart 1965.

Barbier, Hans D., und Rainer Hank: Bubenstücke, Frankfurt 2004.

Bareis, Werner, und Niels Nauhauser: Lexikon der Finanzirrtümer,
4. Auflage, Berlin 2008.

Baring, Arnulf: Scheitert Deutschland?, 3. Auflage, Stuttgart 1997.

Berg, Wolfhart: Der Crash, München 1988.

Berger, Jens: Wem gehört Deutschland?, München Berlin 2015.

Binkowski, Peter, und Helmut Beeck: Finanzinnovationen,
Bonn 1989.

Bofinger, Peter: Wir sind besser, als wir glauben – Wohlstand für
alle, Hamburg 2006.

Bofinger, Peter: Grundzüge der Volkswirtschaftslehre, 2. Auflage,
München 2007.

Bofinger, Peter: Ist der Markt noch zu retten?, 2. Auflage, Berlin
2009.

Bosbach, Gerd, und Jens Jürgen Korff: Lügen mit Zahlen, 2.
Auflage, München 2012.

brand eins/statista.com: Die Welt in Zahlen 2012, Hamburg 2011.

Braun Alexander, Michael: So geht Geld, 4. Auflage, München
2014.

Braunberger, Gerald, und Benedikt Fehr (Hg.): Crash – Finanzkrisen gestern und heute, Frankfurt am Main 2008.

Breitscheidel, Markus: Arm durch Arbeit, Berlin 2008.

Brümmerhoff, Dieter: Volkswirtschaftliche Gesamtrechnungen,
8. Auflage, München 2007.

© Springer Fachmedien Wiesbaden GmbH, ein Teil von Springer Nature 2019
W. Klitzsch, *Grundbegriffe der Wirtschaft*,
https://doi.org/10.1007/978-3-658-27904-2

Büschgen, Hans E.: Bankbetriebslehre, Wiesbaden 1972.

Cheung, Chen-Loh: Valeries Fischrestaurant, München 2006.

Christensen, Clayton M.: The Innovator's Dilemma, 1. Nachdruck, München 2013.

Daxhammer, Rolf J., und Maté Facsar: Spekulationsblasen, Konstanz und München 2017.

Demmer, Christine: Controlling, Frankfurt 2006.

Der Fischer Weltalmanach 2008, Frankfurt.

Deutelmoser, Otto K.: Bank- und Börsenkrise, Stuttgart 2012.

Deutsche Bundesbank: Geld und Geldpolitik, Frankfurt am Main 2012.

Diedrich, Helmut: Allgemeine Betriebswirtschaftslehre, Stuttgart und Düsseldorf 1969.

Dorling Kindersley Verlag: Das Wirtschaftsbuch, München 2013.

Duden Wirtschaft von A bis Z, 4. Auflage, Mannheim 2010.

Dudenverlag: Schülerduden Mathematik I, 9. Auflage, Mannheim 2011.

Dudenverlag: Wie Wirtschaft funktioniert, 2. Auflage, Mannheim 2013.

Engeleiter, Hans-Joachim: Unternehmensbewertung, Stuttgart 1970.

Erhard, Ludwig: Wohlstand für alle, Köln 2009.

Erlen, Bert, und Andrew Jay Isaak: BWL-Kennzahlen, 1. Auflage, Weinheim 2015.

Eucken, Walter: Grundsätze der Wirtschaftspolitik, 7. Auflage, Tübingen 2004.

Farny, Dieter: Versicherungsbilanzen, Frankfurt 1975.

Ferguson, Niall: Der Aufstieg des Geldes, 3. Auflage, Berlin 2009.

Financial Crisis Inquiry Report: Final Report, January 2011.

Flassbeck, Heiner: 50 einfache Dinge, die Sie über unsere Wirtschaft wissen sollten, 2. Auflage, Frankfurt 2006.

Fleckenstein, Fricke, Georgi: Excel – Das Zauberbuch, München 2006.

Flynn, Sean Masaki: Wirtschaft für Dummies, 2. Auflage, Weinheim 2012.

Fourcans, André: Die Welt der Wirtschaft, Weinheim 2000.

Frenkel, Michael, und Klaus Dieter John: Volkswirtschaftliche Gesamtrechnung, 6. Auflage, München 2006.

Friedman, Milton: Kapitalismus und Freiheit, Stuttgart 1971.

Fuest, Clemens: Stabile fiskalpolitische Institutionen für die Europäische Währungsunion, WIRTSCHAFTSDIENST 1993/X, S. 539ff.

Gehrig, Bruno, und Heinz Zimmermann: Fit for Finance, Frankfurt am Main 1999.

Gerdesmeier, Dieter: Geldtheorie und Geldpolitik, 4. Auflage, Frankfurt am Main.

Goeudevert, Daniel: Das Seerosen-Prinzip, 2. Auflage, Köln 2008.

Gräfer, Horst: Bilanzanalyse, 8. Auflage, Herne 2001

Greving, Johannes: Wirtschaft, 3. Auflage, Mannheim 2011.

Groll, Karl-Heinz: Das Kennzahlensystem zur Bilanzanalyse, München 2000.

Gürtler, Detlef: Die Tagesschau erklärt die Wirtschaft, 1. Auflage, Berlin 2008.

Häring, Norbert, und Olaf Storbeck: Ökonomie 2.0, Stuttgart 2007.

Häring, Norbert: Markt und Macht, Stuttgart 2010.

Häring, Norbert: Stimmt es, dass ...?, Stuttgart 2012.

Häring, Norbert: So funktioniert die Wirtschaft, 1. Auflage, Freiburg 2012.

Hagenmüller, Karl Fr., und Horst Müller: Bankbetriebslehre in programmierter Form, Wiesbaden 1972.

Hahn, Oswald: Geld- und Devisenhandel, Stuttgart 1964.

Hahn, Oswald: Bankbetriebslehre, Stuttgart 1967.

Hankel, Wilhelm u.a.: Das Euro-Abenteuer geht zu Ende, 2. Auflage, Rottenburg 2011.

Harford, Tim: Ökonomics, 1. Auflage, München 2006.

Hazlitt, Henry: Die 24 wichtigsten Regeln der Wirtschaft,
1. Auflage, München 2014.

Heesen, Bernd: Basiswissen Bilanzanalyse, Wiesbaden 2016.

Heidorn, Thomas: Finanzmathematik in der Bankpraxis,
6. Auflage, Wiesbaden 2009.

Heilbroner, Robert, und Lester Thurow: Wirtschaft – Das sollte
man wissen, Frankfurt 2002.

Heise, Arne: Einführung in die Wirtschaftspolitik, München 2005.

Hellenkamp, Detlef: Bankwirtschaft, Wiesbaden 2015.

Henn, R., und H. P. Künzi: Einführung in die
Unternehmensforschung I und II, Berlin und Heidelberg 1968.

Herrmann, Ulrike: Der Sieg des Kapitals, 4. Auflage,
München/Berlin 2016.

Hesse, Kurt, Rolf Fraling und Wolfgang Fraling: Wie beurteilt
man eine Bilanz?, 20. Auflage, Wiesbaden 2000.

Heuser, Uwe Jean, und Birger P. Priddat (Hrg.): DIE ZEIT erklärt
die Wirtschaft, Band 1: Volkswirtschaft, Hamburg 2013.

Horstmann, Ulrich: Die Währungsreform kommt!, 1. Auflage,
München 2011.

Horstmann, Ulrich: Alles, was Sie über Das Kapital im 21.
Jahrhundert von Thomas Piketty wissen müssen, 2. Auflage,
München 2014.

Horvath & Partner: Das Controllingkonzept, 2. Auflage,
München 1995.

IDW (Hrsg.): WP Handbuch 2006, Band I, 13. Auflage,
Düsseldorf 2006.

Issing, Otmar: Einführung in die Geldtheorie, 15. Auflage,
München 2011.

Issing, Otmar: Wie wir den Euro retten und Europa stärken,
Kulmbach 2012.

Jakobs, Hans-Jürgen: Wem gehört die Welt?, 3. Auflage,
München 2016.

Keßler, Udo: Bankentricks und wie Sie sich dagegen wehren,
Düsseldorf 1996.

Kirchhof, Paul: Deutschland im Schuldensog, München 2012.

Klöckner, Bernd W.: Rechentraining für Finanzdienstleister, 1. Auflage, Wiesbaden 2001.

Klöckner, Bernd W., und Werner Dütting: Die Rentenlüge 2.0, 2. Auflage, Weinheim 2009.

Kompakt-Lexikon Steuerlehre und Wirtschaftsprüfung, Wiesbaden 2013.

Kosiol, Erich: Finanzmathematik, 10. Auflage, Wiesbaden 1966.

Krönung, Hans-Dieter: Die Management-Illusion, Stuttgart 2007.

Krugman, Paul: Die neue Weltwirtschaftskrise, Frankfurt 2009.

Kruschwitz, Lutz: Finanzmathematik, 5. Auflage, München 2010.

Kühlmann, Knut, Meike Blumenstein und Albert Dietrich: Die Lebensversicherung zur Altersvorsorge, München 1992.

Küting, Karlheinz, und Hans-Christoph Noack (Hrsg.): Der große BWL-Führer, Frankfurt am Main 2003.

Lachnit, Laurenz: Bilanzanalyse, 1. Auflage, Wiesbaden 2004.

Lauk, Kurt J. (Hrsg.): Was würde Ludwig Erhard heute sagen?, Stuttgart und Leipzig 2007.

Leffson, Ulrich: Programmiertes Lehrbuch der Investitions-rechnung, Wiesbaden 1973.

Lehmann, Frank: Wirtschaft, 2. Auflage, München 2004.

Lehmann, Frank: Über Geld redet man nicht, Berlin 2011.

Leibinger, Berthold: Wer wollte eine andere Zeit als diese, 3. Auflage, Hamburg 2011.

Lipfert, Helmut: Der Geldmarkt, 6. Auflage, Frankfurt 1967.

Mändle, Eduard: Allgemeine Volkswirtschaftslehre I, Stuttgart 1967.

Mankiw, N. Gregory, Mark P. Taylor und Andrew Ashwin: Volkswirtschaftslehre für Schule, Studium und Beruf, Stuttgart 2015.

Mayer, Thomas: Die neue Ordnung des Geldes, 2. Auflage, München 2015.

Meck, Georg: Was wissen Sie über Wirtschaft?, 1. Auflage, Frankfurt 2011.

Milbradt, Georg, Gernot Nerb, Wolfgang Ochel, Hans-Werner Sinn: Der Ifo-Wirtschaftskompass, München 2011.

Müller, Henrik: Wirtschaftsirrtümer, Frankfurt am Main 2004.

Müller-Merbach, Heiner: Operations Research, Berlin 1970.

Münchau, Wolfgang: Kernschmelze im Finanzsystem, München 2008.

Neumann, Markus: Banker verstehen, Stiftung Warentest Finanztest, Berlin 2014.

Nienhaus, Lisa: Die Blindgänger, Frankfurt am Main 2009.

Nienhaus, Lisa: Die Weltverbesserer, München 2015.

Olfert, Klaus: Investition, 7. Auflage, Herne 2015.

Otte, Max: Der Crash kommt, 9. Auflage, Berlin 2008.

Petersdorff, Winand von: Das Geld reicht nie, Frankfurt am Main 2007.

Pinzler, Petra: Der Unfreihandel, Hamburg 2015.

Plesser, Ernst H. (Hrg.): Wer profitiert von der Privatwirtschaft?, Freiburg 1976.

Plumpe, Werner: Wirtschaftskrisen, 4. Auflage, München 2013.

Preiser, Erich: Nationalökonomie heute, 8. Auflage, München 1969.

Reinhart, Carmen M, und Kenneth S. Rogoff: Dieses Mal ist alles anders, 5. Auflage, München 2011.

Richebächer, Kurt: Börse und Kapitalmarkt, 4. Auflage, Frankfurt 1971.

Rödder, Andreas: 21.0, Eine kurze Geschichte der Gegenwart, 3. Auflage, München 2015.

Röpke, Wilhelm: Jenseits von Angebot und Nachfrage, Düsseldorf 2009.

Salamon, Michael: Jahresabschluss und Bilanzanalyse, Sternenfels 2013.

Samuelson, Paul A.: Volkswirtschaftslehre, Band I, Köln 1967.

Sandig, Curt: Finanzen und Finanzierung der Unternehmung, Stuttgart 1968.

Sarrazin, Thilo: Europa braucht den Euro nicht, 1. Auflage, München 2012.

Scheffler, Eberhard: Der Aufsichtsrat, München 2012.

Scherhorn, Gerhard: Geld soll dienen, nicht herrschen, Wien 2009.

Schierenbeck, Henner: Neuere Entwicklungen auf den Finanzmärkten, Frankfurt 1987.

Schirrmacher, Frank, und Thomas Strobl: Die Zukunft des Kapitalismus, 1. Auflage, Berlin 2010.

Schlipf, Udo Stefan: Angewandte Volkswirtschaftslehre für Finanzberater, 1. Auflage, Wiesbaden 2009.

Schmergal, Cornelia: Wirtschaftspolitik, 3. Auflage, München 2006.

Schmidt, Helmut: Ausser Dienst, 1. Auflage, München 2008.

Schmidt, Ralf-Bodo: Unternehmungsinvestitionen, Hamburg 1970.

Schmidt, Susanne: Markt ohne Moral, München 2010.

Schneider, Dieter: Investition und Finanzierung, 2. Auflage, Opladen 1971.

Schneider, Erich: Wirtschaftlichkeitsrechnung, 7. Auflage, Tübingen 1968.

Schüller, Alfred: Liberale Ordnungspolitik – eine Notwendigkeit ohne Alternative, in: ORDO Jahrbuch für die Ordnung von Wirtschaft und Gesellschaft, Band 59, S. IX.

Schumann, Harald, und Christiane Grefe: Der globale Countdown, 1. Auflage, Köln 2008.

Schwarz, Horst: Konzernrechnungswesen, Stuttgart 1963.

Seibert, Hans-Dieter: Englische Wirtschaftsbegriffe, 1. Auflage, Freiburg 2012.

Siebert, Horst: Der Kobra-Effekt, 2. Auflage, München 2002.

Siebert, Horst: Jenseits des Sozialen Marktes, München 2005.

Sinn, Gerlinde, und Hans-Werner Sinn: Kaltstart, 3. Auflage, München 1993.

Sinn, Hans-Werner: Ist Deutschland noch zu retten?,
    5. Auflage, München 2004.

Sinn, Hans-Werner: Kasino-Kapitalismus, Berlin 2009.

Sinn, Hans-Werner: Die Target-Falle, München 2012.

Sinn, Hans-Werner: Gefangen im Euro, 1. Auflage,
    München 2014.

Sinn, Hans-Werner: Der Euro, 1. Auflage, München 2015.

Spengel, Christoph: Sachverständigengutachten für den Bundestag
    zu Cum/Ex-Geschäften, 4. Untersuchungsausschuss der 18.
    Wahlperiode, 28.7.2016, www.bundestag.de.

Sperber, Herbert: VWL Grundwissen, 2. Auflage, München 2012.

Sperber, Herbert, und Joachim Sprink: Internationale Wirtschaft
    und Finanzen, 2. Auflage, München 2012.

Spremann, Klaus, und Pascal Gantenbein: Finanzmärkte,
    2. Auflage, Konstanz 2013.

Springer Fachmedien Wiesbaden (Hrg.): Kompakt-Lexikon
    Steuerlehre und Wirtschaftsprüfung, Wiesbaden 2013.

Stadler, Der Markt hat nicht immer Recht, Wien 2011.

Steingart, Gabor: Weltkrieg um Wohlstand, 2. Auflage,
    München 2006.

Steingart, Gabor: Weltbeben, 3. Auflage, München 2016.

Stelter, Daniel: Die Krise, 1. Auflage, München 2014.

Stelter, Daniel: Die Schulden im 21. Jahrhundert, 1. Auflage,
    Frankfurt am Main 2014.

Stelter, Daniel: Eiszeit in der Weltwirtschaft, Frankfurt am Main
    2016.

Stiglitz, Joseph: Im freien Fall, 1. Auflage, München 2010.

Stiglitz, Joseph: Der Preis der Ungleichheit, 1. Auflage,
    München 2012.

Straubhaar, Thomas: Der Untergang ist abgesagt, Hamburg 2016.

Tapscott, Don, und Anthony D. Williams: Wikinomics,
    München 2007.

The Economist: Die Welt in Zahlen 2015, 1. Auflage,
     Hamburg 2014.

Vollmuth, Hilmar J.: Führungsinstrument Controlling, 5. Auflage,
     Planegg 1999.

Vollmuth, Hilmar J.: Bilanzen, 6. Auflage, Planegg 2004.

Vollmuth, Hilmar J.: Controllinginstrumente, 3. Auflage,
     Planegg 2004.

Wegmann, Patrick: Zinsderivate: Einsatz und Bewertung, in:
     Fit for Finance, Hrg. Bruno Gehrig und Heinz Zimmermann,
     Frankfurt am Main 1999.

Weik, Matthias, und Marc Friedrich: Der grösste Raubzug der
     Geschichte, Köln 2014.

Weik, Matthias, und Marc Friedrich: Der Crash ist die Lösung,
     Köln 2014.

Wellisch, Dietmar: Finanzwissenschaft III: Staatsverschuldung,
     München 1999.

Wieczorek, Thomas: Euroland – Wo unser Geld verbrennt,
     München 2010.

Wiehle, Ulrich, und Michael Diegelmann, Henryk Deter, Dr. Peter
     Noel Schömig, Michael Rolf: Unternehmensbewertung,
     Wiesbaden.

Wöhe, Günter: Einführung in die Allgemeine Betriebswirtschafts-
     lehre, 16. Auflage, München 1986.

Wöhe, Günter, Ulrich Döring und Gerrit Brösel: Einführung in die
     Allgemeine Betriebswirtschaftslehre, 26. Auflage, München
     2016.

Wohlgemuth, Frank: IFRS: Bilanzpolitik und Bilanzanalyse,
     Berlin 2007.

Woll, Artur: Volkswirtschaftslehre, 16. Auflage, München 2011.

Yogeshwar, Ranga: Nächste Ausfahrt Zukunft, 4. Auflage, Köln
     2017.

Zottmann, Anton: Allgemeine Volkswirtschaftslehre IV – Geld
     und Kredit, Stuttgart und Düsseldorf 1969.

Abkürzungsverzeichnis

ABS	Asset Backed Securities
AEUV	Vertrag über die Arbeitsweise der Europäischen Union
AG	Aktiengesellschaft
AIBD	Association of International Bond Dealers
ANFA	Agreement on Net Financial Assets
APAK	Abschlussprüfer-Aufsichtskommission
BaFin	Bundesanstalt für Finanzdienstleistungsaufsicht, Bonn
BIC	Bank Identifier Code (internationale Bankleitzahl)
BIP	Bruttoinlandsprodukt
BIZ	Bank für internationalen Zahlungsausgleich, Basel
BLZ	Bankleitzahl
CAPM	Capital Asset Pricing Model
CBT	Chicago Board of Trade
CDO	Collateralized Debt Obligations
CETA	Comprehensive Economic and Trade Agreement
CME	Chicago Mercantile Exchange
COMEX	Commodity Exchange New York
DAX	Deutscher Aktien-Index
DM	Deutsche Mark
DTB	Deutsche Terminbörse
EBA	European Banking Authority
EBIT	Earnings before Interest and Taxes
EBITDA	Earnings before Interest, Taxes, Depreciation and Amortization
ECU	European Currency Unit (Recheneinheit vor dem Euro)
EEG	Erneuerbare Energien-Gesetz
EFTA	European Free Trade Association
EFSF	European Financial Stability Facility
EFSM	European Financial Stability Mechanism
EG	Europäische Gemeinschaft
EGKS	Europäische Gemeinschaft für Kohle und Stahl
EIB	Europäische Investitionsbank
EIOPA	European Insurance and Occupational Pensions Authority
ELA	Emergency Liquidity Assistance (Notkredite)

© Springer Fachmedien Wiesbaden GmbH, ein Teil von Springer Nature 2019
W. Klitzsch, *Grundbegriffe der Wirtschaft*,
https://doi.org/10.1007/978-3-658-27904-2

EONIA	Euro Overnight Index Average
EPA	Economic Partnership Agreements
ERP	Enterprise Resource Planning
ESM	European Stability Mechanism
ESRB	European Systemic Risk Board
ESZB	Europäisches System der Zentralbanken
ETF	Exchange Traded Fund
EU	Europäische Union
EUV	EU-Vertrag (Maastricht-Vertrag)
EUREX	European Exchange
Euribor	Euro Interbank Offered Rate
Euro	(Währung der EWU)
Eurostat	Statistisches Amt der Europäischen Union, Luxemburg
EVA	Economic Value Added
EWS	Europäisches Währungssystem
EWU	Europäische Währungsunion
EZB	Europäische Zentralbank
f.	folgende Seite
FAZ	Frankfurter Allgemeine Zeitung
FED	Federal Reserve Bank, USA
ff.	folgende Seiten
FIBOR	Frankfurt Interbank Offered Rate
FNMA	Federal National Mortgage Association (Fannie Mae)
FRA	Forward Rate Agreement
FSB	Financial Stability Board
GAAP	(United States) Generally Accepted Accounting Principles
GATS	General Agreement on Tariffs and Services
GATT	General Agreement on Tariffs and Trade
GbR	Gesellschaft bürgerlichen Rechts
GmbH	Gesellschaft mit beschränkter Haftung
GNMA	Government National Mortgage Association (Ginnie Mae)
HB	Handelsblatt
HVPI	Harmonisierter Verbraucherpreisindex
IAS	International Accounting Standards
IASB	International Accounting Standards Board
IBAN	International Bank Account Number

IBRD	International Bank for Reconstruction and Development
ICOR	Incremental Capital/Output Ratio
IFRS	International Financial Reporting Standards
IHK	Industrie- und Handelskammer
IMM	International Monetary Market
ICO	Initial Coin Offerings
IPO	Initial Public Offering (Börsengang)
ISDS	Investor-State Dispute Settlements
ISIN	International Securities Identification Number
ISMA	International Securities Market Association
IWF	Internationaler Währungsfonds
KfW	Kreditanstalt für Wiederaufbau
Kfz	Kraftfahrzeug
KG	Kommanditgesellschaft
KWG	Kreditwesengesetz
Libor	London Interbank Offered Rate
LIFFE	London International Financial Futures and Options Exchange
LLC	Limited Liability Company
LSE	London Stock Exchange
Ltd.	Private Company limited by shares
MATIF	Marché à Terme des Instruments Financiers, Paris
MBS	Mortgage Backed Securities
MiFID	Financial Instruments Directive (europäische Finanzmarkt-Richtlinie), I und II
Mio.	Millionen
Mrd.	Milliarden
MSCI	Morgan Stanley Capital International Inc.
NAFTA	North American Free Trade Agreement
NASDAQ	National Association of Securities Dealers Automated Quotations System
NOPAT	Net Operating Profit after Taxes
NYSE	New York Stock Exchange
NZB	Nationale Zentralbank(en) (der Europäischen Währungsunion, z.B. Deutsche Bundesbank)
OECD	Organization for Economic Cooperation and Development
OMT	Outright Monetary Transactions Program
OTC	Over the Counter (über den Tresen oder Schalter)
p.a.	per annum, pro Jahr

PAngV	Preisangabenverordnung
PD	Privat-Dozent (habilitiert)
PLC	Public Limited Company
Repo	Repurchase Agreement (Pensionsgeschäft einer Zentralbank)
REX	Deutscher Rentenindex
RfB	Rückstellung für Beitragsrückerstattung
ROI	Return on Investment
SEC	Securities and Exchange Commission
SEPA	Single Euro Payments Area
SIMEX	Singapore International Monetary Exchange
SOFFEX	Swiss Options and Financial Futures Exchange, Zürich
SoFFin	Finanzmarkt-Stabilisierungsfonds
SWIFT	Society for Worldwide Interbank Financial Telecommunication
SZR	Sonderziehungsrechte (des IWF)
TAN	Transaktionsnummer
TARGET	Trans-European Automated Real-time Groß Settlement Express Transfer System
TISA	Trade in Services Agreement
TOIS	Tom Next Index Swap
TPP	Trans-Pacific Partnership
TRIPS	Agreement on Trade Related Aspects of Intellectual Property Rights
TTIP	Transatlantic Trade and Investment Partnership
UNCTAD	United Nations Conference on Trade and Development
VaG	Verein auf Gegenseitigkeit
WKM II	Wechselkursmechanismus II (der Europäischen Währungsunion)
WP	Wirtschaftsprüfer
WP-Bericht	Wirtschaftsprüfer-Bericht (über den Jahresabschluss)
WTO	World Trade Organization
WWU	Wirtschafts- und Währungsunion (europäische), auch: Westfälische Wilhelms-Universität zu Münster
XETRA	Exchange Electronic Trading

Stichwortverzeichnis

In diesem Stichwortverzeichnis finden Sie über 1.400 Stichworte. Die 460 Wirtschaftsbegriffe des Inhaltsverzeichnisses sind hier ebenfalls enthalten.

© Springer Fachmedien Wiesbaden GmbH, ein Teil von Springer Nature 2019
W. Klitzsch, *Grundbegriffe der Wirtschaft*,
https://doi.org/10.1007/978-3-658-27904-2

768

W

772

Dank

Ich danke meinem Sohn für das Korrekturlesen und für viele nützliche Anregungen.

Ich danke meiner Frau für ihr Verständnis für so viel Zeit, die so ein Buch erfordert.

Ich danke dem Springer Gabler Verlag für die freundliche Aufnahme meines Manuskripts.

© Springer Fachmedien Wiesbaden GmbH, ein Teil von Springer Nature 2019
W. Klitzsch, *Grundbegriffe der Wirtschaft*,
https://doi.org/10.1007/978-3-658-27904-2

Zum Verfasser

 **Wolfram Klitzsch** wurde 1948 bei Münster in Westfalen geboren und ist in Münster aufgewachsen. Nach dem Abitur am Schillergymnasium 1967 und der Bundeswehrzeit vor allem in Bayern hat er an der Universität Münster Betriebswirtschaft studiert und als Diplom-Kaufmann abgeschlossen.

Fast vierzig Jahre im Beruf, hatte er acht Stationen in seinem Berufsleben, hat dabei immer im Controlling, im Finanz- und Rechnungswesen und in der Revision gearbeitet. Nach dem Beginn im Controlling eines Hamburger Konzerns war er in der Planungsabteilung der Universität Münster und in der Revision eines Münsteraner Handelsunternehmens, anschließend in der Betriebswirtschaftlichen Abteilung einer großen Bank tätig und dann Leiter der Buchhaltung in einem amerikanischen Chemiewerk in Deutschland.

Es folgten fünf Jahre Leiter Finanz- und Rechnungswesen in einem Chemieunternehmen in Hamburg und sieben Jahre Leiter Rechnungswesen einer Versicherungsgruppe in Hamburg. Sechzehn Jahre war er dann Vorstand und vierzehn Jahre davon Vorstandsvorsitzender der Fahrlehrerversicherung VaG in Stuttgart.

© Springer Fachmedien Wiesbaden GmbH, ein Teil von Springer Nature 2019
W. Klitzsch, *Grundbegriffe der Wirtschaft*,
https://doi.org/10.1007/978-3-658-27904-2

Printed by Printforce, the Netherlands